# ILO 결사의 자유 관련 기본협약(제87호, 제98호) 주해

결사의 자유와 조직할 권리 보호 협약(제87호)
단결권과 단체교섭권 협약(제98호)

## | COMMENTARY ON

the Freedom of Association and
Protection of the Right to Organise Convention, 1948 (No. 87) and
the Right to Organise and Collective Bargaining Convention, 1949 (No. 98)

**노동자권리연구소**

박영사

# 발간사

대한민국은 1991년 12월 9일, 국제노동기구(International Labour Organization, ILO)의 152번째 회원국이 되었다. 당시 노태우 정권은 ILO 가입 이유를, "국제적 외교무대에 당당히 나설 수 있게 되었고", "노사관계법, 근로조건 등 한국의 노동환경에 대한 정확한 실상을 알림으로써 국내외의 오해와 불신을 해소"할 수 있는 계기 마련으로 들었다(노동부, 「1992년판 노동백서」, 1992, 289-290쪽).

한국이 ILO에 가입하게 된 원동력은 1987년 이후 분출한 민주노조운동의 투쟁이었다. 전국노동조합협의회를 비롯한 민주노조운동은 1991년 'ILO기본조약 비준 및 노동법 개정을 위한 전국노동자공동대책위원회'('ILO공대위')를 구성하여 노동조합의 자주적 활동을 억압하는 제도적 장애의 제거와 개선을 목표로 다양한 실천을 전개하였다. 당시 ILO공대위의 활동목표는 ILO가입 및 노동법 개정에 머무르지 않았고, 지역·업종별로 조직되고 있었던 민주노조운동이 공동의 정치적·조직적 구심력을 강화하는 것을 지향하였다.

1953년 제정된 「근로기준법」이 실제 현장에서 작동되는 노동법이 되도록 만든 계기가 1970년 전태일 열사의 분신이었던 것과 마찬가지로, 1991년 ILO 가입 이후 국제노동기준이 국내 법·제도에서 실제 지침이 되도록 만든 계기 역시 노동조합운동의 실천이었다. 정부는 ILO 가입 이후에도 ILO 기본협약인 결사의 자유 관련 협약들의 비준 약속을 오래도록 이행하지 않았지만, 노동조합은 1992년부터 ILO 결사의 자유 위원회와 같은 ILO 감독메커니즘을 적극 활용해 왔다.

2021년 4월 20일, 대한민국은 ILO 가입 30년이 지나서야 결사의 자유 관련 협약 등을 비준하였다. 하지만 그 이후 3년여의 시간이 지나면서 우리가 경험한 현실은 협약 비준 이전과 크게 달라지지 않은 듯하다. 여전히 결사의 자유 및 헌법상 노동기본권은 온전히 존중되지 않고 있으며, 행정·입법·사법의 국가기구의 전 영역에서 국제노동기준 및 결사의 자유 원칙은 정확하게 인식되지 않고 온전히 존중되지도 않고 있다.

2021년 세계노동절에 개소한 노동자권리연구소는 모든 노동자가 권리의 주체가 되는 노동법·제도를 만들기 위한 연구와 실천을 지향하고 있다. 「결사의 자유 관련 ILO 기본협약(제87호, 제98호) 주해」는 그러한 활동의 일환으로서 공동 연구한 성과물이다. 성문법 국가에서조차 법령은 일정 정도의 추상성을 가질 수밖에 없고, 법령은 국가기관, 특히 법원의 해석을 통해 실제 적용이 이루어지게 된다. 다수의 국가간 약속이자, 특히 노·사·정 3자주의에 기반을 두고 만들어지는 ILO 협약 등 국제노동기준의 추상성은 더 말할 필요조차 없을 것이다. 결국 ILO 기준의 국내 적용에 있어서도 역시 ILO 감독기구가 역사적으로 축적해온 해석례가 중요한 역할을 맡지 않을 수 없다. 본 주해서는 ILO 감독기구의 해석례를 충실히 반영한 결사의 자유 관련 최초의 본격 주해서라고 자부한다. 그런 만큼 우리사회가 국제노동기준을 충실히 실현하는데 길잡이가 되기를 희망한다.

2025년 1월 14일
집필자대표 윤애림

# 추천사

    국제노동기준은 지난 백여 년 동안, "사회적 정의"에 기초한 "보편적이며 항구적인 평화"의 확립이라는 국제노동기구 헌장의 목적을 달성하기 위하여, 노·사·정 삼자주의를 통해 발전해 왔다. 대한민국은 1987년 민주화 이후 1991년 국제노동기구에 가입했다. 노동조합은 국제노동법 위반을 확인하고 국내법과 관행이 국제노동기준을 온전히 존중하도록 만드는 실천 속에서 국제노동기구의 감독 시스템을 적극적으로 활용해 왔다. 특히 한국의 노동조합은 결사의 자유 권리, 단체교섭권, 파업권과 같은 노동기본권 침해를 밝히기 위하여 ILO 결사의 자유 위원회를 전략적으로 활용해 왔다. 2021년 대한민국의 ILO 제87호 협약 및 제98호 협약 비준은 이러한 기본적 권리의 실태를 감독하기 위한 더욱 확장된 경로를 제공하며, 이는 다시 노동조합이 노동법·관행의 개선을 요구할 수 있는 기회를 창출하고 있다.

    노동자권리연구소가 만든 이 주해서는, 결사의 자유와 단체교섭권, ILO 감독 시스템의 효과적 이용 방법과 함께 지금까지 ILO가 대한민국에 대하여 해왔던 권고들에 관한 분석들을 연계시킴으로써. 법률가와 연구자들이 국제노동법에 대한 이해를 증진시키는데 있어 중요한 자료가 될 것이다.

ILO 이사회, 노동자이사<br>
ILO 결사의 자유 위원회, 노동자위원<br>
Jeffrey Vogt

## 집필자 소개

### 윤애림(책임 저자)

법학박사(사회법)
서울대 법학연구소 책임연구원/법학전문대학원 강사
노동자권리연구소 소장
국가인권위원회 차별시정전문위원회 위원
(전) 서울지방노동위원회 및 경기지방노동위원회 공익위원
Labour Law Research Network, 운영위원
ILO 부설 International Institute for Labour Studies, 방문연구자

### 박주영

공인노무사, 법무법인 여는
법학박사(노동법)
노동자권리연구소 상임연구위원
국가인권위원회 차별시정전문위원회 위원

### 우지연

변호사, 법무법인 여는
석사과정(인권법)
노동자권리연구소 비상임연구위원
대법원 노동법실무연구회 회원

### 조현주

변호사, 법무법인 여는
박사수료(노동법)
노동자권리연구소 상임연구위원
대법원 노동법실무연구회 회원

노동자권리연구소(www.iwr.or.kr)
노동자 권리를 옹호하는 법리 연구, 정책 개발, 국제노동·인권기준의 실현 및 국제연대를 위해
활동합니다.

# 차 례

# 제3장 결사의 자유 및 조직할 권리 보호에 관한 협약(제87호, 1948)
[조현주 · 우지연 · 박주영]

# 제4장  단결권 및 단체교섭권 협약(제98호, 1949) [윤애림]

---

## 제5장 ILO 기준에 비추어 본 집단적 노동관계법의 쟁점

[조현주 · 윤애림 · 우지연 · 박주영]

# 일러두기

■ 기본문헌 약칭: 본문에서 빈번히 인용된 다음 책자는 아래와 같은 약칭으로 표기함

• *Compilation*
☞ ILO, *Freedom of Association, Compilation of decisions of the Committee on Freedom of Association*, Sixth edition, 2018

• *Digest*
☞ Digest of decisions and principles of the Freedom of Association Committee of the Governing Body of the ILO

• General Survey, 2020
☞ ILO, *Promoting Employment and Decent Work in a Changing Landscape*, Report of the Committee of Experts on the Application of Conventions and Recommendations, Report III (Part B), International Labour Conference, 109th Session, Geneva, 2020

• General Survey, 2013
☞ ILO, *Report of the Committee of Experts on the Application of Conventions and Recommendations*, Report III (Part 1A), International Labour Conference, 102nd Session, Geneva, 2013

• General Survey, 2012
☞ ILO, *Giving Globalization a Human Face*, General Survey on the Fundamental Conventions Concerning Rights at Work in Light of the ILO Declaration on Social Justice for a Fair Globalization, 2008, International Labour Conference, 101st Session, Geneva, 2012

• General Survey, 1994
☞ ILO, *Freedom of Association and Collective Bargaining*, General Survey of the Reports on the Freedom of Association and and the Right to Organize Convention (No. 87), 1948 and the Right to Organize and Collective Bargaining Convention (No. 98), 1949, International Labour Conference, 81st Session, Geneva, 1994

# 약어표

- ILO 결사의 자유 위원회(Committee on Freedom of Association, CFA)
- ILO 기준적용위원회(Conference Committee on the Application of Standards, CAS)
- ILO 협약·권고 적용 전문가위원회(Committee of Experts on the Application of Conventions and Recommendations, CEACR)
- UN 경제적, 사회적 및 문화적 권리 위원회(Committee on Economic, Social and Cultural Rights, CESCR)
- UN 인권위원회(Human Rights Committee, HRC)

# 서 론

## 발간 취지

대한민국은 2021. 4. 20. 「결사의 자유와 조직할 권리 보호 협약(제87호, 1948)」, 「단결권과 단체교섭권 협약(제98호, 1949)」, 「강제노동 협약(제29호, 1930)」을 비준하였다. 이로써 1991년 한국이 국제노동기구(ILO)에 가입한 이후 30년만에야 ILO의 기본협약(fundamental Conventions) 중 결사의 자유 관련 협약 비준이 이루어지게 되었다.

대한민국 헌법은 "헌법에 의하여 체결·공포된 조약과 일반적으로 승인된 국제법규는 국내법과 같은 효력을 가진다"(제6조 제1항)고 한다. 이에 따라 ILO 결사의 자유 관련 협약들은 국내법과 같은 효력을 가지며, 입법·행정·사법의 국가기관 전체뿐 아니라 사인에 대하여도 법규범으로서 존중되어야 한다. 그러나 우리사회는 오랫동안 ILO 기본협약을 비롯한 국제인권법을 존중하지 않는 관행이 국가기관에서조차 만연해 있다. 게다가 성질상 일정 정도의 추상성을 가질 수밖에 없는 ILO 협약의 해석 및 적용에 관해 국제인권규범 감독기구들의 견해나 권고를 따르지 않고 국내 기관들의 자의적 해석을 고집하는 경향도 존재한다.

이 책의 발간 취지는 바로 이와 같은 국제인권규범과 대한민국 국가기관의 실천 사이의 간극을 좁혀 보려는 데 있다.

## 책의 구성

이 책은 ILO 결사의 자유 관련 협약 이행을 위한 제도·정책을 마련하거나 소송 등 권리구제절차에서 활용하려는 사람들에게 결사의 자유 관련 국제노동기준의 구체적 내용, ILO 감독기구들의 해석례, 대한민국에 대한 권고 내용 등을 체계적으로 소개하기 위한 목적으로 작성되었다.

이를 위해 제1장에서는 ILO와 국제노동기준의 의의에 관해 설명한다. ILO 제87호·제98호 협약의 국제인권법으로서의 위상을 이해하기 위해서, ILO 협약·권고 등 국제노동기준을 수립하고 이의 이행을 감독하는 국제노동기구의 메커니즘에 대한 이해가 필수적이다. 또한 ILO 기본협약들(fundamental Conventions) 중 하나이자 국제연합(UN)의 국제인권규약에도 포함되는 '결사의 자유'가 갖는 '보편적 인권'으로서의 성격을 온전히 이해하는 것이 매우 중요하다.

제2장에서는 ILO 결사의 자유 관련 협약의 국내법적 지위와 해석·적용의 원칙에 관해 상세하게 설명한다. 헌법이 천명하는 국제법 존중주의에 충실하고자 할 때, 입법·행정·사법기구는 결사의 자유 관련 협약을 어떻게 해석·적용해야 하는지, 국제노동기준을 존중(respect), 보호(protect), 충족(fulfil)하기 위한 국가의 다층적 의무의 구체적 내용, 특히 관련 법원·헌법재판소의 판결·결정들을 비판적으로 살펴본다.

제3장에서는 제87호 협약, 제4장에서는 제98호 협약의 구체적 내용을 조문별로 살펴본다. 여기서는 해당 협약의 전문과 실체적 권리 보장에 관한 사항을 다루고 있는 조문들을 중심으로 설명하고, ILO 협약의 비준 및 탈퇴 절차, 국제노동기구(사무총장)에 대한 통보 절차 등 모든 협약에 공통적인 절차적 사항을 다루고 있는 조문들은 별도로 해설하지 않는다. 이는 ILO 협약의 채택과 개정, 비준 및 탈퇴 등에 관한 사항으로 제1장에서 관련된 내용을 다룰 때 설명을 덧붙이는 것으로 한다.

제5장은 ILO 결사의 자유 원칙에 비추어본 한국의 집단적 노동관계법의 쟁점에 관한 설명하고 있다. 그동안 ILO 결사의 자유 위원회(CFA: Committee on Freedom of Association), 협약·권고 적용 전문가위원회(CEACR: Committee of Experts on the Application of Conventions and Recommendations) 등에서 대한민국에 대하여 한 권고, 요청, 견해 표명 등을 체계적, 역사적으로 살펴봄으로써 ILO

결사의 자유 원칙에 비추어 한국의 집단적 노동관계에 관한 법·제도의 문제점과 개선지점을 분석한다.

## 집필 방식

이 책은 ILO 결사의 자유 관련 협약들을 해설할 때, ILO 감독기구의 해석 및 ILO 사무국의 문서들을 기준으로 삼고 있다.

ILO에서 회원국의 국제노동기준 이행을 모니터링하기 위해 실시하고 있는 감독 메커니즘에서 전문가위원회, 결사의 자유 위원회 등 감독기구가 내놓는 권고, 견해 등은 회원국의 의무 이행에 대한 가이드라인을 제공한다는 점에서, 법적 구속력을 갖진 않더라도 일종의 '연성 법(soft law)'이라 할 수 있다.[1]

먼저 이 책은 전문가위원회(CEACR)가 매년 ILO 회원국이 제출하는 보고서를 바탕으로 작성하는 특정 협약·권고에 관한 '일반조사(General Survey)' 보고서를 기준으로 삼았다.[2] 이 보고서에는 전 세계적으로 해당 국제노동기준이 적용되고 있는 현황, 실제 적용 과정에서의 어려움, 협약 채택 이후 현재까지 나타난 새로운 관행이나 국제노동기준을 둘러싼 경제·사회적 변화의 맥락이 포함된다. 특히 ILO 결사의 자유 협약들에 대한 일반조사 보고서는 가장 최근 나온 것이 2012년 일반 조사 보고서이다. 다음 [표 1]은 이 책의 집필 과정에서 특히 주되게 참고한 일반조사 보고서들이다.

**[표 1] 결사의 자유 관련 주요 협약·권고에 대한 일반조사 보고서**

| 공개 년도 | 채택한 총회 | 일반 조사 보고서 제목 | 대상 국제노동기준 |
|---|---|---|---|
| 2020 | 109차 | *Promoting Employment and Decent Work in a Changing Landscape* | 제122호 협약·제169호 권고<br>제159호 협약·제168호 권고<br>제177호 협약·제184호 권고<br>제198호 권고<br>제204호 권고 |
| 2013 | 102차 | *Collective Bargaining in the Public* | 제151호 협약·제159호 권고 |

---

1) ILO 감독 메커니즘 및 ILO 감독기구의 해석의 법적 의의에 관해 자세히는 제1장 제3절을 참조.
2) 1985년 이래 발행된 일반 조사 보고서는 다음의 ILO 웹사이트를 통해 볼 수 있다. https:// www.ilo.org/resource/report/general-surveys-1985 [검색일: 2024.8.1.]

| | | | |
|---|---|---|---|
| | | *Service: A way forward* (General Survey concerning labour relations and collective bargaining in the public service) | 제154호 협약·제163호 권고 |
| 2012 | 101차 | *Giving Globalization a Human Face* (General Survey on the fundamental Conventions concerning rights at work in light of the ILO Declaration on Social Justice for a Fair Globalization, 2008) | 기본협약(제87호, 제98호, 제29호, 제105호, 제100호, 제111호, 제138호, 제182호) |
| 1994 | 81차 | *Freedom of Association and Collective Bargaining* (General Survey of the Reports on the Freedom of Association and and the Right to Organize Convention (No. 87), 1948 and the Right to Organize and Collective Bargaining Convention (No. 98), 1949) | 제87호 협약 제98호 협약 |

　　다음으로 전문가위원회가 각 정부가 제출한 보고서에 대해 검토하고 추가정보를 요청(Direct request)하거나 견해 및 권고(Observation)를 밝힌 문서를 검토하였다. 특히 한국 정부가 비준한 결사의 자유 관련 협약의 이행상황에 관해 제출한 정례보고서에 대한 문서는 전수 분석하고, 결사의 자유 관련 주요 쟁점을 담고 있는 다른 회원국 보고서에 대한 검토 문서도 참고하였다. 이러한 전문가위원회의 보고서는 매년 ILO 총회에 제출되는 연례보고서(annual report)[3]나 ILO의 NORMLEX 데이터베이스를 통해 찾아 볼 수 있다.[4]

　　결사의 자유 위원회(CFA)에의 진정은 회원국의 결사의 자유 원칙 준수 여부를 감독하는 특별 절차이다. 결사의 자유 원칙은 ILO 헌장에 근거를 둔 기본원칙

---

3) 전문가위원회의 연례보고서는 다음의 ILO 웹사이트를 통해 볼 수 있다. https://www.ilo.org/resource/other/reports-committee-experts-application-conventions-and-recommendations-1932 [검색일: 2024.8.1.]

4) 전문가위원회의 직접요청, 견해 등은 다음의 ILO 데이터베이스를 통해 찾아 볼 수 있다. https://normlex.ilo.org/dyn/normlex/en/f?p=NORMLEXPUB:20010:0::NO::: [검색일: 2024.8.1.] 다만, 전문가위원회의 직접요청, 견해는 채택(adoption)되는 연도의 익년도(publish)에 ILO 웹사이트에 공개되어 왔다. 그러나 ILO 데이터베이스(NORMLEX)에서 이러한 직접요청, 견해를 검색할 때에는 채택되는 연도를 기준으로 검색해야 한다. 따라서 이 책에서 전문가위원회의 직접요청, 견해를 인용할 때에는 그 채택연도를 기준으로 삼았다.

이므로, 결사의 자유 관련 협약을 비준하지 않은 회원국에 대해 제기되는 진정에 대해서도 결사의 자유 위원회는 관할권을 가진다. 대한민국은 2021년까지 제87호·제98호 협약을 비준하지 않은 상태였기 때문에 해당 협약의 이행에 관해서는 전문가위원회, 기준적용위원회 등의 정규감독 메커니즘을 활용할 수 없었다. 대신 1992년부터 한국의 노동자단체는 결사의 자유 위원회 진정절차를 활용해왔다. 2024. 8. 1. 현재 대한민국의 결사의 자유 침해 관련 16개의 사건이 종결 처리(closed)되었고, 3개의 사건이 심의 중(Active)이며 3개의 사건이 계속점검(Follow-up) 중이다.[5] 다음 [표 2]는 한국에 대한 결사의 자유 위원회의 주요 권고의 요지이다.[6]

**[표 2] 한국에 대한 ILO 결사의 자유 위원회의 주요 권고**

| 사건번호<br>최초진정일 | 진정요지 | 결사의 자유 위원회 권고 요지 |
|---|---|---|
| 3458<br>'24.3. | 공무원노조, 금속노조, 사무금융, 화섬노조에 대한 규약시정 명령 등 | 심의 중(비공개) |
| 3457<br>'24.3. | 공무원노조 단체교섭 등 탄압 | 심의 중(비공개) |
| 3439<br>'22.12. | 화물연대에 대한 업무개시명령제 등 탄압 | • 특수고용을 비롯한 모든 노동자의 단결권, 단체교섭권 보장<br>• 화물연대에 대한 업무개시명령은 결사의 자유 원칙에 부합하지 않음<br>• 화물연대 조합원에 대한 부당노동행위를 구제할 것 |

---

5) '심의 중(Active)'이란 해당 회원국의 노동자단체 또는 사용자단체가 제기한 진정에 대해 노·사단체 및 정부로부터 정보를 받고 있는 과정이다. 이 단계에서 진정단체가 제출한 정보나 정부의 답변은 공개되지 않는다. '계속점검(Follow-up)'이란 해당 진정 사건에 관해 해당 정부에 관련 정보를 요청하거나 해당 회원국이 취한 조치에 관한 정보를 요청하는 등 결사의 자유 위원회의 모니터링이 계속되는 것이다.
'종결 처리(closed)'란 해당 진정 사건에 관하여 노·사단체 및 정부로부터 일정 기간 이상 추가적 정보가 제공되지 않았을 때 기존의 권고를 재확인하는 이상의 검토를 더 이상 진행하지 않는 것이다. 또는 해당 진정 사건에서의 쟁점이 주로 해당 국가의 법제도적 개선 과제만 남았을 때 해당 사안에 대한 모니터링은 ILO 전문가위원회로 이관하고 종결 처리할 수 있다. 실제로 결사의 자유 위원회 Case No. 1865에서 다루어진 법제도 개선 관련 권고들은 한국의 제87호·98호 협약 비준 이후인 2023. 10. 전문가위원회의 정규감독 절차로 이관되었다.
6) 한국에 대한 권고를 담고 있는 결사의 자유 위원회 보고서는 다음의 ILO 데이터베이스를 통해 찾아 볼 수 있다. https://normlex.ilo.org/dyn/normlex/en/f?p=NORMLEXPUB:20060:0::NO::: [검색일: 2024.8.1.]

| 3436<br>'22.10. | 건설노조 활동, 단체교섭 탄압 | • 조합원 고용 요구를 단체교섭 대상사항으로 인정하지 않는 등 단체교섭 사항에 대한 일방적 제한은 제98호 협약과 상충됨<br>• 정당한 노동조합 활동에 대하여 공정거래위원회가 간섭하지 않도록 할 것<br>• 조합원 고용 요구 등과 관련된 평화적 단체행동으로 인해 어느 누구도 형사처벌받지 않도록 할 것 |
|---|---|---|
| 3433<br>'22.7. | 예산운용지침을 통한 공공기관 단체교섭권 침해 | • 정부의 각종 지침·권고로 인한 단체교섭권 침해에 관해 우려 |
| 3430<br>'22.6. | 정부지침·가이드라인 통한 공공기관 단체교섭권 침해 | • 정부의 각종 지침·권고로 인한 단체교섭권 침해에 관해 우려<br>• 공공부문 노조의 참여 보장을 위해 정부와 정기적 협의 메커니즘 구축할 것 |
| 3371<br>'19.10. | 기간제교사노조 설립신고반려 | • 고용상 지위에 관계없이 모든 노동자가, 불안정노동을 지양하기 위해 결사의 자유를 보장받아야 함<br>• 해고자의 조합활동권 제한은 결사의 자유 침해이며 부당노동행위를 야기할 위험성 있음. |
| 3262<br>'16.1. | 세종호텔노조(소수노조)에 대한 부당노동행위 | • 현행 교섭창구 단일화 시스템이 결사의 자유를 침해하는 효과를 낳지 않도록 근로감독 강화하고 제도개선 할 것 |
| 3238<br>'16.8. | 고용노동부의 일반해고/취업규칙 변경 지침 | • 고용노동부가 2016년 양대 지침을 폐기한 것을 환영하며, 이후 노사단체와 성실한 협의를 진행할 것<br>• 파업/집회 조직을 이유로 징역형 선고받은 민주노총 위원장의 석방을 위해 정부가 모든 조치를 취할 것 |
| 3237<br>'16.11. | 공공부문에서 일방적 성과연봉제 시행 | • 단체교섭을 통해 임금체계를 검토할 수 있도록 필요한 조치를 취할 것<br>• 단체교섭 대상사항은 노사가 결정할 문제이며, 지침/가이드라인 등을 통해 정부가 간섭하지 않을 것 |
| 3227<br>'16.9. | 발레오전장 부당노동행위 | • 사용자/사용자 단체가 지배하는 노동자단체의 설립을 촉진하기 위한 행위는 간섭행위(부당노동행위)로 간주<br>• 정부가 금속노조에 대한 공식논평을 발표함으로써 조합원들에게 영향을 미치는 행위를 하지 말 것 |
| 3138<br>'15.6. | 노동부의 단체협약 시정 관련 행정지침 | • 교섭 당사자간 자율에 맡겨두어야 할 단체협약에 대한 시정명령의 자제<br>• 단체협약 관련 지침은 노사정협의의 결과물이어야 함 |
| 3047<br>'13.12. | 삼성전자서비스 하청노동자 결사의 자유 침해 | • 원청 등과의 단체교섭 촉진<br>• 노조 탈퇴 협박, 계약해지 등 부당노동행위에 대한 독립적 수사와 시정 |

| | | |
|---|---|---|
| 2829<br>'11.1. | 공공기관 단체협약 시정명령<br>화물운송특수고용 결사의 자유 침해/법외노조 통보 위협 | • 공공기관 경영평가·예산가이드라인 실행 전 노조와 사전협의/정부의 각종 조치가 노조운동에 미친 영향 조사, 적절한 구제조치 실시<br>• 단체협약 일방해지 이전에 교섭을 촉진하기 위한 조치 실행<br>• 업무방해죄 개정<br>• 공공부문에서 자율적 성실교섭 촉진하기 위한 조치 실행/'부당한 단체협약' 시정명령 제한 |
| 2707<br>'09.4. | 대학교수 결사의 자유 침해 | • 대학교수의 결사의 자유 부정하는 관련 법규정 폐지<br>• 교수노조 설립신고 수리 |
| 2620<br>'07.12. | 이주노조 설립신고반려, 강제추방 | • 이주노조 설립신고 수리<br>• 이주노조 지도부에 대한 체포·추방 중단 |
| 2602<br>'07.10. | 사내하청·특수고용 결사의 자유 침해<br>쟁의행위에 업무방해죄 적용 | • 특수고용 결사의 자유 보장<br>• 원청 등과의 단체교섭 촉진<br>• 노조 탈퇴 협박, 계약해지 등 부당노동행위에 대한 독립적 수사와 시정<br>• 업무방해죄 개정 |
| 2569<br>'07.5. | 교원의 결사의 자유 침해<br>교원평가정책에 관해 전교조와의 교섭 거부 | • 교원의 쟁의행위·정치활동 금지 규정 폐지<br>• 집회 참석자에 대한 징계처분 원상회복<br>• 평화적 노조활동에 대한 형사처벌 금지 |
| 2093<br>'00.7. | 롯데호텔노조 단체교섭에 대한 중재회부/기간제 신규채용 통한 결사의 자유 제한/파업에 대한 공권력 투입/조합원에 대한 폭력 및 구속 | • 파업 중 공권력 투입은 공공질서 유지를 위해서만, 비례원칙에 따라 엄격히 제한되어야 함 |
| 1865<br>'95.12. | 국제노동기준과 충돌하는 노동관계법<br>노조활동에 대한 형사처벌<br>공무원·교원 결사의 자유 침해<br>지역건설노조 공안탄압 | • 노조법 §2 4호 라목 폐지/조합원 자격요건 노조가 결정<br>• 복수노조 금지 폐지/교섭창구단일화 제도 개선<br>• 제3자개입금지 폐지/업무방해죄 개정<br>• ILO기준에 부합하는 공무원·교원의 노동3권 보장<br>• 공무원·교원의 정치활동금지 폐지<br>• 노동관계에 공권력 개입 자제<br>• 전임자 급여지급은 노사자율로 결정<br>• '필수공익사업'을 엄격한 의미의 필수서비스로 제한<br>• 필수유지업무제도의 적용실태 보고<br>• 긴급조정제도의 제한<br>• 건설노조의 단체교섭에 대한 형사처벌 중단·보상 |

| 1629<br>'92.3. | 복수노조 금지<br>공무원·교원의 노동3<br>권 금지<br>제3자개입 금지<br>전노협·전교조에 대한<br>탄압 | • 제3자개입 금지조항 폐지<br>• 노조 지도부에 대한 구속·수배 중단<br>• 공무원 쟁의행위 금지규정 개정<br>• 결사의 자유 원칙 부합하는 노동관계법의 조속한 개정<br>• 박창수열사 의문사에 대한 독립적 수사 |
|---|---|---|

결사의 자유 위원회는 1951년 이후 70여 년간 약 3,400건의 진정사건을 처리하였으며, 유사한 사건들을 다루면서 축적된 위원회의 결정례들은 결사의 자유에 관한 일반 원칙을 형성하였다. 이는 「ILO 결사의 자유 위원회 결정례집(Digest of decisions and principles of the Freedom of Association Committee of the Governing Body of the ILO)」으로 발간되어 왔는데,[7] 실질적으로 결사의 자유에 관한 "국제 판례법(body of case law)"이라 할 수 있다.

이 책은 결사의 자유 관련 협약의 구체적 쟁점들에 관해, 결사의 자유 위원회 결정례집뿐만 아니라 한국에 대한 결사의 자유 위원회 진정사건 보고서를 전수 분석하고 주요한 내용은 발췌·해설하였다. 특히 제5장에서 한국의 집단적 노동관계법의 주요 쟁점별로 결사의 자유 위원회 진정사건 보고서를 분석·인용하여 해설하고 있다.

또한 이 책은 ILO 결사의 자유 원칙을 풍부하게 해설하기 위하여 제87호·제98호 협약 이외에도 「노동자대표 협약(제135호, 1971)」, 「노동관계(공공서비스) 협약(제151호, 1978)」, 「단체교섭 협약(제154호, 1981)」 등의 관련된 협약·권고들과 「노동에서의 기본원칙 및 권리에 관한 ILO 선언, 1998」 등 ILO의 선언들(Declarations) 등을 함께 검토하였다. 이는 ILO 헌장에 근거를 둔 결사의 자유 원칙을 재확인하는 내용들을 담고 있을 뿐 아니라, ILO 감독기구들이 결사의 자유 원칙 이행 여부를 검토할 때에도 해석의 보충적 기준으로 활용하고 있기 때문이기도 하다. 그리고 결사의 자유 원칙과 관련되는 주요 협약, 권고, 선언들의 국문 번역문을 부록으로 실었다.

---

7) 결정례집은 1972년 초판 발행 이후, 1976년(제2판), 1985년(제3판), 1996년(제4판), 2006년(제5판) 개정판이 발행되었으며, 2018년 Compilation of decisions of the Committee on Freedom of Association 이라는 제목으로 바뀐 제6판이 발행되었다. 결정례집(제6판)은 ILO 웹사이트에서 전자적 형태로도 이용할 수 있다; https://normlex.ilo.org/dyn/normlex/en/f?p=NORMLEXPUB:70001:0::NO [검색일: 2024.8.1.]

## 번역 용례

한국이 비준한 ILO 협약을 비롯한 국제인권조약의 공식 번역문은 법제처가 운영하는 '국가법령정보센터(law.go.kr)'에서 볼 수 있다. 그리고 미비준 협약을 비롯한 ILO의 주요 협약들을 노동부가 번역한 「ILO주요협약집」(노동부, 2002)이 있다. 또한 결사의 자유 위원회 결정례집의 제5판·제6판은 한국노동연구원 주관으로 번역한 것이 있다.

그러나 이번 주해서 작업을 진행하면서 검토해본 결과 ILO 협약의 공식 번역문에서조차 상당한 오역이나 의미를 제대로 전달하지 못하는 번역을 다수 확인할 수 있었다. 가장 대표적으로 ILO 기본협약에서 사용되는 'worker'는 대부분 '근로자'로 번역되었는데, 양자의 규범적 의미가 다르다는 점을 고려하면 이는 중대한 오역이라 할 수 있다.[8] 이 책에서는 'worker'를 ILO에서의 용례에 따라 '노동자'로 번역하였다.

또한 ILO 협약 등에서 나오는 'public authority'를 공식 번역문에서는 '공공기관'으로 번역하고 있는데, 우리의 현행법에서는 '공공기관'이 정부·지방자치단체가 아닌 법인·단체 또는 기관을 의미하는 것으로 사용되는 경우가 있으므로 이러한 번역은 협약의 적용범위에 관한 오해를 낳을 수 있다.[9] ILO 협약에서 사용되는 'public authority'는 정부를 비롯하여 국가기관이 투자하거나 공적 기능을 수행하는 모든 기관을 의미한다는 점에서,[10] 이 책에서는 '공공당국'으로 번역하였다.

ILO 협약의 제목이나 표제어에서부터 심각한 오해를 불러일으키는 번역도 눈에 띄었는데, 제135호 협약을 '기업의 근로자대표에게 제공되는 보호 및 편의에 관한 협약'으로 번역한 공식 번역문이 대표적 사례이다. 해당 협약에서 말하는 'workers' representatives'란 "노동조합이나 그 조합원이 임명하거나 선출한

---

8) ILO 협약에서 사용되는 'worker'의 규범적 의미에 관해서는 제1장 제2절 Ⅳ, 제3장 제2절 Ⅱ, 제4장 제5절 Ⅱ를 참조.

9) 일례로 「공공기관의 운영에 관한 법률」 제4조는 법의 적용대상인 '공공기관'을 국가·지방자치단체가 아닌 법인·단체 또는 기관으로서 기획재정부장관이 지정하는 기관으로 정의하고 있다.

10) ILO, *Collective bargaining in the public service: A way forward*, General Survey concerning Labour Relations and Collective Bargaining in the Public Service, International Labour Conference, 102nd Session, Geneva, 2013, para. 60.

대표" 또는 "사업체의 노동자가 국내법령이나 단체협약에 따라 자유로이 선출한 대표" 어느 하나에 해당하는 사람을 일컫는다(제3조). 제135호 협약은 사업체 ("undertaking") 수준에서 노동자대표로서 역할을 하는 사람이 임명 또는 선출되는 절차 및 그러한 노동자대표와 노동조합과의 관계는 국가별로 다양하다는 현실을 인식하면서, 그러한 노동자대표가 그 역할을 신속하고 효율적으로 수행할 수 있도록 적절한 편의가 사업체에서 제공되도록 할 목적으로 채택되었다.[11] 그런데 이를 '근로자대표'로 번역하게 되면 우리 현행법의 '근로자대표'를 연상시켜, 협약의 보호대상이 특정한 사업체에 고용되어 법령상의 '근로자대표'로서 역할을 하는 사람만 가리키는 것으로 심각하게 오해하도록 만든다. 따라서 이 책에서는 협약의 취지를 살리기 위해 제135호 협약을 '노동자대표에게 사업체에서 제공되는 보호 및 편의에 관한 협약'으로 번역하고, 본문에서도 그와 일관되게 공식 번역문을 수정하였다.

이와 같이 이 책은 ILO 결사의 자유 관련 협약들을 인용할 때 정부의 공식 번역문이 있는 경우 그것을 참조하면서도 그 의미를 명확히 하기 위하여 영어 원문을 함께 발췌하였다. 또한 공식 번역문에 중대한 오역이 발견되는 경우 그것을 정정하여 인용하였다. 대한민국이 비준한 협약은 국내법과 같은 효력을 가지는 만큼 국제노동기준이 국내법제에서 온전히 활용될 수 있도록, 앞으로 정부의 공식 번역문을 정정할 수 있는 공식 절차가 마련되어야 할 것이다. 특히 국제노동기준은 노·사·정 삼자주의 원칙에 근거를 둔 ILO 총회에서 채택되는 만큼 국제노동기준의 번역 및 번역 정정 과정에 가장 대표적 노동자단체, 사용자단체의 참여가 보장되어야 할 것이다.

---

11) ILO, *Record of Proceedings*, Appendices: Fifth Item on the Agenda: Protection and Facilities Afforded to Workers' Representatives in the Undertaking, International Labour Conference, 56th Session, Geneva, 1971 참조.

# 제1장

# ILO와 국제노동기준에 대한 이해

## 제1절 국제노동기구(ILO)에 대한 이해

**국제노동기구헌장 전문**

보편적이며 항구적 평화는 사회적 정의에 기초함으로써만 확립될 수 있으며, 세계의 평화와 화합이 위협을 받을 만큼 커다란 불안을 가져오고 수많은 사람들에게 불의·고난 및 궁핍 등을 주는 노동조건이 존재하며, 이러한 조건은, 1일 및 1주당 최장노동시간의 설정을 포함한 노동시간의 규정, 노동력의 공급조절, 실업의 예방, 적정한 생활급 지급, 직업상 발생하는 질병·질환 및 상해로부터 노동자의 보호, 아동·청년 및 여성의 보호, 고령 및 상해에 대한 급부, 자기 나라 외의 다른 나라에서 고용된 노동자의 권익 보호, 동등한 가치의 노동에 대한 동일 보수 원칙의 인정, 결사의 자유 원칙의 인정, 직업교육 및 기술교육의 실시와 다른 조치들을 통하여, 시급히 개선되는 것이 요구되며, 또한 어느 나라가 인간적인 노동조건을 채택하지 아니하는 것은 다른 나라들이 노동조건을 개선하려는 데 장애가 되므로, 체약당사국들은 정의 및 인도주의와 세계의 항구적 평화를 확보하고자 하는 염원에서 이 전문에 규정된 목표를 달성하기 위하여 다음의 국제노동기구헌장에 동의한다.

국제노동기구(International Labour Organization, ILO)는 제1차 세계대전을 마무리하기 위한 베르사이유 조약에 근거하여 1919년 창립되었다.[1] ILO 창립의 배경이 되었던 것은 각국에서의 열악한 노동조건과 전쟁, 때로는 혁명으로까지 이어졌던 노동자들의 조직과 투쟁의 확산이었다. 이에 대응하여 각국은 "세계의 항구적 평화는 사회적 정의에 기초함으로써만 확립될 수 있다(universal and lasting peace can be established only if it is based upon social justice)"는 인식에 기초하여, 노동조건의 개선과 세계의 항구적 평화를 추구하는 ILO를 창립하게 되었다.

ILO의 조직구조는 기본적으로, 총회에 해당하는 국제노동총회(International Labour Conference, ILC), 집행기구에 해당하는 이사회(Governing Body), 상설 사무소에 해당하는 사무국(International Labour Office)으로 구성된다.

국제노동총회의 성원은 각 회원국별로 정부대표 2인, 노동자대표 1인, 사용자대표 1인으로 구성된다. 노동자대표와 사용자대표는 ILO 각 회원국의 가장 대표적 노동자단체 및 사용자단체의 동의에 따라 지명된다. 총회의 성원인 각 대표들은 동등한 권리를 가지며 독자적으로 투표권을 행사할 수 있다. 국제노동총회는 원칙적으로 매년 6월에 제네바에서 개최되는데, 그 주요 기능은 국제노동기준의 채택, ILO의 정책과 활동의 원칙을 지도하는 결의의 채택, ILO의 사업계획 및 예산 승인, 새로운 회원국의 가입 승인 등의 최고 의사결정이다.

이사회는 정부측 이사 28명, 노동자측 이사 14명, 사용자측 이사 14명, 총 56명으로 구성된다. 정부측 이사 중 10명은 산업적으로 가장 중요한 회원국들[2]이 상임을 맡으며, 나머지 18명의 정부측 이사는 3년마다 총회의 정부대표들에 의해 상임 이사가 아닌 회원국 중에서 선출된다. 노동자측 이사와 사용자측 이사는 총회의 노동자대표, 사용자대표에 의해 선출된다. 이사회의 주요 기능은 국제노동총회의 의제 선정에 관한 의결, ILO의 정책에 관한 결정, ILO의 사업계획 및 예산안의 수립, ILO 사무총장(Director-General)의 선출 등이다. 이사회는 매년 3월, 6월, 11월 제네바에서 개최된다.

---

1) 19세기 후반에 다양한 노동자 국제조직들이 국제적 노동입법을 마련하기 위한 노력을 전개하였다. 그 일환으로 1919년 베르사이유 강화회의에서는 노·사·정 대표자로 구성된 국제노동입법위원회(Commission on International Labour Legislation)를 구성하였고, 국제노동기구 헌장 초안을 제안한 이 위원회의 보고서가 베르사이유 강화회의의 승인을 받아 베르사이유 조약의 제13편이 되었다. 관련하여, 「세계인권선언」의 주요 입안자였던 René Cassin은, ILO 헌장이 개인의 근본적 자유에 관한 국제법의 계약적 기초의 첫번째 국면을 대표한다고 서술한 바 있다(Valticos, Nicolas, International labour standards and human rights, *International Labour Review*, Vol. 137, No. 2, 1998, 135쪽).

2) 2024. 1. 현재 독일, 브라질, 중국, 미국, 러시아, 프랑스, 인도, 이탈리아, 일본, 영국이 해당됨.

사무국은 ILO의 상설 사무소의 기능을 하며, 국제노동총회를 비롯한 ILO가 개최하는 각종 회의의 기본문서와 보고서를 작성하며, 각 회원국들에 대한 기술적 지원(technical cooperation)을 담당한다. ILO는 제네바의 사무국 본부 이외에도 세계적으로 다수의 지역 사무소들(field offices)을 운영하고 있으며, 그 활동은 사무총장의 지도하에 이사회의 감독을 받는다.

국제노동총회와 이사회와 같은 ILO의 기본구조는 노·사·정 3자 대표로서 구성된다. 이러한 삼자주의(tripartism)에 기초한 구성과 활동은 국제기구 중에서도 ILO가 갖는 독보적 특징으로서 평가된다.

# 제2절 국제노동기준에 대한 이해

## I. 국제노동기준

### 1. 국제노동기준의 유형

좁은 의미에서 국제노동기준(International labour standards)이라 할 때는 ILO 헌장, 협약(Convention)과 권고(Recommendation)를 말한다. 그러나 이외에도 ILO 총회에서 채택된 선언(Declaration), 결의(Resolution) 등도 국제노동기준의 일반원칙과 관계된다는 점에서 국제노동기준의 해석·적용에 있어 준거로서 활용될 수 있다.

ILO 헌장(Constitution)은 국제노동기구의 구성, 권한, 목적 및 역할에 관한 원칙을 정하고 있는 근본 문서(founding text)이다. 특히 ILO 헌장의 전문과 1946년 헌장의 부속서가 된 '국제노동기구의 목적에 관한 선언(필라델피아 선언)'[3]은 노동에서의 기본 원칙과 권리를 천명하고 있다. 이에 따라 결사의 자유, 차별 금지의 원칙 및 "노동은 상품이 아니다"라는 원칙은 ILO의 기본원칙으로서 모든 회원국이 ILO의 회원이라는 바로 그 사실로부터 기본원칙의 존중을 약속한 것으로 보게 되는 국제노동기준에 해당한다.[4]

---

3) Declaration concerning the aims and purposes of the International Labour Organisation (DECLARATION OF PHILADELPHIA).

ILO 협약(Convention, 이하 '협약')은 국제법상 '조약(treaty)'으로서 원칙적으로 회원국의 비준에 따라 그 회원국에 대한 법적 구속력을 가진다. 따라서 회원국은 "협약 규정을 시행하기 위하여 필요한 조치"를 취하여야 한다[헌장 제19조 제5항 (d)].

협약은 그 초안의 작성과정이나 채택과정 전반이 노·사·정 삼자주의를 기본으로 하는 ILO 구조에서 이루어지는 만큼 전통적 조약과는 다른 특징을 가진다. 즉, 협약은 ILO 총회에서 출석 대표 3분의 2의 다수결로 채택되며(헌장 제19조 제2항), 채택에 있어 회원국의 비준을 요하지 않는다. 또한 헌장에 따라서 협약은 비준 여부와 상관없이 모든 회원국에게 다음과 같은 법적 의무를 부과한다. 첫째, 총회에서 협약이 채택되면 모든 회원국은 총회 회기 종료 후 늦어도 1년 이내에, 어떠한 경우에도 총회 회기 종료 18개월 이내에 입법 또는 다른 조치를 위하여 그 사항을 관장하는 권한 있는 국내 기관에 협약을 제출하여야 한다[헌장 제19조 제5항(b)]. 이는 해당 협약 비준에 관한 국내적 논의를 촉진하기 위해서이다. 둘째, 회원국이, 그 사항을 관장하는 권한 있는 기관의 동의를 얻지 못하는 경우, 그 회원국은 협약이 취급하고 있는 사항에 관하여 자기 나라 법률 및 관행의 입장을 이사회가 요구하는 적당한 기간마다 ILO 사무총장에게 보고하여야 한다[헌장 제19조 제5항(e)].

협약을 개정하려는 경우 총회는 프로토콜(protocol)을 채택할 수 있다. 프로토콜도 협약과 동일한 법적 성격을 가지기 때문에 원칙적으로 이를 비준하는 회원국에 대해서만 법적 구속력을 갖는다.

ILO 권고(Recommendation, 이하 "권고")는 협약과 동일한 절차에 따라 총회에서 채택되지만, 법적 구속력을 갖지 않은 국제노동기준이다. 권고의 목적은 회원국이 국내적으로 노동·사회 정책을 실행하는데 있어 가이드라인을 제공하는 것이다. 권고는 특정한 협약에 수반되어 그 협약상의 원칙들의 이행을 촉진하기 위한 조치를 담은 문서로서 채택되기도 하고, 기존 협약이 다루고 있지 않은 쟁점들을 독자적으로 다루는 국제노동기준으로서 채택되기도 한다.5) 권고는 회원

---

4) "국제연합의 원회원국 및 국제연합헌장의 규정에 따라 총회의 결정으로 국제연합회원국으로 가입된 국가는 국제노동기구 사무총장에게 국제노동기구헌장 의무의 공식수락을 통보함으로써 국제노동기구의 회원국이 될 수 있다(ILO 헌장 제1조 제3항)" 참조.
5) 전자의 예로서는, 「노동자대표 협약(제135호, 1971)」과 함께 채택된 「노동자대표 권고(제143호, 1971)」가 있다. 후자의 예로서는 「고용관계 권고(제198호, 2006)」가 있다.

국에 대해 법적 구속력을 갖는 문서는 아니지만, 회원국은 국제노동기준의 국내
법적 적용이나 입법 과정에서 권고를 유용한 지침으로 삼을 수 있다.[6]

　　ILO 선언(Declaration, 이하 "선언")은 헌장에서 그 채택절차에 관해 명시적으
로 규정하고 있지는 않지만, ILO 총회와 이사회는 다양한 선언을 채택해 왔다.[7]
선언은 엄밀한 의미에서 회원국에 대하여 법적 구속력을 가진 문서는 아니지만,
ILO의 목적 내지 기본원칙을 재확인하는 내용을 담아 총회에서 채택된 ILO 선언
은 국제관습법의 일환 또는 강행규범(jus cogens)의 일종으로 볼 수 있다.[8]

　　그 밖에 총회에서 채택되는 ILO의 결의(Resolution, 이하 "결의")는 다양한 주
제들에 관한 ILO의 견해를 표현하는 문서로서 회원국에 대하여 법적 구속력을
갖지 않는다. 하지만, 특정 협약이 다루는 주제에 관한 결의는 해당 협약의 내용
을 해석하는데 활용될 수 있다. 예를 들면, 결사의 자유 원칙과 관련된 결의들은
ILO 감독기구들이 회원국이 결사의 자유 원칙을 실현하고 있는지 평가할 때 준
거로서 활용되어 왔다.[9] 또한 협약과 함께 채택되는 결의는 회원국에게 협약의
국내적 적용에 관한 가이드라인을 제공하는 역할을 한다.[10]

## 2. 국제노동기준의 특징

　　노·사·정 삼자주의(tripartism)를 기초로 하는 ILO의 구조로 인하여 국제노
동기준은 다른 다자조약과 다른 특징을 가진다. 첫째, 국제노동기준은 그 채택과
이행 과정 전반에 걸쳐 삼자주의에 기초하고 있다. 협약의 예를 들면, 노·사·정

---

6) ILO 권고 등을 국내법적 해석을 보충하는 기준으로 활용하는 사례에 관해 자세히는 제2
　장 제3절 Ⅳ 참조.
7) 역사적으로 대부분의 ILO 선언은 총회에서 채택되었으며, 이사회에서 채택된 선언은 「다
　국적 기업 및 사회정책의 원칙에 관한 1977년 삼자 선언(1977 Tripartite Declaration of
　Principles concerning Multinational Enterprises and Social Policy)」이 유일하다.
8) 이러한 선언의 예로서 「국제노동기구의 목적에 관한 필라델피아 선언, 1944」(1946년에
　ILO 헌장 부속서로 통합됨), 「남아프리카 공화국의 인종차별 정책("Apartheid")에 관한
　선언, 1964」, 「여성 노동자에 대한 동등한 기회 및 처우에 관한 선언, 1975」, 「노동에서의
　기본 원칙 및 권리에 관한 선언, 1998」, 「공정한 지구화를 위한 사회 정의에 관한 선언,
　2008」, 「노동의 미래를 위한 ILO 100주년 선언, 2019」 등이 있다.
9) 그 예로서 「노동조합운동의 자주성에 관한 결의, 1952」, 「노동조합의 권리와 시민적 자유
　의 관계에 관한 결의, 1970」 등이 있다.
10) 그 예로서, 「(통합) 해사 협약(Maritime Labour Convention), 2006」과 함께 채택된 2006
　년 결의, 「산업안전보건 증진체계 협약, 2006(제187호)」과 함께 채택된 2006년 결의 등이
　있다.

이사로 구성되는 이사회에서는 새로운 국제노동기준 마련의 출발점으로서 총회에서 '기준설정 절차(standard-setting action)'를 진행할 것을 의결한다. 협약의 초안 작성 과정에서도, 각국의 노·사·정은 ILO 사무국의 설문조사에 참여하며, 총회에서 협약 초안을 심의하는 과정에 참여한다. 또한 협약이 채택되기 위해서는 ILO 총회에서 출석 인원의 3분의 2 이상의 찬성이 있어야 한다. 채택된 협약의 이행 과정에서도 각국의 노·사·정은 국내적 이행 상황에 관한 정부 보고, 결사의 자유 위원회, 총회 기준적용위원회 등의 ILO 감독 메커니즘 참여를 통해 국제노동기준의 실현 과정에 관여한다. 국제노동기준의 이러한 삼자주의적 특징은 정부의 일방적 행위로 체결되는 여타의 조약들과 차별적인 특징이며, 그 민주적 성격은 국제노동기준의 법적 정당성과 위상을 강화하는 근거가 된다.[11]

둘째, ILO의 국제노동기준 관련 모든 문서들(instruments)은 보편성(universality)의 원칙에 근거하고 있다. 즉, ILO는 창립 후 지금까지 지역적으로 달리 적용되는 국제노동기준을 채택하지 않아 왔으며, ILO 협약은 비준 당사자가 협약의 특정 부분에 대하여 유보(reservations)[12]하는 것을 허용하지 않는다. 그러므로 ILO 회원국은 국내법적 상황을 근거로 국제노동기준의 이행의무 위반을 정당화할 수 없다.[13] 또한 국제노동기준을 채택하는 과정 전반이 각국의 노·사·정의 사회적 대화와 관여의 과정인만큼, 국제적 노·사·정 간 대화와 타협의 결과인 협약의 내용을 어느 회원국의 주체가 축소하는 것은 허용되지 않는다.[14]

셋째, 국제노동기준은 최저 노동기준의 성격을 가진다. 이에 관하여 ILO 헌장은 "어떠한 경우에도, 총회에 의한 협약이나 권고의 채택 또는 회원국에 의한 협약의 비준이 협약 또는 권고에 규정된 조건보다도 관련 노동자에게 더 유리한 조건을 보장하고 있는 법률, 판정, 관습 또는 합의에 영향을 주는 것으로 보지 아니한다"라고 규정하고 있다(헌장 제19조 제8항). 즉, 국내법이 해당 ILO 협약의 규정보

---

11) Beadonnet, Xavier and Tzehainesh Teklè (eds.), *International Labour Law and Domestic Law*, International Training Centre, 2015, 70쪽.
12) 국제법상 '유보(reservations)'란, 조약의 서명·비준·수락·승인 또는 가입 시에 국가가 그 조약의 일부 규정을 자국에 적용함에 있어서 그 조약의 일부 규정의 법적 효과를 배제하거나 또는 변경시키고자 의도하는 경우에 그 국가가 행하는 일방적 성명을 의미한다(「조약법에 관한 비엔나 협약」 제2조 제1항 d).
13) "당사자는 자신의 조약 불이행에 대한 정당화 근거로서 자신의 국내법 규정을 원용할 수 없다(「조약법에 관한 비엔나 협약」 제27조)"는 점은 조약 해석의 국제법적 원칙이기도 하다.
14) Beadonnet, Xavier and Tzehainesh Teklè (eds.), 앞의 책, 67쪽.

다 노동자에게 더 유리한 내용을 정하고 있는 경우, 가장 유리한 내용이 적용된다.

## Ⅱ. ILO 기본협약(ILO fundamental Conventions)

「노동에서의 기본 원칙 및 권리에 관한 ILO 선언」(이하 '1998년 ILO 선언')[15] 은 ILO 협약 중에서 결사의 자유 관련 협약(제87호, 제98호), 강제노동 철폐 협약 (제29호, 제105호), 아동노동 철폐 협약(제138호, 제182호), 차별 철폐 협약(제100호, 제111호) 등은 비준 여부와 관계없이 ILO 회원국 전체가 준수해야 할 의무를 가 진다는 점을 확인하였다. 2022년 총회에서 1998년 ILO 선언을 개정하여 안전하 고 건강한 노동환경 관련 협약(제155호, 제187호)이 추가되었다. 이들 11개 협약을 ILO '기본협약(fundamental Conventions)'[16]이라고 한다([표 1] 참조).

---

노동에서의 기본 원칙 및 권리에 관한 ILO 선언

국제노동총회는
[중략]
2. 모든 회원국은, 비록 관련 협약을 비준하지 않았더라도, ILO 회원국이라는 그 사실로 부터, 해당 협약에서 규정하고 있는 다음의 기본적 권리에 관한 원칙들을 성실하게 ILO 헌장에 부합하도록 존중하고 증진하며 실현할 의무가 발생함을 선언한다.
  (a) 결사의 자유 및 단체교섭권의 실효적인 인정
  (b) 모든 형태의 강제적 또는 의무적 노동의 철폐
  (c) 아동노동의 실효적인 철폐
  (d) 고용 및 직업상의 차별 철폐
  (e) 안전하고 건강한 노동환경

---

15) 「ILO Declaration on Fundamental Principles and Rights at Work, 1998 (2022년 개정)」.
16) 국내에서는 결사의 자유 관련 협약 등을 'ILO 핵심협약'이라고 부르는 경우가 많지만, 이들 협약은 ILO 헌장으로부터 연유하는 '기본 원칙 및 노동권(fundamental principles and rights at work)'을 다루고 있다는 점에서 'ILO 기본협약'이라고 부르는 것이 더 적절하다. 기본협약을 제외한 나머지 ILO 협약을 '비핵심적' 협약이라고 할 수 없으며(Alston, Philip, "'Core Labour Standards' and the Transformation of the International Labour Rights Regime", *European Journal of International Law*, vol. 15, no. 3, 2004 참조), 기본협약 이 갖는 의의는 여타의 노동권의 향유를 가능하게 하는 권리(enabling rights)라는 의미이기 때문이다.

　　1998년 ILO 선언은, 무엇이 모든 회원국이 존중해야 할 국제노동법의 핵심에 해당하는가를 국제적으로 확인한 문서로 평가된다. 즉, 선언이 "모든 회원국은, 비록 관련 협약을 비준하지 않았더라도, ILO 회원국이라는 그 사실로부터 기본적 권리에 관한 원칙들을 성실하게 ILO 헌장에 부합하도록 존중하고 증진하며 실현할 의무가 있"다(제2조)고 천명하고 있듯이, ILO 헌장으로부터 직접 도출되는 결사의 자유를 비롯한 기본적 인권들은 노동권의 최저 기준에 해당하며, 모든 회원국이 경제발전의 수준이나 세계 경제 속에서의 위상에 관계없이 준수해야 할 국제법이라 할 수 있다.[17]

### [표 1] ILO 기본협약 비준 현황

| | ILO 기본 협약 | 한국의 비준 여부 | 비준국 |
|---|---|---|---|
| 결사의 자유 | 제87호(결사의 자유와 조직할 권리 보호 협약, 1948) | 2021.4.20.비준 | 158 |
| | 제98호(단결권과 단체교섭권 협약, 1949) | 2021.4.20.비준 | 168 |
| 강제노동 철폐 | 제29호(강제노동 협약, 1930) | 2021.4.20.비준 | 181 |
| | 제29호 보충협약(2014)* | × | 60 |
| | 제105호(강제노동철폐 협약, 1957) | × | 178[18] |
| 차별 철폐 | 제100호(동등보수 협약, 1951) | 1997.12.8.비준 | 174 |
| | 제111호(고용 및 직업상 차별 협약, 1958) | 1998.12.4.비준 | 175 |
| 아동노동 철폐 | 제138호(최저연령 협약, 1973) | 1999.1.28.비준 | 176 |
| | 제182호(가혹한 형태의 아동노동 협약, 1999) | 2001.3.29.비준 | 187 |
| 노동안전 보건** | 제155호(산업안전보건 협약, 1981) | 2008.2.20.비준 | 82 |
| | 제187호(산업안전보건 증진체계 협약, 2006) | 2008.2.20.비준 | 67 |

* 자료: ILO ＜https://www.ilo.org/dyn/normlex/en/f?p＝1000:12001:::NO＞(검색일: 2024.8.1.)
* 보충협약(Protocol)은 협약을 부분적으로 개정하는 효력을 가짐.
** 제155호·제187호 협약은 2022년 ILO총회에서 기본협약에 포함됨.
2024. 7. 현재 ILO회원국은 187개국임.

---

17) Macklem, Patrick, The right to bargain collectively in international law, in: Alston, Philip (ed.), *Labour Rights as Human Rights*, Oxford University Press, 2005, 68~69쪽.
18) 2024.5. 현재 제105호 협약 미비준 국가는 대한민국, 브루나이, 라오스, 마샬 군도, 미얀마, 팔라우, 동티모르, 통가, 투발루.

## Ⅲ. 인권으로서의 결사의 자유

제2차 세계대전 종결 이후 3년간은 국제기구에서 인권 규범을 형성하기 위한 노력이 집중되었던 시기이다. 수년간의 논의를 거쳐 ILO는 1948년 「결사의 자유 및 조직할 권리 보호 협약」(제87호)을 채택하였고, 5개월 뒤 국제연합(UN)은 「세계인권선언」을 채택하였다. 같은 시기에 서로 영감을 주고 받는 논의가 진행된 결과, 결사의 자유에 관한 두 인권 규범의 텍스트는 본질적으로 서로 일치한다.[19]

「세계인권선언」(Universal Declaration of Human Rights)은 노동조합을 결성·가입할 권리를 기본적 인권의 하나로서 확인하고 있다.[20] 구체적으로 제20조는 집회 및 결사의 자유, 제23조는 노동조합을 결성·가입할 권리를 선언하고 있는데, 결사의 자유의 보장 연혁을 살펴보았을 때 양자는 밀접한 관련성을 가지고 있는 것으로 이해된다.

2차대전 후 체제대결과 냉전 상황 속에서 세계인권선언을 구체화하는 국제인권규약이 '시민적·정치적 권리'와 '경제적·사회적·문화적 권리'로 나뉘어 채택됨으로 인해 두 인권의 성격과 상호관계에 관한 이데올로기적 논쟁이 생겨난 것과 달리, ILO는 처음부터 '사회적 정의(social justice)'라는 개념을 강조하면서, 물질적 진보와 시민적·정치적 권리 사이의 내재적 관련성을 강조해왔다.[21] 즉, ILO는 초기부터 결사의 자유 원칙은 시민적·정치적 권리이자 경제적·사회적 권리라는 점을 명확히 해 왔다. 일례로 1970년 ILO 총회에서 채택된 「노동조합의 권리와 시민적 자유의 관계에 관한 결의」는 노동조합의 권리 실현이 시민적 자유의 존중과 불가분의 관계가 있음을 명확히 하고 있다.[22] 일반적 결사의 자유

---

19) Swepston, Lee, *The Universal Declaration of Human Rights and ILO standards*, ILO, 1998.
20) 제23조 4. 모든 사람은 자신의 이익을 보호하기 위하여 노동조합을 결성하고, 가입할 권리를 가진다.
21) "모든 인간은 인종·신조 또는 성에 관계없이 자유 및 존엄과 경제적 안정 및 기회균등의 조건하에 물질적 진보와 정신적 발전을 추구할 권리를 가진다"라고 선언하고 있는 필라델피아 선언은 그러한 통합적 접근법을 잘 보여준다.
22) "노동자 및 사용자단체에 부여된 권리들은, 세계인권선언 및 시민적·정치적 권리규약이 선언하는 시민적 자유의 존중에 기초해야 한다. 이러한 시민적 자유 없이는 노동조합의 권리는 무의미해진다(ILO, *The Resolution concerning Trade Union Rights and their Relations to Civil Liberties*, Record of Proceedings, International Labour Conference, 54th

와 노동조합을 결성·가입할 권리의 연관성에 관해 ILO 사무국은, "산업적 결사의 자유는 일반적 의미에서의 결사의 자유, 즉 집회 및 회합의 자유, 사상의 자유, 표현과 언론의 자유 등 인간의 근본적 자유의 전체 영역의 일부를 구성하는 자유의 한 측면"이라고 기술하고 있다.[23] ILO 헌장의 부속서인 필라델피아 선언이 "기본 원칙"으로서 표현의 자유와 나란히 결사의 자유를 천명하고 있는 취지도, 노동조합을 할 권리는 민주적 과정과 본질적으로 연계되어 있다는 인식을 반영한 것이다.[24]

「시민적 및 정치적 권리에 관한 국제규약」(International Covenant on Civil and Political Rights) 제22조[25]와 「경제적·사회적 및 문화적 권리에 관한 국제규약」(International Covenant on Economic, Social and Cultural Rights) 제8조[26] 역시 결사

---

Session, Geneva, 1970, 733)."

23) ILO, *Report* Ⅶ, International Labour Conference, 30th Session, Geneva, 1947, pp. 11~12.
24) Vogt, Jeffrey et al. *The Right to Strike in International Law*, Hart Publishing, 2020.
25) 제22조
  1. 모든 사람은 자기의 이익을 보호하기 위하여 노동조합을 결성하고 이에 가입하는 권리를 포함하여 타인과의 결사의 자유에 대한 권리를 갖는다.
  2. 이 권리의 행사에 대하여는 국가안보, 공공안전, 공공질서, 공중보건 또는 공중도덕의 보호 또는 타인의 권리 및 자유의 보호를 위하여 민주사회에서 필요하며 법률에 규정된 제한 이외의 어떠한 제한도 부과될 수 없다. 이 조는 군대와 경찰의 구성원이 이 권리를 행사하는 데 대하여 합법적인 제한을 부과하는 것을 방해하지 않는다.
  3. 이 조의 어떤 규정도 「결사의 자유 및 조직할 권리 보호에 관한 1948년 국제노동기구 협약」의 당사국이 그 협약에 규정된 보장을 침해할 수 있는 입법조치를 취하거나 이를 침해하는 방식으로 법률을 적용하는 것을 허용하지 않는다.
26) 제8조
  1. 이 규약의 당사국은 다음의 권리를 확보할 것을 약속한다.
    (a) 모든 사람은 그의 경제적, 사회적 이익을 증진하고 보호하기 위하여 관계단체의 규칙에만 따를 것을 조건으로 노동조합을 결성하고, 그가 선택한 노동조합에 가입하는 권리. 그러한 권리의 행사에 대하여는 법률로 정하여진 것 이외의 또한 국가안보 또는 공공질서를 위하여 또는 타인의 권리와 자유를 보호하기 위하여 민주 사회에서 필요한 것 이외의 어떠한 제한도 과할 수 없다.
    (b) 노동조합이 전국적인 연합 또는 총연합을 설립하는 권리 및 총연합이 국제노동조합 조직을 결성하거나 또는 가입하는 권리
    (c) 노동조합은 법률로 정하여진 것 이외의 또한 국가안보, 공공질서를 위하거나 또는 타인의 권리와 자유를 보호하기 위하여 민주사회에서 필요한 제한 이외의 어떠한 제한도 받지 아니하고 자유로이 활동할 권리
    (d) 특정국가의 법률에 따라 행사될 것을 조건으로 파업을 할 수 있는 권리
  2. 이 조는 군인, 경찰 구성원 또는 행정관리가 전기한 권리들을 행사하는 것에 대하여 합법적인 제한을 부과하는 것을 방해하지 아니한다.
  3. 이 조의 어떠한 규정도 결사의 자유 및 조직할 권리의 보호에 관한 1948년의 국제노동

의 자유를 기본적 인권의 하나로서 확인하고 있다. 여기서 유의할 점은 비록 두 개의 인권규약으로 나뉘어 채택되었지만, 인권의 불가분성 원칙에 따르자면 양 규약이 보장하는 권리 사이에는 본질적 차이가 없다는 것이다.27)

결사의 자유 원칙을 예로 들어 보자면, 양 규약은 약간 다른 표현을 쓰고 있지만, ILO 87호 협약의 규정을 저해할 수 없도록 함으로써 사실상 동일한 범위의 결사의 자유를 승인한 것으로 해석돼 왔다. 예를 들면, 경제적, 사회적 및 문화적 권리 위원회(이하 'CESCR')는 경제적·사회적·문화적 권리 규약 제8조 제1항 (C)의 노동조합의 자유로운 활동의 권리에는 단체교섭권이 포함된다고 일관되게 해석해왔다.28) 그리고 UN 인권위원회(Human Rights Committee, 이하 'HRC') 역시 시민적·정치적 권리 규약 제22조에 단체교섭권29)과 파업권30)이 포함되는 것으

---

기구협약의 당사국이 동 협약에 규정된 보장을 저해하려는 입법조치를 취하도록 하거나, 또는 이를 저해하려는 방법으로 법률을 적용할 것을 허용하지 아니한다.

27) 시민적·정치적 권리 규약과 경제적·사회적·문화적 권리 규약은 모두, 전문에서 "「세계인권선언」에 따라, … 공포와 결핍으로부터의 자유를 향유하는 자유 인간의 이상은 모든 사람이 자신의 시민적·정치적 권리뿐만 아니라 경제적, 사회적 및 문화적 권리를 향유할 수 있는 여건이 조성되는 경우에만 성취될 수 있음을 인정"하여 양자의 상호불가분성과 상호의존성을 강조하고 있다.

28) 이러한 관점에서 CESCR은 2001년 한국의 제2차 정부보고서에 대한 최종견해에서 "위원회는 규약 8조의 규정 즉 모든 사람들이 자유로이 노동조합을 결성하고 참여할 권리, 자신들의 경제적 및 사회적 이해를 증진하고 보호하기 위해 노동조합을 통한 단체교섭을 할 권리, 그리고 파업권을 한국정부에 상기시킨다"고 밝혔다(E/C.12/1/Add.59, para. 39). 또한 2017년 한국의 제4차 정부보고서에 대한 최종견해에서는 "복수노조 교섭창구단일화 관련 법률이 기업에 의해 단체교섭에서 노동자들의 힘을 약화시킬 목적으로 사용되지 않도록 할 것"과 "모든 사람이 노동조합에 자유롭게 가입하도록 보장하고 노조 활동에 대한 행정당국 및 사용자의 자의적 개입을 예방하도록 노동법을 개정할 것"을 권고하였다(E/C.12/KOR/CO/4, para. 48). 2001년 프랑스 정부보고서에 관해서는, 노조가 대표성이 있어야 한다는 요건이, 노조의 규모와 상관없이 단체교섭을 포함한 자유로운 노조 활동의 권리 행사를 방해하지 않도록 규약 제8조(c)에 부합하도록 보장할 것을 권고한 바 있다(E/C.12/1/Add.72, para. 29).

29) 이러한 관점에서 UN 인권위원회는 2023년 한국의 제5차 정부보고서에 대한 최종견해에서 "당사국은 모든 개인(individuals)이 결사의 자유에 대한 권리를 완전히 누리도록 보장해야 하며 이 권리의 행사에 대한 어떠한 제한도 본 규약 제22조 제2항의 요건을 엄격히 준수해야 한다"고 밝히면서, 공무원, 교사, 비정규직 노동자를 포함하여 모든 노동자(all workers)가 노동조합을 결성하고 가입할 권리, 단체교섭권, 파업권을 완전히 행사할 수 있도록, 이러한 권리에 대한 제한은 본 규약 제22조 제2항에 엄격하게 부합해야 하며 이를 위해 「노동조합 및 노동관계조정법」과 여타 관련법을 개정할 것을 권고하였다(CCPR/C/KOR/CO/5, para. 58).

30) UN 인권위원회는 1986년 *JB v. Canada* 사건에서 시민적·정치적 권리 규약 22조의 결사의 자유에 파업권이 포함되지 않는다는 견해를 밝힌 바 있다(CCPR/C/D/R.26/118, Communication No. 118/1982). 그러나 이후 인권위원회는 견해를 바꾸어 제22조에 파업권이

로 해석하고 있다.

ILO 창립 100주년을 맞아 경제적, 사회적 및 문화적 권리 위원회와 UN 인권위원회가 발표한 공동성명에서도, 파업권을 비롯한 결사의 자유는 기본적 인권임을 재확인하고 있다. 즉 시민적·정치적 권리 규약과 경제적, 사회적 및 문화적 권리 규약의 문언이 완전히 동일하지는 않더라도, "모든 사람이 노동조합을 결성·가입할 권리를 비롯하여 타인과 자유로이 결사할 권리는 시민적·정치적 권리 및 경제적·사회적·문화적 권리가 교차하는 지점에 존재한다는 사실에 근거하여 볼 때 중요한 공통점을 가진다."31)

이처럼 시민적·정치적 인권과 경제적·사회적 인권 사이에는 본질적 차이가 없으며, 전자는 오직 국가의 소극적 의무만을 부과하고, 후자는 오직 국가의 적극적 의무만을 요구한다는 전통적 구분은 더 이상 타당하지 않다는 것이 오늘날 국제인권법학계의 주류적 견해이다. 즉, 인권의 실효적 보장을 위한 국가의 의무를 존중(respect), 보호(protect), 충족(fulfil) 등 다층적 구조로 인식하고, 시민적·정치적 인권이든 경제적·사회적 인권이든 이를 국가가 제대로 보장하기 위해서는 여러 가지 층위에서 여러 가지 의무를 충족시켜야만 한다는 것이다.32)

---

포함된다고 해석하였다. 일례로 1996년 독일의 정부보고서에 관한 최종견해에서, 국가의 이름으로 권한을 행사하지 않고 필수서비스에 종사하지 않는 공무원의 파업을 금지하는 것은 제22조 위반이 우려된다고 밝혔다(CCPR/C/79/Add.73[1996], para. 18). 1999년 칠레의 정부보고서에 관해서는, 공무원의 단결권, 단체교섭권 및 파업권을 일반적으로 금지하는 법률이 제22조 위반이라고 심각한 우려를 표명하였다(CCPR/C/79/Add.104[1999], para. 25). 2004년 리투아니아 정부보고서에 관해서는, 필수서비스라고 인정할 수 없는 업무 종사자의 파업을 금지하고 2/3 이상의 찬성으로 파업을 결의하도록 하는 새로운 단체교섭법이 제22조 위반이라는 우려를 표명하였다(CCPR/CO/80/LTU[2004], para. 18). 2017년 도미니칸 공화국 정부보고서에 관해서는, "단결권 및 단체교섭권, 파업권을 포함하는 결사의 자유를 실제로 보장하기 위한 조치를 채택할 것"을 권고하였다(CCPR/C/DOM/CO/6[2017], para. 32).

31) Committee on Economic, Social and Cultural Rights and Human Rights Committee, *Joint statement on freedom of association, including the right to form and join trade unions*, 6 December 2019, para. 2.

32) 이처럼 국가의 의무를 다층적으로 이론화하려는 노력은 국제사회에서 '림버그 원칙' 및 '마스트리히트 원칙'의 논의과정에서 발전하였다. 여기서 '존중 의무'란 어떤 자유나 권리를 향유하는 데에 있어 부당하게 국가가 개입하는 것을 하지 못하도록 하는 데에 초점을 맞춘다. '보호 의무'는 권리 보유자들이 어떤 자유권을 향유하는 것을 제3자에 의해 부당하게 방해받고 있을 때 이를 방지할 국가의 책임을 가리킨다. '충족 의무'란 국가가 권리 실현을 촉진하고 필요한 자원을 제공하며 권리 수준을 증진할 의무 등을 진다는 것이다. 이에 관해 자세히는, International Commission of Jurists, *Courts and the legal enforcement of economic, social and cultural rights*, 2008 참조.

시민적·정치적 인권이자 경제적·사회적 인권인 결사의 자유를 보장하기 위한 국가의 의무 역시 다층적 구조를 가진다. 결사의 자유를 부당하게 국가가 간섭·침해하지 않을 존중 의무, 결사의 자유에 대한 제3자의 부당한 방해·간섭을 방지할 보호 의무, 결사의 자유 실현을 촉진하고 권리 수준을 증진시킬 충족 의무 등이 그것이다. UN 결사의 자유 및 집회의 자유 특별보고관이었던 Maina Kiai는 "파업권 보장은 단순히 국가가 자신의 법적 의무를 다하는 것에 그치지 않는다. 그것은 또한 장기적으로 지속가능한 민주적이며 공평한 사회를 만드는 것이기도 하다"고 역설하며, 인권 보장의 다층성을 다시 한번 강조한 바 있다.[33]

또한 결사의 자유는 국가에 의해 침해될 수도 있지만 사인(私人)에 의해서도 침해될 수 있다. 그러므로 시민적·정치적 권리 규약과 경제적·사회적·문화적 권리 규약은 사인에 의한 결사의 자유가 침해되지 않도록 보호할 의무를 국가의 의무로 규정하고 있다.[34] 일례로, 경제적·사회적·문화적 권리 위원회(CESCR)는 「일반논평 23호: 공정하고 유리한 노동조건에 관한 권리」에서 당사국의 법적 의무에는 사용자, 기업과 같은 제3자로 하여금 공정하고 유리한 노동조건에 관한 권리를 침해하지 않도록 하며, 사인에게 부과된 의무를 준수하도록 보장하기 위한 조치를 취할 의무가 포함된다는 점을 명시한 바 있다.[35] 또한 당사국은 공정하고 유리한 노동조건을 실현하기 위해서 단체교섭 등을 통해 그러한 권리를 촉진·증진하는 조치를 취할 의무를 부담한다고 명시하고 있다.[36] 이렇듯 노조를 조직할 권리, 파업권 등은 노동권(규약 제6조), 공정하고 유리한 노동조건(규약 제7조)을 유지·수호하는 데 있어 필수적 수단으로서 인정되고 있다.[37]

---

33) *Report of the Special Rapporteur on the rights to freedom of peaceful assembly and of association*, United Nations General Assembly, 2016, A/71/385.
34) 시민적·정치적 권리 규약을 성안하는 과정에서, 결사의 자유가 오로지 정부의 개입으로부터의 자유만을 의미하는 것으로 규정하자고 제안했던 미국의 제안은 많은 반대에 부딪혀 채택되지 못했다(E/CN.4/365[1950]; E/CN.4/SR/171[1950]; 정인섭 외, 「국제인권규약 주해: 시민적 및 정치적 권리」, 박영사, 2024, 731쪽에서 재인용).
35) Committee on Economic, Social and Cultural Rights, *General comment No. 23 (2016) on the right to just and favourable conditions of work (article 7 of the International Covenant on Economic, Social and Cultural Rights)*, para. 59.
36) CESCR, *General comment No. 23 (2016)*, para. 60
37) CESCR, *General comment No. 23 (2016)*, para. 1.
   경제적·사회적·문화적 권리 위원회는 동 규약의 제6조(노동권), 제7조(공정하고 유리한 노동조건에 관한 권리), 제8조(노동조합을 조직할 권리)는 상호의존적이며 불가분적 권리라는 점을 확인하고 있다(CESCR, *General comment No. 18 (2005): The Right to Work,*

## Ⅳ. ILO 협약에서의 '노동자(worker)'

ILO 협약·권고는 '노동자(worker)'라는 용어와 '근로자(employee)'라는 용어를 서로 구분하여 사용하고 있다. 국제노동기준에서 "employee" 또는 "employed person"이라는 용어를 사용하는 경우는, 협의의 종속적 노동자(subordinate worker)[38]를 보호 대상으로 지칭할 때이다.[39] 반면 "worker"라는 용어는, 특정한 협약이 그 보호대상을 'employee', 'employed person'으로 명시적으로 한정하지 않는 한, 모든 노동자를 포함하는 것으로 가능한 한 광범위하게 해석되어 왔다.[40]

특히 결사의 자유 관련 협약·권고들은, 고용관계(employment relationship)의 존재 여부와 관계없이, 자영 노동자(self-employed worker)를 포함한 모든 노동자에게 보장되어야 한다는 의미에서 "노동자(worker)"라는 용어를 사용하고 있다. 단적인 사례로, ILO 결사의 자유 위원회는 결사의 자유의 적용대상이 되는 사람을 결정하는 기준은 고용관계의 존재를 근거로 하는 것이 아니며, 예컨대 농업노동자, 일반적인 자영 노동자 또는 자유직업(liberal profession)에 종사하는 자와 같이 고용관계가 존재하지 않는 것이 흔한 경우에도 결사의 자유가 동등하게 보장되어야 한다고 해석해 왔다.[41] ILO 협약·권고 적용 전문가위원회도, 군인, 경찰 등 제87호 협약 및 제98호 협약이 예외를 허용하는 사람을 제외하고 계약관계나 고용형태에 상관없이 모든 노동자가 결사의 자유 관련 협약의 보호대상이라는 견해를 유지해 왔다.[42]

---

para. 8).

38) 그렇지만 ILO 내에서 '고용계약(employment contract)', '고용관계'(employment relationship) 또는 '근로자(employee)'에 관해 일반적으로 통용되는 정의도 존재하지 않는다. 따라서 국제노동기준에서 사용되는 '고용(employment)', '고용관계' 등 용어는 각 협약·권고의 목적에 비추어 개별적으로 해석되어야 한다. 이에 관해 자세히는 De Stefano, Valerio. Not as simple as it seems: The ILO and the personal scope of international labour standards, *International Labour Review*, Vol. 160, No. 3, 2021, 390쪽 이하 참조.

39) 예를 들면, 「(개정) 유급 휴일 협약 (제132호, 1970)」은 협약의 보호 대상이 근로자에게 한정된다는 점을 명시하기 위해 "employed persons"라는 용어를 의도적으로 명시하고 있다.

40) ILO, *Manual for drafting ILO instruments*, 2011, para. 125.

41) ILO, *Freedom of Association, Compilation of decisions of the Committee on Freedom of Association*, Sixth edition, 2018, para. 387.

42) ILO, *Giving Globalization a Human Face*, General Survey on the Fundamental Conventions Concerning Rights at Work in Light of the ILO Declaration on Social Justice for a Fair Globalization, 2008, International Labour Conference, 101st Session,

결사의 자유 관련 협약의 보편성은 ILO 총회에서 채택된 「노동의 미래를 위한 ILO 100주년 선언, 2019」를 통해서도 재확인된다. 즉 2019년 선언에서는, "모든 노동자는 ( i ) 노동에서의 기본 권리의 존중, ( ii ) 충분한 수준의 법정 또는 협약상 최저임금, ( iii ) 최장노동시간의 제한, ( iv ) 노동 안전 및 보건을 고려한 충분한 보호를 받아야 한다"고 천명하고 있다.[43] 여기서 "( i ) 노동에서의 기본 권리"란 1998년 ILO 선언에서 명시한 바 결사의 자유 관련 협약을 비롯한 '노동에서의 기본 원칙 및 권리'를 가리키는 것으로 이해된다.[44]

모든 일하는 사람이 결사의 자유의 주체가 된다는 점은 세계인권선언 및 국제인권규약을 통해서도 확인된다. 세계인권선언은 "모든 사람(Everyone)은 자신의 이익을 보호하기 위하여 노동조합을 결성하고, 가입할 권리를 가진다"고 선언하여 결사의 자유를 기본적 인권의 하나로서 확인하고 있다(제23조). 「시민적 및 정치적 권리에 관한 국제규약」 제22조와 「경제적·사회적 및 문화적 권리에 관한 국제규약」 제8조 역시 결사의 자유를 모든 사람(everyone)의 기본적 인권의 하나로서 확인하고 있다. 특히 경제적·사회적·문화적 권리 위원회(CESCR)의 「일반논평 23호: 공정하고 유리한 노동조건에 관한 권리」에서는 "공정하고 유리한 노동조건에 대한 권리는 모든 사람에게 어떠한 종류의 차별도 없이 주어지는 권리"이며, "노동조합을 구성할 권리, 결사의 자유, 파업권 등은 공정하고 유리한 노동조건을 도입, 유지, 수호하는 데 있어 필수적인 수단"이라고 명시하고 있다(paragraph 1). 특히 위원회는 "'모든 사람'이라는 표현을 사용하는 것은 본 권리가 모든 환경하의 모든 노동자에게, 성을 막론하고, 또한 젊거나 나이 든 노동자, 장애를 가진 노동자, 비공식부문의 노동자, 이주 노동자, 인종적 및 기타 소수집단 출신의 노동자, 가사 노동자, 자영노동자, 농업 노동자, 난민 노동자, 무급 노

---

Geneva, 2012, para. 209.

[43] 「노동의 미래를 위한 ILO 100주년 선언, 2019」 III의 B.

[44] ILO 100주년 총회에 맞춰 노동의 미래에 관한 독립적 보고서를 제출하기 위해 조직된 '노동의 미래 위원회(Global Commission on the Future of Work)'는 보고서에서 "계약형태나 고용상 지위에 관계없이 모든 노동자는 인간적인 노동환경을 보장하는 적절한 노동 보호를 차별없이 누릴 수 있어야 한다"(강조는 필자)고 강조하면서 "전일제 고용이거나, 온라인에서 미세업무(microtasks)를 수행하거나, 집에서 글로벌 공급망을 위한 생산 활동에 종사하거나, 임시 계약직에 종사하는지 여부와 관계없이 모든 노동자에게 적절한 사회보호를 제공하기 위한 새로운 방법을 찾아야 한다"고 권고하였다. 위원회는 이를 "보편적 노동 보장"(Universal Labour Guarantee)이라고 천명하였다. ILO, *Work for a Brighter future: Global Commission on the Future of Work*, Geneva, 2019, 38~39쪽 참조.

동자 등에게 모두 적용되는 권리임을 강조하는 것"이라고 분명히 밝히고 있다 (paragraph 5).[45]

# 제3절 ILO 감독 메커니즘의 이해

## Ⅰ. ILO의 감독 메커니즘

ILO의 국제노동기준이 갖는 또 다른 특징은 그 국내적 이행을 지원하는 감독 메커니즘(supervisory mechanisms)에 있다. 이 감독 메커니즘은 정규감독 메커니즘과 특별감독 메커니즘으로 구분될 수 있다.

### 1. 정규감독 메커니즘

#### 가. 정기 보고(Regular Reporting)

정규 감독(regular supervision) 메커니즘은 비준한 협약에 관한 회원국의 정기 보고를 기본으로 한다. 헌장 제22조에 따라, 회원국은 비준한 협약의 시행을 위하여 취한 조치를 ILO에 보고해야 한다. 이때 보고해야 할 조치에는 국내법적 조치뿐 아니라 및 관행(practice), 사법부의 관련 결정 등도 포함된다. 기본협약 및 우선협약[46]의 경우 3년마다, 그 밖의 협약의 경우 5~6년마다 보고해야 한다. 보고서 제출의 의무는 회원국을 대표하여 정부가 부담하지만, 노동자단체 및 사용자단체는 정부 보고서에 대한 의견을 제출하거나 협약 이행상황에 대한 의견서(observation)를 ILO에 직접 제출할 권리를 가진다(헌장 제23조 제3항 참조).

---

45) 원문은 다음과 같다. "5. The right to just and favourable conditions of work is a right of everyone, without distinction of any kind. The reference to "everyone" highlights the fact that the right applies to **all workers in all settings**, regardless of gender, as well as young and older workers, workers with disabilities, workers in the informal sector, migrant workers, workers from ethnic and other minorities, domestic workers, self-employed workers, agricultural workers, refugee workers and unpaid workers." (강조는 필자)

46) 우선(Governance) 협약으로는 「근로감독 협약(제81호, 1947)」, 「고용정책 협약(제122호, 1964)」, 「(농업) 근로감독 협약(제129호, 1969)」, 「삼자 협의(Tripartite Consultation) 협약(제144호, 1976)」이 있다.

비준한 협약에 대한 정기 보고 이외에도 회원국은 ILO 이사회의 요청에 따라 미비준한 협약 및 ILO 권고에 관한 보고를 하여야 한다(헌장 제19조 제5항 참조). 실제로 이사회는 매년 특정한 협약 내지 ILO 권고를 선정하여 회원국이 이에 관한 보고서를 제출하도록 하고 있다. 이 보고에는 입법적, 행정적 조치, 단체협약 등의 방법으로 협약의 내용을 시행하였거나 시행하게 될 범위를 적시하고, 해당 협약의 비준을 방해하거나 지연시키는 사정을 기술하여야 한다.

### 나. 협약·권고 적용 전문가위원회(Committee of Experts on the Application of Conventions and Recommendations, CEACR)

ILO 총회 결의에 따라 1926년 설치된 협약·권고 적용 전문가위원회(이하 '전문가위원회' 또는 'CEACR')는 각 회원국이 제출한 협약·권고의 이행상황에 관한 보고서를 검토하는 역할을 담당한다.

전문가위원회는 ILO 사무총장의 추천에 따라 이사회가 지명하는 20명의 독립적 법률가들로 구성되는데, 위원은 세계의 다양한 법적, 사회적, 문화적 체계를 대표하는 대법관, 저명한 법학자, 국제사법재판소의 법관 내지 전직 법관 등으로 구성된다.

전문가위원회는 각 회원국이 제출한 보고서 및 노·사단체가 제출한 의견서를 검토하고 두 가지 유형의 의견을 내놓는다. 첫째, 전문가위원회의 '견해(observation)'는 회원국이 비준한 협약의 국내적 적용에 있어 부딪친 장애물 또는 진전 상황을 검토하거나 회원국의 협약 관련 입법, 행정, 사법적 행위들이 협약 내지 국제노동기준의 원칙에 부합하는지를 검토한 내용을 담고 있다. 전문가위원회의 견해는 매년 공개되는 연례보고서(annual report)에 실린다.

둘째, 전문가위원회의 '직접 요청(direct request)'은 협약상 의무가 국내적으로 어떻게 이행되고 있는가에 관한 정보를 해당 회원국에게 직접 요청하거나, 협약 이행에 있어 회원국이 부딪친 장애물에 대한 회원국 및 ILO의 주의를 요청하는 내용을 담고 있다.

전문가위원회의 견해 및 직접 요청은, 협약 이행에 관한 회원국의 의무에 대해 회원국의 주의를 환기하고 국제노동기준의 온전한 이행을 위해 적절한 조치를 제안하는데 그 취지가 있다. 전문가위원회의 이러한 해석은 법적 구속력은 아니라 하더라도 설득적 권위를 가지는데, 이는 특히 전문가위원회가 공정성과 전문성, 경험을 갖추고 있다는 점에서 그러하다. 그러므로 전문가위원회의 견해 및 직접 요청은, 회원국의 국내 법원이 국제노동기준의 내용과 범위를 해석하는 데 있어 기초적 참고자료가 될 수 있다.[47] 이처럼 전문가위원회의 견해는 회원 국의 의무 이행에 대한 가이드라인을 제공한다는 점에서, 법적 구속력을 갖진 않 더라도 일종의 '연성 법(soft law)'이라 할 수 있다.[48]

한편 ILO 헌장 제19조 제5항 (e)에 따라 회원국이 제출한 보고서와 헌장 제 22조에 따라 회원국이 제출한 정기 보고서에 기반하여 전문가위원회는 매년 ILO 이사회가 선정한 협약·권고에 관한 '일반 조사(General Survey)' 보고서를 발행한 다. 이 일반조사에는 전문가위원회가 수행한 국제노동기준의 이행상황에 관한 분석 및 전 세계적으로 해당 국제노동기준이 어떻게 적용되고 있는지 협약 이행 에 있어 부딪친 장애물과 이러한 어려움에 대한 해결책에 관한 권고가 담긴다.[49] 이 일반조사는 국제노동기준을 해석·적용하는데 필수적 도구라 할 수 있다. 또 한 일반조사에는 협약 채택 당시에는 가시화되지 않았으나 협약 채택 이후 현재 까지 나타난 새로운 관행이나 국제노동기준을 둘러싼 경제·사회적 변화의 맥락 도 포함된다. 그러므로 일반조사는 '살아 있는 문서(Living Instrument)'로서의 국 제노동기준을 현재적으로 해석하는데 있어 유용한 도구가 될 수 있다.[50]

### 다. 기준적용위원회(Conference Committee on the Application of Standards, CAS)

기준적용위원회는 ILO 총회에서 노·사·정 대표들로 구성되는 상설적 위원회 이다. 기준적용위원회는 전문가위원회의 검토 보고서를 바탕으로 하여 회원국의 국제노동기준에 관한 의무 이행상황을 공동으로 검토하는 토의를 진행한다. 매년

---

47) 따라서 각국의 국내 법원, 국제재판소 등에서 ILO 전문가위원회를 비롯한 ILO 감독기구 의 해석을 국제노동기준 해석에서 중요한 참고자료로 활용하고 있다. 일례로 유럽인권법 원(European Court of Human Rights)은 ILO 제98호 협약의 적용범위를 해석하는 데 있 어 ILO 감독기구의 해석을 준거로 삼고 있다(European Court of Human Rights, Demir and Baykara v. Turkey, Application No. 3450397, Judgment of 12 November 2008).

48) ILO, *Collective bargaining in the public service: A way forward*, General Survey concerning Labour Relations and Collective Bargaining in the Public Service, International Labour Conference, 102nd Session, Geneva, 2013, para. 7.

49) 1985년 이래 발행된 일반조사 보고서는 다음의 ILO 웹사이트를 통해 볼 수 있다. https://www.ilo.org/resource/report/general-surveys-1985 [검색일: 2024. 8. 1.]

50) 국제노동기준의 해석에 관한 '살아 있는 문서' 이론에 관해 자세히는 제2장 제4절 Ⅲ 참조.

총회를 앞두고 기준적용위원회의 노·사 대표들은 국제노동기준 위반 상태가 가장 심각한 20여 개의 사례를 선정하고, 전문가위원회도 심각한 국제노동기준 위반 사례("Double footnoted case")에 관해 기준적용위원회의 의제를 제출할 수 있다.

이렇게 선정된 사례에 대해 해당 회원국 정부는 서면 답변서를 제출할 수 있고, 총회 기준적용위원회에 참석하여 구두로 추가 정보를 제공할 수 있다. 기준적용위원회에 참석한 각국의 노·사·정 대표들은 선정된 사례들에 대한 토의를 진행하고 해당 회원국의 국제노동기준 이행 상황에 관한 위원회의 견해를 담은 결론(conclusion)을 채택한다. 기준적용위원회를 통한 감독 메커니즘은 노·사·정 삼자주의에 기초한 ILO의 운영 시스템을 잘 보여준다. 기준적용위원회의 결론은 전문가위원회의 견해와 비교하면 보다 '정치적' 성격을 갖고 있다고 할 수 있다. 하지만 총회 기준적용위원회에서 다루는 사례들은 국제노동기준에 관한 회원국의 의무 위반의 가장 심각한 사례에 해당하므로, 각국의 사법부는 이러한 기준적용위원회의 결론 및 이후 정부가 취한 조치에 관해 주목할 필요가 있다.[51]

## 2. 특별감독 메커니즘

ILO는 회원국 노·사·정의 진정으로 개시되는 특별감독 메커니즘(special supervisory mechanisms)도 갖추고 있다. 이러한 특별 감독 메커니즘은 다음에서 살펴보는 것과 같이 준(quasi) 사법적 절차에 기초하고 있다.

### 가. 결사의 자유 위원회(Committee on Freedom of Association) 진정

결사의 자유 위원회(Committee on Freedom of Association)는, 회원국의 결사의 자유 원칙 준수 여부를 감독하는 특별 절차를 수립하기 위한 ILO와 국제연합(UN)의 합의에 따라 1951년 ILO 이사회에 의해 설치되었다. 특별감독 메커니즘으로서 결사의 자유 위원회의 설치는, 결사의 자유 원칙이 ILO 헌장에 명문의 근거를 갖고 있는 기본 원칙(fundamental principle)이라는 점을 반영한다.

결사의 자유 위원회는 ILO 이사회의 기관으로서 노·사·정을 각각 대표하는 9명의 정위원 및 9명의 대체위원(substitutes)으로 구성된다.[52] 이렇게 노·사·

---

51) Beadonnet, Xavier and Tzehainesh Teklè (eds.), 앞의 책, 96쪽.
한국은 이주노동자, 비정규직노동자, 공무원 및 교사에 대한 「고용 및 직업상의 차별에 관한 협약(제111호)」 의무 위반에 관해 2009년, 2013년, 2015년 총회 기준적용위원회에서 사례로 선정되어 토의된 바 있다.

정 삼자주의에 기반한 결사의 자유 위원회 구성은, 진정사건에 대한 균형있는 검토와 함께 위원회의 결론 및 권고가 각국에서 폭넓게 수용되는 영향력의 근거가 된다. 특히 위원회의 결론과 권고는 위원들의 합의에 기초하여 채택되는 만큼 그 정당성과 설득력이 더욱 강화된다.

　결사의 자유 원칙은 ILO 헌장에 근거를 둔 기본원칙이므로, 결사의 자유 관련 협약을 비준하지 않은 회원국에 대해 제기되는 진정에 대해서도 결사의 자유 위원회는 관할권을 가진다. 즉, 결사의 자유 위원회는 진정사건을 통해 ILO 회원국에서의 결사의 자유 관련 상황을 검토하고 각 회원국의 공공당국이나 사인이 결사의 자유 원칙을 침해한 경우 결사의 자유를 보장하기 위하여 적절한 조치를 취하였는지 확인하는 권한을 가진다. 관련하여 결사의 자유 위원회는, 사인이 저지른 결사의 자유 침해에 관하여 해당 회원국의 책임이 있는 이유는, 국가의 인권 실사 의무(due diligence) 및 인권 침해 방지 의무에 근거한다고 밝힌 바 있다.53) 또한 회원국 정부가 보기에는 정치적 성격을 가진 진정이라 할지라도, 해당 진정이 노동조합 권리 행사에 관련된 문제를 제기하고 있다면 결사의 자유 위원회는 해당 진정사건을 심의할 수 있다.54) 회원국의 정부와 진정인이 어떤 법이 제·개정되기 전에라도 이에 관한 위원회의 관점을 인식하고, 결사의 자유 원칙에 부합하도록 법이 제·개정될 수 있도록, 결사의 자유 위원회는 시행 전의 입법안에 관해서도 검토할 수 있다.55)

　진정이 제기된 회원국에서 결사의 자유 원칙이 준수되고 있는지 평가하기 위해, 결사의 자유 위원회는 사법부의 판결·결정에 대해서도 검토할 수 있다. 결

---

52) 결사의 자유 위원회의 위원은 비록 자신이 대표하는 부문의 일반적 이해관계를 무시하지는 않지만, 해당 부문으로부터 지시를 받지 않는 개인으로서 역할을 한다(Gernigon, Bernard, Alberto Odero and Horacio Guido, "ILO principles concerning the right to strike", *International Labour Review*, Vol. 137, No. 4, 1998, 511쪽).

53) 원문은 "Facts imputable to individuals incur the responsibility of States because of their obligation to remain vigilant and take action to prevent violations of human rights". ILO, *Freedom of Association, Digest of decisions and principles of the Freedom of Association Committee of the Governing Body of the ILO*, Fourth (revised) edition, 1996, para. 19.

54) ILO, *Freedom of Association, Compilation of decisions of the Committee on Freedom of Association*, Sixth edition, 2018의 Appendix: Special procedures for the examination in the International Labour Organization of complaints alleging violations of freedom of association, para. 25.

55) 위의 책 Appendix, para. 27; *Compilation*, 2018, para. 19.

사의 자유 위원회에 진정된 사건이 회원국 국내에서도 쟁송 중인 경우, 위원회는 회원국의 사법부가 결사의 자유 위원회가 확인한 원칙들을 고려할 것을 권고할 수도 있다.

결사의 자유 위원회에 진정을 제기할 수 있는 주체는 노동자단체, 사용자단체, 정부이며, 개인은 위원회에 진정을 제기할 수 없다. 여기서 '단체'란 해당 사안에 관해 직접 이해관계가 있는 국내 단체, ILO에서 자문단체로서 인정되는 국제단체,[56] 해당 사안의 직접적 영향을 받는 가맹단체를 가진 국제단체를 말한다.[57] 결사의 자유 위원회는 어떠한 단체를 ILO 헌장에 따른 노동자단체, 사용자단체로 볼 수 있는가에 대해 판단할 재량을 가지며, 회원국의 국내법상 정의 규정에 구속되지 않는다.[58]

결사의 자유 위원회는 진정사건을 심의한 후 보고서를 작성하는데, 여기에는 통상 진정단체의 주장 및 정부의 답변 요지가 실린 후, 정부에게 결사의 자유 원칙에 부합하도록 적절한 조치를 취할 것을 권고하는 내용이 실린다. 위원회가 권고하는 대상은 주로 정부가 되지만, 이는 정부가 회원국을 대표하는 위상을 갖기 때문이다. 결사의 자유 원칙을 준수할 책임은 행정부, 입법부, 사법부 등 공공당국 모두에게 있으며 위원회는 보고서에서 의회와 사법부가 고려하길 희망하는 내용을 구체적으로 담기도 한다.

결사의 자유 위원회는 해당 보고서를 이사회에 제출하는데, 지금까지 관행적으로 이사회는 결사의 자유 위원회 보고서를 수정 없이 승인해왔다. 만약 해당 회원국이 결사의 자유 관련 협약을 비준한 상태이며, 진정된 사안이 법규적 쟁점(legislative issues)에 관련되는 경우 결사의 자유 위원회는 전문가위원회(CEACR)에 해당 사안을 검토할 것을 통보하기도 한다.

결사의 자유 위원회는 1951년 이후 70여 년간 약 3,400건의 진정사건을 처

---

56) International Organisation of Employers, International Trade Union Confederation, Organization of African Trade Union Unity, World Federation of Trade Unions 등.

57) ILO, Special procedures for the examination in the International Labour Organization of complaints alleging violations of freedom of association, para. 31.

58) 위의 글, para. 32 이하. 결사의 자유 위원회는 "진정단체가 적어도 사실상(de facto) 존재하는 것이 명백한 경우, 해당 단체가 공식적으로 등록되어 있지 않다는 사실로 인해 해당 진정을 각하할 수 없다"고 밝힌 바 있다(Beadonnet, Xavier and Tzehainesh Teklè (eds.), 앞의 책, 114쪽, 각주 165). 실제 전국민주노동조합총연맹도 1999년 노동조합 설립신고가 수리되기 전부터 결사의 자유 위원회에 진정을 제기해왔다.

리하였으며, 유사한 사건들을 다루면서 축적된 위원회의 결정례들은 결사의 자유에 관한 일반 원칙을 형성하였다. 이는 「ILO 결사의 자유 위원회 결정례집(Digest of decisions and principles of the Freedom of Association Committee of the Governing Body of the ILO)」으로 발간되어 왔는데,[59] 실질적으로 결사의 자유에 관한 "국제판례법(body of case law)"이라 할 수 있다.[60]

### 나. ILO 헌장 제24조에 따른 진정(Representation)

ILO 헌장 제24조, 제25조에 따라, 노동자단체 및 사용자단체는 어느 회원국이 자신이 비준한 협약을 준수하지 않는다고 ILO에 진정을 제기할 수 있다. 진정이 수리되면, ILO 이사회는 노동자, 사용자, 정부 대표로 구성된 특별위원회(ad hoc tripartite committee)를 설치하여 해당 진정을 심의할 수 있다. 진정단체 및 정부가 제출한 서면 증거에 입각하여, 특별위원회는 해당 회원국이 협약을 위반하였는지 여부와 협약 준수를 위해 취할 수 있는 조치에 관해 판단할 수 있다. 이사회가 특별위원회의 결론 및 권고를 승인하면, 이를 공표할 수 있다.

해당 진정이 노동조합의 권리에 관한 협약에 대한 것일 경우, 이사회는 이를 결사의 자유 위원회에 회부할 수 있다. 또한 전문가위원회(CEACR)는 특별위원회의 권고를 해당 회원국이 이행하는지에 관해 감독할 책임이 있다. 해당 회원국이 특별위원회의 권고를 이행하지 않는 경우, 이사회는 ILO 헌장 제26조 이하에 따른 조사위원회(Commission of Inquiry)를 설치할 수 있다.

### 다. ILO 헌장 제26조에 따른 제소(Complaint)

ILO 회원국, ILO 총회의 대표들은 비준한 협약을 준수하지 않는 회원국을 상대로 ILO 헌장 제26조에 따른 제소를 할 수 있다. 또한 위에서 살펴본 것처럼, ILO 헌장 제24조에 따른 특별위원회의 권고를 해당 회원국이 이행하지 않는 경

---

59) 결정례집은 1972년 초판 발행 이후, 1976년(제2판), 1985년(제3판), 1996년(제4판), 2006년(제5판) 개정판이 발행되었으며, 2018년 *Compilation of decisions of the Committee on Freedom of Association*이라는 제목으로 바뀐 제6판이 발행되었다. 결정례집(제6판)은 ILO 웹사이트에서 전자적 형태로도 이용할 수 있다; https://normlex.ilo.org/dyn/normlex/en/f?p=NORMLEXPUB:70001:0::NO [검색일: 2024. 8. 1.]

60) Beadonnet, Xavier and Tzehainesh Teklè (eds.), 앞의 책, 101쪽; Valticos, Nicolas and Geraldo von Potobsky, *International Labour Law*, second (revised) edition, Kluwer, 1995, para. 130.

우, ILO 이사회가 헌장 제26조에 따른 절차를 개시할 수도 있다.

헌장 제26조에 따른 제소가 이루어진 경우, 해당 제소를 수리할 것인가를 판단할 책임은 ILO 이사회에 있다. 이때 이사회의 판단 기준은 법적 성격뿐 아니라, 해당 제소가 제기된 문제에 가장 적절한 방식인지에 대한 재량적 판단의 성격도 가진다. 해당 제소가 결사의 자유 관련 협약에 관한 것인 경우 이사회는 이를 결사의 자유 위원회에 회부할 수도 있다. 역으로, 결사의 자유 위원회가 어떠한 진정사건에 대한 권고에서 해당 사건을 헌장 제26조에 따른 절차에 회부할 것을 권고하기도 한다.

이사회가 해당 제소를 수리하기로 결정하는 경우, 이사회는 조사위원회(Commission of Inquiry)를 설치한다. 조사위원회는 국제법과 노동법에 관한 폭넓은 경험과 공평성을 가진 명망 높은 개인 3명으로 구성된다. 조사위원회의 활동은 독립적이며 사법 절차와 유사한 성격을 가진다. 조사위원회는 제소절차의 당사자들의 서면을 검토할 뿐 아니라, 해당 국가가 수락하는 경우 해당 국가를 직접 방문하여 현장조사를 실시한다.

조사위원회는 위와 같은 활동이 종료되면 해당 회원국이 비준한 협약을 위반하였는지 여부에 대한 판단과 함께, 협약 준수를 위한 권고를 담은 보고서를 작성한다. 조사위원회의 보고서는 ILO 이사회에 제출되지만, 보고서가 효력을 갖기 위해 이사회 승인이 요구되지는 않는다.

조사위원회의 보고서에는, 협약 준수를 위하여 해당 회원국이 취할 조치, 그 조치의 이행 기한에 대한 권고가 포함된다(헌장 제28조). 해당 회원국은 조사위원회의 권고 사항에 대한 수락 여부 및 수락하지 않는 경우 국제사법재판소(International Court of Justice, ICJ)에의 이의 회부 여부를 3개월 이내에 ILO 사무총장에게 통보한다(헌장 제29조). 회원국이 국제사법재판소에 이의 회부를 한 경우 국제사법재판소는 조사위원회의 조사 결과 또는 권고사항을 인용, 변경 또는 파기할 수 있으며 국제사법재판소의 판결은 종국적 구속력을 가진다(헌장 제31조, 제32조).

회원국이 조사위원회의 보고서 또는 국제사법재판소의 판결에 포함된 권고를 지정된 기한 내에 이행하지 아니하는 경우, 이사회는 회원국의 이행을 확보하기 위해 필요한 조치를 ILO 총회에 권고할 수 있다(헌장 제33조).[61]

---

61) 헌장 제33조에 따른 절차는 2000년 미얀마에 대해 최초로 진행되었다. 조사위원회는 2년여의 활동 끝에 미얀마가 「강제노동 협약(제29호, 1930)」을 체계적으로 위반하였다고 판

이상에서 살펴본 것처럼, 헌장 제26조에 따른 제소 절차는 매우 사법적 성격을 가지며, 국제노동기준의 이행 감독 메커니즘 가운데 가장 중대하며 공식적절차로서의 성격을 가진다. 이러한 성격으로 인해 조사위원회의 판단과 권고는해당 회원국에 대하여 법적 구속력을 가진다고 할 수 있다.[62]

## Ⅱ. ILO 감독기구의 해석의 법적 의의

ILO 감독기구의 해석은 ILO 협약에 대한 최종해석(definitive interpretation)은아니다. ILO 헌장은 협약의 해석과 관련된 분쟁을 국제사법재판소에 회부한다고정하고 있다(제37조 제1항). ILO 감독기구의 권한은 ILO 회원국이 국제노동기준상의 의무를 이행하고 있는지를 검토하기 위하여 국제노동기준의 의미와 범위를해석하는 것이다.[63] 즉, 국제노동기준의 이행상황을 감독하기 위해서는 먼저 국제노동기준을 해석하는 작업이 요구되는 것이다.[64] 특히, 결사의 자유 관련 협약을 비롯한 ILO 기본협약들은 일정 정도의 추상성을 갖는 일반적 용어를 사용하고 있는 만큼, 이러한 협약상 의무를 회원국이 이행하고 있는지를 평가하기 위해서는 ILO 감독기구의 해석이 요구될 수밖에 없다.[65]

ILO 협약 해석과 관련된 분쟁은 최종적으로 국제사법재판소에 회부하도록하고 있다. 따라서 ILO 회원국이 해당 협약에 관한 해석을 국제사법재판소에 제기하여 이에 관한 국제사법재판소의 상반된 해석이 나오지 않는 한, 회원국들이

---

단하고 즉각 이러한 관행을 중단할 것을 권고하였다. 미얀마 정부가 조사위원회의 권고를이행하지 않는다고 판단하여, ILO 총회는 미얀마가 조사위원회의 권고를 온전히 이행하도록 모든 회원국들이 미얀마와의 관계를 재검토할 것을 결의하였다.

62) Valticos, Nicolas, "Les commissions d'enquête de l'Organisation internationale du Travail", *Revue Générale de Droit International Public*(1987, n° 3, July–September) [Beadonnet, Xavier and Tzehainesh Teklè (eds.), 앞의 책, 104쪽에서 재인용]. Valticos는 1964년~1976년 ILO의 국제노동기준국 국장을 역임했으며, 유럽인권재판소(European Court of Human Rights) 판사, 국제사법재판소 판사를 역임했다.

63) ILO, *Report of the Committee of Experts on the Application of Conventions and Recommendations*, Report Ⅲ(Part 1A), International Labour Conference, 77th Session, Geneva, 1990, para. 7.

64) ILO, *Report of the Committee of Experts on the Application of Conventions and Recommendations*, Report Ⅲ(Part 1A), International Labour Conference, 102nd Session, Geneva, 2013, para. 33.

65) Valticos, Nicolas, *Droit International du Travail*, Dalloz, 1983, p. 136.

ILO 감독기구의 해석을 묵시적으로 승인한 것이라 할 수 있으므로 협약의 유효한 해석기준으로 볼 수 있다.[66]

ILO 감독기구가 국제노동기준의 이행상황을 감독하는 것처럼, UN 인권규범의 이행상황을 모니터링하는 기구가 인권조약기구들이다. UN 인권최고대표(UN High Commissioner for Human Rights)는 경제적·사회적·문화적 권리위원회의 최종견해에 관하여, "해당 국가가 그러한 위원회의 최종견해를 무시하거나 이에 따르지 않는다면, 규약상 의무를 성실하게 이행하지 않는 것으로 볼 수 있다"고 논평한 바 있다.[67] 그와 마찬가지로, ILO 회원국이 ILO 협약을 비준하게 되면 ILO 감독기구에 의한 감독을 받는 메커니즘에 동의하는 것이라 할 수 있으므로, 조약의 성실 이행의 원칙에 따라 사법당국을 포함한 국가는 ILO 감독기구의 해석을 존중할 것이 요구된다.[68]

최근 세계 학계의 논의와 여러 국가의 실무에서도 국내법원을 포함한 당사국의 기관들은 국제인권조약기구의 견해가 설득적 권위(Persuasive Authority)를 가짐을 인정하고 이러한 견해와 '성실한 규범적 연계를 할 의무'(Duty to Engage)를 지니는 것으로 점차 이해되고 있다. 이러한 '성실한 규범적 연계를 할 의무'는 구체적으로 두 가지 의무를 수반하는 것을 내용으로 한다. 첫째, 해석 대상이 된 권리에 대한 권위 있는 국제기구의 공식적 해석이 있는 경우 국내사법기관은 이러한 견해를 충실하게 숙지하고 최대한 이를 신의성실하게 존중할 의무를 가진다(Duty to Consider and Respect). 둘째, 진지한 존중의 노력에도 불구하고 국제기구 해석의 충실한 반영이 어렵다는 결론에 이를 경우, 국내 사법기관은 국제기구의 해석을 수용할 수 없는 이유 및 어떤 점에서 스스로의 해석이 국제기구의 해석보다 더 타당하고 우월한지를 설득력 있게 설명하여야 한다(Duty to Explain).[69]

---

66) ILO, 1990, para. 7; Beadonnet, Xavier and Tzehainesh Tekle (eds.), 앞의 책, 107쪽.
67) UN Human Rights Office of the High Commissioner, *Fact sheet No. 16 (rev. 1): the Committee on Economic, Social and Cultural Rights*, section 6, United Nations, 1991.
68) 「조약법에 관한 비엔나협약」은 "발효 중인 모든 조약은 당사자를 구속하며, 당사자에 의하여 신의에 좇아 성실하게 이행되어야 한다"고 규정하고 있다(제26조). 「조약법에 관한 비엔나협약」에 따른 해석방법에 관해 자세하게는 제2장 제4절 Ⅱ 참조.
69) 신윤진, "국제인권규범과 헌법: 통합적 관계 구성을 위한 이론적·실천적 고찰", 「서울대학교 법학」 제61권 제1호, 2020, 227~228쪽.

# 제 2 장

# ILO 기준의 국내 적용의 원칙

## 제1절 ILO 결사의 자유 관련 협약의 국내적 효력

### Ⅰ. 협약 비준에 따른 국가의 의무

2021. 2. 26. 국회 본회의에서 ILO의「강제 또는 의무노동에 관한 협약(제29호, 1930)」(이하 '제29호 협약'),「결사의 자유 및 조직할 권리 보호에 관한 협약(제87호, 1948)」(이하 '제87호 협약'),「단결권 및 단체교섭권 원칙의 적용에 관한 협약(제98호, 1949)」(이하 '제98호 협약')의 비준동의안이 의결되었다. 고용노동부는 보도자료에서 제87호 협약을 "노사의 자발적인 단체 설립 및 가입, 자유로운 대표자 선출 등 '결사의 자유'에 관한 기본 원칙을 규정하고 있다"라고 하고, 제98호 협약을 "노동자의 단결권 행사에 대한 보호와 자율적 단체교섭 장려를 위한 조치 등을 보장하는 내용을 담고 있다"라고 설명하고 있다. 또한 고용노동부는 위의 협약 비준으로 "대외적인 측면에서는 국제사회와의 약속 이행을 통해 국격 및 국가 신인도 제고에 기여하게 됐다는 데 큰 의미가 있으며, 나아가 한-EU FTA 등 노동 조항이 담긴 자유무역협정(FTA) 관련 분쟁 소지를 줄여 통상 리스크 해소에도 도움이 될 것으로 보인다"라고 의의를 밝혔다.[1]

---

1) 고용노동부, "(보도참고자료) 3개 국제노동기구[ILO] 핵심협약 비준동의안 국회 본회의

정부는 2021. 4. 20. ILO 사무총장에게 비준서를 기탁하였고 그로부터 1년
이 지난 2022. 4. 20. 위의 ILO 협약은 우리나라에서 발효되었다. 법제처 국가법
령정보센터에는 제87호 협약은 조약 제2504호로, 제98호 협약은 조약 제2505호
로 게시되어 있다.

위의 협약들의 이행에 관하여 대한민국은 이제 ILO 결사의 자유 위원회의
특별감독절차를 적용받는 외에도, ILO 헌장 제22조에 따른 정기보고 및 ILO 전
문가위원회, 총회 기준적용위원회에 의한 정기감독절차와 헌장 제24조, 제26조
에 따른 특별감독절차가 적용되고, 그에 따른 의무를 준수해야 한다.[2]

ILO 결사의 자유 관련 협약에 따라 국가는 결사의 자유의 본질을 침해하거
나 부정하여서는 안 될 의무를 부담한다는 소극적 부작위의무와 함께, 실제에 있
어서 그 권리를 구체화하고 실현하기 위하여 필요한 상황을 창출하고 대처하기
위한 다양한 작위의무도 부담하고 있다. 즉, 국가는 결사의 자유를 '존중', '보호',
'촉진', '실현'할 의무를 부담하는데, 이러한 의무를 부담하는 '국가'는 입법부, 사
법부, 행정부를 모두 포함한다.[3]

## Ⅱ. 재판규범으로 직접 적용

헌법 제6조 제1항은 "헌법에 의하여 체결·공포된 조약과 일반적으로 승인
된 국제법규는 국내법과 같은 효력을 가진다"라고 규정하고 있다. 조약이란 국제
법 주체들이 일정한 법률효과를 발생시키기 위하여 체결한 국제법의 규율을 받
는 국제적 합의이고, ILO 협약은 국제적 회의를 통해 채택되는 다자조약에 해당
한다.[4]

헌법 제6조 제1항에 따라 국내법과 같은 효력을 가지는 조약은 법원 쟁송에

---

통과", 2021. 2. 26.
2) ILO의 국제노동기준 이행을 위한 감독시스템에 관해 자세히는 제1장을 참조.
3) 이승욱, "ILO 기본협약 비준에 따른 한국에서의 도전과 책무", 「국제인권과 노동, 사법의
   과제」(사법정책연구원 국제 콘퍼런스, 2022. 12. 13.~14.), 2쪽. 인권의 상관개념으로서
   의 국가의 의무를 소위 3중 구조 혹은 4중 구조로 이해하게 되었는데, 3중 구조로 이해하
   는 경우에는 권리의 존중, 보호, 충족(obligation to respect, protect and fulfil)으로 설명
   하고 4중구조로 설명하는 경우에는 존중(respect), 보호(protect), 충족(fulfil, 혹은 확보
   ensure), 촉진(promote)의 의무로 설명한다(박찬운, "국제인권조약의 국내적 효력과 그
   적용을 둘러싼 몇 가지 고찰", 「법조」 제56권 제6호, 2007, 167~168쪽).
4) 정인섭, 「조약법」, 박영사, 2016, 1쪽 및 6쪽.

서 재판규범이 된다. 즉, ILO 결사의 자유 관련 협약을 비롯한 국제인권조약은 민사뿐 아니라 형사, 행정을 비롯한 모든 분야의 법원쟁송에서 재판규범으로 직접적용될 수 있다. 예컨대, 「민법」 제750조(불법행위의 내용)의 '위법행위', 「국가배상법」 제2조(배상책임)의 '법령 위반', 「행정소송법」 제4조(항고소송)의 '행정청의 위법한 처분' 및 '부작위 위법', 「민사소송법」 제423조(상고이유) 및 「형사소송법」 제383조(상고이유) '법률, 명령, 규칙의 위반', 민사소송법 제417조(판결절차의 위법으로 말미암은 취소)의 '법률에 어긋남', 형사소송법 제308조의2(위법수집증거의 배제)의 '적법한 절차에 따르지 아니함' 등이 쟁점이 된 법원 쟁송에서 국제인권조약은 '법'으로서 직접적용될 수 있다.[5]

대법원 2018. 11. 1. 선고 2016도10912 전원합의체 판결(양심적 병역거부 사건)의 제2다수보충의견은 우리가 가입한 「시민적 및 정치적 권리에 관한 국제규약」(이하 '시민적·정치적 권리 규약')의 경우 헌법 제6조 제1항에 의해 국내법과 동일한 효력을 가지고 직접적인 재판규범이 될 수 있다고 판시하였다.[6]

---

■ 대법원 2018. 11. 1. 선고 2016도10912 전원합의체 판결의 제2다수보충의견

"그러나 우리나라가 가입한 자유권 규약의 경우에는 헌법 제6조 제1항에 의해 국내법과 동일한 효력을 가지고 직접적인 재판규범이 될 수 있다는 점에서 차원을 달리한다. 대법원이나 헌법재판소도 자유권 규약의 법률적 효력을 인정하고 있다(대법원 1999. 3. 26. 선고 96다55877 판결, 대법원 2004. 7. 15. 선고 2004도2965 전원합의체 판결, 대법원 2007. 12. 27. 선고 2007도7941 판결, 헌법재판소 1998. 7. 16. 선고 97헌바23 전원재판부 결정, 헌법재판소 1998. 10. 29. 선고 98헌마4 전원재판부 결정, 헌법재판소 2001. 4. 26. 선고 99헌가13 전원재판부 결정 등 참조)."

"우리나라는 자유권 규약에 가입하면서 제22조 등 일부 조항을 유보하면서도 제18조에 대해서는 아무런 유보도 하지 않았다. 양심의 자유를 보장한 자유권 규약 제18조는 특별한 입법조치 없이 우리 국민에 대하여 직접 적용되는 법률에 해당한다는 것이 대법원과 헌법재판소의 견해이다(대법원 1999. 3. 26. 선고 96다55877 판결, 헌법재판소 2011. 8. 30. 선고 2008헌가22 등 전원재판부 결정)."

---

5) 장태영 "자유권규약의 효력, 적용, 해석", 「국제법학회논총」 제65권 제2호, 2020, 278쪽.
6) 다수의견에 대한 대법관 박정화, 대법관 김선수, 대법관 노정희의 보충의견.

또한 법원은 대한민국이 비준한 ILO「노동자대표 협약(제135호, 1971)」을 국내법과 마찬가지로 준수할 의무가 있다고 판시하고 재판규범으로 삼았고,[7] 헌법재판소도 동일한 취지로 국내법과 마찬가지로 준수할 의무가 있다고 판단하였다.[8]

최근 대법원은「난민의 지위에 관한 협약」[9](이하 '난민 협약')이 국회 동의를 얻어 체결된 조약이므로 대한민국헌법 제6조 제1항에 따라 국내법과 동일한 효력을 가지고 그 효력은 법률에 준하는 것으로 개별 규정의 구체적인 내용과 성질 등에 따라 직접적인 재판규범이 될 수 있다고 판단하였다.[10]

정부도 시민적·정치적 권리 규약 이행에 관하여 1991년 시민적 및 정치적 권리 위원회(Human Rights Committee)에 제출한 정부보고서(최초보고서)뿐만 아니라 1997년 제출한 제출한 제2차 정부보고서에서 "헌법 제6조 제1항에 의해 국회의 동의를 얻어 정부에 의해 비준·공포된 것이므로, 추가적인 입법 없이 국내법률의 효력을 가진다. 따라서 행정부나 사법부는 각 그들의 권한을 행사할 때 위 규약을 준수할 의무가 있"고,[11] "헌법 제37조 제1항으로 인하여 규약에 의해 보장된 모든 권리는 보장되어야 한다. 그러므로 헌법에 직접 명시되지 않은 것이라도 규약은 존중되어야 하고, 위 규약 이전의 법률이 규약의 규정과 충돌하는 경우에는 규약이 우선하며, 대한민국에서 제정되는 어떠한 법률에 의하여 규약에서 규정되는 권리를 침해하는 일은 없을 것이며, 그러한 법률은 헌법위반이 될 것"이라고 설명한 바 있다.[12]

---

7) 대구지방법원 2011. 6. 29. 선고 2010구합3420 판결, 대구고등법원 2014. 10. 24. 선고 2011누1710판결(대법원 2016. 4. 29. 선고 2014두15092 판결로 확정); 수원지방법원 2012. 8. 23. 선고 2011구합11892판결, 서울고등법원 2013. 5. 15. 선고 2012누33548 판결 (대법원 2016. 4. 15. 선고 2013두11789 판결로 확정).
8) 헌법재판소 2014. 5. 29. 선고 2010헌마606 전원재판부 결정(노조법 제24조 제2항 등 위헌확인 사건).
9) Convention relating to the Status of Refugees(다자조약 제1166호[1993. 3. 3. 발효]).
10) 대법원 2023. 3. 13. 선고 2021도3652 판결.
11) UN Doc. CCPR/C/68 Add.1, para. 5 (July 31, 1991).
관련 부분의 원문은 다음과 같다. "Since article 6(1) of the Constitution provides that [t]reaties shall have the same effect as the domestic laws of the Republic of Korea, the Covenant, which was ratified and promulgated by the government with the con-sent of the National Assembly, has the same effect as domestic laws without the en-actment of separate domestic legislation."
12) UN Doc. CCPR/114/Add.1, para. 9 (October 2, 1997).
관련 부분의 원문은 다음과 같다. "Article 6, paragraph 1, of the Constitution provides

요컨대, 헌법 제6조 제1항에 따라 헌법에 의하여 체결·공포된 조약인 결사의 자유 관련 협약에 국내법적 효력이 인정되고 법원쟁송의 재판규범이 된다는 데 이론이 있을 수 없다.[13]

## Ⅲ. 결사의 자유 관련 협약의 재판규범성

조약이 국내적으로 적용되는 방식은 크게 수용과 변형 2가지가 있는데,[14] 국내에서는 헌법 제6조 제1항에 의해 조약이 국내법으로의 변형 없이 직접 적용될 수 있다는 점에 별다른 이견이 없으며, 이를 확인하는 판례도 적지 않다.[15]

한편, 손○○ 손해배상(기) 사건 대법원[16] 판시에 대하여 대법원이 시민적·정치적 권리 규약 제2조 제3항[17]의 자기집행성[18]을 부인하였는지 학설상 다툼

---

that "treaties duly concluded and promulgated under the Constitution and the gen-erally recognized rules of international law shall have the same effect as the domestic laws of the Republic of Korea. As the Covenant was ratified and promulgated by the Government in consent with the National Assembly, it has the authority of domestic law without requiring additional legislation. Accordingly, the Administration and the Court are obliged to observe the Covenant when exercising their powers. Most rights guaranteed by the Covenant are guaranteed by the Constitution. Article 37, paragraph 1, of the Constitution provides that "freedoms and rights of citizens shall not be ne-glected on the grounds that they are not enumerated in the Constitution". Therefore, the Covenant is to be respected, even if not directly stipulated in the Constitution. In the event that a law enacted prior to the Covenant's ratification conflicts with its provisions, the Covenant has greater authority. No law enacted in the Republic of Korea may encroach on the rights provided in the Covenant; any such law would be viewed as unconstitutional."

13) 정인섭, 2016, 432쪽.
14) 일원론은 조약이 일단 국가에 의해 체결되어 발효되면 별도의 입법이 없이 바로 국내법의 일부로 된다고 보는 입장이고, 조약이 국내법으로 수용되었다고 설명한다. 조약이 국내적으로 직접 적용되고, 사법부도 조약에 직접 근거하여 재판을 내림으로서 조약의 국내적 이행을 보장한다. 반면, 이원론은 조약이 그 자체로 국내적으로 적용될 수 없고, 반드시 국내법으로 변형되어 국내법의 자격으로만 적용될 수 있다고 보는 입장이다. 변형 이전의 조약을 국내적으로 아무런 법적 효력을 지니지 못하고, 이런 국가의 국내 재판소는 오직 국내법만을 적용하여 판결을 내리면 된다(정인섭, 2016, 415~417쪽).
15) 정인섭, 2016, 431쪽.
16) 대법원 1999. 3. 26. 선고 96다55877 판결.
17) 제2조
   3. 이 규약의 각 당사국은 다음을 약속한다.
      가. 이 규약에서 인정되는 권리 또는 자유를 침해당한 사람에 대하여, 그러한 침해가 공무집행 중인 사람에 의하여 자행되었을지라도 효과적인 구제조치를 받도록 보

이 있다.[19] 그런데 시민적·정치적 권리 규약 제2조 제3항 가와 같은 규정에 대한 자기집행성 논란이 있다고 하더라도, 결사의 자유 관련 협약 조항들은 시민적·정치적 권리 규약 제2조 제3항 가와 같은 형식이 아니라 시민적·정치적 권리 규약 제19조 제2항과 같이 "노동자 및 사용자는 … 권리를 가진다"와 같은 식으로 노동자 및 사용자에게 적용되고 권리가 창설됨을 명시적으로 규정하고 있다. 따라서 결사의 자유 관련 협약이 국내법적 효력을 가지고 재판규범이 될 수 있다는 데 이론이 있을 수 없다.

대법원은 난민 협약이 기본적으로 법률과 동일한 국내법적 효력을 갖는 점에다가 난민 협약 제31조 제1호[20]가 체약국에 구체적인 요건을 충족한 난민에 대하여 형벌을 과하지 아니할 것을 직접적으로 요구한 점을 더하여 보면, 위 조항은 난민 협약에 가입하고 이를 비준한 우리나라 형사재판에서 형 면제의 근거 조항이 된다고 보았다.[21] 이처럼 최근 대법원 판결에 비추어 보더라도, 결사의 자유 협약이 국내법적 효력을 가지고 재판규범이 된다는 데는 다툼의 여지가 없다.

요컨대 결사의 자유 관련 협약은 고용노동부, 검찰, 노동위원회, 국가인권위원회, 공정거래위원회 등에서 판단 근거로 삼아야 하고, 민사·형사·행정 등 법원 소송, 헌법재판소의 재판에서 재판규범으로 적용될 수 있다. 예컨대, 헌법재

---

장한다.

18) 미국 연방대법원은 조약의 국내적 효력을 의회의 입법적 조력이 없이도 법원이 직접 적용할 수 있는 자기집행적 조약(self-executing treaty)과 의회의 이행입법이 있어야만 집행이 가능한 비자기집행적 조약(non-self-executing treaty)으로 구분하고 있다(정인섭, 2016, 422쪽).
한편, ILO는 자기집행적 조약의 개념은 적용되는 맥락에 따라 그 의미와 정의가 다를 수 있으므로 주의해서 사용해야 하고, 국제 노동법을 국내법의 해석 근거로서 활용하는 것은 자기집행적이라고 여겨지는 국제법 조항에만 국한되지 않는다고 본다(Beadonnet, Xavier and Tzehainesh Teklè (eds.), *International Labour Law and Domestic Law*, Turin: International Training Centre, 2015, 37쪽, 43~44쪽).

19) 김태천, "재판과정을 통한 국제인권협약의 국내적 이행", 「국제법평론」 20호, 2004, 34쪽; 박찬운, 2007, 158~159쪽; 유남석, "시민적 및 정치적 권리에 관한 국제규약의 직접적용 가능성, 비교법실무연구회 편, 「判例實務研究 [Ⅲ]」, 박영사, 1999, 227~228쪽.

20) 제31조 피난국에 불법으로 있는 난민
1. 체약국은 그 생명 또는 자유가 제1조의 의미에 있어서 위협되고 있는 영역으로부터 직접 온 난민으로서 허가 없이 그 영역에 입국하거나 또는 그 영역 내에 있는 자에 대하여 불법으로 입국하거나 또는 불법으로 있는 것을 이유로 형벌을 과하여서는 아니된다. 다만, 그 난민이 지체없이 당국에 출두하고 또한 불법으로 입국하거나 또는 불법으로 있는 것에 대한 상당한 이유를 제시할 것을 조건으로 한다.

21) 대법원 2023. 3. 13. 선고 2021도3652 판결.

판소 쟁송에서도 결사의 자유 협약은 직접적으로 또는 헌법 제6조 제1항에 따라 간접적으로 헌법재판소법 제41조(위헌 여부 심판의 제청)의 '법률이 헌법에 위반되는지 여부', 제48조(탄핵소추)의 '공무원이 그 직무집행에서 헌법이나 법률을 위반한 경우', 제68조(헌법소원심판 청구 사유)의 '공권력의 행사 또는 불행사로 인하여 헌법상 보장된 기본권을 침해받은 자' 등이 쟁점이 된 사건에서 결사의 자유 관련 협약은 '법'으로 적용될 수 있다.

# 제2절 ILO 결사의 자유 관련 협약의 국내법적 지위

## Ⅰ. 헌법상 노동3권의 성격

대법원 2020. 9. 3. 선고 2016두32992 전원합의체 판결(전교조 법외노조통보 처분 취소)은 다음과 같이 노동3권의 성격을 설시하였다.

---

■ 대법원 2020. 9. 3. 선고 2016두32992 전원합의체 판결

"헌법 제33조 제1항은 "근로자는 근로조건의 향상을 위하여 자주적인 단결권·단체교섭권 및 단체행동권을 가진다."라고 규정함으로써 노동3권을 기본권으로 보장하고 있다. 노동3권은 법률의 제정이라는 국가의 개입을 통하여 비로소 실현될 수 있는 권리가 아니라, 법률이 없더라도 헌법의 규정만으로 직접 법규범으로서 효력을 발휘할 수 있는 구체적 권리라고 보아야 한다. 노동조합법 제1조가 '이 법은 헌법에 의한 근로자의 단결권·단체교섭권 및 단체행동권을 보장하여' 근로조건의 유지·개선과 근로자의 경제적·사회적 지위 향상을 도모함을 목적으로 한다고 규정하고 있는 것도 이러한 차원에서 이해할 수 있다. 특히 노동3권 중 단결권은 결사의 자유가 근로의 영역에서 구체화된 것으로서(헌법재판소 2012. 3. 29. 선고 2011헌바53 결정 등 참조), 연혁적·개념적으로 자유권으로서의 본질을 가지고 있으므로, '국가에 의한 자유'가 아니라 '국가로부터의 자유'가 보다 강조되어야 한다. 따라서 노동관계법령을 입법할 때에는 이러한 노동3권, 특히 단결권의 헌법적 의미와 직접적 규범력을 존중하여야 하고, 이렇게 입법된 법령의 집행과 해석에 있어서도 단결권의 본질과 가치가 훼손되지 않도록 하여야 한다."

위 대법원 전원합의체 판결은 노동3권이 자유권임을 분명히 밝힌 것으로 해석된다.[22] 자유권은 국가가 개인의 자유 영역을 존중하고 침해하지 않음으로써 보장되는 성격을 가지고 있다. 이러한 의미에서 자유권은 '국가의 강제와 간섭으로부터의 자유', 즉 '국가로부터의 자유'이다. 원칙적으로 자유권은 '입법자에 의한 실현'이라는 입법적 매개활동을 필요로 하지 않고, 기본권의 존재 그 자체로 국가행위에 대한 방어적 기능을 하게 된다. 그러므로 자유권은 국가로부터 부당한 침해행위를 하지 말 것을 요구하는 부작위청구권으로 그 자체로서 직접 효력을 가지는 제소가능한 주관적 공권을 의미한다.[23] 한편 자유권은 객관적 가치질서로서의 성격도 있는데, 헌법의 기본원리인 법치국가 원리·민주국가 원리 및 사회국가 원리와 함께 헌법질서를 구성하는 헌법의 기본결정이 된다. 객관적 가치질서로서의 자유권은 '입법자'에 대해서는 입법을 통하여 자유권을 실현해야 할 의무를 의미하고, '법적용기관'인 행정청과 법원에 대해서는 법규범의 해석과 적용을 통하여 자유권을 실현해야 할 의무를 뜻하게 된다.[24]

자유권은 일정한 보호범위 또는 보호영역을 가지고 있다. 자유권은 그 본질에 있어서 일차적으로 국가공권력의 부당한 침해를 배제하는 대국가적 방어권으로서 국가로부터 자유로운 일정한 생활영역을 서술하고 있는데, 자유권에 의하여 보호되는 이러한 생활영역을 자유권의 '보호범위'라 한다. 개인의 행위가 자유권의 보호범위에 속한다는 것은, 개인의 행위가 일단 헌법적으로 보호되고 허용되는 것으로 추정된다는 것을 의미한다. 자유권은 보호범위에 속하는 개인의 행위가 원칙적으로 허용된다는 것을 규정함으로써, 개인의 자유 행사를 제한하는 국가행위에 대하여 이를 정당화해야 할 의무를 지우고 있다.[25]

이처럼 노동3권이 자유권으로서 법률이 없더라도 헌법의 규정만으로 직접 법규범으로서 효력을 발휘할 수 있는 구체적 권리이고, 보호범위는 헌법적인 보호영역을 의미한다는 점을 염두해 두고, ILO 결사의 자유 관련 협약의 국내법적 위상을 파악할 필요가 있다. 이하 별도 항으로 ILO 결사의 자유 관련 협약의 국

---

22) 박제성, "법원은 법률이 아닌 법을 선언해야 한다", 「노동법학」 제76호, 2020; 박제성 외, 「구체적 권리로서의 노동3권의 의의와 부당노동행위제도 재정립에 관한 연구」, 한국노동연구원, 2022, 25쪽.
23) 한수웅, 헌법학(제11판), 법문사, 2021, 383쪽.
24) 한수웅, 앞의 책, 430~431쪽.
25) 한수웅, 앞의 책, 454쪽.

내법적 위상에 대해 살펴본다.

## II. ILO 결사의 자유 관련 협약의 국내법적 위상

국회의 동의를 받아 비준된 조약이 최소한 법률의 효력을 가진다는 점에는 판례나 학설상 큰 이론이 없다.[26] 쟁점이 되는 것은 국회의 동의를 받아 비준된 조약 중 국제인권조약의 경우 법률보다 우위의 위상을 가질 수 있는지, 위헌성 심사시 직접 심사기준이 될 수 있는지이다.

### 1. 학설

일부 학설은 국제인권조약은 법률보다 상위의 효력을 가진다는 입장이다. 김철수는 국제인권규약 같은 조약은 헌법적 효력을 가진다고 한다.[27]

이근관은 우리 헌법은 국제조약과 국제관습법이 "국내법과 동일한 효력을 가진다"라고 규정할 뿐이고, 국내법은 헌법, 법률을 비롯하여 다양한 법규를 가리키는 것이며, 따라서 국제조약을 비롯한 국제법의 국내적 효력이 법률의 그것으로 결정될 필연적인 이유는 없다고 한다. 그리고 인권관련조약 등 가치서열의 측면에서 우위성을 지니는 조약의 효력을 법률보다 상위에 두려는 적극적인 해석론이 요구되고, 이러한 해석론은 우리 헌법의 국제주의적 성향, 외국의 사례 및 국제화의 시대정신 등에 의하여 충분한 근거를 확보한다는 의견이다.[28]

이명웅은 "경제적·사회적·문화적 권리에 관한 국제규약(이하 '경제적·사회적·문화적 권리 규약')과 시민적·정치적 권리 규약과 같은 국제인권법은 통상의 조약과 다른 특수한 성격을 지니고 있는 바, 헌법적 차원의 효력을 지니는 것으로 보아야 한다"라고 하고,[29] "동 규약들은 헌법적 차원의 범규범이며, 다만 헌법과 조화되는 범위 내에서 보완적으로 효력을 가진다고 봄이 상당하다"라고 한다.[30]

---

26) 정인섭, "조약의 국내법적 효력에 관한 한국 판례와 학설의 검토", 「서울 국제법연구」 제22권 제1호, 2015, 33~39쪽 참조.

27) 김철수, 「헌법학개론(제21전정신판)」, 박영사, 2013, 291쪽; 정재황, 「신헌법입문(제3판)」, 박영사, 2013, 184쪽(정인섭, 2015, 53쪽에서 재인용).

28) 이근관, "국제인권규약상의 개인통보제도와 한국의 실행", 「국제인권법」 제3권, 2000, 64~65쪽.

29) 이명웅, "국제인권법과 헌법재판", 「저스티스」 통권 제83호, 2005, 183쪽.

30) 이명웅, 2005, 185쪽.

이명웅은 그 논거를 이렇게 적고 있다. "2차대전 후 인간성의 파괴를 혹독하게 경험한 인류는 "기본적 인권과 인간의 존엄과 가치의 인식에 대한 믿음"(UN 헌장 전문)에 따라 "인종, 성별, 언어 또는 종교에 따른 차별 없이 모든 사람의 인권과 기본적 자유에 대한 존중을 촉진하고 장려"하기 위하여 UN을 창설하였다(UN헌장 제1조). 이러한 인권존중의 정신은 2차대전 후 우리나라를 포함한 각국의 헌법에서 반영되었으며, 1948년 선포된 세계인권선언은 그러한 정신에 따라 인간에게 보장되어야 할 기본적 자유와 인권의 목록을 수록하였다. 그 내용은 생명권과 신체의 안전, 사상·양심·종교의 자유, 표현의 자유, 집회·결사의 자유, 참정권과 같은 정치적 권리와, 근로권, 휴식권, 교육을 받을 권리, 문화생활의 권리 등 사회·경제·문화적 권리를 망라하는 것이었다. 그러나 세계인권선언은 법적 구속력을 가진 규범은 아니었으므로, 그 내용을 법적으로 구속력 있게 하기 위한 후속 국제 인권규약들이 1966년에 제정되었는데, 그것이 경제적·사회적·문화적 권리 규약과 시민적·정치적 권리 규약이다. 이 규약들은 세계인권선언에서 선언된 인권들을 포함하여 개인이 가져야만 하는 기본적 자유와 권리를 구체적으로 규정하고 있다. 이 인권규약들은 개인에게 직접 권리를 부여하고 있거나(시민적·정치적 권리 규약), 당사국이 개인의 권리를 인정할 것을 요구하고 있는데(경제적·사회적·문화적 권리 규약), 그 내용의 대부분은 우리 헌법상 보장된 기본권 목록과 일치한다. 기본권이 헌법에 규정되어 그러한 효력을 가지는 이유는 결국 그것이 개인에게 근본적으로 중요한 자유의 영역에 속하기 때문이다. 그렇다면, 헌법과 같이, 근본적인 자유와 인권을 개인에게 보장하고 있는 경제적·사회적·문화적 권리 규약과 시민적·정치적 권리 규약 역시 헌법적 차원의 성질을 지닌 법규범이라 보아야 할 것이다. 다만 헌법은 국내법 중 최고법이며, 달리 조약이 헌법보다 우월할 수 있다는 헌법 조항이 없으므로, 경제적·사회적·문화적 권리 규약과 시민적·정치적 권리 규약이 실정 헌법에 위반될 수는 없다."[31] 또한 이명웅은 헌법재판소가 경제적·사회적·문화적 권리 규약과 시민적·정치적 권리 규약에 대하여 언급하고 있는 결정들[32]을 보면 단순히 법률적 차원의

---

31) 이명웅, 005, 183~185쪽.
32) 1998. 10. 29. 선고 98헌마4 헌법소원 사건(일간지구독금지처분 등 위헌확인)에서 헌법재판소는 "알 권리의 침해 여부에 관하여 판단한 바와 같은 이유로 청구인의 행복추구권 내지 일반적 행동자유권 침해나 국제인권규약 위배주장은 이유가 없다"라고 판단하였다. 1998. 7. 16. 선고 97헌바23 구 형법 제314조 위헌소원 사건에서 헌법재판소는 "시민적·

것으로 취급하지 않고 있다고 주장한다.[33)]

　　오승진은 인권조약이 보호하는 권리가 국내법상 헌법적 차원 또는 법률적 차원에서 보장되고 있는가 여부에 의하여 조약의 국내법상의 지위가 결정되어야 하며, 국제인권조약에 규정된 권리 중에서 국내법상으로 헌법적 보호를 받는 경우에 이는 헌법과 동등하다고 해석하는 것이 타당하며, 그렇지 않은 경우에는 당해 조약상의 권리가 법률상 보호를 받고 있는가 여부에 따라 그 국내적 지위를 결정하는 것이 타당하다고 본다.[34)] 오승진은 시민적·정치적 권리 규약 등을 비롯한 대부분의 국제인권조약에서 보장하고 있는 권리들은 대한민국의 경우, 대부분 헌법의 규정에 의하여 보장되고 있고 이는 여타의 조약들이 단순히 국내의 법률 또는 이행법률의 규정에 의하여 국내적으로 이행되고 있는 점과 판이하게 다르다고 한다.[35)]

---

　　정치적 권리 규약 제8조 제2항은 법률과 적법한 절차에 의한 경우를 제외하고는 본인의 의사에 반하는 노역은 과할 수 없다는 의미라고 할 수 있는 우리 헌법 제12조 제1항 후문과 같은 취지라고 할 수 있다. 그렇다면 강제노역금지에 관한 위 규약과 우리 헌법은 실질적으로 동일한 내용을 규정하고 있다 할 것이므로, 이 사건 심판대상 규정 또는 그에 관한 대법원의 해석이 우리 헌법에 위반되지 않는다고 판단하는 이상 위 규약 위반의 소지는 없다 할 것이다."라고 판단하였다. 2001. 4. 26. 선고 99헌가13 사건(부정수표단속법 제2조 제2항 위헌제청사건)에서는 "이 사건 법률조항은 수표의 지급증권성에 대한 일반 공중의 신뢰를 배반하는 행위를 처벌하는 것으로 그 보호법익은 수표거래의 공정성인 것이고 나아가 소지인 내지 일반 공중의 신뢰를 이용하여 수표를 발행한다는 점에서 그 죄질에 있어 사기의 요소도 있다하여 처벌하는 것이다. 결코 '계약상 의무의 이행불능만을 이유로 구금'되는 것이 아니므로 국제법 존중주의에 입각한다 하더라도 위 규약(시민적·정치적 권리 규약) 제11조의 명문에 정면으로 배치되는 것이 아니다."라고 판단하였다. 2002. 4. 25. 선고 98헌마425 등 준법서약서 등 위헌확인 사건에서, 헌법재판소 소수의견 (재판관 김효종, 주선회)은 "유엔인권규약 B규약 제18조 제2항이 '누구도 스스로 선택하는 종교나 신념을 가지거나 받아들일 자유를 침해하게 될 강제를 받지 않는다'라고 규정한 것은, 그러한 신념의 고백의 강요가 가져오는 내심의 자유의 침해성을 방지하기 위한 것이다. 이는 '십자가 밟기'와 같은 신앙고백 등을 방지하려는 헌법의 역사적 귀결에 해당한다"라고 보았다. 2004. 8. 26. 선고 2002헌가1 사건(병역법 제88조 제1항 제1호 위헌제청)에서는 헌법재판소 소수의견(재판관 김경일, 전효숙)은 "1966년 국제연합(UN)에서 채택한 '시민적, 정치적 권리에 관한 국제규약' 제18조는 사상, 양심 그리고 종교의 자유를 보장하고 있고 … 우리의 법률과 관행이 위와 같은 국제법규와도 도저히 조화될 수 없음에 비추어 보더라도 더 이상 이 문제를 외면하거나 미룰 수 없으며 대안을 적극적으로 모색할 필요성이 있다"라고 서술하였다.

33) 이명웅, 2005, 186~190쪽.

34) 오승진, 국제인권조약의 국내적용과 문제점, 「국제법학회논총」 제56권 제2호, 2011, 124쪽.

35) 예를 들면, 시민적·정치적 권리 규약은 자결권(제1조), 국가의 평등권 보장 및 구제 조치(제2조 내지 제4조)를 규정한 후에, 생명권(제6조), 고문받지 아니할 권리(제7조), 이동 및 거주의 자유(제12조), 사생활의 자유(제17조), 사상, 양심 및 종교의 자유(제18조) 등을 가

박찬운은 국제인권규약은 형식적으로는 헌법에 비해 열위를 인정해야 하지만 국내 법률에 대해서는 우위에 있다고 본다. 그것은 인권조약이 보장하는 인권은 대부분 일반 국제법의 강행규범에서 출발한 것이므로 성질상 우리 헌법의 기본권 규정 이상의 보호 의무가 우리 국가에 있고, 국제사회에서 인권보장을 위해 만들어 놓은 구속력 있는 규범에 우리가 가입해 놓고 후속 국내법에 의해 이를 배제하거나 국제법과 국내법을 일반법과 특별법 관계로 보아 배제하는 것은 그것 자체가 국제법 위반이며 우리 헌법의 국제법 존중원칙에도 부합하지 않기 때문이다.[36]

류성진은 국제인권조약이 헌법의 기본권과 그 성격과 내용이 동일하다면, 국제관습법 내지 강행규범으로서의 지위를 가진다면, 또 국제인권조약을 가입, 비준함과 동시에 그 국내 이행의 법적의무를 부여받았다면, 일반국제법과 달리 국제인권조약은 국내법 체계에서 헌법규범적 지위를 인정받는 것이 필요하다고 한다.[37] 그 논거는 첫째, 국제인권조약의 내용은 국내 헌법이 보장하고 있는 기본권 내용을 확장, 구체화하면서 그 헌법적 가치를 고스란히 가지게 되었고, 국제인권조약의 개념과 내용은 국제관습법, 더 나아가 강행규범이라는 형태로 인식되기도 하며, 국제인권조약은 일반적인 국제법과는 달리 국제공동체 규범으로서의 성질을 가지고 있다는 점이다.[38] 둘째, 국제인권조약이 규율하고 있는 내용 자체가 바로 헌법적 문제임에도 국내법률과 동일한 지위만을 부여해 버리면, 정작 헌법적 문제를 다툴 헌법재판에서는 국제인권조약이 아무런 국내적 효력을 가질 수 없게 되어버린다는 점이다.[39]

신윤진은 조약이 헌법에 위배되지 아니한다면 헌법과 동위의 효력을 가지거나, 헌법과 법률의 중간에 위치하거나, 법률과 같은 효력을 가진다고 볼 가능성은 열려있다고 보고, 국제인권법의 국내법적 지위와 효력에 대해서는 국제인권법의 목적과 내용, 국제적 위상와 역할, 헌법과의 바람직한 규범적 연계방식이

---

진다고 규정하고 있다. 경제적·사회적·문화적 권리 규약은 남녀의 평등(제3조), 근로의 권리(제6조 제1항), 노동조합에 관한 권리(제8조), 의식주의 권리(제11조), 교육의 권리(제13조) 등을 보장하고 있다(오승진, 2011, 130쪽).

36) 박찬운, 2007, 151쪽.
37) 류성진, "헌법재판에서 국제인권조약의 원용가능성", 「아주법학」 제7권 제1호, 2013, 30~31쪽.
38) 류성진, 2013, 13~15쪽.
39) 류성진, 2013, 18쪽.

무엇일지 등 보다 실질적인 기준에 의하여 판단하여야 할 것이라고 한다.[40]

박제성은 ILO 결사의 자유 관련 협약의 국내법적 위상에 관하여, 조약은 헌법과 동등한 수준의 규범은 아닐지라도 법률보다는 상위의 효력이 있는 것으로 보아야 할 것(헌법과 법률의 중간에 있는 규범)이라고 주장하면서 그 이유를 이렇게 적고 있다. 첫째, 법률과 조약의 내용이 충돌하는 경우 신법 우선의 원칙을 적용한다면 조약 체결 이후에 관련 법률을 제·개정하면 결국 법률이 우선 적용된다는 것인데, 자국의 법률을 이유로 조약을 위반하는 것은 국제법상 정당화되기 힘들 것이고, 특별법 우선의 원칙을 적용할 때 국내법을 우선시하면 헌법 제6조 제1항의 국제법 존중의무에 위반되며, 이를 방지하려면 반대로 조약이 특별법의 지위에 있다고 해석하면 되는데 이것은 결국 조약이 법률보다 상위의 효력을 갖는다고 인정하는 것과 같다. 둘째, 국제규범을 비준하여 조약의 형식으로 공포한 후에 조약과 배치되는 내용의 법률을 우선시하는 것은 금반언의 원칙에도 반한다.[41]

이에 비하여 국제인권조약의 법률 우위설을 비판하는 견해들이 있다.

정인섭은 국제인권규약의 헌법적 효력 학설에 대하여 주목할만한 주장이라고 보면서도 이명웅의 주장 논거에 대하여 헌법재판소가 국내법률이 조약과의 합치 여부를 검토하였다는 이유만으로 그 조약을 헌법적 차원의 법규범이라고 볼 수 없다고 의문을 제기한다.[42]

김태천은 국제평화주의와 국제법 존중(헌법 전문, 제5조, 제6조 등)을 천명한 우리 헌법상의 기본원칙에 비추어 볼 때, 국제인권규약의 법률 우위설을 전혀 타당하지 않다고 단정할 수는 없으나, 헌법 제6조 제1항을 문언상으로 해석함에 있어 일반조약의 경우에는 '국내법'을 '법률 이하의 법령'의 의미로 파악하면서도 인권조약에 한하여 헌법과 동위, 또는 법률보다 우위의 효력을 인정하는 것은 문언해석상 논리적 모순이 있다고 한다.[43]

전종익은 국제인권조약이 헌법과 같은 효력을 가진다고 보면 국제인권조약의 체결 또는 가입이 헌법개정과 같은 효력을 가지게 되고, 절차적으로 단지 국

---

40) 신윤진, "국제인권규범과 헌법: 통합적 관계 구성을 위한 이론적·실천적 고찰", 「서울대학교 법학」 제61권 제1호, 2020, 219쪽.
41) 박제성 외, 2022, 30~32쪽.
42) 정인섭, 2015, 53~54쪽.
43) 김태천, 2004, 40쪽.

회의 동의만을 받으면 효력이 발생한다는 점에서 국민이 배제된 헌법개정으로서 민주적 정당성이 결여되어 있어 헌법이론적으로 받아들이기 어렵고, 때문에 국제인권조약은 헌법하위의 효력을 가지며 국회의 동의를 받는 경우 법률과 같은 효력을 가지는 것으로 보아야 한다고 주장한다.[44]

윤진수는 국제인권법 규범에 대하여 헌법과 마찬가지의 효력을 인정한다면 이는 국민주권의 대표자인 의회가 제정한 법률보다 상위의 지위를 인정하는 것이 되어 국민주권의 원칙에 어긋나므로 조약 형태의 국제인권법 규범은 우리나라의 법상으로는 법률과 같은 효력을 가진다고 본다.[45]

장태영은 국제인권조약의 내용상 중대성이 인정되고 이로써 국내법률과 비교하여 어떤 관념상 우위가 인정될 여지는 있겠지만, 형식적 위상까지 고양할 수 있는 법적 근거는 부족하다고 본다.[46]

## 2. 판례

헌법재판소는 조약에 대한 헌법의 우위를 인정한다.[47]

한편 헌법재판소 2005. 10. 27. 선고 2003헌바50·62, 2004헌바96, 2005헌바49(병합) 결정의 다수의견[48]을 반대해석하면, 헌법 제6조 제1항에 따라 헌법에

---

44) 전종익, "헌법재판소의 국제인권조약 적용", 「저스티스」 제170-2호, 2019, 534쪽.
45) 윤진수, "여성차별철폐협약과 한국가족법", 「서울대학교 법학」 제46권 제3호, 2005, 86쪽.
46) 장태영 2020, 277쪽.
47) "헌법재판소법 제68조 제2항은 심판 대상을 '법률'로 규정하고 있으나, 여기서의 '법률'에는 '조약'이 포함된다고 볼 것이다. 헌법재판소는 국내법과 같은 효력을 가지는 조약이 헌법재판소의 위헌법률심판대상이 된다고 전제하여 그에 관한 본안판단을 한 바 있다(헌재 1999. 4. 29. 97헌가14, 판례집 11-1, 273 참조). 이 사건 조항은 각 국회의 동의를 얻어 체결된 것이므로 헌법 제6조 제1항에 따라 국내법적 효력을 가지며, 그 효력의 정도는 법률에 준하는 효력이라고 이해된다(헌법재판소 2001. 9. 27. 선고 2000헌바20 결정)."
"우리 헌법 제6조 제1항은 '헌법에 의하여 체결·공포된 조약과 일반적으로 승인된 국제법규는 국내법과 같은 효력을 가진다.'고 규정하고, 헌법 부칙 제5조는 '이 헌법 시행 당시의 법령과 조약은 이 헌법에 위배되지 않는 한 그 효력을 지속한다.'고 규정하는바, 우리 헌법은 조약에 대한 헌법의 우위를 전제하고 있으며, 헌법과 동일한 효력을 가지는 이른바 헌법적 조약을 인정하지 아니한다고 볼 것이다. 한미무역협정의 경우, 헌법 제60조 제1항에 의하여 국회의 동의를 필요로 하는 우호통상항해조약의 하나로서 법률적 효력이 인정되므로, 규범통제의 대상이 됨은 별론으로 하고, 그에 의하여 성문헌법이 개정될 수는 없다(헌법재판소 2013. 11. 29. 선고 2012헌마166 결정)."
48) "청구인들이 드는 국제노동기구의 제87호 협약(결사의 자유 및 단결권 보장에 관한 협약), 제98호 협약(단결권 및 단체교섭권에 대한 원칙의 적용에 관한 협약), 제151호 협약(공공부문에서의 단결권 보호 및 고용조건의 결정을 위한 절차에 관한 협약)은 우리나라가 비준한 바가 없고, 헌법 제6조 제1항에서 말하는 일반적으로 승인된 국제법규로서 헌법적

의하여 체결·공포된 조약은 위헌성 심사의 척도가 될 수 있다고 해석할 여지도 있다.[49]

대법원은 "헌법 제6조 제1항의 국제법 존중주의는 우리나라가 가입한 조약과 일반적으로 승인된 국제법규가 국내법과 같은 효력을 가진다는 것으로서 조약이나 국제법규가 국내법에 우선한다는 것이 아닐뿐더러"라고 판시한 바 있다.[50] 또한 대법원은 난민협약이 국회 동의를 얻어 체결된 조약이므로 헌법 제6조 제1항에 따라 국내법과 동일한 효력을 가지고 그 효력은 법률에 준하는 것이라고 판단하였다.[51]

### 3. 검토

사유재산제·계약의 자유·과실책임의 원칙을 기초로 한 근대시민법 질서는 산업혁명에 따른 새로운 노동자계급의 등장으로 인하여 근대입헌주의 헌법의 이념적 지표인 자유·평등·박애의 원리에 대한 근본적 변화가 불가피했다. 노동자주권론에 기초한 사회주의의 대두로 이제 노동자의 인간다운 생활을 권리를 보장하지 아니하고는 자본주의적인 근대시민법 질서 자체도 지탱하기 어려운 상황에 처하게 되었다. 이에 사회정의의 실현과 노동자의 실질적인 평등을 구현하기 위하여 헌법상 가치를 가지는 기본권으로서 노동3권을 보장하게 되었다.[52] 노동3권의 보장은 제2차 세계대전 후에는 개별국가의 범주에 한정되지 않고 국제조약에서도 선언되었는데, ILO 결사의 자유 협약, UN 시민적·정치적 권리 규약, 경제적·사회적·문화적 권리 규약 등이 그 예이다. 이렇게 볼 때 ILO 결사의 자유 협약과 헌법 제33조 노동3권의 의의는 동일하다.

한편 ILO 결사의 자유 협약을 우리 법체계에서 "법률"로 본다면, 노동관계 법률과의 우선순위를 판단할 때 신법우선의 원칙, 특별법우선의 원칙에 따르게 될 수 있다. 그런데 국내법률을 ILO 결사의 자유 협약에 위반되게 개정하고 개정

---

효력을 갖는 것이라고 볼 만한 근거도 없으므로, 이 사건 심판대상 규정의 위헌성 심사의 척도가 될 수 없다(헌재 1998. 7. 16. 97헌바23, 판례집 10-2, 243, 265 참조)."

49) 헌법재판소의 그간의 결정례들은 헌법재판소가 최소한 국제인권조약과 그 외 국제조약의 위상을 질적으로 달리 취급하고 있다는 것을 충분히 보여주고 있다는 견해도 있다(신윤진, 2020, 219~220쪽).
50) 대법원 2005. 5. 13.자 2005초기189(2005도1936) 결정.
51) 대법원 2023. 3. 13. 선고 2021도3652 판결.
52) 성낙인, 「헌법학(제23판)」, 법문사, 2023, 1553쪽.

법률을 신법이라고 우선 적용하는 것은 헌법 제6조 제1항 국제법 존중주의에 반하고, 특별법 우선 원칙에 따라 양자간 특별규정을 판단하는 것도 어려운 일이며 국내법률이 특별법이라고 본다면 마찬가지 문제가 발생한다.[53] 결국, ILO 결사의 자유 협약의 성격에 비추어 볼 때 노동관계법률과 동등한 위상으로 해석하기는 어렵다.

국제인권조약이 법률보다 상위의 위상을 가진다는 견해를 비판하는 주된 논거는 국회의 동의를 통한 국제인권조약 비준, 공포가 헌법개정의 효력을 가질 수 있다는 점이다. 그러나 ILO 결사의 자유 협약에 대한 국회 동의와 비준, 공포는 헌법을 개정하는 게 아니라, 헌법 제33조 노동3권의 보장범위에 대한 국제적인 원칙을 확인하는 의미를 가지는 것이다. 비판론이 지적하는 절차적인 문제를 고려하여 ILO 결사의 자유 협약이 헌법과 같은 효력을 가진다고 볼 수 없다 하더라도, 위와 같은 논거에 따라 단지 법률과 같은 효력을 가진다고 해석할 수는 없다.

요컨대, ILO 결사의 자유 협약은 국내법상 법률보다는 상위의 위상을 가진다고 해석해야 할 것이다. 실천적으로는 직접 헌법재판의 심사기준이 되거나, 최소한 간접적으로 헌법 제6조 제1항 국제법 존중주의를 매개로 헌법재판의 심사기준이 될 수 있어야 하고, 헌법 제33조 노동3권의 보장범위를 해석하는 데 있어 토대로 삼아야 한다.

# 제3절 국제법 존중주의의 의미와 국제법 합치해석 원칙

## I. 국제법 존중주의의 의미

헌법 제6조 제1항은 "헌법에 의하여 체결·공포된 조약과 일반적으로 승인

---

53) 김태천, 2004, 40~43쪽도 규범충돌에 관한 일반이론(특별법우선의 원칙, 신법우선의 원칙 등)을 국제인권법에도 적용하는 경우에는 형식적 측면에서는 타당한 결론에 이른 것이라고 자위할 수 있으나, 규범충돌에 관한 일반이론의 논리적 정당성 측면에서 여러 가지 허점이 발견되고 있고, 특히 국제인권협약에 배치되는 국내 법률을 적용하게 됨으로써 국제평화주의와 국제법존중이라는 국제법의 일반원칙 내지 헌법적 가치를 침해하는 결론에 이를 수 있다는 점을 유의하지 않을 수 없다고 한다.

된 국제법규는 국내법과 같은 효력을 가진다"라고 규정하고 있는데, 이는 헌법의 기본원리인 국제평화주의의 내용으로 국제법 존중주의를 의미한다. 국제평화주의의 이념이 국제사회에서 구현되기 위해서는 국제질서의 기본규범인 국제법이 존중되어야 하기 때문이다.[54] 제헌헌법을 초안한 국회의원 유진오는 과거 국제법의 불준수가 국제평화 파괴의 중요 원인이 되어 왔으므로 이 조항은 바로 앞의 침략전쟁을 부인하는 조항과 함께 '국제평화의 유지에 노력하기 위한 규정'이며, '우리 국가의 국제평화, 국제민주주의에 대한 열의를 표명한 것'이라고 설명하였다.[55]

이와 같은 국제법질서 존중의 정신은 국제적 수준에서 법치주의를 실현하겠다는 의지의 표현으로 이해되고, 여기서의 법치주의는 기본적 인권을 존중하는 실질적 법치주의로 이해되어야 한다.[56]

## Ⅱ. 헌법의 기본원리인 국제법 존중주의

헌법의 기본원리는 헌법의 이념적 기초인 동시에 헌법을 지배하는 지도원리이고, 이러한 헌법의 지도원리는 국가기관 및 국민이 준수하여야 할 최고의 가치규범이며, 헌법의 각 조항을 비롯한 모든 법령의 해석기준이며, 입법권의 범위와 한계 그리고 국가정책결정의 방향을 제시한다.[57] 헌법재판소는 헌법의 지도원리는 구체적 기본권을 도출하는 근거로 될 수는 없으나 기본권의 해석 및 기본권 제한입법의 합헌성 심사에 있어 해석기준의 하나로서 작용한다고 보고 있다.[58]

헌법재판소는 일단 적법하게 제기된 헌법소원에 대해서는 당사자가 주장하는 기본권침해가 존재하는지여부의 심사에 그치는 것이 아니라, 헌법의 모든 관점에서 심판대상인 공권력행위의 위헌여부를 심사하고,[59] 위헌법률심판의 위헌

---

54) 성낙인, 2023, 321쪽. 한수웅은 헌법 제6조 제1항을 헌법의 기본원리로서 평화국가원리의 한 내용으로 보고 있다(한수웅, 2021, 344~346쪽).
55) 유진오, 「헌법해의」, 명세당, 1949, 26쪽(정인섭, 2015, 28쪽에서 재인용).
56) 이준일, 「헌법학강의(제8판)」, 홍문사, 2023, 179쪽,
57) 성낙인, 2023, 123쪽.
58) 헌법재판소 1996. 4. 25. 선고 92헌바47 결정; 헌재 2001. 9. 27. 선고 2000헌마238 등 결정 등.
59) 한수웅, 2021, 1470쪽.

심사기준에는 기본권 조항을 비롯한 모든 헌법 규정이 포함되고 헌법상의 원리나 원칙도 기준이 된다.[60]

따라서, 헌법의 기본원리인 국제법 존중주의는 노동3권 및 노동관계법 해석의 기준이고, 위헌성 심사기준이 된다.

## Ⅲ. ILO 결사의 자유 협약과 국제법 합치해석 원칙

국제법 존중주의는 헌법의 기본원리, 헌법과 법령 등 해석기준, 위헌성 심사기준이 된다. 우리나라가 비준한 결사의 자유 관련 협약은 설사 그 위상을 법률보다 우위로 보지 않더라도 국제법 존중주의를 매개로 헌법과 법령 해석과 위헌성 심사시 기준이 된다. 구체적으로 헌법 제33조, 노동관계법령 해석시 국제법 존중주의에 따라 결사의 자유 관련 협약을 존중하여 해석해야 하고, 위헌성 심사시 국제법 존중주의를 매개로 결사의 자유 관련 협약도 심사기준이 될 수 있다는 의미이다.

국제인권조약의 법률우위를 주장하는 학자나 법률과 같은 위상이라고 주장하는 학자 모두 다음과 같이 헌법의 기본권 규정을 해석함에 있어서 그 해석이 국제인권조약의 규정과 조화롭게 해석되도록 할 필요가 있다고 본다.

오승진은 헌법 및 법률의 규정을 해석함에 있어서 다양한 해석이 가능한 경우 가능한 한 국제인권조약의 규정과 합치하도록 해석하는 것이 바람직하다고 한다.[61]

박찬운은 우리의 헌법상의 기본권은 대부분 국제인권규약에서 보장하는 권리를 반영하고 있다고 볼 수 있고, 우리의 헌법의 국제평화주의와 국제법 존중주의에 입각하여 국제인권법의 제 내용을 우리 헌법을 해석함에 있어 주요 잣대로 삼는 것은 전혀 이상할 것이 없다고 한다.[62]

김태천은 국내 법원이 기존의 국내법규를 재판규범으로 적용함에 있어 이를 해석하기 위한 기준 또는 보강자료로서 국제인권조약을 이용할 수가 있는데, 헌법 규정(특히 기본권 규정)은 매우 추상적인 것인 만큼 그 규정과 관련된 개별 국

---

60) 헌법재판소, 「헌법재판실무제요(제3개정판)」, 2023, 204~205쪽.
61) 오승진, 2011, 136쪽.
62) 박찬운, 2007, 172쪽.

제인권조약이 존재하는 경우에는 헌법에 모순되지 아니하는 한 그 인권조약을 전면에 내세워 헌법이 보장하고자 하는 인권의 내용을 보다 풍부하게 하고 발전시키지 않으면 안 될 것이고, 이러한 방식을 국제인권조약의 '간접적용'이라고 한다. 이는 어떤 행위가 직접 국제인권기준에 위반되었다고 판단하는 것이 아니라, 헌법상의 인권규정을 적용해석함에 있어 국제인권기준에 합치되도록 해석함으로써 간접적으로 국제인권기준의 국내법화를 시도하는 방식으로, '국제법 합치해석의 원칙'이라고 일컬어지기도 한다.[63)]

전종익은 조약을 체결하면 당사국은 이를 준수해야 할 국제법적 의무를 지고, 헌법 제6조 제1항이 규정하고 있는 '국제법 존중주의'는 이러한 국제법상의 의무이행이 국내 헌법에 의하여 수용되어 규정된 것으로 볼 수 있으며, 이러한 의무를 위반하는 경우 국제조약상의 의무를 위반하는 것을 넘어 헌법 제6조 제1항을 위반하는 것이 된다고 한다. 이를 통해 국제인권조약들은 그 자체로 헌법과 같은 효력을 가지지는 않으나 간접적으로 위헌판단에서 중요한 기준으로 작동할 수 있고, 국제법 존중주의에 의해 우리가 존중하고 실현해야 할 의무가 있는 규범들의 지위를 가지게 되므로 위헌판단시 반드시 고려해야할 중요한 자료에 해당하며, 헌법재판소는 헌법 개별조항의 해석·적용시 이러한 국제규범과의 조화에 유의하지 않으면 안 된다고 본다.[64)]

정인섭은 한국이 가입한 국제인권조약을 살펴보면 대부분의 원칙과 내용이 헌법, 형사소송법 등 여러 국내법이 이미 보장되고 있음을 발견할 수 있는데, 국제인권조약은 이것이 인간이라면 누구나 누려야 할 기본적인 자유와 권리임을 확인하는 동시에 그 해석과 운영에 있어서 국제적 공통기준이 마련되었다는 의미를 가진다고 한다. 국제조약에 가입한 이후에도 우리 식의 독자적인 해석만을 고집한다면 조약 가입의 의의를 망각하는 일이고, 국제사회에서 책임 있는 국가가 취할 태도가 아니며, 헌법 등 국내법을 해석하는 경우에도 한국이 당사국인 국제인권조약이나 관습국제법의 성격을 지닌 국제인권법에 가급적 맞추어 양자가 조화되도록 해석해야 한다고 본다.[65)]

ILO 기본협약이 그 자체로 위헌심사의 기준이 될 수는 없으나 헌법재판소

---

63) 김태천, 2004, 50~51쪽.
64) 전종익, 2019, 534~535쪽.
65) 정인섭, 「신국제법강의(제13판)」, 박영사, 2023, 974~979쪽.

의 헌법 규정 해석 시 중요하게 고려되어 간접적으로 위헌 판단에 영향을 줄 수 있다는 남궁준의 견해도 동일한 취지이다.[66]

헌법재판소도 다음 판시와 같이 국제법 존중주의 원칙을 인정하고 있고 국제법의 취지를 되도록 살릴 수 있는 헌법 해석을 강조하고 있다.[67]

---

■ 헌법재판소 2005. 10. 27. 선고 2003헌바50 결정

"우리 헌법은 헌법에 의하여 체결공포된 조약을 물론 일반적으로 승인된 국제법규를 국내법과 마찬가지로 준수하고 성실히 이행함으로써 국제질서를 존중하여 항구적 세계평화와 인류공영에 이바지함을 기본이념의 하나로 하고 있으므로(헌법 전문 및 제6조 제1항 참조), 국제적 협력의 정신을 존중하여 될 수 있는 한 국제법규의 취지를 살릴 수 있도록 노력할 것이 요청됨은 당연하다. 그러나 그 현실적 적용과 관련한 우리 헌법의 해석과 운용에 있어서 우리 사회의 전통과 현실 및 국민의 법감정과 조화를 이루도록 노력을 기울여야 한다는 것 또한 당연한 요청이다."

---

전종익의 헌법재판소 결정 분석에 따르면, 헌법재판소 2011. 8. 30. 선고 2007헌가12 등 결정에서 국제규약 위반이 곧바로 헌법위반이 되는 것이 아니나 헌법 제6조 제1항의 국제법 존중주의 규정의 위반이 되는지 여부에 따라 위헌여부가 결정되는 것으로 보았으며, 이와 같은 헌법재판소의 입장은 이후 양심적 병역거부 사건(헌법재판소 2011. 8. 30. 선고 2008헌가22 결정)에서도 그대로 이어지고 있다. 특히, 2007헌가12 결정에서는 당사자가 국제법 존중주의를 언급하지 않고 단순히 국제인권조약 위반을 주장하였음에도 헌법재판소가 이를 심사하면서 국제법 존중주의 위반 여부를 변경하여 판단하였다.[68]

---

66) 남궁준, "국제노동기구 기본협약 발효의 국내법적 함의", 「월간 노동리뷰」, 한국노동연구원, 2022. 7., 10쪽.
67) 헌법재판소 2005. 10. 27. 선고 2003헌바50 결정 등.
68) 전종익, 2019, 530쪽. 신윤진은 헌법재판소가 국제인권조약을 단순한 참고자료를 넘어 위헌심사의 판단기준으로 삼고 있고, 최근 보다 주류적인 방식인 판단방식으로, 헌법 제6조 제1항이 '국제법존중원칙'이라는 헌법원칙을 선언하고 있다는 해석을 통하여 국제인권조약을 헌법재판의 실질적 판단기준으로 수용하고 있다고 본다. 또한 "헌법 제6조 제1항은 국제법이 직접적으로 국내법적 효력을 가진다는 일원론적 태도를 나타냄과 아울러, 헌법을 비롯한 국내법체계를 통하여 국제법의 규범적 내용을 최대한 존중하고 실현하겠다는 헌법의 지향과 태도를 표상한 것으로, 헌법재판소는 이를 '국제법존중주의' 또는 '국제법존중원칙'이라는 헌법적 원칙을 선언한 조항으로 보고 있다"고 평가한다(신윤진, 2020,

대법원 2016도10912 전원합의체 판결의 제2다수보충의견은 국제법 존중주의에 관해 다음과 같이 판시하였다. 첫째, 현행 헌법에서 국제평화주의와 국제법 존중주의는 국가질서 형성의 기본방향을 결정하는 중요한 원리로 인정되고 있고(판시①), 둘째, 국제인권규약의 경우 법원은 헌법상 기본권을 해석할 때는 물론 법률을 해석할 때도 규약에 부합하도록 노력하여야 하며(판시③), 셋째, 보편적인 국제인권규약을 해석하면서 '규약 자체에 명시된 권리'만을 자유권 규약이 인정한 권리라고 좁게 보는 것은 자유권 규약 준수에 관한 실질적인 국제법적 의무를 외면하는 것이고(판시②-1), 명문의 규정이 없더라도 현대 민주주의 국가들의 시대정신에 맞게 자유권 규약을 해석하여 기본적 인권을 도출할 수 있다고 보는 것이 타당하며(판시②-2), 넷째, 국제법 존중주의 원칙상 자유권 규약 등 보편적 국제규약에 대한 국제기구의 해석은 유력한 법률해석의 기준이 되어야 하고(판시④), 다섯째, 국내법적 상황을 근거로 국제법적 의무위반을 정당화할 수 없는데, 이러한 국제법 위반상태를 해소하기 위해서라도 국제인권기구의 결정 또는 권고를 최대한 존중하고 그에 부합하도록 법률을 해석하는 것이 헌법상 국제법 존중주의에 합치되는 것이다(판시⑤).

---

■ 대법원 2018. 11. 1. 선고 2016도10912 전원합의체 판결의 제2다수보충의견[69]

나. (전략)두 번에 걸친 세계대전 이후 세계 각국의 전쟁 방지와 평화 유지를 위한 국제적인 노력은 각국의 국내법에도 반영되어 헌법에 평화주의 및 국제법 존중주의의 명문화로 이어졌다. 우리나라 헌법도 전문에 "항구적인 세계평화와 인류공영에 이바지함으

---

220~221쪽). 최정인도 헌법재판소가 국제인권규범 위반시 헌법 제6조 제1항의 국제법 존중주의 위반으로서 위헌이 된다는 논증구조 하에서 국제인권규범 저촉 여부를 검토한 바 있다고 평가한다(최정인, "국제인권규범에 대한 인식 제고와 헌법재판", 「헌법재판의 국제인권기준 적용 콘퍼런스」, 국가인권위원회·헌법재판소 헌법재판연구원·한국헌법학회·한국공법학회 등 주최, 2022. 8. 23., 26쪽).
한편, 박종현은 헌법재판소가 출범 이후 재판에서 국제인권규범을 언급·활용한 주요 결정례들을 첫째, 국제인권규범을 헌법재판규범으로 직접 적용이 가능한 것처럼 보여준 사례, 둘째, 헌법 제6조 제1항 국제법 존중주의에 따라 국제인권규범을 헌법재판에서 (간접적으로) 활용한 사례, 셋째, 기본권 조항이나 헌법원리 가치 등에 대한 헌법해석에서 국제인권규범을 보충적 자료로 활용한 사례, 넷째, 국제인권규범에 법률적 효력만을 인정하였지만 타 법률해석 등 재판과정에서 참고자료로 활용한 사례들로 구분하여 평가하였다(박종현, "헌법재판에서 국제인권규범의 활용", 「헌법재판의 국제인권기준 적용 콘퍼런스」, 2022).
69) 이하의 판시 번호는 저자가 임의로 부여한 것이다.

로써"라고 규정하고, 헌법 제5조 제1항은 "대한민국은 국제평화의 유지에 노력하고 침략적 전쟁을 부인한다."라고 규정하였으며, 헌법 제6조 제1항은 "헌법에 의하여 체결·공포된 조약과 일반적으로 승인된 국제법규는 국내법과 같은 효력을 지닌다."라고 규정하였다. 현행 헌법에서 국제평화주의와 국제법 존중주의는 국가질서 형성의 기본방향을 결정하는 중요한 원리로 인정되고 있으며, 입법부와 행정부는 물론 사법부 등 모든 국가기구는 '국제적 협력의 정신을 존중하여 될 수 있는 한 국제법규의 취지를 살릴 수 있도록 노력할 것이 요청'된다(헌법재판소 2007. 8. 30. 선고 2003헌바51 등 전원재판부 결정). (후략) [판시①]

마. 반대의견은 자유권 규약 제18조는 물론 다른 어느 조문에서도 양심적 병역거부를 할 수 있는 권리를 명시하고 있지 않고, 자유권 규약은 가입국으로 하여금 양심적 병역거부를 반드시 인정할 것을 요구하고 있지도 않다고 주장한다. 그동안 대법원과 헌법재판소는 자유권 규약 자체가 양심적 병역거부권을 인권의 하나로 명시하고 있지 않음을 이유로 유엔자유권규약위원회 등 국제인권기구의 해석은 각국에 권고적 효력만 있을 뿐 법적인 구속력을 갖는 것은 아니라는 견해를 유지하였다(대법원 2007. 11. 29. 선고 2007도8187 판결, 대법원 2007. 12. 27. 선고 2007도7941 판결, 헌법재판소 2011. 8. 30. 선고 2008헌가22 전원재판부 결정 등 참조).

그러나 위와 같은 반대의견과 대법원 및 헌법재판소의 견해는 유엔자유권규약위원회가 1993년 일반논평 제22호를 채택한 이후 자유권 규약 제18조로부터 양심적 병역거부권이 인정된다고 해석하는 국제사회의 견해를 무시한 것으로서 부당하다. 자유권 규약 제18조에 양심적 병역거부에 관한 권리가 포함되어 있다는 점은 유엔자유권규약위원회뿐만 아니라 유엔 경제사회이사회 산하의 유엔인권위원회(UN Commission on Human Rights)와 2006. 3.부터 그 업무를 이어받은 유엔인권이사회(UN Human Rights Council) 그리고 유럽인권법원 등에서 일관되게 계속적으로 인정되어 이제는 확립된 국제적 기준이 되었다고 평가할 수 있다. 보편적 국제인권규약인 자유권 규약을 해석하면서 '규약 자체에 명시된 권리'만을 자유권 규약이 인정한 권리라고 좁게 보는 것은 자유권 규약 준수에 관한 실질적인 국제법적 의무를 외면하는 것이다. [판시②-1]

또한 자유권 규약이 위원회를 설치하여 자유권 보장을 이행하고 실현하기 위한 활동을 인정하며 이를 위해 필요한 조치 및 관련 가입국의 의무 등을 규정하고 있는 점에 비추어 보더라도, 자유권 규약의 내용은 그 규약의 명시적인 표현으로만 제한하여 해석할 것이 아니다. 앞에서 살펴본 바와 같은 자유권 규약의 전체적 규율 내용, 유엔자유권규약위원회의 일반논평, 정부보고서 심의 결과에 따른 권고, 유엔자유권규약위원회가 우리나라 국민이 제기한 개인통보사건에서 채택한 견해 등에서 일관되게 양심적 병역거부권이 인정되고 있는 점에 비추어 자유권 규약 제18조를 해석함에 있어서도 양심적 병역

거부권이 위 조항 자체에서 인정되고 있다고 해석해야 한다. 우리나라 헌법 제37조 제1
항에서 "국민의 자유와 권리는 헌법에 열거되지 아니한 이유로 경시되지 아니한다."라
고 규정하였듯이, 자유권규약에 명문의 규정이 없더라도 현대 민주주의 국가들의 시대
정신에 맞게 자유권규약을 해석하여 기본적 인권을 도출할 수 있다고 보는 것은 지극히
타당하다. [판시②-2]

자유권 규약과 같은 국제인권규약의 경우, 법원은 헌법상 기본권을 해석할 때는 물론
법률을 해석할 때도 규약에 부합하도록 노력하여야 한다. 국제인권규약에 조화되도록
법률을 해석하는 것은 보편적 인권의 관점에서 사법부가 지켜야 할 책무이다. 특히 자
유권 규약의 경우 인권이 단순한 국내문제가 아니라 전세계적·보편적인 문제라는 당위
성에서 만들어진 국제인권규약으로서, 대부분 개인에게 직접 권리를 부여하는 조항으로
규정되어 있다는 점에서 더욱 그러하다. (후략) [판시③]

바. 설령 자유권 규약 제18조 자체에서 양심적 병역거부권이 인정되지 않는다고 해석하
더라도 유엔자유권규약위원회의 일반논평, 정부보고서 심의 결과에 따른 권고, 유엔자
유권규약위원회가 우리나라 국민이 제기한 개인통보사건에서 채택한 견해 및 유엔인권
이사회의 권고 등은 국제법 존중주의라는 헌법적 차원에서 병역법 제88조 제1항의 '정
당한 사유'의 해석을 위한 유력한 규범적 근거가 된다고 보아야 한다. 양심적 병역거부
를 명시적으로 인정한 국제인권규범이 존재하고 있고 특히 유럽의 경우 대부분 국가에
서 위 권리를 인정하고 있는 등 이제는 일반적으로 승인된 국제법규의 지위에 준하게
되었다는 점, 국제법 존중주의 원칙상 자유권규약 등 보편적 국제규약에 대한 국제기구
의 해석은 유력한 법률해석의 기준이 되어야 한다는 점, 자유권규약 제18조에 양심적
병역거부에 관한 권리가 포함되어 있다고 보는 것이 이제는 확립된 국제적 기준이라고
할 수 있는 점, 우리나라 정부 스스로 자유권규약 가입 후 헌법에 직접 명시되지 않은
것이라도 규약은 존중되어야 하고 어떠한 법률도 규약상의 권리를 침해할 수 없으며 그
러한 법률은 위헌이라는 의견을 표명하였다는 점, 유엔자유권규약위원회의 개인통보에
대한 견해는 권리를 침해당했다고 주장하는 사람으로부터 진정을 제기 받아 가입국의
규약 위반 여부를 판단하는 것이므로 사법적 판단과 유사하고, 우리나라 국민이 제기한
개인통보에 대한 여러 차례의 유엔자유권규약위원회의 견해에 비추어 보면 앞으로도 국
내 사법기관으로부터 유죄판결을 받은 양심적 병역거부자들이 제기하는 개인통보사건에
관하여 유엔자유권규약위원회는 예외 없이 자유권 규약 위반임을 인정하는 견해를 채택
할 것이 예상되는 점 등에 비추어 보면, 병역법 제88조 제1항의 '정당한 사유'에 양심적
병역거부가 포함된다고 해석하는 것은 국제법 존중주의에 의하여도 뒷받침된다고 할 것
이다. [판시④]

사. 반대의견의 주된 논거 중의 하나는 우리나라의 역사적·종교적·문화적 배경의 특수

성과 국가안보 현실의 엄중한 특수성이다. 그러나 국제인권규약은 모든 가입국에 동일한 일반적인 규범을 창설한다는 점에서 객관적 성격의 규범창설규약이다. 이러한 규범은 다른 가입국의 이행상태와 무관하게 당해 가입국에 의해 적용되어야 하며, 또한 가입국의 특수한 사정이 지나치게 과대평가되어서는 안 된다. 국제인권규약에 대해서는 전통적인 조약에서의 상호주의가 적용되지 아니한다. '조약법에 관한 비엔나협약' 제27조는 '국내법과 조약의 준수'라는 제목으로 "어느 가입국도 조약의 불이행에 대한 정당화의 방법으로 그 국내법 규정을 원용해서는 아니 된다."라고 규정하고 있으므로, 국내법적 상황을 근거로 국제법적 의무위반을 정당화할 수도 없다. 이러한 국제법 위반상태를 해소하기 위해서라도 국제인권기구의 결정 또는 권고를 최대한 존중하고 그에 부합하도록 법률을 해석하는 것이 헌법상 국제법 존중주의에 합치되는 것이다. 인권은 보편적인 권리이고 시간이 지날수록 발전하는바, 국제사회에서 경제적으로 성공한 국가로 평가되는 우리나라가 그 특수성에 집착하여 자유권 규약의 준수의무를 부정하는 해석을 하는 것은 국제법 존중의무를 외면하는 것이다. [판시⑤]

최근 대법원 2023. 3. 13. 선고 2021도3652 판결은 난민협약 제31조 제1호가 직접적인 재판규범이 될 수 있다고 판단하면서, "대한민국헌법 제6조 제1항은 '헌법에 의하여 체결·공포된 조약과 일반적으로 승인된 국제법규는 국내법과 같은 효력을 지닌다.'라고 규정하였다. 대한민국헌법에서 국제평화주의와 국제법 존중주의는 국가질서 형성의 기본방향을 결정하는 중요한 원리로 인정되고 있으며, 입법부와 행정부는 물론 사법부 등 모든 국가기구가 국제적 협력의 정신을 존중하여 국제법규의 취지를 살릴 수 있도록 노력할 것이 요청된다"라고 판시하였다.

ILO 헌장 전문은 "보편적이며 항구적 평화는 사회적 정의에 기초함으로써만 확립될 수 있으며…결사의 자유 원칙의 인정…을 통하여 시급히 개선되는 것이 요구되며, 또한 어느 나라가 인도적인 노동조건을 채택하지 아니하는 것은 다른 나라들이 노동조건을 개선하려는 데 장애가 되므로, 체약당사국들은 정의 및 인도주의와 세계의 항구적 평화를 확보하고자 하는 염원에서 이 전문에 규정된 목표를 달성하기 위하여 다음의 국제노동기구헌장에 동의한다"라고 적고 있다. 대한민국이 ILO 회원국이 되고 ILO 결사의 자유 관련 협약을 비준하였다는 의미는 ILO 헌장 전문에 적혀 있는 국제적인 수준의 결사의 자유 원칙을 인정하고 이로써 사회정의를 실현하며 세계의 항구적 평화를 확보하겠다는 약속을 했다는 뜻이다. ILO 회원이자 ILO 결사의 자유 관련 협약 비준국인 대한민국의 국가기관인 사법부는 헌법 제6조 제1항 국제법 존중주의에 따라 헌법과 법률을 국제법에 합치되는 방향으로 해석할 의무가 있다.

## Ⅳ. 국제 노동법을 국내법 해석의 지침으로 활용한 외국사례

이하에서는 국제 노동법이 국내법 해석의 지침으로 어떻게 활용되고 있는지 외국사례를 살펴본다.[70]

첫째, 국내 법원이 국내법의 모호성을 해결하고, 일반적인 용어로 작성된 문언의 범위를 명확히 하고, 국내법 조항의 합헌성을 심사하기 위해 국제 노동법을 활용한 경우이다.

> **칠레**
> *Victor Amestida Stuardo and others v. Santa Isabel S.A., Supreme Court of Chile, 19 October 2000, Case No. 10.695*
>
> 이 사안의 쟁점은 노동조합이 공식적으로 등록되기 직전에 노동조합 대표자 선출에 지원한 노동자들에게도 노동자대표에게 부여되는 특별한 보호가 적용될 수 있는지였다. 칠레 대법원은 노동조합 대표자 지위 부여의 출발점에 관한 노동법의 두 조항들 사이의 모순을 지적하면서, 둘 중 어느 쪽이 궁극적으로 우선하여야 하는지를 결정하기 위해 칠레가 비준한 ILO 협약들을 인용하였다. 특히 대법원은 노동조합에게 완전히 자유롭게 대표자를 선출할 권리를 부여하는 ILO 제87호 협약 제3항과, 국가로 하여금 노동조합 활동에 종사하는 노동자가 차별받지 않도록 효과적이고 적정한 보호를 취하도록 요구하는 제98호 협약, 제135호 협약을 인용하였다.
> 이를 근거로 대법원은 노동조합 대표자에 지원하는 자는 비록 그 신청서가 노동조합이 공식적으로 등록되기 전에 제출되었다고 하더라도 차별로부터 효과적으로 보호받을 수 있도록 국내법이 해석되어야 한다고 판결했다.
> 또한 대법원은 해석을 위한 지침으로 국제법을 활용하는 것과 관련하여 다음과 같이 판시하였다. "국내법이 제기할 수 있는 의문을 감안하여, ILO 제87호, 제98호 및 제135호 협약이 정한 국제법 원칙과 함께, 특히 공화국 헌법 제5조를 특별히 고려하여

---

70) Beadonnet and Teklè, 2015, Part1 Chapter1에서 발췌·인용하였다.

야 한다. (…) 제87호 협약 제3조는 이러한 조직들의 자율성을 언급하고 있는바, 대표자를 선출할 자유도 그중 하나에 해당한다. 노동조합 결성 및 임원 선출을 이유로 하여, (실제로는) 입증되지 않은 사용자의 필요성에 따라 노동조합 대표자들이 해고되는 결과에 이른다면, 우리의 법률은 국제법과 양립 불가능한 것으로 될 수밖에 없다."

---

### 인도

*Vishaka and others v. the State of Rajasthan and others, Supreme Court of India, 13 August 1997*

인도 대법원은 직장 내 성적 괴롭힘을 정의하고 금지하는 구체적인 법률이 없는 상황에서 여성에 대한 모든 형태의 차별 철폐에 관한 유엔 협약과 그 감독기구의 의견을 참조하였다. 이를 근거로 대법원은 헌법이 천명한 성차별의 일반적 금지는 국제적으로 정의된 성적 괴롭힘 또한 금지하는 것으로 해석되어야 한다고 판단하였다.

국제법을 해석의 지침으로 활용하는 것과 관련하여 법원은 다음과 같이 판시하였다. "국내법과 국제법 사이에 상반되는 점이 없고 국내법에 공백이 존재하는 상황에서는, 국내법을 해석함에 있어 국제 협약 및 기준에 주의를 기울여야 한다는 것은 이제는 법률해석의 원칙으로 받아들여지고 있다. (…) 인간 활동의 모든 영역에서 젠더 평등의 기본 개념을 구현하고 있는 인도 헌법에 의해 구체적으로 보장된 기본권을 해석함에 있어서, 이러한 국제 협약 및 기준이 활용되지 못할 이유는 없다."

---

### 캐나다

*Dunmore v. Ontario (Attorney General), Supreme Court of Canada, 20 December 2001, No. 2001 CSC 94*

캐나다 대법원은 ILO 제87호 협약 제2조에 비추어 '캐나다 권리와 자유 헌장'을 해석하면서, 결사의 자유 영역에서 다른 노동자들에게 보장되는 내용을 농업 노동자에게는 보장하지 않는 주(州)법을 무효로 판단하였다.

**남아프리카공화국**

*Jacques Charles Hoffman v. South African Airways, Constitutional Court of South Africa, 28 September 2000, No. CCT 17/00*

ILO의 '고용 및 직업상의 차별에 관한 협약(제111호, 1958)' 제2조는 당사국이 고용 및 직업상의 모든 차별을 철폐하기 위한 국가 차원의 정책을 추구할 것을 요구한다. 남아프리카공화국 헌법재판소는 이 "강령적" 조항을 자국 헌법에 대한 해석을 강화하는 데 활용하였다. 이에 따라 HIV 양성 판정을 받은 사람이 채용 과정에서 겪은 차별은 제거되어야 하고, 그 사람은 채용되어야 한다고 판단하였다.

둘째, 이원론 국가에서 비준되었지만 아직 국내법으로 통합되지 않은 조약이 있는 경우, 법원이 국내법을 해석할 때 의회가 국가의 국제법적 약속을 위반할 의사가 없었을 것이라고 추정함으로써 조약에 가장 부합하는 해석을 채택한 사례도 있다.

**오스트레일리아**

*The Ministry for Immigration and Ethnic Affairs v. Teoh, Australian Supreme Court, 7 April 1995, (1994) 128 A.L.R. 353*

"오스트레일리아가 당사국인 국제조약의 조항들이 법령에 의해 국내법에 유효하게 통합되지 않는 한 국내법의 일부를 구성하지 않는다는 것은 확립된 법리이다. (…) 그러나 국제 협약이 국내법에 통합되지 않았다는 사실이 그 비준이 국내법에 아무런 의미가 없다는 것을 뜻하지는 않는다. 법률 또는 하위 법령이 모호한 경우 법원은, 적어도 그 법령이 관련된 국제규범의 가입 또는 비준 이후에, 혹은 이를 고려하여 제정된 경우에는, 오스트레일리아가 당사국인 조약 또는 국제 협약에 따른 오스트레일리아의 의무에 부합하는 해석을 우선해야 한다. 이는 일응 의회가 국제법에 따른 오스트레일리아의 의무를 이행하고자 의도한 것이기 때문이다. (...) 그 법령의 문언이 국제규범의 내용 및 그에 따라 오스트레일리아가 지는 의무에 부합하는 방향으로 해석될 수 있다면, 그 해석이 우선되어야 한다."

이러한 오스트레일리아 판례의 가이드라인은, 경제적, 사회적 및 문화적 권리 위원회의 국제 규약의 이행에 있어 각국 법원 및 재판소의 역할에 관한 입장과도 일치한다.

> ■ 경제적, 사회적 및 문화적 권리 위원회 일반논평 9호 (1998): 규약의 국내 적용, para.
> 15
>
> 15. 국내법이 가능한 한 국가의 국제법적 의무에 합치되는 방향으로 해석되어야 한다는
> 것이 일반적으로 수용되고 있다. 따라서 국내의 결정권자가 국내법의 해석에 있어서 국
> 가로 하여금 규약을 위반하게 하는 것과 준수하도록 하는 것 사이의 선택해 직면할 경
> 우, 국제법은 후자의 선택을 요구한다. 평등 및 비차별의 보장은 가능한 최대한으로 경
> 제적, 사회적 및 문화적 권리의 완전한 보호를 도모하는 방향으로 해석되어야 한다.

셋째, 각국의 여러 법원은 국내법 체계에서 구속력을 갖지 않는 여러 법원
(法源), 예컨대 비준하지 않은 ILO 협약, ILO 권고 등을 적극적으로 인용한다. 또
한 국내법적 구속력에 의문이 제기될 수 있는 자료들(sources), 예컨대 국제인권
감독기구의 논평이나 결정도 자주 인용한다.

> 스페인
> *Constitutional Court, Second Division, 13 November 1981, No. 38/1981*
>
> "헌법 제10조 제2항에 의거하여 스페인이 비준한 국제 문서는 헌법에 의해 설정된 권
> 리의 의미와 범위를 결정하는 유효한 규범이다. (…) ILO 권고는 구속력은 없지만
> ILO 협약을 해석하거나 그 의미를 명확하게 하는 기준으로 작용할 수 있는 지침을 제
> 공하는 문언이다."

> 독일
> *Constitutional Court of the Federal Republic of Germany, 18 November 2003, 1
> BvR 302/96*
>
> 독일연방헌법재판소는 고용주가 직원에게 수당의 일부를 직접 지급해야 하는 출산보
> 험제도의 유효성과 관련하여, 이러한 재원 조달 방식이 현실에서 여성에 대한 차별을
> 조장할 수 있기 때문에 위헌이라고 판결하였다. 이 판결에서 헌법재판소는 ILO '고용
> 및 직업상의 차별에 관한 협약(제111호)'의 목적을 인용함으로써 그 논지를 강화하였
> 을뿐 아니라, 독일이 비준하지 않은 ILO '모성보호 협약(제183호, 2000)' 제6조 제8항
> 또한 인용하였다.

넷째, 법률 적용에 관하여 법원에 일정한 정도의 유연성이 부여된 경우(예를 들어 부당해고 노동자에게 지급될 손해배상액을 조정할 권한이 있는 경우), 법원은 국제법의 조항 및 지침을 근거로 판단할 수 있다.

---

**부르키나 파소**

*Karama, Katin and Bakouan, Bayombouv. Sociindustrielle du Faso, Bobo-Diolasso Appeal Court, 5 July 2006*

해당 사건의 노동자들은 총파업에 참여했다는 이유로 해고되었다. 법원은 당해 파업이 합법이라고 판단했기 때문에 그로 인한 해고는 불법이라고 보았다. 항소법원은 ILO 제98호 협약 및 ILO 결사의 자유 위원회의 결정에 근거하여, 침해된 권리의 근본적 성격이 온전하게 고려되기 위하여서는 정당한 파업 참가를 이유로 한 해고에 대한 배상이 강화되어야 한다고 판단했다. "적법한 파업을 이유로 해고하는 것은 고용상 차별 및 괴롭힘에 해당한다. 그렇기 때문에 ILO 결사의 자유 위원회가 결정례집(ILO, Freedom of Association: Digest of Decisions and Principles of the Freedom of Association Committee of the Governing Body of the ILO, Fourth (revised) edition, Geneva, 1996)의 (…) paras. 590, 591 및 593에서 명시한 바에 따라 강화된 구 노동법 제33조 제2항에 의거하여, 항소인들은 원한다면 복직되어야 한다. 복직이 이행되지 않는다면, 헌법 제22조가 승인한 기본권이 침해되었다는 사정 및 항소인들의 연령을 고려할 때, 각 항소인은 손해의 배상으로서 1,500만 서아프리카 프랑을 지급받아야 한다."

---

다섯째, 국내법만을 근거로도 해결될 수 있는 사안이지만, 논증의 흐름을 강화하거나 문제되는 원칙 또는 권리의 근본적인 성격을 강조하기 위해 국제법을 보조적으로 참고하는 경우도 있다.

---

**부르키나 파소**

*Zongo and others v. Manager of the Bataille du Rail Mobil garage, Ouagadou-gou Labour Court, 17 June 2003, No. 090*

와가두구 노동법원은 자국 노동법이 정한 최저임금을 낮출 수 없다는 원칙을 강화하기 위해 부르키나 파소가 비준한 ILO의 '최저임금 결정 제도 협약(제26호, 1928)', '최저임금 결정에 관한 협약(제131호, 1970)'를 인용하였다. 법원은 또한 이러한 협약들에 따라, 최저임금이 지켜지지 않았을 때 이로 인해 권리를 침해당한 피해자는 정당한 손해액을 청구할 권리가 있고, 사용자는 그러한 침해로 인해 발생한 손해액을 지급하여야 한다고 판결했다.

---

**파라과이**

*Action for unconstitutionality filed by Central Unitaria de Trabajadores (CUT) and Central Nacional de Trabajadores (CNT) v. Decree No. 16769 adopted by the Executive, Supreme Court of Justice of Paraguay, 23 September 2000, No. 35*

노동조합 지도부 선출 규칙에 관하여 행정부가 채택한 법령에 대한 위헌 소송에서, 신청인들은 그 법령이 헌법이 인정하는 결사의 자유 원칙을 침해했다고 주장했다. 대법원은 해당 조항이 위헌인지를 판단하기 위해 헌법을 해석하고 ILO 제87호 협약을 인용했다.

"대통령령에 관하여 보면, 헌법 조항을 이행할 의도가 인정되지 아니하며, 오히려 헌법이 천명하고 파라과이가 비준한 국제 협약에서 인정한 권리를 제거하려는 의도가 인정된다(헌법 97조 및 그에 상응하는 조항들, ILO 제87호 협약 제3조, 제4조, 제7조). 문제 되는 대통령령 조항은 헌법에 위배될 뿐 아니라 ILO 제87호 협약에도 위배된다."

---

이와 같이 각국 법원이 국제 노동법을 국내법 해석의 지침으로 활용하고 있는 사례들은 이후 우리 법원과 헌법재판소도 적극적으로 살펴보고 참고해야 할 것이다.

# 제4절 ILO 결사의 자유 관련 협약 해석의 원칙

## I. 국제법 존중주의에 따른 해석

앞에서 본 대법원 2016도10912 전원합의체 판결의 제2다수보충의견은 국제법 존중주의 원칙상 자유권 규약 등 보편적 국제인권조약에 대한 국제기구의 해석은 유력한 법률해석의 기준이 되어야 하고(판시④), 국내법적 상황을 근거로 국제법적 의무위반을 정당화할 수 없는데, 이러한 국제법 위반상태를 해소하기 위해서라도 국제인권감독기구의 결정 또는 권고를 최대한 존중하고 그에 부합하도록 법률을 해석하는 것이 헌법상 국제법 존중주의에 합치되는 것이라고 판단하였다(판시⑤).

즉, 국제법 존중주의는 비단 국제인권조약이 헌법 제6조 제1항을 매개로 국내 헌법과 법령을 해석하는 기준이 되는 것뿐만 아니라, 국제인권감독기구의 해석을 존중하는 것을 포함한다. 국제인권조약을 국내 헌법과 법령을 해석하는 근거로 삼으면서도 국제기구의 해석을 무시하고 오히려 국내법 합치적으로 국제인권조약을 해석한다면 국제법존중이라는 원리는 몰각되기 때문이다.

따라서 ILO 협약을 해석할 때 무엇보다 ILO 감독기구의 해석을 면밀히 살펴보고 존중할 필요가 있다.

## Ⅱ. 「조약법에 관한 비엔나 협약」에 따른 해석

UN은 1969. 5. 23. 「조약법에 관한 비엔나협약」(이하 '비엔나조약법 협약')을 채택하였고, 대한민국은 1977년 유보 없이 비엔나조약법 협약 비준서를 기탁하였으며 1980. 1. 27. 발효되었다.[71] 비엔나조약법 협약은 헌법 제6조 제1항에 따라 국내법적 효력을 가지고 있는 조약으로 법원 등이 조약을 해석할 때 근거로 삼아야 한다.

비엔나조약법 협약 제31조 내지 제33조는 조약 해석의 일반규칙을 정하고 있다.[72]

조약 해석의 기본 원리는 '약속은 지켜져야 한다'이다. 즉 조약은 당사국에 구속력이 있으며, 신의성실하게 이행되어야 한다. 비엔나조약법 협약 제31조는 이를 이행하기 위한 해석의 일반규칙을 다음과 같이 제시하고 있다. 제31조에 제시된 여러 요소 간에는 확립된 위계나 적용순서가 있는 것은 아니며, 조항의 차례는 해석의 과정에서 적용되는 논리적 순서 이상이 아니다.

---

71) Vienna Convention on the Law of Treaties[다자조약, 제697호, 1980. 1. 22].
72) 이하의 비엔나조약법 협약 해설은 정인섭, 2016, 162~217쪽에서 발췌·인용하였다.

**제31조(해석의 일반규칙)**

1. 조약은 조약문의 문맥에서 그리고 조약의 대상 및 목적에 비추어, 그 조약의 문언에 부여되는 통상적 의미에 따라 신의에 좇아 성실하게 해석되어야 한다.

2. 조약의 해석의 목적상, 문맥은 조약의 전문 및 부속서를 포함한 조약문에 추가하여 다음으로 구성된다.

    (a) 조약 체결과 연계되어 모든 당사자 간에 이루어진 조약에 관한 합의

    (b) 조약 체결과 연계되어 하나 또는 그 이상의 당사자가 작성하고, 다른 당사자가 모두 그 조약에 관련된 문서로 수락한 문서

3. 문맥과 함께 다음이 고려된다.

    (a) 조약 해석 또는 조약 규정 적용에 관한 당사자 간 후속 합의

    (b) 조약 해석에 관한 당사자의 합의를 증명하는 그 조약 적용에 있어서의 후속 관행

    (c) 당사자 간의 관계에 적용될 수 있는 관련 국제법 규칙

4. 당사자가 특정 용어에 특별한 의미를 부여하기로 의도하였음이 증명되는 경우에는 그러한 의미가 부여된다.

조약은 '신의칙(in good faith)'에 맞게 해석되어야 한다. 신의칙은 Pacta sunt servanda("약속은 지켜져야 한다") 원칙(협약 제26조)의 핵심을 이룬다.[73]

비엔나조약법 협약 제31조는 조약 해석에 관한 3대 입장[74]을 가급적 조화시키려고 노력한 결과인데, 그러면서도 협약은 조약 문언의 "통상적 의미(ordinary meaning)"를 해석의 출발점으로 제시하고 있다. 즉 당사자의 주장보다 객관적 판단에 근거하여 조약이 해석되어야 함을 표시하고 있다. 문언의 통상적 의미는 개개의 단어별로 추상적으로 찾아질 수 없으며, 조약의 문맥 속에서 조약의 대상 및 목적에 비추어 결정되어야 한다. 통상적 의미는 원칙적으로 체결 당시의 통상적 의미를 말하나, 경우에 따라서는 이후의 국제적 실행의 발전에 따른 의미 변화를 고려할 수도 있다. 국제사법재판소(International Court of Justice, ICJ)는 조약이 일반적 용어를 사용하고 있는 경우, 당사자들은 시간의 경과에 따라 그 의미가 발전할 수 있다는 사실을 예상하고 있다고 판단하였는데, 특히 용어의 개념

---

73) 제26조(약속은 지켜져야 한다)
    발효 중인 모든 조약은 당사자를 구속하며, 당사자에 의하여 신의에 좇아 성실하게 이행되어야 한다.

74) 의사주의적 입장(당사자의 원래의 의사 확인이 조약 해석의 출발점이요, 목적이라고 보는 입장), 문언주의적 입장(조약 문언의 통상적 의미 파악을 해석의 목적으로 보는 입장), 목적주의적 입장(조약 체결의 대상과 목적에 가급적 효과가 부여되도록 해석해야 한다는 입장).

자체가 정적인 것이 아니라 발전적인 경우, 조약 당사국으로서는 시대의 흐름에 따른 변화를 수용할 수밖에 없다.

조약 해석에 있어서는 조약의 "대상 및 목적(object and purpose)"에 비추어 통상적 의미를 찾는다. 즉 해석은 1차적으로 통상적 의미를 규명하고, 이를 다시 조약의 대상 및 목적에 비추어 그 내용을 확인하고 평가한다. 조약의 대상 및 목적이란 그 조약의 존재 이유 또는 조약에 내재하는 핵심적 가치라고 할 수 있다. UN 국제법위원회(International Law Commission, ILC)는 조약의 대상 및 목적은 "조약의 제목과 전문과 같은 그 문맥 속에서의 조약의 용어들을 고려하여, 신의 성실하게 판단되어야 한다. 또한 조약의 교섭기록과 체결시의 사정 및 적절한 경우 당사국들의 추후관행에 의존할 수 있다"고 제시하고 있다. 조약의 제목, 전문(前文), 맨 앞의 모두(冒頭) 조항들은 조약의 대상 및 목적이 표시되는 전형적인 장소이다.

조약은 "문맥에(in their context)" 부여되는 용어의 통상적 의미에 따라 해석해야 한다. 제31조 제2항에서 지적하는 바와 같이 문맥에는 조약 본문 외에 전문(前文), 부속서, 그 조약 체결과 연계되어 모든 당사자 간에 이루어진 합의, 당사자가 그 조약에 관련된 문서로 수락한 문서가 포함된다. 즉 조약은 합의된 전체 내용이 종합적으로 해석되어야 하며, 특정 부분만을 따로 떼어 독립적으로 해석되어서는 아니된다.

조약 해석에 있어서는 관련 당사국들의 후속 합의(subsequent agreement)와 후속 관행(subsequent practice) 그리고 관련 국제법 규칙도 참작되어야 한다. 제31조 제2항이 규정하고 있는 합의나 문서가 조약 체결시에 성립된 것을 의미한다면 제3항에 규정된 후속 합의와 관행은 조약이 체결된 이후에 발생한 것을 가리킨다. 후속 합의란 조약의 해석이나 적용에 관하여 조약 체결 이후 이루어진 당사국간의 합의를 말하고, 후속 관행이란 조약 체결 이후 조약 적용에 관한 일련의 일관된 행위(conduct)로서 해석에 관한 당사국의 합의를 표시하는 실행을 의미한다. 다만 후속 합의와 관행은 해석에 있어서 참작의 대상일 뿐 해석에서 결정적인 구속력을 갖지는 않는다. 조약이 국제법 체제 전반과 조화를 이루도록 해석되기 위하여 당사국 간에 적용될 수 있는 관련 국제법 규칙(조약, 관습국제법, 법의 일반원칙을 모두 포함)도 참작되어야 한다. 경우에 따라서 당사자들이 특정 용어에 특별한 의미를 부여하기로 했으면 조약은 그러한 의미로 해석된다(제31조

제4항).

비엔나조약법 협약 제32조는 (a) 의미가 모호해지거나 불명확하게 되는 경우, 또는 (b) 명백히 부조리하거나 불합리한 결과를 초래하는 경우 해석의 보충수단을 활용할 수 있다고 규정하고 있다. '조약 체결 시의 사정'은 조약이 만들어진 역사적 배경을 파악하고, 조약의 대상과 목적을 확인하는 데 유용하다. 또한 당사국이 조약을 통하여 규율하고자 하는 대상과 목적을 파악하려면 조약문과 더불어 '준비작업'(조약의 채택 시 제안된 각종 초안들, 회의기록, 전문가 보고서, 회의 시 의장의 해석선언, 국제노동기구 총회 시의 초안 주석서 등이 포함됨)이 매우 유용하다. 협약은 해석의 보충수단을 조약의 준비작업 및 그 체결 시의 사정만으로 한정하고 있지 않다. 경우에 따라서 다른 조약들의 내용이나 용어 사용이 참고되기도 한다.

---

**제32조(해석의 보충수단)**

제31조의 적용으로부터 나오는 의미를 확인하거나, 제31조에 따른 해석 시 다음과 같이 되는 경우 그 의미를 결정하기 위하여 조약의 준비작업 및 그 체결 시의 사정을 포함한 해석의 보충수단에 의존할 수 있다.

(a) 의미가 모호해지거나 불명확하게 되는 경우, 또는
(b) 명백히 부조리하거나 불합리한 결과를 초래하는 경우

---

조약의 정본이 둘 이상의 언어로 인증되었을 경우, 특정 조약문이 우선함을 그 조약이 규정하고 있거나 당사자가 그렇게 합의하는 경우를 제외하고 한 각 언어본의 조약문은 동등한 권위를 갖고(제33조 제1항), 조약의 용어는 각 정본에서 동일한 의미를 가진다고 추정되며(제33조 제3항), 동등하게 정본인 조약문의 해석에 있어서 각 언어별로 차이가 있는 경우 조약의 대상과 목적을 고려하여 조약문과 최대한 조화되는 의미를 채택한다(제33조 제4항).

한편, "발효 중인 모든 조약은 당사자를 구속하며, 당사자에 의하여 신의에 좇아 성실하게 이행되어야 한다(제26조)." 어떠한 국가라도 일단 조약의 당사자가 되면 조약 불이행에 대한 정당화 근거로서 자신의 국내법 규정을 원용할 수 없다(제27조).

최근 대법원 2018. 10. 30. 선고 2013다61381 전원합의체 판결(강제징용 판

결)이 밝힌 다음과 같은 조약의 해석 방법은 비엔나조약법 협약의 해석 원칙을 거의 그대로 반영하였다.

> **■ 2018. 10. 30. 선고 2013다61381 전원합의체 판결**
>
> "조약은 전문·부속서를 포함하는 조약문의 문맥 및 조약의 대상과 목적에 비추어 조약의 문언에 부여되는 통상적인 의미에 따라 성실하게 해석되어야 한다. 여기서 문맥은 조약문(전문 및 부속서를 포함한다) 외에 조약의 체결과 관련하여 당사국 사이에 이루어진 조약에 관한 합의 등을 포함하며, 조약 문언의 의미가 모호하거나 애매한 경우 등에는 조약의 교섭 기록 및 체결 시의 사정 등을 보충적으로 고려하여 의미를 밝혀야 한다."

대법원 2016도10912 전원합의체 판결의 제2다수보충의견이 "'조약법에 관한 비엔나협약' 제27조는 '국내법과 조약의 준수'라는 제목으로 "어느 가입국도 조약의 불이행에 대한 정당화의 방법으로 그 국내법 규정을 원용해서는 아니 된다."라고 규정하고 있으므로, 국내법적 상황을 근거로 국제법적 의무위반을 정당화할 수도 없다."라고 판시한 것도 비엔나조약법 협약을 근거로 한 것이다.

요컨대, ILO 결사의 자유 관련 협약 해석시, 비엔나조약법협약에 따라 문맥(조약 본문 외에 전문(前文), 부속서, 그 조약 체결과 연계되어 모든 당사자 간에 이루어진 조약에 관한 합의, 당사자에 의하여 수락된 관련문서가 포함)에 부여되는 용어의 통상적 의미에 따라 해석하여야 하고, 협약의 제목, 전문(前文), 모두(冒頭) 조항에 표시되는 협약의 대상 및 목적을 살펴보아야 한다.

## Ⅲ. '살아있는 문서' 이론

어떤 권리가 국제인권조약에 명시되지 않은 데에는 다양한 이유가 있을 수 있다. 그런데 명문의 권리로 한정하는 해석방법에 의하면, 새로운 권리는 물론 형성 중에 있는 권리도 태어날 수 없어 국제법의 발전과 진화가 봉쇄된다.[75] 국제인권조약의 경우에는 이와 같은 제한적 해석이 개인의 인권을 보호하고 신장하고자 하는 국제인권조약의 목적 취지를 상실하게 만드는 해석이 될 수 있기

---

75) 장태영, 2020, 307~308쪽.

때문에 국제인권법원 및 인권조약기구는 국제인권조약의 목적 취지를 살리기 위한 해석 방법을 발전시켜 왔다.[76]

유럽인권재판소는 유럽인권협약에 관하여 '살아있는 문서' 이론(Living Instrument Doctrine)을 채택하고 있다.[77] 주로 당사국(초안자)의 의사를 탐구하는 의사주의나 문언을 중요시하는 문언주의로는 국제사회의 변화와 국제법의 발전에 탄력적으로 대응하기 어려웠다. 이에 따라 목적주의가 더욱 주목을 받게 되었고, 이러한 배경하에서 살아있는 문서 이론이 자연스럽게 유럽인권재판소에 수용되었다. 양심적 병역거부권에 관한 기존 선례를 변경한 Bayatan 사건 역시 살아있는 문서 이론을 중요한 해석방법으로 원용하고, 그 의미를 더욱 구체화하였다. 즉 유럽인권협약은 '살아있는 문서'이므로 현재의 제반 사정과 현재의 민주국가의 지배적인 사상에 비추어 해석하여야 한다.[78] 당사국의 변화된 사정을 유념하고, 국제인권기준으로 부상하는 컨센서스에 부응하여야 한다. 유럽인권협약의 개념을 해석함에 있어 유럽인권협약 외 다른 국제법의 원리와 관련 국제기구의 해석도 고려하여야 한다. 유럽인권재판소는 이러한 해석방법에 따라 시민적 및 정치적 권리 위원회가 일반논평 제22호[79]를 통해 양심적 병역거부권을 인정하는 것으로 해석을 변경한 것을 고려하였다. 유럽인권재판소는 당사국 절대 다수의 실행과 관련 국제문서가 진화하였고, 유럽 외 다른 지역에서도 양심적 병역거부권에 관한 컨센서스가 형성되었다고 판단하고, 유럽인권협약 제9조에 명시되지는 않았지만 양심적 병역거부권이 도출될 수 있다는 결론에 이르렀다.[80]

국제사법재판소 역시 살아있는 문서 이론의 정신을 따르고 있다. 일례로, Gabčíkovo-Nagymaros Project 사건에서 조약은 정적인 것이 아니라 새롭게 형성되는 국제법에 적용할 수 있고, 새로운 규범이 조약의 실행에 영향을 미친다고 판단하였다.[81] South West Africa 사건에서는 조약 체결 당시 당사국의 의사에

---

76) 이혜영, 「법원의 국제인권조약 적용 현황과 과제」, 사법정책연구원, 2020, 60쪽.
77) 이 글에서 '살아있는 문서' 이론 설명은 대부분 장태영, 2020, 307~309쪽에서 발췌·인용하였다.
78) Bayatyan v. Armenia [GC], Application No. 23459/03 (7 July 2011), para. 102.
79) Human Rights Committee, General Comment No. 22 – Art. 18, U.N. Doc. CCPR/C/21/Rev.1/Add.4 (27 September 1993), para. 11 참조.
80) 위의 유럽인권재판소 판결, para. 108.
81) Gabčíkovo-Nagymaros Project (Hungary v. Slovakia), Judgment, I.C.J. Reports 1997, 7, para. 112.

기초한 해석의 중요성을 염두해 두면서도 상당한 시간의 경과를 거치면서 발생한 국제법의 발전과 제반 사정을 고려하지 않을 수 없다고 판단하였다. 국제문서는 해석시점에 지배적인 전체 법체계에 비추어 적용되어야 한다고 보았다.[82]

국제인권조약의 감독기구(인권위원회, 고문방지위원회, 경제적·사회적·문화적 권리위원회 등)도 국제인권조약은 살아있는 문서라는 특수성이 있음을 강조하면서, 인권조약의 해석은 변화하는 사회인식을 고려하여 진화적으로 발전해 나가야 한다고 강조하여 왔다.[83] 이러한 진화적·동적 해석의 예는 일반 국제법상 조약의 해석원칙을 정한 비엔나조약법 협약에 의해서도 포괄될 수 있는 원칙으로, 오랜 시간에 걸쳐 여러 국가가 가입할 수 있는 일반적인 가치규범을 규정하는 다자조약의 경우에 특히 관련성이 있을 수 있다.[84]

대법원 2016도10912 전원합의체 판결의 제2다수보충의견이 보편적인 국제인권규약을 해석하면서 '규약 자체에 명시된 권리'만을 자유권규약이 인정한 권리라고 좁게 보는 것은 자유권규약 준수에 관한 실질적인 국제법적 의무를 외면하는 것이고(판시②-1), 명문의 규정이 없더라도 현대 민주주의 국가들의 시대정신에 맞게 자유권규약을 해석하여 기본적 인권을 도출할 수 있다고 보는 것이 타당하다(판시②-2)고 판시한 것은 살아있는 문서 이론을 수용하고 '동적 해석' 내지 '발전적 해석'을 추구한 것으로 평가된다.[85]

ILO 결사의 자유 관련 협약은 경제적·사회적·문화적 권리 규약과 시민적·정치적 권리 규약보다도 먼저 채택된 대표적인 국제인권조약이다. ILO 결사의 자유 관련 협약은 ILO 감독기구가 어떻게 해석해 오고 있는지, 비준한 다른 국가에서는 어떻게 해석하고 있는지 ILO 협약 채택의 배경인 ILO헌장과 필라델피아 선언의 정신을 고려하여 해석되어야 한다.

---

82) Legal Consequences for States of the Continued Presence of South Africa in Namibia (South West Africa) notwithstanding Security Council Resolution 276 (1970), Advisory Opinion, I.C.J. Reports 1971, 16, para. 53.

83) 예를 들면, HRCttee, Roger Judge v. Canada, Communication No. 829/1998, UN Doc. CCPR/C/78/D/829/1998 (5 August 2002), para. 10.3; CERD Committee, Hagan v. Australia, Communication No. 26/2002, UN Doc. CERD/C/62/D/26/2002 (20 March 2003), para. 7.3; CAT Committee, V.X.N. and H.N. v. Sweden, Communications Nos. 130/1999 and 131/1999, UN Doc. CAT/C/24/D/130 & 131/1999 (15 May 2000), para. 7.3 (이혜영, 2020a, 61~62쪽에서 재인용).

84) 이혜영, 「법원의 국제인권조약 적용 현황과 과제」, 2020, 62쪽.

85) 장태영, 2020, 309쪽.

## Ⅳ. ILO 감독기구의 해석 등 존중 의무

ILO 감독기구들은 많은 조사와 결정에서 결사의 자유와 관련하여 적용할수 있는 원칙의 범위 및 적용 방식에 대한 상당한 해석 문구·문서들(corpus of interpretations)을 구축해왔다.[86]

한-EU FTA 전문가패널은 결사의 자유 원리를 존중, 증진, 실현할 의무의 내용을 확정하는데 있어 기본협약 규정과 결사의 자유 위원회가 인정한 일반원리를 참조할 수 있다고 보았다.[87] 세 가지 근거가 제시되었다. 첫째, 협정당사자(특히 한국)의 추정된 의사(동의)이다. 전문가패널은 한국이 피소국으로서 CFA의 진정절차, 특히 제87·98호 협약에 관한 사항을 다룬 절차에 참여하면서 CFA가 보유·행사하는 권한 및 자격에 이의를 제기한 사례가 없었다는 점을 지적했다.[88] 이는 ILO 맥락에서 한국이 CFA의 권한 및 임무를 존중·승인한다는 증거로 이해될 수 있다. 또한, 협정 체결·비준 당시 이미 ILO 헌장에 명기되어 있었던 결사의 자유 원리를 제13.4조 제3항 문구에 포함시켰다는 사실을 지목했다. 즉 ILO의 결사의 자유 원리가 포함된 이상 전문가패널이 동 원리에 부여된 의미를 고려하는 것은 불가피한데, 협정당사자(한국)는 이미 그 내용을 인지하고 있었으므로 전문가패널이 CFA의 법리를 참조하는 것에 묵시적으로 동의했다는 것이다.[89] 둘째, 전문가패널은 제87·98호 협약의 규정 및 CFA의 일반원리와 유사한 내용이 국제적으로 또는 여러 지역에서 적용되는 다수의 인권협약과 여러 국가의 헌법 등에서 발견되고,[90] 해당 (국제)법원 및 감독 기구가 결사의 자유와 관련한 각자의 규범의 내용을 구체화하는 데 있어 협약 규정 및 CFA의 법리가 권위 있는 근거로서 인용되어 왔다는 점을 지적했다.76) 셋째, 전문가패널은 분쟁당사자가 인용하고 있는 CFA의 일반원리들이 ILO 내에서 광범위하게 수용되는 것들이고 그 실체적 내용의 진위 여부에 대해 분쟁당사자 간 다툼이 없다는 점에 주목했다. 전문가패널은 이러한 사실을 근거로 제87·98호 협약의 규정 및 CFA의 일반원리가, 청구취지에 적시된 한국의 조치가 결사의 자유 원리에 관한

---

86) ILO 감독기구의 국제노동기준 해석의 의의에 관해 자세히는 제1장 제3절 Ⅱ 참조.
87) 한-EU FTA 전문가패널 보고서, para. 114.
88) 한-EU FTA 전문가패널 보고서, para. 111.
89) 한-EU FTA 전문가패널 보고서, para. 116.
90) 한-EU FTA 전문가패널 보고서, para. 114.

제1문의 의무를 위반한 것인지를 판단할 명백하고 구체적인 기준이 된다고 결정했다.[91][92]

# 제5절 ILO 협약 관련 법원·헌법재판소의 판결·결정에 대한 평가

이 절에서는 지난 10여 년간 법원 판결, 헌법재판소 결정에서 ILO 결사의 자유 관련 협약 또는 권고 등이 주장되었거나, 주장되지 않았어도 법원이나 헌법재판소가 검토하였던 사례를 검토해 보고자 한다. 주로 협약의 비준여부와 직접 적용에 대한 태도, 국내법적 위상에 대한 판단, 국내법 해석에서 국제법 존중주의에 따랐는지, 협약 해석시 비엔나조약법 협약상 원칙을 고려했는지, 국제감독기구의 해석에 대하여 어떤 태도를 취했는지, 국내법이 국제적 의무에 위반될 때 법관으로서 권고 등을 하였는지 등을 중심으로 살펴보겠다.

## Ⅰ. 대법원 2011. 3. 17. 선고 2007도482 판결

### 1. 사건의 개요

전국철도노동조합(이하 '철도노조'라고 한다)의 2006. 3. 1. 01:00경부터 같은 달 4. 14:00경까지 파업에 대하여 검사가 철도노조 집행부들을 위력에 의한 업무방해죄로 기소한 사건이다.

### 2. 대상판결의 요지

1심, 2심은 유죄로 판단하였고,[93] 대법원은 쟁의행위가 업무방해죄 구성요건에 해당하는 요소를 "전후 사정과 경위 등에 비추어 사용자가 예측할 수 없는

---

91) 한−EU FTA 전문가패널 보고서, para. 118.
92) 남궁준, "한−EU FTA 노동조항 관련 분쟁의 법적 쟁점", 개정 노조법의 법적 쟁점과 한국의 노사관계, 노동법이론실무학회 정기학술대회, 2021. 10., 103쪽.
93) 서울중앙지방법원 2006. 5. 24. 선고 2006고단1724 판결[제1심]; 서울중앙지방법원 2006. 12. 20. 선고 2006노1532 판결[항소심].

시기에 전격적으로 이루어져 사용자의 사업운영에 심대한 혼란 내지 막대한 손해를 초래하는 등으로 사용자의 사업계속에 관한 자유의사가 제압·혼란될 수 있다고 평가할 수 있는 경우에 비로소 그 집단적 노무제공의 거부가 위력에 해당하여 업무방해죄가 성립한다고 봄이 상당하다"라고 판단하여 종전 판례를 변경하였다.

한편, 대법원 반대의견은 단순 파업은 부작위이고 근로자는 보증인적 지위에 있지 않으며 죄형법정주의상 업무방해죄의 구성요건의 하나인 '위력'의 개념은 매우 광범위하고 모호한 행위유형이며, 다수의견은 근로자들에게 사용자에 대한 '일할 의무'를 형벌로 강제하는 것과 다를바 없으므로 근로자들이 단결하여 소극적으로 근로제공을 거부하는 파업 등 쟁의행위를 하였으나 폭행·협박·강요 등의 수단이 수반되지 않는 한, 위와 같은 노조법상 규정을 위반하여 쟁의행위로서의 정당성을 갖추지 못하였다고 하더라도, 당해 쟁의행위를 이유로 근로자를 형법상 업무방해죄로 처벌할 수는 없다고 판단하였다.

대상판결에서 대법원 박시환, 대법관 김지형, 대법관 이홍훈, 대법관 전수안, 대법관 이인복의 반대의견에서는 다음과 같이 ILO협약과 결사의 자유위원회, 국제연합 경제적·사회적·문화적 권리위원회의 권고를 논거 중 하나로 적시하였다.

---

■ 대법원 2011. 3. 17. 선고 2007도482 판결

"일정한 예외적인 상황에 한정된 것이기는 하지만 단순 파업도 업무방해죄의 "위력"에 해당한다는 다수의견은, 다수의견이 설정하고 있는 예외적인 상황에서라면 앞서 살펴본 바와 같이 근로자들에게 사용자에 대한 '일할 의무'를 형벌로써 강제하는 것과 다를바 없다. 그런데 이와 관련하여 국제노동기구(ILO) 제105호 "강제노동의 폐지에 관한 조약" 제1조 d항은 동맹파업에 참가한 것에 대한 제재를 강제노동으로 보아 금지하고 있고, 국제노동기구 결사의 자유위원회에서는 2000년 이래 매년 계속하여, 그리고 국제연합 경제적·사회적·문화적 권리위원회에서는 2001년과 2009년에 걸쳐 거듭하여, 폭력이 수반되지 아니한 근로자의 단체행동과 관련된 다양한 행위를 형법 제314조에 기하여 처벌하는 상황에 대한 우려와 함께 '비폭력적 쟁의행위'가 동 조항에 의해 처벌되지 않도록 하는 조치를 권고하고 있는 등 국제사회의 비판에 직면해 있는 점도 함께 지적해 둔다."

## 3. 평가

대법원 반대의견이 ILO 제105호 협약, 결사의 자유 협약을 비준하지 않았음에도 협약과 이에 대한 ILO 감독기구 등의 권고를 판단의 논거로 적시했다는 점에서는 의의가 있다.

그러나 대법원 반대의견, 다수의견 전부 ILO 결사의 자유 협약을 비준하지 않았더라도 1998년 ILO 선언에 따라 결사의 자유 협약이 구속력이 있는지 검토하지 않았고, 반대의견도 구속력이 없다는 전제에서 살펴보았다는 한계가 있다.

# II. 수원지방법원 2011. 5. 25. 선고 2010가단76234 판결[94]

## 1. 사건의 개요

차주겸 기사인 화물운송노동자의 임금 및 퇴직금 청구 사건에서 1심은 화물노동자의 근로기준법상 근로자성을 인정하였으나, 항고심과 대법원은 근로자성을 부정하였다.

## 2. 대상판결의 요지

대법원은 당해 차주는 운수회사와 위·수탁관리계약 내지 제품운송용역계약을 체결하여 운수회사가 00물류를 통하여 위탁받은 화주의 제품운송업무 중 일부를 수행하면서 용역비 명목으로 매월 일정액을 지급받아 왔는데, 대법원은 업무 내용, 업무시간·장소는 모두 운수회사가 정한 것이 아니라 운송용역계약상 내용일 뿐이고, 지휘·감독의 존재도 부정하였다. 운수회사가 차주의 복장·차량관리 상태를 통제하고 차량에 특정한 외장과 도색을 하게 한 것도 화주의 대외적인 이미지 제고와 동일성 식별을 위한 것이고, 근무태도 불량, 단체행동, 교통법규 위반 등의 경우 일정한 제재를 가할 수 있도록 한 것도 제품운송이 원활히 이루어지도록 한 것으로서 서로간에 양해된 사항에 불과하다고 보았다. 차주의 휴무일은 화주의 공장 휴무일에 따라 정하여진 것에 불과하고, 제3자로 하여금 자신의 운송업무를 대행하게 하는 데 특별한 장애가 없었던 것으로 보이며, 자신

---

94) 상고심은 대법원 2013. 7. 11. 선고 2012다57040 판결.

의 비용으로 화물트럭을 유지·관리하였고, 화물트럭을 다른 운송업무에 이용하는 것을 금지하는 것은 냉동·냉장 상태로 신속히 운송되어야 하는 운송대상 제품의 특성에 비추어 상시 안정적인 운송수단을 확보하여 둘 필요성이 있기 때문이며, 차주는 지입함으로써 일정 수준의 운송수익을 보장받는 대신에 이 사건 위수탁 관리계약에 따른 독립적인 운송사업자로서의 권한 중 상당 부분을 포기하기로 한 것이므로 차주가 운송회사에 일방적으로 종속되어 있다고 보기 어렵다고 보았다.

위 대법원 판결의 1심인 대상판결은 화물노동자의 근로기준법상 근로자성을 인정하였고, 판단 기준으로 "ILO가 2006년 채택한 198호 근로관계의 존부에 관한 결정에 관한 권고는 고용관계의 존재는 하나 이상의 해당요소가 있으면 이를 법률적으로 추정하여야 한다고 정하고 있다"라는 점을 적시하였다.

### 3. 평가

ILO 「고용관계 권고(제198호, 2006)」에 따라 국내법상 고용관계 추정 조항이 도입되지 않았지만, 대상판결은 판단이유에 동 권고를 적시하여 사실상 추정을 해야 할 필요성을 언급한 것으로 보인다. 대상판결은 동 권고의 국내법적 효력과 위상에 대하여 설시하지는 않았지만 근로기준법상 근로자인지 검토하면서 동 권고를 법률 해석의 근거로 활용하였다. 대상판결은 실질적으로 국제법 존중주의에 따라 국내법을 해석할 때 ILO 권고를 근거로 활용하였다는 점에서 의의가 크다.

## Ⅲ. 대구지방법원 2011. 6. 29. 선고 2010구합3420 판결, 대구고등법원 2014. 10. 24. 선고 2011누1710판결[95)

### 1. 사건의 개요

피고 대구지방고용노동청 포항지청장은 2010. 9. 8. 원고 전국금속노동조합(이하 '금속노조'라고 한다)에 대하여 사용자회사들과 체결한 단체협약들 중 이 사건 쟁점조항[96]이 노조법 관련 규정에 위반된다는 이유로 노조법 제31조 제3항을

---

95) 대법원 2016. 4. 29. 선고 2014두15092 판결로 확정.
96) 유일교섭단체 조항, 교섭창구 단일화 절차배제 조항, 해고자 조합원자격 조항, 전임자 처

적용하여 시정명령을 하였다(이하 '이 사건 처분'이라 한다).

원고 금속노조는 이 사건 처분의 취소를 구하는 소를 제기하였고, 전임자 처우 조항 시정명령에 관하여 노조 전임자에게 급여 지급을 금지하고 있는 노조법 제24조 제2항 및 노조 전임자에게 급여를 지급하는 행위를 부당노동행위로 정하고 있는 노조법 제81조 제4호는 ILO 제135호 협약, 제143호 권고에 반하여 헌법 제6조의 국제법질서 존중의 원칙에 위반된다고 주장하였다.

## 2. 대상판결의 요지

1심, 2심은 노조법 제24조 제2항 및 제81조 제4호 규정은 헌법 제6조 제1항을 위반하였다고 볼 수 없다고 판단하였고, 대법원에서는 전임자 처우 조항 시정명령 패소 부분에 대하여는 다투지 않아 판단 내용이 없다.

1심은 "국제노동기구의 제135호 협약은 근로자대표에 대하여 그 지위나 활동을 이유로 불리한 조치를 할 수 없고, 근로자대표가 직무를 신속·능률적으로 수행할 수 있도록 기업으로부터 적절한 편의가 제공되어야 한다고 정하고 있는데, 위 협약을 노조 전임자에 대한 급여 지급 문제를 직접 규율한 것이라고 보기 어렵고, 국제노동기구의 권고는 헌법에 의하여 체결된 조약이나 일반적으로 승인된 국제법규가 아니므로, 헌법 제6조 제1항을 위반하였다고 볼 수도 없다"라고 판단하였다.

2심은 다음과 같이 판단하였다.

---

■ 대구고등법원 2014. 10. 24. 선고 2011누1710 판결

1) 헌법 제6조 제1항의 국제법 존중주의 위배 여부
① 우리 헌법은 헌법에 의하여 체결·공포된 조약과 일반적으로 승인된 국제법규를 국내법과 마찬가지로 준수하고 성실히 이행함으로써 국제질서를 존중하여 항구적 세계평화와 인류공영에 이바지함을 기본이념의 하나로 하고 있으므로(헌법 전문 및 제6조 제1항), 국제적 협력의 정신을 존중하여 될 수 있는 한 국제법규의 취지를 살릴 수 있도록 노력해야 함은 마땅하다.
② 먼저, 국제노동기구협약 제135호 '기업의 근로자대표에게 제공되는 보호 및 편의에

---

우 조항, 비전임자 처우 조항, 시설·편의제공 조항 등.

관한 협약은 1971년 국제노동기구에서 채택된 것으로 2002. 12. 27. 우리나라도 비준하여 발효되었으므로 국내법과 마찬가지로 이를 준수할 의무가 있다.

살피건대, 위 협약 제2조 제1항은 '근로자대표에 대하여 그 지위나 활동을 이유로 불리한 조치를 할 수 없고, 근로자대표가 직무를 신속·능률적으로 수행할 수 있도록 기업으로부터 적절한 편의가 제공되어야 한다'고 규정하고 있다. 그런데 위 협약 제2조 제2항은 '이 경우 국내의 노사관계제도의 특성이나 당해 기업의 필요·규모 및 능력이 고려되어야 한다', 제3항은 '그러한 편의의 제공은 당해 기업의 능률적인 운영을 방해하는 것이어서는 아니된다'고 규정하고 있어, 노조전임자에 대한 급여지급 금지에 대한 절충안으로 근로시간 면제 제도가 도입된 이상 이 사건 노조법 조항들이 위 협약에 배치된다고 보기 어렵다. 나아가 위 협약을 해석하는 데 참고가 되는 국제노동권고 제143호 '기업의 근로자대표에게 제공되는 보호 및 편의에 관한 권고' 제10조를 보더라도 위 제135호 협약에서 말하는 '적절한 편의'에는 '근로시간 면제(the necessary time off from work)'가 포함됨을 알 수 있는데, 위 권고 제10조 제3항은 이에 대해 '합리적인 제한(reasonable limits)을 가할 수 있다'고 규정하고 있으므로, 근로시간 면제의 최대한을 사전에 입법으로 총량으로 설정하여 규율하는 위 노조법 조항들이 위 협약 및 권고와 충돌된다고 보기 어렵다.

③ 또한, 국제노동기구 산하 '결사의 자유위원회'의 권고는 국내법과 같은 효력이 있거나 일반적으로 승인된 국제법규라고 볼 수 없고, 앞서 본 바와 같이 위 노조법 조항들이 국제노동기구의 관련 협약 및 권고와 충돌하지 않는 이유와 마찬가지로 노조법에서 노조전임자가 사용자로부터 급여를 지급받는 것을 금지함과 동시에 그 절충안으로 근로시간 면제 제도를 도입한 이상 위 노조법 조항들이 '결사의 자유위원회'의 권고 내용과 배치된다고 보기도 어렵다.

④ 따라서 위 노조법 조항들은 헌법상 국제법 존중주의원칙에도 위배되지 않는다.


## 3. 평가

대상판결 1심은 ILO 제135호 협약 해석시 ILO 감독기구의 해석을 전혀 고려하지 않아 실질적으로 국제법 존중주의에 반한다. 또한 ILO 제143호 권고를 비준된 협약이나 일반적으로 승인된 국제법규가 아니라는 이유로 협약 해석의 참고자료로도 활용하지 않았다는 측면에서 비엔나조약법 협약 해석원칙(관련 당사국들의 후속 합의 참작)에도 부합하지 않는다.

대상판결 2심은 비준하여 발효된 협약에 대하여 국내법적 효력이 있다고 보면서도(국내법과 마찬가지로 이를 준수할 의무가 있다는 판단) 어느 정도의 법적 위상을 가지는지 분명히 판단하지 않았고, 헌법 제6조 제1항 국제법 존중주의를 매개로 국내법률이 비준 협약 및 권고에 위반되는지를 검토하였다.

대상판결 2심은 ILO 제135호 협약이 국회의 동의를 받아 비준된 협약이 아님에도 동 협약을 헌법 제6조 제1항 국제법 존중주의를 매개로 노조법 조항과의 충돌을 검토하는데 활용하였다는 측면에서는 의의가 있다. 또한 ILO 제143호 권고를 협약 해석의 참고자료로 원용하였다는 측면에서도 의의가 있다. 그러나 ILO 제135호 협약과 제143호 권고를 해석함에 있어서 ILO 감독기구의 해석인 권고를 근거로 삼지 않았다는 측면에서 실질적으로는 국제법 존중주의에 따랐다고 보기 어렵다. 즉, 대상판결 2심은 국제법 존중주의에 따라 협약과 권고를 살펴보았지만, 그 해석에 있어서는 ILO의 해석을 무시하여 결과적으로는 국제법을 국내법 합치적으로 해석하였다.

## Ⅳ. 인천지방법원 2011. 9. 8. 선고 2010구합4968판결[97]

### 1. 사건의 개요

피고 중부지방고용노동청장은 2010. 9. 30. 원고 금속노조에 대하여 한국펠저주식회사와 체결한 단체협약 중 이 사건 쟁점조항[98]이 노조법 관련규정에 위반된다는 이유로 노조법 제31조 제3항을 적용하여 시정명령을 하였다(이하 '이 사건 처분'이라 한다).

원고 금속노조는 이 사건 처분의 취소를 구하는 소를 제기하였고, 전임자 처우 조항 시정명령에 관하여 노조 전임자에게 급여 지급을 금지하고 있는 노조법 제24조 제2항 및 노조 전임자에게 급여를 지급하는 행위를 부당노동행위로 정하고 있는 노조법 제81조 제4호는 ILO 제135호 협약, 제143호 권고에 반하여 헌법 제6조의 국제법질서 존중의 원칙에 위반되므로 위헌이라고 주장하였다.[99]

---

97) 2심 서울고등법원 2012. 6. 20. 선고 2011누34162 판결, 3심 대법원 2016. 1. 28. 선고 2012두15821 판결로 확정.
98) 유일교섭단체 조항, 해고자 조합원 자격 조항, 전임자 처우 조항, 비전임자 처우 조항, 시설·편의제공 조항.
99) 동시에 헌법 제33조가 보장하는 노동3권의 본질적 내용을 침해하고, 헌법 제33조, 제10조, 제37조 제1항에서 도출되는 노사자치원칙에 반하며, 헌법 제32조가 규정하는 근로의 권리의 본질적 내용을 침해하고, 헌법 제37조 제2항의 과잉금지원칙에 위반되며, 헌법 제11조 평등원칙에 위반되며, 헌법 제15조의 직업선택의 자유를 침해하여 위헌이라고도 주장

## 2. 대상판결의 요지

1심 법원은 전임자 처우 조항 시정명령이 노동3권의 본질적 내용을 침해하였고 노조 전임자 급여 지급 금지규정이 적용되기 전 체결되어 유효하다는 이유로 위법하다고 판단하면서(11~17쪽) 협약, 국제법질서 존중 원칙 위반 여부에 대하여는 판단하지 않았다. 2심은 이 사건 전임자 처우 조항이 노조 전임자 급여 지급 금지규정이 적용되기 전 체결되어 유효하므로 시정명령이 위법하다고 판단하였고, 이러한 판단은 대법원에서 확정되었다.

## 3. 평가

대상판결은 비준한 협약과 권고, 헌법규정을 주장하였음에도 이에 대하여 아무런 판단도 하지 않고 판단을 회피하였다는 문제가 있다.

# Ⅴ. 수원지방법원 2012. 8. 23. 선고 2011구합11892판결, 서울고등법원 2013. 5. 15. 선고 2012누33548 판결[100)]

## 1. 사건의 개요

피고 중부지방고용노동청 평택지청장은 2011. 7. 6. 원고 금속노조에 대하여 두원정공주식회사와 체결한 단체협약 중 이 사건 쟁점조항[101)]이 노조법 관련 규정에 위반된다는 이유로 노조법 제31조 제3항을 적용하여 시정명령을 하였다(이하 '이 사건 처분'이라 한다).

원고 금속노조는 이 사건 처분의 취소를 구하는 소를 제기하였고, 전임자 처우 조항 시정명령에 관하여 노조 전임자에게 급여 지급을 금지하고 있는 노조법 제24조 제2항 및 노조 전임자에게 급여를 지급하는 행위를 부당노동행위로 정하고 있는 노조법 제81조 제4호는 일반적으로 승인된 국제법규인 ILO 제135호 협약, 제143호 권고에 위배되므로 위헌·무효라고 주장하였다.[102)]

---

하였다.
100) 대법원 2016. 4. 15. 선고 2013두11789 판결로 확정.
101) 유일교섭단체 조항, 전임자 처우 조항, 비전임자 처우 조항, 편의제공 조항.
102) 동시에 헌법상 보장된 노동3권, 노사자치의 원칙, 근로의 권리의 본질적 내용을 침해하고 과잉금지의 원칙에 위배되어 위헌·무효라고도 주장하였다.

## 2. 대상판결의 요지

1심은 "ILO 협약 제135호 제1조, 제2조 제1호는 근로자 대표가 그 지위나 활동을 이유로 불이익한 조치를 받아서는 아니 되고 그 직무를 신속하고 능률적으로 수행할 수 있도록 기업으로부터 적절한 편의를 제공받을 수 있는 것으로 규정하고 있다. 그러나 전임자인 근로자 대표에 대한 급여지급금지는 전임자로부터 급부를 제공받는 노동조합이 그 급여를 부담해야 한다는 원칙에 근거한 것으로서 그 지위나 활동을 이유로 한 불이익한 조치에 해당하지 않고, 전임자인 근로자 대표가 그 직무를 신속하고 능률적으로 수행할 수 있도록 하기 위한 편의제공의 내용은 다양하여 급여지급을 금지하였다는 사정만으로 그러한 편의제공을 하지 않았다고 볼 수 없을 뿐만 아니라 노동조합법은 근로시간 면제 제도를 도입하여 일정한 조건 하에서 근로자 대표 등에 대한 급여지급을 허용하고 있으므로, 결국 전임자급여금지 규정이 ILO 협약 제135호 제1조, 제2조 제1호에 위반된다고 볼 수 없다. 그리고 ILO 제143호 권고는 이것이 헌법에 의하여 체결·공포된 조약이나 일반적으로 승인된 국제법규에 해당한다고 볼 증거가 없다"라고 판단하였다.

2심은 "ILO협약 제135호 제1조, 제2조 제1호는 '근로자 대표가 그 직위나 활동을 이유로 불이익한 조치를 받아서는 안 되고 그 직무를 신속하고 능률적으로 수행할 수 있도록 기업으로부터 적절한 편의를 받을 수 있다'고 규정한다. 그런데 사용자의 전임자 급여지급이 금지되는 것은 전임자의 조합활동이라는 급부를 사용자가 아니라 노동조합이 받기 때문일 뿐이고 전임자의 지위나 활동을 이유로 한 것이 아니며, 근로자 대표는 노동조합법이 인정하는 근로시간 면제 한도 내에서 그 직무를 수행하기 위한 적절한 편의제공을 받을 수 있다. 그러므로 노동조합법 제24조 제2항, 제81조 제4호가 ILO 협약 제135호에 위배되지 않는다. 그리고 ILO 제143호 권고는 헌법에 근거하여 체결·공포된 조약 또는 일반적으로 승인된 국제법규에 해당한다고 인정할 증거가 없다"라고 판단하였다.

3심인 대법원은 전임자 처우 조항 시정명령이 ILO 협약 및 권고 위반이라는 금속노조의 주장에 대하여 달리 판단하지 않고 해당 부분 상고를 기각하였다.

## 3. 평가

대상판결 1심, 2심은 ILO 제135호 협약을 노조법 조항과의 충돌을 검토하는 데 활용하였다는 측면에서는 의의가 있다. 그러나 ILO 제143호 권고를 비준된 협약이나 일반적으로 승인된 국제법규가 아니라는 이유로 협약 해석의 참고자료로도 활용하지 않았다는 측면에서 비엔나조약법 협약 해석원칙(관련 당사국들의 후속 합의 참작)에 부합하지 않는다. 또한 ILO 제135호 협약 해석 시 ILO 감독기구의 해석인 권고를 고려하지 않았다는 측면에서 국제법 존중주의에 따랐다고 보기 어렵다.

# Ⅵ. 헌법재판소 2014. 5. 29. 선고 2010헌마606 전원재판부 결정

## 1. 사건의 개요

청구인 민주노동조합총연맹(이하 '민주노총'이라고 한다), 노조 전임자인 민주노총 위원장 김성훈 등은 노조법(2010. 1. 1. 법률 제9930호로 개정된 것) 제24조 제2항, 제4항, 제5항, 제92조 제1호(이하 '이 사건 노조법 조항들'이라고 한다) 및 근로시간 면제 한도에 관한 같은 법 시행령 조항, 근로시간면제심의위원회의 심의·의결 및 고용노동부장관의 근로시간 면제 한도 고시가 청구인들의 근로3권을 침해한다는 이유로 2010. 9. 28. 그 위헌확인을 구하는 헌법소원심판을 청구하였다.

청구인들은 이 사건 노조법 조항들이 "노조 전임자 급여 지급 금지는 입법적 간섭의 대상이 되어서는 아니 된다"는 취지의 국제노동기구 산하 결사의 자유위원회의 권고 및 우리나라가 2001. 12. 비준한 ILO 협약 제135호 제2조 제1항 "적절한 경우에는 근로자 대표가 그 직무를 신속하고 능률적으로 수행할 수 있도록 기업으로부터 적절한 편의가 제공되어야 한다"는 내용에 배치되어 헌법 제6조 제1항의 국제법 존중주의에 위배된다고 주장하였다.

## 2. 대상결정의 요지

대상결정은 다음과 같이 판단하였다.

■ 헌법재판소 2014. 5. 29. 선고 2010헌마606 전원재판부 결정

라. 헌법 제6조 제1항의 국제법 존중주의 위배 여부

우리 헌법은 헌법에 의하여 체결·공포된 조약과 일반적으로 승인된 국제법규를 국내법과 마찬가지로 준수하고 성실히 이행함으로써 국제질서를 존중하여 항구적 세계평화와 인류공영에 이바지함을 기본이념의 하나로 하고 있으므로(헌법 전문 및 제6조 제1항 참조), 국제적 협력의 정신을 존중하여 될 수 있는 한 국제법규의 취지를 살릴 수 있도록 노력할 것이 요청됨은 당연하다.

먼저, 국제노동기구협약 제135호 '기업의근로자대표에게제공되는보호및편의에관한협약'은 1971년 국제노동기구에서 채택된 것으로 2002. 12. 27. 우리나라도 비준하여 발효되었으므로 국내법과 마찬가지로 이를 준수할 의무가 있다.

살피건대, 위 협약 제2조 제1항은 "근로자대표에 대하여 그 지위나 활동을 이유로 불리한 조치를 할 수 없고, 근로자대표가 직무를 신속·능률적으로 수행할 수 있도록 기업으로부터 적절할 편의가 제공되어야 한다."고 규정하고 있다. 그런데 위 협약 제2조 제2항은 "이 경우 국내의 노사관계제도의 특성이나 당해 기업의 필요·규모 및 능력이 고려되어야 한다.", 제3항은 "그러한 편의의 제공은 당해 기업의 능률적인 운영을 방해하는 것이어서는 아니된다."고 규정하고 있어, 노조전임자에 대한 급여 지급 금지에 대한 절충안으로 근로시간 면제 제도가 도입된 이상 이 사건 노조법 조항들이 위 협약에 배치된다고 보기 어렵다. 나아가 위 협약을 해석하는 데 참고가 되는 국제노동권고 제143호 '기업의근로자대표에게제공되는보호및편의에관한권고' 제10조를 보더라도 위 제135호 협약에서 말하는 '적절한 편의'에는 '근로시간 면제(the necessary time off from work)'가 포함됨을 알 수 있는데, 위 권고 제10조 제3항은 이에 대해 "합리적인 제한(reasonable limits)을 가할 수 있다."고 규정하고 있으므로, 근로시간 면제의 최대한을 사전에 입법으로 총량으로 설정하여 규율하는 이 사건 노조법 조항들이 위 협약 및 권고와 충돌된다고 보기 어렵다.

또한 국제노동기구 산하 '결사의 자유위원회'의 권고는 국내법과 같은 효력이 있거나 일반적으로 승인된 국제법규라고 볼 수 없고, 앞서 검토한 바와 같이 이 사건 노조법 조항들이 국제노동기구의 관련 협약 및 권고와 충돌하지 않는 이유와 마찬가지로 개정 노조법에서 노조전임자가 사용자로부터 급여를 지급받는 것을 금지함과 동시에 그 절충안으로 근로시간 면제 제도를 도입한 이상 이 사건 노조법 조항들이 결사의 자유위원회의 권고 내용과 배치된다고 보기도 어렵다.

그러므로 이 사건 노조법 조항들은 헌법상 국제법 존중주의 원칙에 위배되지 않는다.

## 3. 평가

헌법재판소는 헌법 제6조 제1항 국제법 존중주의 위반을 검토하면서 대구고등법원 2014. 10. 24. 선고 2011누1710 판결의 판단내용을 그대로 가져와 설시하였다. 헌법재판소는 국제법 존중주의의 헌법의 기본원리로서의 중요성과 법률의 위헌성 판단에서 국제법 존중주의를 매개로 한 협약과 권고의 의미, 국제법 존중주의와 비엔나조약법 협약에 따른 협약 해석의 원칙 등에 관하여 제대로 살펴보지 않았다는 점에서 협약을 위헌성 판단 심사기준으로 삼는 것에 대한 충실한 고민이 없었던 것으로 보인다.

## Ⅶ. 서울고등법원 2017. 7. 18. 선고 2016누75939 판결[103)

### 1. 사건의 개요

원고 전국공무원노동조합이 2016. 3. 16. 피고 고용노동부장관에 노동조합 설립신고서(이하 '이 사건 설립신고서'라 한다)를 제출하였는데, 이에 대하여 피고가 2016. 3. 17. '원고가 공무원이 아닌 자(해직자)의 노동조합 가입을 허용하는 것으로 해석되는 규약 제7조 제2항을 보완하지 않고 제출하였고, 이 사건 설립신고서에 기재된 회계감사위원장 김○○은 공무원 노동조합 가입이 허용되지 않는 해직자로 확인되었다'는 이유로 공무원의 노동조합 설립 및 운영 등에 관한 법률(이하 '공무원노조법'이라 한다) 제2조, 제6조 제3항, 제17조 제2항, 노동조합 및 노동관계조정법 제2조 제4호 (라)목, 제12조 제3항에 따라 이 사건 설립신고서를 반려하는 처분을 하였다(이하 '이 사건 처분'이라 한다).

원고는 해직공무원도 노조법 제2조 제4호 (라)목의 '근로자'에 포함되고, 설령 해직공무원이 노동조합법 제2조 제4호 (라)목의 '근로자'에 포함되지 않는다고 하더라도 위 조항이 정한 노동조합의 소극적 요건에 해당하기 위해서는 단순히 근로자가 아닌 자를 조합원으로 가입시킨 것만으로는 부족하고 이로 인하여 노동조합의 근로자 주체성, 즉 노동조합은 근로자가 주체가 되어 조직된 단체이어야 한다는 원칙을 훼손시킬 위험이 있어야 하는데 이를 전혀 심사하지 않고 이

---

103) 미상고로 확정되었음.

사건 처분을 하여 위법하다고 주장하면서, 이 사건 처분의 취소를 구하는 소송을 제기하였다.

## 2. 대상판결의 요지

1심 법원104)은 노동조합법 제2조 제4호 (라)목의 '근로자'에 해직공무원이 포함되지 않고, 원고의 주체성이 훼손되었는지를 별도로 심사하지 않은 채 이 사건 처분을 한 것이 위법하다고 할 수 없다고 판단하였고, 2심인 대상판결도 같은 판단을 하였다.

대상판결은 판단 이유에서 "원고는, 해고된 공무원에 대한 중앙노동위원회의 재심판정 이후의 조합원 자격유지와 관련하여 중앙집행위원회의 결의에 따라 그 범위를 확장할 수 있도록 하는 내용의 규약은 공무원 노동조합의 단결권 및 자율권의 범위 내의 것으로 해석하는 것이 국제노동기구(ILO)의 제87호 협약(결사의 자유 및 단결권 보장에 관한 협약), 제98호 협약(단결권 및 단체교섭권에 대한 원칙의 적용에 관한 협약) 및 제151호 협약(공공부문에서의 단결권 보호 및 고용조건의 결정을 위한 절차에 관한 협약) 등을 존중하는 해석이라는 취지로도 주장한다. 그러나 국제노동기구의 위 각 협약은 우리나라에서 비준된 바가 없고, 헌법 제6조 제1항에서 말하는 일반적으로 승인된 국제법규로서 헌법적 효력을 갖는 것이라고 볼 만한 근거도 없으므로 권고적 효력밖에 없어 위 권고가 직접적으로 국내법적인 효력을 가진다고 할 수 없다(헌법재판소 2005. 10. 27. 선고 2003헌바50, 2003헌바62, 2004헌바96, 2005헌바49 전원재판부 결정 참조). 따라서 현행 공무원노조법상 노동조합의 가입이 허용되는 공무원의 범위를 앞서 본 바와 같이 해석하는 것이 헌법 제6조 제1항에 나타나 있는 국제법 존중의 정신에 어긋난다고 할 수 없다."라고 판단하였다.

## 3. 평가

대상판결은 ILO 제87호, 제98호 협약은 기본협약으로 ILO 1998년 선언에 따라 비준하지 않았더라도 회원국으로서 지켜야 할 의무가 있다는 사실을 고려하지 않았고, 미비준협약이라는 이유만으로 국내법적 효력을 부인했을 뿐만 아

---

104) 서울행정법원 2016. 11. 10. 선고 2016구합58284 판결.

니라 헌법 제6조 제1항을 매개로도 국내법 해석에 고려하지 않았다. 사법부가 이처럼 일관되게 ILO 1998년 선언의 의미를 무시하고 있음을 드러내고 있다.

## Ⅷ. 대법원 2020. 9. 3. 선고 2016두32992 전원합의체 판결

### 1. 사건의 개요

전국교직원노동조합(이하 '전교조'라고 한다)은 2010. 8. 14. 규약을 개정하면서 부칙 제5조의 제1항("규약 제6조 제1항의 규정에 불구하고 부당 해고된 교원은 조합원이 될 수 있다")을 삭제하고 제2항을 "부당하게 해고된 조합원은 규약 제6조 제1항의 규정에 불구하고 조합원 자격을 유지한다"라고 개정(이와 같이 개정된 부칙 제5조를 '이 사건 부칙 조항'이라고 한다)하였다. 고용노동부장관은 2013. 10. 24. 교원의 노동조합 설립 및 운영 등에 관한 법률(이하 '교원노조법'이라고 한다) 제14조 제1항, 노조법 제12조 제3항 제1호, 제2조 제4호 라목 및 교원노조법 시행령 제9조 제1항, 노조법 시행령 제9조 제2항에 의하여 전교조를 '교원노조법에 의한 노동조합으로 보지 아니함'을 통보하였다(이하 '이 사건 법외노조 통보'라고 한다).

노조법 시행령 제9조 제2항은 "노동조합이 설립신고증을 교부받은 후 노동조합법 제12조 제3항 제1호에 해당하는 설립신고서의 반려사유가 발생한 경우에는 행정관청은 30일의 기간을 정하여 시정을 요구하고 그 기간 내에 이를 이행하지 아니하는 경우 해당 노동조합에 대하여 노동조합법에 의한 노동조합으로 보지 아니함을 통보하여야 한다"라고 규정하고 있다(이하 '이 사건 시행령 조항'이라 한다).

전교조는 고용노동부장관을 상대로 이 사건 법외노조 통보 취소소송을 제기하였는데, 1심,[105] 2심[106] 법원은 전교조의 청구를 기각하였고, 대법원은 원심판결을 파기하고 사건을 서울고등법원에 환송하는 판결을 선고하였다.

### 2. 대상판결의 요지

대법원은 "법외노조 통보는 적법하게 설립된 노동조합의 법적 지위를 박탈하는 중대한 침익적 처분으로서 원칙적으로 국민의 대표자인 입법자가 스스로

---

105) 서울행정법원 2014. 6. 19. 선고 2013구합26309 판결.
106) 서울고등법원 2016. 1. 21. 선고 2014누54228 판결.

형식적 법률로써 규정하여야 할 사항이고, 행정입법으로 이를 규정하기 위하여는 반드시 법률의 명시적이고 구체적인 위임이 있어야 한다. 그런데 이 사건 시행령 조항은 법률의 위임 없이 법률이 정하지 아니한 법외노조 통보에 관하여 규정함으로써 헌법상 노동3권을 본질적으로 제한하고 있으므로 그 자체로 무효이다"라고 판단하였다.

한편 대법관 안철상의 별개의견에는 다음과 같이 ILO 핵심협약인 결사의 자유 협약, 한-EU FTA 전문가패널 논의 등을 판단 근거로 적시하였다.

---

■ 대법원 2020. 9. 3. 선고 2016두32992 전원합의체 판결(대법관 안철상의 별개의견)

"국제노동기구(International Labour Organization, ILO)는 2020년 6월 현재 전체 190개 협약 중 가장 기본적인 노동권에 관한 4개 분야의 8개 협약을 '핵심협약(Fundamental Conventions)'으로 지정하고 모든 회원국에 대하여 그 비준 및 준수를 강력히 권고하고 있다. 그 중 「결사의 자유 및 단결권 보호에 관한 협약(제87호 협약)」은 제2조에서 "근로자 및 사용자는 어떠한 차별이나 사전 허가 없이 스스로의 선택에 따라 단체를 설립하고 그 단체의 규약에 따를 것을 조건으로 단체에 가입할 권리를 가진다."라고 규정하고 있다. 이는 일체의 차별과 정부의 사전 허가 없는 단결권의 보편적 보장 원칙을 국제노동기준으로 확립한 것이라고 할 수 있다.
실제로 국제노동기구 제320차 이사회는 2014. 3. 26. 우리나라 정부의 결사의 자유 위반에 관한 권고를 담은 결사의 자유 위원회 제371차 보고서를 채택하였는데, 여기서 위원회는 '노동조합법 제2조 제4호 단서 라.목(이 사건 법률 규정 라.목)에 의한 해직자의 노동조합 가입금지가 결사의 자유에 위배된다'는 입장을 밝힌 바 있다. 나아가 위결사의 자유 위원회는 2017. 6. 17. 제382차 보고서에서 이 사건과 직접 관련하여 같은 취지의 의견을 제시하면서 '해직자가 조합원이 되는 것을 금지하고 있는 법률의 관련 조항을 지체 없이 폐지하기 위하여 필요한 조치를 취하고, 이에 관한 상세한 정보를 제공할 것을 한국 정부에 다시 한 번 강력히 요청한다'고 권고하였다.
한편, 유럽연합(European Union, EU)은 2011년 발효된 「대한민국과 유럽연합 및 그 회원국 간의 자유무역협정」에 근거하여 우리나라의 국제노동기구 핵심협약 비준 노력이 미흡하다는 이유로 분쟁해결절차를 개시하는 등 지속적으로 우리나라 정부에 노동기본권 보장과 관련한 문제를 제기하고 있다. 최근 2019. 7. 4. 유럽연합은 우리나라 정부에 위 자유무역협정 제13장(무역과 지속가능한 발전) 제14조 제1항에 따른 전문가패널의 소집을 공식 요청하여 우리나라 정부가 노동기본권을 침해함으로써 자유무역협정을 위반하였다고 주장하고 있는데, 여기서도 '노동조합법 제2조 제4호 단서 라.목(이사건 법률 규정 라.목)에 따라 해직자의 조합원 가입을 이유로 해당 노동조합의 자격을 부인'하는 점을 주요 위반사항의 하나로 들고 있다.

우리나라는 1991년 국제노동기구에 가입한 이후 국내법과의 관계를 고려하여 단계적으로 협약을 비준하여 왔는데, 아직까지 위 핵심협약 8개 중 결사의 자유와 강제노동 금지 관련한 4개 협약(제29호, 제87호, 제98호, 제105호)을 비준하지 않고 있다. 그러나 정부(소관 : 고용노동부)는 2019. 5. 22. 위 4개 협약 중 제87호 협약을 포함한 3개 협약에 관하여 비준 절차에 착수한다고 발표하였고, 현재 그 후속작업이 진행되고 있다. 나아가 정부는 지난 20대 국회에서 실업자·해고자의 노동조합 가입을 인정하는 관련 법률 개정안을 제출한 바 있고, 21대 국회에서도 같은 내용의 개정안을 다시 제출한 상태이다.

헌법은 근로자의 단결권을 기본권으로 보장하고 있다. 노동조합은 노동3권의 행사를 위한 기본적 토대가 되고, 해직자 역시 스스로 사용자가 되지 않는 한 근로자의 지위를 벗어날 수 없으므로 노동3권의 보장이 필요하다. 세계적으로 해직자를 노동조합에서 배제하도록 하는 법제는 현재로서는 물론 과거의 역사를 돌아보더라도 그 유례를 찾기 어렵다. 해직자의 노동조합 가입을 허용하는 것은 이미 국제사회의 확고한 표준으로 자리잡았고, 우리나라 역시 같은 방향으로 가고 있다. 그렇다면 이 사건에서 문제는 이 사건 법률 규정 라.목에도 불구하고 원고가 해직 교원의 조합원 자격을 유지하도록 하고 있는 것을 과연 어떻게 평가할 것인지에 있다.

이 사건의 경우, 법을 위반한 것이 명백하고 그 위반사항에 대한 시정명령과 시정요구까지 거부하고 있는 원고에 대하여 법외노조 통보를 한 것은 적법하며, 법외노조 통보가 노동조합 설립신고 수리처분의 철회에 해당한다는 점을 들어 이를 위법하다고 볼 수는 없다는 취지의 의견도 경청할 점이 있다. 그러나 앞서 본 것처럼 세계 보편적 기준은 해직 교원의 교원 노동조합 가입을 허용하는 것으로 정립되어 있다. 이는 교육의 중요성과 교원지위의 특수성을 고려하더라도 해직 교원의 교원 노동조합 가입을 불허할 필연적인 이유는 없다는 것을 보여준다. 원고가 해직 교원을 조합원으로 받아들이고 있다고 하여 그러한 사정만으로 원고의 노동조합으로서의 법적 지위 자체를 박탈할 것은 아니다. 원고의 노동조합으로서의 정당성은 그 활동에 따라 평가할 문제이지 해직 교원이 조합원으로 가입되어 있는지 여부에 따라 결정할 문제가 아니다.

요컨대, 이 사건 법외노조 통보가 위법한 것은 이 사건 시행령 조항이 무효이기 때문이 아니라 원고의 위법사항에 비하여 과도한 것이기 때문이다. 따라서 이와 다른 전제에서 이 사건 법외노조 통보를 적법하다고 본 원심의 판단에는 수익적 행정처분의 철회 제한에 관한 법리를 오해하여 판결에 영향을 미친 잘못이 있다. 원심판결은 파기되어야 한다."

## 3. 평가

대상판결은 법률유보원칙 위반을 근거로 이 사건 법외노조 통보처분을 위법하다고 판단하면서 ILO 결사의 자유 협약 위반 문제에 대하여 판단하지 않았다.

대법관 안철상의 별개의견은 이 사건 법외노조 통보의 법적 성질을 노동조합 설립신고 수리처분의 철회로 보면서 비례의 원칙 위반 여부를 검토하였으며, ILO 제87호 협약 제2조, ILO 결사의 자유 위원회의 정부에 대한 권고, 한-EU FTA에 따른 EU의 주장, 국회 개정 논의 등을 비례원칙 위반의 논거로 삼았다.

대상판결이 ILO 1998년 선언에 따라 ILO 결사의 자유 협약을 논거로 삼지 않았다는 점은 아쉬운 부분이다. 그러나 대법관 안철상의 별개의견은 미비준 기본협약, ILO 감독기구의 견해, 다른 국가의 결사의 자유 협약에 대한 해석 등을 국내법 해석(행정소송법상 처분의 적법여부 판단)의 근거로 삼았다는 점에서 실질적인 국제법 존중주의에 충실한 판단이라는 의의가 있다.

## Ⅸ. 서울행정법원 2024. 7. 5. 선고 2023구합74604 판결

### 1. 사건의 개요

서울지방고용노동청은 2023. 2. 14. 금속노조「조합원 가입 절차 전결 규정」(2012. 5. 9.자 97차 중앙위원회에서 개정된 것) 제4조 제1항(이하 '이 사건 조항'이라고 한다)[107]이 노동조합의 조직가입·활동의 자유를 보장하는 노조법 제5조 제1항 및 총회 의결을 통해 조직형태 변경을 허용하는 같은 법 제16조 제1항 제8호에 위반되는지에 관하여 서울지방노동위원회에 의결을 요청하였다. 서울지방노동위원회는 2023. 4. 12. 이 사건 조항 중 해당 단위 총회를 통한 집단탈퇴 금지 부분이 노조법 제5조 제1항과 같은 법 제16조 제1항 제8호에 위반된다고 의결하였고, 서울지방고용노동청장은 위 의결에 따라 2023. 5. 19. 금속노조에 대하여 이 사건 조항을 적법하게 개정하고 노조법 제21조 제3항에 따라 조치를 한 후 2023.

---

107) 제4조(탈퇴 절차)
　　1. 해당 단위 총회를 통한 집단탈퇴는 불가하며, 조합원 탈퇴 절차는 지회장, 지부장, 위원장 결재를 거쳐 탈퇴 처리한다.

6. 21.까지 그 결과를 제출하라는 명령을 하였다. 금속노조는 이 명령에 대해 취소소송을 제기하였는데, 1심 법원은 이를 기각하는 판결을 선고하였다.[108]

## 2. 대상판결의 요지

대상판결은 노조법 제21조 제1항과 이 사건 처분이 결사의 자유 협약에 반하는지에 대하여, ILO 제87호 협약 제8조가 '이 협약에 규정된 권리를 행사하는 데 있어서 노동자 및 사용자 그리고 그 단체는 다른 개인이나 조직된 집단과 마찬가지로 국내법을 존중하여야 한다.'고 규정하고 있고, ILO 결사의 자유 위원회의 해석도 '규약을 작성할 수 있는 단체의 권리'를 무제한적인 것으로 보지 않는다는 등의 근거로,[109] 노동조합의 규약이 근로자 등의 단결권을 침해하는 경우 행정청은 노동조합에 근로자 등의 단결권을 침해하는 위법한 규약에 관한 시정을 요구할 필요가 있고, 이 사건 처분은 결사의 자유 협약 제3조에 반한다고 볼 수 없다고 판단하였다.

## 3. 평가

대상판결은 두 가지 측면에서 비판할 수 있다. 첫째, ILO 제87호 협약 제8조를 국내법에 대한 존중과 준수 의무로만 해석하고, 이러한 의무는 국내법이 협약상 규정된 결사의 자유와 단결권의 행사를 저해하지 않는다는 전제에서 인정된다는 점을 간과하였다. 둘째, 대상판결이 들고 있는 ILO 결사의 자유 위원회의 사례는 행정관청이 '산별노조 산하조직의 조직형태 변경 관련 내부 규정'과 같은 규약·규정의 '내용'을 검토하고 '시정 명령'을 하는 사안에 적용될 수 있는 결정례가 아니었다.[110]

---

108) 금속노조가 항소하여 항소심 계속 중이다.
109) *Compilation*, 2018, paras. 562-564; 결사의 자유 위원회, 342차 보고서(2006), Case No. 2366【튀르키예】, para. 915.
110) *Compilation*, 2018, para. 562에 인용된 결사의 자유 위원회, 342차 보고서(2006), Case No. 2366【튀르키예】, para. 915는 튀르키예 헌법과 법률이 튀르키예어 이외의 언어를 모국어로 가르치는 것을 금지하고 있는데 교육 분야 공무원노동조합 규약이 이러한 헌법과 법률에 위반되는 내용을 포함하자, 앙카라 법무장관이 이를 이유로 노조의 해산을 명령해 달라고 소송을 제기한 사안이었다. 결사의 자유 위원회는 앙카라 법무장관의 노조 해산 명령 소송이 결사의 자유 협약 위반이라고 보았다. *Compilation*, 2018, para. 564는 "국가는 노동조합의 규약이 법에 따라 작성되도록 하기 위한 조치를 합법적으로 취할 수 있으므로 노동조합 자체에 대한 법이 존재한다는 사실만으로 노동조합 권리에 대한 침해가 되

대상판결은 사법부가 ILO 제87호 협약의 재판규범성을 인정하면서도, 협약을 국제법 존중주의에 따라 해석하기보다 국내법을 정당화하는 방향으로 해석하였다는 점에서 우려스럽다. 사법부는 국제법 존중주의를 바탕으로 '성실한 규범적 연계를 할 의무'를 다해야 할 것이다.111)

## Ⅹ. 소결

그간 법원과 헌법재판소는 ILO 결사의 자유 협약이 미비준되었다는 이유로 ILO 1998년 선언에도 불구하고 전혀 법원(法源)으로 삼아오지 않았다. 관련 비준된 협약인 제135호 협약에 대하여는 국내법적 효력을 인정하면서도 ILO 감독기구의 권고 등을 해석에 고려하지 않아 실질적으로 헌법 제6조 제1항 국제법 존중주의를 위반하였다. 또한 비준된 협약을 해석하면서도 비엔나조약법 협약의 협약 해석의 원칙에 대하여는 고려하지 않았다.

간혹 ILO 고용관계 권고를 국내법 해석의 근거로 삼은 하급심 판결, 미비준 기본협약, ILO 감독기구의 견해, 다른 국가의 결사의 자유 협약에 대한 해석 등을 국내법 해석의 근거로 본 판시 등이 있는데, 이후 참고할 선례이다.

한편, 헌법재판소와 법원이 ILO 제87호 협약, 제98호 협약 등에 대해 우리나라가 비준한 바가 없고 일반적으로 승인된 국제법규도 아니라는 이유로 국내법적인 효력을 부정했던 판단112)을 반대해석하면, 비준하면 국내법적인 효력을 가지고 재판규범이 된다는 의미로 해석된다.

ILO 결사의 자유 관련 협약이 비준되고 효력이 발생한 지금, 법원과 헌법재판소는 종전의 소극적인 태도에서 벗어나서 헌법 제6조 제1항 국제법 존중주의, 비엔나조약법 협약 등에 대한 이해를 바탕으로 결사의 자유 협약을 제대로 해석하고 판단의 근거로 삼아야 할 것이다.

---

지는 않는다."는 내용이다. 즉, 결사의 자유 위원회는 노동조합 규약이 법에 따라 작성되도록 하기 위해 국가가 직접 시정 명령을 할 수 있다는 입장이 아니다.

*Compilation*, 2018, para. 563은 공공당국이 노사단체의 내부 운영을 상세하게 규율하는 법조항이 필요하다고 여기는 경우 그 조항에서는 운영과 관리에 있어서 단체에 최대한의 자율성을 부여하도록 하는 전체적인 제도의 틀만을 확립하여야 한다는 내용이다.

111) '성실한 규범적 연계를 할 의무'에 관해서는 제1장 제3절 Ⅱ 참조.

112) 헌법재판소 1998. 7. 16. 선고 97헌바23 결정; 헌법재판소 2005. 10. 27. 선고 2003헌바50·62, 2004헌바96, 2005헌바49(병합) 전원재판부 결정; 헌법재판소 2007. 7. 30. 선고 2003헌바51 전원재판부 결정; 서울고등법원 2017. 7. 18. 선고 2016누75939 판결(확정).

# 제3장

# 결사의 자유 및 조직할 권리 보호에 관한 협약(제87호, 1948)[1]

## 제1절 협약의 의의

전문

국제노동기구 총회는,

국제노동기구 사무국 이사회가 1948년 6월 17일 샌프란시스코에서 소집한 제31차 회기를 개최하고,

회기 의제 일곱 번째 안건인 결사의 자유 및 조직할 권리 보호에 관한 제안을 국제협약의 형식으로 채택할 것을 결정하며,

「국제노동기구헌장」 전문에서 "결사의 자유 원칙의 승인"은 노동 조건을 개선하고 평화를 확립하는 수단이라고 선언하고 있음을 고려하고,

필라델피아 선언에서 "표현의 자유 및 결사의 자유는 지속적인 진보에 필수적"이라고 재확인하고 있음을 고려하며,

국제노동기구 총회 제30차 회기에서 국제적 규정의 기반을 형성하는 원칙들을 만장일치로 채택하였음을 고려하고,

---

[1] Freedom of Association and Protection of the Right to Organise Convention, 1948 (No. 87)[다자조약 제2504호(2021. 4. 20. 비준)].

국제연합 총회 제2차 회기에서 이러한 원칙들을 지지하고, 국제노동기구가 하나 또는 복수의 국제협약을 채택할 수 있도록 모든 노력을 계속할 것을 요청하였음을 고려하여, 1948년 결사의 자유 및 조직할 권리 보호 협약이라고 부를 다음의 협약을 1948년 7월 9일 채택한다.

## Preamble

The General Conference of the International Labour Organisation,

Having been convened at San Francisco by the Governing Body of the International Labour Office, and having met in its Thirty-first Session on 17 June 1948;

Having decided to adopt, in the form of a Convention, certain proposals con-cerning freedom of association and protection of the right to organise, which is the seventh item on the agenda of the session;

Considering that the Preamble to the Constitution of the International Labour Organisation declares "recognition of the principle of freedom of association" to be a means of improving conditions of labour and of establishing peace;

Considering that the Declaration of Philadelphia reaffirms that "freedom of ex-pression and of association are essential to sustained progress";

Considering that the International Labour Conference, at its Thirtieth Session, unanimously adopted the principles which should form the basis for interna-tional regulation;

Considering that the General Assembly of the United Nations, at its Second Session, endorsed these principles and requested the International Labour Organisation to continue every effort in order that it may be possible to adopt one or several international Conventions;

adopts this ninth day of July of the year one thousand nine hundred and for-ty-eight the following Convention, which may be cited as the Freedom of Association and Protection of the Right to Organise Convention, 1948:

결사의 자유(freedom of association)는 세계화 과정에서 사회 정의를 추구하는데 필수적이다.[2] 「결사의 자유 및 조직할 권리 보호에 관한 협약(제87호,

---

2) ILO, *Giving Globalization a Human Face*, General Survey on the Fundamental Conventions Concerning Rights at Work in Light of the ILO Declaration on Social Justice for a Fair Globalization, 2008, International Labour Conference, 101st Session,

1948)」[3]은 1919년 ILO 헌장 전문에서 "결사의 자유 원칙의 승인"은 노동조건을 개선하고 평화를 확립하는 수단이라고 선언하고 있음을 고려하고, ILO 헌장에 부속된 1944년 「국제노동기구의 목적에 관한 선언」에서 "표현의 자유 및 결사의 자유는 지속적인 진보에 필수적"이라고 재확인하고 있음을 고려하여, 1948년 7월 9일 채택되었다.

「노동에서의 기본 원칙 및 권리에 관한 ILO 선언」은 결사의 자유를 '노동에서의 기본 원칙이자 권리' 중 하나라고 하였다.[4] 「공정한 지구화를 위한 사회 정의에 관한 ILO 선언, 2008」은, 결사의 자유 및 단체교섭권의 실효성 있는 보장이 양질의 노동(Decent work)의 네 가지 전략적 목적을 달성하는데 특히 중요함을 재확인하고 있다.[5] 노동자의 법적, 경제적 불평등(inferiority)을 해결하기 위해 강력하고 독립적인 노동단체는 필수적이다.[6] 제87호 협약의 주된 목적은 공공 당국과의 관계에서 노동자단체 및 사용자단체들의 설립과 기능 및 해산에 관한 자율성과 독립성을 보호하는 것이다.[7]

# 제2절 단체의 설립·가입의 자유(제2조)

**제2조**
노동자 및 사용자는, 어떠한 구별도 없이, 사전 승인을 받지 않고 자신의 선택에 따라 단체를 설립하고 해당 단체의 규칙만을 따를 것을 조건으로 하여 그 단체에 가입할 수 있는 권리를 가진다.

---

Geneva, 2012, para. 49.
3) 이 책에서는 제87호 협약상의 'right to organise'를 '조직할 권리'로 번역하였다. 제87호 협약상의 결사의 자유 및 조직할 권리의 보호 대상은 노동자뿐만 아니라 사용자도 포함되기 때문이다. 다만 노동자의 조직할 권리를 가리키는 의미로 사용되었을 때에는 '단결권'으로도 번역하였다.
4) ILO Declaration on Fundamental Principles and Rights at Work, 1998 (2022년 개정). 이하에서 'ILO 1998년 선언'이라 함.
5) ILO Declaration on Social Justice for a Fair Globalization, 2008. 이하에서 'ILO 2008년 선언'이라 함.
6) General Survey, 2012, para. 51.
7) General Survey, 2012, para. 55.

Article 2

Workers and employers, without distinction whatsoever, shall have the right to establish and, subject only to the rules of the organisation concerned, to join organisations of their own choosing without previous authorisation.

## Ⅰ. 노동자단체의 권리와 시민의 자유

결사의 자유는 노동법의 틀을 훨씬 뛰어넘는 의미를 지닌 원칙이다. 사실 기본권과 시민의 자유가 존중되는 민주주의 체제가 없다면 결사의 자유는 완전히 발전할 수 없다. 게다가, 법이 정치 영역에서 민주적이고 다원적인 대안적 목소리를 금지하는 상황에서는 노동조합이 종종 확대된 민주주의적 발전을 위한 촉매가 된다. 1970년 ILO 총회에서 채택한 「노동조합의 권리와 시민적 자유의 관계에 관한 결의, 1970」는 필라델피아 선언에서 이미 강조하였듯 시민적 자유를 노동조합의 권리를 정상적으로 실행하기 위한 필수적 요소로 보면서 결사의 자유 행사에 필요한 기본권을 열거하고 있다.8) 특히, (ⅰ) 개인의 자유와 안전에 대한 권리 및 자의적인 체포 및 구금으로부터의 자유, (ⅱ) 의견과 표현의 자유, 특히 간섭 없이 의견을 말할 수 있는 자유 및 국경에 관계없이 모든 매체를 통해 정보와 견해들을 찾고, 이를 수신 및 전달할 수 있는 자유, (ⅲ) 집회의 자유, (ⅳ) 독립적이고 공정한 재판소에서 공정한 재판을 받을 권리, (ⅴ) 노동조합의 재산을 보호할 권리에 대해 언급한다. ILO 감독기구는 진정으로 자유롭고 독립적인 노동조합 운동은 그러한 단체의 지도자와 회원들에 대한 폭력, 압력, 위협으로부터 자유로운 환경에서만 발전할 수 있다고 언급하면서 시민의 자유와 노동조합 권리 사이의 상호의존성을 끊임없이 강조해왔다.9)

노동조합 활동 또는 가입을 이유로 한 노조 지도부 또는 조합원의 구금은 결사의 자유 원칙에 반하고,10) 고소나 법원의 영장 발부 없이 조합원을 체포 및 구금하는 것은 노동조합 권리에 대한 심각한 침해에 해당한다.11)

---

8) ILO Resolution concerning trade union rights and their relation to civil liberties, 1970.

9) General Survey, 2012, para. 59.

10) ILO, *Freedom of Association, Compilation of decisions of the Committee on Freedom of Association*, Sixth edition, 2018, para. 120.

11) *Compilation*, 2018, para. 129.

노동자는 그 직업상 이익을 옹호하기 위하여 평화적 시위를 할 권리를 향유해야 하고[12], 특히 세계노동절에 대중집회와 시위를 조직할 권리는 노동권의 중요한 측면에 해당한다.[13]

노동조합 권리의 완전한 행사는 정보, 의견 및 사상의 자유로운 흐름을 요구하며 이를 위해 노동자, 사용자 및 그들의 단체는 집회, 발간물 및 기타 노동조합 활동에서 의사와 표현의 자유를 누려야 한다.[14] 사전허가 없이 언론 등을 통하여 의견을 표현할 노사단체의 권리는 노동권의 핵심적 측면의 하나이고,[15] 노동자에게 단체행동을 할 것을 요청하는 유인물 배포는 일반적으로 정당한 조합활동이다.[16] 의견과 표현의 자유 및 특히 의견에 대해 처벌받지 않을 권리는 결사의 자유의 핵심적인 귀결이며, 노동조합 대표자의 정당한 의견에 대응하여 형사기소를 제기하겠다는 당국의 위협은 노동권 행사에 대해 위협적이고 불리한 효과를 가질 수 있다.[17]

노동조합 조합원들은 단체의 가입 및 활동에 관한 정보 공개로부터 보호받아야 한다. 노동조합 가입의 기밀성은 보장되어야 하고,[18] 조합원에 관한 정보가 포함된 명단을 작성하는 것은 사람의 권리를 존중하지 않는 것이며, 그러한 명단은 노동자에 관한 블랙리스트로 이용될 수 있다.[19]

노동조합의 시설과 재산은 보호받아야 한다. 법원의 영장 없이 경찰이나 군대가 노동조합 시설에 출입하는 것은 노동조합의 활동에 대한 심각하고 정당성이 없는 개입에 해당하고,[20] 법원 명령 없이 노동조합 시설이나 조합원의 자택을 수색하는 것은 결사의 자유에 대한 극단적으로 심각한 침해에 해당한다.[21]

---

12) *Compilation*, 2018, para. 208.
13) *Compilation*, 2018, para. 212
14) *Compilation*, 2018, para. 236; CFA, 363$^{rd}$ Report(2012), Case No. 1865【대한민국】, para. 131.
15) *Compilation*, 2018, paras. 239 및 240.
16) *Compilation*, 2018, para. 252.
17) *Compilation*, 2018, paras. 235 및 237.
18) *Compilation*, 2018, para. 272.
19) *Compilation*, 2018, para. 273.
20) *Compilation*, 2018, para. 280.
21) *Compilation*, 2018, para. 281.

## Ⅱ. "어떠한 구별도 없이" 단체를 설립하고 가입할 수 있는 권리

### 1. 일반원칙

ILO 총회는 제87호 협약 제2조에 "어떠한 구별도 없이(without distinction whatsoever)"라는 용어를 채택하면서, 금지되는 차별 사유를 열거하기보다는 결사의 자유는 어떤 종류의 구별이나 차별 없이 보장되어야 하며 일반적 원칙으로 여겨져야 한다고 강조했다. 유일하게 승인된 예외는 제87호 협약 제9조 제1항[22] 에 명시된 것(군대 및 경찰)뿐이다.[23] 제98호 협약과 달리 제87호 협약에는 특정 범주의 공무원을 제외하는 조항이 포함되어 있지 않다.[24] 따라서 중앙, 지방 차원의 국가행정에 종사하는지, 중요한 공무를 제공하는 기관 소속인지, 국영 사업체에 고용되었는지 상관없이 모든 공무원에게 직업단체를 설립하고 가입할 권리가 보장되어야 한다.[25][26]

"어떠한 구별도 없이"라는 말은 결사의 자유는 민간부문만이 아니라 공무원과 공공부문 노동자도 포함하여 직업, 성별, 피부색, 인종, 신념, 국적, 정치적 견해 등에 기한 일체의 차별 없이 보장되어야 한다는 것을 의미한다.[27] 결사의 자유 위원회는 모든 노동자는 계약의 유형과 관계없이 결사의 자유권을 향유할 수 있어야 한다고 보고, 조직할 권리의 보장 대상이 되는 사람을 결정하는 기준은 고용관계의 존재에 근거하지 않는다고 보고 있다.[28]

---

22) "이 협약에 규정된 보장사항이 군대 및 경찰에 적용되는 범위는 국내 법령으로 정한다."
23) 결사의 자유의 예외가 될 수 있는 협약 제9조 제1항에 따른 군대와 경찰의 범위에 관해 자세하게는 제8절에서 서술한다.
24) ILO, *Freedom of Association and Collective Bargaining*, General Survey of the Reports on the Freedom of Association and and the Right to Organize Convention (No. 87), 1948 and the Right to Organize and Collective Bargaining Convention (No. 98), 1949, International Labour Conference, 81$^{st}$ Session, Geneva, 1994, para. 48.
25) *Cambodia* - CEACR, direct request, 2010 (판사 및 공무에 종사하는 노동자의 결사의 자유).
26) General Survey, 2012, para. 64.
27) *Compilation*, 2018, para. 315.
28) *Compilation*, 2018, para. 327 및 330.

## 2. 보호되어야 하는 노동자들

### 가. 개관

노동조합을 설립할 권리가 자주 부정되는 범주의 노동자들도 협약에 명시된 원칙에 따라 보호되어야 한다. 여기에는 특히 가사노동자,29) 선원,30) 비공식경제 (informal economy)의 노동자,31) 수출자유지역(EPZ) 노동자,32) 도제 및 수습 노동자,33) 자영노동자,34) 고용계약을 체결하지 않은 노동자,35) 농업노동자,36) 보건 부문의 특정 노동자(환자, 노인, 고아를 돌보는 시설의 직원),37) 자선기관 노동자38) 가 포함된다. 또한 전직 노동자들과 은퇴자들이 원하는 경우 노동조합에 가입하는 것을 금지해서는 안 되고, 특히 그들이 노동조합에 의해 대표되는 활동에 참여해 왔을 때 그러하다.39)

회원국의 헌법은 그 업무의 성질상 무기를 휴대할 필요가 있는 노동자의 단결권을 부정하는 효과를 가져서는 아니되고,40) 플랜테이션(plantation) 노동자,41)

---

29) *Compilation*, 2018, paras 406-407; *Canada (Ontario)* - CEACR, observation, 2009; *Eritrea* - CEACR, observation, 2010; *Gambia* - CEACR, direct request, 2009; *Kuwait* - CEACR, observation, 2010; *Swaziland* - CEACR, observation, 2009; *Yemen* - CEACR, observation, 2010; *Bangladesh* - CEACR, observation, 2022; *Italy* - CEACR, direct request, 2022; *Jordan* - CEACR, observation, 2022.

30) *Benin* - CEACR, observation, 2009; *Madagascar* - CEACR, observation, 2010.

31) *Pakistan* - CEACR, direct request, 2022; CFA, 397th Report(2022), Case No. 3271【Cuba】, para. 350.

32) 전문가위원회는 2009년 보고서에서 수출자유지역 내 노동자들에 대하여 제87호 협약 적용에 중대한 간극이 있다는 사실에 우려를 표명하였다(ILO, *Report of the Committee of Experts on the Application of Conventions and Recommendations*, Report Ⅲ (Part 1A), International Labour Conference, 98th Session, Geneva, 2009, para. 104).

33) *Burkina Faso* - CEACR, direct request, 2010, *Turkey* - CEACR, observation, 2009.

34) *Central African Republic* - CEACR, direct request, 2009; *Turkey* - CEACR, observation, 2009.

35) *Poland* - CEACR, observation, 2010.

36) *Compilation*, 2018, para. 374; *Bangladesh* - CEACR, observation, 2009; *Canada (Alberta, Ontario and New Brunswick)* - CEACR, observation, 2009, *Honduras* - CEACR, observation, 2009, *Pakistan* - CEACR, observation, 2009.

37) *Bangladesh* - CEACR, observation, 2009; *Ethiopia* - CEACR, observation, 2009; *Pakistan* - CEACR, observation, 2009.

38) *Bangladesh* - CEACR, observation, 2009; *Ethiopia* - CEACR, observation, 2009; *Pakistan* - CEACR, observation, 2009.

39) General Survey, 2012, para. 71; *Turkey* - CEACR, observation, 2009.

40) *Compilation*, 2018, para. 373.

항공운송 및 해상운송 노동자,[42] 항만 노동자,[43] 병원 직원[44]도 결사의 자유를 보장받아야 한다.

　관리직(Managerial) 또는 감독직(supervisory) 노동자에 대하여 다음 두 가지 요건이 구비되는 경우 다른 노동자와 동일한 노동조합에 속할 권리를 부정하는 것은 반드시 제87호 협약 제2조에 반하는 것은 아니다. 첫째, 그러한 노동자는 자신의 이익을 옹호하기 위하여 독자적인 노동조합을 설립할 권리를 가질 것과 둘째, 이들을 기존 또는 잠재적 조합원에서 배제함으로써 기업 또는 업종에 결성된 다른 노동자의 단체를 약화시킬 정도로 그러한 노동자의 범주가 지나치게 광범위하게 정의되지 않을 것이다.[45] 여기서 "감독직"이라는 표현은 사용자의 이익을 진정으로 대표하는 자만을 대상으로 한정되어야 한다.[46] 결사의 자유권을 부정하는 대상으로 "기밀 취급 노동자(worker of confidence)" 개념에 대해 지나치게 광범위한 해석은 노동권을 심각하게 제약할 수 있으며, 특히 소규모 기업의 경우 노동조합의 설립을 배제할 수 있고, 이는 결사의 자유 원칙에 반한다.[47] 노동자에 대한 인위적 승진을 통해 사용자가 노동자단체를 약화시키는 것을 허용하는 법규정은 결사의 자유 원칙에 대한 위반이다.[48]

　기간제 노동자 또는 도급제(contract) 노동자,[49] 시용기간 중 노동자,[50] 직업훈련 중의 노동자,[51] 실업자,[52] 실업구제 목적의 공동체 프로그램 속에서 노동하는 자,[53] 협동조합의 노동자,[54] 하청노동자 및 파견노동자,[55] 판매대리인,[56]

---

41) *Compilation*, 2018, para. 376.
42) *Compilation*, 2018, paras. 377-378.
43) *Compilation*, 2018, para. 379.
44) *Compilation*, 2018, para. 380.
45) *Compilation*, 2018, para. 381.
46) *Compilation*, 2018, para. 382.
47) *Compilation*, 2018, para. 385.
48) *Compilation*, 2018, para. 386.
49) *Compilation*, 2018, para. 390.
50) *Compilation*, 2018, paras. 391-392.
51) *Compilation*, 2018, paras. 393-394.
52) *Compilation*, 2018, para. 395.
53) *Compilation*, 2018, para. 396.
54) *Compilation*, 2018, paras. 397-398. 「협동조합 촉진 권고(제193호, 2002)」(Promotion of Cooperatives Recommendation)는 노동법 불이행을 위해 협동조합이 설립되거나 이용되거나 고용관계를 위장하기 위해 이용되지 않도록 보장할 것을 회원국 정부에게 요청하고 있다.

재택 노동자,[57] 해고 노동자,[58] 퇴직 노동자,[59] 프로축구선수,[60] 소규모 사업체 노동자,[61] 플랫폼경제의 노동자[62]도 결사의 자유를 보장받아야 한다.

### 나. 가사 노동자

가사 노동자는 관련 법률의 적용을 받을 뿐만 아니라 제87호 협약에 명시된 권리를 실제로 보장받을 수 있어야 한다.[63] 가사 노동자가 자신의 선택에 따라 단체를 결성하거나 가입할 권리는 2011년 ILO 총회에서 채택된 「가사 노동자 협약(제189호, 2011)」에 구체적으로 규정되어 있다.[64]

### 다. 비공식경제 노동자

비공식경제[65]는 전 세계 많은 국가들에서 전체 노동력의 절반 내지 4분의 3을 차지한다. 제87호 협약에 따라 이 노동자들은 단결권 및 단체교섭권을 가지

---

55) *Compilation*, 2018, para. 401.

56) *Compilation*, 2018, para. 402: "결사의 자유 위원회는, 고용관계로 인정되지 않았을 때 (회원국의) 노동법 적용이 배제되는가의 문제를 비롯하여, 어떠한 기업의 유통원(dis-tributors) 및 판매대리인(sales agents)의 법률관계가 노동관계인지 상사관계인지에 관한 견해를 밝힐 권한을 가지지 않는다 그럼에도불구하고 제87호 협약은 군인과 경찰을 유일한 예외로서 인정하고 있다는 사실에 비추어 문제의 판매대리인은 자신의 선택에 따라 단체를 설립할 수 있어야 한다(제87호 협약 제2조)."

57) *Compilation*, 2018, paras 408-409.

58) *Compilation*, 2018, para. 410-411.

59) *Compilation*, 2018, paras. 412-413: "노동조합이 퇴직 노동자의 구체적 이익 옹호를 위하여 이들을 대표하여야 하는지를 결정할 권리는 모든 노동조합의 내부적 자치에 속하는 문제이다."

60) *Compilation*, 2018, para. 414: "프로축구선수의 노동자 지위는 부정할 수 없다. 따라서 이들은 제87호 협약 및 제98호 협약의 적용대상이 되어야 하며, 그 노무의 특수한 성격을 고려하여 축구선수가 노동조합보다는 민법상 단체를 결성하는 것이 적절하다고 간주한다고 하더라도 자신의 이익을 옹호하기 위하여 결사할 권리를 향유하여야 한다. 이 사실은 축구선수를 대표하는 단체로서의 민법상 단체의 지위를 약화시키는 것이 결코 아니다."

61) *Compilation*, 2018, paras. 415-416.

62) *Canada* - CEACR, direct request, 2020.

63) *Mexico* - CEACR, observation, 2004. 한편, 가사노동자의 단결권이 인정된 사례는 *Swaziland* - CEACR, observation, 2010.

64) Domestic Workers Convention, 2011 (No. 189).

65) ILO의 「비공식경제에서 공식경제로의 전환 권고(제204호, 2015)」에서는 '비공식경제'를 "법률상 또는 사실상 공식적 약정(arrangements)으로 포괄되지 않거나 불충분하게 포괄되는, 노동자 및 경제단위에 의한 모든 경제 활동을 의미한다"고 정의하고 있다[제2조(a)]. 동 권고는 가족인 노동자, 하청 및 공급망에 있는 노동자, 가사노동자를 포함하여 비공식경제의 모든 노동자들에게 적용된다.

며, 어떠한 차별도 없이 자유롭게 단체를 조직하고 가입할 권리, 사회적 대화 시
스템에서 공공당국에 대하여 구성원을 대표할 권리를 가진다. ILO는 2002년 제
90차 총회에서 「양질의 노동 및 비공식경제에 관한 결의, 2002」를 채택하면서
비공식경제에서, 특히 여성과 청년의 노동조건을 효과적으로 개선하기 위해 결
사의 자유가 중요함을 강조하였다.[66]

### 라. 위장된 고용관계의 노동자

ILO의 「고용관계 권고(제198호, 2006)」는 계약형식으로 인해 노동자가 마땅
히 받아야 할 보호를 박탈당할 수 있는 상황을 지적하면서, 국가 정책은 '위장된
고용관계(disguised employment relationship)'를 해소하려는 조치를 포함하여야 하
며, 모든 형태의 계약에 적용될 수 있는 기준을 확실히 해야 한다고 규정한다.[67]
따라서 전문가위원회는 도급과 같은 민사계약으로 고용관계를 위장하거나 고용
관계를 은폐하기 위해 협동조합을 활용[68]하는 것과 같이 단결권을 보장하지 않
기 위해 이용되는 수단에 관심을 기울인다.[69]

### 마. 자영노동자와 자유직업인

결사의 자유 위원회는 반복적으로 자영노동자(self-employed workers)와 자
유직업인(liberal professions)에게 결사의 자유가 보장되어야 한다고 해석해 왔
다.[70] 결사의 자유 원칙에 따라 군인과 경찰이라는 유일한 예외를 제외하고는
모든 노동자는 자신의 선택에 따라 단체를 결성하고 가입할 권리를 가져야 한다.
따라서 그 권리의 적용대상이 되는 자를 결정하는 기준은 고용관계의 존재를 근
거로 하는 것이 아니며, 예컨대 농업노동자, 자영노동자, 자유직업인과 같이 고
용관계가 존재하지 않는 것이 흔한 경우에도 이들은 단결권을 향유하여야 한
다.[71] 어떤 사람에게 종속적이지 않거나 의존적이지 않은 자영노동자의 노동조
합 결성을 막는 것은 제87호 협약에 반한다.[72]

---

66) General Survey, 2012, paras. 75~76.
67) Employment Relationship Recommendation, 2006 (No. 198).
68) *Colombia* – CEACR, observation, 2009.
69) General Survey, 2012, para. 77. 하청을 이용한 결사의 자유 침해 사례로는, CFA, 350th Report(2008), Case No. 2602【대한민국】, para. 671.
70) *Compilation*, 2018, paras. 387~389.
71) *Compilation*, 2018, para. 387.

■ 결사의 자유 위원회, 359차 보고서(2011), Case No. 2602 【대한민국】, para. 365 (결사의 자유 위원회 결정례집, 2018, para. 387)

387. 결사의 자유 원칙에 따라 군인과 경찰이라는 유일한 예외를 제외하고는 모든 노동자는 자신의 선택에 따라 단체를 설립하고 가입할 권리를 가져야 한다. 따라서 그 권리의 적용대상이 되는 사람을 결정하는 기준은 고용관계의 존재를 근거로 하는 것이 아니며, 예컨대 농업 노동자, 일반적인 자영 노동자 또는 자유직업에 종사하는 자와 같이 고용관계가 존재하지 않는 경우가 흔한 경우에도 이들은 단결권을 향유하여야 한다.

■ 결사의 자유 위원회, 363차 보고서(2012), Case No. 2868 【파나마】, para. 1005 (결사의 자유 위원회 결정례집, 2018, para. 389)

[사건개요] 파나마 노동자 자치 노동조합 연맹은 정부가 6개 노동조합에 대해 등록을 거부하거나 법인격을 인정하지 않는 것과 2개 노동조합 조합원을 해고한 것이 87호 협약 위반이라고 주장하며 진정을 제기하였다. 정부는 Corregimiento de Tortí 농업노동자 노동조합의 법인격을 인정하지 않은 것은 해당 노동조합 조합원들이 자영인, 무급 농업노동자, Corregimiento de Tortí 거주자로만 언급되어 있어서, 노동조합 결성 요건에 부합하지 않기 때문이라고 답변하였다.

1005. 본 위원회는, 이 사건에서의 상이한 법적 요건 또는 사실상의 법적 해석이, 어떠한 구별도 없이 모든 노동자가 사전 승인을 받지 아니하고 자신의 선택에 따라 단체를 결성할 권리를 규정한 제87호 협약 제2조에 위배된다고 본다. 제87호 협약 제3조는 당국에 의한 간섭을 받지 않아야 한다는 원칙을 천명하고 있다. 이런 측면에서 본 위원회는, 설령 노동조합 결성에 관해 단순히 형식적 요건만을 정하는 것이 제87호 협약에 위배되는 것이 아니라 하더라도, 어떤 사람에게 종속적이지 않거나 의존적이지 않은 자영 노동자의 노동조합 결성을 막는 것 (중략) 등은 제87호 협약에 반한다는 점을 강조한다.

---

72) *Compilation*, 2018, para. 389.
73) Beadonnet, Xavier and Tzehainesh Tekle (eds.), *International Labour Law and Domestic Law: A training manual for judges, lawyers and legal educators*, International Training Centre, 2015, p. 138에서 재인용.

**캐나다 연방대법원**

*Dunmore v. Ontario (Attorney General), Supreme Court of Canada, 20 December 2001, No. 2001 CSC 94.*

[개요] 이 사건은 농업노동자들의 결사의 자유권과 관련이 있는데, 검토 대상인 법령은 농업노동자들의 노조 결성을 막지는 않지만, 다른 노동자들이 제공받는 보호, 특히 반노조 행위에 대한 보호를 부여하지 않았음. 캐나다 대법원은 결사의 자유를 효과적으로 인정하는데 있어서 차별금지 원칙의 근본적 중요성을 강조했고, 국가가 농업노동자의 결사의 자유 보호 범위를 확대해야 할 적극적인 의무가 있다고 판단하는 근거로서, 다양한 ILO 협약들(제87호 협약 제2조 및 제10조, 제11호 협약, 제141호 협약 등)을 인용했음.[73]

## 바. 공무원

제87호 협약은 엄격한 의미에서 군인과 경찰의 결사의 자유에 관하여 별도로 정하도록 한 것을 제외하면 그 외의 모든 노동자에 대해서는 제87호 협약의 내용이 온전히 보장되어야 함을 밝히고 있다. 이는 군인과 경찰이 아니라면 공무원이나 공공서비스를 제공하는 종사자에 대해서도 마찬가지다. 결사의 자유 위원회는 "협약 제87호의 기준은 여하한 차별 없이 모든 노동자에게 적용되며, 따라서 국가에 고용된 노동자에게도 적용될 수 있다. 민간부문 노동자와 공무원 간에 노동조합에 관한 문제에서 일체의 차이를 두는 것은 불공평한 것으로 간주된다"라고 하고,[74] "공무원은 모든 다른 노동자와 마찬가지로 스스로의 직업적 이익의 증진 및 옹호를 위해 어떠한 구별도 없이 사전 승인을 받지 않고 스스로 선택한 단체를 설립하고 그 단체에 가입할 권리를 가진다"라고 여러 차례 확인한 바,[75] 제87호 협약은 군인과 경찰이라는 유일한 예외를 제외한 모든 공무원에게 온전히 적용된다. 특히 공무원 노사관계에서 발생하는 분쟁을 해결하는 별도의 조정제도를 두더라도 공무원의 결사의 자유를 일반적으로 제한하는 것은 제87호 협약에 부합된다고 볼 수 없다. 결사의 자유 위원회는 "분쟁해결제도의 존재가 공무원의 조직할 권리를 부정하는 것을 정당화할 수 없다"고 하여,[76] 공무원의

---

74) *Compilation*, 2018, para. 334.
75) *Compilation*, 2018, para. 336.
76) *Compilation*, 2018, para. 341; 결사의 자유 위원회, 367차 보고서, Case No. 2680, para. 65.

결사의 자유와 조직할 권리를 대체하는 대상조치를 허용하지 않는다.

---

■ 결사의 자유 위원회, 367차 보고서(2013), Case No. 2680【인도】, para. 65

65. 입법적 성격의 권고와 관련하여, 위원회는 정부가 단지 이전의 입장을 되풀이하는 것에 대해 매우 깊은 유감을 표한다. 위원회는 이 점에서 민간부문 노동자들이 누리는 노동조합을 설립할 권리를 공공부문 노동자들에게는 부인하는 것은 그들의 '결사체'가 '노동조합'과 같은 혜택과 특권을 누리지 못하는 결과를 초래하는 바, 민간부문 노동자 및 그 조직과 비교하여 정부에 고용된 노동자 및 그 조직에 차별을 수반하며, 결사의 자유에 대한 심각한 침해에 해당한다는 점을 다시 한 번 상기시킨다. 이러한 상황은 이러한 구별이 제87호 협약 제2조에 부합하는가에 대한 의문을 야기하는데, 이에 따르면 "어떠한 구별도 없이" 노동자는 사전 승인 없이 자신이 선택한 조직을 설립하고 가입할 수 있는 권리를 가져야 하고 협약 제3조와 제8조 제2항에 따르더라도 마찬가지이다(결사의 자유 위원회 결정례집, 2006, para. 222 참조). 또한, 분쟁 해결 메커니즘이 존재한다고 하여 정부 소속 노동자들에 대한 조직할 권리의 부인이 정당화될 수 없다는 점을 고려할 때, 위원회는 CCS(RSA) 규칙의 해당 조항에 대한 결론을 다시 한번 상기시키며, 정부가 더 이상 지체 없이 제5조(공동의 이익을 가진 공무원의 범주를 구분하여 서비스협회 가입을 제한), 제6조(서비스협회는 서비스 문제와 관련된 개별 공무원의 지위 향상을 지지하거나 옹호하는 것을 금지), 제8조(그 자체로 결사의 자유 원칙에 부합하지 않고 명백히 항소권이 없는 규칙을 준수하지 않는 경우 승인 철회의 가능성을 규정)의 개정에 필요한 조치를 취할 것을 촉구한다. 위원회는 ILO가 제87호 협약 및 제98호 협약을 비준할 수 있는 조치를 취할 수 있도록 정부가 ILO 기술 지원을 고려하도록 요청한다.

---

### 사. 교사

ILO는 교사에 대해서도 국공립학교와 사립학교의 소속에 상관없이 제87호 협약 및 제98호 협약의 권리를 온전히 누려야 한다는 견해를 일관되게 밝혀왔다. 결사의 자유 위원회는 "교사는 스스로의 직업상 이익을 증진·옹호하기 위해 사전 승인을 받지 않고 스스로 선택한 단체를 설립하고 그런 단체에 가입할 권리가 있어야 한다"[77]고 하였으며, "초중등 교사뿐 아니라 교수, 근로감독관, 교육공무원은 공무원 신분인지 여부와 관계없이 단결권과 단체교섭권, 나아가 파업

---

77) *Compilation*, 2018, para. 361.

권까지 보장된다"[78]고 하였다.

---

■ 결사의 자유 위원회, 328차 보고서 (2002), Case No. 114 【일본】, para. 413

413. 이와 관련하여, 위원회는 다른 정부[한국정부]가 노동조합의 기본 권리에 대한 제한을 정당화하기 위해 사회에서 교사의 특별한 지위와 책임에 대해 주장했던 유사한 논의를 상기시키고자 한다[결사의 자유 위원회, 286차·291차·294차 보고서 (Case No. 1629)와 304차·306차·307차·311차 보고서(Case No. 1865) 참조]. 위원회는 당시에도 지금처럼 교사들은 자유롭게 행사할 수 있어야 하는 것, 즉 국내법상 특별한 지위에도 불구하고 (i) 단결할 권리와 (ii) 고용 조건에 대해 단체교섭할 권리의 중요성을 강조해 왔다.

---

## 3. 연령, 인종, 국적 및 영주권, 정치적 견해 등에 의한 차별 금지

대부분의 국가에서 법률은 노동조합 가입과 관련하여 성별, 혼인상태에 근거한 차별을 금지한다. 연령의 예를 들면, 견습생 또는 고용계약을 체결할 수 있는 법적 최저연령에 도달한 미성년자는 부모의 승인 없이 노조를 결성하거나 가입할 권리를 행사할 수 있도록 보장되어야 한다.[79]

상이한 인종의 노동자로 구성된 혼합노동조합의 등록을 거절하는 것은 노동자는 어떠한 구별도 없이 단체를 설립할 권리를 가져야 하며, 사전 승인 없이 자신의 선택에 따라 단체에 가입할 권리를 가져야 한다는 결사의 자유 원칙과 부합하지 않는다.[80]

개인이 특정한 정치적 의견을 표현하거나 정치적 활동(폭력을 옹호하는 것들은 제외)에 참여하였다는 이유로 노동조합에 가입하거나 조합원 자격을 유지할 권리를 박탈되는 입법, 규제수단, 기타 어떠한 관행[81]도 제87호 협약 제2조 위반이 된다.[82]

---

78) CFA, 302nd Report(1996), Case No. 1820 【Germany】, paras. 109; 346th Report(2007), Case No. 1865 【Republic of Korea】, para. 806; 328th Report(2002), Case No. 2144 【Japan】, para. 413; 351st Report(2008), Case No. 2569 【Republic of Korea】, para. 646.
79) General Survey, 2012, para. 78; *Compilation*, 2018, para. 417.
80) *Compilation*, 2018, para. 317.
81) CFA, 332nd Report(2003), Case No. 2258 【Cuba】, para. 515.
82) General Survey, 2012, para. 81.

국적이나 영주권에 상관없이 결사의 자유가 보장되어야 한다.[83] 이주노동자들은 내국인과 동일한 조건으로 결사의 자유를 향유할 수 있어야 한다.[84] 스페인 헌법재판소는 외국 국적자가 내국인과 동일한 조건으로 자유롭게 단결권을 행사하거나 직업단체에 가입하기 위해서는, 합법적으로 체류자격을 갖출 것을 요건으로 하는 조항을 위헌이라고 판단하였다.[85] 결사의 자유 위원회는 합법 체류 이주노동자 및 미등록 이주노동자 모두의 단결권을 보장하는 것이 중요하다고 강조해왔다.[86] 결사의 자유를 비롯한 ILO 기준들은, 달리 규정하지 않는 한 비공식적(irregular) 이주노동자를 비롯한 모든 노동자에게 적용된다.[87]

---

■ 결사의 자유 위원회, 353차 보고서(2009), Case No. 2620【대한민국】, para. 788(결사의 자유 위원회 결정례집, 2018, paras 323~324)

323. 불법체류 상황에 있는 이주노동자에 대한 단결권 부정과 관련하여 본 위원회는, 군인과 경찰을 유일한 예외로 하여 모든 노동자는 제87호 협약의 적용대상이라는 점을 상기하며, 따라서 정부에 대해 문제의 입법에서 제87호 협약 제2조의 내용을 고려할 것을 요청하였다.

324. 위원회는 2004년 제92차 ILO 총회에서 채택된 「글로벌 경제에서 이주노동자를 위한 공정한 정책에 관한 결의」를 상기하였다. 이에 따르면, "모든 이주노동자들도 역시 「노동에서의 기본원칙 및 권리에 관한 ILO 선언 및 그 후속조치(ILO Declaration on Fundamental Principles and Rights at Work and its Follow-up, 1998)」에서 부여하는 보호를 받는다. 또한 결사의 자유 및 단체교섭권, 고용과 직업에서의 차별금지강제노동 금지 및 아동노동의 철폐에 관한 ILO의 8개 기본협약은 노동자의 지위와 관계없이 모든 이주노동자에게 적용된다.

---

83) *Albania* – CEACR, direct request, 2009.
84) General Survey, 2012, para. 79.
85) General Survey, 2012, para. 80; *Spain* – CEACR, observation, 2010.
86) CFA, 355th Report(2009), Case No. 2620【대한민국】, para. 706; *Compilation*, 2018, para. 321.
87) ILO Resolution concerning a fair deal for migrant workers in a global economy, International Labour Conference, 92nd Session, Geneva, 2004, para. 12 및 28. 여기서 비공식적 이주노동자란 이주노동에 관한 공식적 제도 밖에서 일하는 노동자를 가리킨다.

## Ⅲ. 사전 승인 없이 단체를 설립할 권리

단체 설립에 관한 형식적 절차 규정이 실질적으로 "사전 승인"을 요구하거나 당국에 단체 설립을 거부할 재량권을 주는 정도에 이르지 않는다면, 형식적 절차 규정의 존재 그 자체는 제87호 협약에 위반되지 않는다. 이 경우 형식적 절차 규정은 실질적으로 설립 금지에 이르는 정도의 장애물이 되어서는 아니되며,88) 이러한 행정적 판단에 대하여 독립적이고 공정한 사법부에서 지체없이 검토될 수 있는 불복 가능성이 마련되어야 한다.89)

### 1. 노동조합 등록 절차

등록을 통한 단체의 공식적 인정은 단체가 역할을 효과적으로 수행할 수 있도록 하기 위한 것이므로 노동조합 활동의 합법성이 등록 여부에 좌우되어서는 안 된다.

---

【벨라루스】 전문가위원회, observation, 2010

[사건개요] 솔리고르스크(Soligorsk) 벨라루스 독립노동조합(the Belarus Independent Trade Union, BITU)의 델타 스타일(Delta Style) 회사 단위노조의 등록이 거부되고 있는 상태에서, BITU 지역조직 대표가 델타 스타일 회사 출입문 근처에서 작업장으로 가던 조합원들을 만난 행위가 집단행동에 관한 법률을 위반하였다고 벨라루스 법원은 판단하였다.

"노동자들과 노동조합 조합원들이 서로 만날 수 있는 권리는 노동조합 권리의 핵심이다. 노동조합 활동의 합법성은 등록 여부에 좌우되어서는 안 되며, 당국은 공공질서가 방해되거나 그로 인해 공공질서 유지가 심각하고 급박한 위험에 처하는 경우가 아닌 한 이러한 권리를 제한하거나 권리 행사를 가로막는 어떠한 간섭도 해서는 안 된다."

---

국내법이 노동조합 등록에 관한 절차나 거부 사유를 명확하게 규정하지 않고, 관할 당국에 등록 거부에 관한 재량권을 부여한다면, 이는 실질적으로 제87

---

88) General Survey, 1994, para. 68 이하; *Cameroon* – CEACR, observation, 2009.
89) 노동조합 설립에 대한 장관의 승인 거부에 대하여 사법당국에 제소할 수 없는 것은 결사의 자유 원칙 위반이다(*Compilation*, 2018, para. 422); General Survey, 1994, para. 106; General Survey, 2012, para. 82.

호 협약 제2조에 부합하지 않는 사전승인과 같을 수 있다.[90] 행정당국은 어떤 단체가 조합활동의 일반적 범위를 넘을 수 있다거나 그 기능을 행사할 수 없다고 판단한 것을 이유로 그 단체의 등록을 거부해서는 아니된다.[91] 단체의 등록 거부는, 공공의 안전이나 공공질서에 중대한 위협이 될 수 있는 행위가 행해졌고 그 사실이 적절하게 입증된 경우에 한하여 권한 있는 사법당국의 감독하에서만 이루어져야 한다.[92] 즉 노동조합 활동에 대한 통제는 사후적으로 그리고 사법당국에 의해 실시되어야 한다.[93]

---

【에티오피아】 전문가위원회, observation, 2010

[사건개요] 에티오피아 전국교사노동조합(the National Association of Ethiopian Teachers, NTA)이 2008년 12월 법무부에 처음 노동조합 등록을 하려 했으나 거부되었고, 2010년 2월 자선단체 및 사회기관부(Charities and Societies Agency, CSA)에 다시 등록하려 하였으나 전국교사노동조합이 추구하는 목적(교육의 질 향상, 모두를 위한 교육 실현)은 정부의 책임과 의무에 관계된 것이고 노동조합은 조합원들의 권리 보장만을 목적으로 해야 한다는 등의 이유로 등록이 지속적으로 거부되었다.

"전문가위원회는 에티오피아 전국교사노동조합이 등록하려고 한 때부터 상당한 시간이 경과하였다는 사실에 깊은 유감을 표하고, 노동자단체가 법적 등록을 통해 공식적으로 인정받을 권리는 결사의 자유의 핵심적인 요소인데, 그것은 노동조합과 사용자단체가 효과적으로 활동하고 구성원들을 적절히 대표하기 위해서 필요한 첫 단계이기 때문이라는 점을 상기한다. 전문가위원회는 정부에 에티오피아 전국교사노동조합이 더이상 지체 없이 등록되어 교사들의 직업적 이익 강화와 보호를 위해 단체를 조직할 권리를 완전히 향유할 수 있도록 필요한 모든 방법을 취하도록 권고한다."

---

단체의 등록 절차가 너무 길고 복잡해서 결사의 자유를 저해할 수 있는 경우 제87호 협약에 부합하는지가 문제 된다.[94] 이 문제에 대해 ILO 전문가위원회

---

90) General Survey, 1994, paras 73-74; General Survey, 2012, para. 84.
91) *Compilation*, 2018, para. 451.
92) *Compilation*, 2018, para. 452.
93) *Compilation*, 2018, para. 461.
94) 예를 들어, *Ethiopia* - CEACR, observation, 2010; *Guatemala* - CEACR, observation, 2010; *Mozambique* - CEACR, observation, 2010; *Romania* - CEACR, direct request, 2010; *United Republic of Tanzania* - CEACR, observation, 2010; *Uganda* - CEACR, direct request, 2010; *Zambia* - CEACR, observation, 2010.

는 구체적으로 다음과 같이 검토하였다. (i) 등록 절차를 처음부터 다시 시작하도록 강제하기보다 등록을 원하는 단체가 대리인을 통해 등록과 관련된 어려움을 해결할 적절한 시간을 부여하고,95) 당국은 이러한 어려움의 해결에 전적으로 협조해야 하며, (ii) 노동조합 등록을 위한 신청서를 새로 제출할 때 최초의 신청으로부터 일정한 기간을 두도록 법률상 요구하는 경우 이 기간은 너무 길어서는 아니되며,96) (iii) 단체의 규약을 관보에 게시하는 데 필요한 기간도 합리적이어야 한다.97) 또한 전문가위원회는, 노동조합의 내규 개정은 노동조합내 권한 있는 기구에 의해 승인되고 관할 당국에 통보되면 그 효력이 발생해야 한다고 보았다.98)

결사의 자유 위원회는 노동조합 등록에 있어서 당국에 의해 야기된 일체의 지연은 제87호 협약 제2조 위반에 해당한다고 판단했다.99)

또한 등록 과정에서 노동조합 가입 정보 처리시 비밀유지가 중요한데,100) 이는 노동자의 사생활에 관련된 문제일 뿐만 아니라 노동자를 반노조적 차별에 노출시킬 수 있기 때문이다.101)

## 2. 법원에 소를 제기할 권리

노동조합에게 등록과 관련된 행정당국의 판단에 대해 공정하고 독립적인 법원에 소를 제기할 권리가 보장되어야 한다.102) 그러나 법원에 소를 제기할 수 있는 권리가 있다는 것만으로 충분한 보장이 되었다고 할 수 없고, 자격을 갖춘 판사들이 기록에 근거하여 행정당국이 제시한 등록거부 사유를 검토할 수 있어야 하며, 그 거부 사유가 결사의 자유 원칙에 위반되지 않아야 한다. 판사들은 신속하게 판결을 내릴 수 있고 필요한 경우 적절한 구제를 명할 권한이 부여되어야

---

95) *Armenia* – CEACR, direct request, 2010.
96) *El Salvador* – CEACR, direct request, 2009.
97) *Cape Verde* – CEACR, direct request, 2009.
98) General Survey, 2012, para. 85; *Romania* – CEACR, direct request, 2010.
99) *Compilation*, 2018, para. 427.
100) *Bolivarian Republic of Venezuela* – CEACR, observation, 2010.
101) 등록을 위한 목적으로 제출된 노동조합 조합원 명단은 반노조적 차별행위를 방지하기 위해 기밀로 유지되어야 한다(*Compilation*, 2018, para. 434); General Survey, 2012, para. 85.
102) *Cape Verde* – CEACR, direct request, 2009; *Djibouti* – CEACR, direct request, 2010; *Rwanda* – CEACR, direct request, 2010.

한다.103)

---

> ■ 결사의 자유 위원회, 359차 보고서(2011), Case No. 2602【대한민국】, para. 366 (결
> 사의 자유 위원회 결정례집, 2018, para. 456)
>
> 456. 노동조합 등록에 관한 행정적 결정에 대해서 법원에 제소할 수 있어야 한다. 그러
> 한 제소의 권리는 등록을 담당하는 당국이 내리는 불법적 또는 부당한 결정에 대한 필
> 수적인 보호장치에 해당한다.

---

나아가 결사의 자유 위원회는, 등록 담당관이 노동조합의 등록 요건이 충족
되었는가를 임의로 판단할 수 있는 경우에는, 등록 절차상 법원에 이의를 제기할
수 있는 것만으로는 결사의 자유의 충분한 보장이 되지 않는다고 보았다. 왜냐하
면 이는 등록에 관해 당국에 부여된 권한의 성격을 바꾸는 것이 아니며, 법관은
단지 법령이 정확히 적용되었다고 확인만 할 수 있기 때문이다. 따라서 결사의
자유 위원회는 등록을 위해 노동조합이 갖추어야 하는 정확한 요건, 등록 담당관
이 등록을 거부하거나 취소할 수 있는 근거, 그러한 요건이 충족되고 있는지를
판단하기 위한 구체적인 법적 기준을 법으로 명확히 규정하는 것이 바람직하다
고 본다.104)

## Ⅳ. 노동자와 사용자가 자신의 선택에 따라 단체를 설립하고 가입할 수 있는 권리

### 1. 단체의 구조 및 구성에 관한 자유

제87호 협약 제2조에 따라 노동자와 사용자는 자신의 선택에 따라 해당 단
체의 규칙에만 따르면서 자유롭게 단체를 설립하고 가입할 권리가 있다. 완전히
자유롭게 자신의 선택에 따라 단체를 설립하고 가입할 노동자의 권리는 법과 실
제에 있어서 그러한 자유가 완전히 확립되고 존중되지 않는다면 존재한다고 말
할 수 없다.105) 진정한 결사의 자유가 보장되기 위해 필수적인 이러한 권리는 단

---

103) General Survey, 1994, paras 77 및 106; General Survey, 2012, para. 88.
104) *Compilation*, 2018, para. 458.
105) *Compilation*, 2018, para. 472.

체의 구조와 구성원 자격 결정에 있어 중요한 함의를 가진다.

---

■ **결사의 자유 위원회, 349차 보고서(2008), Case No. 2556【콜롬비아】**

[사건개요] 콜롬비아의 제약 및 화학 분야 노동자들은 UNITRAQUIFA라고 불리는 산별노조를 설립하기로 결정함. 노동조합은 규약상 해당 분야의 기업에 직접 고용된 노동자 및 화학·제약 회사에서 노무를 제공하는 민간고용서비스기관의 노동자를 조직대상으로 함. 콜롬비아 사회보호부는 해당 노조의 조합원 중에 해당 기업과 고용계약을 맺은 자가 아닌 자가 있다는 이유로 노조 등록을 거부함. 이에 콜롬비아 노동자 총연맹(the General Confederation of Workers of Colombia)이 결사의 자유 위원회에 진정을 제기함.

754. 위원회는, "노조를 설립하고 가입할 권리의 자유로운 행사란 노조의 구조와 구성에 대한 자유로운 결정을 의미한다"는 점(결사의 자유 위원회 결정례집, 2006, para. 333)을 상기한다. 본 진정의 경우, UNITRAQUIFA 소속 노동자들은 그들이 제약회사들과 어떤 계약관계를 맺고 있는지 관계없이 그들 모두가 제약 회사에서 일하는 만큼, 그들이 적합하다고 생각하는 대로 산별노조를 설립할 권리를 가져야 한다. UNITRAQUIFA에 가입한 "Servimos," "Timales," "TyS" 소속 노동자들은 제약회사와 직접적 고용관계가 없으나, 이들은 해당 분야의 업무를 수행하기 위해 파견되었으며, 따라서 해당 분야 노동자들의 이익을 전국단위에서 대변해 주는 노동조합 조직의 일원이 되기를 원할 수 있다. 위원회는, 노동자가 어떠한 계약관계하에서 사용자를 위한 노무를 제공하는지가 그 노동자의 단체에 가입하고 활동에 참여할 권리에 어떤 영향도 주어서는 안 됨을 재차 상기시킨다. (후략)

---

많은 나라에서 직업 단체(occupational organization)의 설립에 필요한 최소 회원수를 요구하는데, 그러한 요건을 설정한 것 자체가 제87호 협약과 상충하는 것은 아니지만 그 요건은 단체 설립에 지장이 없도록 합리적 수준에서 정해져야 한다. 또한 그러한 요건의 적절성은 단체 설립의 수준(예컨대, 산업별 단체인가 기업별인가) 및 기업의 규모와의 관계 속에서 평가되어야 한다.106) 결사의 자유 위

---

106) General Survey, 2012, para. 89; *Latvia* – CEACR, direct request, 2010; *Nigeria* – CEACR, observation, 2010. 예를 들면, ILO 전문가위원회는 사용자단체 설립을 위한 최소 회원수로 10명을 요구하고, 노동자단체 설립을 위해 기업 단위에서 40명 이상의 조합원을 요구하는 것은 지나치게 높은 기준이라고 판단했다(*Panama* – CEACR, observation, 2010).

원회는 최소 조합원수 요건을 두는 것 그 자체로는 제87호 협약 위반이 아니지만, 그 인원수를 합리적으로 정하여 단체의 설립을 방해하지 않아야 한다고 보았다.107) 일례로 노동자의 30%를 노동조합 결성의 최소 인원으로 요구하는 것은 지나치게 높은 기준이라고 보았다.108)

노동자가 여러 직종, 업종에서 복수의 직업에 종사하는 경우 그가 관련된 노동조합들에 이중가입하는 것을 허용하는 것이 필요하다.109) 복수의 고용계약을 체결하고 있는 노동자가 기업별, 산업별, 직업별 또는 기관별 노동조합에 이중가입하는 것을 금지하는 것은 결사의 자유 원칙에 부합하지 않는다. 이는 자신이 선택하는 단체에 가입할 노동자의 권리를 부당하게 침해하기 때문이다.110)

## 2. 단체 조직에 관한 자유

노동조합의 구조와 조직형태 문제 역시 노동자 스스로 정할 사항이다.111) 즉, 노동자는 사업장 단위 노동조합을 설립할지 산업이나 직종별 노동조합과 같은 단위로 노동조합을 설립할지 자유롭게 결정할 수 있어야 한다.112)

비록 경쟁하는 단체가 난립하는 상황을 피하는 것이 노·사에 일반적으로 이롭다고 하더라도, 협약 제2조에 규정된바, 노동자가 스스로의 선택에 따른 단체를 설립할 권리를 가진다는 것은 노동조합의 다양성을 인정하는 것이다. 전문가위원회는, 노동자들이 단체의 독립성, 효율성 또는 정치적 지향성 등을 이유로 노동조합을 변경하거나 새로운 노동조합을 설립할 수 있도록 허용하는 것이 중요하다고 보았다. 그러므로 법령으로써 직접적으로든 간접적으로든, 기업별·업종별·산업별 어느 조직단위에서이건 단일 노동조합을 강제하는 것은 제87호 협약 위반이다.113)

---

107) *Compilation*, 2018, para. 441.
108) *Compilation*, 2018, paras. 442-443.
109) *El Salvador* - CEACR, direct request, 2009.
110) *Compilation, 2018*, paras 546 및 548; General Survey, 2012, para. 91.
111) *Compilation*, 2018, para. 503.
112) *Compilation*, 2018, para. 504.
113) General Survey, 2012, paras 92~93; Compilation, 2018, para. 482 및 485; CFA, 346th Report(2007), Case No. 1865【대한민국】, para. 759.

이스라엘 국가노동법원

*Markovich, Leon v. Histadruth, National Labour Court, Israel (1975), 6 P.D.A.*

이스라엘 노동법원은 기업에 이미 존재하는 노조 외 새로운 노조의 등록을 거부한 것을 무효화 하기 위해 ILO 제87호 및 제98호 협약을 근거로 삼았다.[114]

## 3. 노동조합들에 대한 차별 및 간섭 금지

복수의 노동자단체 또는 사용자단체에 대한 국가기관의 편파적 대우 또는 차별은 다양한 형태로 이루어질 수 있다. 예를 들어 국가기관의 공개적 성명을 통해 특정 단체에 가하는 압박, 불평등한 지원, 어떤 단체에는 모임 또는 활동을 할 장소를 제공하지만 다른 단체에는 제공하지 않는 행위, 적법한 노조 활동을 하는 어떤 단체의 간부들을 인정하지 않는 행위 등이다.[115] 이러한 종류의 차별적 처우는 노동자나 사용자가 자신의 선택에 따라 단체를 설립하고 가입할 권리를 침해한다.[116] 특히 어떤 단체를 설립하려 하거나 공인된 노동자단체 이외에 다른 단체를 설립하고자 한다는 이유로 노동자에게 불이익한 조치를 하는 것은 노동자가 사전 승인을 받지 않고 자신의 선택에 따라 단체를 설립하거나 가입할 권리가 있어야 한다는 원칙에 위배된다.[117]

■ 결사의 자유 위원회, 360차 보고서(2011), Case No. 2767 【코스타리카】, para. 605 (결사의 자유 위원회 결정례집, 2018, para. 560)

560. 정부는 자신이 취한 조치가 반노동조합적 목적에 의한 것이 아니라고 하였으나 당국이 조합원에게 그 노동조합으로부터 탈퇴할 것을 명시적으로 촉구하고 새로운 노동조합을 옹호함으로써 표현의 자유 행사를 넘어선 것으로 보이는 사건에서, 결사의 자유 위원회는 당국의 언론에서의 발언은 스스로 선택하는 단체에 가입할 수 있는 노동자의 권리에 영향을 미쳐서는 안 된다고 강조하였다.

---

114) Beadonnet and Teklè 2015, 139쪽에서 재인용.
115) General Survey, 1994, para. 104.
116) General Survey, 2012, para. 95; *Compilation*, 2018, para. 519.
117) *Compilation*, 2018, para. 513.

## 4. 가장 대표성 있는 노동조합의 인정

어떤 국가의 법은 다양한 권리와 혜택을 부여받는 "가장 대표성 있는 노동조합(the most representative trade unions)"의 개념을 갖고 있는데, 가장 대표적인 노동조합을 결정하는 다양한 방식이 있다. ILO 전문가위원회는 이러한 개념 자체가 결사의 자유 원칙에 반하는 것은 아니나, 다음과 같은 일정한 조건이 충족되어야 한다고 본다. 즉, (i) 가장 대표적인 단체의 결정은 편견이나 남용의 가능성을 방지하기 위해 객관적이고 사전에 설정된 정확한 기준에 따라야 한다는 점, (ii) 가장 대표적 노동자단체에게 일정한 우선권(예를 들어 단체교섭, 당국과의 협의, 국제기구에서의 대표자 지명 등)을 부여하는 것으로 제한되어야 한다는 점이다.118) 노동조합의 대표성을 확인하거나 검증하는 결정은 기밀성과 중립성이 강력히 보장되는 가운데 이루어져야 하므로, 노동조합의 대표성 확인은 독립적이고 중립적인 기구에 의해서 이루어져야 한다.119)

가장 대표적인 노동조합과 소수 노동조합간 차이가 법적으로나 실제적으로 노동자들이 가입을 원하는 다른 노동조합들을 금지하거나, 단체 선택에 과도하게 영향을 미치는 정도의 특권 부여로 귀결된다면 노동자들의 선택의 자유가 위태로워질 것이다.120) 이러한 차별로 인해 가장 대표적인 노동조합이 아닌 노조 구성원들이, 직업적 이익을 지킬 필수적 수단(예를 들면 고충 처리 사건에서 조합원을 대리) 및 노조의 운영 및 활동을 조직하고 방침을 수립하는 필수적 수단을 박탈당하는 효과가 발생해서는 안 된다.121)

## 5. 노동조합 조직강제 조항

노동조합 조직강제(trade union security)는, 노동조합 가입을 강제하거나 비조합원인 노동자가 어떤 노동조합이 체결한 단체협약으로 이익을 받는 경우 그 노동자에게 해당 노동조합 가입을 강제하거나 조합비를 납부하도록 하는 것과

---

118) General Survey, 1994, para. 97; General Survey, 2012, para. 96; *Compilation*, 2018, para. 540; CFA, 363rd Report(2012), Case No. 1865【대한민국】, para. 115.

119) *Compilation*, 2018, para. 533.

120) *Argentina* – CEACR, observation, 2010; *Botswana* – CEACR, observation, 2010.

121) General Survey, 1994, para. 98; General Survey, 2012, para. 97; *Compilation*, 2018, para. 525; CFA, 362nd Report(2011), Case No. 2805【Germany】, para. 201.

같은 제도이다.[122] 제87호 협약 채택 과정에서 논의된 바, 제87호 협약 제2조는 노조에 가입하지 않을 권리를 보장할 것인가 또는 조직강제 조항을 인정할 것인가 여부를 각국의 규율 및 관습에 맡겨두고 있다. ILO 전문가위원회가 요구하는 유일한 조건은 그러한 조항들은 노동자단체들과 사용자들의 자유로운 교섭의 결과여야 한다는 것이다.[123] 반면, 노동조합이나 사용자단체의 유지를 위해 법으로 기여금을 강제하는 것은 자신의 선택에 따라 단체에 자유롭게 가입할 권리에 반한다. 만약 조직강제 조항의 교섭당사자가 아닌 정부가 이러한 기여금을 걷고 노동조합이나 사용자단체에 분배한다면 이러한 개입은 단체 활동에 대한 국가의 과도한 간섭이 될 수 있으므로 문제가 된다.[124]

# 제3절 자유로운 운영의 권리(제3조)

**제3조**

1. 노동자단체 및 사용자단체는 그들의 규약과 규칙을 작성하고, 완전히 자유롭게 대표들을 선출하며, 단체의 운영 및 활동을 조직하고, 방침을 수립할 권리를 가진다.
2. 공공당국은 이 권리를 제한하거나 이 권리의 합법적인 행사를 방해하는 어떠한 간섭도 삼간다.

**Article 3**

1. Workers' and employers' organisations shall have the right to draw up their constitutions and rules, to elect their representatives in full freedom, to organise their administration and activities and to formulate their programmes.
2. The public authorities shall refrain from any interference which would restrict this right or impede the lawful exercise thereof.

---

122) 예를 들면, 미국에서는 비조합원이 교섭대표노조의 서비스에 대하여 공정한 조합비를 납부해야 할 수 있다(*International Association of Machinists v. Street*, 367 US 740 (1961)).
123) General Survey, 1994, paras. 100 이하 참조.
124) General Survey, 2012, para. 99.

# I. 규약과 규칙의 작성

노동자단체와 사용자단체가 규약과 규칙을 제정할 수 있는 권리를 완전히 보장하기 위해서는 두 가지 조건이 충족되어야 한다. (i) 법률은 민주적 절차와 구성원의 이의신청권 보장 외에는, 노동조합 규약에 관해 오직 형식적인 요건만 두어야 한다. (ii) 규약과 규칙은 당국의 형식적 요건 심사만 받아야 한다. 이러한 형식적인 요건을 넘는 법령들은 제87호 협약 제3조 제2항에 반하는 간섭이 될 수 있다.[125]

노사단체의 내부운영에 대해 상세하게 규율하는 법령은 공공당국의 간섭이라는 중대한 위험을 내포하고 있다. 공공당국이 그러한 법령이 필요하다고 본다면 그것은 단체의 운영과 관리에 최대한의 자율성을 부여하면서 단지 전체적인 제도의 틀만을 정하는 것이어야 한다. 이러한 원칙에 대한 제한은 구성원의 이익 보호 및 단체의 민주적 운영 보장만을 목적으로 하여야 한다. 나아가 단체의 자유로운 운영에 대한 과도하거나 자의적인 간섭의 위험을 피할 수 있도록 공평하고 독립적인 사법기구에 제소할 수 있는 절차가 존재하여야 한다.[126]

노동자단체가 규약 및 규칙을 완전히 자유롭게 작성할 권리를 보장하기 위해 국내법은 노동조합 규약에 대한 형식적 요건만을 규정하여야 하고 규약은 공공당국에 의한 사전 승인의 대상이 되어서는 안 된다.[127] 한편, 노동조합의 규칙이 국가 법령상의 요건을 준수하여야 한다는 규정은 그러한 법령상 요건이 그 자체로 결사의 자유 원칙에 반하지 않고 관할 당국의 규칙 승인이 당국의 재량에 맡겨져 있지 않다면, 노동자단체가 완전히 자유롭게 자신들의 규약과 규칙을 작성할 권리를 보장해야 한다는 원칙에 위반되지 않는다.[128]

노동조합 규약 개정도 조합원들이 스스로 논의하여 결정되어야 한다.[129] 공공당국이 규약 개정을 요구할 권리를 가지는 경우 단체에 대한 간섭이 된다.[130]

---

125) General Survey, 2012, para. 100.
126) *Compilation*, 2018, para. 563.
127) General Survey, 1994, para. 109; *Compilation*, 2018, para. 565.
128) *Compilation*, 2018, para. 567
129) *Compilation*, 2018, para. 575.
130) Tajgman, David and Karen Curtis, *Freedom of association: A user's guide*, ILO, 2000, 23~30쪽.

■ 결사의 자유 위원회, 360차 보고서(2011), Case No. 2777【헝가리】, para. 779 (결사의 자유 위원회 결정례집, 2018, para. 565)

779. (중략) 위원회는, 노동자단체가 규약과 규칙을 완전히 자유롭게 작성할 권리를 보장하기 위해서는 입법은 노동조합 규약에 관해서 형식적인 요건만 두어야 하고, 규약과 규칙이 공공당국의 재량에 따른 사전 승인의 대상이 되어서는 안 된다[결사의 자유 위원회 결정례집, 2006, para. 371 참조]는 점을 상기시킨다. 또한 위원회는, 등록절차가 종종 단순한 형식에 불과하더라도 법률이 단체가 등록에 필요한 조건을 충족하는지를 판단하는데 일정한 재량권을 관계당국에게 부여함으로써, 사전 승인이 요구되는 것과 유사한 상황이 되는 국가들이 있다는 점을 언급하면서 일반원칙을 상기시키고자 한다. 복잡하고 긴 등록 절차가 존재하거나 관할 행정 당국이 상당히 자유로운 권한을 행사하는 경우에도 유사한 상황이 발생할 수 있다. 위원회는 이러한 요소들이 노동조합 설립에 심각한 방해가 되고 사전 승인 없이 단체를 조직할 권리를 박탈당하는 것과 같다고 여긴다. 법원의 규약 개정 명령이 해당 노동조합의 등록 지연 및 추가적인 재정적, 물질적 부담을 수반한다는 진정인의 지적에 비추어, 위원회는 노동조합 설립에 관한 법률에 규정된 절차가 노동조합의 설립을 지연시키거나 방해하는 방식으로 적용되어서는 안 된다는 점과, 당국에 의해 노동조합 등록이 지연되는 것은 협약 제87호 제2항 위반이라는 점을 재차 강조하고자 한다[결사의 자유 위원회 결정례집, 2006, paras 279 및 296 참조].

■ 결사의 자유 위원회, 363차 보고서(2012), Case No. 2768【과테말라】, para. 638 (결사의 자유 위원회 결정례집, 2018, para. 575)

638. 위원회는, 현재 두 연맹이 같은 이름을 사용하기를 원하는 상황에서, 해당 노동조합들이 어떤 연맹에 가맹하기 원하는지 분명히 밝히지 않았기 때문에, 혼동을 피하기 위해 그 노동조합들이 UNSITRAGUA 가맹조직임을 언급하는 구절을 삭제하였다고 정부가 진술한 점에 주목한다. 위원회는 공공당국이 중앙 노동자단체의 규약 초안을 직접 작성하는 행위가 결사의 자유 원칙 위반이고 노동조합 규약 개정은 조합원 스스로의 토론을 통해 통과되어야 한다는 것을 상기시킨다[결사의 자유 위원회 결정례집, 2006, paras 374 및 381 참조]. 위원회는 모든 노동자단체가 자신이 선택한 연맹 또는 총연맹에 가입할 권리를 가져야 한다는 것을 강조한다. (후략)

---

■ 결사의 자유 위원회, 제342차 보고서(2006), Case No. 2366 【튀르키예】, para. 915

[사건개요] 앙카라 법무장관이 교육 분야 공무원노동조합(Egitim Sen)의 해산을 명령
해 달라는 소송을 제기한 것은 해당 노동조합 규약이 노조의 목적 중 하나로 "모든 시
민이 모국어와 모국의 문화 교육을 받을 수 있는 권리"를 옹호하고 있기 때문이고 이
것이 튀르키예어 이외의 언어를 모국어로 가르치는 것을 금지하는 헌법 및 법률 조항
에 위배되기 때문이라고 주장함.

915. 본 위원회는 튀르키예가 비준한 제87호 협약에 따라, 노동조합은 조합원들의 권익
보장을 위해 필요하다고 간주되는 평화적 목표를 규약에 포함할 권리를 가져야 한다는
것을 강조하고자 한다. (중략) 노조의 규칙이 국내법적 요건을 준수해야 한다는 규정은,
그러한 국내법적 요건이 결사의 자유를 침해하지 않고 관계 당국의 규칙에 대한 승인이
재량에 맡겨져 있지 않는 한, 노동자단체가 자신의 규약 및 규정을 완전히 자유롭게 작
성할 권리를 가져야 한다는 원칙에 위배되지 않는다[결사의 자유 위원회 결정례집,
2006, para. 334 참조]. 위에 언급한 권리들이 국가 안보나 민주적 질서를 위태롭게 하
는 방식으로 표출되지 않아야 한다는 한계를 강조하면서, 노조 규약에서 모국어에 대한
교육권을 언급했다는 이유로 노조의 해산을 요구할 수 있다는 점에 대하여 본 위원회는
심각하게 우려한다.

---

## Ⅱ. 대표들을 선출할 자유

제87호 협약 제3조에 따라 노동자는 완전히 자유롭게 그 대표들(represen-
tatives)을 선출할 수 있는 권리를 가져야 한다.[131] 공공당국은 노동조합 선거 실
시에 관한 것이든, 대표의 자격요건에 관한 것이든, 재선거 또는 임원 면직에 관
한 것이든, 자신의 대표를 자유롭게 선출할 수 있는 노동자단체의 권리 행사를
제한할 수 있는 일체의 개입을 자제하여야 한다.[132]

### 1. 선거 절차

당국이 노조 대표 선거에 자의적으로 개입하는 것을 허용하는 경우, 이는
협약 제3조 제1항에 부합하지 않는다. 예를 들어, 선거에 대하여 매우 엄밀한 규

---

131) *Compilation*, 2018, paras. 585 및 587.
132) *Compilation*, 2018, paras. 589-590.

칙을 정하거나 행정 당국 또는 단일한 노동조합 중앙조직이 임의적으로 노동조합 선거 절차에 간섭할 수 있도록 하는 법령은 제87호 협약과 상충된다.[133]

한편, 일반적인 내용으로 집행기구 임원의 선거 주기 및 임기 상한을 일반적인 내용으로 규율하는 법령은 결사의 자유 원칙에 반하지 않고,[134] 노동조합 임원 선거에 대해 직접·비밀·보통 투표 원칙을 법령으로 부과하는 것은 결사의 자유 원칙과 관련하여 어떠한 문제도 발생시키지 않는다.[135]

단체 구성원의 투표 의무는 노동조합 규약에 맡겨야 하고 법으로 부과되어서는 안 된다.[136] 노동조합 선거절차 도중에 당국이 개입하여 후보자 및 선거 결과에 대해 의견을 표명하는 경우 이는 노동자단체가 완전히 자유롭게 대표를 선출할 권리를 가진다는 원칙에 대한 심각한 위반이다.[137]

노동조합 선거 결과에 대한 이의신청은 공정하고 객관적인 절차를 보장하기 위하여 사법당국에 의해 심사되어야 한다.[138] 그리고 행정당국이 법원에서 노동조합의 선거 결과를 다투더라도, 노동자의 자유로운 대표 선출권이 심각하게 제한되지 않도록 사법부의 최종 판결이 나올 때까지 해당 선거의 효력이 정지되어서는 안 된다.[139]

## 2. 대표의 자격 요건

노동조합 조합원 또는 임원의 자격요건 결정은 규약에 따라 노동조합의 재량에 맡겨져야 하며, 공공당국은 이 권리 행사를 저해할 수 있는 일체의 개입을 자제해야 한다.[140]

노동조합 간부가 되려면 후보일 때 또는 선출 전 일정기간 동안 어떤 직업이나 기업에 소속되어 있어야 한다는 요건을 노동조합 규약으로 정하거나 법령으로 규정하는 경우도 있다. 이러한 법적 의무를 위반하는 경우 심지어 징역형에

---

133) *Egypt* – CEACR, observation, 2010; *Bolivarian Republic of Venezuela* – CEACR, ob‐servation, 2009; General Survey, 2012, para. 101.
134) *Compilation*, 2018, para. 597.
135) *Compilation*, 2018, para. 599.
136) *Compilation*, 2018, para. 632.
137) *Compilation*, 2018, para. 640.
138) *Compilation*, 2018, para. 648.
139) Beadonnet and Teklè 2015, 141쪽.
140) *Compilation*, 2018, para. 606.

처해질 수도 있는데, ILO 전문가위원회는 이는 허용될 수 없다고 본다.[141] 노동조합 조합원이 관련 직업에 종사할 것을 요구하는 동시에 노동조합 간부는 조합원 중에서 선출되어야 한다고 규정하는 방식으로 이러한 요건을 간접적으로 부과할 수도 있다.[142] 이와 같은 유형의 규정들은, 자격을 갖춘 사람(예를 들면, 노동조합 전임자 또는 퇴직자)의 선출을 막거나 조합원원 중 충분한 자격을 갖춘 사람이 없는 경우 간부들의 경험을 살릴 수 없게 되어, 완전히 자유롭게 단체의 규약을 작성하고 대표자를 선출할 권리를 침해한다. 또한 사용자가 노동조합 간부를 해고하여 간부의 지위를 박탈하는 방식으로 개입할 위험도 있다.[143] ILO 전문가위원회는 관련 직업에서 과거에 일했던 적 있는 사람이 후보자가 될 수 있도록 하거나, 단체 간부 중 합리적인 비율의 인원에 대해 직업 요건을 면제하는 식으로 법령이 보다 유연해져야 한다고 본다.[144]

결사의 자유 위원회도 노동조합의 임원 자격요건으로서 특정 직업 또는 사업체의 구성원일 것을 요구하는 것은 자신의 대표를 완전히 자유롭게 선출할 수 있는 노동자의 권리와 부합하지 않는다고 보았다.[145] 또한 국내법으로 모든 노동조합 임원은 그 단체가 활동하고 있는 직업에 속해야 한다고 규정할 경우 제87호 협약이 보장하는 권리를 위태롭게 할 위험이 있다. 이 경우 노동조합 임원인 노동자의 해고는 해당 노동자의 노동조합 임원직을 박탈할 뿐만 아니라 단체의 활동 자유 및 대표의 자유로운 선출권에 영향을 미칠 수 있으며 심지어 사용자의 개입 행위를 장려할 수 있다고 판단하였다.[146] 또한 노동자단체는 완전히 자유롭게 그 대표를 선출할 권리가 있다는 것을 감안하면, 해당 노동조합 규약에서 달리 정하지 않는 한, 노동조합 임원의 해고 또는 노동조합 임원이 해당 기업에서 수행하던 업무에서 이직하였다는 사실은 그의 노동조합 내 지위나 업무에 영향을 미쳐서는 안 된다고 본다.[147]

노동조합 임원은 국민이어야 한다는 요건을 두는 국가들이 있는데, 그러한 법령들은 이주 노동자 또는 외국인이 노동조합 임원으로 선출되는 것을 막는다.

141) *Pakistan* - CEACR, observation, 2010.
142) *Mauritania* - CEACR, observation, 2004, 그리고 direct request, 2010.
143) *Peru* - CEACR, direct request, 2010.
144) General Survey, 2012, para. 102.
145) *Compilation*, 2018, para. 609.
146) *Compilation*, 2018, para. 610.
147) *Compilation*, 2018, para. 613; CFA, 365th Repor, Case No. 2829 【대한민국】, para. 575.

전문가위원회는, 외국인 노동자가 해당 국가에 합리적 기간 동안 체류한 후에는 노동조합 임원이 되는 것을 허용해야 한다고 본다.148) 또한 특정 인종에게 노동조합 집행위원회 위원이 될 권리를 부여하는 법조항은 완전히 자유롭게 대표를 선출할 수 있는 권리를 가져야 한다는 원칙에 반한다.149)

노동조합 간부에 입후보하기 위해서는 성년에 달해야 한다든지,150) 읽고 쓸 수 있어야 한다든지151)와 같은 조건을 두는 것은 제87호 협약에 부합하지 않는다.152)

정치적 신념·소속 또는 활동을 이유로 노동조합에서의 역할을 금지하는 법률은 온전히 자유롭게 대표를 선출할 단결권에 부합하지 않는다. 오로지 정치적 신념 및 소속을 이유로 노동조합 간부로 선출될 권리를 박탈하는 법령 해석은 협약과 양립할 수 없다.153)

청렴성이 의문시되는 경우가 아니고 노동조합 간부의 의무를 수행하는데 해가 되지 않는 행위에 대한 유죄판결은 노동조합 간부 결격사유가 되어서는 안 된다.154) 노동조합 임원 후보자는 정부에 의한 신원 조사의 대상이 되어야 한다는 법적 요건도 제87호 협약과 양립할 수 없다.155)

노동조합 간부로서의 업무수행이 직업상 업무수행과 양립할 수 없는 것은 아니므로, 고위공무원을 비롯해서 노동조합 간부인 노동자는 원한다면 고용관계를 유지(remain in an employment relationship)할 수 있어야 한다.156) 노동조합 간부의 재선을 제한하거나 금지하는 어떠한 법령도 협약과 양립하지 않는데,157) 이는 단체의 자율성 보장 원칙에 위배되기도 하고, 그러한 규정이 있는 경우 노

148) *Bolivarian Republic of Venezuela* - CEACR, observation, 2010. 결사의 자유 위원회도 체류 국가(host country)에서 합리적인 기간을 거주한 후에는 외국인 노동자도 노동조합 임원이 될 수 있도록 허용하여야 한다고 보았다(*Compilation, 2018*, para. 623).
149) 상이한 인종의 노동자로 구성된 혼합노동조합의 집행위원회 위원이 될 권리를 유럽인에게 부여하는 법령이 결사의 자유 원칙에 반한다(*Compilation, 2018*, para. 608).
150) *Panama* - CEACR, observation, 2010; *Paraguay* - CEACR, observation, 2009.
151) *Honduras* - CEACR, observation, 2009.
152) General Survey, 2012, paras. 103~104.
153) General Survey, 1994, para. 119; General Survey, 2012, para. 105.
154) General Survey, 1994, para. 119; General Survey, 2012, para. 106; *Compilation, 2018*, para. 626도 같은 취지.
155) *Compilation*, 2018, para. 622.
156) *Romania* - CEACR, direct request, 2010.
157) *Mexico* - CEACR, observation, 2010.

동조합 간부 역할을 수행할 충분한 구성원이 없는 단체에 생길 수 있는 문제 때문이기도 하다.158)

## Ⅲ. 운영 및 활동의 조직과 방침 수립

제87호 협약 제3조의 기본적인 이념은 노동자 및 사용자는 그 단체의 운영과 단체 내의 선거를 규율하는 규칙을 스스로 결정할 수 있다는 것이다.159)

### 1. 단체의 운영

노동조합이 노사관계전문가, 변호사, 사법절차나 행정절차에서 노동조합을 대리하는 사람 등 선출된 임원이 아닌 전문가의 서비스를 이용하지 못하도록 법률이 적용되는 경우, 노동자단체가 그 운영과 활동을 조직할 권리를 가져야 한다는 제87호 협약 제3조와 양립 가능한지 심각한 의문이 제기될 것이다.160) 또한 노동조합 임원이 어떤 종류의 보수도 받지 못하도록 금지하는 규정은 제87호 협약 제3조에 부합하지 않는다.161) 결사의 자유 위원회는, 노동조합 전임자에 대한 급여 지급 문제는 노·사간 자유롭고 임의적 교섭에 맡겨져야 한다는 원칙을 밝히고 있다.162)

> ■ 결사의 자유 위원회, 307차 보고서(1997), Case No. 1865【대한민국】, para. 225(결사의 자유 위원회 결정례집, 2018, para. 672)
>
> 459. 사용자에 의한 노조 전임자 임금 지급을 금지하는 제정「노동조합 및 노동관계조정법」과 관련하여 본 위원회는, 이렇게 널리 확산되고 오래 지속된 관행의 폐지는 노조에 재정적 어려움을 초래할 수 있고 그 운영을 상당히 방해할 위험이 있다고 보았다.

노조 전임자 급여 지급과 관련하여「노동자대표 협약(제135호, 1971)」163) 및

---

158) General Survey, 2012, para. 107; *Compilation, 2018*, para. 630도 같은 취지.
159) *Compilation*, 2018, para. 667.
160) *Compilation*, 2018, para. 670.
161) *Compilation*, 2018, para. 671.
162) CFA, 353rd Report(2009), Case No. 1865【대한민국】, para. 701.

「노동자대표 권고(제143호, 1971)」[164])도 기준이 된다.[165]) 「노동자대표 협약」은 "노동자대표들이 그 역할을 신속하고 효율적으로 수행할 수 있도록 적절한 편의가 사업체에서 제공되어야 한다"라고 규정하고 있다(제2조). 그리고 「노동자대표 권고」는 노동자대표들이 활동을 자유롭고 독립적으로 수행할 수 있도록 국가가 노동자대표가 필요로 하는 보호 조치 및 편의를 보장함에 있어 가이드 역할을 할 수 있는 세부 규정을 포함하고 있다. 예를 들면, 제143호 권고 제10조 제1항은 사업체에서의 노동자대표들은 그 역할을 수행하기 위하여, 보수 내지 부가급여 및 사회보장급여의 손실 없이, 필요한 노동시간면제(time off)를 제공받아야 한다고 규정하고, 제2항은 노동자대표가 노동시간면제를 사용하기 전에 사용자의 허가를 받아야 하는 경우 그러한 허가는 합리적 이유 없이 지연되어서는 아니된다고 규정하고 있다. 또한 제16조는 사용자는 노동자대표들의 역할 수행에 필요한 물질적 편의와 정보를 제공하여야 한다고 규정하고 있다.

---

■ 결사의 자유 위원회, 363차 보고서(2012), Case No. 1865【대한민국】, para. 110

110. 본 위원회는 이 사건에 대한 이전 심사에서 노조 전임자에 대한 급여 지급 문제는 법령의 간섭 대상이 되어서는 안 되며 당사자들 간의 자유롭고 임의적인 교섭에 맡겨야 한다고 했음을 상기한다. 위원회는, 대한민국 내에서 이 사안의 역사적 복잡성과 복수노

---

163) Workers' Representatives Convention, 1971 (No. 135)[다자조약 제1618호 (2001. 12. 27. 비준)].

164) Workers' Representatives Recommendation, 1971 (No. 143).

165) 국가법령정보센터에서는 제135호 협약을 '기업의 근로자대표에게 제공되는 보호 및 편의에 관한 협약'으로 번역하고 있는데 이는 협약의 내용에 대한 오해를 불러일으키는 잘못된 번역이다. 해당 협약에서 말하는 'workers' representatives'란 "노동조합이나 그 조합원이 임명하거나 선출한 대표" 또는 "사업체의 노동자가 국내법령이나 단체협약에 따라 자유로이 선출한 대표" 어느 하나에 해당하는 사람을 일컫는다(제3조). 제135호 협약은 사업체("undertaking") 수준에서 노동자대표로서 역할을 하는 사람이 임명 또는 선출되는 절차 및 그러한 노동자대표와 노동조합과의 관계는 국가별로 다양하다는 현실을 인식하면서, 그러한 노동자대표가 그 역할을 신속하고 효율적으로 수행할 수 있도록 적절한 편의가 사업체에서 제공되도록 할 목적으로 채택되었다(ILO, *Record of Proceedings*, Appendices: Fifth Item on the Agenda: Protection and Facilities Afforded to Workers' Representatives in the Undertaking, International Labour Conference, 56th Session, Geneva, 1971 참조). 그런데 이를 '근로자대표'로 번역하게 되면 우리 현행법의 '근로자대표'를 연상시켜, 협약의 보호대상이 특정한 사업체에 고용되어 법령상의 '근로자대표'로서 역할을 하는 사람만 가리키는 것으로 심각하게 오해하도록 만든다.

조 허용이라는 새로운 맥락에서 유급 노조 전임자의 규모에 제한을 둠으로써 균형을 유
지하고자 하는 대한민국 정부의 의도를 이해한다. 그러나 이를 통해 정부가 전임자 급
여 지급을 제재 대상으로 삼아 전반적으로 금지하고 있으며, 근로감독의 자원이 노동시
간 면제한도 위반 여부를 조사하는 데 소모되고 있다는 주장에 관해 위원회는 유감을
표한다. 또한 위원회는, 노조 전임자가 수행할 수 있는 활동의 유형에 대하여 법적 간섭
이 있는 점과, 노조에서 지명한 적절한 사람이 아니라 전임자만이 노사관계를 다룰 수
있도록 하는 명시적 제한에 대하여 우려를 표명한다. [후략]

## 2. 재정 운영

### 가. 당국의 감독의 한계

　노동자단체와 사용자단체의 내부 기능을 상세히 규제하는 법령은 제87호
협약과 양립할 수 없는 심각한 간섭의 위험성이 있다. 그러한 규정이 필요하다
면, 단체의 기능 및 관리를 최대한 자주적으로 할 수 있도록 전체적인 틀(overall
framework)만 마련하면 된다. 이러한 원칙에 대한 제한은, 단체 구성원들의 이익
을 보호하고 민주적인 운영을 보장하기 위한 목적하에서만 이루어져야 한다. 그
리고 당국의 이러한 행위에 대해 공정하고 독립적인 사법기관에 제소할 수 있는
절차가 있어야 한다.166)

　단체의 자주성과 재정적 독립성, 자산 및 재산의 보호는 완전히 자유롭게
단체를 운영할 권리의 필수요소이다. 단체의 정직하고 효과적인 운영을 위하여,
단체의 규약에 내부적 재정 운영에 관한 내용을 포함해야 한다거나, 재정보고서
에 대한 외부 감독을 규정하는 정도를 넘어서는 입법적 간섭들은 제87호 협약에
부합하지 않는다. 예를 들어, 외부적 감독이 연간 재정보고서 제출의무로 한정되
거나, 단체의 활동이 (결사의 자유 원칙과 상충되지 않는) 법령에 위배된다고 믿을
만한 심각한 근거가 있는 경우이거나, 상당수의 노동자들이 횡령 혐의 조사를 요
구하거나 진정을 제기하는 경우에 한해 확인을 하는 방식일 때 협약에 부합할
수 있다. 또한 공정성과 객관성이 보장되는 사법당국에 의해 이러한 검증의 실질
과 절차에 대한 심리가 이루어질 수 있어야 한다.167)

　그러나 법이 이러한 원칙을 벗어나는 통제권을 당국에 부여하거나, 노동조

---

166) General Survey, 1994, para. 135; General Survey, 2012, para. 108.
167) General Survey, 1994, paras 124-125; General Survey, 2012, para. 109.

합과 자체 규율에 맡겨야 할 사항을 지나치게 규제하는 경향이 있다면 제87호 협약과 양립할 수 없다.[168] 단체의 재정 관리에 대해 광범위한 통제를 하거나, 단체의 내부 운영에 관해 상세히 규제하는 법규는 협약에 위배된다.[169] 다음과 같은 법규들이 그러한 사례이다.[170]

- 회원의 최소 기여금을 정함
- 공공당국이 단체의 회계장부에 대해 재정 감독을 함
- 노동조합의 고용인에게 지급되는 급여와 수당의 최대 금액을 규제할 수 있는 폭넓은 권한을 당국에 부여함.
- 상급단체에 내야 하는 노동조합 기금의 비율을 명시함
- 해외로부터의 자금 수령과 같은 특정한 재정 운영에 대해 공공당국의 승인을 받도록 요구함
- 정상적이고 합법적인 노동조합의 목적을 위해 노조의 자산을 투자, 관리, 사용할 수 있는 자유를 제한함
- 행정당국에 언제든지 단체의 장부 및 기타 문서를 검사하고, 조사하고, 정보를 요구할 권한을 부여함[171]
- 단체나 노조 임원에게 부과된 벌금이나 과태료를 부과하기 위해 노조의 자산을 사용하려는 결정에 간섭함

---

■ 【튀르키에】 전문가위원회, observation, 2009

"협회법 제5253호(Associations Act No. 5253) 제19조는 행정자치부장관 또는 민정당국이 24시간 전에 통지하면 언제든지 단체의 장부 및 기타 서류를 검사하고, 조사를 실

---

168) *Libya* - CEACR, direct request, 2010; *Bolivarian Republic of Venezuela* - CEACR, observation, 2010.
169) *Chad* - CEACR, observation, 2009; *Chile* - CEACR, observation, 2009; *Egypt* - CEACR, observation, 2010.
170) General Survey, 2012, para. 110.
171) *Botswana* - CEACR, observation, 2011; *Fiji* - CEACR, observation, 2010; *Lesotho* - CEACR, direct request, 2011; *Nigeria* - CEACR, observation, 2011; *Pakistan* - CEACR, observation, 2010; *Papua New Guinea* - CEACR, direct request, 2010; *Saint Kitts and Nevis* - CEACR, direct request, 2011; *Turkey* - CEACR, observation, 2010; *Zimbabwe* - CEACR, observation, 2011 등 참조.

시하고 정보를 요구할 수 있도록 하고 있다. 위원회는, 회계 감독은 정기적인 재정보고서 제출의무로 제한되거나, 단체의 활동이 (결사의 자유 원칙에 부합하는) 법규에 위반되었다고 믿을 만한 심각한 근거가 있는 경우, 또는 사용자단체나 노동자단체의 일정 비율의 구성원들의 진정에 관해 조사할 필요가 있는 경우에 한정되어야 한다는 점을 다시 한번 상기시킨다."

---

■ 결사의 자유 위원회, 330차 보고서(2003), Case No. 2229 【파키스탄】, para. 944 (결사의 자유 위원회 결정례집, 1996, para. 443)

[사건개요] 파키스탄 노동조합 연맹(PNFTU) 등의 진정인들은, 파키스탄 노동관계령 (Industrial Relations Ordinance of Pakistan, IRO) 제19(1)조에 따라 5,000명 이상의 조합원을 보유한 단체교섭 대표의 회계는 노동조합등록기관이 임명한 회계법인의 외부 감사를 받아야 하는데, 이것은 노동조합 및 노동조합연맹의 내부운영에 대한 정부의 간섭이라고 주장함.

944. 본 위원회는 파키스탄 노동관계령 제19조에 관하여, 재정 감사와 같은 노동조합 자산에 대한 행정적 통제 조치는 중대한 상황(예컨대, 연간 보고서상 추정되는 부정행위나 단체 구성원이 보고한 부정행위)에 의해 정당화될 수 있는 예외적인 경우에만 적용되어야 함을 상기시킨다. 이는 노동조합간 차별을 피하며, 자유롭게 운영을 조직할 노조의 권리 행사를 방해할 수 있는 당국의 과도한 간섭 위험을 방지하며, 유해하고 부당한 공표 또는 기밀 정보의 공개를 방지하기 위함이다. 노동조합 재정에 대해 공공당국이 행하는 통제는 일반적으로 정기보고서 제출 의무를 초과해서는 안 된다[결사의 자유 위원회 결정례집, 1996, paras 443-444. 참조]. 따라서 위원회는 정부에 노동관계령 제19조를 폐지하기 위해 필요한 조치를 취하고 이에 관하여 위원회에 계속 알려줄 것을 요구한다.

---

노동조합의 운영에 대한 감독 조치는, 남용을 방지하고 노동조합 자금의 잘못된 관리로부터 조합원들을 보호하기 위해서 이용되는 경우에만 유용할 수 있다. 노동조합에 대해 매년 지정된 양식에 따라 재무제표를 당국에 제출하고 동 재무제표 중 명확하지 않을 수 있는 부분에 대해 기타 자료의 제출을 요구하도록 하는 법규정은 일정한 경우에는 공공당국이 노동조합 운영에 대하여 간섭할 위험을 수반할 수 있으며, 이러한 개입은 제87호 협약 제3조에 반할 수 있다.[172]

---

172) *Compilation*, 2018, para. 710.

노동조합 재정에 대해 공공당국이 행사하는 통제는 일반적으로 정기적인 보고서 제출 의무를 초과하여서는 안 된다. 언제라도 감독을 하고 정보를 요구할 수 있는 당국의 재량권은 노동조합 내부 운영에 대한 간섭의 위험을 수반한다.173)

■ 결사의 자유 위원회, 294차 보고서(1994), Case No. 1629 【대한민국】, para. 266

266. 행정당국이 필요하다고 판단하는 경우 노동조합에 회계 상태 또는 조사에 필요한 다른 서류를 제출하도록 요구할 수 있는 권한을 행정당국에 부여하는 노동조합법 제30조에 관하여, 위원회는 이러한 규정이 노동조합 내부 문제에 대한 과도한 행정적 간섭의 위험을 수반한다고 판단한다. 이와 관련하여, 위원회는 공공당국이 노동조합 재정에 대해 행사하는 통제는 일반적으로 정기보고서 제출 의무를 초과해서는 안 되고 당국의 재량에 따라 필요할 때마다 감독하고 정보를 제공하도록 하는 것은 노동조합 내부 행정에 대한 간섭 위험을 내포하고 있다는 원칙을 상기시킨다(결사의 자유 위원회 결정례집, 1985, para. 333 참조). 위원회는 정부에 노동조합법 30조를 위에 언급한 원칙에 맞게 개정 및 적용되도록 조치할 것을 요구한다.

## 나. 조합비 일괄공제

조합비와 관련하여, 노동조합의 재정적 어려움으로 이어질 수 있는 조합비 일괄공제(check-off) 편의 제공 철회는 조화로운 노사관계의 발전에 도움이 되지 않으므로 지양되어야 한다.174) 사용자에 의한 조합비 원천공제 및 노조에의 편의 제공은 입법적 방해 없이 사용자와 노동조합간 단체교섭을 통해 다루어져야 할 문제이다.175)

■ 결사의 자유 위원회 363차 보고서(2012), Case No. 1865 【대한민국】, para. 122(결사의 자유 위원회 결정례집, 2018, para. 690)

[사건개요] 2009. 12. 7. 정부는 공무원 보수규정을 개정하여, 보수에서 원천징수되고 있던 각종 상조회비와 자체 공제회 회비 등을 공무원 본인이 1년 범위에서 서면제출을

---

173) *Compilation*, 2018, para. 711.
174) *Compilation*, 2018, para. 690.
175) *Compilation*, 2018, para. 701.

통해 동의해야 원천징수가 가능하도록 하였음(제19조의2[원천징수 등의 금지] 신설). 이에 공무원노조들은 보수규정 개정이 조합비 원천징수를 막겠다는 것이라며 결사의 자유 위원회에 진정을 제기함.

122. 조합비 원천공제 요건을 강화하는 공무원 보수규정 개정안에 관하여, 개정의 주요 목적은 조합비를 비롯하여 다양한 명목의 기여금 갹출에 대해 사전에 서면으로 동의하도록 함으로써 공무원의 재산권을 보호하는데 있다는 정부의 설명을 본 위원회는 주목한다. 그러나 본 위원회는, 공무원 보수규정이 법률에 달리 정하지 않거나 필요하다고 인정되지 않는 한 조합비 원천공제를 금지하는 것이라고 본다. 노동조합의 재정적 어려움으로 이어질 수 있는 조합비 원천공제의 편의 제공 철회는 조화로운 노사관계의 발전에 도움이 되지 않으므로 지양되어야 한다는 점을 본 위원회는 상기시킨다. 사용자에 의한 조합비 원천공제 및 노조에의 편의 제공은 입법적 방해 없이 사용자와 노동조합간 단체교섭을 통해 다루어져야 할 문제이다 [결사의 자유 위원회 결정례집, 2006, paras 475 및 481]. [후략]

## 3. 내부 운영 및 노동조합 사무소의 불가침

단체의 내부 운영에 대한 공공당국의 간섭은 여러 형태를 취할 수 있다. 예를 들어 단체에 다음과 같은 의무를 부여하는 법률 규정이나 관행은 제87호 협약에 반한다.176)

- 당국이 요구하는 경우, 단체 집행위원회의 결정사항 사본 또는 활동 보고서를 당국에 송부함
- 중요한 결정을 하기 전 당국에 알리거나, 그러한 결정을 내릴 때 당국의 대표에게 참석할 권한을 부여함
- 단체가 승인된 목적들을 달성하고 있는지 확인하도록 당국에게 협조함177)
- 당국이 총회의 구성과 의장을 결정할 수 있도록 허용함178)

---

176) General Survey, 2012, para. 112.
177) *Turkmenistan* – CEACR, direct request, 2010.
178) *Armenia* – CEACR, direct request, 2010; *Syrian Arab Republic* – CEACR, observation, 2010.

　　단체 운영을 조직할 자유는 단체의 모든 고정 및 유동 자산을 아무런 제약 없이 처분할 수 있는 권리를 포함하며, 단체들은 사무소 왕래, 통신에 대한 불가침성이 보장되어야 한다. 예를 들어 긴급 상황이나 공공질서를 위해 이에 대한 예외를 법령으로 정하는 경우, 수색을 통해 일반법상 형사 절차를 위한 증거를 발견할 수 있다는 상당한 근거가 있고 수색이 영장 발부 목적에 한정된다는 전제에서, 일반 사법당국이 발부한 영장에 의해서만 수색이 이루어져야 한다.[179)]

## 4. 활동과 방침

　　노동자단체와 사용자단체는 국내법을 존중하면서 구성원들의 직업적 이익을 보호하기 위해 완전히 자유롭게 활동을 조직하고, 방침을 수립할 권리가 있다. 특히 노동조합 회의를 개최할 권리, 노동조합 간부들이 사업장에 접근하고 경영진과 대화할 권리, 항의행동을 조직할 권리, (구성원의 이익을 더 보호해줄 수 있는 정당에 대한 지지표명과 같은) 일정 유형의 정치활동을 포함한다. 당국은 단체의 권리 행사가 공공질서에 심각하고 긴급한 위협을 가하지 않는 한, 집회의 자유를 제한하거나 합법적인 행사를 방해할 어떤 간섭도 하지 않아야 한다.[180)] 결사의 자유 위원회는 결사의 자유는 노동자와 사용자가 자신의 선택에 따라 단체를 자유롭게 설립할 권리만이 아니라, 그 단체가 그 직업상 이익의 옹호를 위해 평화적인 시위를 포함한 합법적 활동을 추구할 권리도 의미한다고 본다.[181)] 청원권은 노동조합의 정당한 활동이며, 그러한 노동조합 청원서에 서명한 자는 이러한 유형의 행위로 인해 징계를 받거나 처벌을 받아서는 아니 된다.[182)]

　　단체의 정치적 활동과 관련하여, ILO 전문가위원회는 노동조합과 정당 사이의 긴밀한 관계를 설정하는 법규와 노동조합의 모든 정치활동을 금지하는 법규 양자 모두 제87호 협약의 원칙들과 충돌한다고 본다. 안정적이고 자유롭고 자주적인 노동조합 운동의 존재가 좋은 노사관계에 필수적 조건이며, 그러한 노동조합은 각 국가의 사회적 조건을 개선하는데 기여해야 한다.[183)] 한편으로는 조합

---

179) General Survey, 1994, para. 127; General Survey, 2012, para. 114.
180) General Survey, 1994, para. 35; General Survey, 2012, para. 115.
181) *Compilation*, 2018, para. 717.
182) *Compilation*, 2018, para. 735.
183) 「노동조합운동의 자주성에 관한 결의, 1952」(Resolution concerning the independence of the trade union movement, 1952)의 전문.

원과 노동자들에게 영향을 미치는 경제 · 사회적 정책들에 대한 견해를 표현할 단체의 적법한 권익과, 다른 한편으로는 엄격한 의미에서의 정치활동과 노동조합 활동의 분리 사이에서 합리적인 균형을 추구하는 입법적 유연성이 요구된다.[184]

노동운동의 정상적인 발전을 위해서, 노동조합운동의 기본적이고 항구적인 임무는 노동자의 경제 · 사회적 향상에 있으며, 각 국가의 국내법과 관행 및 조합원의 결정에 따라 노동조합이 경제 · 사회적 목적을 추진하는 수단으로서 정당과 관계를 맺거나 정치활동을 하기로 결정한 경우 그러한 정치적 관계나 활동은 해당 국가의 정치적 변화에 상관없이 노동운동의 계속성이나 그 사회 · 경제적 기능을 훼손하는 성격의 것이 되어서는 안 된다는 「노동조합운동의 자주성에 관한 결의, 1952」에서 천명한 원칙을 유념하는 것이 바람직하다.[185]

## 제4절 단체의 해산 · 정지(제4조)

**제4조**
노동자단체 및 사용자단체는 행정당국에 의해 해산되거나 활동이 정지되지 않는다.

**Article 4**
Workers' and employers' organisations shall not be liable to be dissolved or suspended by administrative authority.

노동조합의 해산 및 정지는 단체 활동에 대한 행정당국의 극단적인 간섭으로서, 결사의 자유 원칙에 대한 심각한 침해에 해당한다.[186] 그러므로 필요한 모든 보호가 뒷받침되어야 하는데, 이는 오로지 정상적인 사법절차를 통해서만 보장될 수 있으며, 집행정지 효과도 있어야 한다. 그럼에도 불구하고 일부 국가들은 행정당국에 의한 노동자단체와 사용자단체의 해산을 계속 허용하고 있는데, 이는 제87호 협약에 대한 심각하고 직접적인 위반이다.[187] 해산하는 경우 노동

---

184) General survey, 1994, paras 130~133; General Survey, 2012, para. 116.
185) *Compilation*, 2018, para. 722.
186) *Compilation*, 2018, para. 986.

조합 자산은 취득된 목적을 위해서 사용되어야 한다. 당국과 모든 관련 조직들은 모든 노동조합들이 완전히 독립적이고 동등한 지위에서 활동을 할 수 있도록 협력해야 한다.[188]

　법원에 대한 제소권을 부여하지 않은 채 노동조합 등록 취소를 명할 수 있는 완전한 재량권을 장관 또는 행정당국에 부여하는 법은 결사의 자유 원칙에 반한다.[189] 일부 임원이나 조합원이 불법적인 행위를 하였다는 판결을 이유로, 노동조합의 회계 관리의 부정을 이유로, 또는 피케팅으로 인해 공공 행사에 대한 혼란, 단체 활동의 일시적 중단 또는 운송의 혼란을 초래하였다는 이유 등으로, 노동조합을 해산하는 것은 결사의 자유에 부합하지 않는다.[190]

---

■ 결사의 자유 위원회, 363차 보고서(2012), Case No. 2602【대한민국】, para. 463 (결사의 자유 위원회 결정례집, 2018, para. 1005)

463. 이와 관련하여 본 위원회는, 관련 법에 따른 노동조합으로서의 지위와 보호가 박탈되었음을 통보하는 것은 노조의 법인격을 중단시키는 것이고, 따라서 노조의 설립신고 취소와 같은 것이라고 본다. 위원회는 일정한 상황에서 노동조합의 법인격 취소와 노동조합 기금 사용 금지 조치가 정당화될 수 있기는 하지만, 자의적 결정의 위험을 피하기 위하여 그러한 조치는 행정당국이 아니라 법원에 의해 이루어져야 한다는 점을 상기한다. 직업단체는 행정적 결정에 의해 권리 정지나 해산의 대상이 되어서는 안된다는 원칙을 적절히 적용하려면, 법률로써 그러한 행정적 결정에 대한 이의제기권을 부여하는 것만으로는 부족하다. 그러한 결정은 상소 시작과 상관없이, 이의제기를 위한 제척기간이 경과할 때까지, 혹은 사법 당국이 그러한 결정을 확인할 때까지 효력을 발휘해서는 안된다[결사의 자유 위원회 결정례집, 2006, paras 702~703 참조]. 사법 당국이 최종 결정을 내릴 때까지, 노동조합이 노조법 시행령 제9조 제2항에 따른 노조 아님 통보를 강행하는 것을 피하기 위해 집행정지를 신청할 수 있다는 점을 주목하면서, 위원회는 행정당국에 의한 권리 정지 혹은 해산 조치는 결사의 자유 원칙에 대한 극단적인 간섭 조치이자 심각한 침해이므로, 이러한 조치들은 최소한 사법 당국에의 제소와 동시에 자동적, 즉각적으로 집행정지 효력을 가져야 할 문제라 판단한다. 따라서 위원회는 한국

---

187) *Nigeria* – CEACR, observation, 2010.
188) General Survey, 1994, paras 180 이하 참조; General Survey, 2012, para. 162.
189) CFA, 359th Report(2011), Case No. 2602【대한민국】, para. 366; *Compilation*, *2018*, para. 992.
190) *Compilation*, 2018, para. 995, 997 및 1000.

정부에, 노동자들의 조직이 행정 당국에 의해 해산되거나 권리 중지되지 않도록, 또는 최소한 사법 당국의 최종적 판결이 내려질 때까지 그러한 행정적 결정이 효력을 발생하지 않도록, 사회적 파트너들과의 협의를 통해 노동법 및 그 시행령의 조항들을 개정하기 위한 필요한 조치를 취할 것을 요구한다. 위원회는 한국정부에 이 부분에 대해 검토하고 취하는 모든 조치들에 대해 지속적으로 알려줄 것을 요구한다.

# 제5절 연합단체(제5조, 제6조)

**제5조**

노동자단체 및 사용자단체는 연합단체와 총연합단체를 설립하고 이에 가입할 권리를 가지며, 이러한 단체, 연합단체 또는 총연합단체는 국제적인 노동자단체 및 사용자단체에 가입할 권리를 갖는다.

**제6조**

이 협약 제2조, 제3조 및 제4조의 규정은 노동자단체 및 사용자단체의 연합단체 및 총연합단체에 적용된다.

**Article 5**

Workers' and employers' organisations shall have the right to establish and join federations and confederations and any such organisation, federation or confederation shall have the right to affiliate with international organisations of workers and employers.

**Article 6**

The provisions of Articles 2, 3 and 4 hereof apply to federations and confederations of workers' and employers' organisations.

노동자단체와 사용자단체는 구성원의 이익을 보다 효과적으로 보호하기 위해 자신들이 선택에 따라 연합단체 및 총연합단체를 설립할 수 있는 권리가 보장되어야 하고, 그러한 연합단체들은 단체의 운영, 활동 및 방침 수립의 자유를 비롯한 다양한 권리들을 누려야 한다. 또한 노동자들의 국제연대와 사용자들의 국제연대를 위하여, 자신들의 전국적 연합단체 및 총연합단체가 함께 뭉쳐서 국제적 수준에서 자유롭게 활동할 수 있을 것이 요구된다.[191]

상급단체를 설립하기 위한 최저기준으로서 과도하게 많은 노동조합 수를 요건으로 하는 것은 제87호 협약 제5조에 반하고 결사의 자유에 반한다.[192]

제87호 협약 제5조는 노동자 또는 사용자는 하나의 특정한 기업이나 산업 또는 국가 경제로 한정되지 않는 이익의 연대에 따라 연합한다는 사실을 반영한 표현이며, 이러한 연대는 세계 경제로 확대된다. 나아가, 조직할 권리는 국제연합(UN)과 ILO가 따르는 관행에 부합하는데, 이들 양 기구는 노사의 국제조직을 자신의 활동과 직접 결합시킴으로써 노사의 국제조직을 공식적으로 승인하였다.[193] 국제적인 노동조합 총회에 대표단을 파견할 국내 노동조합의 권리는 국내 노동조합이 국제적인 노동자단체에 가입할 권리의 정상적인 귀결이며,[194] 노동자대표와 사용자대표가 국제 단체 회의와 ILO 회의에 참석하고 참여할 권리는 특히 중요하다.[195] ILO 이사회 위원이 국제회의에 참석차 출국하기 위해 당국의 허가를 받도록 의무화한 정부 결정은 ILO 헌장 제40조[196]에 규정된 원칙에 부합하지 않는다.[197]

---

191) General Survey, 1994, paras 189 이하; General Survey, 2012, para. 163.
192) *Compilation*, 2018, para. 1018.
193) *Compilation*, 2018, para. 1038.
194) *Compilation*, 2018, para. 1052.
195) *Compilation*, 2018, para. 1069.
196) 제40조
　　1. 국제노동기구는 회원국의 영토안에서 목적 달성에 필요한 특권 및 면제를 향유한다.
　　2. 총회 대표, 이사회 이사, 사무국장 및 사무국 직원도 이 기구와 관련된 임무를 독자적으로 수행하기 위하여 필요한 특권 및 면제를 향유한다.
　　3. 이러한 특권 및 면제는 이 기구가 회원국의 수락을 위하여 작성하는 별도의 협정으로 정한다.
197) *Compilation*, 2018, para. 1066.

# 제6절 법인격 취득(제7조)

**제7조**

노동자단체와 사용자단체, 연합단체 및 총연합단체의 법인격 취득은 이 협약 제2조, 제3 조 및 제4조 규정의 적용을 제한하는 성격의 조건을 따르게 하여서는 아니된다.

**Article 7**

The acquisition of legal personality by workers' and employers' organisations, federations and confederations shall not be made subject to conditions of such a character as to restrict the application of the provisions of Articles 2, 3 and 4 hereof.

협약 제7조에 따라 법이 정한 요건을 충족하는 단체에 대해 법인격이 거부 되어서는 안 되며, 협약 제2조, 제3조, 제4조의 적용을 제한하는 것과 같은 조건 하에서 법인격을 취득하게 해서는 아니된다. 어떠한 경우에도 법인격 취득을 위 한 조건이 사실상 사전승인을 요구하는 것과 같아서는 아니된다. 예를 들어 가장 하위 단위조직이 법인격 취득을 위해 최소 50명의 노동자를 대표할 것을 요구하 거나,[198] 노동조합이 법인격을 취득하기 위해 상급단체의 구성원이어야 함을 요 구하는 것[199]은 협약에 부합하지 않는다.[200]

# 제7절 협약과 국내법과의 관계(제8조)

**제8조**

1. 이 협약에 규정된 권리를 행사하는데 있어 노동자 및 사용자 그리고 그들 각각의 단 체는 다른 개인이나 조직된 집단과 마찬가지로 국내법을 존중한다.
2. 국내법은 이 협약에 규정된 보장사항을 저해하거나 저해할 목적으로 적용되어서는

---

198) *Equatorial Guinea* – CEACR, observation, 2010.
199) *Republic of Moldova* – CEACR, observation, 2010.
200) General Survey, 2012, para. 87.

아니된다.

**Article 8**

1. In exercising the rights provided for in this Convention workers and em—ployers and their respective organisations, like other persons or organised collectivities, shall respect the law of the land.
2. The law of the land shall not be such as to impair, nor shall it be so applied as to impair, the guarantees provided for in this Convention.

제8조는 노동자단체와 사용자단체가 협약의 권리를 주장하기에 앞서, 국내법에 대한 존중과 준수에 대한 기본적인 의무를 확인하고 있다. 그러나 국내법 존중의무란 국내법이 협약상 규정된 결사의 자유와 조직할 권리의 행사를 저해하는 것이어서는 안된다는 점을 전제로 삼고 있음을 명시적으로 밝힌다. 즉 국내법령이 협약이 정한 권리와 보장사항을 저해하거나 국내법령을 통해 협약에 보장된 권리를 저해하고자 한다면 국내법 존중의무를 들어 협약상의 권리를 배제할 수 없음을 강조한 것이다.

회원국이 국내법 등을 통해 협약에 반하는 조치를 하거나 협약에 명시되지 않았다는 이유로 기본적 인권을 훼손하는 조치를 하는 것을 금지하는 것은 ILO 제87호 협약만이 아니라, 국제인권규약들에서 공히 명시적으로 밝히고 있는 국제협약의 기본원칙에 속한다.[201]

특히 제8조 제2항은 협약과 국내법의 불일치 또는 간극이 확인될 경우, 체약국의 모든 국가기관들이 협약을 이행하는데 있어 어떠한 태도와 원칙을 가져야 하는지에 대한 기준을 제시하는 것이라 할 수 있다. 즉 제8조 제2항은 협약을 비준한 회원국이 협약의 국내 이행을 위한 과정의 하나로서 국제협약을 존중하는 국내법적 해석을 통해 국내법과 국제기준 간의 규범조화적 해석을 연계해야 할 의무를 부담한다는 점에 대한 구체적 근거가 된다.[202]

한편 제87호 협약은 국가긴급상황 등을 이유로 협약상 의무의 정지나 위

---

201) 대표적으로 UN「경제적·사회적 및 문화적 권리에 관한 국제규약」및「시민적 및 정치적 권리에 관한 국제규약」은 "이 규약의 당사국에서 법령, 협약, 규칙 또는 관습에 따라 인정되거나 현존하는 어떠한 기본적 인권도, 이 규약이 그러한 권리를 인정하지 않거나 보다 좁은 범위로 인정한다는 구실로, 제한하거나 훼손할 수 없다"고 규정하고 있다(제5조 제2항).
202) 이러한 해석의 원칙에 관해 자세하게는 제2장을 참조.

반을 정당화하는, 즉 협약 예외에 대한 실질적 사유를 규정한 조항을 두고 있지 않다. 여타 국제인권협약들의 경우, 국가비상사태203)나 공공복리204) 또는 잠정적 조치로서 특별보호205) 등 협약상 권리와 조치 의무에 대한 예외를 명시하여 제한하고 있다. 반면, 제87호 협약은 국가비상사태나 공공복리 등을 이유로 노동자가 단체를 조직하고 가입할 자유와 노동조합의 운영과 활동의 내용을 결정할 권리를 박탈하거나 협약의 보장사항에 반하는 조치를 허용하지 않는다. 「시민적 및 정치적 권리에 관한 국제규약」에서 국가비상사태를 이유로 협약상 의무로부터 이탈하는 조치를 취할 경우에도 이탈한 조항과 그 이유를 유엔이사회에 보고하도록 하고, 그럼에도 불구하고 제한될 수 없는 본질적인 권리보장 조항을 명시하여 그 한계를 분명하게 하고 있는바, 국가비상사태 등의 이유로 자의적으로 협약

---

203) 「시민적 및 정치적 권리에 관한 국제규약」 제4조
1. 국가의 존립을 위협하는 공공비상사태의 경우 그리고 그러한 비상사태의 존재가 공식으로 선포된 때에는 이 규약의 당사국은 해당 사태의 긴급성에 의하여 엄격히 요구되는 한도 내에서 이 규약상 의무로부터 이탈하는 조치를 취할 수 있다. 다만, 그러한 조치는 해당 국가의 그 밖의 국제법상 의무와 불합치하지 않아야 하고, 인종, 피부색, 성별, 언어, 종교 또는 사회적 출신만을 이유로 하는 차별을 포함하지 않아야 한다.
2. 이 규정에 따르더라도 제6조, 제7조, 제8조(제1항 및 제2항), 제11조, 제15조, 제16조 및 제18조로부터의 이탈은 허용되지 않는다.
3. 이탈할 권리를 행사하는 이 규약의 당사국은 자국이 이탈한 규정 및 그 이유를 국제연합 사무총장을 통하여 이 규약의 다른 당사국들에게 즉시 통지한다. 당사국은 그러한 이탈을 종료한 날에 동일한 경로를 통하여 그 내용을 추가로 통지한다.
204) 「경제적·사회적 및 문화적 권리에 관한 국제규약」 제4조
이 규약의 당사국은, 국가가 이 규약에 따라 부여하는 권리를 향유함에 있어서, 그러한 권리의 본질과 양립할 수 있는 한도 내에서, 또한 오직 민주 사회에서의 공공복리 증진의 목적으로 반드시 법률에 의하여 정하여지는 제한에 의해서만, 그러한 권리를 제한할 수 있음을 인정한다.
205) 「여성에 대한 모든 형태의 차별철폐에 관한 협약」 제4조
1. 남성과 여성 사이의 사실상의 평등을 촉진할 목적으로 당사국이 채택한 잠정적 특별조치는 본 협약에서 정의한 차별로 보지 아니하나, 그 결과 불평등한 또는 별도의 기준이 유지되어서는 결코 아니 된다. 기회와 대우의 평등이라는 목적이 달성되었을 때 이러한 조치는 중지되어야 한다.
2. 당사국이 모성을 보호할 목적으로 본 협약에 수록된 제 조치를 포함한 특별조치를 채택하는 것은 차별적인 것으로 보아서는 아니된다.
「모든 형태의 인종차별 철폐에 관한 국제협약」 제1조
4. 어느 특정 인종 또는 종족의 집단이나 개인의 적절한 진보를 확보하기 위한 유일한 목적으로 취해진 특별한 조치는 그러한 집단이나 개인이 인권과 기본적 자유의 동등한 향유와 행사를 확보하는 데 필요한 보호를 요청할 때에는 인종차별로 간주되지 않는다. 단, 그러한 조치가 결과적으로 상이한 인종집단에게 별개의 권리를 존속시키는 결과를 초래하여서는 아니되며 또한 이러한 조치는 소기의 목적이 달성된 후에는 계속되어서는 아니된다.

상 권리를 무효화할 수 있는 것은 아니며, 협약상 명시된 근거에 따라 권리를 제한하더라도 그러한 제한은 내재적 한계를 지켜야 하며 필요최소한에 그쳐야 한다.

또한 ILO 감독기구들은 협약을 비준한 회원국에 협약상의 권리를 보장할 수 있는 국내법이 없거나 불충분할 경우, 노동자단체가 결사의 자유를 행사한 것을 불법화하는 국내법이나 정부의 조치는 제87호 협약 제8조 제2항에 따라 존중될 수 없다는 점을 지적해왔다.

---

【미얀마】전문가위원회, Observation, 2009

정부가 보고서에서, 본 위원회가 이전에 권고한 사항들을 이행하기 위한 조치를 취하였다는 증거는 전혀 제시하지 않으면서, 버마노동조합연맹(FTUB)을 테러리스트 조직으로 지칭하면서 위에 언급된 수많은 사람들이 현행법을 위반하며 정부에 대한 증오를 조장한 이유로 유죄판결을 받았다는 기존의 진술만 보고서에서 반복하고 있음에 본 위원회는 오로지 개탄할 수밖에 없다. 본 위원회는, 국제노총(ITUC)이 진정한 사안들의 극도의 중대성에 비해 너무나 무성의한 정부의 답변 태도와 부족한 정보 제공에 대해 또 한번 깊은 유감을 표한다. 노동자단체들이 ILO 헌장 제23조에 따라 제기한 의견표명 및 노동자의 기본적 권리 침해를 시정하라는 ILO감독기구들의 권고가 내정간섭에 해당한다는 정부의 견해에 대해 본 위원회는 다시 한번 강력히 규탄한다. 국제노동기구에 가입하는 것은 결사의 자유 원칙과 협약 제87호를 포함하여 국가가 자유롭게 비준한 협약들을 국내법에서 존중할 의무를 수반함을 본 위원회는 강조한다.

 (중략)

 마지막으로, 현재 미얀마에 결사의 자유를 존중하고 실현할 법적 기반이 부재하다는 점을 환기하면서, 노동조합은 본 협약 제8조에 따라 국내법을 존중해야 하지만, "국내법은 이 협약에 규정된 보장사항을 저해하거나 저해할 목적으로 적용되어서는 아니된다."는 점을 본 위원회는 다시 한번 상기시킨다. 당국은 자의적 체포나 구금을 통해 적법한 노동조합 활동을 간섭해서는 아니되며, 조합원들의 노동조합 가입이나 활동을 이유로 범죄 혐의를 주장하는 등의 괴롭힘을 해서는 아니된다.

# 제8절 군대와 경찰에 대한 협약 적용(제9조)

**제9조**

1. 이 협약에 규정된 보장사항이 군대 및 경찰에 적용되는 범위는 국내 법령으로 정한다.
2. 「국제노동기구 헌장」 제19조 제8항에 명시된 원칙에 따라, 회원국의 이 협약 비준은 군대 또는 경찰 구성원이 이 협약에서 보장하는 권리를 누릴 수 있도록 하는 기존의 법률, 판정, 관행 또는 합의에 영향을 미치는 것으로 간주되지 않는다.

**Article 9**

1. The extent to which the guarantees provided for in this Convention shall apply to the armed forces and the police shall be determined by national laws or regulations.
2. In accordance with the principle set forth in paragraph 8 of Article 19 of the Constitution of the International Labour Organisation the ratification of this Convention by any Member shall not be deemed to affect any existing law, award, custom or agreement in virtue of which members of the armed forces or the police enjoy any right guaranteed by this Convention.

제9조는 군대와 경찰에 대하여 제87호 협약의 적용에 관한 예외를 두고 있다. 협약을 비준한 회원국이라 하더라도, 협약에 보장된 권리를 군인과 경찰에 적용할 때 그 구체적인 내용에 대해서 각 국가의 재량으로 정할 수 있도록 하였다. 이러한 예외는 국가 내·외부적 안보에 대한 경찰과 군인의 책임에 근거하여 정당화된다.[206] 그러나 군인과 경찰이라는 이유로 곧바로 협약 자체의 적용을 받지 못한다는 의미는 아니다. '어떠한 구별도 없이' 적용되어야 하는 제87호 협약 제2조의 원칙에 대해 유일하게 승인된 예외로서, 각 국가별로 군대와 경찰에 적용할 협약의 내용을 달리 정할 수 있다는 의미이다.[207]

또한 협약 제9조 제2항은, ILO의 노동기준들은 각국의 최저 노동기준으로서 효력을 가진다는 「국제노동기구헌장」 제19조 제8항[208]의 원칙에 따라, 협약 제9

---

206) General Survey, 2012, para. 67.
207) General Survey, 2012, para. 63.
208) 「국제노동기구헌장」 제19조
    8. 어떠한 경우에도, 총회에 의한 협약이나 권고의 채택 또는 회원국에 의한 협약의 비준

조를 이유로 각 국가에서 군대와 경찰의 결사의 자유를 보장하기 위한 법률, 판정, 관행을 저해할 수 없음을 분명히 했다. 따라서 군대와 경찰에 대한 결사의 자유를 박탈하거나 축소·후퇴시키기 위한 근거로 제9조를 이용해서는 안된다.

한편 제87호 협약에 보장된 권리의 내용을 별도로 정할 수 있는 군대와 경찰의 범위에 관하여, ILO 감독기구들은 이러한 예외를 엄격하게 해석해왔다. 예를 들면, 군대에서 일하는 민간인 노동자, 소방관,[209] 교도관,[210] 세관 공무원, 군대 내 산업시설의 민간인 직원, 정보기관의 민간인 직원 또는 입법기관의 직원은 제9조가 말하는 군대와 경찰에 포함되지 않는다.[211]

이와 관련하여 전문가위원회는, 어떤 노동자가 군대나 경찰에 속하는지 판단하는 게 항상 쉬운 것은 아니므로, 의심스러운 경우에는 민간인으로 보아야 한다는 견해를 밝힌 바 있다.[212] 따라서 직무수행상 무기를 소지할 수 있는 노동자라는 점만으로 제9조가 말하는 군대나 경찰에 자동적으로 포함되지는 않는다.[213] 예를 들면, 민간보안회사의 노동자, 민간항공회사의 보안업무 종사자는 보안문서관리업무에 종사하는 노동자나 정유공장, 공항, 항만의 보안 또는 소방업무 종사자와 마찬가지로 노동조합을 설립할 권리를 부여받아야 한다.[214]

---

이 협약 또는 권고에 규정된 조건보다도 관련 노동자에게 보다 유리한 조건을 보장하고 있는 법률, 판정, 관습 또는 협정에 영향을 주는 것으로 인정되지 아니한다.

209) *Bangladesh* – CEACR, observation, 2009; *Japan* – CEACR, observation, 2009; *Kazakhstan* – CEACR, observation, 2010; *Pakistan* – CEACR, observation, 2009 등.

210) *Bahamas* – CEACR, observation, 2009; *Botswana* – CEACR, observation, 2013; *Fiji* – CEACR, observation, 2009; *Gambia* – CEACR, direct request, 2009; *Ghana* – CEACR, direct request, 2009; *Kazakhstan* – CEACR, observation, 2010; *Morocco* – CEACR, direct request, 2010, Convention No. 98; *Namibia* – CEACR, observation, 2010; *Nigeria* – CEACR, observation, 2009; *United Republic of Tanzania* – CEACR, observation, 2010; *Turkey* – CEACR, observation, 2009; *Zambia* – CEACR, observation, 2010; *Zimbabwe* – CEACR, observation, 2010 등.

211) General Survey, 2012, para. 67; *Compilation*, 2018, paras 347~359.

212) General Survey, 2012, para. 68.

213) General Survey, 2012, para. 67.

214) General Survey, 2012, para. 68.

【몬테네그로】 전문가위원회, Observation, 2021

[사건개요] 몬테네그로의 2015년 파업에 관한 법률 제18조는 경찰, 국가기관 및 공공서비스의 직원이 국가안보, 개인 및 재산의 안전, 시민의 일반 이익 또는 정부당국의 기능을 위협하지 않는 방식으로 파업을 조직할 수 있고, 그러한 직업에서는 최소한의 서비스가 보장되어야 한다고 규정하고, 법 제7조는 파업에 관한 법률의 조항에 따라 조직되지 않은 노동조합의 노동자 업무 중단은 불법파업으로 간주하며, 법 제31조의 파업의 불법성을 판단할 때, 정부당국의 기능과 시민들의 일반 이익을 위협하는지 여부에 대한 평가를 국가안보기관에서 수행하도록 규정함. 몬테네그로 정부는 이러한 법률이 군대와 경찰에 적용되는 협약의 보장 범위를 결정하는 것을 회원국에 맡긴 제87호 협약 제9조에 부합한다고 주장함.

제87호 협약에 규정된 보장사항을 군대 및 경찰에 적용하는 범위는 국내 법령으로 정하도록 하는 제87호 협약 제9조를 주장하는 정부의 보고를 주목하면서, 본 위원회는 파업에 관한 법률 제18조가 협약 제9조에 따른 예외에 해당하지 않는 국가기관 및 공공서비스 노동자의 파업권도 규제하고 있다고 본다. 이들은 엄격한 의미에서의 필수적 서비스에 종사하거나 국가의 이름으로 권한을 행사하지 않는 한 파업권을 누려야 한다. 위와 같은 관점에서 본 위원회는, 정부가 사회적 파트너들과의 협의를 거쳐, 관련 당사자들이 신뢰하는 독립적 기관이 법률 제18조에 따른 파업의 불법성에 관해 결정 권한을 가지도록, 파업에 관한 법률을 개정하는데 필요한 조치를 취할 것을 다시 한번 요청한다.

■ 결사의 자유 위원회, 353차 보고서(2009), Case No. 1865【대한민국】, para. 698

698. (중략) 본 위원회는 또한 소방관들이 수행하는 역할이 그들을 단결권에서 배제시키는 것을 정당화하지 않으며, 소방관뿐 아니라 교도관들도 이 권리를 누려야 함을 상기한다. 마지막으로, 근로감독기관의 노동자에 대한 단결권 부정은 협약 제87호 제2조 위반에 해당한다[결사의 자유 위원회 결정례집, 2006, paras 231, 232 및 234]. 이에 따라 본 위원회는 소방관, 교도관, 교육 관련직 종사자, 지방공무원 및 근로감독관을 포함한 모든 계급의 공무원이 직무나 역할에 관계없이 자신의 이익을 방어하기 위해 그들만의 조직을 구성할 수 있도록 「공무원의 노동조합 설립 및 운영에 관한 법률」 및 시행령상의 단결권 배제에 대하여 재검토할 것을 정부에 다시 한번 요청하는 바이다.

# 제9절 단체의 의미(제10조)

**제10조**
이 협약에서 '단체'라 함은 노동자 또는 사용자의 이익을 증진하고 옹호하기 위한 모든 노동자단체 또는 사용자단체를 의미한다.

**Article 10**
In this Convention the term organisation means any organisation of workers or of employers for furthering and defending the interests of workers or of employers.

제10조는 제87호 협약의 대상이 되는 노동자단체와 사용자단체를 정의한 규정이다. 협약상의 노동자단체와 사용자단체는 노동자 또는 사용자의 직업적 이익을 증진·옹호하는 것을 목적으로 하는 단체일 것을 요건으로 한다. 이는 노동자 또는 사용자로서의 직업적 지위나 성격을 갖지 않는 여타의 비정부기구들과 구분된다.

협약 제10조는 제3조와 더불어, 결사의 자유에는 파업권이 내재한다는 근거로서 이해되어 왔다. 전문가위원회는 파업권은 노동자와 그 조직이 경제적, 사회적 이익의 증진과 보호를 위해 이용할 수 있는 필수적인 수단 중 하나라는 점에서, 제10조의 "노동자 또는 사용자의 이익을 증진하고 옹호하기 위한" 노동자단체의 단결할 권리에 포함된다고 설명한다.[215]

또한 노동자 또는 사용자의 직업적 이익을 증진·옹호하는 것을 목적으로 한다는 점에서 제10조는 노동자단체의 자주성과 독립성 요건을 밝힌 조항으로도 의미가 있다.

---

215) 파업권에 관해 상세하게는 제11절 참조.

【콜롬비아】전문가위원회, Observation, 2020

[사건개요] 콜롬비아에서 노동조합이 조합원으로 하여금 하나 이상의 기업이나 사용자단체의 업무를 수행하도록 하는 노동조합 계약(trade union contracts)이, 불법적 고용 중개를 확산시키고 허위 노조(false unions) 결성을 통해 노조할 권리를 침해한다는 콜롬비아노동자연맹(CUT)의 의견표명이 있었음.

상술한 관점에서, 조합원의 고용에 관한 관리 및 결정 권한을 노동조합에게 부여하는 것은 이익충돌이 발생할 가능성이 있으며, 고용 및 노동조건에 관한 조합원의 요구를 자주적으로 지원하고 방어하는 노동조합 특유의 역할을 수행하는 역량을 위태롭게 할 수 있다는 점을 다시 한번 강조하면서 본 위원회는 정부에 다음을 요청한다. (ⅰ) 노동조합 계약 활용에 관한 상세한 평가를 가까운 장래에 계획하고 수행할 것; (ⅱ) 이러한 평가 결과를 사회적 파트너들과 공유한 이후, 노동조합계약이 노동자의 노조 할 권리를 침해하지 않으며 제87호 협약 제10조에 부합하지 않는 목적으로 활용되지 않도록 보장하는, 입법 조치를 비롯한 적절한 조치를 위할 것.

# 제10절 조직할 권리 보호를 위한 조치 의무(제11조)

제11조
이 협약이 시행되고 있는 각 국제노동기구 회원국은 노동자 및 사용자가 조직할 권리를 자유롭게 행사할 수 있도록 하기 위해서 필요하고 적절한 모든 조치를 취할 것을 약속한다.

Article 11
Each Member of the International Labour Organisation for which this Convention is in force undertakes to take all necessary and appropriate measures to ensure that workers and employers may exercise freely the right to organise.

제11조는 제87호 협약을 비준한 회원국에 대하여 협약상의 권리를 보장하기 위한 적극적 보호의무를 부과한 것으로, 협약의 국내법적 이행을 위하여 '필요하고 적절한 모든 조치'를 행하도록 하고 있다. 이는 협약에 명시적으로 언급된 최소한의 수준만을 이행해야 한다고 협소하게 해석해서는 안되고 협약이 보

장하는 권리를 온전히 실현할 수 있는 모든 조치를 고려하고 강구해야 할 의무를 부과한 것이다.

이때의 '필요하고 적절한 조치'란 반드시 법률을 채택할 것을 요구하는 것은 아니다. 협약의 국내법적 이행을 위한 직접적인 조치로서 입법적 조치는 국가 차원에서 협약을 적용하는 가장 중요한 방법이다. 그러나 간접적인 개입을 통해, 가령 판례 법리로서 조직할 권리 보장의 기준을 마련하는 사례도 존재하며, 노사단체의 협의나 단체협약 등을 통해 조직할 권리를 촉진할 수도 있다.[216] 또한 행정기관의 중재, 판정, 재결 등을 통해 협약을 이행하는 조치가 될 수 있다. 각종 선언이나 공공프로그램, 정책과 그에 따른 평가를 통한 개선 조치, 행동강령이나 자치규범을 위한 가이드라인 등도 포함되며, 노동감독 등을 통해서도 협약의 적용을 보장하는데 기여할 수 있다.[217]

또한 제11조의 '필요하고 적절한 모든 조치'의 의미는 제8조에 비추어 해석되어야 한다. 즉 협약상의 권리를 행사할 때 국내법을 존중하도록 하는 한편, 해당 국가의 법은 협약이 보장하는 권리를 훼손하는 방식으로 적용될 수 없다. 다만 각 국가별로 결사의 자유의 실제적 보장 정도에는 상당한 차이가 있으므로, 결사의 자유 및 조직할 권리에 관한 어떠한 입법안이든 도입하기 이전에 가장 대표적인 노동자단체 및 사용자단체들과 자유롭고 솔직한 협의를 거쳐야 한다.[218]

한편 제11조는 군대와 경찰에 관한 적용의 예외를 규정한 제9조와 관련해서도 내재적 한계를 규정한 것이라 볼 수 있다. 즉 군대와 경찰에 대한 적용 범위에 관해서도 국내법상 군대와 경찰의 단결권을 보장하기 위한 별도의 방안 또는 단결권 보장에 상응하는 대상적 조치를 마련하기 위한 적극적 조치를 강구해야 함을 의미한다.

---

216) General Survey, 2012, para. 55.
217) General Survey, 2012, para. 56.
218) General Survey, 2012, para. 55.

# 제11절 파업권

## Ⅰ. 파업권의 의의

### 1. 제87호 협약으로부터 도출되는 파업권

파업권은 제87호 협약이 보장하는 단결권으로부터 필연적으로 귀결되는 본질적 요소이다.[219] 파업권은 노동자와 노동자단체가 그들의 경제적, 사회적 이익을 합법적으로 촉진하고 옹호할 수 있는 필수적 수단이다.[220] 1919년 이래로 결사의 자유는 파업권을 포함하는 것으로 간주되어 왔다. ILO의 역사에서 결사의 자유는 단순히 단결할 수 있는 능력과 언론의 자유를 넘어, 노동자들이 직업적 이익을 증진시키기 위해 행동을 취할 수 있는 권리를 의미하는 것이었다.[221]

ILO는 각종 협약과 권고, 결의 등을 통해 파업권을 승인해왔다. 「자발적 조정 및 중재 권고(제92호, 1951)」[222]는 "본 권고의 어떤 조항도 파업권을 제한하는 것으로 해석될 수 없다"(제7조)라고 명시하고, 「강제노동 폐지 협약(제105호, 1957)」[223]은 '파업 참가에 대한 처벌'로서 강제노역 사용을 금지하고 있다(제1조(d)). ILO 총회는 「ILO 회원국의 반노동조합법 폐지에 관한 결의, 1957」와 「노동조합의 권리와 시민적 자유의 관계에 관한 결의, 1970」을 통해 파업권을 명시적으로 인정하였다. 이후 회원국들 사이에서 제87호 협약에서 비롯된 파업권에 대한 광범위한 합의가 있었다.[224]

---

219) *Compilation*, 2018, paras. 753~754.
220) Gernigon, Bernard, Alberto Odero and Horacio Guido, *ILO principles concerning the right to strike*, ILO, 2000.
221) 1919년 ILO의 설립근거가 된 베르사유 평화조약이 서명된 파리강화회의가 개최되었을 당시 유럽 전역, 특히 독일에서 파업이 일어나고 있었다. 영국의 산업혁명의 경험과 1824년 단결금지법 폐지, 1906년 노동쟁의법을 통한 민사책임의 면책 등의 일련의 역사적 배경 속에서 ILO 창립문 채택으로 이어진 초안을 마련한 영국 대표단에게 '결사의 자유'는 단순히 합법적으로 단결할 수 있는 능력 이상을 의미했고, 노동조합이 단체교섭 요구를 공식화하고 그로 인한 손해를 배상하지 않으면서도 단체행동을 할 수 있는 권리와 불가분의 관계에 있는 것으로 이해되었다(Bellace, Janice, The ILO and the Right to Strike, *International Labour Review*, Vol. 153, No. 1, 2014, 33쪽 이하 참조).
222) Voluntary Conciliation and Arbitration Recommendation, 1951 (No. 92).
223) Abolition of Forced Labour Convention, 1957 (No. 105).
224) Vogt, Jeffrey et al. *The Right To Strike in International Law*, Hart Publishing, 2020.

ILO 감독기구들은 노동자단체가 활동을 조직하고 방침을 수립할 권리를 규정한 제87호 협약 제3조와 노동자단체의 목적이 노동자들의 이익을 증진하고 옹호하는 것이라는 제10조에 기초하여 파업권에 관한 여러 원칙들을 점진적으로 발전시켜 왔다.[225] 제87호 협약이 채택된 지 4년 후인 1952년 결사의 자유 위원회는 '파업권이 노동조합 권리의 본질적인 요소'라고 함으로써, 파업을 단순한 사회적 행위가 아니라 권리로 선언하고 이 권리의 근간이 되는 기본원칙을 정식화하였다.[226] 전문가위원회는 1959년 첫 번째 일반조사보고서에서 "파업권의 금지가 제87호 협약의 제8조 및 제10조에 반한다"[227]는 점을 밝혔으며, 1983년 "파업권은 노동자와 그 단체가 자신의 사회적·경제적 이익을 증진시키기 위한 필수적 수단 중 하나"임을 확인하고,[228] 2012년 파업권이 제87호 협약에서 도출된다는 것을 재확인하였다.[229]

## 2. 기본적 인권으로서 파업권

국제법에서 파업권은 국제 인권에 속하는 기본권(fundamental right)으로 보호되고 있다. ILO 제87호 협약이 채택된 직후 1948년 국제연합(UN)은 세계인권선언을 통해 "모든 사람은 자신의 이익을 보호하기 위하여 노동조합을 조직하고 가입할 권리가 있다"고 천명하였고, 1966년 이를 구체화한 「경제적, 사회적 및 문화적 권리에 관한 국제규약」은 파업권을 명시적으로 보장하고 있다(제8조 1(d)).[230]

---

225) General Survey, 2012, para. 117.
226) CFA, 2nd Report(1952), Case No. 28 【UK-Jamaica】, para. 68.
227) ILO, *Information and reports on the application of Conventions and Recommendations*, Report of the Committee of Experts on the Application of Conventions and Recommendations, International Labour Conference, 43rd Session, 1959, para. 68.
228) ILO, *Freedom of association and collective bargaining*, General survey of the reports relating to the Freedom of Association and Protection of the Right to Organise Convention, 1948 (No. 87), the Right to Organise and Collective Bargaining Convention, 1949 (No. 98), the Rural Workers' Organisations Convection, 1975 (No. 141) and the Rural Workers' Organisations Recommendation, 1975 (No. 149), International Labour Conference, 69th Session, 1983, para. 200.
229) General Survey, 2012, para. 119.
230) 「경제적·사회적 및 문화적 권리에 관한 국제규약」 제8조
  1. 이 규약의 당사국은 다음의 권리를 확보할 것을 약속한다.
   (d) 특정국가의 법률에 따라 행사될 것을 조건으로 파업을 할 수 있는 권리

파업권은 제87호 협약(제3조, 제8조, 제10조), 「경제적, 사회적 및 문화적 권리에 관한 국제규약」(제8조), 「시민적 및 정치적 권리에 관한 국제규약」(제22조), 「유럽사회헌장(European Social Charter)」(제6조), 「유럽연합기본권헌장(EU Charter of Fundamental Rights)」(제28조), 「유럽인권협약(European Convention on Human Rights)」(제11조)과 「미주기구헌장(Charter of the Organization of American States)」(제45조(c)), 「미주인권협약(American Convention on Human Rights)」(제16조) 등 글로벌 및 지역 국제기구에서 수십 년 동안 국제법으로 확립되어 왔고, 대부분의 국가에서 노동자단체의 권리로서 보편적으로 인정되고 있다.

## 3. 파업권의 중요성

결사의 자유는 파업권을 전제로 할 때만 온전히 보장될 수 있다. 노동자들의 이익 증진과 보호는 그들의 요구를 충족시키기 위해 압력을 가할 수 있는 행동 수단을 전제로 한다.[231] 노동자들의 조직화와 그들의 직업적 이익을 방어하는 능력은 대개 경제적 압력을 가하는 능력에 달려 있으므로, 파업 및 단체행동에 참여할 권리는 결사의 자유에 필수적이다.[232] 파업권이 없다면 단체교섭권은 "집단적 구걸"의 권리에 지나지 않는다.[233]

ILO 감독기구들이 명시해온 파업권의 행사에 관한 일련의 원칙들은 다음과 같이 요약될 수 있다. 첫째, 파업권은 노동자단체가 누려야 하는 권리이다. 둘째, 파업권은 노동자들이 단체를 통해 자신들의 이익을 지키는 필수적 수단으로서, 극히 제한된 범주의 노동자에 대해서만 부정될 수 있고, 파업권 행사에 대해 극히 한정된 제한만이 법률에 의해 부과될 수 있다. 셋째, 파업의 목적은 노동자들의 경제적·사회적 이익을 증진시키고 보호하는 것이다. 넷째, 파업권의 정당한 행사는 반노동조합적 차별행위와 같은 어떤 종류의 제재도 초래하지 않아야 한다.[234]

---

231) General Survey 1994, para. 148.
232) Bellace, 앞의 글, 58쪽.
233) 독일 연방노동법원 1980. 6. 10. 선고 1 AZR 822/79 판결: "이해가 상충하는 상황에서, 파업권이 없는 단체교섭은 일반적으로 집단적 구걸밖에 되지 못한다"(독일어 원문: "Bei diesem Interessengegensatz wären Tarifverhandlungen ohne das Recht zum Streik im allgemeinen nicht mehr als kollektives Betteln").
234) General Survey, 2012, para. 122.

## Ⅱ. 파업의 목적

### 1. 원칙

파업의 목적은 단체교섭사항으로 한정되지 않는다[235]. 즉 파업권은 단체협약 체결을 통해 해결될 수 있는 노동분쟁에만 국한되어서는 안 되며, 노동자와 그 단체는 필요하다면 조합원의 이익에 영향을 미치는 경제적, 사회적 사항에 관한 자신의 불만을 더 넓은 맥락에서 표출할 수 있어야 한다.[236] 파업의 목적은 노동자들의 경제적, 사회적 이익을 증진하고 보호하는 것이다. 노동자가 파업권 행사를 통해 옹호하는 직업적·경제적 이익은 노동조건 개선이나 직업적 성격을 가진 집단적 요구에만 관련되는 것이 아니라, 노동자의 직접적인 관심 사항인 사업체가 직면한 문제 및 경제적·사회적 정책 사안에 대한 해결책을 모색하는 것과도 관련이 있다.[237] 파업권은 단체협약 체결을 위한 한정된 노사분쟁의 문제를 넘어, 노동자들의 직접적인 관심사인 모든 사회적, 경제적 사항들에 대하여 행사될 수 있어야 한다.[238] 파업권은 단체교섭권이 아니라 제87호 협약의 '결사의 자유'로부터 직접적으로 도출되는 권리이다.[239] 이러한 맥락에서, ILO 감독기구들은 당사국이 단체교섭의 맥락을 넘어서는 파업권을 보장할 것을 지속적으로 권고해왔다.

---

▪ 결사의 자유 위원회, 355차 보고서(2009), Case No. 2602 【대한민국】, para. 668 (결사의 자유 위원회 결정례집, 2018, para. 758)

668. 파업권의 행사와 관련하여, 본 위원회는 일반적으로 노동자들이 파업권 행사를 통해 방어하는 직업적, 경제적 이해관계는 더 나은 노동조건이나 직업적 성격의 집단적 주장뿐만 아니라 노동자들에게 직접적인 관심사인 사업체가 직면한 문제 및 경제적·사회적 정책 사안에 대한 해결책 모색과도 관련이 있음을 정부에 상기시키고자 한다. 노

---

235) Gernigon, Bernard, Alberto Odero and Horacio Guido, 앞의 글, 13쪽.
236) *Compilation*, 2018, para. 766.
237) *Compilation*, 2018, para. 758.
238) CFA, 382nd Report(2017), Case No. 1865 【Republic of Korea】, para. 90.
239) Servais, Jean-Michel, ILO Law and the Right to Strike, *Canadian Labour and Employment Law Journal*, vol. 15, no. 2, 2009, 147쪽.

동자의 사회적, 경제적, 직업적 이익을 방어할 책임이 있는 조직은, 특히 고용, 사회적 보호 및 생활 수준과 같은, 조합원과 일반 노동자에게 직접적인 영향을 미치는 주요 사회 및 경제 정책 동향에 의해 제기되는 문제에 대한 해결책을 모색하기 위해 파업권을 사용할 수 있어야 한다. 마지막으로, 순전히 정치적인 파업은 결사의 자유 원칙의 범위에 속하지 않지만, 노동조합은 특히 정부의 경제 및 사회 정책을 비판하기 위한 경우 항의파업을 할 수 있어야 하며, 파업권은 단체협약 체결을 통해 해결될 가능성이 있는 노동분쟁에만 국한되어서는 안 된다[결사의 자유 위원회 결정례집, 2006, paras 526, 527, 529 and 531 참조].

## 2. 경영사항에 관한 파업

파업의 목적에 관한 기본원칙에 따른 당연한 귀결로서, 노동자들의 이익에 영향을 미치는 사항이라면 민영화나 구조조정 등 이른바 경영사항에 관해서도 파업권의 행사가 보장되어야 한다는 것이 ILO 감독기구의 견해이다. 이러한 취지에서 결사의 자유 위원회는, 칠레 정부가 국내법을 근거로 국영기업의 민영화 정책에 반대하는 파업을 불법으로 선언한 사안에서 파업의 목적에 관한 결사의 자유 원칙을 상기시키면서 위 원칙을 존중하기 위해 입법을 포함한 모든 적절한 조치를 강구할 것을 권고하였다.[240] 슬로바키아 정부가 파업의 목적이 직업적 성격에 관한 것이 아니라 구조조정에 반대하는 것임을 이유로 파업을 불법으로 선언한 사안에서, 파업이 단체협약 체결을 통해 해결될 가능성이 있는 노사분쟁에만 국한되어서는 안된다는 점을 강조하면서, 노동조합이 그 조합원의 이익에 영향을 미치는 경제적, 사회적 사항에 관한 자신의 불만을 더 넓은 맥락에서 표현할 수 있어야 한다고 지적하였다.[241]

■【칠레】전문가위원회, Direct Request, 2016

본 위원회는 노동개혁에도 불구하고 파업권이 여전히 정해진 단체교섭의 틀 내에서만 행사될 수 있도록 규정되어 있는 점에 주목한다. 단체교섭의 맥락 밖에 있는 파업이 보호되지 못하고 있다는 국제노총(ITUC) 등의 보고에 주목한다. 결사의 자유 위원회는 다

240) CFA, 371st Report(2014), Case No. 2963【Chile】, para. 236.
241) CFA, 329th Report(2002), Case No. 2094【Slovakia】, para. 132.

음과 같이 권고한 바 있다. (i) 현행법이 단체교섭의 맥락을 벗어난 파업을 허용하지 않는 점에서, 정부는 노동자 및 사용자 단체와 협의하여 결사의 자유 원칙에 부합하도록 법 개정을 위해 필요한 모든 조치를 취할 것을 요청한다(결사의 자유 위원회, 367차 보고서, Case No. 2814, para. 365).

■ 【칠레】 전문가위원회, Observation, 2020
– 단체교섭의 틀을 넘어선 파업권의 행사
이전의 검토에서, 본 위원회는 파업권이 정해진 단체교섭의 틀 내에서만 행사될 수 있도록 규정되어 있는 점을 주목했다. (중략) 본 위원회는 '법률에서 파업을 단체교섭의 맥락에서만 규정했다고 하여 그러한 맥락을 벗어난 파업이 금지된다고 결론내려서는 안된다'는 2015. 10. 23.자 산티아고 항소법원의 판결을 주목한다. 이는 입법자가 규율하거나 정의하지 않은 사항이 금지로만 해석되어서는 안된다는 이해에 기초한다. 본 위원회는 같은 취지에서 파업권이 협약상의 필수적인 권리이기 때문에 단체교섭 절차의 틀밖에서 이루어진 파업권도 보장되어야 한다고 판시한 2019. 8. 6.자 안토파가스타 노동법원의 판결에 주목한다.

또한 한국철도공사의 수서발 KTX 법인 분리설립 반대를 목적으로 한 2013년 12월 철도노조 파업과 관련하여 '파업 노동자들의 요구는 한국철도공사에 중대한 영향을 미치는 개혁 및 구조조정 계획과 관련이 있으며, 이는 의심할 여지 없이 노동자들의 이익에 영향을 미치는 사항'이라고 지적한 다음, 한국 정부에 대해 노동자들의 직접적인 관심사인 모든 사회적, 경제적 문제들과 관련하여 파업권을 행사할 수 있도록 파업 목적의 정당성에 대한 협소한 해석을 변경하는 조치를 취할 것을 요청하였다.

■ 결사의 자유 위원회, 382차 보고서(2017), Case No. 1865 【대한민국】, para. 90

90. 본 위원회는 파업권은 단체협약 체결을 통해 해결될 수 있는 노동분쟁으로만 제한되어서는 안 되며, 노동자와 그 조직은 필요하다면 조합원의 이익에 영향을 미치는 경제적·사회적 사안에 관한 불만을 더 넓은 맥락에서 표현할 수 있어야 한다는 점을 상기시키지 않을 수 없다[결사의 자유 위원회 결정례집, 2006, para. 531 참조]. 2013년 12월 철도파업의 경우, 파업 참가자들의 요구는 철도공사에 중대한 영향을 미치는 개혁 및 구조조정 계획에 관한 것이었으며, 이는 의심할 여지 없이 노동자들의 이익에 영향

을 미치는 사항이었다. 파업의 정당한 목적에 대한 제한적 해석은 파업에 참가하는 노동자를 민·형사 소송의 위험에 노출시키고 파업 파괴를 목표로 하는 대체인력 투입을 정당화하는데 이용될 수 있다는 점에서, 노동자들과 그 조직에 심각한 결과를 초래할 수 있다. 이러한 견지에서, 파업의 정당한 목적에 대한 현재의 협소한 해석을 폐기하고, 노동자들의 이해와 직결되는 모든 사회적, 경제적 문제들과 관련하여 파업권이 행사될 수 있도록 필요한 조치를 취할 것을 한국 정부에 다시 한번 요청한다.

## 3. 경제적·사회적 문제에 대한 항의파업

이른바 정치파업의 문제도 "노동자의 이익을 증진·옹호"하는 결사의 자유의 본질로부터 이해될 수 있다. ILO 감독기구는 제87호 협약 제10조의 '노동자단체'의 정의로부터 "순전히 정치적 성격의 파업은 결사의 자유 원칙 범위에 속하지 않는다"는 결론을 도출하면서도, "무엇이 정치적이고 무엇이 조합적인지, 성격상 명확하게 구별하기 어렵다. 이 두 가지 개념은 서로 중첩된다"는 점을 강조했다.[242] 노동자단체는 정부의 경제·사회 정책에 관하여 자신의 의견을 공개적으로 표현할 수 있고, 노동조합의 권리 행사는 때때로 공공당국에 대한 비판이나 노동조합 및 조합원들과 관련되는 사회경제적 조건들에 대한 비판을 수반할 수 있다. 노동조합에 대해 일체의 정치활동에 관여하지 못하도록 일반적으로 금지하는 것은 비현실적일 뿐만 아니라 결사의 자유 원칙에 상충된다.[243] 따라서, 결사의 자유 위원회는 노동조합은 정부의 경제정책과 사회정책을 비판하기 위한 목적을 가진 경우 항의파업을 할 수 있어야 한다고 본다.[244] 특히 결사의 자유 위원회는 파업을 통해 추구하는 목적에 여러 성격이 혼재돼있는 경우, 그 표명된 경제적, 사회적 목적이 노동자 이익의 증진 및 방어와 무관한 순전히 정치적 목적을 위장하는 구실에 불과한 경우가 아닌 이상 파업의 정당성을 인정해왔다.[245]

---

242) *Compilation*, 2018, para. 730.
243) *Compilation*, 2018, paras. 728, 730 및 731.
244) *Compilation*, 2018, paras. 759 및 763.
245) Gernigon, Bernard, Alberto Odero and Horacio Guido, 앞의 글, 15쪽.

■ **결사의 자유 위원회, 346차 보고서(2007), Case No. 1865【대한민국】, para. 778(결사의 자유 위원회 결정례집, 2018, para. 730)**

778. (중략) 노동조합이 지구화와 관련된 광범한 사회적·정치적 문제에 관한 집회에 참여한 것과 관련하여, 본 위원회는 노동조합운동의 기본적 목적은 모든 노동자의 사회적, 경제적 안녕을 증진시키는 것이어야 한다는 점에 주목한다. 노동조합의 직업적 요구가 명백히 정치적 성격을 갖지 않는 한, 그들의 활동에 대한 어떠한 간섭도 받지 않아야 한다. 다른 한편, 무엇이 정치적인 것이고 무엇이 조합적인 것인지 분명한 구분선을 긋는 것은 어려운 일이다. 이 두 가지 개념은 서로 중첩되기도 하며, 노동조합의 발간물에서 엄격한 의미에서의 경제적, 사회적 문제뿐만 아니라 정치적 차원의 문제에 관해 입장을 취하는 것은 종종 불가피하기도 하다[결사의 자유 위원회 결정례집, 2006, paras 27 및 505]. (후략)

노동자의 이익에 영향을 미치는 사항에 대한 파업권이 결사의 자유 원칙에 의해 보장되는 이상 파업이 사용자를 상대로 하는지, 사용자가 처분권을 갖는 사항인지 여부 등은 문제되지 않으며, 파업의 정당성은 오로지 그 목적이 노동자의 이익을 증진·옹호하는데 있는가라는 결사의 자유 원칙에 따라 판단된다. 따라서, 파업이 단지 정부를 상대방으로 하였다거나 공공부문에서 발생하였다는 이유만으로 순수한 정치파업으로 정의하거나 이를 이유로 불법파업으로 간주하는 것은 결사의 자유 원칙에 부합하지 않는다.246)

전문가위원회 역시 "정부가 채택한 정책이 노동자나 사용자에게 즉각적인 영향을 미치기 때문에 파업의 정치적 측면과 직업적 측면을 실제로 구별하는 것이 종종 불가능하다는 사실에서 어려움이 발생한다. 일반적인 물가와 임금 동결의 경우가 대표적이다"247)라고 밝히면서 "노동조합은 특히 정부의 경제정책과 사회정책을 비판하기 위한 목적을 가진 경우 항의파업을 할 수 있어야 한다. 총

---

246) 파업이 공공부문에서 발생하여 정부의 권한을 침해한다는 이유만으로 '정치파업'으로 분류하는 것은, 공공부문에서 사용자로서의 국가와 정치적 행위자로서의 국가를 혼동하는 것이며, 공공부문 노동자 역시 파업권이 제한·금지될 수 있는 예외적 경우(국가의 이름으로 공무를 수행하는 공무원과 엄격한 의미에서의 필수서비스)에 해당하지 않는 이상 결사의 자유를 향유할 수 있어야한다는 지적으로, Novitz, Tonia, The Restricted Right to Strike: "Far-Reaching" ILO Jurisprudence on the Public Sector and Essential Services. *Comparative Labor Law and Policy Journal*, 38(3), 2017, 373쪽 참조.

247) General Survey, 1994, para. 165.

파업을 비롯하여 정부의 경제·사회정책과 관련한 파업은 합법적이고 따라서 협약의 원칙이 적용되지 않는 순수한 정치적 파업으로 여겨져서는 안 된다[248]"라고 결론지었다.

---

■ 결사의 자유 위원회, 281차 보고서(1992), Case No. 1569 【파나마】, paras 143~146

143. 정부는 정치적 요구가 포함되어 있다고 하나, 1990. 12. 5. 공공부문 노동조합의 전국적인 파업은 사회·경제적인 사항과 사회보장에 관한 노동조합 측의 요구에 대한 정부의 반응에 항의하여 이루어진 것이었다. 정부가 제출한 자료에 따르더라도, 노동조합의 요구는 "정부 전복"이 아니라 "국영기업의 민영화 반대, 노동법 개정안의 폐지, 전쟁령의 폐지 등"이었다. (중략) 전국적 파업이 순수하게 정치적 목적이 아니라, 경제적·사회적 목적을 가지는 한 정당하다는 점을 본 위원회는 여러 차례 설시하여 왔다.

---

■ 결사의 자유 위원회, 279차 보고서(1991), Case No. 1562 【콜롬비아】, paras 513~518

509. 1990.11.27. 및 12.5. 진정에서, 콜롬비아노동자 중앙조직(Workers' Central Organisation of Colombia, CUT)은 '대량 해고를 동반한 공공부문의 구조조정과 민영화, 공공서비스 요금의 증가 및 생필품의 가격 인상, 공무원의 기본임금 및 급여의 부적절한 조정' 등 정부의 경제정책에 항의하기 위해 1990.11.14. 4개 노동조합총연합단체가 실시한 전국적 파업을 정부가 불법으로 선언했다고 주장한다. 또한 CUT는 지난 4년간 참혹한 전쟁으로 인해 약 6백명의 노조 간부와 조합원이 목숨을 잃었다고 진술했다.

515. 1990년 11월 14일의 전국적 파업이 불법이라는 정부의 선언에 대하여, 본 위원회는 이 파업은 정부의 경제정책이 사회와 노동에 미치는 결과에 항의하는 파업이었으며, 정부가 불법을 선언하기 위해 내세운 이유들이 이러한 조치를 정당화할 수 없다고 본다. 따라서 본 위원회는 전국 파업이 불법이라는 선언과 금지 조치가 결사의 자유에 대한 심각한 침해에 해당한다고 결론지었다. 본 위원회는 노동조합의 연합단체와 총연합단체가 파업권을 박탈당하지 않도록 조치를 취할 것을 정부에 요청한다.

---

248) General Survey, 2012, para. 124.

## 4. 총파업

위와 같은 정부 정책에 대한 항의파업은 산업적, 지역적 차원에서도 이루어질 수 있지만, 전국적 차원에서도 이루어질 수 있다. ILO 감독기구들은 파업권은 연합단체 및 총연합단체에 대해서도 보장되어야 하고 총파업은 노동자단체가 이용할 수 있는 행동 수단이라고 밝혀왔다. 연합단체 및 총연합단체에 의한 파업을 금지하는 것은 제87호 협약에 부합하지 않고, 정부의 경제정책이 사회와 노동에 미치는 효과에 항의하는 전국 규모의 파업을 불법이라고 선언하고 그 파업을 금지하는 것은 결사의 자유에 대한 심각한 위반에 해당한다.[249] 이에 따르면 노동자들의 이익에 영향을 미치는 사항에는 최저임금 제도 등 노사의 대항관계와 직결된 문제뿐만 아니라 물가와 실업 등 노사간 대항관계와 직접적으로 결부되지 않은 문제도 포함된다.

---

■ 결사의 자유 위원회, 248차 보고서(1987), Case No. 1381【에콰도르】, para. 413(결사의 자유 위원회 결정례집, 2018, para. 781)

413. 본 위원회는 노동조합의 24시간 총파업의 요구가 주로 최저임금 인상, 유효기간 중인 단체협약의 존중, 물가 상승 및 실업에 대한 정부의 경제정책 변경 등에 대한 요구로 구성되어 있으며, 이는 모두 노동조합의 정상적인 활동영역에 속하는 사항임을 확인한다. 따라서, 본 위원회는 위 파업이 합법적이며 금지되어서는 안된다고 판단한다.

---

■ 결사의 자유 위원회, 378차 보고서(2016), Case No. 3111【폴란드】, paras 710~712

710. 총파업과 사회경제적 이슈에 관한 파업과 관련하여, 본 위원회는 진정인의 다음과 같은 주장에 주목한다. (i) 노동쟁의법 제1조가 오직 사용자만을 노동법상 집단적 쟁의의 당사자로 인정하는 것은 노동쟁의를 기업 차원의 문제로 제한하는 결과를 초래하며, (ii) 노동조합은 그러한 한계로 인해 노동자의 직업적, 사회적, 경제적 상황에 대해 실질적인 책임이 있는 주체를 향해 사회경제적 이슈에 대한 불만을 표현할 수도, 공공 당국을 향해 사회경제적 문제를 이유로 파업을 실행할 수도 없다. (iii) 현행 국내법은 노동

---

249) *Compilation*, 2018, paras 757-758, 779-781.

자들에게 유리한 입법을 지지하거나 공공당국의 계획과 결정에 항의하는 산업, 지역 또는 전국가적 차원의 "총파업"을 허용하지 않음으로써 결사의 자유 원칙에 부합하지 않는다.

712. 노동조합은 정부의 경제 및 사회 정책을 비판하기 위한 경우 항의파업에 의지할 수 있어야 한다. 본 위원회는 정부에 대해, 노동자 단체가 필요한 경우 항의파업을 통해 구성원들의 이익에 영향을 미치는 경제적, 사회적 문제에 대한 견해를 보다 광범위하게 표명할 수 있도록 이를 보장하기 위해 필요한 조치를 취할 것을 요청한다.

## 5. 연대파업

파업권이 단체협약 체결을 통해 해결될 수 있는 노동분쟁으로만 제한되어서는 안 되며, 노동자단체가 노동자의 이익에 영향을 미치는 경제적, 사회적 사안에 관한 불만을 더 넓은 맥락에서 표현할 수 있어야 한다는 원칙에 따라 연대파업(solidarity strikes, sympathy strikes)은 폭넓게 인정된다.[250] 즉, 종업원 또는 노동조합이 당사자인 노동분쟁만을 허용하고, 종업원 또는 노동조합이 당사자인 노동분쟁 이외의 파업행위를 금지하는 것은 결사의 자유 원칙에 반한다.[251] 전문가위원회 역시 연대파업에 대한 일반적 금지가 상호의존성과 생산의 국제화로 특징지어지는 세계화의 맥락에서 권리침해로 이어질 수 있다는 점을 지적하면서,[252] 원 파업 자체가 합법적인 이상 노동자들은 연대파업을 할 수 있어야 한다고 보고 있다.[253]

■ 결사의 자유 위원회, 320차 보고서(2000), Case No. 1865 【대한민국】, para. 526

526. 본 위원회는 이들 대다수가 업무방해 혐의로 체포 및 구금되었으며, 이 혐의가 위 주장대로 적용될 경우 경제 및 사회적 이슈에 대한 파업은 물론 항의파업 및 연대파업

---

250) *Compilation*, 2018, paras. 770-771.
251) *Compilation*, 2018, para. 776; CFA, 350th Report, Case No. 2602 【Republic of Korea】, para. 681.
252) 전문가위원회는 튀르키예에서 "정치적 동기의 파업 및 직장폐쇄(lockouts), 연대파업 및 직장폐쇄, 직장점거, 태업, 기타 형태의 방해"를 금지하는 헌법 조항이 폐지되었다는 점을 관심을 가지고 언급하였다(*Turkey* - CEACR, observation, 2010).
253) General Survey, 2012, para. 125.

을 막는 경향이 있다는 점에 우려를 표한다.

530. [생략] (iii) 노동자들은 경제 및 사회 문제에 대한 파업과 항의 및 연대파업을 행사할 권리가 있어야 함을 상기하면서, 본 위원회는 정확히 무엇이 부속서에 열거된 대다수의 조합원들이 체포 및 구금된 혐의인 "업무방해"를 구성하는지에 대한 정보를 제공할 것을 정부에 요청한다.

## 6. 원청을 상대로 교섭을 요구하는 파업

노동조합이 그 임무를 수행하는 데 필요한 기본적 자유를 누리지 못한다고 여기는 상황에서 노동조합 인정 및 결사의 자유를 요구하는 파업은 정당하다.[254] 즉 노동조합 인정을 위하여 파업을 하는 것은 노동자 및 그 단체에 의해 옹호될 수 있는 정당한 이익이고, 단체교섭을 위해 노동조합 인정을 요구하는 분쟁과 관련된 파업을 금지하는 것은 결사의 자유 원칙에 부합하지 않는다.[255] 같은 맥락에서 결사의 자유 위원회는 원청 회사에 대하여 단체교섭을 요구하는 파업은 불법이 아니라고 판단하면서 하청 노동자들이 원청 사용자를 상대로 파업권을 행사하였다는 이유만으로 해고하는 것이 반노조적 차별행위로 판단하였다.[256]

> ■ 결사의 자유 위원회, 350차 보고서(2008), Case No. 2602 【대한민국】, para. 681(결사의 자유 위원회 결정례집, 2018, para. 774)

681. 본 위원회는, 정부가 현대자동차 울산공장과 기륭전자에서의 사내하청 노동자 해고와 관련되거나, 이 문제로 계류 중인 재판과정에 대한 구체적인 정보를 제공하지 않았다고 본다. 한국정부가 앞의 (i)에 관하여 제기한 문제에 대해, 위원회는 다음을 상기한다. 파업권은 노동자와 노동자 단체들이 자신들의 경제적, 사회적 권익을 증진시키고 방어하는데 있어 필수적인 수단의 하나이다. 단체교섭을 목적으로 노조 인정을 요구하는 파업은 노동자와 노동자단체들이 추구하는 적법한 이해관계에 해당한다. 게다가, 종업원이나 노조가 당사자인 노동쟁의 이외의 파업 행위를 금지하는 것은 결사의 자유 원칙에 반한다[결사의 자유 위원회 결정례집, 2006, paras 521, 535 및 538]. 그러므로

---

254) General Survey, 2012, para. 124.

255) *Compilation*, 2018, paras 772-773.

256) CFA, 363rd Report(2012), Case No. 1865 【Republic of Korea】, para. 467; *Compilation*, 2018, para. 774.

본 위원회는, 원청과의 단체교섭을 하기 위한 목적으로 노조 인정을 요구하였다고 해서 불법파업이 되지는 않는다고 판단한다. 본 위원회는 파업을 이유로 노동자를 해고하는 것은 적법한 노조 활동을 이유로 한 중대한 고용상 차별에 해당하며, 제98호 협약을 위반한 것임을 상기한다[결사의 자유 위원회 결정례집, 2006, para. 661].

■ 【영국 및 북아일랜드】 전문가위원회, Observation, 1989

1974년 노동조합 및 노동관계법의 "노동쟁의(trade dispute)"의 정의에 대한 개정된 내용[257] 역시 파업권 행사에 과도한 제한을 부과하는 것으로 보인다. (중략) (ii) 노동쟁의를 노동자와 "그들의" 사용자 사이의(between workers and "their" employer) 분쟁으로 정의하는 것은, 노동조합과 분쟁이 발생한 "진짜 사용자"("real employer")가, 해당 노동자들의 형식적 고용주이지만 분쟁을 만족스럽게 해결할 결정권이 없는 하나 이상의 하청업체 뒤에 숨어있는 상황에서, 노동조합이 효과적인 조치를 취하는 것을 불가능하게 만들 수 있다. (중략) 따라서, 정부가 노동자가 실질적 고용주를 상대로 단체행동을 취할 수 있도록, 제87호 협약의 제3조, 제8조 및 제10조에 보장된 바와 같은 항의 파업 및 연대파업과 같은 합법적인 형태의 파업에 참여할 권리를 적절히 보호할 수 있도록 법 개정을 추진할 것을 요청한다.

## 7. 권리분쟁

ILO 감독기구들은 "법률적 텍스트(legal text)에 대한 해석 차이의 결과인 법률 분쟁에 대한 해결은 권한 있는 법원에 맡겨져야 한다[258]"고 하면서도, "유효기간 중인 단체협약의 존중,"[259] "체불임금의 지급"[260] 등 단체협약 이행 또는 준수를 요구하는 파업은 명백하게 정당한 노동조합의 활동 범위에 속한다."고 보아 파업권의 목적을 새로운 합의 형성을 위한 이익분쟁에 국한하지 않고 있다. 파업권이 단체협약 체결을 통해 해결될 가능성이 있는 노동분쟁에만 국한되어서는 안 되고,[261] 단체교섭의 틀을 넘어 노동자들의 이해관계와 직결되는 모든 사

---

257) 위 논평은 1974년 노동조합 및 노동관계법의 "노동쟁의(trade dispute)"의 정의를 개정하는 1982년 고용법에 관한 것이다.

258) *Compilation*, 2018, para. 767.

259) *Compilation*, 2018, paras. 781.

260) *Compilation*, 2018, paras. 769 및 775.

261) *Digest*, 2006, paras. 526, 527, 529 및 531; *Compilation*, 2018, para. 766.

회적, 경제적 문제들에 대하여 행사될 수 있어야 한다는 입장 역시 그러하다.

ILO 감독기구의 입장은 법원의 법률해석권을 존중하면서도 이익분쟁과 권리분쟁을 구분하지 않고, 결사의 자유 원칙에 따라 파업이 "노동자의 이익을 증진·옹호"하기 위한 것인지를 기준으로 판단하고 있다고 할 것이다. 결사의 자유 위원회는 개별 노동자의 체불임금 지급에 대한 연대파업이 쟁점이 된 사안에서 "검토해야 할 문제는 분쟁이 집단적 노동분쟁인지 아니면 순전히 개인적인 성격의 것인지가 아니며, 살펴봐야 할 것은 노동자의 이익에 영향을 미치는 정도이다."라고 강조한 바 있다.

---

■ 결사의 자유 위원회, 333차 보고서(2004), Case No. 2251 【러시아】, para. 985

985. 본 위원회는 노동쟁의 문제의 해결방법으로서 파업을 고려할 때 검토해야 할 문제는 해당 분쟁이 집단적 노동쟁의인지, 아니면 순전히 개별적 성격의 분쟁인지 여부가 아니라고 판단한다. 검토되어야 할 것은 다른 노동자들의 이익에 어느 정도 영향을 미치는지 여부이다. 이 사건의 경우 임금 미지급이 다수 노동자들의 경제적·사회적 이익에 영향을 미칠 가능성이 높다. 이러한 상황에서 임금체불에 영향을 받는 노동자들은 파업을 할 수 있어야 한다. 위원회는 노동자와 그 단체가 그들이 지지하는 원 파업 자체가 합법적인 경우 연대파업을 할 수 있어야 한다는 점을 환기시키고자 한다.

---

## Ⅲ. 파업의 과정

### 1. 교섭대표노동조합이 아닌 노동조합의 파업권

결사의 자유 위원회는 '파업권이 단체협약 체결을 통해 해결될 수 있는 노동분쟁에만 국한되지 않는다'는 원칙에 따라 교섭대표노동조합이 아닌 소수노동조합 역시 파업권을 향유할 수 있어야 한다고 본다. 따라서, 한국 정부에 대해 파업의 정당성이 교섭대표노동조합 지위 보유 여부에 따라 판단되지 않도록 필요한 조치를 취할 것을 권고하였다.

■ 결사의 자유 위원회, 363차 보고서(2012), Case No. 1865 【대한민국】, para. 118

118. 진정인은 나아가 개정 「노동조합 및 노동관계조정법」이 파업과 같은 쟁의행위가 교섭창구단일화 절차에 참여한 모든 노조들의 전체 조합원이 참여하는 직접·비밀 투표를 통해서만 결의될 수 있으며, 따라서 교섭대표노조가 아니거나 교섭대표노조라도 과반수노조가 아닌 노조의 파업권 행사를 가로막는다고 주장하였다. 본 위원회는 파업권은 단체협약 체결을 통해 해결될 수 있는 노동쟁의에만 국한되어서는 안 되며, 노동자들과 노동자조직들은 필요하다면 보다 넓은 맥락에서 조합원들의 이해관계에 영향을 미치는 경제적 사회적 사안에 대한 불만을 표출할 수 있어야 한다는 점을 환기시킨다. 노조 승인을 요구하는 파업은 노동자들과 노동자단체들이 옹호해야 할 정당한 이해관계에 해당한다[결사의 자유 위원회 결정례집, 2006, paras 531 및 535 참조]. 본 위원회는 이러한 원칙에 따라 단체협약 체결을 위한 노동쟁의의 사안에 국한되지 않고 파업을 진행할 수 있도록, 그리고 파업의 정당성이 노동자단체의 교섭대표노조 지위 여부에 따라 판단되지 않도록 하기 위하여 필요한 조치를 취할 것을 정부에게 요구한다.

## 2. 파업에 이르기 전 교섭 촉진 절차

파업을 선언하는 절차는 교섭을 촉진할 목적만을 가져야 하고, 합법적인 파업선언을 실제로 불가능하게 하거나 유효성을 상실할 정도로 너무 복잡해서는 안 된다.[262] 즉 파업이 합법적으로 되기 위해 법령상 갖추어야 하는 요건은 합리적이어야 하고, 어떠한 상황에서도 노동조합이 사용할 수 있는 행동 수단에 실질적 제한을 부과하는 것이어서는 안 된다.[263]

결사의 자유 위원회는 이러한 협약의 원칙을 준수할 것을 전제로 적절한 범위 내에서 1) 사전통지, 2) 사전 조정 및 자발적 중재, 3) 일정 정족수의 동의, 4) 비밀투표에 의한 결정 등 일정한 전제조건을 용인할 수 있다고 보았다. 그러나 이러한 조항들은 파업에 돌입하기 전에 당사자들로 하여금 최종 협상에 참여하도록 유도하는 자발적인 교섭의 발전을 장려하고 촉진하기 위한 조치이기 때문에 교섭의 추가적인 걸림돌이 되어서는 안 된다.[264] 전문가위원회는 60일의 사전통지 기간은 과도하고,[265] 입법이 사전 절차의 소진에 필요한 어떤 시간제한

---

262) General Survey, 2012, para. 144.
263) *Compilation*, 2018, para. 789.
264) General Survey, 2012, para. 144.

도 설정하지 않고 공공 당국에 그러한 절차를 연장할 전적인 재량을 부여하는 것 역시 문제라고 보았다.[266] 파업 개시를 위해 노동자 중 절반 이상에 의한 결정을 요구하는 것은 과도하고 파업 가능성을 과도하게 저하할 수 있으며, 특히 대규모 조합원이 있는 기업에서 그러하다고 우려하였다.[267] 출석 2/3 이상의 정족수는 도달하기 어려울 수 있고, 파업권을 실제로 제한할 수 있다.[268] 나아가, 공공 당국이나 일방 당사자에게 파업을 종료시키는 강제중재 권한을 주는 것은 자율적인 교섭 원칙에 반하며 파업권을 훼손한다. 강제중재는 양 당사자의 요청이 있거나, ( i ) 국가의 이름으로 권한을 행사하는 공무원, ( ii ) 엄격한 의미에서의 필수 서비스(essential services), (iii) 극심한 국가적, 지역적 위기 상황에서 오직 제한된 기간 및 그 상황에 대응하기 위해 필요한 비례적 범위 내에서만 정당화될 수 있다.[269]

### 3. 다양한 유형의 파업

파업은 요구사항을 실시하도록 하거나 철회시키기 위하여, 고충을 표현하기 위하여, 또는 요구나 고충을 가진 다른 노동자를 지지하기 위하여, 하나 이상의 노동자집단에 의해 의도적으로 실시되는 일시적인 작업 중단을 말한다.[270] 비공인 파업(wildcat strike), 조업중지(tools-down), 태업(go-slow strikes), 준법투쟁(work-to-rule), 연좌파업(sit-down strikes) 등 다양한 파업의 수단이 정당한 것으로 인정되며, 이에 대한 제한은 파업이 평화롭지 않을 때에만 정당화될 수 있다.[271]

파업이 평화롭게 유지되는 한 피케팅과 직장점거는 허용되어야 한다. 피케

---

265) *United Republic of Tanzania* - CEACR, observation, 2010.
266) *Kiribati* - CEACR, observation, 2010.
267) *Armenia* - CEACR, direct request, 2010; *Plurinational State of Bolivia* - CEACR, observation, 2009; *Mauritius* - CEACR, direct request, 2010.
268) *Czech Republic* - CEACR, direct request, 2010; *Kazakhstan* - CEACR, observation, 2010; *Tajikistan* - CEACR, direct request, 2010.
269) *Compilation*, 2018, paras. 816~818.
270) *Compilation*, 2018, para. 783.
271) General Survey, 2012, para 126; CFA, 217th Report(1982), Case No. 1089 〔Burkina Faso〕, pars. 240; CFA, 214th Report(1982), Case No. 1081 〔Peru〕, para. 262; CFA, 291st Report(1993), Cases Nos. 1648 and 1650 〔Peru〕, para. 466; CFA, 260th Report(1988), Cases Nos. 997, 999 and 1029 〔Türkiye〕, para. 39; CFA, 306th Report(1997), Case No. 1865 〔Republic of Korea〕, para. 337; CFA, 348th Report(2007), Case No. 2519 〔Sri Lanka〕, para. 1143; CFA, 362nd Report(2011), Case No. 2815 〔Philippines〕, para. 1370.

팅과 직장점거에 대한 제한은 더이상 평화롭지 않을 때에만 정당화될 수 있다.272) 파업은 종종 사업장 입구에서 관련 노동자들을 설득하여 파업을 성공적으로 이끌기 위한 피케팅(picketing)을 수반한다. 피케팅은 가능한 한 많은 사람들이 노무제공을 하지 않도록 설득하여 파업의 성공을 보장하는 것을 목표로 한다. 따라서 법에 따라 이루어진 피케팅은 공공 당국에 의한 개입대상이 되어서는 안되고, 피케팅에 참가하여 다른 노동자의 작업장 이탈을 단호하지만, 평화적으로 격려하는 것은 불법으로 간주될 수 없다.273)

---

■ 결사의 자유 위원회, 214차 보고서(1982), Case No. 1081 【페루】, para. 262

262. 결사의 자유 위원회는 페루의 상원의회가 "노동자가 파업 수단으로 사업 또는 사업장을 점거하는 행위는 파업권에 포함되지 않는다"는 파업권 규제 법안을 승인한 사안에서, 해당 법안이 결사의 자유 원칙에 부합하지 않는다는 점에 우려를 표하고, 그러한 제한은 "파업이 평화적이지 않거나 특정 상황에서 평화적이지 않게 될 것이라고 믿을만한 근거가 있는 경우에만 정당화될 수 있다"고 판단하였다.

---

■ 결사의 자유 위원회, 356차 보고서(2010), Case No. 2488/2652 【필리핀】

148. 본 위원회는 천막과 기타 피켓팅 비품을 포함한 파업 구역이 시장의 명령에 의해 반복적으로 철거되었다는 진정인들의 새로운 주장에 유감을 표한다. 위원회는 파업 중 피케팅 금지는 파업이 평화적으로 이루어지지 않게 된 경우에만 정당화되며, 법률을 따르면서 조직된 피켓팅은 공공 당국의 간섭을 받아서는 안된다는 점을 상기한다.
1216. 이 사건에 대한 마지막 조사에서 위원회는, 대법원이 평화적인 피케팅을 조직하는 것이 사법명령을 위반한 것으로 간주되는 것에 대해 유감을 표명했다. 그것은 그 자체로 결사의 자유 원칙에 위배되고 이미 악화된 상황을 더욱 악화시키는 결과를 초래할 수 있다. 또한 법률을 따르면서 조직된 피켓 시위 행위는 공공 당국의 간섭을 받아서는 안 되며, 파업 피켓팅 금지는 파업이 평화적이지 않을 경우에만 정당화된다는 점을 강조했다.

---

272) General Survey, 2012, para. 149.
273) *Compilation*, 2018, paras. 936~939.

## Ⅳ. 파업권의 제한 또는 금지에 있어 준수해야 할 원칙

### 1. 기본원칙

ILO 감독기구들이 발전시켜 온 원칙은 다음과 같다. 첫째, 파업권은 노동자 단체가 누려야 하는 권리이다. 둘째, 파업권은 노동자들이 자신들의 단체를 통해 그들의 이익을 지키는 필수적 수단으로서, 극히 제한된 범주의 노동자에 대해서만 부정될 수 있고, 파업권 행사에 대해 극히 한정된 제한만이 법률에 의해 부과될 수 있다.[274]

따라서, 파업권을 예외적으로 제한 또는 금지하기 위해서는 파업권의 제한 또는 금지를 정당화할 수 있는 상황이 존재해야 한다. ILO 감독기구는 그러한 경우로, (ⅰ) 국가의 이름으로 권한을 행사하는 공무원, (ⅱ) 국가의 중대한 비상사태, (ⅲ) 엄격한 의미의 필수서비스를 들고 있다. 이때 판단기준이 되는 것은 "국민 전체 또는 일부의 생명, 개인의 안전 또는 건강에 대한 명백하고 긴박한 위협의 존재"이다.[275]

파업권은 위와 같은 예외적 상황에서, 극히 제한된 범주의 노동자에 대해서만 부정될 수 있고, 오직 제한된 기간 및 그 상황에 대응하기 위해 필요한 비례적 범위 내에서만 극히 한정된 제한만이 부과될 수 있다. 이 경우 파업권을 제한받거나 박탈당한 노동자들에게 보상으로서 대상(代償)조치가 이루어져야 한다.[276] 그리고 위와 같이 파업권의 실질적 제한이나 전면적 금지가 정당화되지 않은 상황에서, 파업의 전면 금지 대신 최소 서비스(minimum service) 설정이 가능한 대안일 수 있다.[277] 이상의 원칙은 파업을 종료시키기 위한 강제중재, 긴급조정, 대체근로 및 업무복귀명령 등에서 일관되게 적용된다.

### 2. 파업권 제한을 정당화할 수 없는 요소들

이와 관련하여 결사의 자유 위원회가 그 자체로는 파업권 제한 및 금지를 정당화할 수 없다고 본 요소들은 다음과 같다.

---

274) General Survey, 2012, para. 122.
275) *Compilation*, 2018, para. 836.
276) General Survey, 2012, para. 127.
277) General Survey, 2012, para. 136.

## 가. 국민경제 또는 사용자의 손실 등 경제적인 고려

파업은 본질적으로 업무에 지장을 주고 손해를 발생시키는 행위이다. 또한, 파업은 불의를 인식하고 이를 시정하기 위해 사용자를 압박하기 위한 최후의 수단으로서 파업권을 행사하기로 선택한 노동자에게도 상당한 희생을 요한다.[278]

따라서 결사의 자유 위원회는 경제적 고려가 파업권 제한을 정당화하는 사유로 제시되어서는 안 된다는 점을 강조했다.[279] 거래 및 사업에 대한 방해와 연계하여 파업권을 제한하게 되면 정당한 파업이 광범위하게 제약될 수 있기 때문이다. 파업의 경제적 영향, 거래 및 사업에 미치는 효과는 유감스러울 수 있지만, 이런 결과 그 자체가 저절로 어떤 서비스를 "필수서비스"로 만드는 것은 아니며, 파업권은 유지되어야 한다.[280] 전문가위원회도 "경제에 미칠 잠재적 결과, 공공질서 또는 국가의 이익에 대한 잠재적 손해"에 기초하여 파업을 제한 또는 금지하는 것은 파업권에 관한 원칙과 양립할 수 없다고 본다.[281]

---

▪ 결사의 자유 위원회, 362차 보고서(2011), Case No. 2841 【프랑스】, para. 1041 (결사의 자유 위원회 결정례집, 2018, para. 791)

1041. 본 위원회는 공항 부문에서, 오직 항공관제만이 파업권 제한을 정당화하는 필수서비스로 간주될 수 있음을 환기시키고자 한다. 그러므로 항공편 운항을 위한 연료 분배와 항공운송 자체는 엄격한 의미의 필수서비스로 간주될 수 없다. 더욱이, 경제적 고려가 파업권 제한의 정당화 사유로 제시되어서는 안된다.

---

278) *Compilation*, 2018, para. 755; CFA, 365th Report(2012), Case No. 2829 【Republic of Korea】, para. 577.
279) *Compilation*, 2018, para. 791; CFA, 362nd Report(2011), Case No. 2841 【France】, para. 1041; CFA, 367th Report(2013), Case No. 2894 【Canada】, para. 339.
280) *Compilation*, 2018, para. 848; *Digest*, 2006, para. 592; CFA, 353rd Report(2009), Case No. 1865 【Republic of Korea】, para. 715; CFA, 362nd Report(2011), Case No. 2723 【Fiji】, para. 842; CFA, 363rd Report(2012), Case No. 2602 【Republic of Korea】, para. 465; CFA, 365th Report(2012), Case No. 2829 【Republic of Korea】, para. 577; CFA, 365th Report(2012), Case No. 2723 【Fiji】, para. 778; CFA, 370th Report(2013), Case No. 2983 【Canada】, para. 285; CFA, 372nd Report(2014), Case No. 3038 【Norway】, para. 469.
281) General Survey, 2012, para. 132.

■ 결사의 자유 위원회, 348차 보고서(2007), Case No. 2519 【스리랑카】, paras. 1141~
  1143

1141. 본 위원회는 법원의 금지결정(injunction)이 내려지기 전 파업이 지속된 기간이
6일인 점, 이 사건 파업으로 인해 경제적 손실을 입었다는 사용자협회(JAAF)의 주장을
제외하고는 국민 전체 또는 일부의 생명, 개인적 안전 또는 건강에 대해 명백하고 긴박
한 위협이 존재한다는 점을 입증할 아무런 증거가 제시되지 않았음에 주목한다. 이러한
상황에서 법원이 내린 금지결정에 의해 항만 노동자들의 파업이 제한되는 것은 결사의
자유 원칙에 반하는 것으로 보인다.

■ 결사의 자유 위원회, 353차 보고서(2009), Case No. 1865 【대한민국】, para. 715(결
  사의 자유 위원회 결정례집, 2018, para. 848)

715. 본 위원회는 '거래 및 사업에 대한 방해와 연계하여 파업권을 제한하게 되면, 정당
한 파업이 광범위하게 제약될 수 있다. 파업의 경제적 영향, 거래 및 사업에 미치는 효
과는 유감스러울 수 있지만, 이런 결과 그 자체가 저절로 어떤 서비스를 "필수서비스"로
만드는 것은 아니며, 따라서 파업권은 유지되어야 한다'고 밝힌 바 있다[결사의 자유 위
원회 결정례집, 2006, para. 592 참조].

■ 결사의 자유 위원회, 365차 보고서(2012), Case No. 2829 【대한민국】, para. 577(결
  사의 자유 위원회 결정례집, 2018, para. 755)

577. 거래 및 사업에 대한 방해와 연계하여 파업권을 제한하게 되면 정당한 파업을 광
범위하게 제약할 수 있음을 본 위원회는, 확인하여 왔다[결사의 자유 위원회 결정례집,
2006, para. 521, 592 참조]. 더욱이 본 위원회는 파업은 본질적으로 업무에 지장을 주
고 손해를 발생시키는 행위이며, 불의를 인식하고 이를 시정하기 위해 사용자를 압박하
기 위한 최후의 수단으로서 파업권을 행사하기로 선택한 노동자에게도 상당한 희생을
요한다는 점을 강조하고자 한다.

---

■ 결사의 자유 위원회, 372차 보고서(2014), Case No. 3038 【노르웨이】, para. 470(결
　사의 자유 위원회 결정례집, 2018, para. 843)

470. 석유 및 가스 산업에서 전면 직장폐쇄 선언이 일상적인 생활에 대한 그러한 단체
행동 결과의 평가에 미칠 수 있는 영향은 명백하게 위원회가 고려하여야 할 관련 국가
적 상황이기는 하지만, 강제중재 회부를 정당화하기 위해서는 그 영향은 거래와 사업에
미치는 단순한 영향을 넘어서 국민 전체 또는 일부의 생명, 개인의 안전 또는 건강을 위
태롭게 하는 것이 필요하다.

### 나. 국가 또는 지역사회의 어려움, 공중의 일상생활에 미치는 영향

　　파업권의 제한금지가 정당화될 수 있는 상황은 (ⅰ) 국가의 이름으로 권한
을 행사하는 공무원, (ⅱ) 국가의 중대한 비상사태, (ⅲ) 엄격한 의미의 필수서비
스이다. 따라서, 막연하게 국가 또는 지역사회에 어려움을 초래한다거나 공동체
의 정상적 생활에 혼란을 가져온다는 이유만으로 파업권의 제한 또는 금지를 정
당화할 수 없다. 후자는 후술하는 최소서비스가 설정될 수 있는 상황에 해당할
뿐이다.

---

■ 【파키스탄】 전문가위원회, observation, 2009

본 위원회는 연방 또는 주 정부가 파업이 30일 이상 지속되는 경우 파업을 금지하고, 30
일이 경과하지 않더라도 "파업의 지속이 지역사회에 심각한 어려움을 초래하거나 국익
에 해를 끼칠 것이 예견되는 경우" 파업을 금지하고 조정에 회부하도록 한 법률 제48조
제3항과 "국가적으로 중요한 노사분쟁 또는 공익서비스와 관련된 노사분쟁"인 경우 파
업을 금지하고 조정에 회부하도록 한 법률 제49조 제1항이 너무 광범위하고 모호하며,
별표 1에서 열거된 서비스들이 엄격한 의미에서의 필수서비스로 간주될 수 없다고 판단
한다.

---

■ 결사의 자유 위원회, 337차 보고서(2005), Case No. 2249 【베네수엘라】, para. 1478
　(결사의 자유 위원회 결정례집, 2018, para. 923)

1478. 운송회사, 철도 및 석유 부문 등의 서비스 또는 기업 운영 중단은 해당 공동체의

정상적 생활에 혼란을 가져올 수 있다고 인정되지만, 이러한 서비스 중단이 중대한 국가비상사태를 초래할 수 있다고 인정할 수 없다. 따라서 본 위원회는 이러한 종류의 서비스에서 파업 시 노동자를 동원하기 위해 취한 조치는 노동자의 직업·경제적 이익을 옹호하는 수단의 하나인 파업권을 제한하는 것으로 판단한다[결사의 자유 위원회 결정례집, 2006, para. 637 참조].

■ 결사의 자유 위원회, 367차 보고서(2013), Case No. 2894 【캐나다】, para. 336(결사의 자유 위원회 결정례집, 2018, para. 851)

336. 우편 사업에서의 장기간의 중단이 분쟁과 무관한 제3자에게 영향을 미칠 수 있다는 사실 및 그것은 예컨대 회사에 대해 심각한 영향을 줄 수 있고 개인(특히 실업급여나 사회부조 수급자와 연금에 의존하는 고령자)에게 직접 영향을 미칠 수 있다는 사실에 대해서는 항상 민감한 입장을 취하여 왔기는 하지만, 위원회는 그럼에도 불구하고 사안이 무엇이든 그리고 그러한 결과가 얼마나 유감스럽든, 이러한 것이 국민 전체 또는 일부의 생명, 안전 또는 건강을 위태롭게 할 정도로 심각하게 되지 않는 한, 결사의 자유와 단체교섭이라는 기본적 권리에 대한 제한을 정당화하지 못한다.[282]

## 3. 파업권이 제한될 수 있는 예외적 상황

### 가. 국가의 이름으로 권한을 행사하는 공무원

파업권의 제한 또는 금지가 정당화될 수 있는 공무원은 '국가의 이름으로 권한을 행사하는 공무원(public servants exercising authority in the name of the State)'으로 한정된다. 공무원 개념에 대해 지나치게 광범위한 정의는 이러한 노동자의 파업권을 매우 광범위하게 제한하거나 그 금지를 야기할 가능성이 크므로, 파업권은 국가의 이름으로 권한을 행사하는 공무원에 대해서만 제한되거나 금지될 수 있다.[283] 법무부나 사법부에 근무하는 공무원,[284] 경찰조직이나 교정시설,[285] 세관원[286]은 포함되나, 공공부문 교원과 우편, 철도 노동자[287] 및 군대

---

282) 같은 취지로 CFA, 316th Report(1999), Case No. 1985 【Canada】, paras 322~323.

283) *Compilation*, 2018, paras 826~835; General Survey, 1994, para. 158.

284) *Compilation*, 2018, para. 832; CFA, 336th Report(2005), Case No. 2383 【United Kingdom of Great Britain and Northern Ireland】, para. 763.

285) CFA, 336th Report(2005), Case No 2383 【United Kingdom of Great Britain and Northern Ireland】, para. 763.

내 민간직원288)은 위 범주에 포함되지 않는다. 국가 소유의 상업기업 또는 제조기업에 종사하는 공무원은 그 서비스의 중단이 국민 전체 또는 일부의 생명, 개인의 안전 또는 건강을 위태롭게 하지 않는 한 파업권을 향유하여야 한다.289)

### 나. 국가의 중대한 비상사태

파업에 대한 일반적 금지는 국가의 중대한 비상사태(acute national emer-gency)가 발생한 경우에, 제한된 기간에 한해 정당화될 수 있고, 이때 국가안보나 공중보건을 이유로 파업을 중지시킬 책임은 정부가 아니라 모든 관련 당사자의 신뢰를 받는 독립적 기구에 있다.290) 이 개념은 사회의 기능을 위한 정상적 조건이 결여되는 심각한 충돌, 내란 또는 자연적, 위생적, 인도주의적 재해의 결과로 발생하는 진정한 위기 상황을 의미한다. 그리고 파업권은 이러한 국가의 중대한 비상사태시, 제한된 기간 동안, 그 상황의 요청에 부응하기 위한 한도로만 정당화될 수 있다.291)

### 다. 엄격한 의미의 필수서비스

엄격한 의미의 필수서비스(essential services in the strict sense of the term)란, 그 중단이 국민 전체 또는 일부의 생명, 개인의 안전 또는 건강을 위태롭게 할 수 있는 서비스를 말한다. 이는 "국민 전체 또는 일부의 생명, 개인의 안전 또는 건강에 대한 명백하고 긴박한 위협의 존재(the existence of a clear and imminent threat)"를 기준으로 한다.292)

필수서비스를 너무 광범위하게 정의한다면 파업권의 의의를 상실하게 될 것이므로, 파업권의 일반 원칙에 대한 예외로서 필수서비스는 엄격하게 제한적으로 정의되어야 한다.293) 전문가위원회의 견해에 따르면 필수서비스를 너무 광범위하게 정의하거나,294) 공공 당국에 어떤 서비스가 필수적이라고 인정할 수 있

---

286) CFA, 304th Report(1996), Case No. 1719【Nicaragua】, para. 413.
287) *Germany* - CEACR, observation, 2009.
288) *Angola* - CEACR, direct request, 2009.
289) *Compilation*, 2018, para. 831.
290) *Compilation*, 2018, paras. 824 및 825.
291) General Survey, 2012, para. 140.
292) *Compilation*, 2018, para. 836.
293) General Survey, 1994, para. 159.

는 너무 넓은 재량권을 부여하는 것,[295] 파업의 잠재적 경제적 결과에 근거하여 파업의 금지를 허용하는 것[296](특히 수출가공지역 및 신생기업들),[297] 공공질서 또는 일반이나 국가의 이익에 대한 잠재적 손해에 기초하여 파업을 금지하는 것[298]은 파업권에 관한 원칙과 양립할 수 없다.[299]

결사의 자유 위원회는 노사관계의 연혁과 사회·경제적 맥락과 같은 각국의 국내 상황을 고려하면서도, 결사의 자유 원칙은 국제적으로 보편적이고 일관적으로 적용된다는 점을 강조했다.[300] 해당 국가가 처한 특수한 상황으로 인해 파업이 일정한 기간이나 범위를 초과하여 국민 전체 또는 일부의 생명, 개인의 안전 또는 건강을 위태롭게 할 때는 비필수적 서비스도 필수적인 것이 될 수 있다는 의미에서 필수서비스 개념은 절대적인 것이 아니지만, 이는 해당 국가의 특수한 환경이 그 자체로 파업의 제한·금지를 정당화할 수 있는 요인이라는 뜻은 아니다. 그러한 요인들로 인해 "국민 전체 또는 일부의 생명, 안전 또는 건강에 대한 위협을 초래하는 경우"에 이른 경우에는 파업권의 제한 또는 금지가 정당화될 수 있다는 의미이다. 대표적 예로 전문가위원회는 여러 섬으로 구성된 섬나라 그리스에서 식품, 물, 의약품 및 연료와 같은 공급품과 환자와 의료진을 수송하는 해상운송이 필수서비스로 간주될 수 있는지 여부와 관련하여 이러한 판단기준을 고려한 바 있다.[301]

---

294) *Chile* - CEACR, observation, 2009.
295) *Zimbabwe* - CEACR, observation, 2010.
296) *Australia* - CEACR, observation, 2009; *Benin* - CEACR, observation, 2000; *Chile* - CEACR, observation, 2009.
297) *Bangladesh* - CEACR, observation, 2009; *Panama* - CEACR, observation, 2010.
298) *Antigua and Barbuda* - CEACR, observation, 2009; *Bangladesh* - CEACR, observation, 2009; *Pakistan* - CEACR, observation, 2009; *Philippines* - CEACR, observation, 2010; *Seychelles* - CEACR, observation, 2010; *Swaziland* - CEACR, observation, 2000; *Zambia* - CEACR, observation, 2010.
299) General Survey, 2012, para. 132.
300) *Compilation*, 2018, para. 16.
301) CFA, 346th Report(2007), Case No. 2506【Greece】.

■ General Survey, 1994, para. 160

본 위원회는 기준이 갖는 보편성의 근본적인 중요성을 상기하면서도 여러 회원국에 존재하는 특수한 상황을 고려해야 한다고 생각한다. 어떤 나라에서는 단지 경제적 곤란을 야기할 수 있는 특정 서비스의 중단이, 다른 나라에서는 재난이 되고 사람들의 생명과 개인의 안전 및 건강을 급격하게 위험에 빠뜨릴 수 있는 조건으로 이어질 수 있기 때문이다. 예를 들어, 항만이나 해상운송 서비스에 대한 파업은 대륙에 있는 국가의 경우보다 국민들에게 기본적인 공급을 제공하기 위해 그러한 서비스에 더욱 깊이 의존하고 있는 섬 국가에 더 심각한 혼란을 야기할 수 있다. 또한, 파업이 일정한 기간을 넘어 지속하거나 일정한 범위를 넘어 확대되어 국민 전체 또는 일부의 생명, 개인의 안전 또는 건강을 위태롭게 할 때는 비필수적 서비스가 필수적인 것이 될 수 있다(예컨대 생활폐기물 수거 서비스).

또한 엄격한 의미의 필수서비스가 해당 국가의 특수한 환경에 영향을 받을 수 있다는 것이, 파업권이 제한 또는 금지되는 엄격한 의미의 필수서비스인지 여부를 공공 당국이 임의로 정의해도 좋다는 뜻은 결코 아니다. 국가안보나 공중보건을 이유로 파업을 중지시킬 책임은 정부가 아니라 모든 관련 당사자의 신뢰를 받는 독립적 기구에 있어야 한다.[302] 결사의 자유 위원회는 국제기준에서 국가별 상황을 고려하라는 것의 의미는 정부로 하여금 그들이 촉진해야 할 권리를 실현하기 위해 국가별 상황을 고려하라는 취지이지, 동 권리들의 금지를 정당화하는 데 사용될 수 없음을 명백히 한 바 있다.[303] 한국 정부가 "엄격한 의미의 필수서비스가 무엇인지는 개별 국가의 특수한 상황에 상당한 정도로 좌우될 수 있다(결사의 자유 위원회 결정례집, 2006, para. 582)"는 결정례를 원용하여 노동조합법상의 긴급조정이 정당화함을 주장한 사안에서, 위 주장을 받아들이지 않았다.[304]

■ **결사의 자유 위원회, 273차 보고서(1990), Case No. 1521【터키】, para. 38**

38. 본 진정의 마지막 부분, 즉 법률 제2822호 제29조에 따른 철도 및 여타 도시철도에서 파업의 금지에 관하여, 본 위원회는, 국가적 사정을 고려하면, 그러한 서비스의 정지

---

302) *Compilation*, 2018, para. 825.
303) CFA, 273rd Report(1990), Case No. 1521 【Turkey】, para. 38.
304) CFA, 353rd Report(2009), Case No. 1865 【Republic of Korea】, paras. 712-713

가 생명, 개인의 안전 또는 건강을 위협할 수 있기 때문에 그러한 금지가 정당하다는 정부의 진술을 주목한다. 본 위원회는, 노동조합의 권리와 관련된 국제기준에서 국가별 상황을 고려하라는 것은, 정부로 하여금 그들이 촉진해야 하는 권리를 실현하기 위해 국가별 상황을 고려하라는 취지이지, 동 권리들의 금지를 정당화하는 데 사용될 수 없음을 지적하고자 한다.

이러한 맥락에서 ILO 감독기구들은 엄격한 의미의 필수서비스가 '그 중단이 국민 전체 또는 일부의 생명, 개인의 안전 또는 건강을 위태롭게 할 수 있는 서비스'로 엄격하게 제한적으로 정의될 수 있도록, 필수서비스로 간주될 수 있는 서비스와 그렇지 않은 서비스에 대해 견해를 제시하고 있으며, 엄격한 의미의 필수서비스로 간주될 수 없는 공공 및 민간부문에서 노동자들의 파업권이 보장되어야 한다고 보았다.[305]

ILO는 엄격한 의미의 필수서비스로 고려될 수 있는 예로 다음을 들고 있다.[306]
- 병원,[307] 전력, 수도공급, 전화, 경찰 및 군인, 소방, 공영 및 민영교도소 서비스, (주요 도심에서 멀리 떨어진 지역의 학교에 대한) 음식 공급과 청소, 항공관제[308]

반면, 다음은 엄격한 의미의 필수서비스에 해당하지 않는다고 보았다.[309]
- 철도, 지하철 등 대도시 대중교통,[310] 여객운송 및 화물운송 등 운송일반

---

305) General Survey, 2012, para. 134.
306) 이하 *Digest*, 2006, para. 585; *Compilation*, 2018, para. 840; General Survey, 2012, para. 135 참조.
307) 결사의 자유 위원회는 필수서비스인 병원사업 내에서도 그 기능의 중단이 생명, 안전과 건강과 관계되지 않는 병원 노무자 등 일정 범주의 노동자는 파업권이 박탈되어서는 안 된다는 입장이다(*Digest*, 2006, para. 593; CFA, 338th Report, Case No. 2403(2005), 【Canada】, para. 601).
308) 미국 항공관제사노조(Professional Air Traffic Controllers Organization:PATCO) 파업과 관련하여 CFA, 211st Report(1981), Case No. 1074【United States of America】, para. 365 참조
309) 이하 *Digest*, 2006, para. 587; *Compilation*, 2018, para. 842; General Survey, 2012, para. 134 참조.
310) 한국 정부에 대한 권고로 CFA, 327th Report(2002), Case No. 1865【대한민국】, para.

과 항만,311) 항공관제를 제외한 공항 및 항공운송 전반(항공기 조종사 및
수리 등),312) 교육,313) 석유사업 및 정유시설,314) 가스채취사업, 가
스통 전 및 판매, 연료의 생산·운송 및 유통, 라디오 및 텔레비전, 우
편사업,315) 중앙은행을 포함한 은행,316) 보험사업, 사회보험료 징수 및
조세 징수를 위한 전산업무, 백화점 및 놀이시설, 금속 및 광산사업, 쓰레
기 수거, 호텔사업, 건설, 농업활동, 식료품의 공급 및 유통, 차, 커피 및
코코넛 장, 조폐사업, 엘리베이터 사업, 수출서비스, 민간보안사업(공영
또는 민간 교도서비스 제외), 약국, 제빵, 맥주 생산, 유리산업, 정부인쇄사
업과 술, 소금 및 담배의 국가 전매, 냉동기업 및 자동차 제조업

### 라. 파업권 제한에 상응하는 대상조치

CFA는 직업적 이익을 방어하는 필수적인 수단인 파업권을 제한 내지 박탈
된 노동자들의 이익을 최대한 보호하기 위해 적절한 대상조치의 중요성을 강
조하고 있다. 필수서비스 또는 국가의 이름으로 권한을 행사하는 공무원의 파업

---

318. 결사의 자유 위원회는 철도, 도시철도, 석유 부문은 엄격한 의미에서의 필수서비스,
즉 그 중단으로 국민 전체 또는 일부의 생명, 신체적 안전이나 건강을 위태롭게 할 수 있
는 서비스에 해당하지 않는다고 권고하였다. 자세한 내용은 이 책의 제5장 제3절 참조.
311) 도로운송과 관련하여 CFA, 348th Report(2007), Case No. 2530【Uruguay】, para. 1191등;
해상운송과 관련하여 346th Report(2007), Case No. 2506【Greece】, para. 1071 등; 항공
운송과 관련하여 317th Report(1999), Case No. 1971【Denmark】, para. 56, 운송 및 항만
과 관련하여 CFA, 348th Report(2007), Case No. 2540【Guatemala】, para. 817 등 참조.
312) 결사의 자유 위원회는 공항 부문에서, 오직 항공관제만이 파업권 제한을 정당화하는 필수
서비스로 간주될 수 있음을 환기시키면서, 항공편 운항을 위한 연료 분배와 항공운송 자
체는 엄격한 의미의 필수서비스로 간주될 수 없다고 보았다(CFA, 362nd Report(2011),
Case No. 2841【France】, para. 1041). 항공기 조종과 관련 CFA, 329th Report(2002),
Case No. 2195【Philippines】, para. 737 등 참조.
313) 한국 정부에 대한 권고로 CFA, 346th Report(2007), Case No. 1865【대한민국】, para. 772
등; CFA, 351st Report(2007), Case No. 2569【대한민국】, para. 639 참조. 결사의 자유 위
원회는 교장과 교감을 제외하면 교육에 종사하는 노동자들은 엄격한 의미의 필수서비스
나 국가의 이름으로 권한을 행사하는 공무원의 정의에 포함되지 않으므로, 공공 및 민간
부문의 교사도 파업권이 온전히 보장되어야 한다고 보고 있다. 자세한 내용은 이 책의 제
5장 제4절 참조.
314) 한국 정부에 대한 권고로 CFA, 327th Report(2002), Case No. 1865【대한민국】, para. 488
등 참조.
315) 우편과 관련하여 CFA, 367th Report(2013), Case No. 2894【Canada】, para. 336 등 참조.
316) 은행과 관련하여 CFA, 349th Report(2008), Case No. 2545【Norway】, para. 1149 등
참조.

권이 제한 또는 금지되는 경우 이를 보상하기 위해 노동자들은 적절한 보호를 받아야 한다. 그러한 보호에는 관련 당사자가 모든 단계마다 참여할 수 있고 당사자들 모두의 신뢰를 받는 공평한 조정 및 최종 중재 절차가 포함되어야 한다.[317] 필수서비스를 수행한다는 이유로 파업권이 박탈되는 노동자에게는 이에 상응하는 직장폐쇄 금지, 노사공동조정절차 제공, 조정이 성립하지 않은 경우에 국한한 공동중재기구의 제공 등 그 이익을 보장하기 위한 적절한 대상조치가 있어야 한다.[318]

## 4. 파업의 과정에서의 쟁점들

### 가. 강제중재

강제중재(compulsory arbitration)[319]의 부과는 파업권을 부정하거나 심각하게 제한하는 수단이며, 사실상 모든 파업을 금지하거나 신속하게 종료시킬 수 있다. 이 경우 노동쟁의는 관련 당사자들을 구속하는 최종적인 사법적 결정 또는 행정청의 결정으로 해결되며, 결정이 내려지면 파업행위는 금지된다.[320] 즉 강제중재 제도는 파업권의 본질적 제한 및 금지에 해당하기 때문에 결사의 자유 위원회와 전문가위원회는 강제중재가 다음과 같은 조건하에서 극히 예외적으로 허용될 수 있다고 본다. 강제중재는 양 당사자가 모두 동의하거나, (ⅰ) 국가의 이름으로 권한을 행사하는 공무원 및 (ⅱ) 엄격한 의미에서의 필수서비스에 대하여, (ⅲ) 국가의 중대한 비상사태에서 오직 제한된 기간 및 그 상황에 대응하기 위해 필요한 비례적 범위 내에서만 정당화될 수 있다.[321] 분쟁의 장기화와 조정의 실패 그 자체가 강제중재의 부과를 당연히 정당화하는 요소가 되는 것은 아니다.[322] 그러한 경우에도 파업을 중지시킬 책임은 정부가 아니라 모든 관련 당사자의 신뢰

---

317) General Survey, 2012, para. 140.
318) *Compilation*, 2018, para. 860.
319) 중재에는 여러 종류가 있을 수 있지만, 여기에서 다루어지는 중재는 단체협약 해석·적용에 있어서의 중재재정은 포함하지 않는다. 양 당사자의 자발적인 신청에 따른 중재 역시 그 구속력(강제적인 효과)에도 불구하고 특별히 문제 되지 않는데, 당사자들은 자신들의 선택한 중재인 또는 중재위원회의 결정에 구속력을 인정하리라고 통상적으로는 예상되기 때문이다. 진정한 문제는 일방 당사자의 신청에 의한 또는 공공 당국이 직권으로 회부하는 강제중재이다(General Survey, 1994, paras. 255~256).
320) General Survey, 2012, para. 153.
321) *Compilation*, 2018, paras. 816~818.
322) General Survey, 2012, para. 153; *Kiribati* - CEACR, observation, 2010.

를 받는 독립적 기구가 가져야 한다.323)

　　따라서 위와 같이 파업권의 제한·금지가 정당화될 수 있는 예외적 상황이
아님에도 공공당국이나 일방 당사자에게 파업을 종료시키는 강제중재 권한을 주
는 것은 자율적인 교섭 원칙에 반하며 파업권을 훼손한다. 공공당국을 통한 강제
중재 제도는 결사의 자유 원칙을 위반하여 파업의 절대적인 금지에 해당하고, 일
방 당사자가 분쟁 해결을 위해 노동 관련 당국의 개입을 요청하는 것을 허용하
는 조항 역시 파업권을 저해할 수 있다.324) 공공당국의 재량이나 (때때로 강제적
인 알선 및 조정 절차들을 완료한 이후) 일방 당사자의 요구에 의한 강제중재에 계
속적으로 의지하는 것은 실질적으로 파업에 대한 일반적 금지와 동등하며 제87
호 협약에 위배된다.325)

---

■ 결사의 자유 위원회, 346차 보고서(2007), Case No. 1865【대한민국】, paras 757 및
　806

757. 본 위원회는 "다른 수단에 의해 분쟁이 해결되지 않는 경우 노동 당국을 통한 강
제중재제도는 노동자단체의 활동을 조직할 권리를 상당히 제한하는 결과를 초래할 수
있으며 결사의 자유 원칙을 위반하여 파업의 절대적인 금지에도 해당할 수 있다는 점"
[결사의 자유 위원회 결정례집, 2006, para. 568 참조]을 상기하고자 한다. 본 위원회는
"집단적 노동분쟁과 파업을 종료시키기 위한 강제중재는 분쟁에 관련된 양 당사자의 신
청을 근거로 하는 경우, 문제의 파업이 국가의 이름으로 권한을 행사하는 공무원과 관
련된 공공서비스에서의 분쟁 또는 엄격한 의미에서의 필수서비스, 즉 그 중단이 국민
전체 또는 일부의 생명, 개인의 안전 또는 건강을 위태롭게 할 수 있는 서비스에서의 분
쟁으로 문제의 파업이 제한되거나 금지될 수 있는 경우에만 용인될 수 있다는 점[결사
의 자유 위원회 결정례집, 2006, para. 564 참조]"을 다시 한번 강조한다. 또한 "국가안
보나 공중보건을 이유로 파업을 중지시킬 책임은 정부가 아니라 모든 관련 당사자의 신
뢰를 받는 독립적 기구에 있어야 한다[결사의 자유 위원회 결정례집, 2006, para. 571
참조]".
　　항공서비스에 대한 최근의 긴급조정 결정은 이러한 기준을 충족하지 못하였다고 판
단하면서, 본 위원회는 정부에 그러한 수단이 모든 관계 당사자의 신뢰를 받는 독립적

---

323) *Compilation*, 2018, para. 825.
324) *Compilation*, 2018, paras. 818~823.
325) General Survey, 2012, para. 154.

기구에 의해, 파업권 제한이 결사의 자유 원칙에 부합하는 경우에만 부과될 수 있도록, 긴급조정 조항(「노동조합 및 노동관계조정법」 제76조 내지 제80조)을 개정하기 위한 모든 필요한 조치를 취할 것을 요청하는 바이다.

806. (c) iii) 노동조합법 상의 긴급조정이 모든 관계 당사자로부터 신뢰받는 독립적인 기구에 의해서, 파업권 제한이 결사의 자유 원칙에 부합하는 경우에만 부과될 수 있도록 동 법을 개정할 것(법 제76~제80조).

(h) 본 위원회는 다시 한번 엄격한 의미의 필수 서비스와 국가의 이름으로 권한을 행사하는 공무원을 제외한 사례들에 직권중재 혹은 긴급조정을 부과하는 것을 삼갈 것을 정부에 촉구하며, 직권중재 혹은 긴급조정을 통한 정부의 쟁의과정 개입에 의해, 한국철도공사에 의해 정직당하여 징계조치가 진행되고 있는 2,680명의 철도노조 조합원과 대기발령을 받은 모든 대한항공조종사노조 조합원의 현 상태에 대해 계속 보고해 줄 것을 요청한다.

## 나. 업무복귀명령 및 징집명령

파업 시 업무복귀명령(a back-to-work orders) 또는 징집명령(requisitioning orders)은 파업권이 제한 또는 금지될 수 있는 경우로 한정되어야 한다. 즉, 파업으로 중단된 업무를 수행하기 위해 업무복귀를 요구하는 것은 노동자의 직업적, 경제적 이익을 방어하기 위한 수단으로서 파업권을 박탈하는 것이므로, 이러한 조치는 ( i ) 국가의 이름으로 권한을 행사하는 공무원, ( ii ) 국가의 중대한 비상사태, (iii) 엄격한 의미의 필수서비스에서만 정당화될 수 있다.[326]

따라서, 엄격한 의미의 필수서비스로 간주될 수 없는 부문에서 파업 중인 노동자를 징집하거나,[327] 군대나 징집 명령을 이용함으로써 파업이 금지될 수 있도록 하는 것[328]은 결사의 자유에 대한 심각한 위반이 된다. 특히 파업 중인 노동자를 징집하는 조치는 노동쟁의해결 수단으로 남용될 수 있으므로, 심각한 상황에서 엄격한 의미의 필수서비스를 유지해야 하는 경우를 제외하고는 그러한 조치는 삼가야 한다.[329] 즉 업무복귀명령은 주요 경제부문에서 장기간 지속되는 전면파업이 국민의 생명, 건강 또는 개인의 안전을 위태롭게 하는 상황을 초래할 수 있는 경우, 그런 상황을 초래할 수 있는 범위와 기간의 파업에서 특정 범주의

---

326) General Survey, 2012, para. 151.
327) *Compilation*, 2018, para. 924.
328) *Compilation*, 2018, para. 921.
329) General Survey, 1994, para. 163.

노동자에게 적용되는 경우에는 합법적일 수 있다. 그러나 그 밖의 경우에 근무복귀 요구는 결사의 자유 원칙에 반한다.330)

　이러한 맥락에서 결사의 자유 위원회는 국민의 생명, 건강 또는 안전을 위태롭게 하는 엄격한 의미의 필수서비스로 간주될 수 없는 부문에서 업무복귀명령 또는 징집명령이 이루어진 다수의 사례331)에서 결사의 자유 원칙에 위반된다는 판단을 내렸다.

---

▪ 결사의 자유 위원회, 236차 보고서(1984), Case No. 1270 【브라질】, para. 620(결사의 자유 위원회 결정례집, 2018, para. 924)

620. 철강 산업과 같이 엄격한 의미에서 필수적이지 않은 서비스에서 합법적이고 평화적인 파업을 와해시키기 위한 파업 참가자를 징집하고, 피케팅에 참가한 노동자를 해고하겠다고 위협하며, 저임금 노동자를 채용하고, 노동조합 가입을 금지하는 것은 결사의 자유에 부합하지 않는다.

---

▪ 결사의 자유 위원회, 337차 보고서(2005), Case No. 2249 【베네수엘라】, para. 1478 (결사의 자유 위원회 결정례집, 2018, para. 923)

1478. 운송회사, 철도 및 석유 부문 등의 서비스 또는 기업 운영 중단은 해당 공동체의 정상적 생활에 혼란을 가져올 수 있다고 인정되지만, 이러한 서비스 중단이 중대한 국가비상사태를 초래할 수 있다고 인정할 수 없다. 따라서 본 위원회는 이러한 종류의 서비스에서 파업 시 노동자를 동원하기 위해 취한 조치는 노동자의 직업적·경제적 이익을 옹호하는 수단의 하나인 파업권을 제한하는 것으로 판단한다[결사의 자유 위원회 결정례집, 2006, para. 637 참조].

---

330) *Compilation*, 2018, para. 920; *Digest*, 2006, para. 634.
331) CFA, 256th Report(1988), Case No. 1430 【Canada】, para. 189, Case No. 1438 【Canada】, para. 398; 320th Report(2000), Case No. 2044 【Cabo Verde】, para. 452; 329th Report (2002), Case No. 2195 【Philippines】, para. 737; 332nd Report(2003), Case No. 2252 【Philippines】, para. 883; 333rd Report(2004), Case No. 2281 【Mauritius】, para. 634; 344th Report(2007), Case No. 2467 【Canada】, para. 578; 346th Report(2007), Case No. 2506 【Greece】, para. 1075.

■ 결사의 자유 위원회, 333차 보고서(2004), Case No. 2288 【니제르】, para. 831(결사의 자유 위원회 결정례집, 2018, para. 921)

831. 직업상 요구에 대한 파업을 분쇄하기 위해 군대와 소집명령을 이용하는 것은 이러한 조치가 극도로 심각한 상황에서 엄격한 의미의 필수서비스 유지를 목적으로 하는 것이 아닌 한, 결사의 자유에 대한 심각한 위반이 된다.

■ 결사의 자유 위원회, 329차 보고서(2002), Case No. 2195 【필리핀】, para. 737

737. 본 위원회는 필리핀 항공조종사노동조합(ALPAP)이 파업을 시작한 지 48시간도 채 지나지 않아 고용노동부 장관이, 여객 및 화물 운송에서 상당한 점유율로 인해 항공산업에 미치는 파업의 영향을 고려하여 분쟁에 대한 관할권을 행사하여 업무복귀명령을 내렸다는 사실에 주목한다. 이와 관련하여 위원회는 이전의 결사의 자유 위원회 결정례들에서 일관되게, 일반운송과 항공기 조종은 엄격한 의미의 필수서비스로 간주될 수 없는 서비스라고 판단해왔음을 환기시키고자 한다. 본 위원회는 정부가 노동법을 결사의 자유 원칙에 완전히 부합하도록 개정할 것을 촉구한다.

■ 결사의 자유 위원회, 367차 보고서(2013), Case No. 2894 【캐나다】, para. 335

335. 우편노동자들에게 업무복귀를 명하여 현재 진행 중인 파업을 종료시킬 수 있도록 한 C-6 법안과 관련하여, 본 위원회는 파업이 ( i ) 국가의 이름으로 권한을 행사하는 공무원, (ii) 엄격한 의미의 필수서비스, 즉 서비스의 중단이 국민 전체 또는 일부의 생명, 개인 안전 또는 건강을 위태롭게 하는 서비스에서만 제한되거나 금지될 수 있음을 환기시킬 수밖에 없다. 이와 관련하여 위원회는 항상 우편 서비스가 엄격한 의미의 필수서비스에 해당하지 않는다고 판단해왔음을 다시 한번 강조한다.

## 다. 대체근로

파업으로 인해 중단된 업무를 수행하기 위해 외부 노동자를 고용하거나 파업 참가자를 군대 또는 파업 불참자로 대체하는 대체근로를 허용하는 것은 파업권의 실효성을 본질적으로 침해할 수 있다. 따라서 대체근로는 (1) 국가의 이름으로 권한을 행사하는 공무원, (2) 엄격한 의미에서의 필수 서비스, (3) 극심한 국가적 또는 지역적 위기의 경우(국가의 중대한 비상사태)에서만 정당화될 수 있다.[332] 엄격한 의미에서 필수서비스로 간주될 수 없는 부문에서 파업을 중단시키기 위해 노동자를 고용하고 그럼으로써 파업이 금지될 수 있게 하는 것은 결사의 자유에 대한 심각한 위반이 된다.[333]

---

■ 결사의 자유 위원회, 335차 보고서(2004), Case No. 1865 【대한민국】, para. 826

826. 본 위원회는 엄격한 의미의 필수서비스로 간주될 수 없는 부문에서 파업 노동자를 대체하기 위해 노동자를 고용하는 것, 그럼으로써 파업이 금지될 수 있도록 하는 것은 결사의 자유의 심각한 위반에 해당한다는 점을 지적하고자 한다. 더욱이 본 위원회는 이미 운수 회사와 철도에서 파업이 발생했을 때 노동자들을 동원하기 위해 취한 조치가 노동자들이 직업적, 경제적 이익을 방어하기 위한 수단인 파업권을 제약한다고 판단한 바 있다[결사의 자유 위원회 결정례집, 1996, paras 570 및 575 참조].

827. 철도, 도시철도 및 석유 부문이 엄격한 의미에서 필수서비스로 간주될 수 없다는 이전 결론을 상기하면서, 본 위원회는 강제중재와 관련하여 법률을 개정할 때와 필수공익사업에서 대체근로 허용을 고려할 때 위에서 언급한 원칙을 염두에 둘 것이라고 믿는다. 본 위원회는 정부에 이와 관련하여 이루어진 진행 상황을 계속 알릴 것을 요청한다.

---

## 5. 최소서비스

### 가. 최소업무서비스(minimum operational services)

파업권에 대한 상당한 제한이나 전면적 금지가 정당화되지 않는 상황에서, 대다수 노동자의 파업권을 보장하면서 국민들의 기본적 수요가 충족되도록 하거나 시설이 안전하게 또는 중단없이 운영될 수 있도록 고려할 수 있는 대안으로, ILO는 협상에 의한 최소서비스(minimum service) 지정을 제시하고 있다. 최소서비스는 (i) 그 중단이 전체 또는 일부 국민의 생명, 안전, 건강을 위태롭게 할 수 있는 서비스(엄격한 의미의 필수서비스), (ii) 엄격한 의미의 필수서비스는 아니지만, 파업의 범위와 기간이 국민의 정상적인 생존상태를 위협하는 극심한 위기를 초래할 수 있는 경우, (iii) 근본적으로 중요한 공공서비스와 같은 특정 상황에서만 가능하다.[334]

---

332) General Survey, 2012, para 151.
333) *Compilation*, 2018, paras. 918 및 923~924.

최소서비스 지정은 두 가지 요건을 충족해야한다. 첫째, 최소서비스의 범위가 파업의 실효성을 저해하지 않도록 국민 전체 또는 일부의 생명이나 정상적인 생존상태를 위태롭게 하는 것을 피하기 위해 엄격하게 필요한 운영업무로 한정되어야 한다.335) 전문가위원회는 이러한 서비스가 진정으로(genuinely) 그리고 오로지(exclusively) 최소서비스임이 분명해야 하고, 파업의 효과를 유지하면서도 동시에 국민의 기본적 수요 또는 해당 서비스에 대한 최소한도의 필요를 충족시키기 위해 꼭 필요한(strictly necessary) 업무의 운영에 한정되어야 한다고 본다.336)

둘째, 최소서비스 결정절차와 관련하여, 노동자단체가 사용자와 공공 당국과 함께 최소서비스를 정의하는데 참여할 수 있어야 한다. 최소서비스 제도는 노동자들이 자신의 경제적·사회적 이익을 방어하기 위해 이용할 수 있는 필수적 권리를 제한하는 것이기 때문에 노동자단체는 사용자와 공공 당국과 함께 그러한 서비스의 결정에 참가할 수 있어야 한다.337) 최소서비스의 정의와 이를 수행할 최소한의 노동자 수에 관한 의견 불일치를 비롯하여 최소서비스에 관한 모든 이견은, 관계부처가 아니라 예컨대 사법 당국과 같이 당사자들이 신뢰하는 독립된 기구에 의해 해결되어야 한다.338)

결사의 자유 위원회는 다음과 같은 경우에 최소서비스가 설정될 수 있다고 판단하였다. 필수서비스는 아니지만 중단 시 해안 인근 섬에 거주하는 주민이 겪을 수 있는 어려움과 불편을 겪을 수 있는 선박운송서비스, 국영항만기업과 항만 그 자체에 의해 제공되는 서비스, 지역사회의 최소한의 수요를 충족시키기 위한 지하철 서비스 및 철도운송, 여객 운송과 상품의 운송, 우편서비스, 조폐, 은행 및 석유사업, 교육, 전염성이 매우 높은 질병 발생시의 동물보건, 엘리베이터, 항공관제와 직결되는 국립기상물리연구소의 서비스, 보일러와 압력용기 허가, 민간 조사원 및 보안요원, 공공 당국에 부속된 주거시설의 세탁소 직원과 운전사와 같은 일정한 서비스에서 협상된 최소서비스가 유지될 수 있다.339)

---

334) General Survey, 2012, para. 136.
335) *Compilation*, 2018, paras. 873 및 874.
336) General Survey, 2012, para. 137.
337) *Compilation*, 2018, paras. 875 및 881.
338) *Compilation*, 2018, paras. 876 및 882~885.
339) *Compilation*, 2018, paras. 886~904.

## 나. 최소안전서비스(minimum safety services)

또한 결사의 자유 위원회는 사람과 설비의 안전을 보장하기 위하여 최소서비스가 부과될 수 있는 상황을 용인할 수 있다고 판단하고 있다. 법령상 안전 요건을 충족하는 데 필요한 범위에서 일정한 업종의 파업권에 대한 제한, 법령상 기계와 설비의 안전 및 사고 예방을 위하여 필요한 인원은 조업을 계속하도록 하는 필요 인원을 협상하도록 정한 경우 등이 그것이다.[340]

# V. 파업권의 보장 및 불이익 금지

## 1. 기본원칙

파업이 평화롭게 유지되는 한 보호되어야 하고, 파업에 대한 제한은 더 이상 평화롭지 않을 때에만 정당화될 수 있다. 파업권의 정당한 행사는 반노동조합 차별행위와 같은 어떤 종류의 제재도 당하지 않아야 한다.[341] 파업에 대한 제재는 결사의 자유 원칙에 부합하는 법률에 의해서만 가능하다.[342] 즉, 어떤 국내법을 근거로 파업을 제재하기 위해서는 그 전제조건으로 해당 국내법이 결사의 자유의 원칙에 부합해야 한다.[343]

## 2. 정부의 중립의무

파업의 정당성과 관련한 쟁점을 검토한 결과 파업을 불법으로 선언하는 권한은 정부가 아니라, 관련 당사자들의 신뢰를 받는 독립 기구에 있어야 한다. 특히 정부가 분쟁의 일방 당사자인 사건에서, 파업의 불법성에 대한 최종 판단은 정부가 내려서는 안된다.[344] 공공부문에서 파업의 불법성에 관한 공식 통보는 정부의 권한 범위 내에 있지 않고, 불법을 선언할 권한을 공공기관의 장에게 부여하는 것은 결사의 자유에 반한다.[345]

---

340) *Compilation*, 2018, paras. 864.-865.
341) General Survey, 2012, para. 122.
342) General Survey, 1994, para. 177; General Survey, 2012, para. 157.
343) "국내법은 이 협약에 규정된 보장사항을 저해하는 것이거나 저해할 목적으로 적용되어서는 아니된다"(제87호 협약 제8조 제2항). 이에 관해 자세하게는 제3장 제7절 참조.
344) *Compilation*, 2018, para. 911.
345) *Compilation*, 2018, paras. 907~913.

■ 결사의 자유 위원회, 358차 보고서(2010), Case No. 2735 【인도네시아】, para. 605

605. 본 위원회는 파업이 불법이라는 결정 및 그에 따른 징계조치가 그 자체로 결사의 자유 원칙에 부합하지 않는 법률 규정에 근거해서는 안된다고 판단한다. 결론적으로, 본 위원회는 파업의 정당성을 검토했던 이전 사례에서 파업을 불법으로 선언하는 권한은 정부가 아니라 관련 당사자들의 신뢰를 받는 독립적인 기관에 있어야 한다는 점을 반복해서 강조한 바 있다. 공공부문에서 파업을 불법으로 선언할 권한이 분쟁의 일방 당사자인 공공기관의 장에게 있다고 보는 것은 결사의 자유 원칙에 반하는 것이다[결사의 자유 위원회 결정례집, 2006, paras 628 및 630].

파업 분쇄 목적으로 경찰을 사용하는 것은 노동조합의 권리를 침해하는 것이다.[346] 파업 상황에서 공권력에 대한 의존은 법과 질서가 심각하게 위협받는 중대한 상황, 공공질서에 진정한 위협이 현존하는 경우로 엄격하게 제한되어야 한다. 경찰 개입은 공공질서 위협에 비례하여 이루어져야 하며, 공공 당국은 경찰이 시위를 통제하고자 과도한 폭력을 사용하게 되는 위험을 방지할 수 있도록 적절한 지침을 마련해야 한다.[347]

## 3. 파업권 행사에 대한 불이익의 금지

### 가. 평화적인 파업에 대한 형사처벌

어느 누구도 평화적인 파업을 조직하거나 참가하였다는 사실만으로 그 자유가 박탈되거나 형사처벌의 대상이 되어서는 아니 된다. 공공 당국은 평화적 파업의 조직이나 참가와 관련하여 체포와 구금을 하여서는 아니되고, 노동권의 평화적 행사는 체포와 추방으로 이어서는 아니 된다. 그러한 조치는 심각한 남용의 위험과 결사의 자유에 대한 중대한 위협을 수반한다.[348] 평화로운 파업을 하여 기본적 권리를 행사한 것을 이유로 어떤 형사적 제재도 가해져서는 안 되며, 어떠한 경우에도 구금이나 벌금과 같은 조치가 부과되어서는 안 된다.[349] 업무방해죄와 같은 형법 규정에 기초하여 파업 참가자들에게 유죄를 선고하는 것,[350]

---

346) *Compilation*, 2018, para. 931.
347) *Compilation*, 2018, paras. 930~935.
348) *Compilation*, 2018, paras. 953~955, 966, 970~975.
349) General Survey, 2012, para. 158.
350) CFA, 359th Report, Case No. 2602 【Republic of Korea】, paras. 342~370.

쟁의 조정 불출석을 이유로 한 구금,351) 태업에 대한 형사제재352)는 제87호 협약과 양립할 수 없다.353)

---

▪ **결사의 자유 위원회, 327차 보고서(2002), Case No. 1865 【대한민국】, paras. 491~492**

491. 형법 제314조 상의 업무방해의 용어와 관련하여, 본 위원회는 이전에 위 용어의 법적 정의가 파업과 관련된 거의 모든 활동을 포괄할 정도로 지나치게 광범위하다는 점을 지적한 바 있다(324차 보고서 405항 참조).

492. 업무방해죄 조항이 지나치게 가혹한 처벌(5년 이하의 징역 및 1천 500만 원의 벌금)을 수반하고 그러한 상황이 안정적이고 조화로운 노사관계 시스템에 도움이 되지 않는다는 점을 강조하면서, 본 위원회는 한국 정부에 대해 형법 제314조를 결사의 자유 원칙과 부합하도록 할 것을 요청한다.

---

▪ **결사의 자유 위원회, 353차 보고서(2009), Case No. 1865 【대한민국】, paras. 714~717**

715. 본 위원회는 누구도 단지 평화적인 파업에 참가하였다는 이유만으로 그 자유가 박탈되거나 형사처벌의 대상이 되어서는 안된다는 점을 강조하고자 한다[결사의 자유 위원회 결정례집, 2006, para. 672 참조]. 본 위원회는 '파업권 제한을 거래 및 사업에 대한 방해와 연계하는 경우 정당한 파업이 광범위하게 제약될 수 있다. 파업의 경제적 영향, 거래 및 사업에 미치는 효과는 유감스러울 수 있지만, 이런 결과 그 자체가 저절로 어떤 서비스를 "필수서비스"로 만드는 것은 아니며, 따라서 파업권은 보장되어야 한다'고 밝힌 바 있다[결사의 자유 위원회 결정례집, 2006, para. 592 참조]. 이러한 원칙은 사용자의 경제적 활동을 제한하였다는 이유로 법이 파업에 대해 형사처벌과 무거운 벌금형을 부과하는 본 사안에서도 동일하게 적용된다.

717. 이상에 비추어 본 위원회는 형법 제314조(업무방해)를 결사의 자유 원칙에 완전히 부합하도록 조치를 취할 것을 정부에 다시 한번 요청한다.

---

351) *Bangladesh* – CEACR, observation, 2009.
352) *Pakistan* – CEACR, observation, 2009.
353) General Survey, 2012, para. 159.

■ 결사의 자유 위원회, 382차 보고서(2017), Case No. 1865 【대한민국】, para. 93

93. 법원이 업무방해죄의 적용에 관해 제한적인 접근방식을 선호한다고 보이지만, 법률 조항이 평화적인 파업에 적용될 수 있도록 남아있는 한, 파업권을 행사하는 노동자들은 형사 기소, 체포 및 구금의 위험에 노출되어 있다는 점에 유의해야 한다. 비록 긴 사법 절차가 끝났을 때 제314조 1항을 제한적으로 해석한 결과로 유죄판결을 받지 않는다 하더라도, 기소와 재판의 단계를 거치고 체포 및 구금될 가능성이 있다는 사실만으로도 그 자체로 그들의 결사의 자유에 대한 권리를 심각하게 침해하는 것이다. 위의 의견 및 이와 관련된 이전의 결론을 상기하면서, 본 위원회는 정부가 형법 제314조를 재검토하여 노동자들이 정당한 노조활동을 수행할 권리를 침해하지 않도록, 결사의 자유 원칙에 부합하도록 필요한 조치를 취할 것을 다시 한번 촉구한다.

### 나. 파업으로 인한 해고

파업권의 정당한 행사가 파업에 참여한 노동자들에 대한 해고나 차별로 이어져서도 안 된다. 파업을 이유로 한 해고는 정당한 조합활동을 이유로 한 심각한 고용상 차별행위로서 제98호 협약에 반한다.[354] 노조 활동가나 노조 임원이 파업권을 행사한 것을 이유로 해고된 경우 위원회는 그 조합활동을 이유로 제재를 받고 있으며 차별받고 있다고 결론 내릴 수밖에 없다.[355] 해고가 파업 전, 파업 중 또는 파업 후에 일어났는지를 불문하고 파업 참가를 이유로 노동자를 해고하는 것, 재고용을 거부하는 것과 같은 극단적으로 심각한 조치를 이용하는 것은 결사의 자유 위반에 해당한다.[356] 노동자들은 파업이 종료되면 업무에 복귀할 수 있어야 하고, 복귀 시한을 준수하거나 사업주가 동의하는 경우에만 유효한 복귀가 가능하다고 보는 것은 파업권의 실효적 행사에 걸림돌이 된다.[357]

### 다. 손해배상

파업에 대한 제재는 해당 금지 규정이 결사의 자유 원칙에 부합하는 경우에만 가능하다. 그러한 경우에도 노사관계에서 법원에 대한 지나친 의존과 파업에 대한 무거운 제재의 존재는 그들이 해결하는 것보다 더 많은 문제를 야기할 수

---

354) 이에 관해 자세하게는 제4장 제2절 참조.
355) *Compilation*, 2018, paras. 957~958.
356) *Compilation*, 2018, paras. 959 및 962.
357) General Survey, 2012, para. 161.

있다.358)

정당한 파업권 행사에 대하여 노동조합에 제재(노조 사무실 폐쇄, 회사가 입은 손실에 대한 손해배상책임을 지게 하는 것, 조합비 일괄공제(check-off)의 철회, 집단소송에 노출되게 하거나 파업 참가자의 체포 또는 추방 등의 제재)를 부과하는 것은 결사의 자유 원칙에 대한 중대한 위반이 된다.359)

결사의 자유 위원회는 사용자가 평화적인 파업권 행사에 대해 과도한 손해배상 책임을 묻는 문제에 대해 우려를 표한 바 있고, 오스트레일리아의 항공기 조종사 파업 사례에서 "파업 참가자들에게 가혹한 제재를 가하는 것은 조화로운 노사관계의 발전을 저해한다는 점"을 지적하면서 다음과 같은 의견을 밝힌 바 있다.360)

---

■ 결사의 자유 위원회, 277차 보고서(2000), Case No. 1511 【오스트레일리아】, para. 236 (결사의 자유 위원회 결정례집, 2018, para. 960)

960. 위원회는 다음과 같은 일련의 법규를 타당한 것으로 볼 수 없다.
a) 실질적으로 모든 파업에 대해 이에 참가한 자에 의한 계약위반으로 처리하는 것으로 보이는 경우
b) 그 행위의 결과로 사용자에게 발생한 일체의 손해에 대한 책임을 그러한 계약위반을 주동한 노동조합이나 그 임원에게 부과하는 것
c) 그러한 행위에 직면하고 있는 사용자에 대해 불법행위의 개시(또는 계속)를 방지하기 위한 가처분을 구하는 것을 허용하는 것. 그러한 조항의 누적적 효과는 노동자에게 그 경제적·사회적 이익을 촉진하고 옹호하기 위하여 적법하게 파업을 할 수 있는 역량을 박탈할 수 있다.

---

■ 【영국 및 북아일랜드】 전문가위원회, Observation, 2010

본 위원회는 법원이 영국항공조종사노조(BALPA)의 단체행동과 관련하여, 법원이 유럽 사법재판소의 바이킹과 라발 판례(Viking and Laval case law)를 근거로 금지결정 (injunction)을 내렸고, 회사가 파업을 강행할 경우 1일 100만 파운드(£)의 손해배상을

---

358) General Survey, 1994, para. 177.
359) Servais, Jean-Michel, 앞의 글, 158쪽.
360) *Compilation*, 2018, para. 960.

청구할 것이라고 밝힌 상황에 대해 다시 한번 심각한 우려를 표명하고자 한다. 이와 관련하여 본 위원회는 노동자가 정당하게 파업을 실행할 수 있는 권리를 더욱 철저히 보호해야할 필요가 있고, 단결권의 본질적 귀결인 기본권을 존중하기 위해서는 적절한 안전장치와 민사책임에 대한 면책이 고려되어야 할 필요가 있다고 지적해왔다.

본 위원회는 EU법상 의무와 관련된 정부의 견해를 충분히 고려하면서, 상당한 법적 불확실성을 야기한 위 유럽사법재판소 판결의 영향 속에서, 국가의 단체행동에 대한 보호는 노동조합이 정당한 파업을 했다는 이유만으로 파산 위협에 직면하지 않도록 손해배상 청구에 대한 효과적 제한을 함으로써 진정으로 강화될 수 있다고 생각한다.

### 라. 파업 불참자에 대한 차별적 우대 및 기타

정당한 파업을 주도한 노동조합에 대해 제재를 부과하는 것, 정당한 파업의 결과로서 노동조합 사무실 폐쇄 등은 결사의 자유 원칙에 대한 중대한 위반이 되고,361) 파업에 참가하지 않은 노동자에게만 상여금 등 보상조치를 하는 차별적 관행은 노동조합의 활동을 조직할 권리에 중요한 장애가 된다.362)

## 4. 결사의 자유와 집회 및 표현의 자유

전문가위원회는 결사의 자유가 노동법의 틀을 훨씬 뛰어넘는 의미를 지닌 원칙이고, 기본권과 시민의 자유가 존중되는 민주주의 체제의 토대 위에서만 완전하게 발현될 수 있다고 지적한다. 1970년 총회에서 채택한 「노동조합의 권리와 시민적 자유의 관계에 관한 결의, 1970」은 필라델피아 선언에서 이미 강조하였던 시민의 자유와 노동조합 권리의 본질적 연계를 재확인하고 결사의 자유의 행사에 필요한 기본권을 열거하고 있다. 특히, (i) 개인의 자유와 안전에 대한 권리 및 자의적인 체포 및 구금으로부터의 자유, (ii) 의견과 표현의 자유, 특히 간섭 없이 의견을 말할 수 있는 자유 및 국경에 관계없이 모든 매체를 통해 정보와 사상을 찾고, 이를 수신 및 전달할 수 있는 자유, (iii) 집회의 자유, (iv) 독립적이고 공정한 재판소에 의해 공정한 재판을 받을 권리, (v) 노동조합의 재산을 보호할 권리에 대해 명시적으로 언급하고 있다.363)

따라서 집회의 자유와 표현의 자유는 결사의 자유 행사에 필수 불가결한 것

---

361) *Compilation*, 2018, paras. 951~952.
362) *Compilation*, 2018, para. 976.
363) General Survey, 2012, para. 59.

이다.364) 파업권 및 노동조합 회의를 조직할 수 있는 권리는 노동권의 필수요소이며 따라서 공공당국이 법의 준수를 보장하기 위해 취한 조치는 노동분쟁 중 노동조합의 집회 개최를 방해하여서는 안 된다.365) 직업단체가 사전 허가와 공공당국의 간섭을 받지 않고 직업 관련 문제를 논의하기 위해 그 시설 내에서 집회를 개최할 권리는 결사의 자유의 필수요소이며, 공공당국은 그로 인해 공공질서가 교란되거나 공공질서 유지가 심각하게 즉각적으로 위태로워지지 않는 한 이런 권리를 제한하거나 그 행사를 방해하는 어떤 간섭도 자제해야 한다.366)

---

364) *Compilation*, 2018, para. 205.
365) *Compilation*, 2018, para. 204.
366) *Compilation*, 2018, para. 203.

# 제 4 장

# 단결권 및 단체교섭권 협약(제98호, 1949)[1]

## 제1절 협약의 의의

단결권(Right to organise)[2]과 단체교섭권(Right to collective bargaining)은 「노동에서의 기본 원칙 및 권리에 관한 ILO 선언」에 천명된 인권 중 하나로서, 다른 권리들의 실현을 가능하게 하는 권리(enabling rights)이다.[3] 예컨대, 단결권과 단체교섭권은 결사의 자유를 보완한다. 그리고 강제노동 철폐를 위한 지렛대이며, 아동 및 다른 취약한 노동자들을 보호하는데 유용한 촉매제가 된다. 또한 차별 금지와 평등을 지탱하는 핵심 기제이다. 이렇듯 단결권과 단체교섭권은 결사의 자유, 강제노동의 폐지, 아동노동의 근절, 차별 금지 등 노동에서의 기본원칙 및 권리들과 불가분의 관계이다.[4]

---

1) Right to Organise and Collective Bargaining Convention, 1949 (No. 98)[다자조약 제2505호(2021. 4. 20. 비준)].
2) 이 책에서는 제98호 협약상의 'right to organise'를 '단결권'으로 번역하였다. 제87호 협약상의 결사의 자유 및 조직할 권리의 보호 대상은 노동자뿐만 아니라 사용자도 포함되기 때문에 'right to organise'를 '조직할 권리'로 번역하였지만, 제98호 협약상의 'right to organise'는 대부분 노동자의 권리를 가리키고 있으므로 '단결권'으로 번역하였다.
3) ILO Declaration on Fundamental Principles and Rights at Work, 1998 (2022년 개정). 이하에서 'ILO 1998년 선언'이라 함.
4) ILO, *Giving Globalization a Human Face*, General Survey on the Fundamental Conventions Concerning Rights at Work in Light of the ILO Declaration on Social

「공정한 지구화를 위한 사회적 정의에 관한 ILO 선언, 2008」[5]은, 결사의 자유 및 단체교섭권의 실효성 있는 보장이 '양질의 노동 어젠더(Decent Work Agenda)'의 네 가지 전략적 목적을 달성하는데 특히 중요함을 재확인하고 있다.[6] 또한 2019년 채택된 「노동의 미래를 위한 ILO 100주년 선언」은 모든 회원국이 모든 노동자에게 적절한 보호를 제공하기 위한 제도를 강화할 것을 요청하고 있다. 100주년 선언은 모든 노동자가 단결권과 단체교섭권을 비롯한 기본적 권리를 존중받아야 함을 고려하면서, 모든 노동자가 양질의 노동 어젠더에 부합하게 적절한 보호를 받아야 함을 강조한다.[7]

1949년 채택된 「단결권 및 단체교섭권 협약(제98호, 1949)」은 「결사의 자유 및 조직할 권리 보호에 관한 협약(제87호, 1948)」을 보충하는 내용을 포함하는데 그 핵심 내용은 다음과 같다. 첫째, 취업의 개시에서 종료에 이르는 전 과정에서 반(反)노조적 차별로부터의 보호, 둘째, 노동자단체 및 사용자단체의 내부적 사안에 대한 개입 금지, 셋째, 단체교섭의 촉진이다.

제87호 협약과 마찬가지로 제98호 협약은 명시적으로 '근로자(employee)'라는 용어 대신 '노동자'(worker)라는 용어를 사용하고 있다. 그러므로 제98호 협약이 적용되는 노동자(worker)는, 근로계약관계의 존부나 고용형태와 상관없이 모든 노동자를 말한다.[8] 다만, 군인과 경찰, 국가 행정에 종사하는 공무원에 대해서는 적용상 예외를 둘 수 있다(제6절 참조). 즉, 자영노동자(self-employed worker), 가내 노동자(home-based workers), 가사 노동자, 이주 노동자, 농업 노동자, 외주 또는 도급 노동자(contract workers), 수습생(apprentice), 비정주 노동자(non-resident workers) 및 시간제 노동자, 항만노동자, 농업 노동자, 종교단체 혹은 자선단체 노동자, 수출자유지역(EPZ)의 노동자, 노점상, 교도관, 소방관, 선원 등 모든

---

Justice for a Fair Globalization, 2008, International Labour Conference, 101st Session, Geneva, 2012, para. 164.

5) ILO Declaration on Social Justice for a Fair Globalization, 2008. 이하에서 'ILO 2008년 선언'이라 함.

6) 양질의 노동 어젠더(Decent Work Agenda)의 전략적 목표란 ⅰ) 노동에서의 기본 원칙 및 권리 보장, ⅱ) 고용 촉진, ⅲ) 사회적 보호의 확장, ⅳ) 사회적 대화 및 노사정 삼자주의(tripartism)의 촉진을 일컫는다(ILO, *Decent work*, Report of the Director-General, International Labour Conference, 87th Session, Geneva, 1999).

7) ILO Centenary Declaration for the Future of Work, 2019, Part III(B). 이하에서 'ILO 100주년 선언'이라 함.

8) General Survey, 2012, para. 168.

노동자가 제98호 협약의 보호를 받는다.[9]

---

■ 결사의 자유 위원회, 363차 보고서(2012), Case No. 2888 【폴란드】

1087. 앞서 본 결론에 따라, 본 위원회는 정부가 이하의 권고 사항들을 승인할 것을 요청한다:

(a) 위원회는, 자영노동자 및 민사계약으로 고용된 노동자를 비롯한 모든 노동자가 그 유형과 관계없이, 제87호 협약이 의미하는 바에 따라 스스로의 선택에 따른 조직을 설립하고 가입할 권리를 보장받기 위해 필요한 조치들을 정부가 취할 것을 촉구한다.

(b) 제98호 협약은 모든 노동자 및 그들의 대표들을 반노조적 차별 행위로부터 보호하며, 협약 적용의 유일한 예외는 경찰, 군대 및 국가 행정에 종사하는 공무원이 될 수 있음을 상기하면서, 위원회는 노동법상 근로자의 정의에 포함되는지 여부에 상관없이 모든 노동자 및 그들의 대표들이 반노조적 차별 행위로부터 적절한 보호를 받도록 정부가 보장할 것을 촉구한다.

---

## 제2절 반노동조합적 차별행위(제1조)

**제1조**

1. 노동자는 고용과 관련된 반노동조합적 차별행위로부터 충분한 보호를 받는다.
2. 이러한 보호는 특히 다음 각 호의 행위에 대해 적용된다.

   (a) 노동조합에 가입하지 않거나 노동조합으로부터 탈퇴할 것을 조건으로 노동자를 고용하는 행위

   (b) 조합원임을 이유로 하거나, 노동시간 외에 또는 사용자 동의하에 노동시간 내에 노동조합 활동에 참가한 것을 이유로 하여 노동자를 해고하거나 기타 불이익을 주는 행위

**Article 1**

1. Workers shall enjoy adequate protection against acts of anti-union discrimination in respect of their employment.

---

9) General Survey, 2012, para. 209.

> 2. Such protection shall apply more particularly in respect of acts calculated to···
>   (a) make the employment of a worker subject to the condition that he shall not join a union or shall relinquish trade union membership;
>   (b) cause the dismissal of or otherwise prejudice a worker by reason of un − ion membership or because of participation in union activities outside working hours or, with the consent of the employer, within working hours.

반(反)노동조합적 차별행위(acts of anti-union discrimination)에 대해 노동자와 노조 간부들에게 제공되는 보호는 결사의 자유의 핵심적인 요소이다. 반노조적 차별은 노동조합의 존속 그 자체를 위태롭게 할 수 있어 결사의 자유에 대한 가장 심각한 위반의 하나이기 때문이다.[10]

## Ⅰ. 보호되는 노동자

앞에서 보았듯이 제98호 협약상 반노조적 차별행위로부터의 보호는 모든 노동자에게 적용되어야 하며, 미등록(unregistered) 노동조합을 포함한 모든 노동조합의 조합원에게 적용되어야 한다.[11]

특히 노동조합 간부들과 노동자대표들을 반노조적 차별행위로부터 보호하는 것이 중요한데, 이들이 자신의 노동조합 내 직책으로 인해 불이익을 받지 않도록 보장해야 한다.[12] 이러한 보호 방법 중 하나는 노동조합 대표가 임기 중 또는 임기만료 후 일정기간 동안 해고되거나 기타 불이익을 받지 않도록 하는 것이다.[13] 노동조합 간부의 중대한 비위행위가 있다면 해고 등 불이익조치를 할 수 있지만, 그러한 중대한 비위행위가 실제로 있었는지 여부를 판단하고 그 심각성을 평가할 때에는, 노동조합 대표가 수행하는 역할의 성격과 중요성 및 노동조합 대표라는 지위에서 요구되는 사항들을 고려하여야 한다.[14]

---

10) ILO, *Freedom of Association, Compilation of decisions of the Committee on Freedom of Association*, Sixth edition, 2018, para. 1072.
11) General Survey, 2012, para. 187; *Botswana* - CEACR, observation, 2010.
12) CFA, 365ᵗʰ Report(2012), Case No. 2829 〔Republic of Korea〕, para. 580; *Compilation*, 2018, para. 1117.
13) *Compilation*, 2018, para. 1122.

이와 관련하여 「노동자대표 협약 (제135호, 1971)」15) 및 「노동자대표 권고 (제143호, 1971)」16)는 제98호 협약의 원칙을 보충한다.17) 예를 들면, 「노동자대표 협약」은, 노동자대표들이 "노동자대표로서의 지위나 활동을 이유로 또는 노동조 합원이라는 이유나 노동조합 활동에의 참가를 이유로 해고를 비롯한 어떠한 불 이익한 조치도 받지 않도록 효과적인 보호를 받아야 한다"고 규정하고 있다(제1 조). 「노동자대표 협약」이 보호하는 노동자대표(workers' representatives)에는 노동 조합 간부뿐 아니라 모든 유형의 노동자대표가 포함된다.18)

「노동자대표 권고」(제143호)는 노동자대표의 효과적인 보호를 위해 회원국 이 취해야 할 조치들을 예시하고 있는데, (a) 노동자대표들의 고용 종료를 정당 화하는 사유를 상세하고 정확하게 정의할 것, (b) 노동자대표들에 대한 해고를 확정하기 전에, 독립적 기구 또는 공적, 사적 내지 공·사가 결합된 기구와의 협

---

14) ILO, *Freedom of Association and Collective Bargaining*, General Survey of the Committee of Experts on the Application of Conventions and Recommendations, International Labour Conference, 81ˢᵗ Session, Geneva, 1994, para. 207.

15) Workers' Representatives Convention, 1971 (No. 135)[다자조약 제1618호 (2001. 12. 27. 비준)].

16) Workers' Representatives Recommendation, 1971 (No. 143).

17) 국가법령정보센터에서는 제135호 협약을 '기업의 근로자대표에게 제공되는 보호 및 편의 에 관한 협약'으로 번역하고 있는데 이는 협약의 내용에 대한 오해를 불러일으키는 잘못 된 번역이다. 해당 협약에서 말하는 'workers' representatives'란 "노동조합이나 그 조합 원이 임명하거나 선출한 대표" 또는 "사업체의 노동자가 국내법령이나 단체협약에 따라 자유로이 선출한 대표" 어느 하나에 해당하는 사람을 일컫는다(제3조). 제135호 협약은 사업체("undertaking") 수준에서 노동자대표로서 역할을 하는 사람이 임명 또는 선출되는 절차 및 그러한 노동자대표와 노동조합과의 관계는 국가별로 다양하다는 현실을 인식하 면서, 그러한 노동자대표가 그 역할을 신속하고 효율적으로 수행할 수 있도록 적절한 편 의가 사업체에서 제공되도록 할 목적으로 채택되었다(ILO, *Record of Proceedings*, Appendices: Fifth Item on the Agenda: Protection and Facilities Afforded to Workers' Representatives in the Undertaking, International Labour Conference, 56th Session, Geneva, 1971 참고). 그런데 이를 '근로자대표'로 번역하게 되면 우리 현행법의 '근로자대 표'를 연상시켜, 협약의 보호대상이 특정한 사업체에 고용되어 법령상의 '근로자대표'로서 역할을 하는 사람만 가리키는 것으로 심각하게 오해하도록 만든다.

18) 「노동자대표 협약」 제3조
이 협약의 목적상 "노동자대표"라 함은 국내법이나 관행에 따라 노동자대표라고 인정되는 다음의 어느 하나에 해당하는 사람을 말한다.
(a) 노동조합 대표, 즉 노동조합이나 그 조합원이 임명하거나 선출한 대표들
(b) 선출된 대표, 즉 사업체의 노동자가 국내법령이나 단체협약에 따라 자유로이 선출한 대표로서, 해당 국가에서 노동조합의 배타적 권리로 인정되는 활동이 그 직무에 포함 되어 있지 아니한 사람

의, 자문 또는 합의를 거칠 것, (c) 자신의 고용이 부당하게 종료되었거나 자신의 고용조건이 불리하게 변경되었거나 불공정한 처우를 받았다고 생각하는 노동자대표가 참여할 수 있는 특별 구제 절차, (d) 노동자대표들에 대한 부당한 고용종료에 관하여, 효과적 구제를 제공할 것. 이 구제 조치에는, 해당 국가의 법의 기본원칙에 반하지 않는 한, 미지급 임금 지급 및 이미 취득한 권리 유지를 비롯한 원직 복직이 포함되어야 함, (e) 노동자대표들에 대한 차별적 해고 또는 고용 조건의 불리한 변경이 있다고 주장되는 경우, 해당 행위가 정당한 것이라고 증명할 책임은 사용자에게 부여할 것, (f) 인력 감축의 경우에, 노동자대표들에게 고용 유지에 관한 우선권을 인정할 것 등이다(제6조 [2]).

---

■ 결사의 자유 위원회, 311차 보고서(1998), Case No. 1865 【대한민국】, para. 334(결사의 자유 위원회 결정례집, 2006, para. 832)

334. 1998년 7월 현대자동차 사측이 민주노총 소속의 현대자동차노동조합을 파괴하려는 계획의 일환으로 노조 임원을 포함한 1,600여 명의 노동자들에게 경영상 해고를 통보하였다는 민주노총의 최근 진정에 관하여, 정부는 현대자동차 사측이 경영상 해고의 일환으로 애초에 계획한 감원 규모는 1,538명이라고 답변하였다. 그러나 노·사 합의에 따라, 감원 규모는 277명으로 줄어들었다. 그럼에도 불구하고 본 위원회는, 15명의 노조 전임자와 89명의 노조 대의원 및 11명의 노조 지부 임원들을 비롯한 선출된 노동조합 임원들이 애초에 사측의 경영상 해고 명단에 포함되어 있었다는 주장에 대해 정부가 반박하지 않았음을 주목한다. 이런 측면에서 위원회는, 인력 감축의 경우에, 노동자대표에게 고용 유지에 관한 우선권을 인정할 것[제6조 (2)] 등을 예시하고 있는 노동자대표 협약(제143호)의 원칙들을 주목해 왔음을 정부에 상기시키고자 한다[결사의 자유 위원회 결정례집, 1996, para. 960 참조].

---

## Ⅱ. 반노조적 차별에 해당되는 행위

제98호 협약 제1조는 "노동자는 고용과 관련된 반노동조합적 차별행위로부터 충분한 보호를 받는다"고 하면서, 반노조적 차별로부터의 보호가 특히 다음 각호의 행위에 대하여 적용되어야 한다고 규정한다: (a) 노동조합에 가입하지 않거나 노동조합으로부터 탈퇴할 것을 조건으로 노동자를 고용하는 행위;

(b) 조합원임을 이유로 하거나, 노동시간 외에 또는 사용자의 동의하에 노동시간 내에 노동조합 활동에 참여한 것을 이유로 노동자를 해고하거나 기타 불이익을 주는 행위.

그러므로 노동자들은 채용 과정 및 고용 중은 물론 고용이 종료되는 때를 포함하여 고용의 전 과정에서, 조합원 지위나 조합활동의 수행과 관련된 어떠한 반노조적 차별행위로부터 충분한 보호를 받아야 한다. 이러한 반노조적 차별행위에는 해고, 전직, 정직, 강등, 보수·사회보장급여·직업훈련을 비롯한 일체의 혜택의 제한 및 철회 등 제반의 불리한 처분들이 포함된다.[19] 또한 고용계약의 갱신 거절,[20] 괴롭힘[21] 등도 반노조적 차별행위에 해당할 수 있다.

ILO 감독기구들은, 특히 단기간 계약을 반복갱신하거나 하청을 통한 비정규직 고용이 노동조합 활동권 및 노동보호법제에 미치는 부정적 영향을 주목해왔다. 재계약 거절에 대한 두려움으로 인해 비정규직 노동자들이 노조에 가입하는 것을 어렵게 만들고, 이들의 결사의 자유 및 단체교섭권을 사실상 박탈하게 될 수 있다. 따라서 전문가위원회는 모든 회원국이 비정규직 고용이 결사의 자유 및 단체교섭권에 미치는 영향에 관해 사회적 파트너들과 함께 검토할 것을 강조하였다.[22] 결사의 자유 위원회도, 일정한 경우에는 기간을 정한 계약을 수년간 반복 체결하는 관행 자체가 노동기본권 행사에 장애가 됨을 지적해왔다.[23]

---

■ 【벨라루스】 전문가위원회, observation, 2011[24]

2011년 벨라루스 민주노총(CDTU)이 보고한바, 사업장에서 단기 고용계약이 사용자가 독립적 노조와 싸우는 수단으로 활용되며 이로써 수많은 노조 활동가들이 해고되었으며 법원이 이러한 사건의 구제를 기각해왔다는 점에 대해 본 위원회는 우려를 하면서 주목한다. 노조에 가입하거나 적법한 노조 활동에 참여한 결과로 야기된 해고뿐만 아니라

---

19) General Survey, 2012, para. 179; General Survey, 1994, para. 212; *Compilation*, 2018, paras. 1087~1088.
20) *Peru* – CEACR, observation, 2015; *Greece* – CEACR, observation, 2012; *Belarus* – CEACR, observation, 2011; CFA, 377th Report (2016), Case No. 3064, 【Cambodia】; *Compilation*, 2018, para. 1093.
21) *Compilation*, 2018, para. 1098.
22) General Survey, 2012, para. 935; *Peru* – observation, 2018 등 참조.
23) *Compilation*, 2018, paras. 1094~1097.

고용계약의 갱신 거절도, 어느 누구도 노조 가입 또는 노조 활동을 이유로 자신의 고용상 불이익을 받아서는 아니된다는 원칙에 위배된다.

또한 하도급(subcontracting) 남용이 반노조적 차별행위에 해당한다고 본 사례도 있다.25)

■ 결사의 자유 위원회, 350차 보고서(2008), Case No. 2602 【대한민국】, para 671~ 672(결사의 자유 위원회 결정례집, 2018, para. 1093)

671. 모든 노동자들은 기간을 정하지 않은 고용이든, 기간을 정한 고용이든 또는 도급 노동이든 그 유형과 관계없이, 스스로 선택한 단체를 설립하고 이런 단체에 가입할 권리가 있어야 한다는 점을 본 위원회는 강조한다[결사의 자유 위원회 결정례집, 2006, para. 255]. 반노동조합적 이유로 계약을 갱신하지 않는 것은 협약 제98호 제1조에 따른 불이익 행위에 해당한다[결사의 자유 위원회 결정례집, 2006, para. 785]. 더욱이, 노동조합 지부부에 대한 해고가 수반되는 외주화는, 어떠한 사람도 조합 가입 또는 조합 활동을 이유로 고용상 불이익을 입어서는 아니된다는 원칙 위반에 해당할 수 있다[결사의 자유 위원회 결정례집, 2006, para. 790]. 마지막으로, 본 위원회는 1865호 진정건에서 대한민국의 공공부문 노조들의 활동에 대한 광범위한 간섭 행위에 대한 진정을 검토하면서 노조 탈퇴서를 배포하는 행위, 노조를 탈퇴시키기 위해 개별 면담을 하는 행위가 간섭 행위에 해당한다고 판단했던 점[346차 보고서, para. 788]을 상기시키고자 한다.

672. (생략) 또한 본 위원회는 한국정부에 하청 노동자들의 노조 설립에 대해 하도급업체와의 계약해지를 통해 하이닉스 매그나칩과 현대자동차에서 반노조적 차별행위와 지배개입행위가 있었다는 것에 대해 독립적인 수사를 진행할 것을 요구한다. 그리고 만약 이러한 진정 내용이 확인된다면 최우선적 구제책으로 해고된 노조 간부들과 조합원들이 복직될 수 있도록 모든 필요한 조치를 취할 것을 요구한다. 만약 사법당국이 객관적이고 어쩔 수 없는 이유로 조합원들의 복직이 가능하지 않다고 판단한다면, 그동안 고통받은 모든 손해를 구제하기 위한 적절한 보상이 주어져야 하며, 반노조적 차별행위를 단념시킬 수 있는 충분한 제재를 가함으로써 향후 이러한 행위가 재발하지 않도록 하여야 한다. 본 위원회는 이 점에 대해 지속적으로 알려줄 것을 요청한다.

24) *Belarus* – CEACR, observation, 2011; Follow-up to the conclusions of the Committee on the Application of Standards (International Labour Conference, 100th Session, June 2011); Follow-up to the recommendations of the Commission of Inquiry.
25) *Compilation*, 2018, para. 1105.

반노조적 차별행위로부터 보호는 채용 단계에서부터 적용되어야 한다.26) 그런데 채용에 관한 반노조적 차별에 대하여, 노조 가입 또는 과거 노동조합 활동이 채용 거부의 진정한 이유임을 구직자가 입증하는 것은 거의 불가능하기 때문에 채용 단계에서 반노조적 차별의 피해자가 된 노동자는 극복할 수 없는 어려움에 직면할 수 있다. 관련하여 전문가위원회는, 구직자가 채용 거절이 반노조적 차별에 해당한다고 법적 이의절차를 제기하는 경우, 입증책임을 전환하거나 해당 구직자를 채용하지 않기로 한 사용자의 결정의 근거를 제공하도록 규정하는 등 이러한 어려움을 해결할 수 있는 법제도적 수단을 제공해야 한다고 보았다.27) 또한 노조 간부, 활동가, 조합원의 채용 과정과 관련해 이용되는 이른바 '블랙리스트' 관행은 본 협약의 원칙과 양립할 수 없다.28)

---

■ 결사의 자유 위원회, 363차 보고서(2012), Case No. 2768, para. 640 【과테말라】 (결사의 자유 위원회 결정례집, 2018, para. 1091)

640. 사람들의 사생활에 영향을 미치는 이슈들에 관한 진정인의 주장의 심각성에 대하여 본 위원회는 깊은 우려를 표하며, 제98호 협약 제1조에 의거하여, 채용 과정에서 반노조적 차별행위로부터의 보호가 온전히 보장되어야 함을 강조한다. 나아가, 채용 과정에서 반노조적 차별에 대해 이의제기할 수 있는 법제도가 가능해야 하며, 이는 심지어 해당 노동자가 "피고용인"으로 인정되기 전의 경우에도 그러하다[결사의 자유 위원회 결정례집, 2006, para. 784 참조].

---

모든 형태의 반노조적 차별행위 중에서도 해고는 가장 심각한 결과를 초래하는 것이다. 전문가위원회는 특히 단체행동에 참여한 노동자들을 반노조적 차별로부터 보호할 필요성을 강조해왔다. 예를 들면, 단체행동29) 또는 단체교섭30)

---

26) *Compilation*, 2018, paras 1089~1092.
27) *Georgia* - CEACR, observation, 2009.
28) *Compilation*, 2018, para. 1121.
29) 영국 노동조합 및 노동관계법(Trade Union and Labour Relations Act, 1992)에 따르면 비공식(unofficial) 파업에 참여했다는 이유로 해고된 노동자의 복직을 요구하는 단체행동은 보호받지 못한다(section 223). 전문가위원회에 따르면, 비공식 파업에 참여했다는 이유로 해고된 노동자의 복직을 요구하는 단체행동은 정당한 행위로서 인정되어야 하며, 이러한 단체행동에 참여한 노동자들은 해고로부터 보호되어야 한다(*United Kingdom* - CEACR, direct Request, 2010).
30) 오스트레일리아 공정노동법(Fair Work Act, 2009)은 보호되는 단체행동의 정의를 규정하

에 참여한 노동자는 해고로부터 적절한 보호를 보장받아야 한다. 또한 ILO 감독기구들은 경영상 사유로 인한 해고가 반노조적 차별 행위의 간접적 수단으로 사용되는 경우 본 협약에 위배된다고 지적하였다.[31]

## Ⅲ. 입증 책임

　　반노조 차별 혐의와 관련해 실무상 가장 큰 어려움 중 하나는 입증책임의 문제이다. 문제가 된 행위가 반노조 차별의 결과로 발생했다는 것을 입증할 책임을 노동자에게 지우는 것은, 사용자의 책임을 인정하고 적절한 구제를 제공하는데 있어 사실상 극복하기 어려운 장애물이 될 수 있다.[32] 따라서 부당노동행위 입증의 어려움을 해결하기 위한 제도 내지 관행을 마련하는 것이 필요한데, 문제가 된 행위가 부당노동행위가 아님을 사용자가 입증하게 하거나 노동자에게 유리하게 부당노동행위를 추정하는 방안 등이 그러한 예가 될 수 있다.[33] 이와 관련하여 몇몇 국가들은 반노조 차별의 혐의가 있는 행위가 노동조합 활동이나 조합원 가입이 아닌 다른 이유에 의해 발생했음을 사용자가 입증하도록 요구하고 있다.[34]

---

**미국 연방대법원**

*U.S. Supreme Court, NLRB v. Transportation Management Corp. 462 U.S. 393 (1983)*

노조 활동과 같이 보호되는 행위 등을 이유로 노동자가 불리한 처우를 받았다는 사실을

---

고 있다(section 347). 전문가위원회는 "패턴 교섭"(복수의 사용자들 또는 하나의 모회사에 속한 복수의 자회사들과의 복수의 단체협약 체결을 통해 공통적인 임금 및 고용조건을 추구하는 단체교섭)의 경우에도 이러한 공정노동법상 보호가 보장되어야 한다고 보았다(*Australia* – CEACR, observation, 2009).

31) General Survey, 1994, para. 213; *Compilation*, 2018, paras 1111~1113.
32) General Survey, 2012, para. 192.
33) General Survey, 1994, paras. 217~218; *Compilation*, 2018, paras. 1154~1155.
34) 예를 들면, 슬로베니아는 '입증책임의 전환'을 규정하고 있다(*Slovenia* – CEACR, observation, 2010). 나미비아에서는 반노조 해고에 관한 구제절차에서 사용자가 그 반대임을 입증하지 않는 이상 고용관계 종료는 부당한 것으로 추정된다(General Survey, 2012, para. 192). 오스트레일리아, 칠레, 벨기에, 부르키나 파소, 몬테네그로 등도 입증책임 전환 제도를 두고 있다(ILO, *Protection against acts of anti-union discrimination: Evidence from the updated IRLex database*, 2022).

해당 노동자가 일응 증명하면, 차별이 아닌 다른 타당한 이유로 해당 노동자에게 불리한 처우를 했다는 점을 입증해야 할 책임은 사용자가 부담한다는 연방노동관계위원회(NLRB)의 규정이 연방노동관계법(National Labor Relations Act)에 부합하며 합리적이라고 판단함.

---

아르헨티나 연방항소법원

*National Court of Appeal, Fifth Chamber, Parra Vera Maxima v. San Timoteo SA conc. 14 June 2006, ruling No. 144/05 68536.*

노동자가 자신이 차별의 피해자라고 주장하는 경우, 해당 행위에 대한 사용자의 숨겨진 이유가 있다는 점을 해당 노동자가 "합리적으로 나타낼 수 있을(provide a reasonable indication)" 때에는, 차별의 입증 책임이 전환되어야 한다고 판단함.

---

이와 관련하여 「노동자대표 권고」(제158호)는, 노동자대표에 대한 차별적 해고 또는 고용 조건의 불리한 변경이 있다고 주장되는 경우, 해당 행위가 정당한 것이라고 증명할 책임은 사용자에게 부여하도록 하는 규정을 마련할 것을 명시하고 있다[제6조 (2)(e)].

2023년 전문가위원회는 제98호 협약에 관한 대한민국 정례 보고서를 검토한 후, 부당노동행위 입증책임을 전환하는 것에 관해 권고한 바 있다.

---

【대한민국】 전문가위원회, Direct Request, 2023

제98호 협약 제1조, 제2조 및 제3조. 반노조적 차별 및 간섭 행위로부터의 충분한 보호
[중략] 본 위원회는, 대법원이 반노조적 차별 행위를 비롯한 부당노동행위 증명 책임을 노동자 내지 노동조합에게 있다고 설시했다는 민주노총의 의견서에 주목한다. 또한 위원회는, 부당노동행위 증명 책임을 사용자가 부담하도록 하는 것은 무죄추정의 원칙에 위배된다고 하면서 정부가 이 사실을 확인하고 있음을 주목한다. 본 위원회는, 정부와 민주노총 양자 모두 형사소송 절차에서의 입증책임에 관해 언급하고 있는데, 이 경우 입증책임의 전환이 무죄추정의 원칙에 위배될 수 있다는 점을 주목한다. 그러나 본 위원회는, 부당노동행위를 확인하고 이에 대해 공정하고 억지력 있는 민사적 구제절차를 마련하는데 있어서는 무죄추정의 원칙을 주장하는 것을 수용할 수 없음을 상기한다.

## Ⅳ. 신속하고 효과적이고 충분히 억지력 있는 제재

반노조적 차별을 금지하는 법 규정들에 실제 그 적용을 위한 신속하고 효과적이며 저렴한 절차와 충분히 억지력 있는 제재가 결부되어 있지 않다면, 반노조적 차별을 금지하는 일반적인 법 조항의 존재만으로는 노동자들을 보호하는 데 충분하지 않다.35) 반노조적 차별을 금지하는 법 규정의 효과는 구제제도 및 효과적이며 충분히 억지력 있는 제재의 효과에 좌우된다.

반노조적 차별행위에 관한 사건을 다룰 때는 구제 조치가 실효성을 가질 수 있도록 신속하게 검토가 진행되어야 한다.36) 구제 절차의 지연은 그 자체로 구제 조치의 실효성을 감소시킨다. 따라서 결사의 자유 위원회는 정부와 사법부가 '지연된 정의'를 회피하기 위해 신속하게 반노조적 차별행위를 확인하고 구제명령을 내릴 것을 요청하였다.

> ■ 결사의 자유 위원회, 372차 보고서(2014), Case No. 2869, para. 295 【과테말라】 (결사의 자유 위원회 결정례집, 2018, para. 1147)
>
> 노동자에 대한 반노조적 해고 주장과 관련한 사법 절차가 수년간 계류 중인 사건에서, 본 위원회는 정부에 대해 더 이상의 지연 없이 사건을 종결하도록 보장할 것을 요청하였으며, 최종판결을 기다리는 동안 1심에서 복직 명령이 내려진 노동자에 대한 잠정적인 즉시 복직을 보장하도록 요청하였다.

결사의 자유 위원회는, 반노조적 차별행위로부터 노동자를 효과적으로 보호하기 위하여 민사적 구제 및 형사적 제재를 포함한 명시적 규정을 마련한 것을 촉구하였다.37)

특히 반노조적 차별행위로 인한 해고의 경우, 충분한 보상을 포함한, 해고된 노동자의 복직이 가장 적절한 구제책이 된다.38) ILO 감독기구들은, 반노조적 차별의 경우에 대한 구제 조치의 범위에 복직이 포함되어야 한다고 본다.39) 또한,

---

35) *Compilation*, 2018, para. 1140 및 1142.
36) *Compilation*, 2018, para. 1143~1147.
37) *Compilation*, 2018, paras. 1150~1151, 1161 및 1167.
38) General Survey, 1994, para. 224.
39) General Survey, 2012, para. 183; *Compilation*, 2018, paras. 1163~1169.

노동자의 노동조합 가입 또는 조합활동이 해고의 동기인 경우에, 사용자가 법에 규정된 보상금을 지급하는 조건으로 일방적으로 노동자와의 고용관계를 종료할 수 있도록 허용하는 법률은 제98호 협약 제1조에 위배되는 것이라고 지적한다.[40] 또한 반노조적 차별로서의 해고에 대한 구제로서 복직을 원칙으로 하는 경우, 해고로부터 복직까지의 기간 혹은 해고로부터 재고용 명령까지의 기간에 대한 소급적 임금 보상 및 해고로 입은 불이익에 대한 보상을 하도록 함으로써 반노조적 차별행위에 충분히 억지력 있는 제재를 가하는 것이 중요하다고 강조한다.[41]

전문가위원회는, 반노조적 차별행위로서의 해고에 대해 보상 제도는 다음의 요건을 충족해야 한다고 본다: (i) 이러한 유형의 해고를 효과적으로 억지할 수 있도록 여타 유형의 해고에 대해 규정된 금전 보상보다 높은 수준일 것, (ii) 해당 기업의 규모에 따라 조정될 것,[42] (iii) 최저임금 단위 또는 과세 대상 소득 단위를 기준으로 보상금액을 주기적으로 검토할 것(특히 보상금액이 상징적인 수준에 불과할 정도로 급격한 인플레이션이 있는 국가의 경우).[43]

또한 사법부 또는 독립된 권한 있는 기구가 객관적이고 설득력 있는 이유에 근거하여 조합원의 복직이 불가능하다고 결정하는 경우, 반노조적 차별행위에 대하여 충분히 억제적인 제재가 될 수 있도록 발생한 모든 손해를 구제하고 장래에 그러한 행위가 반복되는 것을 방지할 정도의 적절한 보상이 이루어져야 한다.[44]

---

40) General Survey, 1994, paras. 223~224; *Georgia* - CEACR, observation, 2009; *Compilation*, 2018, para. 1106.
41) General Survey, 2012, para. 183.
42) 예를 들면, 최대 6개월분의 임금을 보상하도록 하는 것은 중소기업에 대하여는 반노조적 차별에 대한 억제책이 될 수 있지만 대기업의 경우에는 반드시 그런 것은 아니다(*Switzerland* - CEACR, observation, 2010).
43) General Survey, 2012, para. 185.
44) CFA, 350th Report(2008), Case No. 2602 【Republic of Korea】, para. 672; CFA, 355th Report(2009), Case No. 2602 【Republic of Korea】, para. 663; CFA, 363rd Report(2012), Case No. 2602 【Republic of Korea】, para. 459; *Compilation*, 2018, para. 1170 및 paras. 1172~1177 및 para. 1181.

■ 결사의 자유 위원회, 355차 보고서(2009), Case No. 2602【대한민국】, para. 654(결사의 자유 위원회 결정례집, 2018, para. 1082)

한편으로는 대법원이 내린 판결[45]을 주목하면서, 본 위원회는 기간을 정하지 않은 근로계약을 맺었건, 기간제이건, 하청 노동자이건 그 유형과 관계없이 모든 노동자가 자신의 선택에 따른 단체를 결성하며 가입할 권리를 가져야 하며, 반노조적 사유에 의한 계약의 갱신거절은 제98호 협약 제1호가 말하는 불이익에 해당한다는 원칙을 상기시키고자 한다. 본 위원회가 검토하기로는, 사용자가 결사의 자유와 단체교섭권을 실질적으로 회피하기 위한 수단으로서 하도급을 이용할 수 있다면, 반노조적 차별행위로부터의 적절한 보호가 제공되지 않은 것으로 보인다. 이러한 측면에서 본 위원회는, 반노조적 차별로부터 효과적 보호를 제공하기 위하여, 진정인 단체가 제기한바 노동자들이 노조에서 탈퇴하도록 압력이 가해졌다는 주장의 진실성을 입증하기 위해 노력할 필요가 있으며, 만약 그러한 주장이 사실인 것으로 확인되면 적절한 시정 조치가 이루어져야 한다고 본다. 이러한 상황 속에서 본 위원회는, 대법원 판결에서 충분히 검토되지 않은 것으로 보이는, 기륭전자의 사내하청 노동자들이 노조를 탈퇴하도록 압력을 받았다는 주장에 관해 정부가 독립적 조사를 진행하고, 만약 그것이 사실로 확인된다면 해당 조합원들에게 보상을 하고 장래에 그러한 반노조적 차별이 재발하지 않도록 예방하기 위해 필요한 제반의 조치를 취할 것을 요청한다.

# 제3절 간섭 행위로부터의 보호(제2조)

**제2조**

1. 노동자단체 및 사용자단체는 그 설립, 활동 또는 운영에 대해 상호 간 또는 상대의 대리인이나 구성원의 모든 간섭 행위로부터 충분한 보호를 받는다.
2. 특히, 노동자단체를 사용자 또는 사용자단체의 통제하에 둘 목적으로 사용자 또는 사용자단체에 의해 지배되는 노동자단체의 설립을 촉진하거나 노동자단체를 재정적 또는 다른 방식으로 지원하기 위한 행위는 이 조에서 의미하는 간섭 행위에 해당하는 것으로 간주된다.

---

45) 기륭전자분회 조합원에 대한 계약만료 통보가 부당해고 및 부당노동행위가 아니라고 판단한 서울행정법원 2007. 5. 10. 선고 2006구합42747 판결(대법원 2008. 3. 27. 선고 2007두24340 판결로 확정) 등.

Article 2

1. Workers' and employers' organisations shall enjoy adequate protection against any acts of interference by each other or each other's agents or members in their establishment, functioning or administration.

2. In particular, acts which are designed to promote the establishment of workers' organisations under the domination of employers or employers' organisations, or to support workers' organisations by financial or other means, with the object of placing such organisations under the control of employers or employers' organisations, shall be deemed to constitute acts of interference within the meaning of this Article.

제98호 협약 제2조에 따라, 노동자단체와 사용자단체는 단체의 설립, 활동 또는 운영에 있어서 상호 간에 또는 상대방의 대리인이나 구성원에 의한 어떠한 간섭(interference)으로부터 적절한 보호를 받아야 한다(제2조 제1항).

특히, 노동자단체에 대한 간섭 행위란 사용자 또는 사용자단체의 지배를 받는 노동자단체의 설립을 촉진하거나 사용자 또는 사용자단체의 지배하에 두기 위한 목적으로 재정적 또는 다른 방식으로 노동자단체를 지원하기 위해 고안된 조치 등을 가리킨다(제2조 제2항).

결사의 자유 원칙을 존중하려면, 노동조합 내부 문제에 대하여 공공당국이 간섭하는 것을 최대한 삼가야 한다. 또한 사용자가 노동조합에 대한 간섭을 삼가하는 것은 더욱 중요하다. 예컨대 사용자는 하나의 노동조합 내에서 특정 집단을 희생하면서 다른 집단을 우대하는 것으로 볼 수 있는 일체의 행위를 하여서는 아니 된다.[46]

그 밖에도 결사의 자유 위원회가 노동자단체에 대한 간섭 행위로 본 사례들로는 조합원에 대한 노조 탈퇴 권유 내지 강요, 사용자에 의한 노조 탈퇴서 양식의 배포 및 정보 제공, 어용노조를 설립하려는 사용자의 시도, 경쟁 노동조합 설립을 촉진하기 위한 개입, 노동조합 설립은 불법이라고 하는 사용자의 언동, 노조 전임자의 활동 내역에 관한 설명 요구, 기업 경영진과의 회의에 특정 노동자단체만 초청하는 것, 쟁의행위를 이유로 한 노동조합 사무실 폐쇄, 노동조합 내

---

46) CFA, 346th Report(2007), Case No. 1865 【Republic of Korea】, para. 788; *Compilation*, 2018, para. 1193.

부기구 구성에 대한 개입, 교섭대표노조 선정 과정에의 개입, 조합 가입 여부에 대해 밝히도록 노동자에게 요구하는 행위 등이다.[47]

> ■ 결사의 자유 위원회, 346차 보고서(2007), Case No. 1865 (대한민국), para. 788(결사의 자유 위원회 결정례집, 2018, para. 1194)
>
> 788. 전국공무원노동조합으로부터의 "자발적 탈퇴" 및 「공무원의 노동조합 설립 및 운영 등에 관한 법률」에 따른 노조설립신고를 하는 조직들에 대한 "적극적 지원"을 목적으로 하는 행정자치부의 ('불법단체 합법노조 전환(자진탈퇴) 추진') 지침·명령 및 감사 보고서에 대하여, 본 위원회는 결사의 자유 원칙의 존중을 위해 공공 당국은 노동조합의 내부 사안에 대한 개입을 대단히 삼가야 한다는 점을 주목한다. 정부가 사실상 사용자인 경우를 포함하여, 사용자가 이러한 사안에 대한 개입을 삼가야 한다는 점은 한층 더 중요하다. 예를 들면, 사용자는 노동조합 내부의 특정 집단을 희생하면서 다른 집단을 우대하는 것으로 보이는 어떠한 행위도 해서는 아니된다[결사의 자유 위원회 결정례집, 2006, para. 859]. "비참한 결과"가 있으리라는 경고, 조합원 가족에 대한 서신 및 전화 통지, 상급자와의 면담 및 조합원 가정 방문과 결부되어 노조 탈퇴서 제출이 이루어진 점을 주목하면서, 본 위원회는 조합원이 노동조합을 탈퇴하고 탈퇴서를 제출하도록 권유하는 것을 목적으로 하는 반노조 전략이 존재하며 어용노조를 설립하려는 시도가 있다는 주장에 관하여, 그러한 행위들은 노동자단체 및 사용자단체는 그 설립, 활동 또는 운영에 대해 상호 간 또는 상대의 대리인이나 구성원의 모든 개입 행위로부터 충분한 보호를 받는다는 제98호 협약 제2조에 위배된다고 보았다[결사의 자유 위원회 결정례집, 2006, para. 858]. 나아가 본 위원회는 노동조합에 재정적 어려움을 초래하는 조합비 일괄공제(check-off)의 철회는 조화로운 노동관계의 발전에 장애가 되므로 삼가야 한다는 점을 주목한다[결사의 자유 위원회 결정례집, 2006, para. 475].

사용자가 노동조합에 재정 지원을 하거나 편의를 제공하는 것과 관련하여 전문가위원회는, 공공 또는 민간부문의 사용자가 노동조합의 사회적 파트너로서의 역량이 증진되도록 하는 목적에서 지원하는 것에 대해 원칙적으로 반대하지 않지만, 이로써 사용자가 노동조합에 대한 지배를 가능케 하거나 어느 노동조합을 다른 노동조합보다 우대하는 결과가 있어서는 안 된다고 본다.[48]

---

47) *Compilation*, 2018, paras. 1194~1214.
48) General Survey, 1994, para. 229.

■ 결사의 자유 위원회, 363차 보고서(2012), Case No. 1865 【대한민국】, para. 110(결
사의 자유 위원회 결정례집, 2018, para. 1203)

1203. 노조 유급 전임자는 사용자에 대해 각각의 활동내역을 설명할 필요가 없이 자신
이 속한 단체의 규약에 따라 노동조합 업무를 수행할 수 있어야 한다. 그러한 활동에는
교육활동, 관련 연합단체나 총연합단체의 후원하에 이루어지는 활동 및 집단적 분쟁에
관한 단체행동 준비와 관련된 활동이 포함되어야 한다.

관련하여 결사의 자유 위원회는 노사협력단체나 노동자복지단체와 같이 노·
사간 협조 및 상호부조를 추구하는 단체가 노동조합의 역할과 활동을 대체하도록
하는 것은 제98호 협약에 위배된다는 견해를 밝혀 왔다. 이러한 단체들은 그 구
성과 활동에 있어 사용자 및 정부로부터의 완전한 독립성이 보장되지 않는 한
노동조합을 대체할 수 없으며, 회원국은 노사협력단체를 노동조합보다 우대하는
차별을 금지하고 여하한 반노조적 차별행위로부터 노동조합을 보호하는 조치를
취하여야 한다.49)

■ 결사의 자유 위원회, 384차 보고서(2018), Case No. 3227 【대한민국】, para. 284

284. 마지막으로, 정부가 전국금속노동조합을 비판하는 공식 성명을 발표함으로써 전국
금속노동조합 및 사업장 지회의 내부 사안에 직접적으로 간섭했다는 주장에 대해 정부
가 답변하지 않은 점을 본 위원회는 유감스럽게 생각한다. 이와 관련하여 본 위원회는,
공공 당국이 공식 성명을 발표하는 방식으로 노동자들에게 압력을 가하는 사례와 같이,
공공당국의 태도로 인해 특정 노동조합 내지 노동조합들이 편애되거나 차별 당했다는
주장이 제기된 사건들을 한 차례 이상 심의했음을 상기한다. 그와 같은 또는 여타의 방
법에 의한 차별은 노동조합 조합원에게 영향을 미치는 비공식적인 방식이 될 수 있다.
본 위원회는 "자유롭게 활동을 수행하고 자신의 프로그램을 기획할 수 있는 단체의 권
리를 위해서, 공공 당국이 이러한 단체의 활동에 대해 논평하거나 개입하는 것을 자제
할 것을 요구하며, 이는 노동조합운동의 정상적인 발전과 조화로운 노동관계를 도모하
기 위한 것"[결사의 자유 위원회 370차 보고서, Case No. 2994 【튀니지】, para. 736 참
조]임을 상기하며 이 원칙을 존중해 줄 것을 요청한다.

---

49) *Compilation*, 2018, paras. 1222~1230.

# 제4절 단결권 보장을 위한 기구(제3조)

**제3조**
위 조항들에서 정한 단결권의 존중을 보장하기 위하여, 필요한 경우 국내 사정에 적합
한 기구를 설립하여야 한다.

**Article 3**
Machinery appropriate to national conditions shall be established, where nec−
essary, for the purpose of ensuring respect for the right to organise as defined
in the preceding Articles.

　　회원국은 단결권을 보장하기 위하여, 필요한 경우 국내 사정에 적합한 기구
를 설립하여야 한다. 반노조적 차별행위 및 노동자단체에 대한 간섭을 금지하는
법 규정이 존재하더라도 실제로 적용할 수 있는 효과적이고 신속한 절차가 마련
돼있지 않다면 그러한 법령의 존재만으로는 충분하지 않다.[50] 또한 그러한 절차
가 지연되는 것도 단결권 보장에서 문제가 된다. 이러한 지연은 국가의 근로감독
시스템 및 사법 체계의 취약성으로 인해 야기되기도 하고, 입증책임의 부담 문제
와도 관련된다. 단결권 침해를 당한 노동자가 입은 피해에 비해 지나치게 가벼운
보상을 하고 사용자가 책임을 면할 가능성이 있을 경우에도 문제가 된다. 이에
대하여 전문가위원회는 반노조적 차별행위 및 노동자단체에 대한 간섭이 있었다
고 주장되는 경우, 지체없이 독립적이고 신속하며 심도 있는 조사가 이뤄지도록
하는 것이 중요하다고 강조한다.

---

50) General Survey, 2012, para. 190; *Compilation*, 2018, para. 1217.

# 제5절 단체교섭의 촉진(제4조)

**제4조**
단체협약으로 고용조건을 규제하기 위해, 필요한 경우 사용자 또는 사용자단체와 노동자단체 사이에 임의적 교섭을 위한 기구를 충분히 발전시키고 이용하도록 장려하고 촉진하기 위하여, 경우 국내 사정에 적합한 조치를 취하여야 한다.

**Article 4**
Measures appropriate to national conditions shall be taken, where necessary, to encourage and promote the full development and utilisation of machinery for voluntary negotiation between employers or employers' organisations and workers' organisations, with a view to the regulation of terms and conditions of employment by means of collective agreements.

## I. 단체교섭권 보장의 의의

ILO 헌장의 부속서인 필라델피아 선언은, 단체교섭권의 실효성 있는 보장을 국제노동기구의 목적의 하나로 천명하고 있다.[51] 따라서 단체교섭권은 ILO 회원국이 국제노동기구 회원이라는 사실로부터 확인되는 기본권이며, 회원국은 신의성실하게 이를 존중하고 촉진하며 실현해야 할 의무가 있다.[52]

단체교섭은 노동자단체와 사용자단체 간 대화의 강력한 도구로서, 정의롭고 형평성 있는 노동조건 및 기타 혜택의 확립에 기여하며, 이를 통해 사회 평화(social peace)에 기여한다. 또한 노동쟁의를 예방하고, 특히 경제위기나 불가항력으로 인한 구조조정 과정에서 생겨나는 문제들을 해결할 수 있는 기초적 절차를 제공한다. 그러므로 단체교섭은 경제적, 사회적, 정치적 및 기술적 변화에 대한 적응을 가능케 하는 효과적인 도구이다.[53] 또한 단체교섭은 ILO가 추구하는 사

---

51) 1944 Declaration of Philadelphia: "Ⅲ. 총회는 다음 사항들을 실현하기 위한 계획이 전 세계의 국가들에서 이행되도록 촉진하는 것이 국제노동기구의 엄숙한 의무임을 인정한다. (중략) e) 단체교섭권의 실질적인 보장과 생산 조직의 지속적인 개선을 위한 사용자와 노동자의 협의 및 사회경제 정책의 입안과 적용을 위한 노동자와 사용자의 협력".
52) ILO 1998년 선언, para. 2.
53) General Survey, 2012, para. 167.

회적 대화(social dialogue)의 핵심 기제이다.

제98호 협약 제4조에 따르면, 단체협약으로 고용조건을 규제하기 위해 사용자 또는 사용자단체와 노동자단체 사이에 임의적 교섭을 위한 기구를 충분히 발전시키고 이용하도록 장려하고 촉진하기 위해 국내 사정에 적합한 조치를 취하여야 한다. 즉, 단체교섭을 촉진하기 위한 공공당국의 조치 및 단체교섭의 자율성(임의적 교섭) 존중은 단체교섭권 보장의 양대 원칙이다.

제98호 협약 이외에도 단체교섭 촉진과 관련된 ILO 기준으로서 「단체교섭 협약(제154호, 1981)」,[54] 「단체교섭 권고(제163호, 1981)」[55] 및 「단체협약 권고(제91호, 1951)」[56] 등을 참고할 수 있다. 「단체교섭 협약」(제154호) 및 「단체교섭 권고」(제163호)는 제98호 협약을 보충할 목적으로 채택되었으며, 단체교섭 촉진을 위해 회원국이 취해야 할 정책의 목적과 내용을 다루고 있다. 그리고 「노동관계(공공서비스) 협약(제151호, 1978)」[57] 및 「노동관계(공공서비스) 권고(제159호, 1978)」[58]는 공공서비스 부문에서 단결권 보호 및 고용조건의 결정에 관한 절차를 구체적으로 다루고 있다. 또한 「노동행정 협약」(제150호, 1978)[59] 및 「노동행정 권고」(제158호, 1978)[60]는 회원국 정부가 따라야 할 노동행정 관련 원칙들을 다루고 있는데, 여기에는 임의적 단체교섭의 발전을 촉진하는 것이 포함된다.

ILO 이사회가 승인한 '국제노동기준에 관한 작업반'(이른바 "Ventejol Working Party") 보고서에 따르면, 「노동관계(공공서비스) 협약」(제151호) 및 「노동관계(공공서비스) 권고」(제159호)는 "기본적 인권" 부문에 속하는 것으로서 회원국들이 우선적으로 비준할 것을 권고하는 국제노동기준의 하나이다. 그리고 「단체교섭 협약」(제154호) 및 「단체교섭 권고」(제163호)는 "노동관계" 부문에 속하는 것으로서 회원국들이 우선적으로 비준할 것을 권고하는 국제노동기준의 하나이다.[61]

---

54) Collective Bargaining Convention, 1981 (No. 154).
55) Collective Bargaining Recommendation, 1981 (No. 163).
56) Collective Agreements Recommendation, 1951 (No. 91).
57) Labour Relations (Public Service) Convention, 1978 (No. 151).
58) Labour Relations (Public Service) Recommendation, 1978 (No. 159).
59) Labour Administration Convention, 1978 (No. 150).
60) Labour Administration Recommendation, 1978 (No. 158).
61) ILO, Final Report of the Working Party on International Labour Standards, *Official Bulletin*, Special Issue, Vol. LXII, 1979, Series A, 12쪽; ILO, Report of the Working Party on International Labour Standards, *Official Bulletin*, Special Issue, Vol. LXX, 1987, Series A, 7쪽.

또한 2002년 ILO 총회에서 채택된 「노·사·정 삼자주의 및 사회적 대화에 관한 결의」[62]에서도 제87호, 제98호, 제151호, 제154호 협약 및 그에 수반되는 권고들의 중요성을 재확인하고 있다.

## Ⅱ. 단체교섭의 당사자

「단체교섭 협약」(제154호)은 제2조에서 단체교섭의 의의를 "(a) 노동조건 및 고용조건의 결정 및/또는, (b) 노·사간 관계 규율 및/또는, (c) 사용자 또는 사용자단체와 하나 또는 복수의 노동자단체간의 관계 규율을 목적으로, 사용자 또는 사용자단체를 일방 당사자로 하고, 노동자단체를 다른 당사자로 하여 당사자 사이에 이루어지는 모든 교섭을 말한다"고 규정함으로써 단체교섭의 개념을 구체화하고 있다.

### 1. 노동자 및 노동자단체

#### 가. 노동자(worker)의 범위

단체교섭의 당사자는 하나 또는 복수의 노동자단체 및 하나 또는 복수의 사용자 또는 사용자단체이다. 제98호 협약은 "노동조합 가입(trade union membership)", "노동조합 활동(union activities)" 및 "노동자단체(workers' organisation)"라는 용어를 혼용하고 있다. 즉, 단체교섭의 당사자인 '노동자단체'란 일반적으로 노동조합을 의미한다.

ILO 감독기구들은 제87호 협약과 제98호 협약이 노무제공계약상의 지위와 관계없이 모든 노동자에게 적용된다는 점을 체계적으로 역설해왔다. 즉, 군대, 경찰, 국가행정에 종사하는 공무원과 같이 제98호 협약의 적용 범위에서 제외될 수 있는 범주의 노동자들을 예외로 하면, 단체교섭권은 일반적인 범위에서 인정되며 공공 및 민간부문의 모든 노동자가 그들의 고용상 지위에 상관없이 단체교섭권을 누려야 한다.[63] 이는 제98호 협약 채택의 준비작업(travaux préparatoires)에서도 드러나는데, 제98호 협약 채택을 위한 총회 논의과정에서 자영 노동자를 그 적용범위에서 제외하자는 어떠한 제안도 이루어지지 않았으며, 적용범위에

---

62) ILO Resolution concerning tripartism and social dialogue, 2002.
63) General Survey, 2012, para. 209; *Compilation*, 2018, paras. 1277~1278, 1283 및 1285.

관한 토론은 주로 "국가행정에 종사하는 공무원"의 범위에 관해 이루어졌다.[64] 1981년 채택된 「단체교섭 협약」(제154호)도 전문에서 "'세계 각국이 단체교섭권을 실효적으로 승인하도록 하는 계획을 촉진하는 국제노동기구의 엄숙한 의무'를 인정한 필라델피아 선언의 규정을 재확인하고, 이 원칙이 '모든 지역에 있어서 모든 사람에게 완전하게 적용되어야 한다(fully applicable to all people everywhere)'는 점에 유의"한다고 선언하여 단체교섭권의 보호 대상에 관한 ILO 회원국의 합의를 재확인하고 있다.

즉, ILO 감독기구들은 단체교섭권이 다음 범주의 노동자를 대표하는 단체에도 온전히 보장되어야 함을 강조해왔다. 여기에는 교도관,[65] 소방관,[66] 세관,[67] 선원,[68] 시간제 노동자,[69] 임시직 노동자,[70] 파견 노동자,[71] 외주 또는 하청 노동자(contract workers),[72] 자원봉사자,[73] 도제(apprentice),[74] 항만 노동자,[75] 농업 노동자,[76] 종교단체 혹은 자선단체 노동자,[77] 협동조합의 노동자,[78] 가내 노동

---

64) ILO, *Record of Proceedings*, International Labour Conference, 32nd Session, 1949, Geneva, 473쪽 참조.

65) *Bahamas* - CEACR, observation, 2009; *Kiribati* - CEACR, observation, 2010; *Saint Lucia* - CEACR, direct request, 2009; *Seychelles* - CEACR, observation, 2010; *United Republic of Tanzania* - CEACR, observation, 2010 등 참조.

66) *Bahamas* - CEACR, observation, 2009; *Saint Lucia* - CEACR, direct request, 2009 등 참조.

67) *Compilation*, 2018, paras. 1273~1274.

68) *Benin* - CEACR, direct request, 2009; *China(Macau Special Administrative Region)* - CEACR, direct request, 2009; *Iceland* - CEACR, observation, 2009; *Madagascar* - CEACR, observation, 2010; *Panama* - CEACR, observation, 2010 등 참조.

69) *China (Macau Special Administrative Region)* - CEACR, observation, 2017; CFA, Report No. 343 (2006), Case No. 2430 【Canada】, para. 361; *South Africa* - direct request, 2018; *Syrian Arab Republic* - observation, 2018 등 참조.

70) CFA, Report No. 324 (2001), Case No. 2083 【Canada】, para. 254; *South Africa* - direct request, 2018; *Syrian Arab Republic* - observation, 2018 등 참조.

71) *Tunisia* — CEACR, direct request, 2008; CFA, Report No. 355 (2009), Case No. 2600 【Colombia】, para. 477; *South Africa* - direct request, 2018 등 참조.

72) *Ecuador* - CEACR, observation, 2009; *Netherlands* — CEACR, observation, 2009; CFA, Report No. 349 (2008), Case No. 2556 【Colombia】, para. 754 등 참조.

73) CFA, 377th Report(2016), Case No. 3100 【India】, para. 457 등 참조.

74) *Chile* - irect request, 2009; *Colombia* - observation, 2021; *Peru* - observation, 2018; *Trinidad and Tobago* - observation, 2019 등 참조.

75) *Guinea-Bissau* - CEACR, observation, 2010 등 참조.

76) *Guinea-Bissau* - CEACR, observation, 2010 등 참조.

77) *Ethiopia* - CEACR, observation, 2009; *Syrian Arab Republic* - observation, 2018 등 참조.

78) *Compilation*, 2018, para. 1276.

자,[79] 가사 노동자,[80] 등록/미등록 이주 노동자,[81] 수출자유지역(EPZ)의 노동자,[82] 비공식경제(informal economy)의 노동자,[83] 노점상,[84] 자영노동자,[85] 플랫폼경제의 노동자[86] 등이 포함된다.

---

■ 전문가위원회, General Survey, 2020, para. 430

430. 비공식경제의 노동자를 비롯한 모든 노동자들은 관련 ILO 협약에 규정된 바와 같이 결사의 자유와 단체교섭권을 향유해야 한다. 이런 면에서, 「비공식경제에서 공식경제로의 전환 권고(제204호, 2015)」 제11(e)조는, (비공식경제의 공식경제로의 전환을 촉진하기 위한) 통합된 정책틀에 사회적 대화 촉진을 위한 노동자, 사용자의 조직 및 대변이 포함되어야 한다고 제시하고 있다. 비록 비공식경제에서의 사회적 대화에 커다란 장애물이 존재하긴 하지만, 사회적 대화는 비공식노동의 문제를 효율적이고 신속하게 다루는 정책을 실현하는데 유용한 기제가 될 수 있다. 이러한 이유에서, 노동자들과 사용자들이 조직할 권리와 단체교섭권을 행사하고 공식경제로의 전환을 위한 사회적 대화에 참여할 수 있는 역능을 증진시키는 환경(enabling environment)을 조성하는 것이 매우 중요하다.

---

79) CFA, 363rd Report (2012), Case No. 2888 【Poland】, para. 1087 등 참조.

80) *China(Macau Special Administrative Region)* - CEACR, direct request, 2009; *Eritrea* - CEACR, observation, 2010; *Kuwait* - CEACR, direct request, 2010; *Gambia* - CEACR, observation, 2022; *Syria* - CEACR, observation, 2023; CFA, 353rd Report (2009), Case No. 2637 【Malaysia】, para. 1051; *Trinidad and Tobago* - observation, 2019 등 참조.

81) *Kuwait* - CEACR, direct request, 2010; CFA, 353rd Report (2009), Case No. 2637 【Malaysia】, para. 1051; CFA, 355th Report (2009) Case No. 2620 【Republic of Korea】 등 참조.

82) *Niger* - CEACR, direct request, 2006; *Bangladesh* - CEACR, observation, 2009; *China (Macau Special Administrative Region)* - CEACR, direct request, 2009 등 참조.

83) *Haiti* - CEACR, observation, 2012; *Gambia* - CEACR, observation, 2022; *Philippines* - CEACR, observation, 2022.

84) CFA, 401st Report (2023), Case No. 3360 【Argentina】 등 참조.

85) *Haiti* — CEACR, observation, 2008; *Senegal* - CEACR, observation, 2010; *Tunisia* - CEACR, direct request, 2010 등 참조.

86) *Belgium* - CEACR, direct request, 2020; *Canada* - CEACR, direct request, 2020; *Greece* - CEACR, observation, 2021; ILO, *Promoting Employment and Decent Work in a Changing Landscape*, Report of the Committee of Experts on the Application of Conventions and Recommendations, Report Ⅲ (Part B), International Labour Conference, 109th Session, Geneva, 2020, para. 327.

▶ 도제

---

■ 【칠레】 전문가위원회, observation, 2009

본 위원회는 이전의 정부 보고서 검토에서, 노동법의 다음과 같은 조항들이 제98호 협약에 부합하지 않음을 지적하였음을 상기시킨다. (중략)

도제의 보수는 단체협약 또는 단체교섭에 관한 중재 재정에 의해 결정할 수 없다고 규정한 제82조 및 도제 계약을 맺은 노동자 및 특정한 직무 내지 활동에만 종사하거나 특정 기간에만 종사하는 노동자는 단체교섭을 할 수 없다고 규정한 제305(1)조

---

▶ 비공식경제의 노동자

---

■ 결사의 자유 위원회, 401차 보고서(2023), Case No. 3360 【아르헨티나】

136. 본 위원회가 살펴본바, 진정인 및 정부는 행정결정 534/2019에 따라 SUTFRA(아르헨티나 노점노동자 단일노조)가 노점, 쇼핑 지구 및 시장에서 종속적 관계하에 노무를 제공하는 노동자를 조직하는 노동조합으로 등록되었다는 점에는 동의한다. 그러나 진정인은, 정부가 (노동조합 등록을 위하여는 – 역주) 조합원과 노점을 대여하는 사용자 사이에 종속적 관계가 있어야만 한다고 요구하였고, 진정인이 종속적 관계가 없는 노동자도 조직할 수 있도록 요청하였음에도 이에 대해 정부가 응답하지 않았다고 주장한다. (후략)

137. 본 위원회는 정부에게 자영노동자들이 결사의 자유, 특히 자신이 선택한 조직에 가입할 권리를 온전히 향유할 수 있도록 필요한 조치를 취할 것을 요청하였으며, 노조를 자유롭게 결성하거나 가입할 권리란 노조의 구조와 구성을 자유롭게 결정할 수 있는 권리를 의미함을 환기시킨다[결사의 자유 위원회 결정례집, 2018, paras. 388 및 502 참조]. 나아가 단결권을 보장받는 사람의 범위를 결정하는 기준은 고용관계의 존재에 근거하여서는 아니되며 고용계약을 맺지 않은 노동자들도 자신이 선택한 조직을 결성할 권리를 가져야 한다는 점[결사의 자유 위원회 결정례집, 2018, para. 330 참조]을 환기시키면서, 본 위원회는 정부가 할인점, 시장, 쇼핑 지구에서 일하는 노점 노동자들이 그 유형과 관계없이, 자신이 선택한 조직을 그 조직의 규칙에만 따르면서 결성하고 가입할 권리를 가질 수 있도록 필요한 조치를 취할 것이라 기대한다.

■ 결사의 자유 위원회, 400차 보고서(2022), Case No. 3306【페루】, para. 623

[사건개요] 2013. 11. Villa María del Triunfo 시장의 비공식경제에서 일하는 항만노동자들(dockworkers)이 'Villa María del Triunfo 항만노동자 및 수산물장수 노동조합'을 결성함. 해당 노조는 2014. 7. Villa María del Triunfo 시장의 소유주인 기업("Servicios Industriales Pesqueros S.A.")에게 시장 운영과 관련된 노동조건 및 안전보건환경 개선(예컨대 시장내에서 발생하는 사고의 관리, 보행자 통로의 적절한 표시, 트럭 주차공간 확보를 위한 개선계획, 화장실의 적정한 운영 등), 일일 이용료를 지불하지 않고 노동자들이 시장에 출입할 수 있게 해 줄 것 등을 요구사항으로 단체교섭을 요구함. 해당 기업은 해당 노조를 단체교섭 당사자로 인정할 수 없다고 주장함. 또한 해당 기업은 노조 지도부와의 계약해지, 조합원의 시장 출입 금지, 경찰에의 고소고발 등 반노조적 행위를 함. 이러한 반노조적 행위에 대한 항의를 위해 노조가 평화적 집회 및 약 3시간의 조업 중단을 한 것을 이유로 검찰은 조합원들을 재물손괴, 공공질서 위반 등 죄목으로 기소함.

618. 본 위원회는 본 진정사건에서, 비공식경제의 항만노동자노동조합의 단체교섭권이 침해되었고, 시장 소유주인 해당 기업이 노조 지도부의 계약해지를 위한 반노조적 행위를 하였다는 진정인의 주장에 주목한다. 본 위원회는 또한 노조 지도부의 체포와 징역형 선고가 노조의 항의집회 이후 해당 기업의 고소고발의 결과로 이루어졌다는 진정인의 주장에 주목한다. 본 위원회는, 이러한 진정내용을 부인하는 해당 기업의 주장 및 노동조합 권리의 침해가 없었다는 정부의 주장에 주목한다.
(중략)
623. 앞서의 결론에 비추어, 본 위원회는 ILO이사회가 다음의 권고사항을 승인할 것을 요청한다.
(a) 본 위원회는, Villa María del Triunfo 시장의 항만노동자를 비롯한 비공식경제의 노동자가 공식경제로의 전환을 위한 사회적 대화에 참여하는 것뿐만 아니라, 단결권 및 단체교섭권을 행사하기 위한 역능을 강화하는 환경(enabling environment)을 조성할 것을 정부에게 요청한다.
(b) 본 위원회는, 정부가 위의 사안들에 관해 ILO 사무국의 기술적 지원(technical assistance)을 활용할 것을 요청한다.
(c) 본 위원회는, 투옥되었다가 리마고등법원 및 대법원 판결 선고 이후 석방된 노동자들에게 정부가 충분한 보상을 제공할 수 있으리라 기대한다.

▶ 플랫폼 노동자

전문가위원회는 플랫폼 노동과 관련하여, "모든 노동자에게 그 고용상 지위에 상관없이 노동에서의 기본 원칙 및 권리를 다른 노동자에게 적용하는 것과 동일하며 온전하게 보장해야 한다"고 강조하였다.[87]

> ■ 【벨기에】 전문가위원회, direct request, 2020
>
> 다양한 유형의 플랫폼 노동자가 어떠한 법적 지위를 갖는가 라는 판단에 관계없이, 본 위원회는 군인, 경찰, 국가행정에 종사하는 공무원만을 예외로 하고 모든 노동자가 제98호 협약의 적용을 받으며, 자영노동자를 조직한 노조도 단체교섭권을 향유해야 한다는 점을 상기시킨다[General Survey, 2012, para. 209 참조].

> ■ 【그리스】 전문가위원회, observation, 2021
>
> 디지털 플랫폼 노동자
> 최근 입법이 디지털 플랫폼 노동자를 비의존적 고용관계(non-dependent employ-ment relationship)로 추정하는 경향이 있다는 그리스노총(GSEE)의 우려를 충분히 주목하는 한편, 결사의 자유와 관련하여, 해당 법률이 독립 계약자에게도 단결권, 단체교섭권 및 파업권을 포함한 노조할 권리를 부여하고 있다는 점을 본 위원회는 관심을 갖고 주목한다. 본 위원회는 정부에게 디지털 플랫폼 노동자에게 부여된 집단적 권리들이 실제로 어떻게 적용되고 있는지에 관한 정보를 제공할 것을 요청한다.

### 나. 자영노동자(self-employed worker)

최근 수십 년간 ILO는 다양한 노무제공계약 형태의 노동자들, 특히 자영노동자들의 단체교섭권 보장 문제에 주목해왔다.[88] 예를 들면, 결사의 자유 위원회는 자영노동자를 비롯한 모든 노동자들이 단체교섭권을 포함한 노동기본권을 향유해야 한다는 점을 강조해왔다.[89]

---

87) General Survey, 2020, para. 327.
88) *Syria* – CEACR, observation, 2023; *Brazil* – CEACR, observation, 2020; *Canada* – CEACR, direct request, 2020; *Dominican Republic* – CEACR, observation, 2020; *Netherlands* – CEACR, observation, 2018; *New Zealand* – CEACR, direct request, 2017; *Poland* – CEACR, observation, 2018; ILO, *Non-standard Employment around the World*, 2016, 208~215쪽.
89) *Compilation*, 2018, paras. 1277~1278, 1283 및 1285; *Digest*, 1996, para. 235; General Survey, 2020, para. 826.

■ 결사의 자유 위원회, 363차 보고서(2012), Case No. 2602【대한민국】, para. 467(e)

(e) 위원회는 다시 한번 정부에 다음을 위해 필요한 조치들을 취할 것을 요구한다. (i) 대형화물트럭 운전기사와 같은 "자영" 노동자들이 특히 자신들 스스로의 선택에 따른 조직에 가입할 수 있는 권리를 비롯하여, 결사의 자유 권리를 전적으로 향유할 수 있도록 할 것. (ii) 자영 노동자들이 단체교섭을 통한 방식을 포함하여, 자신들의 이익을 증진시키고 옹호하기 위한 목적으로 협약 제87호와 98호에 따른 노동조합 권리를 전적으로 향유할 수 있도록 상호 간에 받아들일 수 있는 해결책을 찾기 위하여 모든 당사자 간에 이러한 목적을 위한 협의를 진행할 것. (iii) 관련 사회적 파트너들과의 협의를 통해, 필요할 경우 자영노동자에게 맞는 단체교섭의 구체적(specific) 메커니즘의 개발을 위하여 단체교섭과 관련된 자영 노동자들의 특징을 확인할 것. (후략)

■ 결사의 자유 위원회, 376차 보고서(2017), Case No. 2786【Dominican Republic】, para. 349(결사의 자유 위원회 결정례집, 2018, para. 1285)

1285. 위원회는, 자영노동자가 자신의 이익을 촉진하고 옹호하기 위하여 단체교섭을 비롯하여 노조할 권리를 완전히 향유하도록 보장하며, 필요할 경우, 관련 사회적 파트너들과 협의하여 자영 노동자와 관련된 단체교섭의 구체적 메커니즘을 발전시킬 수 있도록 단체교섭과 관련된 자영 노동자의 특징을 확인하는데 필요한 조치를 취할 것을 정부에 요청하였다.

■【캐나다】전문가위원회, Direct request, 2020

본 위원회는, Alberta, Ontario, British Colombia, Newfoundland 및 Labrador의 노동법이 명시적이거나 은연중에 독립 계약자(independent contractor)를 적용 범위에서 배제하고 있음을 주목한다. (중략) 제98호 협약에 따르면, 군인, 경찰, 국가행정에 종사하는 공무원을 유일한 예외로 하여, 모든 노동자는 반노조 차별행위 및 간섭으로부터 적절한 보호를 받아야 하며, 의미있는 단체교섭 메커니즘을 활용할 수 있어야 한다.

■ 【브라질】 전문가위원회, Observation, 2020

협약의 적용 범위. 자율적 노동자 및 자영 노동자
2017년과 2018년 채택된 논평에서 본 위원회는, 통합노동법(CLT)의 개정된 442-B 규정에 의해 자영노동자의 정의가 확대됨으로써 상당한 범위의 노동자들이 본 협약이 보장하는 권리를 박탈당하는 효과가 생길 수 있다는 노동조합들의 주장을 근거로 하여, 모든 자율적 노동자 및 자영노동자가 자유롭고 임의적인 단체교섭에 참여하도록 하며 이러한 유형의 노동자들의 단체교섭을 촉진할 수 있도록 교섭 절차를 적절히 조정하는 방안을 찾을 수 있도록, 정부가 모든 관련 당사자들과 협의할 것을 요청하였다.
본 위원회는, 통합노동법의 442-B 규정에 따른 자율적 자영노동자의 정의와 관계없이, 자율적 자영노동자를 비롯하여 모든 노동자가 제98호 협약의 규정의 보호를 받아야 한다는 점을 상기한다.

■ 결사의 자유 위원회, 344차 보고서(2007), Case No. 2448 【Colombia】, para. 818

818. (생략) 먼저 본 위원회는, "「협동조합 촉진 권고(제193호, 2002)」는 협동조합이 노동법을 위반하거나 위장된 고용관계를 만들어낼 목적으로 이용되거나 결성되지 않도록 정부가 보장할 것을 요구"하고 있음을 상기시킨다. 나아가, 협동조합의 고유한 특징을 유념하면서, 본 위원회는 (협동조합 구성원이 곧 자신의 고용주인) 노무제공협동조합은 법률상으로나 사실상으로나 제87호 협약이 말하는 노동자의 이익을 증진·옹호하는 것을 그 목적으로 하는 "노동자단체"라고 할 수 없다. 이러한 상황에서, 제87호 협약 제2조를 참조하여 본 위원회는, 노동자의 개념은 단지 임금 노동자뿐만 아니라 독립적 또는 자율적 노동자도 포함된다는 점을 상기하며, 협동조합의 노동자들은 자신의 선택에 따라 단체를 결성·가입할 권리를 가져야 한다고 본다[결사의 자유 위원회 결정례집, 2006, para 261 및 262 참조]. 이와 같은 상황에서, 그리고 전술한 원칙에 따라 본 위원회는, SUPERTIENDAS y Droguerias Olimpica SA 외부에서 업무를 수행하는 COOTRAMENOR의 미성년 노동자들이, 그들이 해당 기업을 위해 직접 노무를 제공하는지, 자영노동자인지 혹은 협동조합을 위한 노무를 제공하는지에 관계없이, 자신의 권리를 옹호하기 위하여 노조할 권리를 자유롭게 행사할 수 있도록 정부가 보장할 것과 이에 관련된 정보를 계속 제공할 것을 다시 한번 요청한다.

다. 하청 노동자

---

■ 결사의 자유 위원회, 340차 보고서(2006), Case No. 1865 【대한민국】, para. 775(결사의 자유 위원회 결정례집, 2018, para. 1414)

775. 두번째로, 본 위원회는, 위에서 검토한 점들 외에, 단체협약이 자발적인 것이 아니란 점을 보여주는 정보를 정부측이 제공하지 않았다고 본다. 위원회에 제출된 정보를 통해 보면, 해당 단체협약의 당사자인 사용자측으로부터 공갈에 관한 고발이 없었으며, 이번 수사는 경찰이 주도하여 진행된 것으로 보인다. 단체협약이 자발적인 것이 아니란 점을 보여주는 증거가 없다는 것을 고려하면, 비록 원청기업이 하청기업의 노동자를 대표하는 노조(또는 원청기업이 고용한 노동자 가운데 조합원이 존재한다는 것을 제시하지 못하는 노조)와 단체교섭할 의무가 있는 것은 아니라 하더라도, 그러한 원청기업과 자발적으로 단체교섭하고 단체협약을 체결하는 것을 방해해서는 안된다는 점을 강조한다. 더욱이, 개별 하청기업 전부와 각각 교섭하는 것이 불가능한 이 사건과 같은 경우에, 해당 노조는 자신이 선택한 사용자에게 임의로 교섭에 응할 것을 요구할 수 있어야 한다. 사실, 건설현장에서 원청기업이 갖는 지배적 지위와 부문 내지 산업별 단체교섭이 일반적으로 존재하지 않는다는 점을 고려한다면, 원청기업과의 단체협약 체결은 효과적인 단체교섭 및 건설현장에 일반적으로 적용되는 단체협약 체결을 위한 실효성 있는 방안으로 보인다.

---

■ 결사의 자유 위원회, 350차 보고서(2008), Case No. 2602 【대한민국】, para. 677(결사의 자유 위원회 결정례집, 2018, para. 1413)

677. 본 위원회는 정부가 금속산업의 하청 노동자들이 단체협약을 체결함에 있어서 직면한 난관들과 관련한 구체적 진정 내용에 대해 답변을 하지 않은 채, 사내하도급을 활용하는 한국의 기업들 대부분이 노사 협력을 통해 "윈-윈(win-win) 해결책"을 만들고 있다는 언급만 한 것에 대해 유감스럽게 주목한다. 더욱이, 원청 사용자/도급인은 하청 노동자들과 고용관계가 없다면서 단체교섭을 거부하고, 하청업체 역시 원청의 사업장에서 고용 및 노동 조건을 통제하지 않는다면서 단체교섭을 거부하는 "딜레마"에 하청 노동자들이 빠져있으며, 정부가 이러한 상황을 암묵적으로 지지한다는 진정에 대해서 정부의 답변이 없는 것에 대해 본 위원회는 유감을 표한다. 본 위원회는 적절한 조치를 통해 하도급이 「노동조합 및 노동관계조정법」상 보장된 결사의 자유의 적용을 회피하는 수단으로 활용되지 않도록 하거나, 하청 노동자를 대표하고 있는 노동조합이 자신들이 대표하는 노동자들의 생활 및 노동조건의 개선을 유효하게 추구할 수 있도록 보장하는 것이 정부의 역할에 속하는 것이라 판단한다.

---

■ 결사의 자유 위원회, 363차 보고서(2012), Case No. 2602 【대한민국】, para. 457; 결
  사의 자유 위원회 결정례집, 2018, para. 1283

457. 위장 도급을 방지하기 위한 정부의 모니터링과 지도 노력을 환영하지만, 본 위원
회는 노동조합 권리의 행사를 회피하기 위해 "사내 하도급"을 활용한다는 진정이 계속
되는 것에 우려를 표하지 않을 수 없다. 본 위원회는 이 점에 관해, 관련 노조와 하청/
파견 노동자의 고용 및 노동조건을 결정하는 자 사이의 단체교섭이 항상 가능해야 한다
는 점을 강조하고 싶다.

---

■ 【영국】 전문가위원회, Observation, 1996

이러한 측면에서, 노동쟁의의 상대방이 직접적 사용자가 아닌 경우에도, 노동자들은 그
들에게 영향을 미치는 문제들에 관하여 단체행동을 할 수 있어야 한다는 점을 지적하고
자 한다. 예를 들면, 이는 모회사, 자회사 또는 원청회사의 구조적 관계로 인하여, 해당
노동자들의 이해관계가 직접적 사용자와의 노사관계를 통해 해결되기 어렵지만, 위와
같은 단체행동으로 노동자들의 정당한 요구가 해결될 수 있는 상황인 경우에 해당될 수
있다. (후략)

---

## 2. 비노조(non-unionized) 노동자 대표와의 교섭

조합원이 아닌 노동자들의 대표와의 교섭은, 해당 교섭 단위에 노동조합이
존재하지 않는 경우에만 허용된다.[90] 또한 이러한 비조합원 노동자들과 체결한
협약이 반노조적 목적으로 이용되지 않도록 적절한 조치가 이루어져야 한다.[91]
전문가위원회는, 충분히 대표성 있는 노조가 존재함에도 이를 회피하기 위해 기
업이 종업원 대표와 직접 교섭하는 것은 본 협약에 명시된 단체교섭 촉진의 원
칙과 상충할 수 있다고 본다.[92] 기업이 비노조 노동자에게 더 나은 노동조건을
제공한다면 노동조합의 교섭 능력이 훼손되고 비노조 노동자에게 유리한 차별적
상황을 야기하는 심각한 문제가 발생할 것이기 때문이다. 뿐만 아니라 노동조합

---

90) *Compilation*, 2018, para. 1343.
91) General Survey, 2012, paras. 239~240; 「노동자대표 협약」(제135호) 제3(b)조; 「단체협
    약 권고」(제91호) 제2(1)조 등 참조.
92) General Survey, 2012, paras. 239~240.

에 가입한 노동자들이 노동조합에서 탈퇴하도록 부추길 수 있다.[93] 결사의 자유위원회도 관련 노동조합과 협의 없이 행정부와의 교섭 및 정보 공유를 위해 노동자 이익대표의 특별한 구조를 도입하는 입법은 평화로운 직업적 관계를 보장하지 못한다는 우려를 표명한 바 있다.[94]

같은 취지에서 「노동자대표 협약」(제135호) 제5조는 "하나의 기업에 노동조합 대표 및 선출된 노동자대표가 모두 존재하는 경우에는 노동자대표의 존재가 관련 노동조합이나 노동조합 대표의 지위를 저해하는데 이용되지 아니하도록 적절한 조치를 취하여야 한다"고 규정하고 있다. 또한, 노동조합이 존재하지 않는 경우에만, 정당하게 선출되고 국내 법령에 따라 승인된 노동자 대표가 단체협약을 체결할 수 있다.[95]

### 3. 사용자 및 사용자단체

사용자 혹은 사용자들은 스스로 단체교섭에 임하거나 자신을 위한 교섭 담당자를 선임할 수 있다. 또한 사용자들은 사용자단체를 결성 내지 가입하여 자신의 이익을 위한 활동을 할 수 있다.

한편, 공공부문에서 단체교섭의 당사자가 될 수 있는 "공공당국(public authority)"의 개념에 관하여, 「노동관계(공공서비스) 협약(제151호)」을 채택하는 과정에서 해당 협약에서 말하는 "공공당국"이란 국가기관을 비롯하여 국가기관이 투자하거나 공적 기능을 수행하는 모든 기관을 의미한다는 점에 합의가 이루어졌다.[96]

## Ⅲ. 단체교섭을 담당하는 노동조합

### 1. 단체교섭을 위한 노동조합의 인정(recognition)

사용자 또는 사용자단체가 단체교섭을 요구하는 노동자단체를 단체교섭의

---

93) *Georgia* — CEACR, observation, 2009.
94) CFA, 376th Report(2015), Case No. 3067【콩고】, para. 950.
95) 「단체협약 권고」(제91호).
96) ILO, *Freedom of association and procedures for determining conditions of employment in the public service*, International Labour Conference, 62nd Session, Geneva, 1977, 25 쪽; International Labour Conference, 64th Session, 1978, *Record of Proceedings*, p. 25/3, Report of the Committee on the Public Service, para. 23.

상대로 인정하는 것은 단체교섭 과정의 기초 단계에 해당한다. 사용자가 노동자
단체를 단체교섭의 상대로 인정하지 않거나 단체교섭의 상대로 인정하는데 지나
치게 높은 수준의 요건을 부과하는 것은 제98호 협약상 자유롭고 임의적인 단체
교섭의 촉진 원칙과 상충될 수 있다.[97]

그러므로 단체교섭의 촉진을 위해 필요하고 적절한 경우, 단체교섭을 위한
목적으로 대표적 노동자단체 및 사용자단체를 단체교섭의 상대방으로 인정하는
국내적 절차를 마련해야 한다.[98] 관련하여 「단체교섭 권고」(제163호)는 단체교섭
을 촉진하기 위한 다양한 수단을 예시하고 있다.

단체교섭을 위한 목적으로 대표적 단체를 인정하는데 다툼이 있는 경우에
는, 독립성과 객관성을 모두 보장할 수 있는 기관에서 대표성 및 독립성이라는
두 가지 기준에 따라 교섭대표를 결정해야 한다.[99] 관련 당국이 단체교섭을 담
당하는 노동자단체 및 사용자단체를 인정하기 위한 절차를 두고 있는 경우, 그러
한 결정은 대표적 노동자단체 및 사용자단체와의 협의를 거쳐 사전에 확립된, 단
체의 대표성에 관한 객관적인 기준에 근거하여야 한다.[100]

교섭대표노조 인정 절차에 걸리는 평균적 기간은 "합리적"(reasonable)이어
야 한다. 예를 들면 전문가위원회는, 교섭대표노조 인정 절차에 평균 9개월이 소
요되는 것은 지나치게 길다고 보았다.[101] 또한 이전의 대표노조 선거에서 대표
성을 인정받지 못한 노동조합이나 새로이 결성된 노동조합이 교섭대표노조로 새
로 인정을 받기까지 3년의 기간이 필요한 법령을 보다 합리적인 기간으로 단축
해야 한다고 보았다.[102]

## 2. 교섭대표노조 결정 절차

가장 대표성 있는 노동조합(the most representative organizations)에게 배타적
교섭권을 부여하는 단체교섭제도와 복수의 노동조합과 각각 단체협약을 체결하
는 것이 가능한 단체교섭제도 양자 모두가 결사의 자유 원칙에 부합한다.[103] 즉

---

97) *Hungary* - CEACR, observation, 2011; General Survey, 2012, para. 224 및 233.
98) *Compilation*, 2018, para. 1350; 「단체교섭 권고」(제163호), 제3(a)조.
99) *Compilation*, 2018, para. 1374.
100) 「단체교섭 권고」(제163호), 제3(b)조; General Survey, 2012, para. 228; *Compilation*, 2018, para. 1369.
101) *Malaysia* - CEACR, observation, 2010.
102) *Serbia* - CEACR, observation, 2010.

가장 대표성 있는 노동조합과 다른 단체를 구분하는 법령이 존재한다는 사실 자체는 ILO 협약 위반의 문제가 되지 않는다. 그러나 이러한 구분으로 인하여 가장 대표성 있는 노동조합에게, 단체교섭 및 정부와의 협의 또는 국제기구에의 대표 파견에서의 우선권 부여 이상의 특권이 주어져서는 안 된다.104) 즉, 이러한 구분으로 인하여, 가장 대표성 있는 노동조합으로 인정되지 않은 노동조합("소수" 노조)이 자기 조합원의 이익을 보호하고, 단체의 운영과 활동을 조직하며 방침을 수립하는데 필수적인 수단을 박탈당하는 효과를 초래해서는 안 된다.105)

국내 법령으로 노동조합이 배타적 교섭 담당자로 인정되기 위한 절차를 규정하는 경우, (a) 독립적인 기구에 의한 교섭대표노조 지위 확인, (b) 해당 교섭단위 내 전체 종사자들을 대상으로 한 투표에서 다수 득표로 결정(a majority vote of the employees in the units concerned), (c) 교섭대표노조 투표에서 충분한 득표를 한 노조가 없는 경우, 일정 기간이 경과한 후에 새로운 교섭대표노조 투표를 요청할 수 있는 노조의 권리, (d) 합리적인 기간이 경과한 후, 교섭대표노조 이외 새로 조직된 노조가 새로운 투표를 요청할 수 있는 권리 등과 같이 단체교섭권 보장을 위한 안전장치가 마련되어 있어야 한다.106) 또한 노동자단체의 등록 여부와 관계없이 대표적 노동자단체는 단체교섭권이 보장되어야 한다.107) 따라서 등록된 노조만 교섭대표노조가 될 수 있도록 하는 법제가 있다면, 그러한 등록 요건이 지나치게 까다로운 것이 아니어야 한다.108)

대표성 있는 노조로 인정되는데 교섭단위 내 전체 종사자의 과반수의 동의를 얻도록 하는 법령에 대해, 전문가위원회는 과반수의 동의를 얻지 못한 노조가 교섭할 권리를 박탈당한다면 ILO 협약 위반의 문제가 발생함을 지적하였다.109)

---

103) *Compilation*, 2018, para. 1351.

104) General Survey, 1994, para. 239; General Survey, 2012, para. 226.

105) General Survey, 2012, para. 226; General Survey, 2013, para. 286.

106) General Survey, 1994, para. 240; General Survey, 2012, para. 229; *Compilation*, 2018, para. 1379.

107) *Compilation*, 2018, para. 1237.

108) General Survey, 1994, para. 238; General Survey, 2012, para. 229; General Survey, 2013, para. 289.

109) *Belize* - CEACR, observation, 2009; *Dominican Republic* - CEACR, observation, 2009; *Lesotho* - CEACR, observation, 2010; *Namibia* - CEACR, direct request, 2010; *United Republic of Tanzania (Zanzibar)* - CEACR, observation, 2010; *Turkey* - CEACR, observation, 2010.

또한 교섭대표노조가 되기 위해 해당 교섭단위 내 50%보다 적은 기준의 노동자들로부터 동의를 얻을 것을 규정한 법제의 경우에도 ILO 협약 위반의 문제가 생길 수 있다.[110] 그러므로 ILO 감독기구들은 교섭대표노조가 되기 위한 수적 요건에 미달한 노조들도 최소한 자기 조합원을 위해 단체교섭을 할 권리가 보장되어야 한다고 역설하였다.[111]

---

■ 【캐나다】전문가위원회, Direct request, 2020

정부는, 비록 캐나다에 단체교섭권에 관하여 전국적으로 동일한 입법은 없지만, 캐나다 전국의 노동관계입법에서 공통적으로 나타나는 핵심적 특징 및 원칙이 다수 존재한다고 설명하였음에 주목한다. 즉, ( i ) 캐나다 대법원은 단결권이 「캐나다 권리 및 자유 헌장」 section 2(d)에 따라 보호되는 권리임을 인정하고, ( ii ) 하나의 교섭 단위의 종사자들의 다수의 지지를 얻은 노동조합이 배타적 교섭권을 가질 수 있고, (iii) 종사자 다수의 지지 여부는 조합원 카드 서명을 통해 또는 비밀 투표를 통해 입증될 수 있고, ( iv) 일단 교섭대표노조로 인정되면, 해당 노동조합과 사용자는 성실 교섭 의무를 가지며 고용 및 노동조건에 관해 단체협약을 임의적으로 체결하기 위해 모든 합리적 노력을 다해야 하며, ( v ) 단체협약 유효기간 동안에는 작업중지가 금지되며, (vi) 단체협약의 해석 또는 운용에 관한 모든 분쟁은 구속력 있는 중재에 맡겨지며, (vii) 단체교섭 중 사용자와 노동조합이 교착상태에 빠지면, 분쟁을 해결하고 단체협약을 체결할 수 있도록 돕는 다양한 메커니즘(조정, 알선, 임의적 중재 등)이 제공되며, (viii) 다양한 주(관할권)에서 최초 협약 체결을 위한 중재(first contract arbitration)가 이루어지며 당사자들은 관련 노동위원회에 지원을 신청할 수 있다.

캐나다노총(Canadian Labour Congress, CLC)에 따르면, 현행 단체교섭 모델(와그너법 모델)은 여전히 대기업 및 단일 사업장에서 전통적 노동시간제에 따라 일하는 노동자들에 부합하며 이러한 산업 및 업종에서 유지되고 있지만, 소규모 사업장 및 비정규직(단시간, 파견, 계절노동, 자영노동 및 도급 노동)이 일하는 사업장에는 부합하지 않는다는 한 점에 본 위원회는 주목한다. 나아가, 캐나다노총이 강조한바, 최근 온타리오주에서 플랫폼 노동자들이 개인사업자가 아니라 근로자로 인정되었고 결사의 자유 및 단체교섭

---

110) *Bangladesh* - CEACR, observation, 2011(대기업 내지 업종 단위에서 전체 노동자의 3분의 1 이상의 동의를 얻어야 노동조합으로 등록할 수 있고 단체교섭을 할 수 있도록 하는 법제는 그러한 요건 충족이 어려움으로 인해 단체교섭의 촉진이라는 본 협약에 부합하지 않는다고 봄).

111) General Survey, 2012, para. 235; *Compilation*, 2018, paras. 1387~1391.

권을 보장받고 있음을 본 위원회는 주목한다. (중략)

다양한 이해관계인들이 표현한 바와 같이 현행 단체교섭 모델을 비정규직 노동에 부합하도록 할 수 있는 다양한 해결책들을 모색하기 위한 필요성을 살피면서, 본 위원회는 정부가 모든 관련 당사자들과의 협의를 통해, 본 의견표명에서 언급된 가장 취약한 노동자들에게 특히 주의를 기울이면서, 본 협약의 보호를 받는 모든 노동자들이 단체교섭권을 법적으로나 실제적으로 보장받을 수 있도록 적절하고 합의된 해결책을 찾을 것을 권고한다.

## 3. 교섭대표노조가 되지 못한 노조의 권리

교섭대표노조를 정하도록 하는 제도하에서, 교섭대표노조가 되기 위한 요건에 부합하는 노조가 없는 경우, 해당 교섭단위 내의 모든 노동조합이 최소한 자신의 조합원을 위하여 단체교섭을 하고 협약을 체결할 권리가 보장되어야 한다.[112]

또한 교섭대표노조가 존재하는 경우, 교섭대표노조가 되지 못한 소수노조의 경우에도 조합원의 고충 처리나 사업장의 각종 위원회 참여 등에서 자신의 조합원을 대표할 권리가 보장되어야 한다.[113] 그리고 교섭대표노조가 되지 못한 노조의 파업권 역시 보장되어야 한다. 즉, 파업의 정당성은 교섭대표노조 지위 여부에 따라 판단되지 않아야 한다.[114]

---

■ 결사의 자유 위원회, 384차 보고서(2018), Case No. 3262【대한민국】, paras. 321 및 329

321. [전략] 교섭창구 단일화에 관한 개정 노동조합법 규정에 대하여, 본 위원회는 단체교섭권을 갖지 못하게 된 소수노조가 자신의 조합원들을 위하여 발언하고 개별 고충처리에 있어서 조합원을 대표하기 위해 조합활동을 수행하는 것이 가능하도록 정부가 필요한 모든 조치를 취할 것을 촉구한다. 교섭창구 단일화 제도 도입에 따라 부당노동행

---

112) *Digest*, 2006, para. 976; *Compilation*, 2018, paras. 1389~1391.
113) CFA, 384th Report(2018), Case No. 3262【Republic of Korea】, paras. 321 및 329.
114) CFA, 363rd Report(2012), Case No. 1865【Republic of Korea】, para. 118.

위가 발생했다는 상세하고 수많은 진정내용에 관하여, 본 위원회는 부당노동행위에 대한 무관용 정책을 실시하고 인터넷 신고센터를 만들겠다는 정부의 설명을 환영한다(결사의 자유 위원회, Case No. 1865, 363차 보고서, paras. 115-117 참조).

본 위원회의 권고
329. 앞서의 결론에 비추어, 본 위원회는 이사회가 다음의 권고를 승인할 것을 요청한다. 본 위원회는 정부가 사회적 파트너들과의 협의를 통해, 결사의 자유를 침해하는 역효과(부당해고, 부당노동행위, 소수노조에 대한 차별 등)가 발생하는 것을 방지하기 위한 목적으로, 현행 단체교섭 창구단일화 시스템의 실제 효과에 대해 검토할 것을 촉구한다.

## Ⅳ. 단체교섭의 대상사항

제98호 협약에서 말하는 '노동자'가 고용관계의 존부와 상관없이 모든 노동자를 가리키는 것과 마찬가지로, 제4조의 '고용 조건(terms and conditions of employment)'의 '고용(employment)'도 협의의 고용관계가 아니라 보다 광의의 '직업(occupation)'을 의미하는 것으로 해석된다.[115]

관련하여 「단체교섭 협약」(제154호)은 단체교섭을 "(a) 노동조건 및 고용 조건 결정 및/또는, (b) 노·사간 관계에 대한 규율 및/또는, (c) 노·사단체간 관계에 대한 규율"을 위한 모든 종류의 교섭이라고 정의한다(제2조).[116] 그러므로 단체교섭의 교섭사항은, 노동조건 및 고용 조건, 하나 혹은 복수의 사용자 또는 하나 혹은 복수의 사용자단체와 하나 혹은 복수의 노동조합간의 관계를 규율하는 것이 된다.[117] 여기서 "노동 및 고용 조건"이란 전통적 의미의 노동조건(노동시

---

115) De Stefano, Valerio. Not as simple as it seems: The ILO and the personal scope of international labour standards, *International Labour Review*, Vol. 160, No. 3, 2021, 400쪽.

116) 관련하여 「단체교섭 협약(제154호, 1981」 제2조는 단체교섭을 다음과 같이 정의하고 있다.
For the purpose of this Convention the term *collective bargaining* extends to all negotiations which take place between an employer, a group of employers or one or more employers' organisations, on the one hand, and one or more workers' organisations, on the other, for…
(a) determining working conditions and terms of employment; and/or
(b) regulating relations between employers and workers; and/or
(c) regulating relations between employers or their organisations and a workers' organisation or workers' organisations.

117) 「단체교섭 협약」(제154호) 채택을 논의한 1981년 ILO 총회에서는, 협약에서 말하는 "노

간, 휴게, 임금 등)뿐만 아니라 고용 조건에 통상 포함되는 사항들(승진, 전직, 해고
등)을 비롯하여 당사자들이 교섭을 통해 다루기로 결정한 사항들을 포괄하는 개
념이다.118)

일례로 「노동자대표 협약」(제135호) 및 「노동자대표 권고」(제143호)에 따라
노동자대표에게 제공되는 편의 사항들도, 노·사간 관계에 대한 규율로서 단체교
섭의 대상사항이 된다.

실제로 단체협약이 다루는 사항들은 노동관계의 발전에 따라 확대되어 왔
다. 즉, 단체협약은 채용 과정, 안전·보건, 구조조정 절차, 직업훈련, 차별, 보충
적 사회보장급여 등과 관련된 문제들을 점점 더 자주 다루고 있다.119)

단체교섭에 관한 법·제도는, 교섭 당사자가 교섭 의제에 무엇을 포함시킬 것
인가에 관한 완전한 자유를 부여해야 한다. 교섭 사항의 범위를 당국이 일방적으
로 제한하는 조치는 제98호 협약과 상충된다.120) 다만, 차별적 단체협약 조항,
단결강제 조항, 법에서 정한 최소기준에 위배되는 조항 등과 같이 공익적 목적에
서 일정한 교섭 사항을 금지하는 것은 예외적으로 허용된다.121)

정부 사업의 관리 및 운영과 주로 또는 본질적으로 관련되는 것이 명백한
사항들은 단체교섭 대상사항을 벗어난다고 인정될 수도 있다.122) 예컨대 교육정
책의 개략적인 윤곽을 결정하는 것은 비록 이러한 사안에 대해 교사단체의 자문
을 구하는 것이 통상적이라고 하더라도 관계 당국과 교사단체 간의 단체교섭 대
상은 아니다. 그럼에도 불구하고 그러한 "교육정책에 관한 결정이 고용 조건에
미치는 결과에 대한 단체교섭"은 가능해야 한다.123)

---

동조건 및 고용 조건(working conditions and terms of employment)"은 "노·사 당사자
들이 국내법 및 공공 질서의 범위 내에서, 단체협약의 내용을 전적으로 자유롭게 결정할
수 있고, 따라서 모든 종류의 사회적 조치를 비롯하여 노동 및 생활에 관련된 제반 조건
을 다루는 단체협약 조항을 체결할 수 있음"을 의미한다는 점을 재확인하였다(Interna-
tional Labour Conference, *Record of Proceedings*, 1981, pp. 22/5-6).
118) General Survey, 2012, para. 215; *Compilation*, 2018, para. 1289.
119) General Survey, 2012, para. 215.
120) *Croatia* - CEACR, observation, 2010; *Fiji* - CEACR, observation, 2010; General Survey,
2012, para. 215; General Survey, 1994, para. 250; *Compilation*, 2018, para. 1290 등 참조.
121) General Survey, 2012, para. 216.
122) *Compilation*, 2018, para. 1300.
123) CFA, 351st Report(2008), Case No. 2569 【Republic of Korea】, para. 631; CFA, 311th
Report(1998), Case No. 1951 【Canada】, para. 220; *Compilation*, 2018, paras. 1302~
1304.

> ■ 결사의 자유 위원회, 346차 보고서(2007), Case No. 1865【대한민국】, para. 747; 결
> 사의 자유 위원회, 353차 보고서(2009), Case No. 1865【대한민국】, para. 704; 결
> 사의 자유 위원회 결정례집, 2018, para. 1300
>
> 704.「공무원의 노동조합 설립 및 운영 등에 관한 법률」제8조 제1항에 따라 교섭의 대
> 상이 될 수 없는 "법령 등에 의하여 국가 또는 지방자치단체가 그 권한으로 행하는 정
> 책결정에 관한 사항, 임용권의 행사 등 그 기관의 관리·운영에 관한 사항으로서 근무조
> 건과 직접 관련되지 아니하는 사항"에 관하여, 본 위원회는 이전의 사건 검토에서 공공
> 부문에서 일정한 사안들에 관한 교섭 거부가 있다는 주장을 주목하며, "주로 또는 핵심
> 적으로 정부의 관리 및 운영과 명백하게 관련되는 일정한 사항이 존재한다. 이러한 사
> 항은 교섭 범위 밖에 있는 것으로 합리적으로 간주할 수 있다"라는 '결사의 자유에 관한
> 사실조사조정위원회(Fact-Finding and Conciliation Commission on Freedom of
> Association)'의 견해를 상기하였다. 다른 일정한 사안들은 주로 또는 핵심적으로 노동
> 조건과 관련된 문제이며 이런 사안들을 상호간 성실성과 신뢰 속에서 진행되는 단체교섭
> 의 범위 밖에 있는 것으로 보아서는 안 된다는 점도 마찬가지로 명백하다[결사의 자유
> 위원회 결정례집, 2006, para. 920]. "국가 또는 지방자치단체가 그 권한으로 행하는 정
> 책결정에 관한 사항" 및 "기관의 관리·운영에 관한 사항"이 무엇인지 명확한 개념 정의
> 가 없고, 공무원노조법에 도입된 이러한 사안들에 대한 단체교섭이 포괄적으로 금지된다
> 는 점에 비추어 볼 때, 본 위원회는 국가 행정에 종사한다고 볼 수 없는 공무원에 관해
> 공무원노조법을 적용하는 경우, 공무원의 고용 및 노동조건과 관련되는 정책 결정 및 관
> 리·운영에 관한 사항이 단체교섭 사항에서 배제되지 않도록 할 것을 정부에 요청한다.

또한 단체교섭은 반드시 단체협약 체결이나 파업을 하기 위한 전단계로 이
해되어서는 아니된다.[124]

## V. 단체교섭의 원칙

### 1. 자유롭고 임의적인 단체교섭의 원칙

단체교섭 당사자의 자율성 및 자유롭고 임의적인 단체교섭의 원칙은 결사의
자유의 근본적인 측면이다.[125] 그러므로 임금 협약을 비롯하여 교섭 당사자간

---

124) General Survey, 2013, para. 308.
125) *Compilation*, 2018, para. 1313.

자유롭게 체결된 단체협약의 내용을 무효화하거나 수정하는 법령 또는 당국의 개입, 단체협약 유효기간의 일방적 연장 등은 자유롭고 임의적인 단체교섭의 원칙에 위배된다.[126] 단체교섭에 관해 법령으로 지나치게 상세하게 규정하는 것도 교섭 당사자의 자율성을 침해할 수 있다.[127]

결사의 자유 위원회는, 단체교섭 사항과 관련되어 있음에도 불구하고, 단체협약의 틀 내에서 단체교섭을 촉진하는 것이 아니라 정부가 일방적인 결정으로 일부 노동조건을 개선하는 관행은, 단체교섭을 촉진하는 방식이 아니라는 점에서 회피해야 한다고 지적하고 있다.[128]

---

■ 결사의 자유 위원회, 346차 보고서(2007), Case No. 1865【대한민국】, para. 743; 결사의 자유 위원회, 353차 보고서(2009), Case No. 1865【대한민국】, para. 703; 결사의 자유 위원회 결정례집, 2018, paras. 1483~1484

703. 본 위원회는 위의 보고를 충분히 주목하면서, 국가 행정에 종사하지 않는 공무원들에게 적용되는 법률 조항을 둘러싼 쟁점을 언급하지 않고 있다는 점에 주목한다. 본 위원회는「공무원의 노동조합 설립 및 운영에 관한 법률」제10조 제1항이 단체협약의 내용 중 법령·조례 또는 예산에 의하여 규정되는 내용과 법령 또는 조례에 의하여 위임을 받아 규정되는 내용은 단체협약으로서의 효력을 가지지 아니한다고 규정하고 있는데, 국가 행정의 대리인 자격으로 행위하지 않는 공무원 및 공공부문 노동자들(예컨대 공기업이나 자율적 공공기관에서 일하는 사람들)은 자신의 사용자들과 자유롭고 임의적인 단체교섭을 할 수 있어야 한다는 점을 환기시키고자 한다. 이 경우 교섭 당사자의 자율성이 우선시 되어야 하며 법령, 조례 또는 예산상 규정에 종속되어서는 안 된다. 가장 중요한 점은, 예산 권한을 입법 기관에 유보하는 것이 공공당국에 의해 또는 공공당국을 위하여 체결된 단체협약의 이행을 방해하거나 제한하는 효과를 낳아서는 안 된다는 것이다. 이미 체결된 단체협약의 이행을 방해하거나 제한하는 방식으로 공공당국이 재정적 권한을 행사하는 것은 자유로운 단체교섭 원칙에 부합하지 않는다[결사의 자유 위원회 결정례집, 2006, paras. 1033 및 1034]. 본 위원회는 국가 행정에 종사하지 않는 공무원의 노동조합과 교섭할 경우 교섭 당사자들의 자율성이 충분히 보장되도록 하고, 입법권자에게 예산권을 유보하는 것이 단체협약의 이행을 막는 효과가 없도록 할 것을 정부에 다시 한번 요청한다.

---

126) *Compilation*, 2018, paras. 1298, 1446, 1449, 1452 및 1453.
127) *Cuba* - CEACR, observation, 2009.
128) *Compilation*, 2018, para. 1479.

또한 공공당국과 노동조합이 공공부문에서 임금 인상에 합의하거나 그 밖에 예산에 영향을 미칠 수 있는 단체협약 조항에 합의한 경우, 입법부가 그러한 단체교섭의 결과를 승인하는 것이 중요하다고 ILO 감독기구들은 강조한 바 있다.129) 예를 들면 전문가위원회는, 입법부 내에서 이러한 단체협약 존중의 문화가 중요하다고 강조하였다.130)

다만 공공부문에서의 단체교섭의 경우, 포괄적으로 예산 제한을 설정한다든지 임금교섭에 관하여 상한선 혹은 하한선을 설정하는 법령은, 그것이 단체교섭이 기능할 수 있는 여지를 충분히 남겨둔다면 관련 ILO 협약들과 양립할 수 있다. 그러나 이 경우에도 재정, 예산 및 기타 필요한 제반 자료를 투명하게 제공하는 것과 같이 노·사가 그러한 포괄적 제한선을 만드는 과정에 온전히 참여할 수 있도록 하는 것이 중요하다.131) 반면 당사자간 단체교섭의 여지를 조금도 남겨두지 않고 '임금 동결' 혹은 구체적인 인상률을 부과하는 규정은 자유롭고 임의적인 단체교섭의 원칙과 상충된다.132)

---

■ 결사의 자유 위원회, 365차 보고서(2012), Case No. 2829【대한민국】, para. 574 (결사의 자유 위원회 결정례집, 2018, para. 1485)

574. 정부가 다양한 지침, 경영평가 보고서 및 회계감사 등을 통해 권고한바, '불합리'한 내용으로 평가된 단체협약의 일부 조항들이 개정된 것에 관하여, 한편으로는 교섭 당사자의 자율성을 가능한 한 최대한으로 유지하여야 할 필요성과 다른 한편으로는 정부가 예산상 어려움을 극복하기 위해 취하여야 하는 조치 사이에서 공정하고 합리적인 타협책이 모색되어야 한다는 점을 본 위원회는 상기한다[결사의 자유 위원회 결정례집, 2006, para. 1035 참조]. 더욱이, 정부 지침을 넘어서는 임금인상 금지 및 법정 최저요건을 과도하게 넘어서는 부가급여 관련 조항 개정 요구에 관하여, 본 위원회는 단체교섭 당사자들의 자율성 원칙이 제151호 협약으로 보호되는 공무원들에게도 유효하다는 점을 강조하고자 한다. 공공서비스의 특성상 그러한 원칙의 적용에 일정한 유연성을 요함에도 불구하고 말이다. 따라서 본 위원회의 관점에서는, 국회 또는 관할 예산당국이 임금 교섭의 상한과 하한을 설정하거나 포괄적인 "예산 패키지"를 설정하고 그 틀 안에

---

129) *Compilation*, 2018, para. 1483.
130) General Survey, 2013, para. 336.
131) General Survey, 2012, para. 219; General Survey, 1994, para. 263; *Compilation*, 2018, paras. 1487~1489.
132) General Survey, 2012, para. 220.

서 당사자들이 임금이나 기준(예: 노동시간 단축이나 그 밖의 노동시간 조정, 급여 수준에 따른 다양한 수준의 임금 인상, 재조정을 위한 계획 설정 등)을 정할 수 있도록 하는 법령, 또는 재정당국이 직접적 사용자와 함께 단체교섭에 참여할 수 있는 권한을 주는 법령은, 그러한 법령이 당사자들의 단체교섭이 중요한 역할을 할 여지를 남겨두는 경우에는, 해당 협약에 부합한다[결사의 자유 위원회 결정례집, 2006, para. 1038 참조]. (중략) 진정인은 여러 단체협약의 조항들이 "불합리"하다는 평가를 받아 개정을 권고받았다고 주장하였는데, 정부는 이러한 주장에 대해 부정하지도 않았고 답변하지도 않았다는 점에 본 위원회는 주목한다. 이런 측면에서 본 위원회는, 경제위기를 이유로 단체협약을 무효로 하고 재교섭을 강제했다는 주장을 심사하면서, 시행 중인 단체협약의 재교섭을 요구하는 법령은 제98호 협약에서 천명된 자유롭고 임의적인 단체교섭 원칙에 반한다고 보았고, 시행 중인 단체협약에 대한 재교섭은 관련 당사자간 합의에 따른 것이 되도록 정부가 노력할 것을 요구하였다는 것을 상기시키고자 한다.

---

■ 결사의 자유 위원회, 403차 보고서(2023), Case No. 3430【대한민국】, para. 490

490. 앞서 살펴본 바와 같이 본 위원회는, 진정인이 제기한 문제에 관하여 정부 가이드라인에 규정된 기준이 각각의 공공기관에서 단체교섭의 내용을 여러 측면에서 제한하는 기본틀을 이루고 있다는 사실에 주목한다. 비록 중앙정부가 제시한 권고에 담긴 일반적 원칙들을 어떤 방식으로 이행하는가에 관해서 단체교섭이 일정한 역할을 할 수 있음에도 불구하고 말이다. 최근의 수많은 정부 권고들의 복합적 효과로 인하여 단체교섭을 위한 실질적 공간이 제한되고 있으며, 노동자단체와의 협의나 노동자 참여 없이 만들어진 가이드라인을 근거로 단체교섭에 대한 그러한 제한이 이루어지고 있다는 점에 관하여 본 위원회는 우려를 표한다.

---

경제적 안정화 또는 구조조정 정책의 관점에서 당국이 부과하는 임금 지침과 같이, 장래에 체결될 단체협약의 내용에 대한 제한은, 노동자단체 및 사용자단체와 사전 협의를 거쳐 다음의 요건을 충족하는 경우에만 허용된다. 이러한 제한은 1) 예외적 조치로서만 적용되며, 2) 합리적 기간을 초과하지 않으며, 3) 필요한 한도 내에서만 부과되며, 4) 제한 조치에 가장 영향을 받을 수 있는 사람들을 비롯한 관련된 노동자들의 생활조건을 효과적으로 보호하기 위한 안전장치가 동반되어야 한다.[133]

---

133) General Survey, 1994, para. 260; General Survey, 2012, para. 220; *Compilation*, 2018,

## 2. 조정 및 중재

노동쟁의의 해결을 위한 기구 및 절차는 단체교섭의 촉진에 기여할 수 있도록 마련되어야 한다(ILO 제154호 협약 제5조 제2항 [e]). 특히 노·사 당사자 사이의 교섭을 촉진하기 위한 목적으로 조정이나 중재 절차를 마련한 법 또는 관행은 단체교섭 당사자의 자치를 보장하는 것이어야 하며, 이러한 절차의 활용은 당사자의 임의에 맡겨져야 한다.[134] 또한 이러한 임의적 조정 및 중재를 법령으로 규정하는 경우, 조정 및 중재의 합리적인 기한이 사전에 정해져 있는 경우에 허용된다.

따라서 당사자들이 합의에 이르지 못하였을 때, 또는 단체교섭의 일방 당사자의 요청에 따라, 강제중재를 하는 것은 일반적으로 제98호 협약상 임의적인 단체교섭의 원칙에 반한다.[135] 강제중재는 오로지 다음과 같은 특정 조건, 즉 1) 그 중단이 생명, 개인의 안전, 또는 인구의 전체 혹은 일부의 건강을 해칠 수 있는, 엄격한 의미에서의 필수 서비스(essential services)에 대해서, 2) 국가 행정에 종사하는 공무원이 관계된 공적 서비스 부문에서 발생한 노동분쟁에 대해서, 3) 교섭이 장기화되었음에도 합의에 이르지 못한 이후에, 교섭의 교착 상태를 당국의 주도 없이는 극복할 수 없다는 것이 분명할 때, 및 4) 극심한 국가적 위기의 경우에만 강제중재가 허용된다.[136]

다만, 노동자단체가 최초 단체협약 체결을 위해 중재 절차를 이용할 수 있도록 하는 것은 예외적으로 허용된다.[137]

## 3. 단체협약에 대한 간섭

단체협약에 당국(특히, 행정당국 혹은 예산당국)의 승인을 얻도록 하는 것은 임의적 교섭 원칙에 위배된다.[138] 그러한 의무를 부과하는 규정은, 단체협약에 절차적 흠결이 있거나 입법으로 정해진 최소기준을 위반한 경우에만 승인을 거

---

para. 1461.
134) *Compilation*, 2018, paras. 1324~1325.
135) *Compilation*, 2018, paras. 1415~1419.
136) General Survey, 2012, para. 247; *Compilation*, 2018, paras. 1417 및 1430.
137) General Survey, 2012, para. 250; *Portugal*. CEACR, observation, 2010.
138) *Compilation*, 2018, paras. 1438~1445.

절할 수 있도록 규정된 경우에만 제98호 협약과 양립할 수 있다. 만약 당국이 단체협약 승인 거절에 관해 전적인 재량을 가지도록 하거나, 정부의 경제 정책, 임금 및 고용에 관한 지침 등에 부합하는지와 같은 일정한 기준을 근거로 승인하도록 하는 법령은, 단체협약의 시행에 당국의 사전승인을 받도록 하는 것이므로, 임의적 교섭 원칙에 위배된다.139)

특히 공공부문의 경우 당국은 사용자로서의 역할도 하는 경우가 많으므로 당국이 단체협약 체결 과정이나 이후 이행 과정에서 간섭하는 것은 한층 더 문제가 될 수 있다. 예컨대 ILO 감독기구들은, 공공부문 노동자에게 부여된 혜택을 취소할 목적으로 공공당국이 '합리성'(rationality) 내지 '비례성'(proportionality)을 근거로(예컨대 비용이 너무 많이 소요된다는 이유로) 단체협약에 이의를 제기하는 관행은 단체교섭 제도 자체를 심각하게 위태롭게 한다고 보았다.140)

또한, 단체협약의 어떤 조항이 불합리하다는 주장은 행정당국이 판단할 사안이 아니라 사법적 심사가 이루어져야 할 사안이며 이마저도 극히 심각한 사안인 경우에만 허용될 수 있다.141) 또한 헌법상 기본권을 침해하는 단체협약의 내용(성별을 이유로 한 임금 차별 등)은 허용될 수 없겠지만, 이 경우에도 단체협약에 대해 사법 심사가 남용되어서는 아니된다.142)

---

■ 결사의 자유 위원회, 363차 보고서(2012), Case No. 1865 【대한민국】, para. 120(결사의 자유 위원회 결정례집, 2018, para. 1232)

120. 진정인에 따르면, 개정된 노조법을 이유로 코레일, 국민연금관리공단, 한국가스공사 등 여러 사업장에서 단체협약이 일방적으로 해지되었으며 이러한 해지가 특히 공기업에서 광범위하게 나타난다는 점에 위원회는 주목한다. 또한 개정 노조법이 시행된 후 법에 대한 왜곡과 잘못된 해석으로 자유롭고 자율적인 노사관계가 훼손되고 있다. 고용노동부도 역시 부당노동행위를 부추기는 시정 명령을 내리고 있다. 이러한 시정 명령은 편의 제공, 조합원 자격, 단체협약 종료에 관한 제한 등 전임자 임금 지급과 직접적인 관련이 없는 단체협약 사항들을 대상으로 한다. 더 나아가 진정인에 따르면, 이것이 노

---

139) General Survey, 1994, para. 251.
140) General Survey, 2012, para. 207.
141) *Compilation*, 2018, para. 1477.
142) *Costa Rica* — CEACR, observation, 2009.

사가 자유롭고 임의로 협약을 체결할 수 있는 가능성을 음으로 양으로 제한하고 따라서 노동분쟁을 증가시킬 수 있다는 점에 위원회는 주목한다. 이는 사용자가 교섭에 불응하거나 교섭과정에 불성실하게 임하거나 부당노동행위에 의존하는 결과를 낳았다. 위원회는, 노동조건에 대해 사용자와 자유롭게 교섭할 권리는 결사의 자유의 핵심적인 요소에 해당하며 모든 노동조합이 단체교섭 또는 기타 적법한 수단을 통해 노동조합이 대표하는 사람들의 생활조건과 노동조건을 개선할 권리를 가져야 한다는 점을 상기한다. 공공당국은 이러한 권리를 제약하거나 이 권리의 정당한 행사를 방해하는 일체의 간섭을 해서는 안 된다. 그러한 어떠한 간섭도 노동자단체와 사용자단체가 자신의 활동을 조직하고 자신의 방침을 수립할 권리를 가져야 한다는 원칙에 위배된다. 위원회는 또한 단체협약은 당사자들에게 구속력을 가져야 한다는 점을 상기한다[결사의 자유 위원회 결정례집, 2006, paras. 881 및 939]. (후략)

단체협약의 유효기간 역시 당사자간 교섭의 결과로 정해지는 것이 바람직하다. 「노동관계(공공 서비스) 권고」(제159호)는 단체협약 유효기간에 관한 정확한 규칙이 필요함을 강조하지만, 이는 변화하는 상황이나 기업의 필요 및 노동조합의 요구에 조응하여 노사 당사자간 합의한 규칙을 조정해나가는 것이 단체교섭의 주요 기능이기 때문이다.

그러므로 법으로 단체협약의 유효기간을 강제로 연장하는 것(단체협약 유효기간 만료 이후 당사자들이 새로운 단체협약을 체결하지 못하였을 때 기존 단체협약의 효력을 일정 기간 연장하는 입법과는 다름)은 오로지, 국가적 혹은 지역적으로 심각한 비경제적(non-economic) 성격의 위기의 경우에만 예외적으로 단기간 동안만 허용된다.[143] 또한 결사의 자유 위원회는, 단체협약 유효기간을 매우 장기로 정하는 것은 가까스로 교섭대표노조가 된(대표성이 약한) 노조가 장기적 단체협약을 수용하는 방식으로 자신의 지위를 공고히 함으로써 노동자의 진정한 이익을 희생시킬 수 있는 잠재적 위험성을 내포하고 있다고 보았다.[144]

---

143) General Survey, 2012, para. 201; *Compilation*, 2018, para. 1455.
144) *Compilation*, 2018, para. 1503.

# VI. 단체교섭의 수준(level)을 결정할 자유

> ■ 결사의 자유 위원회, 346차 보고서(2007), Case No. 1865【대한민국】, para. 804 (결
> 사의 자유 위원회 결정례집, 2018, para. 1469)
>
> 804. 2005년 6월 최저임금 심의 중 노동조합 대표자에 대한 괴롭힘이 있었다는 주장에
> 관하여, 본 위원회는 국제노총(ICFTU)으로부터의 진정 및 정부의 답변을 통해, 최저임금
> 위원회의 최저임금 심의가 진행 중인 회의장 밖에 경찰력이 배치되었음을 알게 되었다.
> 최저임금 심의가 이루어지고 있는 회의장에 근접하여 경찰이 주둔하고 있는 것은 자유롭
> 고 임의적인 단체교섭 진행에 악영향을 끼치는 책임이 있다고 본 위원회는 생각한다. 그
> 러므로, 교섭이 이루어지고 있는 회의장 부근에 경찰이 배치되는 것은 구체적 상황에 따
> 라 매우 엄격하게 정당화될 수 있을 뿐이라고 본 위원회는 생각하며, 이 사건에서 경찰
> 력 배치를 하게 된 구체적 상황이 무엇이었는지 알려줄 것을 정부에게 요청한다.

「단체교섭 권고」(제163호)는 "필요한 경우, 사업별, 기업별, 업종별, 산업별 또는 지역별 또는 전국적 수준(level) 등 어떤 수준에서든 단체교섭이 이루어질 수 있도록 국가 사정에 적합한 조치들이 취해져야 한다."(제4조)고 규정하고 있다. 결사의 자유 위원회는, 교섭 수준의 결정은 본질적으로 당사자의 재량에 맡겨야 할 문제이며, 따라서 법률, 행정당국의 결정 또는 노동행정당국의 결정례에 의해 교섭 수준을 강제해서는 안 된다고 강조하였다.[145] 전문가위원회도 교섭 수준을 일방적으로 규정하거나 특정 수준에서만 교섭이 이루어지도록 강제하는 입법은 제98호 협약과 양립하지 않는다고 본다.[146] 단체교섭은 전국적 수준,[147] 기업적 수준을 포함하여 모든 수준에서 가능해야 한다. 또한 연맹이나 총연맹도 단체교섭을 할 수 있어야 한다.[148]

---

145) *Compilation*, 2018, paras. 1404, 1406 및 1407.
146) General Survey, 2012, para. 222.
147) *Albania* - CEACR, observation, 2009; *Bosnia and Herzegovina* - CEACR, observation, 2009 등 참조.
148) General Survey, 1994, para. 249; *Namibia* - CEACR, direct request, 2009; *Uganda* - CEACR, observation, 2009 등 참조.

> ■ 결사의 자유 위원회, 365차 보고서(2012), Case No. 2820 【그리스】, para. 997; 결사
> 의 자유 위원회, 371차 보고서(2014), Case No. 2947 【스페인】, para. 453(결사의
> 자유 위원회 결정례집, 2018, para. 1408)
>
> 997. (중략) 유리 원칙의 폐기는 개별 기업의 특수한 재정적 여건하에서 임금 및 노동
> 조건을 기업 단위 단체교섭으로 정하는 것을 지원한다는 정부의 설명을 주목하면서, 본
> 위원회는 법이 산업 단위의 단체교섭에 장애물이 되어서는 안된다고 보며[결사의 자유
> 위원회 결정례집, 2006, para. 990 참조], 위에 언급된 모든 조치들이 상위 수준의 단체
> 교섭에 심각한 장애가 될 수 있음에 우려를 표한다. 어떤 경우이든지, 본 위원회는 의미
> 있는 단체교섭은 모든 협약 당사자들이 임의로 동의한 규정에 구속된다는 전제 위에서
> 가능하다는 점을 상기시키며, 정부에게 모든 단체협약이 협약 당사자들에게 구속력을
> 발휘할 수 있도록 보장할 것을 요청한다. 상위 협약의 조항보다 불리한 기업 단위 협약
> 을 인정하는 분권적 단체교섭을 제도적으로 우대하는 절차를 마련하는 것은, 단체교섭
> 제도 및 노동자단체와 사용자단체의 전반적 불안정화를 초래할 수 있으며, 이러한 측면
> 에서 제87호 협약 및 제98호 협약의 원칙에 반하여 결사의 자유 및 단체교섭권을 약화
> 시킬 수 있다.

단체교섭 수준에 대해 당사자간 의견이 일치하지 않는 경우, 당사자가 신뢰
하는 독립적인 기구와 같은, 분쟁 해결을 위한 공정한 기구가 이를 다루어야 한
다.149)

## Ⅶ. 성실교섭의 원칙

제98호 협약 제4조가 단체교섭을 하고 단체협약을 체결해야 할 공식적 의무
를 명시하지는 않지만, ILO 감독기구들은 단체교섭의 당사자들은 성실교섭의 원
칙을 존중해야 하며 불공정하거나 남용적 행위(교섭대표노조의 불승인, 교섭절차 방
해 등)를 해서는 안 된다고 본다.

결사의 자유 위원회는 사용자와 노동조합 양자 모두가 성실하게(in good
faith) 교섭하고 합의에 도달하기 위해 모든 노력을 다하는 것이 중요하다고 지적
했다. 또한, 진실하고 건설적인 협상은 양 당사자 간의 신뢰 관계를 형성하고 유

---

149) CFA, 338th Report(2005), Case No. 2375 【Peru】, para. 1226; CFA, 338th Report(2005)
Case No. 2326 【Australia】, para. 457.

지하는 데 필수적인 요소이다.[150)]

> ■ 결사의 자유 위원회, 338차 보고서(2005), Case No. 2326 【오스트레일리아】, para.
>  457
>
> [사건개요] 오스트레일리아의 사업장 관계법(Workplace Relations Act 1996)에 따르면, 오로지 하나의 기업단위 단체협약 체결을 위한 단체행동만 법적 보호를 받고, 단체협약 유효기간 중의 단체행동, 복수 사용자 단체협약(multi-employer agreement) 체결을 위한 단체행동, 단체교섭의 대상사항이 아닌 요구 관철을 위한 단체행동 또는 연대파업 내지 항의 행동은 법령상 벌칙 및/또는 손해배상의 대상이 됨. 2003년 12월 오스트레일리아 하원을 통과한 「건축 및 건설산업 개선 법안」(Building and Construction Industry Improvement Bill)은 위의 사업장 관계법보다 더욱 단체교섭 및 단체행동에 대한 제한을 강화했는데, 법안은 '보호되지 않는 단체행동'에 대한 금지처분, 벌금, 손해배상을 더욱 강화하고, 패턴 교섭("하나의 사업체의 범위를 넘어서 공통의 임금 내지 고용조건을 추구하는 일련의 교섭 또는 행동")을 금지하고 건설업의 프로젝트 협약("project agreements")의 법적 효력을 부인하는 등 결사의 자유 및 단체교섭권을 침해한다고 진정이 제기됨.
>
> 457. (생략) (b) 본 위원회는, 건설산업에서 "불법적 단체행동"에 관한 법령들이 결사의 자유의 원칙에 부합하도록 정부가 「건축 및 건설산업 개선법」의 36조, 37조, 38조를 개정하기 위해 필요한 절차를 밟을 것을 요구한다. 나아가 본 위원회는 건설산업에서의 단체행동에 대한 과도한 장애물, 제재 및 제한을 제거하기 위하여 정부가 같은법 39조, 40조 및 48-50조를 개정하기 위한 조치를 취할 것을 요구한다.
> (c) 본 위원회는, 단체교섭의 수준은 당사자들의 재량에 따라 결정되고 법률, 행정당국의 결정 또는 노동행정당국의 결정례에 의해 정해지지 않도록 정부가 같은법 제64조를 개정하기 위해 필요한 절차를 밟을 것을 요구한다.

> ■ 결사의 자유 위원회, 350차 보고서(2008), Case No. 2602 【대한민국】, para. 676
>  (결사의 자유 위원회 결정례집, 2018, para. 1327)
>
> 676. 본 위원회는 노동관계의 조화로운 발전의 지속을 위해 성실교섭 의무가 갖는 중요성을 상기하며, 또한 단체협약을 통해 노동 조건을 규율하기 위하여 사용자 혹은 사용자단체와 노동자단체 간에 진행되는 단체교섭 메커니즘의 충분한 개발과 활용을 고무하

---

150) *Digest*, 2006, para. 935; *Compilation*, 2018, paras. 1328~1330.

고 증진시키기 위한 조치들이 취해져야 함을 강조한다[결사의 자유 위원회 결정례집, 2006, paras. 934 및 880]. 노동조건에 대하여 사용자와 자유롭게 교섭할 수 있는 권리는 결사의 자유의 필수적 부분이며, 노동조합은 자신이 대표하고 있는 이들의 생활 및 노동조건의 개선을 단체교섭 혹은 여타 적법한 수단을 통해 추구할 수 있는 권리를 가져야 한다. 따라서 본 위원회는 정부가 노동분쟁이 지속되지 않도록 현대자동차와 기륭전자, KM&I, 하이닉스/매그나칩에서의 건설적 단체교섭을 증진시키기 위해 어떠한 조치를 취했는지 전혀 보고하지 않고 있음에 대해 깊은 유감을 표한다.

성실교섭 원칙은 관련 당사자들이 이행해야 할 다양한 의무와 관련된다. 여기에는 1) 대표성 있는 단체로서 인정, 2) 합의에 도달하기 위한 노력, 3) 필요하고 관련된 정보 제공을 포함한, 진실하고 건설적인 협상, 4) 교섭을 부당하게 지연시키지 않을 것, 5) 교섭을 통해 도달한 결과와 약속을 상호 존중할 것 등이 포함된다.[151]

## Ⅷ. 단체교섭을 촉진할 의무

제98호 협약은 "사용자 또는 사용자단체와 노동자단체 사이에 임의적 교섭을 위한 기구를 충분히 발전시키고 이용하도록 장려하고 촉진하기 위하여, 국내 사정에 적합한 조치를 취하여야 한다"고 천명하고 있다(제4조). 관련하여 「단체교섭 협약」(제154호) 단체교섭을 촉진하는 조치가 추구해야 할 목적으로서, (a) 이 협약이 적용되는 경제활동분야의 모든 사용자들과 모든 노동자 집단들이 단체교섭을 할 수 있어야 함, (b) 제154호 협약 제2조가 다루는 모든 사안에 대해 단체교섭이 계속해서 확대되어야 함, (c) 노동자단체와 사용자단체가 합의하여 단체교섭 절차에 관한 규칙을 만들도록 함 등을 명시하고 있다(제5조).

보다 구체적으로 「단체교섭 권고」(제163호)는 제98호 협약 제4조에 따른 단체교섭의 촉진을 위한 정책적 수단으로서 (ⅰ) 독립적이며 대표성 있는 노동자단체 및 사용자단체의 임의적 설립 및 발전을 촉진할 것, (ⅱ) 가장 대표적인 노동자단체 및 사용자단체의 승인에 관한 절차를 수립할 것, (ⅲ) 모든 수준(level)에

---

151) General Survey, 2012, para. 208; General Survey, 2013, para. 281; 「단체협약 권고」(제91호) 제3조 참조.

서 단체교섭이 가능하도록 보장할 것, (ⅳ) 교섭 담당자가 적절한 훈련을 받을 수 있도록 하며, 교섭 당사자들이 의미있는 교섭을 위해 필요한 정보(기업의 재정적 데이터의 객관성 및 기밀성(confidentiality)이 합리적 수준으로 보장된다는 조건하의 기업의 경제적 상황에 관한 정보 등)에 접근할 수 있도록 할 것,[152] (ⅴ) 노동분쟁의 해결 절차가 당사자들이 분쟁의 해결책을 스스로 찾을 수 있도록 돕기 위해 국내적 조건에 부합하는 조치를 취할 것 등을 들고 있다.

ILO 총회가 제154호 협약을 채택할 때 확인했듯이, 단체교섭을 촉진할 회원국의 의무는 국가가 강압적 수단으로 단체교섭을 강제할 것을 의미하는 것은 아니다.[153] 즉, 공공당국은 교섭 당사자의 행위에 관한 규정을 마련하는 등 건설적 교섭을 촉진할 수 있지만, 교섭 당사자는 교섭 과정에서 상대방의 제안을 수용할 것인지, 단체협약을 체결할 것인지에 관해 자유가 보장되어야 한다.

한편 단체교섭의 온전한 발전을 권장하고 촉진하는 기본틀 내에서 노·사가 단체교섭을 개시할 의무를 부과하는 규정은 제98호 협약과 상충되지 않는다.[154] 즉, 제98호 협약 제4조는 결코 정부에 대해 단체교섭을 강제로 실시할 의무를 부과하지는 않지만, 단체교섭제도의 충분한 발전과 활용을 권장하고 촉진시키기 위한 틀 안에서 노·사 당사자에게 고용조건에 관한 협상 과정에 참여하도록 의무를 부과하는 것은 이 규정에 위배되지 않는다.[155] 또한 단체교섭 촉진을 위해, 단체교섭과 관련된 부적절한 행위(성실교섭 위반, 교섭절차의 과도한 지연, 단체협약 미이행 등)에 이의제기하는 절차를 마련해야 한다.[156]

---

152) 단체교섭 권고(제163호) 제7조 (2).
　(a) 공공 및 민간부문의 사용자는 노동자단체가 요청하는 경우, 교섭단위 및 사업체 전반의 경제적·사회적 상황에 관한 정보를 이용할 수 있도록 하여야 한다. 이러한 정보 중 공개되는 경우 사업에 불리한 영향을 미칠 수 있는 경우, 그러한 정보 제공은 비밀 엄수를 조건으로 하여 요청된 범위 내에서 이루어질 수 있다. 제공되어야 할 정보는 단체교섭의 당사자간 합의로 정할 수 있다.
　(b) 공공당국은 전국적 및 해당 부문의 전반적 경제적·사회적 상황에 관해 필요한 정보를, 그러한 정보의 공개가 국가의 이익에 불리한 영향을 미치지 않는 범위 내에서, 이용할 수 있도록 하여야 한다.
153) ILO, *Record of Proceedings*, International Labour Conference, 67th Session, Geneva, 1981, p. 22/7.
154) CFA, 328th Report(2006), Case No. 2149【Romania】, para. 581.
155) *Compilation*, 2018, para. 1317. 이 부분에 대한 한국노동연구원, 「결사의 자유, 결사의 자유 위원회 결정 요약집(제6판, 2018)」은 오역이기에 바로잡음.
156) General Survey, 2012, para. 243; *Switzerland* ‒ CEACR, observation, 2010.

한편 공공서비스 부문에서 단체교섭이 갖는 특수성을 고려하면, 국가는 공공서비스 부문에서 단체교섭권 보장을 위한 특별한 양식(modalities)을 마련할 수 있다. 그러나 이러한 양식은 공공부문에서 단체교섭의 촉진이라는 원칙을 전적으로 무력화시킨다거나 단체교섭 사항을 무의미하게 만드는 것이 되어서는 안된다.[157]

---

■ 결사의 자유 위원회, 351차 보고서(2008), Case Nos. 2611 및 2632【루마니아】, para. 1277(결사의 자유 위원회 결정례집, 2018, para. 1471)

1277. 본 위원회는, 감사원 공무원의 임금은 법률로 정한다고 정부가 답변한 점에 주목한다. 또한 정부는 감사원의 공무원 및 계약직들이 단체협약을 체결할 수 있지만, 법률로 정하도록 되어 있는 급여에 관해서는 단체교섭을 할 수 없다고 설명한다. 정부는, 제154호 협약 제1조 제3항에 따라 공공부문에서 국내법, 규정 또는 관행으로 제154호 협약 적용에 관한 특별한 양식을 마련할 수 있다고 주장한다. 이와 관련하여 본 위원회는, 그러한 특별한 양식은 공공 행정에서의 단체교섭 촉진 원칙을 완전히 부정하거나, 제154호 협약 제5조에 따른 단체교섭 사항을 무의미한 것으로 만들 정도의 것이 되어서는 안된다는 점을 상기시킨다.

---

## IX. 단체협약

제98호 협약 제4조는 '단체협약으로 고용 조건을 규제하기 위해' 노사간 임의적 교섭을 위한 기구를 발전시키고 이용을 촉진하는 조치를 취하여야 한다고 규정하고 있다. ILO 감독기구는 단체협약에서 한 약속에 대한 상호존중은 단체교섭권 보장의 중요 요소이므로, 안정되고 확고한 노사관계 수립을 위해 단체협약이 존중되어야 한다고 본다.[158]

ILO 「단체협약 권고」(제91호) 제2조에 따르면, 단체협약이란 "사용자, 사용자단체 또는 하나 이상의 사용자단체를 일방으로 하고, 하나 이상의 대표적 노동자단체 또는 그러한 단체가 없는 경우, 국내 법령과 규정에 따라 정당하게 선출되고 승인된 노동자대표를 그 상대방으로 하여 양자 사이에 체결된 고용 및 노

---

157) *Compilation*, 2018, para. 1471; General Survey, 2012, para. 211.
158) CFA, 308th Report(1997), Case No. 1919【Spain】, para. 325.

동 조건에 관한 모든 서면상의 합의"를 말한다.

제91호 권고에 따르면, 단체협약은 체결 당사자를 구속하며 개별적 고용계약보다 우위를 가진다.[159] 다만, 단체협약의 적용을 받는 노동자에게 단체협약보다 유리한 내용의 고용계약 조항은 예외이다.[160]

---

■【그리스】전문가위원회, Observation, 2011

본 위원회는, 비노조 노동자대표들과의 단체교섭은 오직 각각의 단체교섭 수준에 노조가 존재하지 않는 경우에만 가능하다고 생각한다. (중략) 노조에 적용되는 바와 같은 조직적 독립성 및 노조 간부와 조합원에 대한 보호가 보장되지 않는 여타의 노동자대표에게 단체교섭권을 부여하는 것은, 단체교섭 과정에서 노동자의 목소리를 대변하는 노조의 지위를 심각하게 훼손할 수 있다고 본 위원회는 생각한다. 현행 법제하에서, 20인 미만 사업장에서는 노조를 적법하게 조직할 수 없다는 점을 고려하면, 노조가 없는 사업장 단위에서만 여타의 조직(association)을 구성하는 것이 허용된다고 하여 노동자가 스스로 대표를 선택할 권리가 보장된다고 할 수 없다. ILO 고위급 방문단이 주목하였듯이, 그리스 노동시장에서 소규모 기업이 차지하는 비중(노동력의 약 90%)을 고려하면, 새로운 법제하에서 그리스의 단체교섭의 전반적 기초가 무너질 수 있다는 점을 본 위원회는 우려한다. 제3845/2010호 법령에 의해 유리의 원칙이 폐지된 점과, 제4024/2011호 법령에 의해 단체협약의 구속력이 무효화되는 효과가 있음을 고려하면, 이는 특히 우려스럽다. 이런 측면에서 본 위원회는, 단체협약 권고(제91호, 1951)의 제3(1)항에 명시된 바 단체협약은 체결 당사자 및 협약이 적용되는 노동자들에게 구속력을 가져야 한다는 일반적 원칙을 상기한다. 단체협약의 구속을 받는사용자들과 노동자들은 단체협약의 내용과 상충되는 내용을 고용계약에 포함시켜서는 아니된다. 본 위원회는, 이러한 유리 우선의 원칙이 상황에 따라서는 하위의 단체협약에도 적용되어야 한다고 생각한다.

---

단체협약은, 협약으로 달리 정하지 않는 한, 해당 단체협약이 적용되는 사업체 내의 모든 노동자에게 적용되어야 한다.[161]

단체협약의 효력을 확장하는 제도는 단체교섭을 촉진하는 중요한 기제가 될 수 있다. 즉 단체협약 효력확장은 단체교섭에 참여한 사용자가 그렇지 않은 사용

159) *Greece* — CEACR, Observation, 2011.
160) General Survey, 2012, para. 199.
161) 「단체협약 권고」(제91호), 제3조 및 제4조.

자와의 경쟁에서 불리한 위치에 놓이지 않게 만든다. 또한 단체협약 효력확장은 비정규직 노동자와 같이 해당 부문에서 취약한 위치에 놓인 노동자를 비롯한 전체 노동자에게 협약상 보호를 확대할 수 있게 만든다. 그리고 사용자단체를 활성화할 수 있는데 사용자들이 단체교섭에 참여하여 자신에게 구속력을 미치게 될 협약 체결에 영향을 미칠 수 있기를 선호하게 만들기 때문이다.162)

단체협약의 전부 내지 일부 조항의 적용을 산업적 혹은 지역적 범위 내의 모든 사용자와 노동자에게 확장하는 조치들이 필요하다면 각 국가의 상황에 맞도록 국내법제로 정하여 이러한 조치를 취해야 한다[제91호 권고 제5조 (1)]. 이러한 단체협약 효력확장 제도의 요건으로서 각국은 (a) 해당 단체협약이 이미 많은 사용자와 노동자에게 적용되어 관계당국이 보기에 대표성이 있을 것, (b) 일반적 원칙으로서, 해당 단체협약의 당사자인 노동자단체 혹은 사용자단체가 그 단체협약의 효력확장을 요청할 것, (c) 해당 단체협약의 적용을 받게 될 노동자들 혹은 사용자들이 자신의 의견을 제출할 기회가 보장될 것 등을 정할 수 있다[제91호 권고 제5조 (2)].

한편, 기업의 구조조정 또는 민영화 등으로 인하여 단체협약상 의무를 자동적으로 소멸시켜서는 안 되며, 당사자들이 단체교섭을 통해 이 문제에 대해 결정을 내리고 그러한 구조조정 과정에 참여할 수 있어야 한다.163) 또한, 폐업의 경우에도 시행 중인 협약의 관련 조항(특히 부가급여 및 보상에 관한 것)이 계속 적용되어야 한다.164)

## X. 자영노동자의 단체협약과 경쟁법

### 1. 아일랜드 사례

2004년, 아일랜드 경쟁당국은, 노동조합(Actors' Equity/SIPTU)과 광고대행사협회(Institute of Advertising Practitioners) 간에 체결한 프리랜서 성우, 세션 연주자 등의 수수료 및 기타 노동조건들을 정한 단체협약이 경쟁법에서 금지하는 가격담합에 해당한다는 결정을 발표했다. 이에 2005년, 아일랜드노총(Irish Congress of

---

162) ILO, 2015b, 70쪽.
163) *Compilation*, 2018, para. 1515; *Armenia* - CEACR, direct request, 2009.
164) General Survey, 2012, para. 204; *Compilation*, 2018, para. 1516.

Trade Unions, ICTU)은, 아일랜드 경쟁당국이 경쟁법(Competition Act, 2002)이 노사관계법(Industrial Relations Act)보다 우선한다는 결정을 내림으로써 단결권 및 단체교섭권을 침해하고 있다고 ILO 전문가위원회에 의견을 제출했다.

이후 전문가위원회는, 공공 당국의 개입으로 단체협약으로 합의된 노동조건을 일방적으로 변경시키는 것은 제98호 협약에 위배된다는 견해를 반복하여 밝혔다.165)

---

■ 【아일랜드】 전문가위원회, Observation, 2015

본 위원회는, 제98호 협약 제4조는 해당 협약이 적용되는 모든 노동자와 사용자에 관해 자유롭고 임의적인 단체교섭 및 교섭 당사자의 자율성 원칙을 규정하고 있음을 상기한다. 자영노동자에 관하여, 본 위원회는 2012년 '기본협약에 관한 일반조사' 제209항에서 자영노동자를 대표하는 조직에 대해서도 단체교섭권이 보장되어야 한다고 확인했음을 상기한다. 그럼에도 불구하고 본 위원회는, 전통적 사업장에서의 단체교섭 메커니즘은 자영노동자가 일하는 특수한 환경, 조건에는 적용되기 어려울 수 있다는 점을 인식하고 있다. 그러므로 본 위원회는, 경쟁당국의 결정으로 초래된 단체교섭권에 대한 제약을 없애고 자영노동자의 단체교섭권을 보장하기 위하여 정부가 모든 관련 당사자들과 협의할 것을 권고한다. (후략)

---

이 사안은 2016년 ILO 총회 기준적용위원회(CAS)에서 중요 사건으로 심의되었다.166) 이후 2017년 아일랜드 경쟁법 개정을 통해 특정 범주의 노무제공자에 관한 단체교섭, 단체협약에는 경쟁법을 적용하지 않게 되었다. 여기에는 다음 범주의 노동자가 포함된다.

---

■ 아일랜드, Competition (Amendment) Act 2017, section 15(D)

1) 성우, 세션 연주자 및 프리랜서 언론인
2) 위장 자영 노동자("false self-employed worker")

---

165) *Ireland* – CEACR, Direct Request, 2009; *Ireland* – CEACR, Direct Request, 2012; *Ireland* – CEACR, Observation, 2015 등.
166) Individual Case (CAS) – Discussion: 2016, Publication: 105th ILC session (2016), *Right to Organise and Collective Bargaining Convention, 1949 (No. 98)* – *Ireland*.

(a) 계약에 따라(명시적이든 묵시적이든, 명시적이라면 구두이든 서면이든), 타인의
    근로자(employee)와 동일한 활동 또는 서비스를 수행하고,
(b) 계약상의 관계가 지속되는 동안 타인에 대한 종속관계에 있으며,
(c) 업무의 시간, 장소 및 내용에 관하여 타인의 지시에 따라야 하고,
(d) 타인의 사업적 위험을 공유하지 않고,
(e) 자신에게 할당된 업무를 수행하는 시간 일정, 장소 및 방법의 결정과 관련하여
    독립성이 없으며,
(f) 계약기간 동안, 타인의 사업의 필수적인 부분을 형성하는 자
3) 완전히 의존적인 자영 노동자("fully dependent self-employed worker")
(a) 계약(명시적이든 묵시적이든, 명시적이든 서면이든)에 따라 다른 사람(서비스
    제공의 대상이 근로자의 사용자이든 아니든)을 위해 서비스를 수행하고,
(b) 계약 하의 그러한 서비스 제공의 대가로서의 주된 수입을 2인 이하로부터 얻는 자.

2017년 개정 경쟁법에 대해 아일랜드노총은 경쟁법 적용이 제외되는 노동
자의 판단 기준이 너무 엄격하여 다양한 자영노동자들의 단체교섭권이 보호되지
못하고 있다는 의견을 제출하였다. 이에 전문가위원회는 자영노동자가 실제 어
느 정도로 단체교섭권을 보장받고 있는가는 경쟁법의 적용 실태에 달려 있다고
하면서 그 면제 실태에 관한 정보를 제출할 것을 정부에 요청하였다.[167]

## 2. 네덜란드 사례

네덜란드 예술·정보·미디어노조(FNV Kunsten Informatie en Media, FNV
KIEM)가 오케스트라의 대체 연주자의 최저보수에 관한 단체협약 체결하자,[168]
2007년 네덜란드 경쟁당국(Autoriteit Consument & Markt, ACM)은, 자영인은 네덜
란드 경쟁법(DCA)상 "사업자"에 해당하며, 경쟁법 제16(1)조에 규정된 단체협약
에 대한 경쟁법 면제 조항이 적용되지 않는다는 입장을 밝혔다.[169] 그리고 FNV
KIEM이 맺은 오케스트라 대체 연주자의 최저보수에 관한 단체협약이 경쟁법상

---

167) 아일랜드정부의 보고에 따르면 2021년 현재까지 개정 경쟁법에 따라 면제가 인정된 사례
    가 한 건도 없었다고 한다(*Ireland* - CEACR, Direct Request, 2021).
168) 네덜란드 단체협약법 제1조는 단체협약이 근로자의 노동조건을 규율한다(제1항)고 하면
    서도, 자영인을 위한 조항이 해당 단체협약에 포함될 수 있다(제2항)고 규정하고 있다.
169) Visiedocument NMA '*Cao-tariefbepalingen voor zelfstandigen en de mededingingswet*'
    [NMA vision paper 'Rate Provisions for Self-Employed Workers in Collective Labour
    Agreements and the Competition Act'] *Stcr.* 2007, 241, p. 29.

카르텔 금지 규정 위반이므로 무효로 보아야 한다고 발표했다.

이에 네덜란드노총(FNV)은 네덜란드 경쟁당국이 발표한 위의 견해로 인해, 사용자들이 도급 노동(contract labour, 사용자의 엄격한 통제하에서 일하지 않거나 하나 이상의 사업장에서 일하는 노동자 등)의 노동조건에 관한 업종별 교섭에 나서는 것을 꺼리게 만드는 효과가 발생하였다고 ILO 전문가위원회에 의견을 제출하였다. 이후 전문가위원회는, 네덜란드노총이 제기한 사안의 심각성을 인정하면서 자영노동자에게도 제98호 협약상 원칙인 자유롭고 임의적 단체교섭이 보장되어야 한다는 견해를 반복하여 밝혔다.[170]

한편 FNV KIEM은 경쟁당국의 위와 같은 개입에 대해 소송을 제기하였고, 헤이그 고등법원은 이 소송 계속의 전제로서 EU 사법재판소(European Court of Justice, ECJ)에 사전 심리를 제청했다. 2014년 ECJ는 위장 자영인("false self em-ployed")의 최저보수를 정한 단체협약 규정은 유럽연합기능조약(Treaty on the Functioning of the EU, TFEU) 제101(1)조 "경쟁 제한 약정의 금지"에 해당하지 않는다고 판결하였다.[171] ECJ의 판결에 따라, 헤이그 고등법원은 2015. 9. 1. FNV KIEM이 맺은 오케스트라 대체 연주자에 관한 단체협약이 경쟁법에 저촉되지 않는다고 결정했다.

이러한 판결들에 따라 2017년 네덜란드 경쟁당국은 「자영노동자의 보수 협정에 관한 가이드라인」을 발표했다.[172] 이 가이드라인은 ECJ가 설시한 "위장 자영인" 기준에 따라 어느 기업 또는 업종에서 일정 범주의 자영노동자를 위한 단체협약에는 경쟁법을 적용하지 않는다고 하고 있다. 또한 2022년 9월 유럽연합 집행위원회(European Commission)가 「단독 자영인의 노동조건에 관한 단체협약에 대한 경쟁법 적용 가이드라인」[173]을 발표한 이후에는 해당 가이드라인에 따라 "근로자와 유사한 상황에서 노무를 제공하는 자영노동자"를 경쟁법 적용제외

---

170) *Netherlands* - CEACR, Observation, 2008; *Netherlands* - CEACR, Observation, 2010 등.
171) CJEU 4 December 2014, C-413/13, ECLI:EU:C:2014:2411 (*FNV Kunsten Informatie en Media (KIEM) v. the State of the Netherlands*).
172) 해당 가이드라인은 이후 몇 차례 개정되었는데, 2023년 가이드라인(Price arrangements of self-employed workers)은 https://www.acm.nl/system/files/documents/acm-guide lines-soloselfemployed-2023.pdf 참조.
173) European Commission, *Guidelines on the application of EU competition law to collective agreements regarding the working conditions of solo self-employed persons*(2022/ C 374/02), 2022.

범주에 포함하였다.

---

■ 네덜란드, 「자영노동자의 보수 협정에 관한 가이드라인」(2023)

경쟁법상 담합(cartel)으로 보지 않는 경우
1) 위장 자영인("false self-employed")의 단체협약
2) 근로자(employee)와 유사한 상황에서 노무를 제공하는 자영노동자의 단체협약
   (a) 노무제공의 상대방("고객")에게 경제적으로 의존적인 자영노동자
   (b) 근로자와 사실상 나란히(*de facto side-by-side*) 일하는 자영노동자
   (c) 디지털 노무제공 플랫폼을 통해 일하는 자영노동자

---

경쟁당국의 가이드라인에 관해 네덜란드노총은, 경쟁당국은 여전히 근로자와 나란히 노무를 제공하는 광범위한 범위의 자영노동자의 단체교섭권을 인정하지 않고 있으며 근로자와 자영노동자가 공정한 보수를 추구하는 것을 저해하고 저가낙찰을 용인하거나 심지어 촉진하고 있다는 의견을 제출하였다. 이에 ILO 전문가위원회는, 자영노동자를 비롯하여 모든 노동자에게 제98호 협약에 따라 단체교섭권이 보장되어야 함을 확인하였다.[174]

---

■ 【네덜란드】 전문가위원회, Observation, 2021

제98호 협약 제4조. 자영노동자의 단체교섭 촉진
(중략) 정부가 제출한 정보를 충분히 주목하면서 본 위원회는, 제98호 협약은 오로지 군인, 경찰 (제5조) 및 국가 행정에 종사하는 공무원에 관해서만 그 적용 제외를 허용함을 상기시키고자 한다. 그러므로 자영노동자를 비롯하여 모든 노동자에게 제98호 협약이 적용되어야 한다. 또한 본 위원회는, 자영노동자의 보수에 관한 교섭 사항을 최저 기준(mere guarantee of subsistence conditions)에 관한 사항으로 한정하는 것이 협약 제4조의 자유롭고 임의적인 단체교섭 원칙과 상충한다는 점을 강조한다.[175] (후략)

---

174) *Netherlands* - CEACR, Observation, 2017; *Netherlands* - CEACR, Observation, 2021.
175) [역주] 네덜란드 경쟁당국의 가이드라인에 따르면, "위장 자영인"이나 "근로자와 유사한 상황에서 노무를 제공하는 자영노동자"가 아닌 자영인의 단체협약도 경쟁법의 적용제외를 받을 수 있지만, 해당 단체협약이 자영노동자의 보수를 최저 생계 수준(subsistence level)으로 보장하기 위한 목적인 경우로만 한정된다(Autoriteit Consument & Markt, *Guidelines: Price arrangements of self-employed workers*, 2023, paras. 68~69).

# 제6절 협약의 적용 범위

제98호 협약은 모든 산업의 노동자 및 노동자단체, 사용자 및 사용자단체에 적용된다. 다만, 군인과 경찰, 국가 행정에 종사하는 공무원에 대해서는 예외를 둘 수 있다(제5조, 제6조).

## Ⅰ. 군대 및 경찰에 적용되는 범위(제5조)

### 제5조

1. 이 협약에 규정된 보장사항이 군대 및 경찰에 적용되는 범위는 국내 법령으로 정한다.
2. 「국제노동기구헌장」 제19조 제8항에 명시된 원칙에 따라, 회원국의 이 협약 비준은 군대 또는 경찰 구성원이 이 협약에서 보장하는 권리를 누릴 수 있도록 하는 기존의 법률, 판정, 관행 또는 합의에 영향을 미치는 것으로 간주되지 않는다.

### Article 5

1. The extent to which the guarantees provided for in this Convention shall apply to the armed forces and the police shall be determined by national laws or regulations.
2. In accordance with the principle set forth in paragraph 8 of Article 19 of the Constitution of the International Labour Organisation the ratification of this Convention by any Member shall not be deemed to affect any existing law, award, custom or agreement in virtue of which members of the armed forces or the police enjoy any right guaranteed by this Convention.

제98호 협약은 협약의 조항들이 군대와 경찰에 적용되는지 여부를 국내의 법률이나 규정에 맡기고 있다. 하지만 전문가위원회는, 군대 내의 민간인 직원은 협약에 명시된 권리를 보장받아야 하며, 민간 또는 공공부문의 특정 직원이 직무 중에 무기를 휴대할 수 있다 하더라도 경찰이나 군대의 구성원이 아닌 이상 자동적으로 협약의 적용범위에서 제외될 수 없다는 점을 확인한 바 있다.176)

---

176) *Morocco* - CEACR, direct request, 2010.

## Ⅱ. 국가 행정에 종사하는 공무원의 직위(제6조)

> **제6조**
> 이 협약은 국가 행정에 종사하는 공무원의 직위는 다루지 않으며 어떤 방식으로든 그들의 권리 또는 지위에 불리하게 해석되지 않는다.
>
> **Article 6**
> This Convention does not deal with the position of public servants engaged in the administration of the State, nor shall it be construed as prejudicing their rights or status in any way.

단체교섭권은 모든 민간부문 및 공공부문에서 보장되어야 한다. 다만 군대와 경찰은 단체교섭권 보장의 일반원칙의 적용 예외가 될 수 있다. 제87호 협약이 군대와 경찰을 제외한 모든 노동자와 사용자에게 일반적으로 적용되는데 비하여, 제98호 협약은, 군대와 경찰에의 적용 배제 가능성에 더하여, 국가 행정에 종사하는 공무원에 대해 다루지 않는다고 규정하고 있다(제6조).

### 1. '국가 행정에 종사하는 공무원'의 의의

전문가위원회는 협약의 적용제외가 가능한 "국가 행정에 종사하는 공무원(public servants engaged in the administration of the State)"의 범위에 관해 엄격한 접근법을 취하여, 그러한 공무원의 범위에 관한 결정은 공공당국의 특권(특히, 시민에게 규칙 및 의무를 부과하며, 이를 강제하고 그 위반에 대해 제재할 수 있는 권한)과 관련된 지표를 기준으로 삼아 사례별로 이루어져야 한다고 본다.[177] 그러므로 '국가 행정에 종사하는 공무원'과 동일한 직급에 있다는 이유만으로 제98호 협약 적용을 배제할 수 없다.[178]

요컨대 ILO 감독기구는 국가 행정에 고유한 기능을 수행하는 공무원(일부 국가의 예를 들면 정부 부처 및 기타 이에 준하는 기관의 공무원), 따라서 제98호 협약 적용을 배제할 수 있는 공무원과, 그 밖의 자치체, 공기업, 자치적 공공기관

---

177) General Survey, 2012, para. 171.
178) General Survey, 2012, para. 172.

(autonomous public institutions)에 고용된 사람을 구분하며 후자의 집단은 협약에 규정된 보호를 받을 수 있다.179) 예를 들면, 지자체의 노동자,180) 공공부문의 교원,181) 항공운수 종사자182) 및 교통 보안검색원,183) 국영은행의 노동자184), 국영기업 또는 공기업의 노동자,185) 우편이나 전화 서비스를 수행하는 공무원,186) 세관187) 등은 국내법에서 공무원으로 분류되더라도 제98호 협약에서 말하는 '국가 행정에 종사하는 공무원'으로 해석될 수 없으며, 따라서 협약의 적용을 받아야 한다.188) 또한 국가안보와 관련한 업무라 하더라도 국가안보에 영향을 미칠 수 있는 국가정책을 수립하는 것이 아니라면 제98호 협약이 적용되어야 한다.189)

---

▪ 결사의 자유 위원회, 346차 보고서(2007), Case No. 1865【대한민국】, para. 743 (결사의 자유 위원회 결정례집, 2018, para. 1251)

743. 국가 행정의 대리인 자격으로 행동하지 않는 공공부문 노동자와 공무원(예컨대 공기업이나 자율적인 공공기관에서 일하는 사람)은 그 사용자와 자유롭고 임의적인 교섭을 할 수 있어야 한다. 그 경우 당사자의 교섭 자치가 관철되어야 하며 법률, 하위법령 또는 예산에 의한 제한을 받아서는 아니 된다. 무엇보다도 중요한 것은, 입법부가 가진 예산 결정 권한이 공공당국이 체결한 단체협약 이행을 방해하는 효과를 미쳐서는 안 된다는 것이다. 이미 체결된 단체협약의 이행을 방해하거나 제한하는 공공당국의 재정적 권한의 행사는 자유로운 단체교섭의 원칙과 상충된다[결사의 자유 위원회 결정례집, 2006, paras. 1033 및 1034].

---

179) General Survey, 1994, para. 200; Compilation, 2018, para. 1242.
180) *Democratic Republic of the Congo* – CEACR, observation, 2010; *Panama* – CEACR, observation, 2010 등 참조.
181) *Compilation*, 2018, paras. 1267 및 1268; *Cambodia* – CEACR, observation, 2010; *Ecuador* – CEACR, observation, 2009; *Ethiopia* – CEACR, observation, 2009; *Lesotho* – CEACR, observation, 2010 등 참조.
182) *Mauritania* – CEACR, direct request, 2010 등 참조.
183) *Compilation*, 2018, paras. 1257 및 1258.
184) *Compilation*, 2018, para. 1259.
185) *Compilation*, 2018, para. 1261.
186) *Compilation*, 2018, para. 1262.
187) *Compilation*, 2018, paras. 1273 및 1274.
188) General Survey, 2012, para. 172. 개별적 사례에 대한 판단으로는 *Compilation*, 2018, paras. 1249~1274 참조.
189) CFA, 343rd Report(2006), Case No. 2292【USA】, paras. 794~796.

> ■ 결사의 자유 위원회, 343차 보고서(2006), Case No. 2292 【미국】, para. 795
>
> 795. 앞서 언급한 원칙에 비추어, 본위원회는 이 사건에서 문제가 된 56,000명의 연방 공항 보안검색요원이 실제로 국가 행정에 종사하는 공무원으로 간주될 수 있는지 여부를 질의하였다. 위원회는 민간기업의 보안 요원들에게 실제로 존재하는 것처럼 그들의 업무에 보안 요소가 분명히 존재한다는 점을 인정하면서도, 안보에 영향을 미칠 수 있는 국가정책을 수립하지 않고 명백히 규정된 조건하에서 특정 작업만을 수행하는 이들에 대해, 국가안보상의 염려라는 개념을 확대하는 것은 이러한 연방 근로자들의 권리를 부당하게 저해할 수 있다는 점을 본위원회는 우려한다. (후략).

ILO에 따르면 공무원의 단체교섭권을 그 밖의 노동자와 동등하게 보장하는 것이 국제적 추세라 할 수 있다. 이는 단체교섭권 보장과 관련하여 공무원에 대한 차별을 없애려는 각국의 노력을 반영한다. ILO 전문가위원회는 공무원에 대한 단체교섭권 보장이 공공 서비스의 질을 떨어뜨리거나 공공의 이익과 상충하기는커녕, 공무원의 조화로운 노동환경 및 효과적이고 효율적인 공공서비스에 기여하는 것으로 평가하고 있다.[190]

## 2. 다른 협약들과의 관계

제98호 협약 제5조(군대 및 경찰에 관한 내용)와 달리 제6조는 이 협약이 어떠한 방식으로든 공무원의 권리나 지위에 불리하게 해석되어서는 안 된다고 규정하여, 제98호 협약과 제87호 협약 간의 충돌 가능성을 배제하고 있다. 즉, 제98호 협약 제6조를 근거로 제87호 협약으로 보장된 공무원의 단결권을 최소화하는 것으로서 해석할 수 없다.[191]

제98호 협약이 '국가 행정에 종사하는 공무원'에 관해 다루지 않는 한편, 이후 채택된 「노동관계(공공서비스) 협약(제151호, 1978)」 및 「단체교섭 협약(제154호, 1981)」은 공무원을 포함하여 공공당국에 고용된 모든 노동자에게 단체교섭권을 적극적으로 보장하는 내용을 담고 있다. 제151호 협약 전문에서 밝히고 있는 바와 같이, 그동안 "민간과 공공부문의 고용상 차이로 인해 국제기준의 개념 정의 및 적용 범위에서 발생하는 문제와 공무원에게 제98호 협약을 적용될 때 야기되

---

190) General Survey, 2013, para. 28.
191) *Compilation*, 2018, paras. 1498~1499.

는 해석상의 어려움"이 존재했음을 인정하고, 이로 인해 "몇몇 정부가 제98호 협약에 의해 보호받아야 할 공공부문 노동자의 상당한 집단을 부적절하게 배제하는 다수의 사례들에 대해 ILO 감독기구가 권고를 반복해왔다"는 점을 지적하면서, 1978년 제151호 협약을 채택하게 된 경위를 밝히고 있다.[192]

예를 들면 제151호 협약은 공공부문의 모든 노동자의 단결권과 단체교섭권이 제대로 보장되도록, 그리고 제98호 협약의 적용에서 배제되는 '국가 행정에 종사하는 공무원'에 관한 해석상 문제를 해소하기 위해, 제87호 협약, 제98호 협약, 제135호 협약 등의 의미를 재확인하고 공공부문의 특성에 맞게 보충하는 협약이라 할 수 있다. 따라서 ILO 감독기구들은 제98호 협약의 해석기준을 구체화할 때, 제151호 협약의 의미와 내용을 근거로 삼고 있다. 즉 개별 회원국이 제151호 협약을 비준했는지 여부와 상관없이 제98호 협약의 의미를 해석할 때에는 제151호 협약 등 관련 후속 협약들을 채택하면서 ILO가 논의하고 합의한 원칙들을 반영하여 해석하고 있다.

---

■ 결사의 자유 위원회, 346차 보고서(2007), Case No. 1865 【대한민국】, para. 744

744. 다른 한편, 국가 행정의 대리인 권한으로 행위하는 공무원(예를 들면, 정부부처 및 기타 이와 견줄만한 정부기구의 공무원)에 관하여, 본위원회는 정부가 주장하고 있듯이, 고용 조건의 결정을 위해 활용되는 절차를 택함에 있어서 제151호 협약 제7조가 허용하는 일정정도의 유연성(flexibility)이 있다는 점을 인정한다[결사의 자유 위원회 결정례집, 2006, para. 891]. 본 사건에서, 공무원노조법상 공무원의 단체교섭권 인정의 관점에 비추어 볼 때, 임금교섭에서 상한 또는 하한을 설정하거나 교섭당사자들이 재정적 또는 기준설정 조항(예를 들면, 노동시간 단축, 보수 수준별 차등적 임금인상, 재조정 기한의 설정)을 교섭하는데 있어 포괄적인 "예산 패키지"를 정하는 것, 또는 단체교섭에 직접 사용자 이외에 재정당국의 참여권을 부여하는 것은, 단체교섭이 중요한 기능을 할 수 있는 여지를 남겨두는 경우에만 본 협약에 부합할 수 있다.

---

192) 다만, 정책 결정 또는 관리직의 직무를 수행하는 것으로 통상 간주되는 고위직 노동자 또는 고도의 기밀적 성격의 업무를 수행하는 노동자 및 군인과 경찰에 관하여 제151호 협약에서 규정하는 보장을 적용하는 범위는 국내 법령으로 정한다(제2조 제2항·제3항).

# 제5장

# ILO 기준에 비추어 본 집단적 노동관계법의 쟁점

## 제1절 단결권 관련 쟁점

### Ⅰ. 단결권의 주체

#### 1. 특수형태 노동자[1]

##### 가. 사건의 경과

2009년 노동부는, 「노동조합 및 노동관계조정법」(이하 '노동조합법')상 '근로자'가 아닌 레미콘·덤프트럭 차주겸 기사, 화물트럭 차주겸 기사 등 특수형태 노동자가 조합원에 포함되어 있다는 이유로 전국건설노동조합, 전국운수산업노동조합에 규약 시정 명령을 내렸다. 노동부는 2009. 1. 2. 자율시정명령 공문 발송 이후, 2009년에 3차례, 2010년에 2차례 공문을 보내 노동조합이 "차주의 노조가입 문제를 해결"하지 않을 경우 노동조합법 시행령 제9조 제2항에 따라 '법에 의

---

1) 근로계약이 아닌 다른 계약형식을 통해 노무를 제공하지만 노무제공의 상대방에 대한 종속성 내지 의존성이 존재하는 이러한 유형의 노동자를 지칭하는 국내법적 용어는 아직 통일되어 있지 않다. 「고용보험법」, 「산업재해보상보험법」 등은 '노무제공자'란 개념을 도입하였으나 이는 문제가 되는 노동자의 유형 중에서 일부만을 포섭한 개념이다. 여기서는 노동관계법상 근로자 여부가 다툼이 되는 노무제공자를 '특수형태 노동자'라 지칭한다.

한 노동조합으로 보지 아니함'을 통보하겠다고 밝혔다. 이에 전국민주노동조합총
연맹(이하 '민주노총')은 2009년 ILO 결사의 자유 위원회에 진정을 제기하였다. 이
진정은 결사의 자유 위원회 2602호 사건에 병합되어 심의되었다.

## 나. ILO 감독기구의 심의

위의 진정에 대하여 정부는, 건설운송 및 화물운송업의 차주겸 기사는 '근로
자'가 아니라는 법원 판결이 있었다는 점을 근거로 들어 이들에게 단결권, 단체
교섭권 등을 보장할 수 없다고 답변하였다.[2] 그러면서 노동조합법은 근로계약
관계가 인정되는 근로자와 사용자 사이에만 적용될 수 있다고 주장하였다. 또한
특수형태 노동자의 노동3권을 보장하는 입법조치를 하라는 국가인권위원회의
「특수형태근로종사자 보호방안에 대한 의견표명」(2007. 10. 16.)에 대하여, 이는
바람직하지 않으며 특수형태 노동자들이 겪는 어려움을 해결하기 위해 개별적
노동보호법 혹은 경제법에 따른 보호 조치를 실행하고, 이러한 조치의 결과와 한
계에 관해 당사자 및 전문가들의 의견을 수렴한 후 관련 노동법을 적용할지 여
부와 적용 시기, 그 내용을 신중하게 고려하는 것이 바람직하다는 의견을 표명하
였다.[3]

결사의 자유 위원회는 위의 진정 사건을 심의하여 359차 보고서, 363차 보
고서 등에서 다음과 같은 권고를 내놓았다.[4]

---

2) 정부가 답변에서 인용하고 있는 판례들은 대법원 2000. 10. 6. 선고 2000다30240 판결【지
입차주가 지입회사와 관계에서 사용자와 피용자 관계가 있다고 볼 수 없음】; 대법원 2006.
5. 11. 선고 2005다20910 판결【레미콘 지입차주는 사용종속적인 관계에서 노무에 종사하
고 그 대가로 임금 등을 받아 생활하는 노동조합법에 정한 근로자로 볼 수 없음】; 대법원
2006. 9. 8. 선고 2003두3871 판결【레미콘 지입차주는 노동조합법상 근로자로 볼 없음】;
대법원 2006. 10. 13. 선고 2005다64385 판결【레미콘 지입차주는 사용종속적인 관계에서
노무에 종사하고 그 대가로 임금 등을 받아 생활하는 노동조합법 또는 근로기준법 소정의
근로자라고 볼 수는 없음】 등이다.
  그런데 정부 답변에 인용된 판결 중 2000다30240 판결은 근로기준법상 근로자성이 다툼
이 된 사건이다.
3) 결사의 자유 위원회, Case No. 2602, 359차 보고서(2011), para. 352.
4) 결사의 자유 위원회, Case No. 2602, 359차 보고서(2011), paras. 367 및 370; 363차 보고
서(2012), para. 461.

---

■ 결사의 자유 위원회, 363차 보고서(2012), Case No. 2602【대한민국】, para. 461(결사의 자유 위원회 결정례집, 2018, para. 387)

461. 이러한 측면에서 본 위원회는, 결사의 자유 원칙에 따라 군인과 경찰만을 예외로 하여 모든 노동자들이 자신의 선택에 따라 노동조합을 결성하고 가입할 권리를 가져야 한다는 점을 상기한다. 그러므로 이러한 권리가 보장되어야 할 사람인지 결정하는 기준은 고용관계의 존재 여부를 근거로 하는 것이 아니다. 농업 노동자나, 대부분의 자영 노동자, 혹은 자유직업종사자들의 경우 고용관계가 존재하지 않는 경우가 흔하지만, 그럼에도 불구하고 단결권을 향유하여야 한다[결사의 자유 위원회 결정례집, 2006, para. 254 참조]. 본 위원회는, 이러한 원칙이 화물차 운전기사에게도 똑같이 적용된다고 본다. 그러므로 그 화물차 운전기사들이 자신들의 권익을 증진하고 옹호하기 위하여, 「노동조합 및 노동관계조정법」상 노동조합을 비롯하여 자신이 선택한 단체에 가입할 수 있어야만 한다는 점을 고려하면서, 다시 한번 정부에 다음을 위한 필요한 조치들을 취할 것을 요구한다. (i) 화물차 운전기사와 같은 "자영" 노동자[5]들이 특히 자신들 스스로의 선택에 따른 조직에 가입할 수 있는 권리를 비롯하여, 결사의 자유 권리를 전적으로 향유할 수 있도록 할 것, (ii) 자영 노동자들이 단체교섭을 통한 방식을 포함하여, 자신들의 권익을 증진시키고 옹호하기 위한 목적으로 협약 제87호와 제98호에 따른 노동조합 권리를 전적으로 향유할 수 있도록 하기 위하여, 상호 간에 받아들일 수 있는 해결책을 찾기 위하여 모든 당사자 간에 이러한 목적을 위한 협의를 진행할 것, (iii) 필요할 경우, 관련 사회적 파트너들과의 협의를 통해, 자영 노동자에게 맞는 단체교섭의 구체적 (specific) 메커니즘의 개발을 위하여 단체교섭과 관련된 자영 노동자들의 특징을 확인할 것. (후략)

2021. 4. 20. 대한민국이 제87호 협약 등을 비준한 이후, 그동안 결사의 자유 위원회에서 심의되어왔던 집단적 노동관계법의 법제적 쟁점들은 향후 ILO 전문가위원회의 정례 검토로 이관되었다. 2023년 전문가위원회는 제87호 협약에 관한 대한민국 정례 보고서를 검토한 후, 특수형태 노동자, 플랫폼 노동자를 비롯한 모든 노동자가 노동조합을 결성·가입할 권리를 보장받을 수 있도록 노동조

---

5) ILO 결사의 자유 위원회는 건설노조, 운수노조(화물연대) 조합원에 대하여 "자영 노동자 (self-employed worker)"라는 표현을 사용하고 있으나 이는 이들이 노동법상 '근로자 (employee)'가 아니라는 판단을 전제로 한 것은 아님. 한국 정부가 이들이 국내법상 '근로자'가 아니라고 주장하였기 때문에, '근로자'인지 여부와 상관없이 설사 이들이 자영 노동자라 하더라도 ILO 제87호, 제98호 협약상의 권리를 보장받아야 한다는 점을 강조하기 위하여 '자영 노동자'란 표현을 사용한 것임.

합법을 개정할 것을 권고하였다.[6]

---

【대한민국】 전문가위원회, Direct Request, 2023

본 위원회는 다음과 같은 정부의 답변에 주목한다: 자유직업 종사자와 진정한 자영인은 일반적 결사체를 통해 결사의 자유를 누릴 수 있다; 2021년 개정 노동조합법은 자영노동자가 노동조합에 가입하는 것을 허용하였으며, 특수형태 노동자, 플랫폼 노동자 등이 포함될 수 있도록 노동조합법 제2조 제1호의 "근로자" 정의 규정을 개정하는 법 개정안이 현재 국회에 계류 중이다. 대법원과 행정당국은 특수형태 노동자의 근로자성을 인정하는 경향이 있다고 정부는 덧붙였다. 프리랜서, 비정규직 노동자, 플랫폼 노동자뿐만 아니라 독립적 자영노동자와 농업 노동자들이 제87호 협약이 천명하는 권리를 보장받아야 한다는 점을 상기하면서, 본 위원회는 노동조합법 제2조 제1호의 "근로자'의 정의를 확대하는 법 개정이 이러한 모든 유형의 노동자에게 노동조합을 결성·가입할 권리를 실효성 있게 인정하고 보장할 것이라 기대하며, 이에 관한 이후의 진전 상황에 관한 정보를 제공할 것을 정부에 요청한다.

---

### 다. 검토

차주겸 기사인 특수형태 노동자의 결사의 자유 및 단체교섭권을 보장하라는 결사의 자유 위원회의 권고를 수용하지 않으면서 정부가 내세운 논거는, 레미콘 차주겸 기사를 근로기준법 내지 노동조합법상 근로자로 볼 수 없다는 대법원 판결들이다. 그러나 정부가 반대 근거로 인용한 판결들은, 노동조합법의 근로자를 판단하는 기준들이 사실상 근로기준법의 근로자를 판단하는 기준과 다르지 않다고 본 2000년대 전반부의 일부 판결들이다. 즉, 사용종속적인 관계에서 노무에 종사하고 그 대가로 임금 등을 받는 근로기준법 혹은 노동조합법의 근로자로 볼 수 없다는 판결들이다.[7]

이에 대해 결사의 자유 위원회는, 결사의 자유와 단체교섭권을 향유해야 할 노동자인지 판단하는 기준은 고용관계의 존재 여부를 근거로 하는 것이 아니며,

---

6) 【대한민국】 전문가위원회, Direct Request, 2023.
7) 반면 정부는 노동조합법의 근로자는 사실상 근로계약관계가 존재하는 근로자여야 한다고 주장하면서도, 같은 시기에, 차주겸 기사를 근로기준법의 근로자로 인정한 판결들(대법원 2010. 5. 27. 선고 2007두9471 판결; 대법원 2013. 4. 26. 선고 2012도5385 판결 등)은 인용하지 않았다.

따라서 고용관계가 인정되지 않는 자영 노동자(self-employed worker)라 하더라도 결사의 자유 및 단체교섭권을 보장받아야 한다고 반복하여 권고하였다.

이후 이 쟁점은 한-EU 자유무역협정에 관한 분쟁 과정에서 다시 한번 제기되었다. 2011. 7. 11.부터 발효된 「대한민국과 유럽연합 및 그 회원국 간의 자유무역협정」(이하 '한-EU 자유무역협정') 제13,15조 제1항에 따라 한국의 의무 불이행에 관한 전문가 패널이 소집되었다. 전문가 패널은, 노동조합 법 제2조 등 법령 및 사법부에 의한 해석·운용이 한-EU 자유무역협정에서 정한 의무, 특히 ILO의 '노동에서의 기본 원칙 및 권리'를 존중, 촉진 및 실현할 의무에 위반된다는 EU의 청구를 심의하였다.

즉, EU는 노동조합법 제2조 제1호의 해석·운용을 통해 특수형태 노동자 다수가 결사의 자유를 보장받지 못하고 있다고 제기하였고 이는 ILO의 결사의 자유 원칙에 위배된다고 주장하였다. 반면 한국은 노동조합법상 근로자로 인정되는 특수형태 노동자는 단결권, 단체교섭권 등이 보장되며, 법원이 특수형태 노동자가 노동조합법상 근로자인지 판단하는 기준 자체가 2018년 이후 변화하고 있다고 반박하였다.

이에 대해 2021년 전문가 패널은 대법원의 변화된 최근 기준[8] 역시 ILO의 결사의 자유 원칙보다는 제한적이라고 결론 내리고, 이 부분에서 한국의 의무 불이행을 인정하였다.

---

■ 한·EU 자유무역협정 전문가 패널 보고서(PANEL OF EXPERTS PROCEEDING CONSTITUTED UNDER ARTICLE 13.15 OF THE EU-KOREA FREE TRADE AGREEMENT, 2021)

163. 결사의 자유의 기본적 권리에 관하여 그 권리의 인적 적용 범위에는 모든 노동자가 어떠한 구별도 없이 포함된다는 원칙을 본 패널은 주목한다. ILO 결사의 자유 위원회에 따르면 '노동자'에는 근로자 및 자영인 양자 모두 포함된다. 자영인에 관하여 결사의 자유 위원회는 심지어 '자유직업 종사자들'(변호사, 의사, 건축가 등) 역시도 결사의 자유 원칙에 따라 자신의 선택에 따라 단체를 결성하거나 가입할 권리가 보장되어야 한다.[9]
164. 「노동조합 및 노동관계조정법」제2조 제1호는 이러한 정의보다 명백히 제한적이

---

8) 대법원 2018. 6. 15. 선고 2014두12598·12604(병합) 판결 등.
9) ILO, *Freedom of Association, Compilation of decisions of the Committee on Freedom of*

다. 노동조합법의 정의 규정은 '근로자'와 그들의 '사용자' 간 이분법적 관계를 상정하고 있다. 노동조합법상 '사용자'에는 "사업주, 사업의 경영담당자 또는 그 사업의 근로자에 관한 사항에 대하여 사업주를 위하여 행동하는 자"가 포함된다. 이러한 '사용자' 정의 개념은 '근로자' 및 근로자에 관한 사항에 대한 권한(그리고 전통적 근로계약에 결부된 통제 및 보수 지급이라는 외관)을 갖는 단일한 주체라는 이분법적 관계에 기초하고 있는데, 이러한 계약형태는 자영인에게는 반드시 적용될 수 있는 것은 아니다.

165. 법원의 '근로자' 판단 지표는, 판례 법리의 발전을 제한하는 이러한 법령적 기초로부터 도출되고 있다. 법원이 설시한 첫 번째 지표(노무제공자의 소득이 특정 사업자에게 주로 의존하고 있는지)는, 노동조합법상 '근로자' 및 '사용자' 정의가 기초하고 있는 이분법적 관계를 반영하고 있다. 이러한 지표는, 다수의 고객에게 노무를 제공하는 자영 노동자나, 자영인으로 취급되는 이른바 플랫폼 노동자들을 배제할 수 있다. 자유직업종사자들의 소득은 그들이 사용자의 조직에 편입되어 노무를 제공하는 것이 아닌 한, 특정 사업자에게 주로 의존하지 않을 것이므로 (이러한 지표는 - 역주) ILO 결사의 자유 위원회의 원칙과 상반된다.

166. 근로자 정의의 두 번째 요소 역시 '노무제공자'의 범주를 '사용자'와 종속적 관계가 존재하는 것으로 보이는 사람들로 한정하고 있다. 이 점은 앞서 언급한 대법원 판결의 지표(노무제공자와 특정 사업자의 법률관계가 상당한 정도로 지속적·전속적인지)에서도 엿보인다. 노무제공자가 특정 사업자로부터 받는 임금·급료 등 수입이 노무 제공의 대가인지의 지표 역시 전통적 고용관계에서 나타나는 지표로서, 도급제 보수를 받는 사람들을 배제하게 될 경향이 있다.

167. 대법원이 설시한 다섯 번째 지표는 사용자와 노무제공자 사이에 어느 정도 지휘·감독관계가 존재하는지인데, 이것은 상당수의 자영 노동자에게서는 발견하기 어려울 것이다.

168. 시장 접근과 관련된 지표는 특정 사용자의 사업을 위해 노무를 제공하는 자에 한정된다. 진정 자영인은 자신의 사업을 위해 일을 하므로 이러한 정의에 부합할 수 없을 것이며, 종속적 자영인(dependent contractor)은 이러한 정의에 부합함에도 불구하고 사용자로부터의 지휘·감독이 표면적으로는 나타나지 않아 자영인으로 분류될 것이다. 많은 자영 노동자가 노동조합법 제2조 제1호의 정의에 부합하지 않게 될 것이다.

정부는 ILO 결사의 자유 위원회 권고, 한-EU FTA 전문가 패널 결론 등에도 불구하고 여전히 국제노동기준을 존중하지 않는 태도를 보이고 있다. 2022년 공공운수노조 화물연대본부(이하 "화물연대")가 파업을 하자, 정부는 화물연대는 노

---

*Association*, Sixth edition, 2018, para. 387.

동조합법상 노동조합이 아니라면서 이들의 파업은 '쟁의행위'가 아니라 불법적 '집단운송거부'라는 입장을 공표했다. 정부는 화물연대가 노동조합이 아니라는 근거 중 하나로 "노동조합법상 근로자인지 여부는 소득 의존성, 법률관계의 지속성·전속성, 수입의 노무 대가성 등을 종합적으로 고려하여 개별·구체적으로 판단해야 할 사안이나(대법원 2018. 6. 15. 선고 2014두12598 판결 등), 화물연대는 다양한 형태의 개인사업자로 구성되어 있어 일률적으로 노조법상 근로자로 보기도 어려움"이라는 주장을 하였다.10) 화물연대의 상급단위인 전국공공운수사회서비스노동조합과 국제운수노동자연맹(International Transport Workers' Federation, ITF)은 2022. 11. 28. 정부가 화물연대의 파업권을 침해하는 행위에 대하여 ILO에 긴급개입을 요청하였고, 이에 대해 ILO는 2022. 12. 2. "대형 화물차 노동자가 단체교섭권을 포함한 결사의 자유를 충분히 누릴 수 있도록 보장하는 것의 중요성에 관한 결사의 자유 위원회 2602호 사건(결사의 자유 위원회 363차 보고서)의 권고에 주의해 달라"는 서한을 정부에 보냈다.11) 이후 2023. 3. 15. 정부는 ILO에 답변을 보내 화물연대는 노동조합법상 별도의 설립신고를 하지 않아서 노동3권을 인정받지 못한다는 의견을 제출하였다. 이처럼 정부는 노동조합법상 근로자를 제한적으로만 인정하는 태도를 보이면서 노동조합법상 근로자인지에 관하여 행정관청의 심사를 거치지 않은 경우 노동조합으로 인정할 수 없다는 입장을 고수하고 있다.

이 사안은 2022. 12. 19. ILO 결사의 자유 위원회에 다시 진정되었다(3439호 사건). 결사의 자유 위원회는 405차 보고서(2024)를 통해, 특수형태 노동자의 결사의 자유에 관한 종전의 권고들을 재확인하면서 화물연대 조합원을 비롯한 특수형태 노동자가 파업권을 포함한 결사의 자유를 온전히 누릴 수 있도록 정부가 모든 필요한 조치를 취할 것을 또다시 촉구하였다.12)

---

10) 고용노동부, 언론보도설명: (반박) 한겨레, 정부 "화물연대는 노조 아냐" … ILO·대법판례 거스른채 어깃장 기사 관련 (2022.12.5.). https://www.moel.go.kr/news/enews/explain/enewsView.do?news_seq=14324.

11) 뉴스민, "[전문] 화물연대 파업 당시 ILO가 한국 정부에 보낸 '개입' 서한"(2023. 6. 20.). https://www.newsmin.co.kr/news/90198/

12) 결사의 자유 위원회, Case No. 3439, 405차 보고서(2024), paras. 555 및 565.

## 2. 해고자, 구직자, 실업자

### 가. 사건의 경과

민주노총은 1995. 11. 23. 노동부에 설립신고를 하였고, 정부는 다음 날인 11. 24. 노동조합 설립신고를 반려하였는데, 민주노총의 목적이 기존 한국노총의 목적과 중복되고, 일부 신고된 연맹을 제외하고 다수의 민주노총 조직이 노동조합법에 따라 설립되지 않았으며, 많은 민주노총 간부들이 노동조합법상 근로자가 아니라는 이유였다. 이에 대하여 민주노총은 한국 노동법이 결사의 자유를 침해한다고 주장하며 1995. 12. 14. 결사의 자유 위원회에 진정하였다.

### 나. ILO 감독기구의 심의

결사의 자유 위원회는 위 진정 사건인 1865호 사건을 심의하여 327차 보고서(2002년 3월), 346차 보고서(2007년 6월), 353차 보고서(2009년 3월)에서 권고를 내놓았다.[13] 다음은 그 대표적 내용이다.

■ 결사의 자유 위원회, 327차 보고서(2002), Case No. 1865【대한민국】, para. 490

490. 해고자와 실업자들의 조합원 자격 유지를 부정하고 비조합원의 임원 선출자격을 부인하는 노동조합법 제2조 제4호 라목과 제23조 제1항과 관련하여, 본 위원회는 조합원 자격 또는 임원 자격 조건의 결정은 노조의 재량에 따라 규약으로 정하여야 할 사안이고 행정당국은 조합이 행사하는 권리를 침해할 수 있는 어떠한 개입도 해서는 안 된다고 생각한다. 본 위원회는, 해고되었으나 조합원 자격을 유지하고 있는 조합 임원의 이슈와 관련된 입법 절차가 보류 중임을 주목하면서, 정부에 대하여 해고자 및 실업자의 조합원 자격을 부인하고, 비조합원의 임원 자격을 부인하는 노동조합법 제2조 제4호와 제23조 제1항을 폐지할 것을 요청한다.

---

13) 결사의 자유 위원회, Case No. 1865, 327차 보고서(2002), para. 490; 346차 보고서(2007), para. 761; 353차 보고서(2009), para. 749.

■ 결사의 자유 위원회, 346차 보고서(2007), Case No. 1865 【대한민국】, para. 761.

761. [중략] 해고된 노동자로부터 조합원이 될 권리를 박탈하는 조항은 결사의 자유의 원칙에 부합하지 않는다. 이는 관련된 자가 자신이 선택하는 단체에 가입하는 것을 허용치 않기 때문이다. 그러한 조항은, 노조 활동가를 해고시킴으로써 이들이 자신의 노조 내에서 조합 활동을 지속하는 것을 막을 수 있다는 점에서 반노조적 차별행위가 이루어질 위험을 수반한다(결사의 자유 위원회 결정례집, 2006, para. 268). 따라서 본 위원회는, 해고자와 구직자·실업자의 조합 가입을 금지하는 조항과 비조합원은 노동조합 임원이 될 수 없도록 하는 조항을 개정하도록 정부에 다시 한번 요청한다.

정부는 2008. 5. 28.자 의견서에서 구직자·실업자가 초기업단위 노조 조합원이 될 수 있도록 하기 위한 정부의 노력에도 불구하고 노사정 대표는 2006년 8월 현행법을 그대로 두기로 합의하였고, 최근에는, 기업단위 노조 외 산업별, 부문별, 지역별과 같은 더 높은 단위에서 조직되고 있고, 구직자실·업자나 해고자들이 노조 활동에 참여하는 초기업단위 노조들이 있으므로, 현재로서는 가까운 시일 내에 제도 개선을 할 계획이 없다고 하였다.[14] 이에 대해 결사의 자유 위원회는 353차 보고서에서 위와 같이 해고자·구직자·실업자의 조합 가입을 금지하는 조항과 비조합원 노조 임원 금지 조항을 개정하라고 다시금 촉구하였다.

### 다. 검토

해고자·실업자·구직자는 구 노동조합법(2021. 1. 5. 법률 제17864호로 개정되기 전의 것, 이하 같다) 하에서도 대법원 판례[15]에 따라 초기업단위 노동조합 가입이 가능하다고 해석되었으나, 노동조합법 제2조 제4호 라목 단서에 따라 기업단위 노조 가입은 여전히 제한되었다.[16] 때문에 노동조합이 규약으로 조합원 자격

---

14) 결사의 자유 위원회, Case No. 1865, 353차 보고서(2009), para. 664.
15) 대법원 2004. 2. 27. 선고 2001두8568 판결.
16) 제2조(정의) 이 법에서 사용하는 용어의 정의는 다음과 같다.
　　4. "노동조합"이라 함은 근로자가 주체가 되어 자주적으로 단결하여 근로조건의 유지·개선 기타 근로자의 경제적·사회적 지위의 향상을 도모함을 목적으로 조직하는 단체 또는 그 연합단체를 말한다. 다만, 다음 각목의 1에 해당하는 경우에는 노동조합으로 보지 아니한다.
　　　라. 근로자가 아닌 자의 가입을 허용하는 경우. 다만, 해고된 자가 노동위원회에 부당노동행위의 구제신청을 한 경우에는 중앙노동위원회의 재심판정이 있을 때까지는 근로자가 아닌 자로 해석하여서는 아니된다.

을 정할 수 있는 자유가 제한되고, 사용자가 조합원에 대한 해고를 통해 노조 활동에 개입할 수 있다는 우려가 제기되어 왔다.

이 쟁점은 한-EU 전문가 패널 논의에서도 다루어졌는데 전문가 패널은 구 노동조합법(법률 제17864호로 개정되기 전의 것) 제2조 제1호와 제4호 라목이 결합될 경우 해고된 조합원의 결사의 자유 문제일 뿐만 아니라 그러한 노동자가 조합원으로 가입해 있는 노조의 다른 조합원들에게도 노조 등록 취소라는 위험을 감수해야 하는 문제가 생긴다고 보았다.[17] 전문가 패널은 구 노동조합법 제2조 제4호 라목이 결사의 자유 원칙에 부합하지 않는다고 보고, 대한민국에 기업 단위 노조와 초기업 단위 노조 전부에서 해고자, 구직자, 실업자와 자영노동자의 노조 가입이 가능하도록 제2조 제4호 라목의 노동조합 정의를 확대할 것을 권고하였다.[18]

정부는 개정 「노동조합 및 노동관계조정법」[법률 제17864호, 2021. 1. 5. 일부개정]에 대하여 제2조 제4호 라목 단서를 삭제하여 기업별 노조에서도 규약이 정하는 바에 따라 해고자 등이 가입할 수 있도록 조합원 자격을 확대했다고 설명하고 있다.[19] 개정법은 제2조 제4호 라목 본문을 그대로 두었는데, 정부는 이에 대하여 '프랜차이즈 점주' 등 순수한 자영업자는 협회 등 일반적 결사체 결성은 당연히 가능하지만, 근로자가 주체가 되어 근로조건의 개선을 목적으로 하는 노조법상 노동조합에 가입하거나 설립할 수는 없다고 설명하였다.[20]

개정 노동조합법은 제2조 제4호 라목 단서를 삭제하여, 기업단위 노조도 규약에 따라 해고자·실업자·구직자를 조합원으로 둘 수 있게 되었다. 그러나 여전히 제2조 제4호 라목 본문이 존치되어, 고용노동부는 노동조합 설립신고시 근로자가 아닌 자가 가입하고 있는지를 심사할 수 있도록 하고 있다. 이는 고용노동부가 노조 설립신고시 ILO 결사의 자유 협약의 노동자 범위보다 협소한 기준으로 근로자 여부를 실질 심사하고, 근로자가 아닌 자로 보이는 사람이 일부 가입

---

17) Report of the Panel of Experts, Panel of Experts Proceeding Constituted under Article 13.15 of the EU-KOREA Free Trade Agreement, 2021. 1. 20.(이하 '한·EU 자유무역협정 전문가 패널 보고서'라 함), para. 206. 전문가 패널 보고서는 공식 번역문은 없고 다음의 EU 웹사이트에서 찾아볼 수 있다; https://policy.trade.ec.europa.eu/enforcement-and-protection/dispute-settlement/bilateral-disputes/korea-labour-commitments_en.

18) 한·EU 자유무역협정 전문가 패널 보고서, paras. 208~209.

19) 고용노동부, 「개정 노동조합 및 노동관계조정법」 설명자료(2021. 3.), 23쪽 이하.

20) 고용노동부, 「개정 노동조합 및 노동관계조정법」 설명자료(2021. 3.), 25쪽.

해 있는 경우 설립신고를 반려할 가능성을 존치시키고 있다는 점에서 여전히 문제이다.

## 3. 공무원, 교원

☞ 제5장 제4절을 보라.

## 4. 청원경찰

### 가. 청원경찰법과 헌법재판소 결정

구 「청원경찰법」[법률 제14839호]까지 청원경찰법은 "청원경찰의 복무에 관하여는 「국가공무원법」 제66조 제1항을 준용한다"고 규정하고 있었고(제5조 제4항), 이에 따라 해당 조항의 노동운동 금지가 청원경찰에게 적용되어, 청원경찰은 단결권, 단체교섭권 및 단체행동권을 보장받지 못하였다.

헌법재판소 2017. 9. 28. 선고 2015헌마653 결정은 청원경찰은 일반 근로자일 뿐 공무원이 아니므로 원칙적으로 헌법 제33조 제1항에 따라 노동3권이 보장되어야 하고, 모든 청원경찰의 노동3권을 전면적으로 제한하는 것은 과잉금지원칙을 위반하여 노동3권을 침해한다고 판단하고, 헌법불합치결정을 하되 잠정 적용을 명하였다.

이후 청원경찰에 대한 노동3권 전부 보장 개정안, 단결권·단체교섭권만 보장하는 개정안이 발의되었고, 2018. 9. 18. 국회에서 단체행동권을 제외한 단결권과 단체교섭권만 보장하는 「청원경찰법」 개정안이 통과되었다.

### 나. 평가

청원경찰의 노동3권을 인정하지 않았던 구 청원경찰법은 ILO 제87호 협약 제2조에 반한다. ILO 총회는 제87호 협약 제2조에서 "어떠한 구별도 없이(with-out distinction whatsoever)"라는 용어를 채택하면서, 금지된 여러 가지 차별을 열거하기보다는 단결권은 어떤 종류의 구별이나 차별 없이 보장되어야 한다고 강조했다. 유일하게 승인된 예외는 제87호 협약 제9조 제1항에 명시된 것(군대 및 경찰)뿐이다.[21] 결사의 자유 위원회는 회원국의 헌법은 그 업무의 성질상 무기를

---

21) ILO, *Giving Globalization a Human Face*, General Survey on the Fundamental Conventions Concerning Rights at Work in Light of the ILO Declaration on Social Justice

휴대할 필요가 있는 노동자의 단결권을 부정하는 효과를 가져서는 안 된다고 보았다.[22]

헌법재판소 결정과 그에 따른 법개정은 타당하다. 다만, 단체행동권 미보장의 문제는 여전히 남아 있다.

## 5. 이주노동자

### 가. 사건의 경과

서울, 경기, 인천지역에 거주하는 이주노동자들은 2005. 4. 24. 서울경기인천이주노동자노동조합(이하 '이주노조') 창립총회를 개최하고, 같은해 5. 3. 노동부장관에게 설립신고서를 제출하였다. 서울지방노동청장은 2005. 5. 9. 이주노조에게 소속 조합원들의 취업자격 유무를 확인하기 위한 조합원 명부 제출(성명, 생년월일, 국적, 외국인등록번호 또는 여권번호 기재)을 요구했다. 이주노조는 이 보완요구사항이 노조법에서 요구하는 설립신고시 기재사항에 해당하지 않는다는 이유로 보완하지 않았고, 서울지방노동청장은 이주노조가 보완요구사항을 보완하지 않았고, 노조 가입자격이 없는 '불법체류' 이주노동자를 주된 구성원으로 하여 노조법상 노조로 볼 수 없다는 이유로 설립신고서를 반려하였다. 이주노조는 서울지방노동청장의 설립신고 반려처분에 대한 취소소송을 제기하였고, 1심에서는 청구가 기각되었지만, 2심인 서울고등법원은 2007. 2. 1. '불법체류' 외국인도 노동조합 결성, 가입이 허용되는 근로자에 해당되므로 이를 심사하기 위해 법령상 근거 없이 이주노조에 조합원 명부 제출을 요구하고 그 보완요구 거절을 설립신고 반려처분 사유로 삼은 것은 위법하다고 판단했다.[23]

민주노총은 서울고등법원의 판결에도 불구하고 정부가 이주노조의 법적 지위를 인정하기를 거부했고, 이주노동자는 그 체류자격에 관계없이 헌법을 포함한 국내법에 따라 결사의 자유를 보장받아야 함에도, 정부가 이주노조 위원장, 부위원장, 사무국장을 대상으로 표적 단속을 실시했다고 주장하며, 2007. 12. 18. 결사의 자유 위원회에 진정을 제기하였다(2620호 사건).

---

for a Fair Globalization, 2008, International Labour Conference, 101$^{st}$ Session, Geneva, 2012, para. 63.
22) *Compilation*, 2018, para. 373.
23) 서울고등법원 2007. 2. 1. 선고 2006누6774 판결.

## 나. ILO 감독기구의 심의

위 진정사건에서 정부는 다음과 같이 주장했다. "헌법에서 인정하는 기본권은 인권과 시민권(citizens' rights)으로 구분할 수 있고, 인간의 존엄성과 가치, 행복추구권, 신체의 자유, 사생활 보호 등 인권은 불법체류 여부를 불문하고 모든 사람의 기본권으로 인정된다. 그러나 피선거권, 공직에 접근할 권리 등 기본권은 보편적인 인권이라기보다는 국가가 통치하고 존속할 수 있도록 하는 권리로 보아야 하므로 이러한 권리는 외국인에게 반드시 인정되는 것은 아니다. 노동조합 활동에 참여할 권리는 인권인 자유권(right to liberty)과 일부 특징을 공유할 수 있다. 그러나 자본주의의 폐해를 해소하기 위해 국가가 노사관계에 적극적으로 개입하고, 노동자의 생활과 생존에 필요한 권리를 규정한다는 점에서는 시민권이나 사회적 기본권(social fundamental rights)의 성격을 더 많이 갖고 있다. 따라서 대한민국에서의 취업과 관련하여 외국인, 특히 불법체류자에게 어떤 지위를 부여해야 하는가는 주권국가의 경제상황, 고용상황, 대외관계 등을 고려하여 법과 정책에 의해 결정되는 문제이다. 이는 헌법이 직접적으로 보장하는 것이 아니다."[24]

또한 정부는 이주노동조합이 불법체류 외국인에 대한 단속에 반대함으로써 주권국가의 법과 질서에 반하는 목적을 추구하고 있으며 노동조합법에 따라 합법적으로 인정되는 노동조합의 목적 범위를 넘어섰다고 주장하였다.[25]

결사의 자유 위원회는 2620호 사건을 심의하여 353차 보고서(2009), 355차 보고서(2009), 358차 보고서(2010), 371차 보고서(2014)에서 권고를 내놓았고, 국내법상 지위와 관계없이 모든 이주노동자에게 결사의 자유가 보장되어야 한다고 결론 내렸다.[26] 다음은 그 대표적 내용이다.

---

24) 결사의 자유 위원회, Case No. 2620, 353차 보고서(2009), para. 768.
25) 결사의 자유 위원회, Case No. 2620, 353차 보고서(2009), para. 692.
26) 결사의 자유 위원회, Case No. 2620, 355차 보고서(2009), para. 705; 358차 보고서(2010), para. 458; 371차 보고서(2014), para. 252.

■ 결사의 자유 위원회, 353차 보고서(2009년), Case No. 2620 【대한민국】, para. 788.

788. 이와 관련하여 본 위원회는, 직업에 관한 차별을 포함하여 어떠한 구별도 없이 모든 노동자가 자신의 선택에 따라 단체를 설립하고 가입할 권리를 가져야 한다는 일반원칙을 상기한다[결사의 자유 위원회 결정례집, 2006, para. 216]. 더 나아가 본 위원회는, 비정형적 상태(사실상 이 사건에서 지속되고 있는 상황)에 있는 이주노동자의 단결권을 부인하는 법령을 검토할 때 군대와 경찰을 제외한 모든 노동자가 협약 제87호의 적용을 받는다는 점을 강조하며, 따라서 정부가 문제의 법률에 관하여 제87호 협약 제2조의 조건을 고려하도록 요청하였다[결사의 자유 위원회 결정례집, 2006, para. 214]. 본 위원회는 또한 제92차 ILO 총회(2004)에서 채택된 「글로벌경제에서 이주 노동자를 위한 공정한 합의에 관한 결의」를 상기한다. 이에 따르면, "모든 이주노동자는 '노동에서의 기본 원칙과 권리에 관한 선언 및 그 후속 조치, 1998'에서 규정하는 보호를 받는다. 또한, 결사의 자유와 단체교섭권, 고용과 직업에서의 차별금지, 강제노동금지 및 아동노동의 철폐에 관한 ILO의 8개 기본협약은 지위(status)와 관계없이 모든 이주노동자를 대상으로 한다"[para. 12].

또한 결사의 자유 위원회는, 노동자들은 그들이 국가의 정치적 모델을 비롯하여 정부의 사회·경제적 모델을 지지하는지 여부와 관계없이, 완전히 안전한 환경에서 그들이 필요하다고 생각하는 단체를 설립할 권리를 가져야 한다고 보았다.[27] 그러므로 정부의 이주민 정책에 대한 지지 여부와 관계없이, 노동자단체는 완전히 자유롭게 자신의 규약과 규칙을 작성할 권리를 보장받아야 하며, 국내법은 노동조합 규약에 관해 형식적 요건만 규정해야 하며, 노동조합의 규약과 규칙은 공공당국의 사전 승인의 대상이 되어서는 안된다는 원칙을 확인하였다.[28]

### 다. 검토

미등록 이주노동자가 노조법상 근로자가 아니라는 이유로 행정관청이 설립신고 수리를 거부한 처분은 ILO 제87호 협약 제2조와 상충된다. 미등록 이주노동자도 노동3권의 주체가 된다는 서울고등법원과 대법원의 판단은 타당하다. 다만, 대법원 판결[29]은 서울경기인천이주노동자노동조합 설립신고서 제출시인 2005.

---

27) 결사의 자유 위원회 결정례집, 2006, para. 213 참조.
28) 결사의 자유 위원회, Case No. 2620, 355차 보고서(2009), para. 702.
29) 대법원 2015. 6. 25. 선고 2007두4995 전원합의체 판례.

4. 24.로부터 무려 10년이 지나서 선고되었고, 이는 '지연된 정의'라 평가할 만
하다.

한편, ILO 전문가위원회는 「고용 및 직업상의 차별에 관한 협약 (제111호,
1958)」[30] 이행상황에 관한 대한민국 정부보고서 검토를 통해 이주노동자 차별에
대하여 수차례 정부에 권고를 했는데, 이 사안은 2009년 ILO 총회 기준적용위원
회(CAS)에서 토론이 이루어졌다. 또한 2013, 2015년에도 총회 기준적용위원회에
서도 이 사안에 관한 토론이 이루어졌다. 그중 2009년 총회 기준적용위원회 토론
및 결론의 일부를 인용하면 다음과 같다.

---

Individual Case (CAS) – Discussion: 2009, Publication: 98th ILC session (2009)
*Discrimination (Employment and Occupation) Convention, 1958 (No. 111) –
Republic of Korea (Ratification: 1998)*

**결론**

본 위원회는 정부 대표가 제공한 구두 및 서면 정보와 다음과 같은 토론을 주목하였다.
본 위원회는 이주노동자가 본 협약에 반하는 차별과 학대를 당하지 않도록 하기 위해
노동법과 차별금지법의 효과적인 촉진과 집행을 보장하는 것이 중요하다는 점을 전문가
위원회가 강조했다는 점에 주목했다. 본 위원회는, 5개의 이주노동자 지원센터의 설립
및 센터를 확대하고 서비스를 다양화하기 위한 계획을 비롯하여 이주노동자에 대한 차
별을 금지하는 현행 법령들의 적용을 개선하기 위해 정부가 취한 조치들에 주목했다.
또한 본 위원회는, 이주노동자의 권리를 존중하기 위해 지속적으로 노력하겠다는 정부
의 약속을 주목했다. 본 위원회는, 이주노동자가 부당한 대우를 받거나 고용계약 위반이
있을 경우 사업장 변경을 할 수 있도록 더 많은 유연성을 제공하는 고용허가제 개선 법
안을 2008년 국회에 제출했다는 정부의 진술을 주목했다.
본 위원회는 이주노동자를 차별과 학대로부터 보호하는 문제는 정부의 지속적인 관심이
필요하다는 점을 지적하고, 따라서 필요한 경우 정부가 이와 관련된 노력을 강화할 것
을 요청했다. 위원회는 이주노동자들에게 작업장 변경에 대한 적절한 유연성을 허용함
으로써 이주노동자들의 사용자에 대한 과도한 의존성을 줄이는 조치가 이주노동자들의
노동권 침해 및 학대와 관련된 취약성을 줄이는 데 도움이 될 것이라고 생각했다. 따라

---

30) Discrimination (Employment and Occupation) Convention, 1958 (No. 111) [다자조약
제1499호, (1999. 12. 20. 비준)].

서 위원회는 이주노동자들의 취약성 감소라는 목표를 가장 잘 달성할 수 있는 방법이 무엇인지 결정하기 위하여, 노동자 및 사용자 단체와 협의를 거쳐 작업장 변경에 관한 현행 방식의 기능을 재검토하고 개정안 초안을 검토할 것을 정부에 요청했다. 위원회는 정부에 다음 보고 기한에 전문가위원회의 검토를 위해 이 검토의 결과를 보고서에 담을 것을 요청했다. 위원회는 또한 정부가 이주노동자의 노동권을 보호하기 위해 근로감독 등 노동법 집행을 더욱 강화할 것을 권고했다.

## Ⅱ. 노동조합 설립신고제도

### 1. 설립신고제도

#### 가. 사건의 경과

행정관청의 노동조합 설립신고 반려처분이 결사의 자유 위원회에 진정된 사건으로는 1865호 사건(전국공무원노동조합 진정), 2620호 사건(서울경기인천이주노동자노동조합 진정), 2707호 사건(교수노동조합 진정), 3371호 사건(기간제교사노동조합 진정) 등이 있다.

#### 나. ILO 감독기구의 심의

결사의 자유 위원회는 노동조합 설립을 위해 법에 규정된 형식이 노동조합의 설립을 지연시키거나 방해하는 방식으로 적용되어서는 아니되며, 노동조합 등록에 있어서 당국에 의해 야기된 일체의 지연은 제87호 협약 제2조 위반에 해당한다는 견해를 밝혀 왔다.31) 또한 위원회는 자신의 선택에 따라 단체를 설립하고 가입할 노동자의 자유는 결사의 자유에 있어 매우 중요하므로 법원 결정의 지연으로 인해 그것이 위태롭게 되서는 안된다고 보았다.32)

---

31) 결사의 자유 위원회, Case No. 1865, 363차 보고서(2012), para. 125 등. 전국공무원노조 진정사건에서의 권고에 대해 자세히는 제5장 제4절 Ⅰ 참조.
32) 결사의 자유 위원회, Case No. 2620, 374차 보고서(2015), para. 297 등.

■ 결사의 자유 위원회, 374차 보고서(2015), Case No. 2620 【대한민국】, para. 297

297. 나아가 본 위원회는, 대법원이 최종 결정을 내릴 때까지 해당 진정사건의 심의를 유보해 달라는 정부의 요청에 주목한다. 이와 관련하여 위원회는, 이 진정사건의 첫 번째 심의[353차 보고서, para. 784]에서 다음과 같은 점들에 주목했음을 상기한다. "국내적 법적 절차의 이용은 그 결과가 무엇이든 고려해야 할 하나의 요인이란 점은 분명하지만, 본 위원회의 책임에 관하여, 결사의 자유 위원회가 진정사건을 검토할 권한은 국내적 절차를 완료 여부에 구애되지 않는다[결사의 자유 위원회 결정례집, 2006, 부록 I, para. 30]. 게다가 본 위원회는, 이 문제가 2년 넘게 대법원에 계류되어 있으며 그 기간 동안 이주노조의 몇몇 지도자들이 체포되어 추방되었다는 점을 주목한다. 또한 대법원 판결은 이주노조의 설립신고 문제에만 관련되어 있으며 본 진정에서 제기된 다른 주장에는 관여하지 않는다. 따라서 본 위원회는 결사의 자유에 대한 국제 원칙과 관련하여 관계 당국이 고려해야 할 추가적 요소들을 제공할 목적으로 본 진정사건에 관한 검토를 진행할 것이다". 위원회는 소가 제기된 지 8년이 지났지만 여전히 이주노조의 설립신고와 관련하여 대법원의 결정이 내려지지 않은 점에 대해 깊은 우려를 표명한다. 위원회는 단체를 설립하고 가입하기 위한 노동자의 자유로운 선택이 전체적으로 결사의 자유에 매우 중요하므로 (판결의) 지연으로 인해 위태롭게 되서는 안된다는 점을 상기한다[결사의 자유 위원회 결정례집, 2006, para. 312 참조]. 위원회는 계류 중인 이 사건의 진정내용을 둘러싼 상황에 이전 결정을 재검토할 만한 중요한 변화가 없다고 판단하여 이에 따라 심의를 진행할 것이다.

2023년 전문가위원회는 제87호 협약에 관한 대한민국 정례 보고서를 검토한 후, 노동조합 설립신고가 사실상 사전 허가제로 작동하지 않도록 노동조합법을 개정하고 설립신고에 관련된 절차를 결사의 자유 원칙에 부합하도록 형식적 심사로 신속하게 처리할 것을 권고하였다.[33)]

【대한민국】 전문가위원회, Direct Request, 2023

앞에서 본 바와 같이, 비록 일반적 규칙으로서 노동조합 설립에 관해 법률상 사전 승인이 요구되지 않고 등록의 형식적 조건이 부당하게 복잡하지 않다 하더라도, 자영노동자나 비정규직 노동자의 경우 이들이 노동조합법상 "근로자"인지 여부를 행정당국이 심사

---

33) 【대한민국】 전문가위원회, Direct Request, 2023.

하는데 오랜 기간이 소요되고, 설립신고가 반려된 사례도 적어도 하나 이상 있다는 사실에 본 위원회는 주목한다. 본 위원회는, 그러한 사례에서 노동조합 설립신고의 요건이 사실상 사전승인 요건에 해당한다고 볼 수 있으며 설립신고가 수리되지 않았을 때 적법한 노동조합 활동을 할 수 없게 된다는 점에 주목한다. 본 위원회는, 이러한 쟁점들이 노동조합법 제2조 제1호의 "근로자" 정의 조항의 한계와 관련된 문제이며, 그러한 정의 규정에 관한 법 개정을 통해 이 문제를 효과적으로 해결할 수 있을 것이라 기대한다. 법 개정이 이루어지기 전까지는, 노조 설립신고를 관장하는 행정당국이 노조 등록의 형식적 절차는 사전승인 요건에 해당할 정도가 되어서는 안된다는 원칙에 따라 모든 설립신고가 신속하게 처리되도록 정부가 보장할 것을 요청한다.

### 다. 검토

대법원[34]과 헌법재판소[35]는 노동조합법상 설립신고제도가 허가제가 아닌 신고제라고 보면서도, 행정관청이 노동조합법 제2조 제4호 각목에 해당하는지를 실질적으로 심사하는 것을 허용하고 있다. 실제로 행정관청은 노동조합 설립신고제를 허가제와 같이 운영하고 있다. 이러한 관행에 의해 심사에 수개월 내지 수년 이상이 걸리기도 하고(전국보험설계사노동조합 1년 4개월, 전국대리운전노동조합 1년 2개월, 방과후강사노동조합 1년 3개월 소요 등), 노동조합법상 근로자가 아닌 자가 포함되어 있다며 설립신고서를 반려해왔다.[36]

대법원은 "노동조합법 제2조 제4호에서 정한 노동조합의 실질적 요건을 갖춘 근로자단체가 신고증을 교부받지 아니한 경우에도 노동조합법상 부당노동행위의 구제신청 등 일정한 보호의 대상에서 제외될 뿐, 노동기본권의 향유 주체에게 인정되어야 하는 일반적인 권리까지 보장받을 수 없게 되는 것은 아니"[37]라고 판단하였음에도 불구하고, 정부는 노동조합 설립신고를 하지 않았다면 노동3권을 보장할 수 없다는 태도를 고수하고 있다.

---

34) 대법원 1997. 10. 14. 선고 96누9829 판결; 대법원 2014. 4. 10. 선고 2011두6998 판결; 대법원 2016. 12. 27. 선고 2011두921 판결 등.
35) 헌법재판소 2012. 3. 29. 선고 2011헌바53 결정.
36) 서울여성노동조합은 1999년 설립신고가 반려되었으나 대법원 2004. 2. 27. 선고 2001두8568 판결로 반려처분이 취소되었고, 서울경기인천이주노동자노동조합은 2005년 설립신고가 반려되었으나 대법원 2015. 6. 25. 선고 2007두4995 판결로 반려처분이 취소되었다. 청년유니온은 2011년 설립신고가 반려되었으나 대법원 2015. 1. 29. 선고 2012두28247 판결로 반려처분이 취소되었다.
37) 대법원 2016. 12. 27. 선고 2011두921 판결 등.

노동조합 설립신고제의 관행에서 발생한 문제점들은 한-EU FTA 전문가패널에서도 검토된 바 있다. 전문가패널은 헌법재판소가 설시한 법리는 설립신고제는 허가제가 아니라는 노동조합법의 법률적(de jure) 상태를 밝히고 있지만, 노동조합법을 시행할 때 행정기관의 사실상(de facto)의 관행은 결사의 자유 원칙에 부합하지 않을 수도 있다고 언급했다.[38] 다만, 전문가패널은 노동조합 설립신고제가 행정관청의 자의적 심사에 따라 운용되어 결사의 자유를 침해하는지 여부에 관해 양 당사자가 서로 상반되는 주장을 하고 있으며, EU측이 노동조합법 제12조 제1항 및 제3항이 제2조 제4항, 제10조와결합되어 결사의 자유 원칙을 침해하고 있는지 입증하는데 실패했다고 보았다. 그러므로 이 문제를 향후 한-EU FTA에 따른 '무역과 지속가능한 발전 위원회'의 협의 사항으로 다룰 것을 권고하였다.[39]

## 2. 노조 아님 통보(구 노동조합법 시행령 제9조 제2항)

### 가. 사건의 경과

2021. 6. 29. 개정 전의 구 노동조합법 시행령 제9조 제2항에 따른 노조 아님 통보[40]가 결사의 자유 원칙 침해인지 다투어진 사건으로, 앞의 I의 1에서 살펴본 전국건설노동조합 등에 대한 규약 시정명령 사건(2602호 사건), 전국공무원노동조합, 전국교직원노동조합 사건(1865호 사건), 공공운수노조 화물연대본부 진정사건(2829호 사건) 등이 있다.

### 나. ILO 감독기구의 심의

2602호 사건 심의과정에서 정부는, 구 노동조합법 시행령 제9조 제2항에 따른 노조 아님 통보는 행정관청에 의한 노동조합 해산 명령이 아니며, 노동조합을 해산시키는 효력이 있거나 노동조합 활동을 금지하는 것이 아니라고 주장했다. 따라서 노조 아님 통보는 노조 설립 신고를 소급적으로 취소시키는 것이라기보

---

38) 한·EU 자유무역협정 전문가 패널 보고서, para. 256.
39) 한·EU 자유무역협정 전문가 패널 보고서, paras. 257~258.
40) 구 「노동조합 및 노동관계조정법 시행령」 제9조(설립신고서의 보완요구 등) ② 노동조합이 설립신고증을 교부받은 후 법 제12조제3항제1호에 해당하는 설립신고서의 반려사유가 발생한 경우에는 행정관청은 30일의 기간을 정하여 시정을 요구하고 그 기간 내에 이를 이행하지 아니하는 경우에는 당해 노동조합에 대하여 이 법에 의한 노동조합으로 보지 아니함을 통보하여야 한다.

다는 노동조합법에 따른 노동조합에게 주어지는 보호와 혜택이 더 이상 적용되지 않는다는 통보일 뿐이라고 주장했다. 노동조합은 행정관청의 이러한 통보의 취소를 법원에 다툴 수 있으므로 이는 결사의 자유 원칙에 위배되는 것이 아니라고 주장했다.[41]

이에 대하여 결사의 자유 위원회는, 관계법령에 따른 노동조합으로서의 지위 상실 및 노동조합에 대한 보호의 상실 통보는 해당 노동조합의 법인격을 정지시키는 것으로서 노동조합 등록 취소에 해당한다고 보았다. 그리고 이러한 조치는 행정당국이 아니라 사법부에 의해 이루어져야 한다고 권고하였다.[42]

---

■ **결사의 자유 위원회, 363차 보고서(2012), Case No. 2602【대한민국】, para. 463**

462. 본 사건의 이전의 권고 (c) 행정관청에 의한 노동조합 등록 취소에 관하여, 정부에 따르면 ( i ) 노동조합법 시행령 제9조 제2항에 따른 통보는 노동조합 해산을 야기하거나 노동조합 활동을 금지하는 것이라기 보다는 해당 단체가 더 이상 노동조합법에 의한 노동조합으로 보호받지 못한다는 통보에 해당하며, ( ii ) 노동조합은 그러한 통보에 대해 법원에 소를 제기할 수 있으며, (iii) 그럼에도 불구하고, 법원의 확정 판결이 있기 전까지 해당 행정적 결정은 유효하다는 것이 대한민국 행정법의 핵심 원칙 중 하나이며, (iv) 행정적 결정의 집행으로 인해 회복할 수 없는 손해가 야기될 경우에는 그러한 결정의 효력을 잠정적으로 정지시키는 법원 결정이 내려질 수 있다고 주장한 점에 본 위원회는 주목한다.

463. 이러한 점에 관하여, 본 위원회는 관계법령에 따른 노동조합으로서의 지위 상실 및 노동조합에 대한 보호의 상실 통보는 해당 노동조합의 법인격을 정지시키는 것으로서 노동조합 등록 취소에 해당한다고 생각한다. 본 위원회는 노동조합의 법인격을 취소시키는 조치들은 자의적 결정의 위험을 피하기 위해 행정당국이 아니라 사법부에 의해 이루어져야 한다는 것을 상기한다. 직업적 단체는 행정적 결정에 따른 자격정지 내지 해산의 대상이 되어서는 안된다는 원칙이 적절히 적용되려면, 그러한 행정적 결정에 대해 소를 제기할 권리를 법상 부여하는 것만으로는 충분하지 않다. 행정적 결정에 대해 이의제기를 할 수 있는 기한이 지나도록 이의제기를 하지 않거나, 사법당국이 그러한 행정적 결정을 확정하기 전까지는, 그러한 결정은 효력을 가져서는 안된다[결사의 자유 위원회 결정례집, 2006, paras. 702-703 참조]. 노동조합이 법원의 확정 판결이 있기

---

41) 결사의 자유 위원회, Case No. 2602, 363차 보고서(2012), paras. 452~453.
42) 결사의 자유 위원회, Case No. 2602, 363차 보고서(2012), para. 463.

전까지 노동조합법 시행령 제9조 제2항에 따른 통보의 효력 정지를 청구하는 소를 제기
할 수 있다는 점을 주목하면서도, 본 위원회는 행정당국에 의한 그러한 노동조합 자격
정지 내지 해산 조치는 결사의 자유 원칙에 대한 극히 심각한 간섭 행위이자 침해에 해
당하기 때문에 사법당국에 소를 제기함으로써 자동적이고 즉각적으로 효력이 정지되어
야 한다고 본다.[후략]

### 다. 검토

구 노동조합법, 구 교원노조법(2021. 1. 5. 법률 제17861호로 개정되기 전의 것),
구 공무원노조법(2021. 1. 5. 법률 제17860호로 개정되기 전의 것) 등이 해고자의 조
합원 자격을 제한하고, 이를 근거로 규약 시정명령을 하고, 규약 시정명령에 불
응하였다는 이유로 행정관청이 '노조 아님 통보'를 하는 것은 헌법상 단결권과
결사의 자유에 관한 국제노동기준을 침해하는 행위이다. 대법원 2020. 9. 3. 선고
2016두32992 전원합의체 판결은 이 점을 지적하였고,[43] 이에 따라 2021. 6. 29.
노동조합법 시행령 제9조가 개정되었다.

## Ⅲ. 사업 또는 사업장 단위노동조합의 임원 자격 제한

### 1. 사건의 경과

구 노동조합법 제23조 제1항은 "노동조합의 임원은 그 조합원 중에서 선출
되어야 한다"고 규정하여 노동조합 임원의 자격을 법률로 제한하고 있었다. 이
규정은 구 노동조합법 제2조 제4호 단서 라목과 결합되면, 해고자 등이 기업단위
노조의 조합원 자격을 유지하는 것뿐만 아니라 노조의 임원으로 선출되는 것도
제한을 받게 되었다.

---

43) 대법원은 "법외노조 통보는 적법하게 설립되어 활동 중인 노동조합에 대하여 더 이상 노
동조합법상 노동조합이 아님을 고권적으로 확정하는 행정처분으로서, 단순히 법률에 의하
여 이미 법외노조가 된 것을 사후적으로 고지하거나 확인하는 행위가 아니라 그 통보로써
법외노조가 되도록 하는 형성적 행위"라고 보고, 법외노조 통보는 이미 적법하게 설립된
노동조합에 결격사유가 발생하였다는 이유로 그 노동조합으로부터 노동조합법상의 법적
지위를 박탈하는 것으로서 형식적으로는 노동조합법에 의한 특별한 보호만을 제거하는
것처럼 보이지만 실질적으로는 헌법이 보장하는 노동3권을 본질적으로 제약하는 결과를
초래한다고 보았다. 이는 노조 아님 통보가 사실상 행정당국에 의한 노조의 등록 취소 내
지 법적 자격 정지에 해당하여 결사의 자유 원칙에 위배된다고 본 결사의 자유 위원회의
견해와 같은 취지이다.

이 문제는 결사의 자유 위원회에 진정되어 1865호 사건 등에서 다루어졌다.

## 2. ILO 감독기구의 심의

결사의 자유 위원회는 1865호 사건을 심의하여 327차 보고서(2002년), 346차 보고서(2007년), 353차 보고서(2009년) 등에서, 노동조합의 임원은 그 조합원 중에서 선출하도록 한 구 노동조합법 제23조 제1항을 개정할 것을 요청했다.[44]

2021. 1. 5. 노동조합법 개정시, 노동조합의 임원을 그 조합원 중에서 선출하도록 한 제23조 제1항을 개정하면서도 하나의 사업 또는 사업장을 대상으로 조직된 노동조합의 임원은 그 사업 또는 사업장에 종사하는 조합원 중에서 선출하도록 제한하는 내용을 유지하였고, 하나의 사업 또는 사업장을 대상으로 조직된 노동조합의 대의원은 그 사업 또는 사업장에 종사하는 조합원 중에서 선출하도록 제17조 제3항을 신설하였다. 이 개정에 관하여 정부는, 기업단위 노조의 임원 자격 제한은 사회적 대화를 거친 개정이며 그 취지는 기업의 상황에 친숙하지 않은 사람이 노조 임원이 될 경우 단체교섭과 단체행동에 부정적 영향을 미칠 우려가 있기 때문이라고 설명했다.[45]

2021. 4. 20. 대한민국이 제87호 협약 등을 비준한 이후, 1865호 사건에서 심의되어왔던 집단적 노동관계법의 입법적 쟁점들은 향후 ILO 전문가위원회의 정례 검토로 이관되었다. 2023년 전문가위원회는 제87호 협약에 관한 대한민국 정례 보고서를 검토한 후, 노동조합법 제17조 제3항 및 제23조 제1항을 개정하여 기업 단위 노조에서 임원 선출의 자유를 보장할 것을 요청하였다.[46]

> 【대한민국】 전문가위원회, Direct Request, 2023
>
> 본 위원회는, 노동조합법 제17조 제3항 및 제23조 제1항과 같은 규정들은 (노조 전임자 또는 은퇴자와 같이) 자격조건에 맞는 사람들이 임원으로 선출되지 못하도록 하거나, 조합원 중에 역량 있는 사람들이 충분치 않은 경우 그러한 노조 전임자의 경험을 활용

---

44) 결사의 자유 위원회, Case No. 1865, 327차 보고서(2002), para. 490; 346차 보고서(2007), para. 761; 353차 보고서(2009), para. 749 등.
45) 결사의 자유 위원회, Case No. 1865, 404차 보고서(2023), para. 72.
46) 【대한민국】 전문가위원회, Direct Request, 2023.

하지 못하게 함으로써, 노동자단체가 자신의 규약을 작성하고 완전히 자유롭게 대표들을 선출할 자유를 침해한다는 점을 상기한다. 또한 노동조합 간부를 해고하여 그들이 임원이 되지 못하게 하는 방식으로 사용자가 개입할 실제적 위험도 존재한다(General Survey, 2012, para. 102 참조).

## 3. 검토

이 쟁점은 한-EU FTA 전문가 패널에서도 다뤄졌는데, 전문가 패널은 ILO 결사의 자유 위원회의 결정례를 근거로 구 노동조합법 제23조 제1항이 결사의 자유 원칙에 부합하지 않는다고 판단하고, 기업단위 노동조합과 초기업단위 노동조합 모두에서 조합원들이 완전히 자유롭게 임원을 선출할 수 있도록 법을 개정하라고 권고하였다.[47]

2021. 1. 5. 노동조합법 개정시, 하나의 사업 또는 사업장을 대상으로 조직된 노동조합의 조합원 자격을 재직자를 원칙으로 하고 해고자의 경우 노동위원회에 부당노동행위 구제신청을 하여 재심판정이 있을 때까지 '근로자'로 보도록 규정한 노조법 제2조 제4호 라목 단서를 삭제하였다. 그렇지만 노동조합의 임원을 그 조합원 중에서 선출하도록 한 구 노조법 제23조 제1항을 개정하면서도, 하나의 사업 또는 사업장을 대상으로 조직된 노동조합의 임원 및 대의원은 그 사업 또는 사업장에 종사하는 조합원 중에서 선출하도록 함으로써 여전히 기업 단위노조의 임원 자격은 사업 또는 사업장에 종사하는 조합원, 즉 재직자로 한정하고 있다. 즉 조합원이 아닌 자와 구직자, 해고자(중앙노동위원회에 부당노동행위 구제신청을 한 경우 재심판정시까지는 예외) 등 해당 사업 또는 사업장에 종사하지 않는 조합원은 여전히 기업 단위 노동조합의 임원 및 대의원이 될 수 없다.

이러한 규정들은 ILO 제87호 협약 제3조 제1항에 따른 "노동자단체가 완전히 자유롭게 그 대표를 선출할 수 있는 권리"를 침해하고, 제87호 협약 제3조 제2항의 "공공당국은 이 권리를 제한하거나 이 권리의 합법적인 행사를 방해하는 어떠한 간섭도 삼간다"는 원칙에 부합하지 않는다. 결사의 자유 위원회는 노동조합의 임원 자격요건으로서 특정 직종 또는 사업장의 구성원일 것을 요건으로 하

---

47) 한·EU 자유무역협정 전문가 패널 보고서, para 228.

는 것은 그 대표를 완전히 자유롭게 선출할 수 있는 노동자의 권리와 부합하지
않는다고 보았다. 또한 법률로 모든 노동조합 임원은 그 단체가 활동하고 있는
직종에 속해야 한다고 규정할 경우 제87호 협약에 의한 보장을 위태롭게 할 위
험이 있고, 이 경우 노동조합 임원인 노동자의 해고는 해당 노동자의 노동조합
임원직을 박탈할 뿐만 아니라 단체의 활동 자유 및 대표의 자유로운 선출권에
영향을 미칠 수 있으며 심지어 사용자에 의한 간섭 행위를 부추길 수 있다고 판
단하였다.[48] 이러한 ILO 기준에 비추어 볼 때 현행 노동조합법 제23조 제1항 및
제17조 제3항은 사용자에 의한 기업별 노동조합 임원의 해고나 부당노동행위를
장려할 우려가 있다.

## Ⅳ. 노동조합 운영에 대한 간섭

### 1. 회계간섭

#### 가. 사건의 경과

전국노동조합협의회는 1992. 3. 18. 결사의 자유 위원회에 진정한 1629호
사건에서, 구「노동조합법」(1996. 12. 31. 법률 5244호로 제정된「노동조합 및 노동관
계조정법」에 의해 폐지되기 전의 것)에 노동조합의 자율적 운영을 통제하고 간섭할
수 있는 권한을 행정당국에게 부여하는 여러 조항들(노조 내부 문제를 조사할 수 있
는 권한인 제30조[49] 등)이 있다고 주장하였다.

#### 나. ILO 감독기구의 심의

정부는 1629호 사건에 관해 결사의 자유 위원회에 제출한 답변에서 구「노
동조합법 시행령」제9조의2는 당해 노동조합에 대하여 진정·고발·청원등이 있
는 경우, 노동조합의 조직간 또는 조직내부에 분규가 야기되어 조정·지도할 필
요가 있는 경우, 노동조합의 회계·경리상태나 기타 운영에 대하여 지도할 필요
가 있는 경우에 노동조합에 대한 조사를 규정하고 있고, 행정 당국의 편의나 재
량에 따라 노동조합 운영을 조사할 수 없으므로, 구 노동조합법 제30조가 노동조

---

48) *Compilation*, 2018, paras. 609~610.
49) 제30조 (자료의 제출) 행정관청은 필요하다고 인정할 때에는 노동조합의 경리상황 기타
관계서류를 제출하게 하여 조사할 수 있다.

합의 정상적인 운영을 방해하거나 간섭하는 것으로 해석되어서는 안 된다고 주장하였다.[50]

이에 대하여 결사의 자유 위원회는 구 노동조합법 제30조가 노동조합 내부문제에 대한 과도한 행정적 간섭의 위험성을 수반한다고 판단하였고, 노동조합 재정에 대한 공공당국의 통제는 일반적으로 정기보고서 제출 의무를 초과해서는 안 된다는 원칙을 상기시키면서 다음과 같이 법 개정을 요구하였다.

---

■ 결사의 자유 위원회, 294차 보고서(1994), Case No. 1629【대한민국】, paras. 266 및 274

266. 행정당국이 필요하다고 판단하는 경우 조사를 위해 노동조합에 회계 상태 또는 다른 필요한 서류를 제출하도록 요구할 수 있는 권한을 부여하는 노동조합법 제30조에 관하여, 본 위원회는 이러한 규정이 노동조합 내부 문제에 대한 과도한 행정적 간섭의 위험성을 수반한다고 판단한다. 이와 관련하여, 위원회는 노동조합 재정에 대해 행사하는 공공당국의 통제는 일반적으로 정기보고서 제출 의무를 초과해서는 안 되고 당국의 재량에 따라 필요할 때마다 검사하고 정보를 제공하도록 하는 것은 노동조합 내부 운영에 대한 간섭 위험성을 내포하고 있다는 원칙을 상기시킨다(결사의 자유 위원회 결정례집, 1985, para. 333 참조). 위원회는 정부에 노동조합법 제30조를 위에 언급한 원칙에 맞게 수정 및 적용되도록 조치를 취할 것을 요구한다.

---

ILO 감독기구가 권고한 노조 내부 운영에 대한 간섭의 위험성은 현행 노동조합법 제27조에도 연관될 수 있다.[51] 이러한 행정관청의 자료 제출 요구권은 구「노동조합법」제30조를 대체하여 도입된 것이다. 2023년 전문가위원회는 제87호 협약에 관한 대한민국 정례 보고서를 검토한 후, 노동조합법 제27조를 개정하여 노조 운영에 행정당국이 간섭하지 않도록 할 것을 요청하였다.[52]

---

50) 결사의 자유 위원회, Case No. 1629, 294차 보고서(1994), paras. 234 및 237.
51) 제27조(자료의 제출) 노동조합은 행정관청이 요구하는 경우에는 결산결과와 운영상황을 보고하여야 한다.
52)【대한민국】전문가위원회, Direct Request, 2023.

【대한민국】 전문가위원회, Direct Request, 2023

재정 운영

본 위원회는, 노동조합법 제27조가 노동조합은 행정관청이 요구하는 경우에는 결산결과와 운영상황을 보고하여야 한다고 규정하고 있음에 주목한다. 본 위원회는, 이러한 규정은 그러한 보고를 요구하는 주기나 그러한 요구를 정당화하는 근거들을 정하고 있지 않으므로, 이에 관하여 행정관청에게 전적인 재량권을 부여하고 있는 것으로 보인다는 점에 주목한다. 노동조합법 시행령 제12조는 행정관청은 법 제27조에 따라 노동조합으로부터 결산결과 또는 운영상황의 보고를 받으려는 경우에는 그 사유와 그 밖에 필요한 사항을 적은 서면으로 10일 이전에 요구해야 한다고만 규정하고 있다. 마지막으로 본 위원회는, 노동조합법 제96조 제1항 제2호가 제27조의 규정에 의한 보고를 하지 아니하거나 허위의 보고를 한 자에게 과태료를 부과하고 있음에 주목한다. [중략] 본 위원회는, 노동조합의 재정 운영에 대한 감독은 그것이 연례 재정 보고서 제출 의무로 제한되었을 때 제87호 협약에 부합한다는 점을 상기한다. 단체의 행위가 그 단체의 규약 또는 법률에 위배된다고 믿을 만한 중대한 이유가 있을 때 (재정 보고서에 대한-역자) 검증을 실시할 수 있으며, 그러한 검증은 상당한 수(예를 들면 10%)의 노동자들이 횡령 혐의에 관한 수사를 요구하거나 고발한 경우로 한정되어야 한다. 만약 법률이 당국에 이러한 원칙을 넘어서는 통제 권한을 부여하는 경우, 예를 들면 법률로써 행정 당국이 어느 때나 단체의 회계 장부 및 여타 문서를 검사하고 조사를 실시하고 정보를 요구할 수 있는 권한을 부여하고 있는 경우는 본 협약에 부합하지 않는다(General Survey, 2012, paras. 109-110 참조). 이상의 관점에서, 본 위원회는 정부가 사회적 파트너들과 충분한 협의를 거쳐 노동조합법 제27조를 재검토하고, 위에서 상기시킨 원칙에 부합하도록 노동조합의 운영에 간섭하지 않는 방식으로 해당 규정을 적용할 것을 요청한다.

## 다. 검토

노동조합법 제27조는 행정관청이 자료 제출을 요구할 수 있는 객관적 기준에 대하여 아무런 정함이 없어, 오히려 행정관청이 노동조합 운영에 자의적이고 과도하게 개입할 수 있도록 함으로써 노동조합의 자주적 운영과 활동을 해칠 수 있다는 비판이 제기되고 있다.[53]

실제로 정부는 2023. 2. 1. 조합원 수 1천 명 이상 노조를 대상으로 일률적으로 재정 관련 장부와 서류 등 비치, 산하조직 현황 등을 광범위하게 보고하라

---

53) 노동법실무연구회, 「노동조합 및 노동관계조정법 주해Ⅰ」(제2판), 박영사, 2023, 906쪽.

고 요구하였다. 정부의 이러한 요구는 노동조합의 행위가 내부 규약이나 법률에 위배된다고 믿을만한 중대한 이유가 있거나 상당수의 노동자들이 조사를 요구한 상황도 아니기 때문에 제87호 협약에 반한다.

더욱이 정부가 보고를 요구하는 사항은, ① 조합원 명부, ② 규약, ③ 임원의 성명·주소록, ④ 회의록, 재정 관련 장부와 서류, ⑤ 예산서, ⑥ 결산서, ⑦ 총수입원장 및 총지출원장, ⑧ 수입 또는 지출결의서, ⑨ 수입관계장부 및 증빙서, ⑩ 지출관계장부 및 증빙서, ⑪ 자체 회계감사 관계서류의 각 비치 사진, 표지 1장, 내지 1장과 함께, 산업별 노동조합의 하부조직의 경우 명칭, 대표자 성명, 조합원 수를 기재하도록 하고 있다. 이처럼 정부가 보고를 요구하는 사항들은 노동조합법 제27조에 규정된 '결산결과'를 초과하는 내용들이며,[54] ILO 감독기구가 권고하는 연례 재정보고서 제출 수준보다 훨씬 상세하게 노동조합 내부 운영에 행정관청의 간섭을 초래할 내용들이다.[55]

---

54) 정부는 노조법 제27조의 '결산결과와 운영상황'에는 노조법 제14조의 "재정에 관한 장부와 서류"가 포함된다고 주장하였다. 그러나 서울고등법원 2016. 10. 14. 선고 2015나2054842 판결은 노조법 제14조의 취지는 노동조합의 자주적이면서도 민주적인 조직의 유지와 활동을 위해서 노동조합 재정의 민주성과 투명성을 확보한다는 데 있다고 보면서, 조합원의 재정에 관한 장부와 서류 열람권은 인정하였으나 등사청구권은 인정하지 않았다. 법원은 그 이유로 "조합원이 아닌 자에게 노동조합의 재정에 관한 장부와 서류가 유출될 우려가 있고, 그에 따라 노동조합의 자주적인 운영이나 전체이익이 저해될 우려가 있는 점"이라고 설시하였다. 이러한 판시 취지에 비추어 보더라도 정부가 노조법 제27조에 근거해서 요구할 수 있는 "결산결과와 운영상황"에는 "재정 관련 장부와 서류"가 포함된다고 보기 어렵다.

55) 2023. 4. 9. 고용노동부는 노조법 제14조에 따른 재정에 관한 장부와 서류 등의 비치·보존 여부를 보고하지 않은 노동조합 총 52개에 대해 노동조합법 제27조 및 제14조 위반에 따른 과태료를 부과한다고 밝혔다.
2023. 4. 20. 고용노동부는 4. 21.부터 노조법상 회계서류 비치·보존 소명을 거부한 42개 노동조합 현장조사에 돌입한다고 밝혔다.
2023. 5. 11. 고용노동부는 현장 행정조사를 거부한 37개 노동조합에 대해 질서위반행위규제법 제57조 제1항에 근거해 과태료를 부과한다고 밝혔다.
2023. 10. 1. 정부는 노동조합 회계 투명성 제고라는 이름으로 노동조합법 시행령과 소득세법 시행령을 개정하였다. 개정 노조법 시행령은 고용노동부가 운영하는 공시시스템에 결산결과를 공표할 수 있도록 하고 있고, 개정 소득세법 시행령은 조합원수 1천명 이상 노동조합 또는 산하조직의 경우 고용노동부 운영 공시시스템에 결산결과를 공표하는 경우에만 조합비 세액공제를 하도록 하고 있다.

## 2. 규약 및 결의·처분 시정명령

### 가. 사건의 경과

전국노동조합협의회는 1992. 3. 18. 결사의 자유 위원회에 진정한 1629호 사건에서, 구 「노동조합법」(1996. 12. 31. 법률 5244호로 제정된 「노동조합 및 노동관계조정법」에 의해 폐지되기 전의 것)에 행정당국이 노동조합의 자율적 운영을 통제하고 부당하게 개입할 수 있는 권한을 부여하는 여러 조항이 있다고 추가로 의견을 제출하였다. 그 대표적인 조항은 노동조합 규약 변경 또는 보완을 명할 수 있는 권한을 규정한 구 노동조합법 제16조,[56] 노동조합 결의 및 처분의 시정을 명할 수 있는 권한을 규정한 구 노동조합법 제21조[57] 등이었다.

### 나. ILO 감독기구의 심의

정부는 구 노동조합법 제16조는 노동조합 규약의 비민주적이거나 불합리한 조항을 제거하여 노동조합의 자율적이고 민주적인 운영을 확보하는 것을 목적으로 하므로 노동조합이 자율적으로 규약을 제정할 수 있는 권리를 제한하는 것으로 해석될 수 없다고 주장하였다. 또한 1987년 이래로 한국에는 충분한 운영 지식과 경험 없이 엄청난 수의 새로운 노동조합이 생겨났고 법령, 조례 등을 잘못 해석하여 조직의 갈등을 야기하고, 비민주적이고 불합리한 방식으로 노동조합을 운영하여 노동조합 내의 단결을 빈번하게 훼손해 왔기 때문에, 구 노동조합법 제21조는 정당하다고 주장하였다.[58]

그러나 결사의 자유 위원회는 구 노동조합법 제16조, 제21조가 노동자단체가 자신들의 규약과 규정을 완전히 자유롭게 만들 수 있는 권리를 침해할 수 있다고 보고, 동 조항들의 개정을 요구하였다.[59]

---

56) 제16조(규약의 변경·보완) 노동조합의 규약이 노동관계법령에 위반한 경우에는 행정관청은 노동위원회의 의결을 얻어 그 변경 또는 보완을 명할 수 있다.
57) 제21조(결의·처분의 시정) 행정관청은 노동조합의 결의 또는 처분이 노동관계법령 또는 규약에 위반된다고 인정하는 경우에는 노동위원회의 의결을 얻어 그 시정을 명할 수 있으며, 시정명령을 받은 노동조합은 10일 이내에 이를 이행하여야 한다.
58) 결사의 자유 위원회, Case No. 1629, 294차 보고서(1994), paras. 250~251.
59) 결사의 자유 위원회, Case No. 1629, 294차 보고서(1994), para. 265.

■ 결사의 자유 위원회, 294차 보고서(1994), Case No. 1629【대한민국】, para. 265

265. 노동조합법이 행정관청에 노조의 자율적 운영을 통제·개입할 수 있는 권한을 주는 수많은 조항을 갖고 있다는 전노협의 주장에 관하여, 본 위원회는 노조법 제16조와 제21조가 각각 행정관청이 노·사·공 3자 구성의 노동위원회의 승인을 받아 노조 규약이나 결의가 노동법과 시행령을 위반하는 경우 이의 변경을 명령할 수 있음을 주목한다. 또한 제26조 제3항과 제4항도 행정관청이 노동위원회의 승인을 받아 해당 조항에 규정된 특정 조건하에서 노조의 임시총회 소집권자를 지명할 수 있도록 하고 있다. 전노협에서 이러한 조항들이 실제로 노조의 내부 문제에 대한 행정관청의 간섭에 해당할 정도로 적용된 구체적 사례들을 제시하고 있음에 본 위원회는 주목한다. 이와 관련하여, 본 위원회는 노동자단체가 자신들의 규약과 규칙을 완전히 자유롭게 만들 수 있는 권리가 온전히 보장되도록 국내 법령은 노조 규약에 관해 오로지 형식적인 요건만 규정해야 하고, 이들 규약과 규칙들이 공공 당국의 재량에 따라 사전 승인의 대상이 되어서는 안된다고 본다. 따라서 본 위원회는 정부에게 노동조합법의 위 규정들을 개정하고 그에 따라 법을 적용할 것을 요청한다.

### 다. 검토

결사의 자유 위원회가 개정을 요구한 구 노동조합법 제16조와 현행 노동조합법 제21조와 실질적으로 동일하다.[60]

실제로도 노동조합법 제21조는 노조의 내부운영에 대한 행정관청의 간섭의 근거로 활용되고 있다. 일례로 2023. 2. 8. 고용노동부는 상급단체 집단탈퇴를 금지하는 규약 등에 대해서 시정명령을 추진하고 해당 노동조합이 시정명령을 불이행할 시에는 벌칙을 부과하겠다고 발표하였다.[61] 2023. 5.~6. 서울지방고용노동청은 전국사무금융서비스노동조합 조합원 가입·탈퇴 처리규정 제4조 제1항(해당 단위 총회를 통한 집단탈퇴는 불가), 전국금속노동조합의 조합원 가입절차 전결

---

60) 제21조(규약 및 결의처분의 시정) ① 행정관청은 노동조합의 규약이 노동관계법령에 위반한 경우에는 노동위원회의 의결을 얻어 그 시정을 명할 수 있다.
　② 행정관청은 노동조합의 결의 또는 처분이 노동관계법령 또는 규약에 위반된다고 인정할 경우에는 노동위원회의 의결을 얻어 그 시정을 명할 수 있다. 다만, 규약위반시의 시정명령은 이해관계인의 신청이 있는 경우에 한한다.
　③ 제1항 또는 제2항의 규정에 의하여 시정명령을 받은 노동조합은 30일 이내에 이를 이행하여야 한다. 다만, 정당한 사유가 있는 경우에는 그 기간을 연장할 수 있다.
61) 고용노동부, "(보도자료) 고용노동부, 집단탈퇴 금지 규약에 대한 시정명령 추진(2023. 2. 8.), https://www.moel.go.kr/news/enews/report/enewsView.do?news_seq=14625

규정 제4조 제1호(해당 단위 총회를 통한 집단탈퇴 불가), 전국화학섬유식품산업노동조합 규약 제44조(지회 단위의 집단탈퇴, 조직형태 변경 불가) 등이 노동조합법 제5조 제1항 및 제16조 제1항 제8호에 위반된다고 보고 노동위원회의 의결을 거쳐 시정명령을 하였다. 또한 고용노동부는 2023. 5. 전국공무원노동조합의 선거관리규정 제22조 제1항 제2호(조합 및 민주노총 탈퇴 공약을 하는 경우 입후보자 자격 상실) 등에 대해 노동위원회 의결을 거쳐 시정명령을 하였다.

ILO 감독기구들은 노동자단체의 규약과 규칙은 당국의 형식적 심사의 대상이며, 형식적인 요건 심사를 넘는 법령들은 제87호 협약 제3조 제2항에 반하는 간섭이 될 수 있다고 본다.[62] 이런 기준에 비추어 볼 때, 현행 노동조합법상 행정관청의 규약시정명령 제도는 규약의 내용(실질)에 대한 정부의 개입이며, 시정명령을 위반하는 자에게 벌칙이 가해진다는 점에서 제87호 협약 제3조 위반이라 할 수 있다. 이 사안은 2024. 3. ILO 결사의 자유 위원회에 다시 진정되었다(3457호 및 3458호 사건).

## Ⅴ. 근로시간 면제 제도

### 1. 구 노동조합법 제24조 제2항(노동조합 전임자 급여 지급 금지)

#### 가. 사건의 경과

구 노동조합법(2010. 1. 1. 법률 제9930호로 개정되기 전의 것)은 노동조합의 전임자가 그 전임기간 동안 사용자로부터 어떠한 급여도 지급받아서는 아니된다고 규정하고 있었다(제24조 제2항). 그리고 "노동조합의 전임자에게 급여를 지원하거나 노동조합의 운영비를 원조하는 행위"가 부당노동행위의 하나로 규정되었다(제81조 제4호). 이러한 전임자 급여 지급 금지 규정은 1996. 12. 31. 제정된 「노동조합 및 노동관계조정법」에 새로 도입되었으나 부칙(법률 제5244호, 1996. 12. 31.) 및 2021. 3. 28. 부칙 개정, 2006. 12. 30. 부칙 개정을 통해 2009. 12. 31.까지 그 적용이 유예되어 있었다.

민주노총 등은 ILO 결사의 자유 위원회에 진정한 1865호 사건에서, 노동조합법 제24조가 한정된 자원을 가지고 있는 소규모 기업 단위 노조가 대부분인

---

62) General Survey, 2012, para. 100; *Compilation*, 2018, para. 565 등.

한국의 노동조합 운동에 해로울 것이며, 전임자 급여 지급문제는 사용자와 노동조합이 다룰 문제이지 법률로 결정할 문제가 아니라고 주장하였다.

### 나. ILO 감독기구의 심의

결사의 자유 위원회는 구 노동조합법 제24조 제2항에 관하여, 노동조합 전임자에 대한 급여 지급 문제는 입법적으로 개입할 사항이 아니므로 노·사간 자율적 교섭에 맡길 수 있도록 해당 규정을 폐지할 것을 권고하였다.[63]

## 2. 구 노동조합법 제24조, 제81조 제1항 제4호, 제90조

### 가. 사건의 경과

2010. 1. 1. 노동조합법 개정으로 노조 전임자에 대한 급여 지급 금지 규정이 시행되면서 이를 제도적으로 보완하기 위해 근로시간 면제 제도가 새로 도입되었다. 즉, 구 노동조합법(2021. 1. 5. 법률 제17864호로 개정되기 전의 것) 제24조는 전임자에 대한 급여 지급을 금지하며(제2항), "제2항에도 불구하고 단체협약으로 정하거나 사용자가 동의하는 경우에는 사업 또는 사업장별로 조합원 수 등을 고려하여 제24조의2에 따라 결정된 근로시간 면제 한도를 초과하지 아니하는 범위에서 근로자는 임금의 손실 없이 사용자와의 협의·교섭, 고충처리, 산업안전 활동 등 이 법 또는 다른 법률에서 정하는 업무와 건전한 노사관계 발전을 위한 노동조합의 유지·관리업무를 할 수 있다"(제4항)라는 규정을 신설하였다.

민주노총 등은 1865호 사건에서 노조 전임자에 대한 급여 지급 금지 및 근로시간 면제 제도가 종전의 ILO 결사의 자유 위원회의 권고를 무시하고 일방적으로 도입되었으며, 노조 전임자의 활동을 "건전한 노사관계 발전을 위한 노동조합의 유지·관리업무"로만 제한하여 결사의 자유 원칙과 상충된다고 추가 진정을 제기하였다.

### 나. ILO 감독기구의 심의

이에 대하여 결사의 자유 위원회는 구 노동조합법 제24조(근로시간 면제 한도

---

63) 결사의 자유 위원회, Case No. 1865, 307차 보고서(1997), para. 225; 309차 보고서(1998), para. 160; 327차 보고서(2002), para. 487; 335차 보고서(2004), para. 841; 353차 보고서(2009), paras. 719 및 749항 등.

내에서 일정한 업무를 할 수 있도록 하고 이를 초과하여 노동조합 전임자에게 급여를 지급하는 행위는 부당노동행위로 처벌할 수 있다)에 대하여 다음과 같이 권고하였다.[64]

---

■ **결사의 자유 위원회, 363차 보고서(2012), Case No. 1865 [대한민국], para. 110**

110. 본 위원회는 이 사건에 대한 이전 심사에서 노조 전임자에 대한 급여 지급 문제는 법령의 간섭 대상이 되어서는 안 되며 당사자들 간의 자유롭고 임의적인 교섭에 맡겨져야 한다고 했음을 상기한다. 위원회는, 대한민국 내에서 이 사안의 역사적 복잡성과 복수노조 허용이라는 새로운 맥락에서 유급 노조 전임자의 규모에 제한을 둠으로써 균형을 유지하고자 하는 대한민국 정부의 의도를 이해한다. 그러나 이를 통해 정부가 전임자 급여 지급을 제재 대상으로 삼아 전반적으로 금지하고 있으며, 근로감독의 자원이 근로시간 면제한도 위반 여부를 조사하는 데 소모되고 있다는 주장에 관해 위원회는 유감을 표한다. 또한 위원회는, 노조 전임자가 수행할 수 있는 활동의 유형에 대하여 법적 간섭이 있는 점과, 노조에서 지명한 적절한 사람이 아니라 전임자만이 노사관계를 다룰 수 있도록 하는 명시적 제한에 대하여 우려를 표명한다. 파업 등의 노조 활동은 근로시간 면제의 적용대상이 되어서는 안된다는 정부의 설명에 관하여, 본 위원회는 파업 기간 동안의 임금 공제가 결사의 자유 원칙의 관점에서 반대할 사안은 아니라 하더라도[결사의 자유 위원회 결정례집, 2006, para. 654 참조], 보다 일반적으로는 유급 노조 전임자가 사용자에게 자신의 각각의 활동 내역을 설명할 필요 없이 자신의 노조의 규칙에 따라 노동조합을 위한 업무를 수행할 수 있어야 한다고 본다. 그러한 활동에는 교육 활동, 관련된 연맹 내지 총연맹을 위한 활동 및 쟁의행위 준비와 관련된 활동 등이 포함되어야 한다.

---

■ **결사의 자유 위원회, 382차 보고서(2017), Case No. 1865 [대한민국], para. 47**

47. 노조 전임자에 대한 급여 지급 금지와 관련하여 본 위원회는, 정부가 노조 전임자에 대한 급여 지급 문제를 노동자와 사용자 간의 자유롭고 임의적인 교섭의 대상에서 계속 배제하며 제재의 대상으로 삼고 있는 것에 대해 유감스럽게 생각한다. 위원회는 노사관계의 규율 및 노동자 대표에게 제공되는 편의는 전적으로 단체교섭의 범위에 포함된다는 점을 상기할 수밖에 없으며, 위원회가 여러 차례 반복한 바와 같이[1865호 사건,

---

64) 결사의 자유 위원회, Case No. 1865, 363차 보고서(2012), para. 110; 371차 보고서(2014) para. 47; 382차 보고서(2017), para. 47 등.

363차 보고서, para. 110 및 371차 보고서, para. 47 참조] 노조 전임자의 급여 지급 문제는 노동자와 사용자 또는 해당 단체 간의 자유롭고 임의적인 교섭의 문제여야 한다. 노동조합의 자주성과 관련된 정부의 우려와 관련하여 위원회는, 사용자가 노동조합을 자신의 지배 또는 통제하에 둘 목적으로 조합원들에게 자금을 지원함으로써 노동조합의 내부 문제에 간섭하고 있는지는 구체적 사건에서 확인되어야 하며, 증거에 기반하여 그러한 행위를 제재해야 한다고 생각한다. 사용자가 노조를 자신의 통제하에 두려고 개입 또는 개입을 시도하였다는 증거나 심지어 그에 대한 고발도 없이, 자유롭게 체결된 단체협약에 따라 노조 전임자에게 급여를 지급하였다는 이유로 사용자를 제재하는 것은, 사용자의 개입을 금지하고 노조를 보호하려는 목적에 전혀 부합하지 않는, 자유로운 단체교섭에 대한 용인할 수 없는 제한이다. 그러므로 위원회는 정부에 대하여 그러한 금지를 폐지할 것과, 전임자 급여 지급에 관한 합의를 하였다는 이유로 누구도 제재 받지 않도록 할 것, 노조 전임자에게 급여를 지급하도록 규정하는 단체협약에 대한 시정명령을 삼가할 것을 요청한다.

## 3. 2021. 1. 5. 개정 노동조합법 제24조, 제81조 제1항 제4호, 제90조

2021. 1. 5. 노동조합법 개정으로 노조 전임자에 대한 급여 지급 금지 규정은 삭제되었으나, 근로시간 면제 한도 규정(제24조 제2항)은 유지되었으며, 근로시간 면제 한도를 초과하는 내용을 정한 단체협약 또는 사용자의 동의는 그 부분에 한정하여 무효로 하는 조항(제24조 제4항)이 신설되었다.

2021년 ILO 전문가위원회는 「노동자대표 협약(제135호, 1971)」 이행상황에 관한 대한민국 정부 정례보고서를 검토하여, 근로시간 면제 한도를 노사가 자율적으로 결정할 수 있도록 제도를 개선할 것을 권고하였다.[65]

【대한민국】 전문가위원회, observation, 2021

나아가 위원회는, 최근 노조법 개정으로 노동조합 간부들이 급여의 손실 없이 미리 정해진 최대 시간 동안 노동조합 업무를 수행할 수 있게 되었음에도 불구하고 근로시간 면제 제도 운영과 관련된 한국노총과 민주노총의 우려에 주목한다. 노동조합은 근로시간 면제의 최대한도를 부과하는 것과 이 최대 한도를 초과하여 급여를 지급하는 것이 법에 따라 부당노동행위로 처벌될 수 있다는 점을 특히 유감스럽게 생각한다. 이는 노

---

65) 【대한민국】 전문가위원회, observation, 2021.

동조합의 관점에서는 여전히 노사의 자율적인 결정 및 자치의 원칙에 반한다. 또한, 민주노총은 최근 산업안전이나 직장 내 괴롭힘 금지에 관한 법률 등의 변화로 노동자대표의 활동 영역이 넓어지고 있다고 지적한다. 따라서 근로시간 면제 제도는 노동자대표가 근로시간 동안 수행해야 할 활동을 고려하여 새롭게 설계되어야 한다. 결론적으로 노동조합의 관점에서 노사가 자유롭게 임의로 근로시간 면제 한도를 정할 수 있도록 제도를 개선할 필요가 있다.

이와 관련하여 긍정적인 진전을 보이고 있음을 감안하여 본 위원회는, 한국노총과 민주노총이 제기한 우려사항을 포함하여 근로시간 면제 제도를 개선하는 방식에 관하여 정부가 가장 대표적인 노동자 및 사용자단체와 지속적으로 협의할 것을 권고한다. 이는 (ⅰ) 노동자대표에게 제공되는 편의가 노동자대표가 신속하고 효율적으로 자신의 역할을 수행할 수 있도록 하며, (ⅱ) 사회적 파트너들이 단체교섭을 통해 노동자대표에게 제공되는 편의를 자유롭게 결정할 수 있도록 보장하기 위함이다. [후략]

## 4. 검토

2021년 개정 노동조합법은 근로시간 면제 한도를 초과하는 급여 지급을 요구하고 이를 관철할 목적으로 쟁의행위를 하여서는 안 된다는 규정을 삭제한 것 외에는, 근로시간 면제의 최대 한도를 정하고 이를 초과하여 노동조합 전임자에게 급여를 지급하는 행위는 부당노동행위로 처벌할 수 있는 핵심적 제한 내용에는 차이가 없다. 더욱이 근로시간 면제 한도를 초과하는 내용을 정한 단체협약 또는 사용자의 동의는 그 부분에 한정하여 무효로 하는 규제까지 추가되었다.

이런 면에서 2021년 개정 노동조합법의 근로시간 면제제도는 여전히 ILO 감독기구의 권고와 상충된다. 첫째, 노사간 자유롭고 임의적인 교섭에 따라 노동조합 전임자 수와 급여 지급에 대하여 합의를 한 경우에도 노동조합법이 정한 근로시간 면제 한도를 초과하는 경우 그 합의는 무효가 된다. 둘째, 근로시간 면제자의 업무를 법률로 제한하고, 쟁의행위 관련 업무, 상급단위 노조를 위한 업무 등은 근로시간 면제가 적용되는 업무가 아니라고 하고 있다.[66] 셋째, 이 규정을 빌미로 사용자가 근로시간면제자의 업무에 대하여 확인하고 개입하려는 시도

---

[66] "쟁의행위 등 사업장내 노사공동의 이해관계에 속하는 업무와 무관한 활동은 근로시간면제대상 업무가 될 수 없는 바, 쟁의발생결의대회 등 쟁의행위 준비행위 시간 또한 근로시간면제 한도에 포함되지 않는다 할 것임(고용노동부, 「집단적 노사관계 업무매뉴얼」, 2022, 129쪽)".

를 비롯하여 노동조합 활동에 개입할 여지를 주고 있다. 넷째, 사용자가 교섭을 통해 합의를 하여 자주성 침해 위험이 없는 경우에도 근로시간 면제한도를 초과하여 급여를 지급하면 부당노동행위로 형사처벌을 받을 수 있고, 노동조합 임원 개인을 상대로 민사상 부당이득 반환청구를 할 수도 있다. 이러한 근로시간 면제제도는 제87호 협약 제3조 및 제98호 협약에 위반된다고 할 수 있다.

# 제2절 단체교섭권 관련 쟁점

## Ⅰ. 단체교섭권의 주체

### 1. 특수형태 노동자

#### 가. 사건의 경과

노동조합법상 '근로자'가 특수형태 노동자가 조합원에 포함되어 있다는 이유로 노동부가 전국건설노동조합, 전국운수산업노동조합에 내린 규약 시정명령은 결사의 자유 위원회 2602호 사건에 병합되어 심의된 바 있다.[67]

2022. 10. 20. 민주노총, 전국건설산업노동조합연맹, 국제건설목공노련(Building and Woodworkers International, BWI)은, 전국건설노동조합의 통상적인 노동조합 활동과 단체교섭에 대하여 정부가 형법, 「독점규제 및 공정거래에 관한 법률」(이하 '공정거래법'), 「채용절차의 공정화에 관한 법률」(이하 '채용절차법') 등을 적용하는 사안에 대해 결사의 자유 위원회에 진정을 제기하였다(3436호 사건).

2022. 12. 19. 민주노총, 전국공공운수사회서비스노동조합(이하 "공공운수노조"), 국제운수노동자연맹(ITF), 국제공공서비스연맹(Public Services International, PSI), 국제노총(International Trade Union Confederation, ITUC)은, 화물연대가 2022년 안전운임제의 유지·확대를 요구하며 진행한 파업에 대하여 정부가 업무개시명령을 내리고 공정거래법을 적용하는 사안에 대하여 결사의 자유 위원회에 진정을 제기하였다(3439호 사건).

---

67) 2602호 사건의 경과 및 결사의 자유 위원회의 권고에 관해 자세하게는 제5장 제1절 Ⅰ. 1. 참조.

## 나. ILO 감독기구의 심의

2602호 사건에 대한 답변에서 정부는, 화물운송 차주겸 기사가 '근로자'가 아니라는 법원 판결이 있기 때문에 화물연대 조합원들은 노동조합을 조직하거나 가입할 수 없고, 단체교섭권도 행사할 수 없다고 주장하였다. 또한 화물운송 차주겸 기사를 비롯한 특수형태 노동자의 결사의 자유와 단체교섭권을 보장하라는 종래의 결사의 자유 위원회의 권고도 한국의 법체계하에서는 용인될 수 없다고 답변하였다.[68]

3439호 사건에 대한 답변에서 정부는, 화물연대 조합원 대부분은 노동조합법상 '근로자'로 볼 수 없으며, 화물연대본부가 독자적으로 노조 설립신고를 하지 않았기 때문에 이들에게 단체교섭권, 단체행동권 등을 보장할 수 없다고 답변하였다.[69]

이러한 정부의 답변에 대하여 결사의 자유 위원회는, 이전의 권고를 상기하면서 '자영 노동자'를 포함한 모든 노동자가 자신들의 이익을 증진·방어하기 위한 목적으로 결사의 자유 및 단체교섭권을 완전히 향유할 수 있도록 정부가 필요한 모든 조치를 취할 것을 요청하였다.[70]

---

- ■ 결사의 자유 위원회, 405차 보고서(2024), Case No. 3439 【대한민국】, paras. 553~ 555.

553. 본 위원회는, 한국 정부와 사용자들이 화물운송 차주겸 기사, 특히 BCT(벌크 시멘트 트레일러) 화물차 기사들을 노동자로 인정하지 않는 문제와, 정부가 관련 노동조합에 이들을 조합원에서 제외하도록 규약 시정명령을 한 문제는, 2009년 진정된 2602호 사건에서 다루어졌음을 상기한다[355차 보고서, para. 636 및 359차 보고서, paras. 348~49 참조]. 당시 본 위원회는 정부에 "화물차 운전기사와 같은 "자영" 노동자들이 특히 자신들 스스로의 선택에 따른 조직에 가입할 수 있는 권리를 비롯하여, 결사의 자유 권리를 전적으로 향유할 수 있도록 할 것"과 "자영 노동자들이 단체교섭을 통한 방식을 포함하여, 자신들의 권익을 증진시키고 옹호하기 위한 목적으로 협약 제87호와 제

---

68) 결사의 자유 위원회, 363차 보고서(2012), Case No. 2602 【대한민국】, para. 450.
69) 결사의 자유 위원회, 405차 보고서(2024), Case No. 3439 【대한민국】, paras. 535~536.
70) 결사의 자유 위원회, 405차 보고서(2024), Case No. 3439 【대한민국】, paras. 555 및 565(a).

98호에 따른 노동조합 권리를 전적으로 향유할 수 있도록 하기 위하여, 상호 간에 받아들일 수 있는 해결책을 찾기 위하여 모든 당사자 간에 이러한 목적을 위한 협의를 진행할 것"[359차 보고서, para. 370(b) 및 (d) 참조]을 요청한 바 있다.

[중략]

555. 본 사건에서 제기된 모든 쟁점은 "특수고용" 또는 "자영" 화물차 기사들의 단체인 노동조합을 지속적으로 인정하지 않는 데서 비롯되었다. 따라서 본 위원회는 이전 권고들을 반복하며, 해당 노동자들이 결사의 자유를 완전히 행사할 수 있도록 필요한 모든 조치를 정부가 취할 것을 촉구한다.

한편, 2023년 전문가위원회는 제98호 협약에 관한 대한민국 정례 보고서를 검토한 후, 특수형태 노동자, 플랫폼 노동자를 비롯한 모든 노동자가 협약이 보장하는 단체교섭권 및 반노조적 차별로부터 보호받을 권리를 보장받을 수 있도록 노동조합법을 개정할 것을 권고하였다.[71]

【대한민국】 전문가위원회, Direct Request, 2023

프리랜서, 비정규직 노동자, 플랫폼 노동자뿐만 아니라 독립적 자영인, 농업 노동자와 그들의 단체는 단체교섭권을 보장받아야 할 뿐 아니라 반노조적 차별 및 간섭 행위로부터 보호를 받아야 한다. 이 점을 상기하며 본 위원회는, 「노동조합 및 노동관계조정법」 제2조 제1호의 "근로자"의 정의를 확대하는 법 개정이 이러한 모든 유형의 노동자에게 제98호 협약이 보장하는 권리를 실효성 있게 인정하고 보장할 것이라 기대하며, 이에 관한 이후의 진전 상황에 관한 정보를 제공할 것을 정부에 요청한다.

### 다. 검토

위에서 살펴본 것처럼 ILO 감독기구들은, 결사의 자유와 단체교섭권을 향유해야 할 노동자인지 판단하는 기준은 고용관계의 존재 여부를 근거로 하는 것이 아니며, 따라서 고용관계가 인정되지 않는 자영 노동자라 하더라도 단체교섭권을 보장받아야 한다고 반복하여 권고해왔다.

그러나 정부는 차주겸 기사인 화물운송 특수형태노동자의 근로자성을 부인한 판례가 있다는 이유로 화물연대나 건설노조의 조합원 중에는 근로자가 아닌

---

71)【대한민국】 전문가위원회, Direct Request, 2023.

자가 포함되어 있고 따라서 이들의 노동3권을 인정할 수 없다는 태도를 고수해 왔다. 일례로 화물연대 조합원을 비롯한 모든 노동자의 단결권, 단체교섭권 및 단체행동권을 보장하라는 결사의 자유 위원회의 반복된 권고에 대하여 "화물연대의 경우 다양한 형태의 개인사업자 등으로 구성되어 있어 일률적으로 근로자성을 판단하기 어렵고, 화물연대 또한 설립신고 등 노동조합법에 따른 절차를 거치지 않는 등 법적 보호를 받는 노동조합으로 보기 어려운 측면이 있"으므로 ILO 감독기구의 권고를 수용할 수 없다는 입장을 밝혔다.[72)

또한 특수형태 노동자의 단체교섭권을 실효성 있게 보장하기 위하여 모든 필요한 조치를 취하라는 ILO 감독기구의 권고에 대해서도, 법원이 개별적 특수형태 노동자의 근로자성을 인정하는 판결을 내리는 것 이외에 행정당국이 할 수 있는 조치는 없다는 태도를 고수해왔다.[73) 그러나 특수형태 노동자의 조합활동 및 단체교섭에 대하여 형법, 공정거래법, 채용절차법 등을 적용하여 제재를 가하는 정부의 정책과 법 집행 자체가 ILO 협약이 보장하는 결사의 자유와 단체교섭권 원칙을 존중하지 않는 태도라 할 수 있다. 또한 제98호 협약 제4조의 단체교섭 촉진 의무에 위배되는 것이라 할 수 있다.

특히 2021. 9. 정부는 국무총리실 주관의 관계부처 합동 '건설현장 불법행위 근절 TF'라는 기구를 구성하여 건설노조의 조합원 채용 요구 단체교섭에 대해 집중감독을 실시하고, 노동조합법 이외에도 형법, 「채용절차의공정화에관한법률」, 「독점규제및공정거래에관한법률」 등을 적극적으로 적용하여 건설노조의 단체교섭, 단체협약 체결을 규제하고 있다. 2022년부터는 관계부처 합동으로 '채용강요 등 전국 건설현장 불법행위 일제점검'을 수시로 실시하였으며, 2023년 1월~5월에는 건설노조의 지부 사무실 및 노조 간부의 자택 등에 대해 17차례 압수수색을 진행하였고 1,100여 명의 노조 간부, 조합원에 대한 소환조사를 실시하였다. 이러한 정부의 결사의 자유 및 단체교섭권 침해에 대해 전국건설노동조합은 결사의 자유 위원회에 또다시 진정을 제기하였다(3436호 사건). 이 사건에 관해서는 2023. 11. 유엔(UN) 인권위원회가 "전국건설노동조합 사무실에 대한 수차례의 압수수색, 고액의 과징금, 조합원에 대한 소환조사, 구속 및 징역형 등 사법적 괴

---

72) 고용노동부, "보도참고자료: ILO 이사회, 공공운수노조 등 진정에 대한 결사의 자유 위원회 권고안 채택에 대한 정부 입장", 2024. 3. 14., 2쪽.
73) 결사의 자유 위원회, 363차 보고서(2012), Case No. 2602 【대한민국】, para. 450 등.

롭힘(judicial harassment)과 낙인찍기를 포함하여 2022년부터 벌어진 노동조합 활동에 대한 심각한 탄압에 관한 보고에 우려"를 표한 바 있다.74)

---

■ 유엔 인권위원회, 대한민국의 5차 정기보고에 대한 최종견해(2023)

결사의 자유

57. 본 위원회는 해고노동자의 노조 가입 허용 등을 통해 노동조합을 결성하고 가입할 권리에 관한 일정한 제약을 제거한 2021년 「노동조합 및 노동관계조정법」 등 관련 법률 개정을 환영한다. 그러나 위원회는 모든 공무원, 교사, "특수고용노동자(dependent contractors)", "플랫폼 노동자"와 같은 비정형 고용 형태 속 노동자가 이 권리를 누릴 수 있는 것은 아니라는 점, 교사·공무원의 단체교섭권 및 단체행동권에 대한 많은 제약이 여전히 적용되고 있다는 점을 우려한다. 이에, 위원회는 당사국이 본 규약 제22조 관련 유보를 유지하고 있다는 사실에 유감을 표한다. 또한 전국건설노동조합 사무실에 대한 수차례의 압수수색, 고액의 과징금, 조합원에 대한 소환조사, 구속 및 징역형 등 사법적 탄압과 낙인찍기를 포함하여 2022년부터 벌어진 노동조합 활동에 대한 심각한 탄압에 관한 보고에 우려한다(제22조).

58. 당사국은 모든 개인이 결사의 자유에 대한 권리를 완전히 누리도록 보장해야 하며 이 권리의 행사에 대한 어떠한 제한도 본 규약 제22조 제2항의 요건을 엄격히 준수해야 한다. 특히 당사국은:

(a) 공무원, 교사, 비전형 고용 노동자를 포함하여 모든 노동자가 노동조합을 결성하고 가입할 권리, 단체교섭권, 파업권을 완전히 행사할 수 있도록, 이러한 권리에 대한 제한은 본 규약 제22조에 엄격하게 부합하도록 노동조합및노동관계조정법과 여타 관련법을 개정해야 한다.

(b) 노동조합에 대한 낙인찍기, 개입, 사법적 괴롭힘이 없도록 하고 결사의 자유에 대한 권리 행사에 우호적인 환경을 조성해야 한다.

(c) 본 규약 제22조에 대한 유보 철회를 검토해야 한다.

---

74) Human Rights Committee, Concluding observations on the fifth periodic report of the Republic of Korea, CCPR/C/KOR/CO/5, 2023, para. 57.

## Ⅱ. 단체교섭의 상대방

### 1. 건설노조와 원청기업의 단체교섭

#### 가. 사건의 경과

전국건설산업노동조합연맹(이하 '건설연맹')은 1999년부터 국제건설목공노련(International Federation of Building and Wood Workers, 이하 'IFBWW')의 지원하에 건설현장 조직화 사업을 전개했다. 그 결과 건설연맹 산하 지역건설노조가 2000년부터 건설현장의 원청기업과 단체협약을 체결하기 시작하여, 2003년 당시에는 17개 지역건설노조가 300여 개 현장에서 원청과 단체협약을 체결했다.

경찰·검찰은 2003년 9월 대전지역건설노조를 시작으로, 같은 해 9월 천안지역건설노조, 10월 경기도지역건설노조, 11월 경기서부지역건설노조 간부들에 대한 수사 및 구속을 진행하였는데, 지역건설노조가 원청을 상대로 단체협약 체결을 요구하고 노조 전임자 급여를 받은 것이 형법상 공갈·협박죄에 해당한다는 것이었다. 이러한 사건은 2006년까지 이어져 9개 지역건설노조의 50여 명의 노조 활동가가 형사처벌을 받았다.

2004년 10월 건설연맹은 IFBWW와 함께 ILO 결사의 자유 위원회에 진정을 제기하였는데 그 쟁점은 두 가지였다. 하나는 원청과의 단체교섭 및 단체협약 체결의 정당성이며, 둘째는 노사가 자율적으로 진행한 단체협약 체결과 노조 전임자 급여 지급에 대하여 형법을 적용하여 노조를 탄압하는 문제였다.

#### 나. ILO 감독기구의 심의

결사의 자유 위원회는 위의 진정이 포함된 1865호 사건을 심의하여 340차 보고서(2006), 346차 보고서(2007), 353차 보고서(2009)에서 결론 및 권고를 내놓았다. 다음은 그 대표적 내용이다.

---

■ 결사의 자유 위원회, 340차 보고서(2006), Case No. 1865 【대한민국】, paras. 774~779

774. 첫째, 본 위원회는 단체교섭을 비롯하여 건설현장 노동자를 위한 건설연맹의 정당

한 조합활동이 범죄행위로 인지되어 대규모의 수사와 경찰의 개입으로 이어진 점에 대해 깊은 우려를 표명한다. 건설연맹 간부들에 대한 구체적 기소내용에 관하여 위원회는, 사용자에게 사업장의 산업안전 관행을 (단체협약 체결을 통해) 자발적으로 개선할 것을 요구하거나 해당 사안을 관계당국에 고발하겠다고 한 행위가 협박이라고 생각하기 어렵다. 진정인에 따르면, 체결된 단체협약은, 산업재해를 줄이는데 기여할 수 있는 사업장 내 산업안전보건위원회 설치에 관한 조항을 포함하고 있음을 위원회는 상기한다. 그러한 행위들을 노조의 불법적 공갈 혹은 협박이라고 보기 어려우며, 원청이 산업재해에 관한 이슈를 자발적으로 다루는 것을 선호하였을 것임은 충분히 짐작할 수 있다. 어느 경우이건 위원회는, 관계당국에 산업안전조치 위반을 고발하는 것은 사실상 정당한 노조 활동이며 법으로 보장되어야 할 노동자의 권리라고 생각한다.

775. 둘째, 위원회는, 위에서 검토한 점들 외에, 단체협약이 자발적인 것이 아니란 점을 보여주는 정보를 정부측이 제공하지 않았다고 본다. 위원회에 제출된 정보를 통해 보면, 해당 단체협약의 당사자인 사용자측으로부터 공갈에 관한 고발이 없었으며, 이번 수사는 경찰이 주도하여 진행된 것으로 보인다. 단체협약이 자발적인 것이 아니란 점을 보여주는 증거가 없다는 것을 고려하면, 비록 원청기업이 하청기업의 노동자를 대표하는 노조(또는 원청기업이 고용한 노동자 가운데 조합원이 존재한다는 것을 제시하지 못하는 노조)와 단체교섭할 의무가 있는 것은 아니라 하더라도, 그러한 원청기업과 임의로 단체교섭하고 단체협약을 체결하는 것을 방해해서는 안된다는 점을 강조한다. 더욱이, 개별 하청기업 전부와 각각 교섭하는 것이 불가능한 이 사건과 같은 경우에, 해당 노조는 자신이 선택한 사용자에게 자발적으로 교섭에 응할 것을 요구할 수 있어야 한다. 사실, 건설현장에서 원청기업이 갖는 지배적 지위와 부문 내지 산업별 단체교섭이 일반적으로 존재하지 않는다는 사실을 고려한다면, 원청기업과의 단체협약 체결은 효과적인 단체교섭 및 건설현장에 일반적으로 적용되는 단체협약 체결을 위한 실효성 있는 방안으로 보인다.

776. 셋째, 원청기업이 단체협약에 따라 노조 전임자에게 "활동비"를 지급한 것에 관하여, 법원은 이러한 금품 지급이 기소된 노조 간부의 사적 유용을 위한 것이 아니라 노조의 조직적 목적을 위한 것이었다고 판단하였다.[75] 임의적 교섭의 결과인 것으로 보이는 이러한 노조에 대한 금품 지급이 형법의 적용대상이 된 점에 관해 위원회는 깊이 우려한다. 마지막으로, 위원회는 건설현장의 어떤 노동자가 비록 원청기업이 직접 사용하는 노동자가 아니더라도 건설현장의 원청기업이 그를 노조 전임자로서 임의로 인정하는 것이 가능해야 한다고 생각한다.

777. 결론적으로, 위원회는 정부의 주장은 건설연맹 간부들이 그 어떤 범죄행위에 관여

---

75) 대전지방법원 2004. 2. 16. 선고 2003고단3996 판결을 일컬음.

했다는 것을 설득력 있게 증명하지 못했다고 생각한다. 반대로, 정부가 언급한 그러한 행위들은 국제건설목공노련의 재정적 지원을 받아 건설연맹 간부가 수행한 것이며, 이는 건설업에서 특히 취약한 범주에 속한 노동자들의 직업적 이해를 대표하고 방어하는 것을 목적으로 하는 정당한 노조 활동을 위한 것이며, 결사의 자유의 기초적 개념에 부합하는 정상적 노조 활동으로 보인다. 또한 위원회는, 진정인의 주장에 따르면, 경찰과 검찰의 개입이 있기 전까지 그러한 활동이 상당한 성공(단체협약 체결, 산업재해 감소, 조합원 증가 등)을 거두었음을 주목한다.

778. 위원회는, 노동자들의 이익을 방어하기 위한 활동과 연루되었다는 이유로 노조 지도자들이나 노조원들을 구금하는 것은 일반적으로는 시민적 자유는 물론 특히 노동조합의 권리를 심각하게 침해한다는 사실을 상기시킨다[결사의 자유 위원회 결정례집, 2006, para. 71 참조]. 노조 조합원들의 구속은 정상적인 노조 활동의 발전에 불리한 위협적이고 공포스러운 분위기를 조성할 수 있다[결사의 자유 위원회 결정례집, para. 76 참조]. 이러한 위협 효과는 단결권 및 단체교섭권을 이제 막 행사하기 시작한 불안정하며 특히 취약한 노동자들에게 훨씬 강력할 수 있다. 위원회는, 노조 활동을 하거나 노조 간부직을 맡은 사람이 일반 형법 적용에 관한 면책을 주장할 수 없지만, 노조 활동 자체가 공공 당국에 의해 자의적 체포 혹은 구금을 위한 구실로 활용되어서는 안된다는 점을 상기시킨다[결사의 자유 위원회 결정례집, 2006, para. 83 참조].

779. 그러므로 위원회는 건설연맹 간부들에 대한 검·경의 개입과 벌금 및 징역을 부과한 판결에 대하여 깊은 유감을 표명한다. 위원회는 정부가 적절한 지도를 통해 건설연맹 간부들에 대한 모든 협박과 탄압을 즉각 중단시킬 것을 요청한다. 위원회는 정부가 유죄 판결 및 징역형을 검토하며, 기소, 구금, 투옥에 따른 손해에 대해 건설연맹 간부들에게 보상할 것을 요청한다. 나아가 위원회는 세 명의 경기서부지역건설노조 간부의 재판 결과와 1년의 징역형에 처해진 천안지역건설노조 위원장 박00의 현재 상황에 관해 본 위원회에 정부측이 정보를 제공할 것을 요구한다. 위원회는 상기 모든 이들에 관해 지속적인 정보를 제공할 것을 정부측에 요구한다.

### 다. 검토

정부는 결사의 자유 위원회에 제출한 답변에서, 하청업체가 건설일용노동자를 고용하고 임금을 지급한 주체이므로, 건설일용노동자를 조직한 노조의 단체협약 체결 상대방은 원청업체가 아닌 하청업체가 되어야 한다고 주장하였다. 그리고 노조 전임자는 사용자와 근로계약을 체결하였으나 사용자의 동의하에 근로제공을 면제받고 노조업무에만 전념하는 자이므로 사용자와의 관계에서 노조 전임자로 인정받기 위해서는 필히 사용자와의 고용관계가 전제되어야 하는데, 단체교섭에 응할 의무가 없는 원청을 상대로 노조가 단체교섭 요구 및 단체협약을 체결하고 전임비를 받았으므로, 형법상의 공갈·협박죄에 해당하여 이에 대한 형사처벌은 노조 탄압이 아니라고 주장하였다.76)

한편 결사의 자유 위원회에서 이 사건이 심의되는 동안, 지역건설노조의 단체협약 체결 및 전임비 수령을 공갈죄로 인정한 판결들이 선고되었다.77) 법원은 단체교섭의 상대방으로서의 사용자라 함은 근로계약관계의 당사자로서의 사용자에 한정되지 않고 비록 근로계약관계의 당사자가 아니더라도 단체교섭의 대상이 되는 근로조건에 관한 사항의 전부 또는 일부에 대하여 구체적·실질적 영향력 내지 지배력을 미치는 자도 단체교섭의 의무를 부담하는 사용자에 해당한다고 보았다.78) 그리고 원청과 체결한 단체협약에 따라 노조 전임자 활동비 명목으로 금원을 교부받은 것 자체는 원청회사들이 노조에 제공하는 편의제공 내지 경비 원조로 볼 수 있어 이로 인하여 위 노조의 자주성이 현저히 저해될 위험이 없는 이상 노조법에 직접 저촉된다고 할 수는 없다고 인정하였다.79) 그러나 대법원은

---

76) 결사의 자유 위원회, Case No. 1865, 340차 보고서(2006), paras. 721~725 등.

77) 【대전충청지역건설산업노동조합 사건】대전지방법원 2004. 2. 16. 선고 2003고단3996 판결(제1심), 대전지방법원 2004. 9. 15. 선고 2004노583 판결(항소심), 대법원 2006. 5. 25 선고 2004도6579 판결(상고심); 【대구경북지역건설노동조합 사건】대구지방법원 2006. 11. 17 선고 2006고합441·459·476(병합) 판결(제1심), 대구고등법원 2007. 4. 5. 선고 2006노595 판결(항소심), 대법원 2007. 9. 6. 선고 2007도3165 판결(상고심) 등.

78) "위와 같은 법규정에다가, 노동조합 및 노동관계조정법이 근로자의 단결권 등을 보호하기 위하여 근로기준법보다 근로자개념을 더욱 확대하고 있는 점, 단체교섭의 당사자로서의 사용자라 함은 근로계약관계의 당사자로서의 사용자에 한정되지 않고 비록 근로계약관계의 당사자가 아니더라도 단체교섭의 대상이 되는 근로조건에 관한 사항의 전부 또는 일부에 대하여 구체적·실질적 영향력 내지 지배력을 미치는 자도 단체교섭의 의무를 부담하는 사용자에 해당한다고 할 것인 점, 현장을 중심으로 이루어지는 건설근로의 경우 그 특성상 원청업체와 건설일용근로자들과의 사이에 직접적인 근로계약관계를 맺고 있지는 않지만 통상 원청업체는 이러한 근로자들의 노무 제공의 모습, 작업환경, 근무시간의 배정 등을 실질적으로 결정하는 등으로 근로자들의 기본적인 근로조건 등에 관하여 고용주인 하도급업자, 재하도급업자 등과 동일시할 수 있을 정도로 현실적이고 구체적인 지배를 하는 지위에 있다고 볼 수 있는 점 등의 법리에 비추어 원심이 적법하게 채택하여 조사한 여러 증거들을 종합하여 보면 대구·경북지역에서 건설일용근로자들과 형식적인 근로계약을 맺지 아니한 원청업체들도 위 일용근로자들과 사이에 사용종속관계를 맺고 있는 당사자로서 전문건설업체 등 하수급업체와 중첩적으로 사용자로서의 지위에 있다고 인정되고, 특히 법률상 원청업체의 책임이 인정되는 임금지급에 대한 연대책임, 산업안전·보건관리에 관한 조치의무와 산재보험의 적용, 퇴직공제가입 등에 대한 부분과 원청업체가 실질적인 권한을 행사하는 부분에 있어서는 최소한 원청업체에 단체교섭 당사자로서의 지위를 인정할 수 있다고 할 것이다(대구고등법원 2007. 4. 5. 선고 2006노595 판결)." 대전지방법원 2004. 9. 15. 선고 2004노583 판결도 같은 취지이다.

노조 간부들이 원청업체의 현장의 안전미비 사항 등을 고발하거나 고발하겠다고 위협하는 방식으로 단체협약 체결을 요구하고 노조 전임비를 수령한 것이 단체협약 체결을 요구하는 교섭과정에서 노동조합의 통상적이고 일상적인 업무를 수행한 것이라고 본 원심 판단을 파기하고 공갈죄에 대해 다시 심리·판단하도록 환송하였다.[80] 이러한 판결들은 노조의 조합활동 및 단체교섭에 협박죄, 공갈죄를 적용한 최초의 사례로 알려져 있다. 이러한 판결들이 노조의 단체교섭 및 단체협약 체결 요구에 대해 정당한 조합활동 내지 단체교섭의 범위를 벗어난 것으로 평가하는 데에서 더 나아가, 형법상 협박에 해당하는 것으로 보는 판단방식의 원형을 제시했으며 이후 유사한 사건들에 영향을 미쳤다고 할 수 있다.[81]

## 2. 원청을 상대로 한 노동3권 행사

### 가. 사건의 경과

2007년 전국금속노동조합 등은 결사의 자유 위원회에, 현대자동차 사내하도급 등 불법파견 노동자들이, △부당노동행위, 특히 노동조합 설립을 가로막을 목적으로 자행되는 빈번한 해고와 하도급업체와의 계약해지, △원청 사용자의 지속적 단체교섭 거부, △쟁의행위 시 업무방해죄의 적용과 해고, 구속, 과도한 손해배상청구, △원청 사용자에 의한 물리적 폭력 및 해고당한 노동자가 노조 활동을 위해 원청 사업장으로 들어오는 것을 가로막을 목적으로 신청하는 각종 가처분·명령 등으로부터 보호받지 못하는 상태에 놓여 있다고 진정하였다(2602호 사건).

2013년에는 전국금속노동조합 등이 삼성전자서비스가 하청 노동자들의 노조 결성에 대해 하청업체와의 계약 해지·노조 탈퇴 위협, 노조 간부의 해고 등 '무노조' 정책을 관철시키고 있으며, 지회와의 단체교섭 거부 및 단체협약 불이행을 하며 정부가 이러한 상황을 묵인하고 있다는 진정을 결사의 자유 위원회에 제기했다(3047호 사건).

---

79) 대전지방법원 2004. 9. 15. 선고 2004노583 판결; 또한 대구경북건설노조 사건 항소심은 "지역별·산업별 노동조합의 성격을 가진 대경건설노조에서 그 구성원으로 특정 건설현장에 소속되어 있지 않고 노동조합의 업무에만 종사하는 피고인들을 포함시키고 있다 하더라도, 이들 역시 법상의 근로자로서 조합원 자격이 인정되는 한 위 노조 내에서 전임자로 활동할 수 있는지 여부는 노조가 자주적으로 결정할 사항이라고 할 것이다."라고 판시하였다(대구고등법원 2007. 4. 5. 선고 2006노595 판결).
80) 대법원 2007. 9. 6. 선고 2007도3165 판결.
81) 대법원 2019. 10. 31. 선고 2017도9474 판결.

## 나. ILO 감독기구의 심의

결사의 자유 위원회는, 2602호 사건을 "ILO 이사회의 특별한 주목을 요청하는 심각하고 위급한 사안들(extreme seriousness and urgency of the matters)"의 하나로 다루면서, 2008년부터 2015년까지 매우 광범위한 권고를 하였다.82)

### (1) 단결권의 차별 없는 보장

진정인들은 금속산업에서 사내하도급 노동자들이 노조를 결성하면 원청이 해당 사내하도급업체와 계약을 해지하거나, 사용자가 사내하도급 노동자와의 근로계약 갱신을 거절하거나, 노조 탈퇴를 종용하는 등의 방식으로 단결권을 침해하고 있다고 주장하였다. 예를 들면, 기륭전자의 계약직·사내하도급 노동자들이 2005. 7. 노조를 결성하자, 바로 그 직후부터 노동자들에게 노조 탈퇴서 양식이 배포되거나 개별면담을 통해 노조 탈퇴를 종용받았으며, 근로계약기간이 만료되는 조합원들은 순차적으로 계약해지 통보를 받았다.

결사의 자유 위원회는 반노조적 이유로 고용계약을 갱신하지 않는 것은 제 98호 협약 제1조에 명시된 반노조적 차별행위에 해당한다고 강조하면서, 이러한 반노조적 차별행위가 발생했는지에 관해 정부가 독립적 조사를 진행하고, 만약 위와 같은 진정 내용이 사실로서 확인된다면 해고된 조합원들을 원직복직시키기 위해 필요한 모든 조치를 취할 것을 한국 정부에 권고하였다.83)

이에 대해 정부는, 2008년 대법원이 기륭전자분회 조합원들이 제기한 부당해고 및 부당노동행위 사건에 대해 기각 판결을 내렸다고 답변하였다. 또한 법원이, 기륭전자가 불법파견을 사용한 점은 인정되나 해당 파견 노동자들과 직접적 근로계약관계가 있다고 인정할 수 없고, 기륭전자가 직접 고용한 계약직 노동자들에 대해 계약 갱신을 하지 않은 것도 계약기간만료에 불과할 뿐 부당해고 내지 부당노동행위로 인정할 수 없다고 판단하였다84)고 보고하였다.

---

82) 결사의 자유 위원회, Case No. 2602, 350차 보고서(2008); 355차 보고서(2009); 359차 보고서(2011); 363차 보고서(2012); 374차 보고서(2015).
83) 결사의 자유 위원회, Case No. 2602, 350차 보고서(2008), para. 671.
84) "앞서 본 바와 같이 원고 최00, 김◇◇은 근로계약기간이 만료되어 근로계약이 종료된 것일 뿐이지 참가인 회사가 원고 최00, 김◇◇의 노동조합 활동을 이유로 불이익을 가한 것이라고 볼 수 없고, 원고 김□□ 등 11인에 대하여는 참가인 회사가 서울지방노동청 서울관악지청으로부터 불법파견에 따른 개선명령을 받고 이를 이행하는 과정에서 제3의 사업장에 완전도급 형태로 경영방식을 전환하게 됨에 따라 휴먼닷컴과의 계약내용을 변경하고

이에 대해 결사의 자유 위원회는, 해당 판결들에서 충분히 검토되지 않은 것으로 보이는, 기륭전자의 사내하도급 노동자들이 노조를 탈퇴하도록 압력을 받았다는 주장에 관해 정부가 독립적 조사를 진행하고, 만약 그것이 확인된다면 해당 조합원들에게 보상을 하고 장래에 그러한 반노조적 차별이 재발하지 않도록 예방하기 위해 필요한 제반의 조치를 취할 것을 재차 요청하였다.[85]

---

■ 결사의 자유 위원회, 355차 보고서(2009), Case No. 2602 【대한민국】, para. 654
  (결사의 자유 위원회 결정례집, 2018, para. 1082)

한편으로는 대법원이 내린 판결을 주목하면서, 본 위원회는 기간을 정하지 않은 근로계약을 맺었건, 기간제이건, 하청 노동자이건 그 유형과 관계없이, 모든 노동자가 자신의 선택에 따른 단체를 결성하며 가입할 권리를 가져야 하며, 반노조적 사유에 의한 계약의 갱신거절은 제98호 협약 제1호가 말하는 불이익에 해당한다는 원칙을 상기시키고자 한다. 본 위원회가 검토하기로는, 사용자가 결사의 자유와 단체교섭권을 실질적으로 회피하기 위한 수단으로서 하도급을 이용할 수 있다면, 반노조적 차별행위로부터의 적절한 보호가 제공되지 않은 것으로 보인다. 이러한 측면에서 본 위원회는, 반노조적 차별로부터 효과적 보호를 제공하기 위하여, 진정인 단체가 제기한바 노동자들이 노조에서 탈퇴하도록 압력이 가해졌다는 주장의 진실성을 입증하기 위해 노력할 필요가 있으며, 만약 그러한 주장이 사실인 것으로 확인되면 적절한 시정 조치가 이루어져야 한다고 본다. 이러한 상황 속에서 본 위원회는, 대법원 판결에서 충분히 검토되지 않은 것으로 보이는, 기륭전자의 사내하청 노동자들이 노조를 탈퇴하도록 압력을 받았다는 주장에 관해 정부가 독립적 조사를 진행하고, 만약 그것이 확인된다면 해당 조합원들에게 보상을 하고 장래에 그러한 반노조적 차별이 재발하지 않도록 예방하기 위해 필요한 제반의 조치를 취할 것을 요청한다.

---

### (2) 간접고용 노동자의 단체교섭권의 실효성 있는 보장

진정인은 원청 사용자 내지 도급인은 하청 노동자들과 고용관계가 없다면서 단체교섭을 거부하고, 하청업체 역시 원청의 사업장에서 고용 및 노동 조건을 통

---

나아가 도급계약을 해지함으로써 파견사용자인 휴먼닷컴이 그에 맞추어 원고 김ㅁㅁ 등 11인과의 근로계약기간 만료 등을 이유로 근로계약관계를 종료시킨 것일 뿐이어서 이와 같은 참가인 회사의 행위를 부당노동행위로 볼 수는 없다고 할 것이다"(서울행정법원 2007. 5. 10. 선고 2006구합42747 판결[대법원 2008. 3. 27. 선고 2007두24340 판결로 확정]).
85) 결사의 자유 위원회, Case No. 2602, 355차 보고서(2009), para. 654.

제하지 않는다면서 단체교섭을 거부하는 "딜레마"에 하청 노동자들이 빠져있으며, 정부가 이러한 상황을 암묵적으로 지지한다고 주장하였다.

이에 대해 정부는, 하청노동자들이 노동조합법에 따라 자유롭게 단체교섭을 할 수 있으며, 원청업체가 하청 노동자들과 교섭해야 할 의무가 있는지의 문제는 사법적으로 결정되어야 한다고 답변하였다.[86]

이에 대해 결사의 자유 위원회는, 적절한 조치를 통해 하도급이 노동조합법상 보장된 결사의 자유의 적용을 회피하는 수단으로 활용되지 않도록 하며, 하청 노동자를 대표하고 있는 노동조합이 자신들이 대표하는 노동자들의 생활 및 노동 조건의 개선을 유효하게 추구할 수 있도록 보장하는 것이 정부의 역할이라고 촉구하였다.[87]

---

■ 결사의 자유 위원회, 350차 보고서(2008), Case No. 2602, paras. 676~678; 결사의 자유 위원회 결정례집, 2018, paras. 1327 및 1413

676. 본 위원회는 노동관계의 조화로운 발전의 지속을 위해 성실 교섭 의무가 갖는 중요성을 상기하며, 또한 단체협약을 통해 노동 조건을 규율하기 위하여 사용자 혹은 사용자단체와 노동자단체 간에 진행되는 단체교섭을 위한 기제의 충분한 개발과 활용을 고무하고 증진시키기 위한 조치들이 취해져야 함을 강조한다[결사의 자유 위원회 결정례집, 2006, paras. 934 및 880]. 노동 조건에 대하여 사용자와 자유롭게 교섭할 수 있는 권리는 결사의 자유의 필수적 부분이며, 노동조합은 자신이 대표하고 있는 이들의 생활 및 노동조건의 개선을 단체교섭 혹은 여타 적법한 수단을 통해 추구할 수 있는 권리를 가져야 한다. 따라서 본 위원회는 정부가 노동분쟁이 지속되지 않도록 하기 위하여 현대자동차와 기륭전자, KM&I, 하이닉스/매그나칩에서의 건설적 단체교섭을 증진시키기 위해 어떠한 조치를 취했는지 전혀 알려주지 않고 있음에 대해 깊은 유감을 표한다.

677. 본 위원회는 정부가 금속 산업의 하청 노동자들이 단체협약을 체결함에 있어서 직면한 난관들과 관련한 구체적 진정 내용에 대해 답변을 하지 않은 채, 사내하도급을 활용하는 한국의 기업들 대부분이 노사 협력을 통해 "윈-윈(win-win) 해결책"을 만들고 있다는 언급만 한 것에 대해 유감스럽게 주목한다. 더욱이, 원청 사용자/도급인은 하청 노동자들과 고용관계가 없다면서 단체교섭을 거부하고, 하청업체 역시 원청의 사업장에서 고용 및 노동 조건을 통제하지 않는다면서 단체교섭을 거부하는 "딜레마"에 하청 노

---

86) 결사의 자유 위원회, Case No. 2602, 350차 보고서(2008), para. 649.

87) 결사의 자유 위원회, Case No. 2602, 350차 보고서(2008), paras. 676~678; 355차 보고서(2009), para. 678; 359차 보고서(2011) para. 368; 374차 보고서(2015). para. 31(b).

동자들이 빠져있으며, 정부가 이러한 상황을 암묵적으로 지지한다는 진정에 대해서 정부의 답변이 없는 것에 대해 본 위원회는 유감을 표한다. 본 위원회는 적절한 조치를 통해 하도급이 「노동조합 및 노동관계조정법」상 보장된 결사의 자유의 적용을 회피하는 수단으로 활용되지 않도록 하거나, 하청 노동자를 대표하고 있는 노동조합이 자신들이 대표하는 노동자들의 생활 및 노동 조건의 개선을 유효하게 추구할 수 있도록 보장하는 것이 정부의 역할에 속하는 것이라 판단한다.

678. 이상에 비추어 본 위원회는, 한국정부가 금속 부문, 특히 현대자동차, 기륭전자, KM&I, 하이닉스/매그나칩에서 하청노동자들의 고용 조건에 관한 단체교섭을 촉진할 수 있도록, 관련 당사자들의 교섭 역량 구축을 비롯하여 모든 필요한 조치를 취할 것을 촉구한다. 이를 통해 이들 회사의 하청노동자들은 성실 교섭을 통해 조합원들의 생활 및 노동 조건의 개선을 추구할 수 있는 권리를 실질적으로 행사할 수 있어야 할 것이다. 본 위원회는 이 점에 관해 진행 상황을 지속적으로 알려줄 것을 요청한다.

결사의 자유 위원회의 반복되는 권고에 대해 정부는, 하청노동자들이 자신의 고용주인 하청업체와 자유롭게 교섭할 수 있으며, 정부는 '사내하도급 근로자의 근로조건 보호 가이드라인' 발표 등 모니터링과 지도 노력을 하고 있다는 답변만 거듭하였다. 이에 대하여 결사의 자유 위원회는, 파견 내지 하청 노동자와 그들의 노동조건을 결정하는 자 사이의 단체교섭이 가능할 수 있도록 필요한 조치를 취할 것을 재차 권고하였다.[88]

---

■ 결사의 자유 위원회, 363차 보고서(2012), Case No. 2602 【대한민국】, paras. 456~457(결사의 자유 위원회 결정례집, 2018, para. 1283)

456. "불법파견" 노동자의 노동조합과 단체교섭권을 강화할 필요성에 관한 본 위원회의 이전의 권고 (e), (i), (h)에 대하여, 정부는 ( i ) 2011년 7월 18일 원청 및 하청업체들의 준수해야 할 "사내하도급 근로자의 근로조건 보호 가이드라인" 및 "사내하도급 가이드라인 자율 준수 체크리스트"와 함께 발표하였고, 불법파견 신고를 위해 "불법파견 신고센터"를 설치했으며, 사업장 근로감독시 가이드라인 준수 여부를 점검할 것이며, 모든 이해관계자들이 가이드라인을 준수하도록 적극적으로 지도하고 인식을 제고하기 위해 우수 사례들을 발표할 것이며, ( ii ) 사내하도급은 기업의 경영상 결정의 문제이며, 노동

---

88) 결사의 자유 위원회, Case No. 2602, 363차 보고서(2012), para. 457.

89) "It wishes to emphasize in this regard that collective bargaining between the relevant

자의 기본권 행사를 회피하는 수단으로 보아야만 할 문제는 아니며, (iii) 하청노동자들
은 노동조합 및 노동관계조정법에 따라 모든 노동자에게 보장된 결사의 자유와 단체교
섭권을 보장받고 있으며, 하청업체의 노동조합은 그 노동조건을 결정하는 하청업체와
단체교섭을 할 수 있다고 답변한 것에 관해 본 위원회는 주목한다.

457. 불법 파견을 방지하기 위한 정부의 모니터링과 지도 노력을 환영하지만, 본 위원
회는 노동조합 권리의 행사를 회피하기 위해 "사내 하도급"을 활용한다는 진정이 계속
되는 것에 우려를 표하지 않을 수 없다. 본 위원회는 이 점에 관해, 관련 노조와 하청/
파견 노동자의 고용 및 노동조건을 결정하는 자 사이의 단체교섭이 항상 가능해야 한다
는 점을 강조하고 싶다.[89] (후략)

### (3) 간접고용 노동자의 단체행동권

결사의 자유 위원회는, 원청과의 단체교섭을 하기 위한 목적으로 원청을 상
대로 진행하는 파업 행위는 정당하며, 고용주가 아닌 "제3자"를 상대로 파업을
했다는 이유로 조합원이 해고되었다면 반노조적 차별행위에 해당한다고 보았다.

■ 결사의 자유 위원회, 355차 보고서(2009), Case No. 2602 【대한민국】, para. 662; 결
사의 자유 위원회 결정례집, 2018, paras. 772, 774, 776, 957 및 1175

662. 본 위원회는, 현대자동차 울산, 전주 공장에서 해고된 사내하청 노동자에 관하여
또는 현재 진행중인 사법절차에 관한 구체적 정보가 없는 것에 대해 유감을 표한다. 본
위원회는, 파업권은 노동자와 그 단체가 자신의 경제적 · 사회적 이해를 옹호하고 촉진
하기 위한 필수적 수단의 하나라는 점을 다시 한번 반복한다; (단체교섭을 위한 목적
으로) 노동조합 인정을 요구하는 파업은 노동자와 그 단체가 옹호할 수 있는 정당한
이해라는 사실을 강조한다[결사의 자유 위원회 결정례집, 2006, paras. 521 및 535].
본 위원회는, 단체교섭을 하기 위해 원청에게 노동조합 인정을 요구하는 것은 불법파
업이 아니며, 나아가 파업을 이유로 노동자를 해고하는 것은 정당한 노동조합 활동을
이유로 한 심각한 고용상 차별이며 이는 제98호 협약 위반이라는 점을 상기한다[결사
의 자유 위원회 결정례집, 2006, para. 661]. 마지막으로, 본 위원회는 노동조합은 반
드시 책임감 있게 행동해야 하며 집회의 권리는 평화롭게 행사되어야 한다는 원칙을
존중해야 한다고 본다.

---

trade union and <u>the party who determines the terms and conditions of employment of
the subcontracted/agency workers</u> should always be possible." (밑줄은 필자)

위와 같은 결사의 자유 위원회의 요청에 대하여 정부는 노동조합법 제81조에 따라 노동조합 활동 참가를 이유로 한 해고는 부당노동행위에 해당하며, 노동자들은 노동위원회 구제신청 내지 법원에 소송을 제기할 수 있다는 점만 언급하였다. 이에 대해 결사의 자유 위원회는, 정부가 노동조합법 제81조를 언급하는 것 이외에는 독립적 조사를 진행하라는 위원회의 권고를 이행하지 않은 사실에 유감을 표명하였다.[90] 또한 업무방해죄의 적용, 노동자들의 권리 행사를 단념시킬 목적으로 손해배상 소송들이 활용된다는 진정에 관해서도 정부가 독자적 조사를 실시하고 적절한 조치를 취할 것을 요구하였다.[91]

---

■ 결사의 자유 위원회, 350차 보고서(2008), Case No. 2602【대한민국】, para. 703

  (g) 본 위원회는, 한국정부가 하이닉스/매그나칩, 기륭전자, 현대자동차가 "업무 방해" 조항에 근거하여, 조합원들이 자신들의 요구사항과 권리를 단념하도록 만들기 위한 위협의 일환으로 (예를 들면, 부당해고 소송 철회, 하청노동자들을 조직하고 있는 노동조합 탈퇴, 시간외근로 거부 철회 등) 터무니없는 금액의 손해배상 소송을 활용하였다는 진정에 관해 독립적인 조사를 진행할 것을 요구한다. 그리고 만약 이러한 진정 내용이 사실로서 확인된다면, 최우선적 구제책으로서 해고된 노조 간부들과 조합원들이 복직될 수 있도록 모든 필요한 조치를 취할 것을 요구한다. 만약 사법부가 객관적이고 어쩔 수 없는 이유로 조합원들의 복직이 가능하지 않다고 판단한다면, 그동안 이들이 고통받은 모든 손해를 구제하기에 적절한 보상이 주어져야 하며, 반노조적 차별행위를 억제하기에 충분한 제재를 가함으로써 향후 이러한 행위가 재발하지 않도록 하여야 한다. 본 위원회는 이 점에 관해 지속적으로 정보를 제공해 줄 것을 요구한다.

  (h) 본 위원회는 기륭전자가 "업무 방해" 조항에 근거하여 제기한 손해배상 소송과 관련하여, 법원에 계류 중인 세 건의 사건의 결정들에 관한 정보를 계속 제공할 것을 요구한다. 본 위원회는, 법원이 이러한 판결들을 내릴 때, 노사관계의 맥락, 건설적인 노사관계 구축의 필요성 및 이러한 손해배상소송들이 조합원들로 하여금 자신의 권리와 요구들을 단념하도록 위협하는 수단으로 활용되고 있다는 위의 진정 내용을 충분히 고려할 것이라 믿는다.

---

2021. 4. 20. 대한민국이 제98호 협약 등을 비준한 이후, 그동안 결사의 자

---

90) 결사의 자유 위원회, Case No. 2602, 355차 보고서(2009), para. 661.
91) 결사의 자유 위원회, Case No. 2602, 355차 보고서(2009), para. 678; 363차 보고서(2012), para. 465.

유 위원회에서 심의되어왔던 집단적 노동관계법의 입법적 쟁점들은 향후 ILO 전문가위원회의 정례 검토로 이관되었다. 2023년 전문가위원회는 제98호 협약에 관한 대한민국 정례 보고서를 검토한 후, 기업 단위 단체교섭 체계에서 사실상 보호받지 못하는 하청 노동자, 간접고용·비정규직 노동자, 소규모 사업장 노동자의 단체교섭을 촉진하기 위해 정부가 필요한 조치를 취할 것을 요청하였다.[92]

---

【대한민국】 전문가위원회, Direct Request, 2023

2023. 11. 9. 대한민국 국회가 「노동조합 및 노동관계조정법」 제2조 제2호 "사용자" 정의 규정의 개정안을 통과시킨 것에 관해, 본 위원회는 관심을 갖고 주목한다. 위원회는, 군인, 경찰, 국가행정에 종사하는 공무원과 같이 제98호 협약 적용이 제외될 수 있는 범주의 노동자들을 대표하는 노동조합만을 예외로 하여, 단체교섭권은 일반적 범위에서 인정되며 공공 및 민간부문의 여타의 모든 노동자단체가 단체교섭권을 향유해야 한다는 점을 상기한다[General Survey, 2012, para. 209 참조]. 그러므로 위원회는, 제98호 협약 4조에 따라 단체교섭을 촉진해야 할 정부의 의무는 소규모 사업장 및 비정규직 노동자, 복수의 사용자를 위하여 일하는 노동자 및 하청 노동자에게도 확대되어야 한다고 본다. 앞서 본 바와 같이 본 위원회는, 현재 만연한 기업 단위 교섭 시스템에서 사실상 배제되어 있는 노동자를 대표하는 단체와 사용자 내지 사용자단체 간에 단체협약을 통해 고용조건을 규율하기 위한 목적으로 임의적 교섭을 위한 기제를 온전히 발전시키고 활용하는 것을 권장하고 촉진하기 위하여 정부가 국내적 여건에 적합한 조치들을 취할 것을 요청한다. [후략]

---

### 다. 검토

하청노동자를 조직한 노조가 하청 노동자의 노동조건을 실질적으로 지배하는 원청을 상대로 단체교섭을 요구했을 때 원청이 이를 거부하고, 원청을 상대로 노동3권을 행사한 하청노동자가 해고 등 반노조적 차별행위를 당하고 있다는 진정에 관하여, 결사의 자유 위원회는 하청 노동자의 노동3권이 실효성 있게 보장될 수 있도록 정부가 모든 필요한 조치를 취하라는 권고를 여러 차례 한 바 있다.

그럼에도 정부는 하청 노동자들이 자신의 고용주인 하청업체와 단체교섭을 하는데 아무런 제약이 없으며, 원청이 단체교섭의 당사자가 될 수 있는지는 법원

---

이 결정할 문제일 뿐 정부가 관여할 사안은 아니라는 형식적 답변을 반복했다. 또한 하청 노동자들이 결사의 자유 및 단체교섭권을 실효성 있게 행사할 수 있도록 적절한 메커니즘을 개발하라는 결사의 자유 위원회의 권고에 대해서도, 국가가 특정한 형태의 교섭을 강제할 수 없다고 하면서 사실상 권고를 수용하지 않았다.

그러나 결사의 자유 위원회가 권고한 핵심 사항은, 파견·하청 노동자들이 자신의 노동조건을 결정하는 자를 상대로 단체교섭권을 행사하는데 부당한 제약이 있어서는 아니된다는 점, 도급계약 해지 등과 같은 방식으로 이들의 결사의 자유 행사를 막기 위한 방편으로 하도급이 남용되지 않도록 적절한 기제를 마련하라는 점 등이다.93) 정부는 하청 노동자들이 원청과 교섭하는 문제는 당사자간 자유에 맡겨져 있다고 답변했지만, 실제로는 결사의 자유 위원회 1865호 사건에서 다루어졌듯이 원청을 상대로 한 결사의 자유 및 단체교섭권 행사가 형법(업무방해죄, 공갈죄, 협박죄 등)으로 처벌되며, 원청을 상대로 한 쟁의행위가 위법한 쟁의행위로 규율되는 등 많은 제약을 받고 있다.

따라서 결사의 자유 위원회는, 하청 노동자들이 결사의 자유 및 단체교섭권을 실효성 있게 행사할 수 있도록 적절한 메커니즘을 개발하라는 결사의 자유 위원회의 권고에 대해 정부가 사실상 제대로 된 답변을 하지 않는 것에 관해 유감을 표명하면서, 하청 노동자가 겪고 있는 반노조적 차별행위에 관한 독립적 조사와 적절한 구제 및 예방 조치, 하청 노동자의 단체교섭권을 실효성 있게 보장하기 위한 메커니즘의 개발, 원청을 상대로 하는 단체행동권 행사에 대한 민·형

---

93) "관련 사회적 파트너들과 협의를 거쳐 하청 노동자의 결사의 자유 및 단체교섭권 보호를 강화하기 위한 적절한 메커니즘을 마련하라는 이전의 권고에 관하여, 정부는 특정한 교섭 방식을 강제해서는 아니되며 교섭 방식의 문제는 상호 이익을 증진시키기 위해 노·사가 독립적으로 결정해야 한다는 견해를 밝힌 것을 본 위원회는 주목한다. 이 사건에서 제기된 쟁점들에 관해 본 위원회의 견해는, 정부에게 특정한 교섭 방식을 강제하는 식으로 사회적 파트너들의 자율성 원칙을 훼손하라고 주문한 것이 아니다. 오히려 하청 노동자 및 그들의 대표자들이 결사의 자유 및 단체교섭권을 행사하는데 있어 위에서 언급한 모든 충분한 보호를 하기 위해 필요한 조치를 취할 것과, 특히 이전의 권고에서 확인된 법적 제약들을 교정하기 위한 적절한 단계를 밟을 것을 비롯하여 단체교섭 역량 강화를 위한 메커니즘을 마련할 것을 요청한 것이다. 당사국이 국제노동기구에 가입하기로 결정하였을 때, 회원국은 결사의 자유를 비롯하여 국제노동기구 헌장 및 필라델피아 선언에 천명된 기본적 원칙들을 수용한 것이라는 점을 본 위원회는 상기한다. 그러므로 결사의 자유 원칙을 존중할 궁극적 책임은 정부에게 있다[결사의 자유 위원회 결정례집, 2006, paras. 15 및 17]"(결사의 자유 위원회, Case No. 2602, 355차 보고서(2009), para. 672).

사책임 부과의 문제점 등에 관해 수차례 권고하였다. 또한 법원이 이러한 쟁점들을 다룰 때 원·하청 노사관계의 맥락, 건설적인 노사관계 구축의 필요성 및 결사의 자유 원칙을 충분히 고려할 것을 주문하였다.

## Ⅲ. 교섭창구 단일화 제도

### 1. 사건의 경과

2010. 1. 1. 노동조합법 개정으로 교섭창구 단일화 절차(제29조의2 내지 제29조의5)가 도입되자 민주노총 등은 2011년 결사의 자유 위원회 1865호 사건에 대해 추가 진정을 제기하였다. 진정단체들은 ① 교섭창구 단일화 제도는 소수노조의 노동3권을 침해하며, ② 교섭대표노조가 되지 못한 노조는 초기업단위 교섭에 참가할 수 없게 되며, ③ 개정 노동조합법의 교섭창구 단일화 제도는 교섭대표노조에게 단체교섭권뿐 아니라 단체협약 체결권, 사용자측의 단체협약 위반에 대한 이의제기, 노사관계 관련 모든 권리와 권한을 위임하며 노조 활동 보장은 이들에게 집중되어, 소수노조의 부당노동행위에 대한 구제신청권, 파업을 포함한 쟁의행위에 대한 권리는 사실상 부정되며, ④ 교섭대표가 된 노조라고 할지라도 파업은 다른 노조 조합원의 동의가 있을 시에만 할 수 있는 등 노동3권 전반을 제한한다고 주장하였다.

이에 대한 답변에서 정부는, ① 교섭창구 단일화 제도는 복수노조의 부작용을 축소하기 위해 필수적이며 한 사업장에서 일관된 노동조건을 촉진하는 것을 목표로 하며, ② 사용자가 동의하면 복수의 노조가 개별적으로 교섭할 수 있으며, ③ 산별 교섭을 창구단일화 절차에서 예외로 하는 것은 상급단체에 가입하지 않은 노조에 대해 불공정하고, 일관된 노동조건 형성을 저해할 수 있으며, ④ 소수노조도 교섭단 내에서 발언권을 가질 수 있으며 공정대표의무 규정에 따른 보호를 받으며, ⑤ 교섭대표노조가 주도하고 복수노조의 모든 조합원의 과반수가 지지할 때 쟁의행위를 할 수 있도록 하는 절차는 합리적이며, ⑥ 국내법이 사용자의 개입과 부당노동행위를 제어하는 적절한 안전장치를 제공한다고 주장하였다.[94]

---

94) 결사의 자유 위원회, Case No. 1865, 363차 보고서(2012), paras. 88~100.

또한 2016. 1. 세종호텔노조와 국제식품연맹(International Union of Food Agricultural, Hotel, Restaurant, Catering, Tobacco and Allied Workers' Association, IUF)은, 2011년 교섭창구 단일화 제도 시행 이후 세종호텔에서 세종호텔노조에 대한 부당노동행위와 사용자측이 지원하는 제2노조 설립 등 반노조 차별행위가 벌어졌다는 진정을 결사의 자유 위원회에 제기하였다(3262호 사건).

## 2. ILO 감독기구의 심의

결사의 자유 위원회는, 가장 대표적인 노조가 단체교섭에 관한 배타적인 권리를 지니는 단체교섭제도와, 한 사업장 내에서 복수의 노조가 복수의 단체협약을 체결하는 것이 가능한 제도 양자 모두 결사의 자유 원칙에 부합한다는 점을 인정하였다. 그러나 가장 대표적인 노조와 그렇지 않은 노조간 구별은 단체교섭, 당국과의 협의, 국제기구에의 파견 대표의 임명 목적 등을 위해서 일정 정도의 우선권을 인정하는 것에 국한되어야 한다. 따라서 위원회는, 교섭대표노조가 되지 못한 노조도 자체 조합활동을 수행할 수 있어야 하며 최소한 자기 조합원을 대변하고 고충처리에서 조합원을 대표할 수 있도록 정부가 조치를 취할 것을 권고하였다. 또한 위원회는 진정인이 적시한 교섭창구 단일화에 따라 발생한 수많은 부당노동행위에 대해 정부 답변이 없다는 점에 대해 유감을 표시하면서, 정부가 이러한 부당노동행위를 예방 또는 제재하기 위해 모든 관련 사회적 파트너들과 함께, 제기된 사건들을 재검토할 것을 요청하였다.[95]

또한 위원회는 파업권은 단체협약 체결을 통해 해결될 수 있는 노동쟁의에만 국한되어서는 안 되며, 노동자와 노동자조직은 필요하다면 보다 넓은 맥락에서 조합원들의 이해에 영향을 미치는 사회·경제적 사안에 대한 불만을 표현할 수 있어야 한다고 강조하였다.[96] 따라서 위원회는 정부가 이러한 원칙에 따라 파업행위가 단체협약 체결을 위한 노동쟁의에 국한되지 않도록 하고, 파업의 정당성이 노동조합이 교섭대표 지위를 가지고 있는지 여부에 따라 판단되지 않도록 하기 위해 필요한 조치를 취할 것을 요구하였다.[97]

---

95) *Digest*, paras. 354, 950 및 976 참조.
96) *Digest*, paras. 531 및 535 참조.
97) 결사의 자유 위원회, Case No. 1865, 363차 보고서(2012), paras. 115~118; 결사의 자유 위원회, Case No. 3262, 384차 보고서(2018), paras. 321 및 329.

■ 결사의 자유 위원회, 363차 보고서(2012), Case No. 1865【대한민국】, paras. 116~ 118

116. 개정 「노동조합 및 노동관계조정법」의 교섭창구 단일화 관련 조항에 대해 본 위원회는 정부에게 다음을 위한 모든 필요한 조치를 취할 것을 요청한다. (ⅰ) 교섭대표노조가 되기 위한 조합원수 요건을 충족하는 노조가 없을 경우, 해당 교섭단위내 모든 노동조합에게 최소한 자신의 조합원을 위하여 단체교섭할 권리를 보장할 것, (ⅱ) 교섭대표노조가 되지 못한 소수 노조가 자체의 노조 활동을 수행하고 조합원을 대변하고 개별 고충처리에 있어서 조합원을 대표할 수 있도록 할 것.

117. 본 위원회는 나아가 교섭창구 단일화 제도 도입에 따라 생겨난 다양한 부당노동행위에 관한 진정인의 상세한 진정 내용에 대하여, 그리고 이에 대한 정부의 답변이 없다는 점에 대하여 우려를 표한다. 본 위원회는 부당노동행위에 대한 불관용 정책 및 인터넷 신고센터 설치에 대한 정부의 보고를 환영한다. 본 위원회는, 부당노동행위로 확인되어 계류 중인 사건들에 관해 지속적으로 정보를 제공할 것과, 이러한 부당노동행위를 예방 또는 제재하기 위해 모든 관련 사회적 파트너들과 함께 진정인이 제기한 구체적 진정 내용에 관해 검토할 것을 정부에게 요청한다. 위원회는 이러한 측면에서 취해진 조치들에 대해 계속 정보를 제공할 것을 정부에게 요청한다.

118. 진정인은 나아가 개정 「노동조합 및 노동관계조정법」이 파업과 같은 쟁의행위가 교섭창구단일화 절차에 참여한 모든 노조들의 전체 조합원이 참여하는 직접·비밀 투표를 통해서만 결의될 수 있으며, 따라서 교섭대표노조가 아니거나 교섭대표노조라도 과반수노조가 아닌 노조의 파업권 행사를 가로막는다고 주장하였다. 본 위원회는 파업권은 단체협약 체결을 통해 해결될 수 있는 노동쟁의에만 국한되어서는 안 되며, 노동자들과 노동자단체들은 필요하다면 보다 넓은 맥락에서 조합원들의 이해관계에 영향을 미치는 경제적 사회적 사안에 대한 불만을 표출할 수 있어야 한다는 점을 환기시킨다. (단체교섭을 위한) 노조 인정을 요구하는 파업은 노동자들과 노동자단체들이 옹호해야 할 정당한 이해관계에 해당한다[결사의 자유 위원회 결정례집, 2006, paras. 531 및 535 참조]. 본 위원회는 이러한 원칙에 따라 단체협약 체결을 위한 노동쟁의의 사안에 국한되지 않고 파업을 진행할 수 있도록, 그리고 파업의 정당성이 노동자단체의 교섭대표노조 지위 여부에 따라 판단되지 않도록 하기 위하여 필요한 조치를 취할 것을 정부에게 요구한다.

## 3. 검토

단체교섭을 위한 목적으로 교섭을 요구하는 노동조합을 교섭의 상대방(사용자)이 인정하도록 하는 제도는 국가별로 다양하게 형성되었지만, 그 제도의 취지는 단체교섭의 촉진에 있다. 따라서 ILO는 '단체교섭의 촉진을 위해' 필요하고 적절한 경우, 단체교섭을 위한 목적으로 대표적 노동자단체 및 사용자단체를 단체교섭의 상대방으로 인정하는 국내적 절차를 마련해야 한다고 정하고 있다.[98] ILO의 결사의 자유 원칙상 단체교섭의 원칙은 자유롭고 임의적인 교섭이지만, 사용자가 어떤 노동자단체를 단체교섭의 상대로 인정하지 않는 등의 이유로 실제 단체교섭이 부진한 경우가 많기 때문에, 단체교섭을 촉진하기 위한 수단의 하나로서 노·사단체가 서로를 상대방으로 인정하는 절차를 마련하도록 권고하고 있는 것이다.[99]

반면 2010. 1. 1. 노동조합법 개정으로 도입된 현행 교섭창구 단일화 제도는 하나의 사업 또는 사업장에서 조직형태에 관계없이 노동자가 설립하거나 가입한 노동조합이 2개 이상인 경우 교섭창구 단일화를 강제함으로써, 2010년 법 개정 이전에 개별 단체교섭을 진행해왔던 노조들이나 초기업노조의 경우라도 교섭대표노조의 지위를 인정받지 못하는 경우 사실상 단체교섭권 및 단체행동권을 박탈당하게 되었다. 특히 초기업단위 노조가 진행해온 산업별·지역별·직종별 교섭도 새로운 법적 제약을 받게 되었다.[100] 이러한 교섭창구 단일화 제도는 단체교섭의 촉진을 위한 교섭대표노조 인정이라는 ILO 결사의 자유 원칙과 상충하는 것이며, 특히 단체교섭 수준을 일방적으로 규정하거나 특정 수준에서만 교섭이 이루어지도록 강제하는 입법으로서 제98호 협약과 양립하지 않는다.[101]

이러한 교섭창구 단일화 제도에 대하여 ILO 감독기구는 교섭대표노조가 되지 못한 노조의 노동기본권이 침해되지 않도록 필요한 조치를 취할 것을 정부에 권고한 바 있다. 특히 파업권은 단체교섭 및 단체협약의 체결보다 넓은 사안에 관해 보장되어야 하며, 교섭대표노조의 지위와 파업권의 주체는 구분해야 한다는 점을 분명히 밝혔다.

---

98) *Compilation*, 2018, para. 1350; 「단체교섭 권고」(제163호), 제3(a)조.
99) General Survey, 2012, para. 224 및 233.
100) 2010. 1. 1. 개정 전 노동조합법 규정 및 대법원 판례(대법원 2008. 12. 24. 선고 2006두15400 판결 등)를 근거로, 초기업노조는 산업별·지역별 교섭을 하거나 조합원이 존재하는 사업 또는 사업장에서 교섭을 진행하는데 법적 장애가 없었다. 그런데 2010년 법 개정으로 초기업노조라도 사업 또는 사업장에서 교섭을 진행하려 할 경우 교섭창구 단일화 절차를 거치지 않으면 안되는 새로운 제한을 받게 되었다.
101) General Survey, 2012, para. 222.

나아가 현행 교섭창구 단일화 제도를 활용한 사용자의 부당노동행위에 대해 우려를 표하면서 정부가 부당노동행위를 예방, 제재하기 위한 조치를 취할 것을 권고하였다. 이와 관련하여 2017년 유엔(UN) 경제적·사회적·문화적 권리 규약 위원회도 한국 정부에 대해 교섭창구 단일화 제도가 "기업에 의해 단체교섭에서 노동자들의 힘을 약화할 목적으로 사용되지 않도록 할 것"을 권고한 바 있다.[102]

## Ⅳ. 단체교섭의 대상 사항

### 1. 단체교섭 대상 사항에 대한 제한

구 노동조합법(2010. 1. 1. 법률 제9930호로 개정되기 전의 것)은 노동조합의 전임자가 그 전임기간 동안 사용자로부터 어떠한 급여도 지급받아서는 아니된다고 규정하고 있었다(제24조 제2항). 그리고 "노동조합의 전임자에게 급여를 지원하거나 노동조합의 운영비를 원조하는 행위"가 부당노동행위의 하나로 규정되어 있었다(제81조 제4호). 결사의 자유 위원회는 구 노동조합법 제24조 제2항에 관하여, 노동조합 전임자에 대한 급여 지급 문제는 법적으로 개입할 사항이 아니므로 노·사간 자율적 교섭에 맡길 수 있도록 해당 규정을 폐지할 것을 권고한 바 있다.[103]

2010. 1. 1. 노동조합법 개정으로 노조 전임자에 대한 급여 지급 금지 규정이 시행되면서 이를 제도적으로 보완하기 위해 근로시간 면제 제도가 새로 도입되었다. 이로써 단체협약으로 정하거나 사용자가 동의하는 경우 사업 또는 사업장별로 조합원 수 등을 고려하여 근로시간면제심의위원회에서 결정된 근로시간 면제 한도를 초과하지 아니하는 범위에서 노동조합의 유지·관리업무를 할 수 있게 되었으나, 노동조합은 근로시간 면제 한도를 위반하는 급여 지급을 요구하고 이를 관철할 목적으로 쟁의행위를 하는 것은 금지되었다. 이에 대하여 결사의 자유 위원회는 노사관계의 규율 및 노동자 대표에게 제공되는 편의는 전적으로 단체교섭의 범위에 포함된다는 점을 상기하면서 이 사안은 당사자들 간의 자유롭

102) Committee on Economic, Social and Cultural Rights, *Concluding observations on the fourth periodic report of the Republic of Korea*, E/C.12/KOR/CO/4, 2017, paras. 40~41.
103) 결사의 자유 위원회, Case No. 1865, 307차 보고서(1997), para. 225; 309차 보고서(1998), para. 160; 327차 보고서(2002), para. 487; 335차 보고서(2004), para. 841; 353차 보고서(2009), paras. 719 및 749항 등.

고 임의적인 교섭에 맡겨야 한다고 요청하였다.[104]

　　2021. 1. 5. 노동조합법 개정으로 노조 전임자에 대한 급여 지급 금지 규정 및 이에 관한 쟁의 행위 금지 규정은 삭제되었으나, 근로시간 면제 한도 규정(제24조 제2항)은 유지되었으며, 근로시간 면제 한도를 초과하는 내용을 정한 단체협약 또는 사용자의 동의는 그 부분에 한정하여 무효로 하는 조항(제24조 제4항)이 신설되었다.

　　2021년 ILO 전문가위원회는 「노동자대표 협약(제135호, 1971)」 이행상황에 관한 대한민국 정부 정례보고서를 검토하여, 근로시간 면제 한도를 노사가 자율적으로 결정할 수 있도록 제도를 개선할 것을 권고하였다.[105]

## 2. 비정규직 노동자의 단체교섭 대상 사항에 대한 제한

### 가. 사건의 경과

　　2021. 9. 정부는 국무총리실 주관의 관계부처 합동 '건설현장 불법행위 근절 TF'라는 기구를 구성하여 건설산업의 노동조합이 조합원 고용을 요구하면서 벌이는 교섭 및 단체행동에 대해 집중감독을 실시하였다. 정부는 노동조합법 이외에도 형법, 「채용절차의 공정화에 관한 법률」, 「독점규제 및 공정거래에 관한 법률」 등을 적극적으로 활용하여 노조의 단체교섭 및 단체협약 체결, 단체행동을 규제하고 있다. 2022년부터는 관계부처 합동으로 '채용강요 등 전국 건설현장 불법행위 일제점검'을 수시로 실시하였으며, 2023년 1월~8월에 건설노조의 지부 사무실 및 노조 간부의 자택에 대해 17차례 압수수색을 진행하였고 1,700여 명의 노조 간부, 조합원에 대한 소환조사를 실시하여 2023. 11. 현재 조합원 중 144명이 기소되었다. 그리고 1심 재판에서 49명은 10개월~2년 6개월의 징역형을, 88명은 집행유예를, 7명은 벌금형을 선고받았다

　　이에 2022. 10. 20. 전국건설산업노동조합연맹, 전국건설노동조합, 국제건설목공노련(BWI)은, 건설노조가 조합원의 고용을 요구하며 단체교섭·단체협약 체결을 진행한 것에 대하여 형법상 강요죄를 적용하여 처벌하고, 노동조합의 정당한 활동에 대해 채용절차법 및 공정거래법을 적용하여 과징금 등 제재를 부과하

---

104) 결사의 자유 위원회, Case No. 1865, 363차 보고서(2012), para. 110; 371차 보고서(2014) para. 47; 382차 보고서(2017), para. 47 등.
105) 【대한민국】 전문가위원회, observation, 2021.

는 것이 제87호 협약, 제98호 협약 위반이라고 주장하는 진정을 결사의 자유 위원회에 제기하였다(3436호 사건).

## 나. ILO 감독기구의 심의

결사의 자유 위원회는 이 사건의 쟁점은 (ⅰ) 조합원 고용 요구가 정당한 단체교섭 대상 사항의 범위에 속하는 것인지의 문제, (ⅱ) 건설노조 건설기계지부의 일정한 활동에 대해 공정거래법을 적용하는 문제, (ⅲ) 조합원 고용 요구, 노조 전임자에 대한 급여 지급 등 건설노조의 일정한 활동에 대해 채용절차법, 형법 등의 제재를 가하는 문제라고 보면서, 결국 첫 번째 쟁점이 이 사건의 다른 쟁점들을 모두 아우르는 핵심적 문제라고 판단하였다.[106]

이에 관한 답변에서 정부는, 노동조합법 제29조에 따라 단체교섭의 대상 사항이 될 수 있는 것은 근로조건의 결정에 관한 것과 노동조합 운영에 관한 것이며, 채용은 단체교섭 사항이 될 수 없다고 설명했다.[107] 또한 건설노조의 요구는 조합원만 채용하라는 것으로서 현행법상 정당한 것으로 인정될 수 없다고 주장했다.

이와 대조적으로 진정단체들은, 건설노조의 교섭 요구는 조합원만 채용하라든지 클로즈드 샵(closed shop)을 요구한 것이 아니었으며, 단기 고용이 일반화된 건설 현장에서 조합원의 고용 확보는 가장 근본적인 노동조건에 관한 것으로서 이에 대한 단체교섭이 허용되어야 한다고 주장했다.

진정단체와 정부의 주장을 모두 검토한 후 결사의 자유 위원회는, "단체교섭 사항을 결정하는 주체는 관련 당사자들이어야 하"며 "당국이 단체교섭 대상 사항의 범위를 일방적으로 제한하는 조치는 제98호 협약과 상충한다"는 결사의 자유 위원회의 결정례들을 상기하였다.[108] 따라서 결사의 자유 위원회는 정부가

---

106) 결사의 자유 위원회, Case No. 3436, 408차 보고서(2024), para. 643.

107) 정부는 자신의 견해를 뒷받침하는 판결로서 울산지방법원 2017. 6. 8. 선고 2017노316 판결을 예시하면서, 해당 판결이 "채용과 같이 사용자의 경영권 본질에 속하는 사항은 단체교섭의 대상이 될 수 없다 할 것(대법원 2004. 9. 13. 선고 2004도749 판결, 대법원 2011. 1. 27. 선고 2010도11030 판결 참조)"이며 "노조가 건설산업의 사용자에게 조합원의 채용을 요구한 데 대하여 당해 사용자가 이를 거부하더라도, 노조가 그 요구를 관철할 목적으로 쟁의행위를 하는 것은 목적의 정당성이 결여되어 허용되지 않는다(대법원 1994. 9. 30. 선고 94다4042 판결 등 참조)"라는 대법원 판례에 입각하고 있다고 설명했다.

108) *Compilation*, 2018, paras. 1289 및 1290.

건설산업의 대표적 노동자단체, 사용자단체와 함께 건설업의 고용 불안정성을 개선하기 위한 협의를 진행할 것을 요청하였다.[109]

두 번째 쟁점인 노조의 조합활동, 단체교섭에 대한 공정거래위원회의 제재에 대하여, 정부는 어떠한 개인 또는 단체가 노동조합법상 근로자 또는 노동조합에 해당하는지 여부와 상관없이 공정거래법을 적용할 수 있다고 주장했다. 그러면서 공정거래위원회도 건설노조의 조합원인 건설기계운전자를 공정거래법 제2조의 '사업자' 또는 '사업자단체'에 해당하는 것으로 보고 있고, 노조가 단체협약에 따라 조합원인 건설기계운전자를 사용할 것을 요구하며 그 요구를 관철시키기 위해 레미콘 운송거부 등을 조직한 것이 공정거래법상 금지되는 사업자단체의 행위라고 보아 제재를 부과하였다고 설명했다.[110] 또한 정부는 건설노조의 위와 같은 행위는 건설사업주가 건설기계운전자를 선택할 자유를 제한하는 것으로서 "근로조건의 유지·개선"이라는 노동조합법의 목적을 벗어난 것이며, 노조의 단체행동이 노동조합법이 규정한 조정 전치 등 쟁의행위의 절차를 따르지도 않았으므로 정당한 노조활동이 아니며, 공정거래법 제116조의 "법령에 따른 정당한 행위"에도 해당하지 않는다고 주장했다.

이에 대하여 결사의 자유 위원회는, 특수형태 노동자를 조직한 건설노조와 공공운수노조 화물연대본부의 결사의 자유 및 단체교섭권이 다루어졌던 이전의 진정사건들을 상기하면서,[111] "화물차 기사와 같은 자영 노동자들을 비롯하여 모든 노동자가 자신의 권익을 증진하고 옹호하기 위하여 결사의 자유 원칙 및 단체교섭권을 온전하게 향유할 수 있도록 필요한 모든 조치를 취할 것"을 정부에 요청했다는 점을 재강조하였다.[112] 따라서 결사의 자유 위원회는 공정거래법을 적용하지 않는 "법령에 따른 정당한 행위"(공정거래법 제116조)를 해석할 때, 자영 노동자를 조직한 노동조합의 지위를 인정하고, 결사의 자유 및 단체교섭권의 실효성 있는 승인 원칙에 부합하도록 정당한 노동조합 활동의 범위를 인정할 것을 권고하였다. 또한 공정거래위원회가 이러한 노동조합의 정당한 활동에 간

---

109) 결사의 자유 위원회, Case No. 3436, 408차 보고서(2024), paras. 648 및 662(a).

110) 공정거래위원회 2023. 2. 28. 전원회의 의결 제2023-042호 등.

111) 결사의 자유 위원회, Case No. 2602, 359차 보고서(2011), paras. 342-370; 결사의 자유 위원회, Case No. 3439, 405차 보고서(2024), paras. 510-565.

112) 결사의 자유 위원회, Case No. 3439, 405차 보고서(2024), para. 565(a); 결사의 자유 위원회, Case No. 3436, 408차 보고서(2024), para. 652.

섭하지 않도록 할 것을 정부에 요청하였다.113)

　세 번째 쟁점인 건설노조의 활동에 대한 채용절차법, 형법을 적용한 제재에 관하여, 결사의 자유 위원회는 이 쟁점 또한 노조의 조합원 채용 요구를 단체교섭 대상사항으로 인정하지 않을 뿐 아니라 이를 요구하는 단체행동도 정당성을 인정하지 않는 문제와 관련된다고 보았다.

　정부는 조합원 채용 요구가 단체교섭의 대상사항이나 쟁의행위의 정당한 목적에 해당하지 않는다고 주장했을 뿐 아니라, 노조가 이러한 요구를 관철하기 위해 건설사업자를 압박하는 수단으로 산업안전법규 미준수 사실을 고발하거나 고발하겠다고 고지하고, 건설현장에서 집회를 개최하거나 집회를 하겠다고 고지한 행위가 형법상 '협박죄'에 해당한다고 설명했다.

　이에 대하여 결사의 자유 위원회는 이와 사실관계가 유사한 쟁점을 다루었던 1865호 사건 심의과정에서 이미 "산업안전상 미비점을 관계 당국에 고발하는 것은 사실상 정당한 노동조합 활동에 속하며 법으로 보장되는 노동자의 권리"114)라는 판단을 재강조하였다. 따라서 결사의 자유 위원회는 "노동조합이 대변하는 노동자의 권익을 옹호하기 위한 활동을 이유로 노동자 대표들에게 벌칙을 부과하는 것은 자유로운 노동조합 활동의 권리를 위태롭게 한다"115)는 점을 상기하면서, 위와 같은 정부의 단속 과정에서 2023. 5. 1. 노조 간부였던 양회동 지대장이 자결하는 사건마저 발생한 것에 대해 개탄(deplore)하였다. 결론적으로 결사의 자유 위원회는 본 진정사건과 같이 노조의 단체교섭 요구 관철을 위해 산업안전보건법령상 미비점을 고발한다거나 평화적 단체행동을 조직했다는 이유로 어느 누구도 구속, 기소 내지 처벌되지 않도록 할 것을 정부에 요청하였다.116)

### 다. 검토

　3436호 사건의 핵심 쟁점은 조합원 고용 요구가 단체교섭 대상 사항이 될 수 있는가의 문제로서, 이전의 1865호 사건에서 지역건설노조가 원청을 상대로 단체협약 체결을 요구하며 집회·고발 등을 조직한 것이 정당한 노동조합 활동인

113) 결사의 자유 위원회, Case No. 3436, 408차 보고서(2024), paras. 653, 654 및 662(b).
114) 결사의 자유 위원회, Case No. 1865, 340차 보고서(2006), para. 774. 이 진정사건에 관해 자세하게는 앞의 Ⅱ의 1 참조.
115) *Compilation*, 2018, para. 154.
116) 결사의 자유 위원회, Case No. 3436, 408차 보고서(2024), paras. 661 및 662(c).

가가 다투어졌던 것과 같은 연장선에 있는 사건이라 할 수 있다. 그래서 결사의 자유 위원회도 3436호 사건에 관한 결론 및 권고에서 직접 1865호 사건의 권고를 재인용하면서, 단체교섭 대상 사항의 범위를 결정하는 주체는 관련 당사자들이어야 하며 "당국이 단체교섭 대상사항의 범위를 일방적으로 제한하는 조치는 제98호 협약과 상충한다"는 원칙을 상기시키고 있다.

이 사건에서 정부는, 단체교섭의 대상 사항을 협의의 근로조건의 유지·개선에 관련된 것으로 좁게 해석하는 판례와 이른바 사용자의 '경영 사항'에 대한 것은 단체교섭을 요구할 수도 없고 쟁의행위의 목적이 될 수도 없다고 한 대법원 판결을 근거로, 조합원 고용 요구는 단체교섭 사항이 될 수 없고 이와 관련된 단체행동은 정당한 노동조합 활동에 해당하지 않는다고 주장하였다. 정부가 이 사건의 답변과정에서 이러한 현행 법해석의 또 다른 사례로 들었던 공정거래위원회의 건설노조에 대한 시정명령 사건에서도, 서울고등법원이 쟁의행위의 목적의 정당성을 협소하게 인정한 대법원 판결들을 참조하면서 노동조합의 행위가 임금·근로시간 등 근로조건과 무관한 노동력의 '거래조건'에 관한 것인 경우 "법령상 정당한 행위"로 인정될 수 없으므로 공정거래법의 규율대상이 될 수 있다고 판단한 사례도 있다.117)

그러나 결사의 자유 위원회는 건설기계운전자와 같은 "자영 노동자(self-employed workers)의 단체가 노동조합으로서의 지위를 가진 것으로 명확히 인정되고, '정당한 단체교섭' 및 '정당한 단체행동'의 범위를 결사의 자유 원칙 및 단체교섭권의 실효적 인정 원칙에 부합하도록(in line with) 해석할 것"을 요청하였다.

단체교섭 대상 사항을 협소하게 인정하고 인사·경영 사항에 관한 쟁의행위의 정당성을 부인하는 현행 법해석에 대하여 ILO 전문가위원회도 제98호 협약에 관한 한국의 이행상황 보고를 검토하고 "노사간 노동쟁의에 직접 연관되지 않는 파업의 목적을 법이 여전히 인정하지 않고 있어서 노동자 및 노동자단체가 자신의 정당한 권익을 옹호하기 위한 필수적 수단을 박탈당하고 있는 점"에 주목하면서 이러한 측면에 관한 법개정을 위해 필요한 조치를 취할 것을 요청한 바 있다.118)

---

117) 3436호 사건에서 정부가 인용하고 있는 공정거래위원회 2023. 2. 28. 전원회의 의결 제 2023-042호에 대한 취소 소송 판결(서울고등법원 2024. 12. 12. 선고 2023누38440 판결).

## 3. 공무원노조법, 교원노조법상 제한

☞ 제5장 제4절 Ⅳ 참조

## 4. 제98호 협약 비준 이후 전문가위원회의 권고

2023년 전문가위원회는 제98호 협약에 관한 대한민국 정례 보고서를 검토한 후, 단체교섭 대상 사항에 대한 제한을 없애는 법 개정을 권고하였다.[119]

---

【대한민국】전문가위원회, Direct Request, 2023

단체교섭 사항에서 제외되는 사항들
본 위원회는, 대한민국법이 일련의 사항들은 단체교섭 및 단체협약의 대상사항이 될 수 없다고 정하고 있음에 주목한다. 노동조합법 제24조 제4항은 근로시간 면제 한도를 초과하는 내용을 정한 단체협약 또는 사용자의 동의는 그 부분에 한정하여 무효로 한다고 규정하고 있다. 본 위원회는 1865호 사건 심의에서, 결사의 자유 위원회가 노·사간 집단적 관계를 규율하는 사항, 노동자대표에게 제공되는 편의는 단체교섭 대상사항의 범위에 온전히 포함되며 노조 전임자에 대한 급여 지급 문제는 자유롭고 임의적 교섭에 맡겨져야 한다고 여러 차례 상기시켰음을 주목한다. 결사의 자유 위원회는 정부가 그러한 단체협약 조항에 대한 제한을 없애고 그에 관련된 단체협약을 체결했다는 이유로 어느 누구도 처벌받지 않도록 하며, 노조 전임자에게 급여 지급을 정한 단체협약에 대한 시정 명령을 삼갈 것을 요청하였다[382차 보고서, para. 47 참조]. 본 위원회는, 비록 그 이후 법률이 개정되어 근로시간 면제한도 내에서 노조 전임자에 대한 급여 지급이 허용되었지만, 그러한 근로시간 면제한도를 초과하는 단체협약을 허용하지 않음을 주목한다. 본 위원회는, 노동자대표 협약(제135호, 1971)에 관한 2021년 대한민국 정례 보고에 대한 전문가위원회의 견해(observation)에서, 사회적 파트너들이 단체교섭을 통해 노동자대표에게 제공되는 편의에 대해 자유로이 결정할 수 있도록 근로시간 면제제도의 개선을 위하여 정부가 가장 대표적 노동자단체 및 사용자단체와 협의를 계속할 것을 권고하였음을 상기한다. 또한 본 위원회는, 고용노동부가 단체협약 위반에 항의하는 파업을 허용하는 단체협약 조항을 불법이라고 판단하며 시정명령을 내려왔다는 민주노총의 의견서를 주목한다. 나아가 본 위원회는, 단체교섭 사항에서 제외되는 사항들이 매

---

118) 【대한민국】전문가위원회, Direct Request, 2023.
119) 【대한민국】전문가위원회, Direct Request, 2023.

우 광범위하며 국가 행정에 종사하지 않는 공무원 및 교원에게 적용되는 법령상 그다지 명확하게 정의되어 있지 않는 점에 주목한다: 공무원노조법 제8조 제1항은 법령 등에 의하여 국가 또는 지방자치단체가 그 권한으로 행하는 정책결정에 관한 사항, 그 기관의 관리·운영에 관한 사항으로서 근무조건과 직접 관련되지 아니하는 사항은 교섭의 대상이 될 수 없다고 규정하고 있다. 그리고 공무원노조법 제10조 제1항 및 교원노조법 제7조 제1항은 그러한 사항들에 관련된 단체협약 조항은 단체협약으로서의 효력을 가지지 아니한다고 규정하고 있다. 본 위원회는, 이에 관하여 다음과 같은 정부의 설명을 주목한다: (ⅰ) 공무원노조법 제8조는 근무조건과 직접 관련되지 아니하는 사항만을 비교섭사항으로 정하고 있다; (ⅱ) 공무원과 교원의 경우, 주요한 노동조건은 법령 및 예산의 형식으로 결정되며, 만약 단체협약이 법령과 예산보다 우위의 효력을 가진다면, 개별 노·사간 협약이 국회의 입법·예산에 대한 권한을 침해하게 될 것이다; (ⅲ) 노·사간 임의적 교섭을 통해 체결한 단체협약은 적법한 테두리 내에서 존중되어야 한다; 그러나 그 역시 국내법의 경계 내에 머물러야 한다. 정부의 설명에 주목하면서, 본 위원회는 교섭 사항의 범위를 당국이 일방적으로 제한하는 조치들은 제98호 협약과 일반적으로 부합하지 않으며, 단체교섭에 대한 가이드라인을 준비하는 과정에서 이루어지는 노·사·정 삼자간 협의가 이러한 어려움을 해결하는데 특히 적절한 방법이라는 것을 상기한다. 그리고 본 위원회는 공무원의 고용 조건을 결정하는데 가능한 한 단체교섭에 우선권을 주어야 한다고 본다[General survey, 2012, paras. 215 및 220 참조]. 본 위원회는, 법령 등에 의하여 국가 또는 지방자치단체가 그 권한으로 행하는 정책결정에 관한 사항이라는 법 제8조 제1항의 문언이 매우 광범위하며 모호하여 국가 행정에 종사하지 않는 공무원 및 교원의 단체교섭권에 대한 실질적 제한이 될 수 있음에 주목한다. 이러한 면에서, 본 위원회는 정부가 사회적 파트너들과 충분한 협의를 거쳐 노동조합법 제24조 제4항, 공무원노조법 제8조 제1항 및 제10조 제1항, 교원노조법 제7조 제1항에 규정된 교섭 사항에 대한 제한을 없애기 위해 필요한 조치를 취하고, 그 진행 상황에 관한 정보를 제공할 것을 요청한다.

## Ⅴ. 정부의 각종 지침을 통한 단체교섭권 침해

### 1. 사건의 경과

단체교섭의 대상 사항이 관련 법령에 의해 제한되거나 정부의 각종 지침, 가이드라인 등의 구속을 받는 경우, 제98호 협약 위반의 문제로 종종 결사의 자유 위원회에 진정되었다. 최근의 사례로, 2022년 6월 공공운수노조와 민주노총, 국제공공노련(PSI) 등은 기획재정부가 공기업·준정부기관 예산운용지침, 경영에 관한 지침, 혁신에 관한 지침 등을 통해 단체교섭 및 단체협약 체결에 대한 가이드라인을 하달하고, 정부 지침 또는 가이드라인에 어긋나는 단체협약이 체결되거나 유지되는 경우 경영평가에 불이익을 주거나, 인사상 또는 예산상의 불이익을 주는 방법을 통해서 "개별 공공기관과 노동조합으로 하여금 정부가 제시한 기준과 내용에 따른 단체협약을 체결하도록 강제하고 있다"고 진정을 제기하였다(3430호 사건).

## 2. ILO 감독기구의 심의

### 가. 정부의 각종 지침과 자유로운 단체교섭의 원칙의 상충

진정단체들은, 정부가 공공기관의 총인건비 및 임금인상률 상한선을 일방적으로 정하고, 성과급 배분 방식을 결정하며, 임금피크제 도입과 연공급 임금 체계를 능력과 성과 중심으로 대체하는 등 임금체계의 구조와 원칙을 변경하고, 연장근로 및 휴일근로에 대한 임금체계 변경을 요구하는 등과 관련된 지침들을 일방적으로 수립하고, 지침의 권고 사항 이행 여부를 경영실적 평가 지표에 반영함으로써 각 공공기관에서 이루어지는 단체교섭에 상당한 압력을 가하고 있다고 주장하였다.

이에 대해 정부는, 경영실적 평가 및 관련 매뉴얼은 정부의 내부 감독에 관한 사항일 뿐 법적 효력이 없고, 유효한 단체협약을 무효화하지 않는다고 답변하였다. 공공기관은 노동자의 반대를 이유로 지침의 권고 사항을 따르지 않을 수 있으며, 이 경우 공공기관의 결정은 유효하며 해당 사항에 대한 경영실적 평가에서 미흡한 평가를 받을 수 있을 뿐이라는 것이다.

하지만 결사의 자유 위원회는, 지침 및 가이드라인의 "권고 사항"이 법적 구속력이 없거나 약할지라도 공공기관 경영실적평가 지표에 반영되어 향후 가용 예산을 결정하는 데 활용됨으로써 실질적으로 개별 기관의 단체교섭의 기본틀로 작동하고 있음을 인정하였다.[120]

---

120) 결사의 자유 위원회, Case No. 3430, 403차 보고서(2023), para. 490.

■ 결사의 자유 위원회, 403차 보고서(2023), Case No. 3430, paras.. 490~491

490. 앞서 언급한 점을 고려할 때, 비록 중앙정부가 발표한 권고 사항에 정해진 일반 원칙의 이행 방식을 정하는데 단체교섭이 여러 측면에서 일정한 역할을 한다 하더라도, 진정인이 제기한 문제와 관련하여 정부 지침에서 정한 기준이 실제로 여러 측면에서 개별 기관 차원의 단체교섭을 제한하는 기본틀(framework)을 구성하고 있다는 점에 본 위원회는 주목한다. 최근 발표된 많은 권고들의 복합적인 효과로 인해 단체교섭의 실질적 영역이 제한되고, 협의나 노동자 참여가 없었던 지침에 근거하여 단체교섭이 제한을 받고 있다는 점에 본 위원회는 우려를 표명한다.

491. 본 위원회는, 2011년 대한민국에 관한 2829호 사건에서도 '경영지침' 및 '경영평가'를 통한 공공기관에서의 단체교섭 제한에 관한 유사한 주장이 제기된 점을 상기한다. 당시 본 위원회는, 공공부문에서의 단체교섭은 다양한 공공기관 또는 공기업의 가용 재원에 관한 확인을 요한다는 사실을 염두에 두면서, 공공기관에 대한 예산지침의 발표 및 경영성과 평가보고서, 감사 또는 감독을 통한 재정상황의 건전성 평가 등의 조치를 채택하기 전에 노동조합과 협의할 것을 정부에 요청했다[365차 보고서, para. 582(a)]. 또한, 3237호 사건에서 본 위원회는, 단체교섭을 위한 가이드라인을 준비하기 위한 자발적인 노사정 논의야말로 진정사건에서 부각된 어려움들을 해결하는 데 특히 적절한 방법임을 상기하며, 임금체계 재검토는 단체교섭을 통해 이루어질 수 있도록 정부가 필요한 조치를 취할 것을 권고했다[386차 보고서, para. 201]. 마지막으로, 본 위원회는, 단체협약을 통한 고용 및 노동조건 규제를 위하여 사용자 또는 사용자단체와 노동자단체간 임의적 교섭을 위한 기제의 완전한 개발과 활용을 장려하고 촉진하는 조치를 취해야 한다는 점을 상기한다[결사의 자유 위원회 결정례집, 2018, para. 1231 참조].

## 나. 정부의 지침 수립 과정에 노동자단체의 참여

■ 결사의 자유 위원회, 403차 보고서(2023), Case No. 3430, paras. 492~493

492. 위원회는 본 건에서, 진정인들이 노동조합을 위한 참여 및 소통 창구의 부재를 언급하고 있으며, 중앙 차원에서 이러한 문제에 관한 논의에 참여하고자 하는 공공부문 노조들의 요청을 정부가 거부하고 있음을 지적한다. 특히 현재 진행 중인 연공급 임금체계의 성과급 임금체계로의 전환과 관련하여, 진정인들은 민주노총과 한국노총 산하 공공부문 노조 공동대책위원회의 2020년 5월 19일 성명서를 언급하며, 정부가 공공기관 노동자들의 사실상 사용자로서 5개 산별 노조 및 연맹을 포함한 노동자대표들과 중

앙 차원의 대화에 참여할 것을 촉구한다. 본 위원회는 단체교섭의 당사자는 정부가 아니라 노동자단체 및 사용자단체라고 한 정부의 답변에 주목한다.

493. 이와 관련하여 본 위원회는, 공공 당국과 해당 부문의 가장 대표적인 직업단체들 간 상호 관심사에 대한 대화와 협의의 촉진이 중요하다는 점을 항상 강조해 왔으며, 공기업 부문의 경우 임금 및 기타 수당과 복리후생 삭감 등 노동조건의 변경을 해당 부문의 가장 대표적인 단체와 심도 깊은 협의의 대상으로 삼는 것이 중요하다는 점을 강조했음을 상기한다[결사의 자유 위원회 결정례집, 2018, paras. 1523 및 1528 참조]. 따라서 위원회는 정부가 노동자의 참여 없이 '권고'를 수립하고 공공기관의 고용 및 노동조건에 관한 경영성과평가 지표를 통해 이를 강제하는 것을 자제해야 한다고 판단한다. 본 위원회의 견해로는, 중앙 차원에서 단체교섭의 전반적인 기본틀을 설계할 때 노동자단체들의 의미 있는 참여를 보장하기 위해, 정부는 진정에서 제기된 사안에 대해 노동자단체가 완전하고 의미 있게 참여할 수 있는 정기적인 협의 메커니즘을 구축하여 중앙정부 차원의 지침이 공공기관의 고용 및 노동조건에 관한 단체교섭을 실질적으로 간섭하지 않도록 보장해야 한다고 판단한다. 본 위원회는 이와 관련하여 취해진 조치에 대한 정보를 계속 제공해줄 것을 정부에 요청한다.

## 3. 검토

정부의 각종 지침, 가이드라인 등을 통한 공공기관 노동자의 단체교섭권 침해의 문제는 그동안 수차례 ILO 결사의 자유 위원회에 진정된 바 있다. '공공기관 선진화'를 명분으로 공공기관운영위원회의 심의·의결을 거쳐 기획재정부가 배포한 인건비에 관한 지침, 경영평가의 세부항목 및 평가기준 등을 통한 단체교섭권 및 단체협약 체결권 침해를 제기한 2829호 사건,[121] 단체협약 시정 관련 행정지침을 통한 단체교섭권 및 단체협약 체결권 침해를 제기한 3138호 사건,[122] 공공기관에서 성과연봉제의 일방적 시행을 통한 단체교섭권 침해를 제기한 제3237호 사건,[123] 정부의 해고, 취업규칙에 관한 지침 발표를 통한 단체교섭권 침해를 제기한 3238호 사건,[124] 예산운용지침을 통한 단체교섭권 침해를 제기한 3433호 사건[125] 등을 심의하면서 결사의 자유 위원회는 위의 3430호 사건과 유

---

121) 결사의 자유 위원회, Case No. 2829, 365차 보고서(2012) 참조.
122) 결사의 자유 위원회, Case No. 3138, 380차 보고서(2016) 참조.
123) 결사의 자유 위원회, Case No. 3237, 386차 보고서(2018) 참조.
124) 결사의 자유 위원회, Case No. 3238, 384차 보고서(2018) 참조.
125) 결사의 자유 위원회, Case No. 3433, 404차 보고서(2023) 참조.

사한 결론을 내린 바 있다.

　　이와 대조적으로 법원은, 기획재정부 등 정부의 공공기관에 대한 지침 수립·수정, 경영평가 등은 사실상 공공기관의 운영 및 사업 방향을 결정하는 구속력을 갖고 있으나, 그것이 곧바로 공공기관 내지 그 구성원들의 권리·의무나 법률상 지위에 개별적이고, 직접적인 영향을 미친다고 보기는 어렵다고 보아 단체교섭권 침해를 인정하지 않았다.[126)]

　　그러나 결사의 자유 위원회는, 정부의 지침 등이 비록 법적 구속력이 없거나 약할지라도 실질적으로 개별 공공기관의 단체교섭의 기본틀로 작동하면서 노·사의 자율적 단체교섭 영역에 간섭하고 있음을 인정하였다. 그리고 이러한 단체교섭의 기본틀을 수립하는 단계에서부터 노동자단체의 의미있는 참여가 보장되어야 하며, 공공기관의 고용 및 노동조건을 단체교섭을 통해 규정되어야 한다는 점을 권고해 왔다.

## Ⅵ. 단체협약 시정명령

### 1. 사건의 경과

　　노동조합법 제31조 제3항이 행정관청은 단체협약 중 위법한 내용이 있는 경우에는 노동위원회의 의결을 얻어 그 시정을 명할 수 있다고 규정하고 있다. 이 규정을 근거로 행정관청이 단체협약의 특정 조항이 '위법 내지 부당'하다고 보아 시정 명령을 내림으로써 단체교섭권을 침해한 사건들은 결사의 자유 위원회에서 수차례 심의되었다. 1865호 사건 이외에도 '공공기관 선진화 방안'을 통해 '불합

---

126) 서울행정법원 2023. 4. 21. 선고 2021구합89763 판결 등.
　　이 판결에서 법원이 경영평가편람이 사실상의 구속력을 가지고 있다고 본 근거는 "피고는 운영위원회 심의·의결을 거쳐, ① 경영실적이 부진한 공기업·준정부기관의 기관장·상임이사의 임명권자에게 그 해임을 건의하거나 요구할 수 있고, ② 인건비 과다편성 및 경영지침 위반으로 경영부실을 초래한 공기업·준정부기관에 대하여 향후 경영책임성 확보 및 경영개선을 위하여 필요한 인사상 또는 예산상의 조치 등을 취하도록 요청할 수 있는 권한을 갖는다(공공기관운영법 제48조 제7 내지 9항). 또한 피고는 위와 같은 인사상 또는 예산상의 조치에 대한 건의 및 요구 외에도 성과급 지급률 결정 등의 후속조치를 할 수 있다(같은 법 제48조 제10항, 같은 법 시행령 제27조 제4항). 한편 경영실적평가는 평가결과를 총 6등급(탁월-S, 우수-A, 양호-B, 보통-C, 미흡-D, 아주 미흡-E)으로 나누고 있으며, 피고가 위와 같은 제재적 조치 내지 성과급 지급을 결정함에 있어서 경영실적 평가 결과가 활용"된다는 것이다.

리한' 단체협약 조항 개정을 권고하고 그 결과를 경영평가에 반영하는 정부의 각
종 지침(2829호 사건), 100인 이상 사업장의 단체협약을 전수조사하고 '위법 내지
부당'한 단체협약 시정을 추진한 노동부 행정지침(3138호 사건) 등이 결사의 자유
위원회에 진정이 제기되었다.

## 2. ILO 감독기구의 심의

3138호 사건에 관한 답변에서 정부는, 조합원에 대한 징계, 경영상 해고, 사
업 이전 등에 대해 노동조합의 동의를 얻도록 한 단체협약 조항은 사용자의 인
사·경영권을 제한하는 것으로서 사용자가 임의로 이러한 권한 제한에 합의할 수
는 있지만, '부당한' 단체협약이 될 수 있다고 설명했다. 정부는 그 근거로서, 노
동조합이 그러한 동의권을 남용하여 사용자의 인사권을 부당하게 제한한다거나
기업의 생존 자체를 위험에 빠뜨릴 수 있는 가능성을 들었다.[127] 그러나 결사의
자유 위원회는 단체교섭으로 다루어야 할 사항인지 여부는 단체교섭 당사자들의
자율에 맡겨져야 하며, 정부가 희망하는 방향으로 단체협약이 개정되도록 인센
티브를 제공하는 것은 자유로운 단체교섭의 원칙과 상충된다고 보았다.[128]

---

■ 결사의 자유 위원회, 380차 보고서(2016), Case No. 3138, para. 371

371. 단체협약의 조항들이 해당 국가의 경제적·사회적 정책, 일례로 일반적 이익과 부
합하기를 정부가 희망하는 상황과 단체협약 당사자들의 이익만이 관계되는 상황이 구별
되어야 한다고 본 위원회는 판단한다. 후자의 경우, 단체교섭으로 다루어야 할 사안인지
아닌지 쟁점에 관하여 어느 일방에 유리하도록 사회적 파트너들에게 영향을 미치려는
시도는 교섭 당사자의 자율성 원칙과 충돌할 수 있다고 본다. 그리고 본 위원회는, 단체
협약의 임의적 교섭 및 이를 통한 교섭 당사자들의 자율성은 결사의 자유 원칙의 근본
적 측면임을 상기한다[결사의 자유 위원회 결정례집, 2006, para. 925 참조]. 정부가 교
섭 당사자의 자율에 맡겨두어야 할 영역의 단체협약이 변경되도록 인센티브를 제공했다
는 점에 본 위원회는 유감을 표하며, 정부가 더이상의 그러한 행위를 자제할 것을 요청
한다. [후략]

---

127) 결사의 자유 위원회, 380차 보고서(2016), Case No. 3138, para. 368.
128) 결사의 자유 위원회, 380차 보고서(2016), Case No. 3138, para. 371.

2023년 전문가위원회는 제98호 협약에 관한 대한민국 정례 보고서를 검토한 후, 노동조합법의 단체협약 시정명령 규정이 단체협약에 대한 사전승인 시스템과 유사한 효과를 가지고 있다고 보면서, 자유롭고 자율적으로 체결한 단체협약에 대한 당국의 재량적 간섭의 가능성을 제한하기 위한 방향의 법 개정을 권고하였다.[129)]

---

【대한민국】전문가위원회, Direct Request, 2023

단체협약의 적법성에 관한 심사. 단체협약 시정 명령

본 위원회는, 노동조합법 제31조 제2항이 단체협약의 당사자는 단체협약의 체결일부터 15일 이내에 이를 행정관청에게 신고하도록 하며, 제31조 제3항이 행정관청은 단체협약 중 위법한 내용이 있는 경우에는 노동위원회의 의결을 얻어 그 시정을 명할 수 있다고 규정하고 있음에 주목한다. 본 위원회는, 노동조합법상 행정관청은 단체협약 중 위법한 내용이 있는 경우 단체협약의 당사자에게 그 시정을 명할 권한이 있음을 확인하는 정부의 설명에 주목한다; 그러한 시정명령은 무고한 피해자를 보호하기 위한 최소한의 조치이며, 단체협약 중 위법한 내용을 신속하게 시정하여 이후의 혼란이나 충돌을 피하기 위한 조치라고 정부는 설명한다; 행정관청이 자의적으로 결정할 위험을 피하고 집단적 자치의 원칙을 지키기 위해 시정명령은 노동위원회의 의결을 얻어 내릴 수 있다. 이러한 조항들이 적용되는 실태에 관하여, 2023년 5월 고용노동부가 공공부문의 단체협약 및 노동조합 규약을 실태조사한 결과 불법이거나 부당하게 보이는 협약 조항이 다수 존재함을 확인했고 이에 대해 시정명령을 발할 계획이며 시정명령 위반시 형사처벌될 수 있다는 보도자료를 배포했다고 지적하는 민주노총의 의견서에 본 위원회는 주목한다. 이러한 단체협약 중 상당수는 공무원노조법 제8조 제1항 및 제10조 제1항 위반을 이유로 '위법한' 단체협약으로 공표되었다고 민주노총은 진술한다. 따라서 공무원노동조합의 단체협약 165개 중 137개가 위법하며 무효인 것으로 공표되고, 노동위원회가 시정 명령 의결 절차를 진행하고 있다. [중략] 비록 노동조합법 제31조 제2항 및 제3항이 엄격한 의미에서의 단체협약에 대한 사전승인 시스템은 아니라 하더라도, 유사한 효과를 갖고 있다는 점에 본 위원회는 주목한다. 특히 본 위원회는, 민주노총의 의견서에 따르면 공무원노조법 제8조 제1항 및 제10조 제1항이 정책결정권자에게 장래의 정책, 법령 및 법규에 부합하지 않을 가능성이 있는 단체협약 조항을 폐지하는 광범위한 재량을 부여하고 있으며, 이는 협약 자치에 대한 심각한 간섭에 해당한다는 점에 주목한다. 그러므로 본 위원회는, 정부가 사회적 파트너들과 충분한 협의를 거쳐, 자유롭고 자율적으로 체결

---

129) 【대한민국】전문가위원회, Direct Request, 2023.

한 단체협약에 대한 당국의 재량적 간섭의 가능성을 제한하기 위한 방향의 법 개정을 위해 필요한 조치를 취할 것을 요청한다. [후략]

## 3. 검토

구 「노동조합법」(1996. 12. 31. 법률 제5244호로 폐지되기 전의 것) 제34조 제3항은 "행정관청은 단체협약내용 중 위법부당한 사실이 있는 경우에는 노동위원회의 의결을 얻어 이의 변경 또는 취소를 명할 수 있다"라고 하여 단체협약 중 위법한 내용뿐 아니라 부당한 내용에 대해서도 시정명령을 내릴 수 있었다. 현행 노동조합법 제21조 제3항은 단체협약 중 위법한 내용이 있는 경우에 시정명령을 내릴 수 있는 것으로 문언은 변경되었다. 그러나 현행법하에서도 행정당국은 단체협약 중 '위법·부당'한 내용의 시정 정책을 유지해왔다.

이러한 단체협약 시정명령 제도는 이른바 단체교섭 대상 사항에 대한 법령상·판례상 제한과 결합되면서 단체교섭권 및 협약자치를 침해하는 효과를 낳았다. 근로시간 면제한도를 초과하는 단체협약 조항, 공무원노조법상 비교섭사항(법 제8조 제1항 및 제10조 제1항)에 관련된 단체협약 조항 등이 '위법'한 것으로서 시정명령의 대상이 되어 왔다.

뿐만 아니라 이른바 '인사·경영 사항'에 관한 단체협약 조항, 공공기관의 임금 등 노동조건에 관한 각종 정부의 지침, 가이드라인 등을 벗어나는 단체협약 조항들이 '부당'한 것으로서 시정명령의 대상이 되고 있다.

이러한 행정관청의 시정명령을 이행하지 않았을 때 형사처벌이 규정(노동조합법 제93조 제2항)되어 있다는 점에서 이는 단체교섭권에 대한 중대한 침해에 해당한다. 단체협약의 어떤 조항이 불합리하다는 주장은 행정당국이 판단할 사안이 아니라 사법적 심사가 이루어져야 할 사안이며 이마저도 극히 심각한 사안인 경우에만 허용될 수 있다.[130] 또한 단체협약 시정명령을 비롯한 행정당국의 단체교섭·단체협약에 대한 간섭으로 인해 사용자의 단체교섭 해태, 단체협약 해지 등을 부추겨 안정되고 건강한 노사관계 발전에 방해가 될 수 있다.

---

130) *Compilation*, 2018, para. 1477.

# 제3절 단체행동권 관련 쟁점

## Ⅰ. 파업권의 주체

### 1. 특수형태 노동자

#### 가. 사건의 경과

민주노총, 전국공공운수사회서비스노동조합(이하 "공공운수노조"), 국제운수노동자연맹(ITF), 국제공공서비스연맹(PSI), 국제노총(ITUC)은, 화물연대가 2022년 「화물자동차운수사업법」상 안전운임제 일몰 규정의 폐지 및 안전운임제 유지·확대를 요구하며 진행한 파업에 대하여 정부가 업무개시명령을 내리고 공정거래법을 적용하여 제재한 사건에 대하여 2022. 12. 19. ILO 결사의 자유 위원회에 진정을 제기하였다(3439호 사건). 결사의 자유 위원회는 405차 보고서(2024)를 통해, 특수형태 노동자의 결사의 자유에 관한 종전의 권고들을 재확인하면서 화물연대 조합원을 비롯한 특수형태 노동자가 파업권을 포함한 결사의 자유를 온전히 누릴 수 있도록 정부가 모든 필요한 조치를 취할 것을 또다시 촉구하였다.[131]

#### 나. ILO 감독기구의 심의

3439호 사건에 대한 답변에서 정부는, 화물연대 조합원 대부분은 노동조합법상 '근로자'로 볼 수 없으며, 화물연대본부가 독자적으로 노조 설립신고를 하지 않았기 때문에 이들에게 단체교섭권, 단체행동권 등을 보장할 수 없다고 답변하였다.[132]

이러한 정부의 답변에 대하여 결사의 자유 위원회는, 종전의 권고[133]를 상기하면서 "자영" 노동자를 포함한 모든 노동자가 자신들의 이익을 증진·옹호하기 위한 목적으로 파업권을 비롯한 결사의 자유 및 단체교섭권을 온전히 향유할

---

131) 결사의 자유 위원회, Case No. 3439, 405차 보고서(2024), paras. 555 및 565.
132) 결사의 자유 위원회, 405차 보고서(2024), Case No. 3439【대한민국】, paras. 535~536.
133) 결사의 자유 위원회, Case No. 2602, 359차 보고서(2011), para. 370(b) 및 (d); 결사의 자유 위원회, Case No. 3237, 386차 보고서(2018), para. 209 등.

수 있도록 정부가 필요한 모든 조치를 취할 것을 요청하였다.[134)]

■ 결사의 자유 위원회, Case No. 3439, 405차 보고서(2024), paras. 552, 555~556

552. 진정인들은 다양한 정부 관계자의 발언을 언급하며 정부가 공공운수노조 화물연대본부 조합원들은 근로자가 아니라 개인사업자이며, 공공운수노조 화물연대본부가 조직한 단체행동은 파업이 아니라 "집단적 운송 거부"라고 주장한다고 지적한다. 화물연대본부의 노동조합 지위를 인정하지 않는다고 한 정부의 답변은 진정인들의 주장을 뒷받침해주는데, 정부는 화물연대가 개인사업자로 구성된 사업자단체이며, 화물연대의 집단운송 거부는 대한민국 헌법과 국제노동기준에 따라 보호되는 파업이 아니라 이익단체의 "부당한 거래 거부"라고 주장한다. 이러한 입장을 뒷받침하기 위해 정부는 화물연대가 최근 몇 년간 설립신고를 하지 않았으며 파업 개시를 위해 노동조합법에 규정된 절차를 따르지 않았다는 점도 지적한다. 이에 대해 진정인들은 화물연대본부는 스스로를 공공운수노조의 업종본부로 정의하고 있으므로 별도의 노조 설립신고를 해야 한다고 생각하지 않으며, 조합원들은 화물운송업에서 자신의 노무를 제공받는 자, 즉 화주와 운송사에 경제적으로 의존하고 있으므로 노동조합법에 따른 근로자로서 인정되어야 한다고 주장한다.

555. 본 사건에서 제기된 모든 쟁점은 "특수고용" 또는 "자영" 화물차 기사들의 단체인 노동조합을 지속적으로 인정하지 않는 데서 비롯되었다. 따라서 본 위원회는 이전 권고들을 반복하며, 해당 노동자들이 결사의 자유를 완전히 행사할 수 있도록 필요한 모든 조치를 정부가 취할 것을 촉구한다.

556. 공공운수노조 화물연대본부의 단체행동의 자격 및 정당성과 관련하여, 정부는 이 단체가 단체교섭 및 쟁의행위에 관한 노동조합법상 최소한의 절차를 따르지 않았다고 지적하고, 진정인들은 정부가 공공운수노조 화물연대본부를 노조로 인정하지 않기 때문에 절차를 따를 수 없었다고 답변한 점에 본 위원회는 주목한다. 위원회는 이러한 지적에 주목하는 한편, 이전에 대한민국에 대한 진정사건에서 파업의 정당한 목적이 노동자와 사용자 간의 노동쟁의와 관련된 사안으로 좁게 해석되고 제한된다는 점을 지적한 바 있다[결사의 자유 위원회, 404차 보고서, paras. 69(f) 및 76 참조]. 이와 관련하여 위원회는, 이 사건의 단체행동이 안전운임제의 일몰이 임박한 상황에서 이 제도가 보장하는 임금 및 생활 조건의 지속과 확대를 요구하는 화물차 기사들의 입장과 관련되어 있다는 점에 주목한다. 따라서 이 단체행동은 엄격히 말하면 단체교섭 절차의 일부가 아니라

---

134) 결사의 자유 위원회, 405차 보고서(2024), Case No. 3439【대한민국】, paras. 555 및 565(a).

주요한 사회적, 경제적 정책 및 입법에 관한 노동자의 입장을 지지하기 위해 활용되었다. 그러므로 본 위원회는, 이러한 상황에서 공공운수노조 화물연대본부가 이러한 쟁점과 관련된 파업을 대한민국의 현행 법령을 따르면서 조직할 수 없었다는 점에 주목한다. 그럼에도 불구하고 "파업권은 단체협약 체결을 통해 해결될 가능성이 있는 노동쟁의에만 국한되어서는 안 되며, 노동자와 그 단체는 필요한 경우 구성원의 이익에 영향을 미치는 경제적, 사회적 문제에 관한 불만을 보다 넓은 맥락에서 표현할 수 있어야 한다[결사의 자유 위원회 결정례집, 2018, para. 766 참조]"는 것을 고려할 때, 본 위원회는 공공운수노조 화물연대본부가 조합원의 이익을 옹호하기 위한 정당한 단체행동권을 포함하여 노동조합의 권리를 온전히 행사할 수 있어야 한다고 판단한다.

한편 정부는 2022년 화물연대의 파업으로 시멘트, 원유 등 운송 차질이 발생하였고, 이로부터 동절기 난방, 주택 건설현장의 공정 차질 등 국민의 건강, 안전에 부정적 영향을 초래할 수 있는 상황이었으므로 업무개시명령 발동이 정당하였다고 답변하였다. 그러나 결사의 자유 위원회는 시멘트 운송기사에 대한 업무개시명령은 "경제의 중핵적 부문에서 이루어진 전면적·장기적 파업이 국민의 생명, 건강 또는 안전이 위협받을 수 있는 상황을 초래할 수 있는" 경우에 해당하지 않는다고 보았다. 또한 정부가 철강 부문 화물노동자들의 업무 중단이 어떤 방식으로 국민의 생명, 건강 또는 안전을 위협했는지 밝히지 못했다고 보았다. 그리하여 화물연대 조합원에 대한 업무개시명령이 화물연대 조합원들의 파업권을 침해하였다고 보고, 정부가 단지 업무개시명령을 준수하지 않았다는 이유로 파업 참가자들을 형사처벌하는 것을 삼갈 것을 요청하였다.

■ 결사의 자유 위원회, Case No. 3439, 405차 보고서(2024)

557. 화물연대가 조직한 단체행동에 대한 정부의 대응과 관련하여 본 위원회는, 진정인들은 업무개시명령 발동과 대체 운송 서비스의 활용이 화물노동자들의 파업권을 침해했다고 주장하는 반면, 정부는 화물연대의 반복적·장기적인 운송 거부와 파업에 참여하지 않은 화물차 기사들에 대한 화물연대 조합원들의 폭력 행위가 결합되어 최소서비스를 보장하기 위해 정부가 개입해야 하는 심각한 국가적 위기를 초래했다는 점을 감안할 때 정부의 조치가 정당했다고 답변했다는 점에 주목한다. 이와 관련하여 위원회는 "파업의 범위와 기간이 급박한 국가적 위기를 초래할 수 있는 파업의 경우 일정한 최소서비스가

요청될 수 있지만, 이 경우 노동조합이 사용자 및 공공 당국과 함께 최소서비스를 정의하는 데 참여할 수 있어야 한다"[결정례집, 제871항 참조]는 점을 상기한다. 따라서 위원회는 어떠한 제한적인 업무개시명령이라도 내리기에 앞서, 관련된 노동조합들과 함께 적정한 최소서비스를 파악하기 위한 노력이 이루어졌어야 한다고 판단한다.

559. "업무개시명령"의 발동과 관련하여 위원회는, "경제의 중핵적 부문에서 이루어진 전면적·장기적 파업이 국민의 생명, 건강 또는 안전이 위협받을 수 있는 상황을 초래할 수 있는 때에는, 업무복귀명령은 바로 그러한 상황을 야기할 만한 범위와 기간의 파업의 상황에서, 특정한 범주의 직원들에 대해 적용되는 경우에 합법적일 수 있다. 그러나 위와 같은 경우를 제외한 업무복귀 요구는 결사의 자유 원칙에 위배된다"[결사의 자유 위원회 결정례집, para. 920 참조]는 점을 상기한다. 위원회는 이 사건의 경우 11월 29일에 발령된 제1차 명령이 시멘트 운송 화물차 기사들에게 내려졌다는 점에 주목한다. 위원회는 "집단적 운송 거부"가 건설 부문에 미치는 영향에 관한 정부의 지적에 주목하되, 시멘트 운송 노동자들의 업무 중단이 상기의 범주에 해당하지 않는다고 판단한다. 또한 위원회는, 이 명령이 2,500여 명의 화물노동자들에게 내려졌는데, 그 수치는 2023년 2월 3일 진정인들이 제출한 정보에 따르면 시멘트를 운송하는 화물연대 조합원들의 전체 숫자와 일치한다는 점에 주목한다. 따라서 위원회는 이러한 업무개시명령이 실질적으로는 시멘트 부문에서의 화물연대의 파업을 금지하는 것이었음에 주목한다.

560. 위원회는 12월 8일에 철강 및 석유화학 부문의 화물노동자들을 대상으로 제2차 업무개시명령이 내려졌다는 점에 주목한다. 위원회는 정부가 철강 부문 화물노동자들의 업무 중단이 어떤 방식으로 국민의 생명, 건강 또는 안전을 위협했는지 밝히지 않았다는 점에 재차 주목한다. 석유화학 부문과 관련하여 정부는, 석유 제품이 제때 공급되지 않으면 동절기 동안 한국 국민의 생계와 건강에 영향을 미쳤을 것이며 특히 가장 취약한 계층에 심각한 결과를 초래했을 것이라고 지적하였지만, 문제되는 파업의 범위와 기간에 대해서는 구체적으로 언급하지 않고 있다. 이상에 비추어, 그리고 업무개시명령 미준수자는 3년 이하의 징역 또는 3천만 원 이하의 벌금에 처해질 수 있다는 점에 주목하면서, 위원회는 11월 24일과 12월 8일의 업무개시명령이 파업 중인 노동자들의 결사의 자유와 화물연대의 노동조합 권리를 침해한 것으로 판단한다. 상기의 점을 고려하여 위원회는, 정부가 단지 업무개시명령을 준수하지 않았다는 이유로 파업 참가자들을 형사처벌하는 것을 삼갈 것을 요청한다.

## 다. 검토

화물연대 조합원을 비롯한 특수형태 노동자의 결사의 자유와 파업권을 보장하라는 ILO 감독기구들의 수차례의 권고에 대하여 정부는 수용하기 어렵다는 태도를 고수해왔다. 결사의 자유 위원회 2602호 사건에 대한 답변에서는 화물운송 차주겸 기사의 근로자성을 부정한 판례의 존재를 주요 근거로 들었고, 3439호 사건에 대한 답변에서는 공공운수노조 화물연대본부가 독자적 노조 설립신고를 하지 않았다는 점을 주된 이유로 들었다.[135]

그러나 결사의 자유와 단체교섭권을 향유해야 할 노동자인지 판단하는 기준은 고용관계의 존재 여부를 근거로 하는 것이 아니며, 따라서 고용관계가 인정되지 않는 "자영" 노동자라 하더라도 결사의 자유 및 파업권을 온전히 보장받아야 한다는 것이 ILO의 결사의 자유 원칙이다.[136] 또한 노동자의 파업권은 단체협약 체결을 통해 해결될 가능성이 있는 노동쟁의에만 국한되어서는 안 되며, 노동자와 그 단체는 필요한 경우 구성원의 이익에 영향을 미치는 경제적, 사회적 문제에 관한 불만을 보다 넓은 맥락에서 표현할 수 있어야 한다.

한편 화물연대 조합원에 대한 업무개시명령처분 취소소송에서 서울행정법원은 화물자동차운수사업법상 업무개시명령 규정(제14조 제1항 등)이 "'화물운송에 커다란 지장을 주어 국가경제에 매우 심각한 위기를 초래하거나 초래할 우려가 있다고 인정할 만한 상당한 이유"와 같은 다수의 불확정 개념을 사용하고 있어 명확성의 원칙에 반한다는 합리적 의심이 들고, 화물차 운전자의 결사의 자유 및 일반적 행동자유권을 제한하는 조항이며, 헌법상의 강제노역금지 원칙 등을 고려할 때 기본권 침해 요소가 있으므로 입법목적 달성을 위한 최소한의 범위로 국한시켜야 함에도 불구하고 침해의 최소성을 갖추지 못하였다고 보아 위헌법률심판제청을 하였다. 또한 "기본권 침해 여부 등을 판단함에 있어 국제적 기준 역시 고려될 필요가 있다는 점에서, 제29호 협약(강제 또는 의무노동에 관한 협약) 및 제87호 협약에서 정하고 있는 정도에 이르지 않음에도 운송사업자 등에게 업무개시를 강제한다고 보이는 이 사건 법률조항에 대하여 헌법적 해명이 필요하다"고 설시하였다.[137]

---

135) 고용노동부, 「보도참고자료: ILO 이사회, 공공운수노조 등 진정에 대한 결사의 자유 위원회 권고안 채택에 대한 정부 입장(2024. 3. 14.)」, 2쪽.

136) *Compilation*, 2018, para. 387; General Survey, 2012, para. 209 등. 이에 관해 자세히는 제3장 제2절 참조.

137) 서울행정법원 2024. 12. 30.자 2022아13703 위헌제청결정.

## 2. 간접고용 노동자의 원청을 상대로 한 단체행동권

### 가. 사건의 경과

2007년 전국금속노동조합 등은 결사의 자유 위원회에, 현대자동차 사내하도급 등 불법파견 노동자들이, △부당노동행위, 특히 노동조합 설립을 가로막을 목적으로 자행되는 빈번한 해고와 하도급업체 와의 계약해지, △원청 사용자의 지속적 단체교섭 거부, △쟁의행위 시 업무방해죄의 적용과 해고, 구속, 과도한 손해배상청구, △원청 사용자에 의한 물리적 폭력 및 해고당한 노동자가 노조 활동을 위해 원청 사업장으로 들어오는 것을 가로막을 목적으로 신청하는 각종 가처분·명령 등으로부터 보호받지 못하는 상태에 놓여 있다고 진정하였다.

### 나. ILO 감독기구들의 심의

결사의 자유 위원회는 2602호 사건에서 이 사안의 여러 측면을 다루었으며,[138] 그 중 간접고용 노동자들의 단체행동권에 대하여 350차 보고서(2008)에서 매우 광범위한 권고를 내놓았다.

진정인은 현대자동차 사내하청 노동자들이 원청과의 단체교섭을 목적으로 원청업체를 상대로 쟁의행위를 한 것을 이유로 해고되었으며 형사처벌을 받았다고 주장하였다.

이에 대해 정부는, 하청노동자들이 원청이 단체교섭에 나와야 한다고 일방적으로 요구하며 원청회사 사업장 안팎에서 단체행동을 벌였는데, 원청이 단체교섭에 나오느냐의 문제는 법원에서 결정되어야 할 문제라고 답변하였다. 그리고 사내하청 노조가 원청이 단체교섭의 상대방이라고 일방적으로 주장하면서, 오랫동안 원청의 사업장을 점거하고 단체행동을 한 것은 관련 법들을 위반한 것이라고 답변하였다.

이에 대해 결사의 자유 위원회는, 원청과의 단체교섭을 하기 위한 목적으로 원청을 상대로 진행하는 파업 행위는 정당하며, 고용주가 아닌 "제3자"를 상대로 파업을 했다는 이유로 조합원이 해고되었다면 반노조적 차별행위에 해당한다고

---

138) 결사의 자유 위원회, Case No. 2602, 350차 보고서(2008); 355차 보고서(2009); 359차 보고서(2011); 363차 보고서(2012); 374차 보고서(2015). 자세한 내용은 제5장 제2절 Ⅱ 2 참조.

보았다.

---

■ 결사의 자유 위원회, Case No. 2602, 350차 보고서(2008), paras. 680, 681 및
  683; 결사의 자유 위원회 결정례집, 2018, paras. 772, 774, 776, 957 및 1175

---

680. 본 위원회는 정부의 다음과 같은 주장에 주목한다. ( i ) 하청노동자들은 원청이 단체교섭에 나와야 한다고 일방적으로 요구하며 원청의 사업장 안팎에서 단체행동을 벌였는데, 원청이 단체교섭에 나오느냐의 문제는 기껏해야 법원에서 결정되어야 할 문제이다. ( ii ) 하청노동자들의 노동조합은 단체교섭 상대방이 자신들의 고용주가 아니라 원청이라고 일방적으로 주장하면서, 오랫동안 원청 사업장을 점거하며 단체행동을 벌임으로써 관련 법들을 위반했다. ( iii ) 그럼에도 불구하고 일부 해고는 부당해고로 인정되었고, 한 명은 복직되었다. ( iv ) 현대자동차 아산 공장의 세 명의 노동자가 제기한 부당해고 소송은 현재 대법원에 계류 중이다.

681. 본 위원회는, 정부가 현대자동차 울산공장과 기륭전자에서의 사내하청 노동자 해고와 관련되거나, 이 문제로 계류 중인 재판과정에 대한 구체적인 정보를 제공하지 않았다고 본다. 한국정부가 앞의 (i)에 관하여 제기한 문제에 대해, 위원회는 다음을 상기한다. 파업권은 노동자와 노동자단체들이 자신들의 경제적, 사회적 권익을 증진시키고 방어하는데 있어 필수적인 수단의 하나이다. 단체교섭을 목적으로 노조 인정을 요구하는 파업은 노동자와 노동자단체들이 추구하는 적법한 이해관계에 해당한다. 게다가, 종업원이나 노조가 당사자인 노동쟁의 이외의 파업 행위를 금지하는 것은 결사의 자유 원칙에 반한다[결사의 자유 위원회 결정례집, 2006, paras. 521, 535 및 538]. 그러므로 본 위원회는, 원청과의 단체교섭을 하기 위한 목적으로 노조 인정을 요구하였다고 해서 불법파업이 되지는 않는다고 판단한다. 본 위원회는 파업을 이유로 노동자를 해고하는 것은 적법한 노조 활동을 이유로 한 중대한 고용상 차별에 해당하며, 제98호 협약을 위반한 것임을 상기한다[결사의 자유 위원회 결정례집, 2006, para. 661].

683. 본 위원회는, 정부가 현대자동차 울산공장 및 전주공장의 하청 노동자들의 해고 사건에 대해 독립적인 조사를 진행할 것을 요구한다. 그리고 만약 이 노동자들이 "제3자", 즉 원청회사를 상대로 단체행동을 했다는 이유만으로 해고된 것으로 확인된다면, 최우선적 구제책으로 이들이 임금 손실 없이 원직복직될 수 있도록 해 줄 것을 요구한다. 만약 사법부가 객관적이고 어쩔 수 없는 이유로 조합원들의 복직이 가능하지 않다고 판단한다면, 그동안 이들이 고통받은 모든 손해를 구제하기에 적절한 보상이 주어져야 하며, 반노조적 차별행위를 억제하기에 충분한 제재를 가함으로써 향후 이러한 행위가 재발하지 않도록 하여야 한다. 본 위원회는 이 점에 관해 지속적으로 정보를 제공해 줄 것을 요구한다. 또한 본 위원회는 정부에 현대자동차 아산공장의 세 명의 노동자들

이 제기한 부당해고 소송에 관한 대법원의 결정을 알려줄 것을 요구하며, 대법원이 파업 행위에 대한 제재 조치는 오로지 해당 조치가 결사의 자유 원칙에 부합되는 경우에만 부과될 수 있도록 판결할 것이라고 믿는다.

2023년 전문가위원회는 제87호 협약에 관한 대한민국 정례 보고서를 검토한 후, 하청 노동자의 단체행동권 실현에 장애가 되는 법적, 실제적 장애물을 검토하고 이를 제거할 수 있도록 정부가 필요한 조치를 취할 것을 요청하였다.[139]

【대한민국】전문가위원회, Direct Request, 2023

하청 노동자

원청은 자신은 직접적 고용관계에 있지 않다고 주장하면서 하청 노동자들을 대표하는 단체의 단체교섭 요구를 거부할 수 있는 한편, 현행법하에서 단체교섭과 관련된 분쟁만이 파업의 유효한 근거가 될 수 있으므로, 하청 노동자들은 자신들의 파업권을 합법적으로 행사하는데 심각한 장애물에 직면해 있다는 민주노총의 의견서에 본 위원회는 주목한다. 여타의 노동자들과 마찬가지로 하청 노동자들도 특히 단체행동을 통해 자신의 경제적, 사회적 이해를 촉진하고 방어할 수 있어야 한다는 점을 상기하면서, 본 위원회는 정부가 사회적 파트너들과의 충분한 협의를 거쳐 하청 노동자의 단체행동권 실현에 장애가 되는 법적, 실제적 장애물을 검토하고 이를 제거할 수 있도록 필요한 조치를 취할 것을 요청한다. 본 위원회는 정부가 이에 관해 취한 조치에 관한 정보를 제공해 줄 것을 요청한다.

### 다. 검토

간접고용 노동자들은 "제3자", 즉 원청을 상대로 단체교섭을 요구하고 단체행동권을 행사하였다는 이유만으로 불법파업으로 규율되어 형사처벌이나 징계, 손해배상청구에 노출되는 등 헌법상 단체행동권 행사에 많은 제약을 받고 있다. 이는 파업의 정당한 목적이 '단체협약 체결을 위한 노동쟁의'로만 국한되어야 한다는 협소한 해석에서 기인한다.

그러나 결사의 자유 위원회는 파업의 정당성을 결정짓는 기준이 그에 있다고 보지 않았다. 파업은 노동자들의 경제적, 사회적 권익을 증진시키고 방어하는

---

139) 【대한민국】전문가위원회, Direct Request, 2023.

필수적인 수단이고, 원청을 상대로 단체교섭을 목적으로 노조 인정을 요구하는 것은 노동자들의 적법한 이해관계에 해당하므로, 그러한 파업권의 행사가 정당하게 보장되어야 한다고 판단하였다.

### 3. 교섭대표노동조합이 아닌 노동조합의 파업권

#### 가. 사건의 경과

현행 노동조합법상 교섭창구단일화 제도에 따르면, 교섭대표노동조합만이 쟁의행위를 주도할 수 있고, 교섭대표노동조합이 되지 못한 노동조합의 독자적 파업권은 인정되지 않는다(제41조). 그로 인한 소수노조의 파업권 박탈 문제가 1865호 사건에서 쟁점으로 다루어졌다.

#### 나. ILO 감독기구들의 심의

가장 대표성 있는 노동조합(the most representative organizations)에게 배타적 교섭권을 부여하는 단체교섭제도의 존재 자체가 결사의 자유 원칙에 부합하지 않는 것은 아니다. 그러나 이러한 구분으로 인하여 가장 대표성 있는 노동조합에게, 단체교섭 및 정부와의 협의 또는 국제기구에의 대표 파견에서의 우선권 부여 이상의 특권이 주어져서는 안 된다.[140] 즉, 이러한 구분으로 인하여, 가장 대표성 있는 노동조합으로 인정되지 않은 노동조합("소수" 노조)이 자기 조합원의 이익을 보호하고, 단체의 운영과 활동을 조직하며 방침을 수립하는데 필수적인 수단을 박탈당하는 효과를 초래해서는 안 된다.[141]

따라서 ILO 감독기구들은 '파업권은 단체협약 체결을 통해 해결될 수 있는 노동분쟁에만 국한되지 않는다'는 원칙에 따라 파업의 정당성이 노동조합이 교섭대표노조인지 여부에 따라 판단되지 않도록 필요한 조치를 취할 것을 정부에게 권고해왔다.

---

140) General Survey, 1994, para. 239; General Survey, 2012, para. 226.
141) General Survey, 2012, para. 226; General Survey, 2013, para. 286.

■ 결사의 자유 위원회, 363차 보고서(2012), Case No. 1865 【대한민국】

118. 진정인은 나아가 개정 「노동조합 및 노동관계조정법」이 파업과 같은 쟁의행위가 교섭창구단일화 절차에 참여한 모든 노조들의 전체 조합원이 참여하는 직접·비밀 투표를 통해서만 결의될 수 있으며, 따라서 교섭대표노조가 아니거나 교섭대표노조라도 과반수노조가 아닌 노조의 파업권 행사를 가로막는다고 주장하였다. 본 위원회는 파업권은 단체협약 체결을 통해 해결될 수 있는 노동쟁의에만 국한되어서는 안 되며, 노동자들과 노동자단체들은 필요하다면 보다 넓은 맥락에서 조합원들의 이해관계에 영향을 미치는 경제적 사회적 사안에 대한 불만을 표출할 수 있어야 한다는 점을 환기시킨다. (단체교섭을 위한) 노조 인정을 요구하는 파업은 노동자들과 노동자단체들이 옹호해야 할 정당한 이해관계에 해당한다[결사의 자유 위원회 결정례집, 2006, paras. 531 및 535 참조]. 본 위원회는 이러한 원칙에 따라 단체협약 체결을 위한 노동쟁의의 사안에 국한되지 않고 파업을 진행할 수 있도록, 그리고 파업의 정당성이 노동자단체의 교섭대표노조 지위 여부에 따라 판단되지 않도록 하기 위하여 필요한 조치를 취할 것을 정부에게 요구한다.

## Ⅱ. 파업의 목적

### 1. 단체교섭 사항에 국한하는 판단 기준의 협소함

파업권은 단체교섭권이 아니라 87호 협약의 결사의 자유로부터 직접적으로 도출되는 권리이다.[142] 따라서 ILO 감독기구들은 파업권이 '단체협약 체결을 위한 노동쟁의'로만 국한되어야 한다는 개념을 거부해왔다.[143] 결사의 자유 위원회는 파업권은 단체협약 체결을 통해 해결될 가능성이 있는 노동쟁의에만 국한되어서는 안 되며, 노동자와 그 단체는 필요하다면 조합원의 이익에 영향을 미치는 경제적, 사회적 사항에 관한 불만을 더 넓은 맥락에서 표출할 수 있어야 한다는 점을 강조해왔다.[144] 노동자가 파업권 행사를 통해 옹호하는 이익은 노동조건의 유지개선이나 직업적 성격을 가진 요구에만 국한되는 것이 아니라, 노동자의 직

---

142) Servais, Jean-Michel, "ILO Law and the Right to Strike", *Canadian Labour and Employment Law Journal*, v. 15, no. 2, 2009, 150쪽.

143) Gernigon, Bernard, Alberto Odero and Horacio Guido, *ILO principles concerning the right to strike*, ILO, 2000, 13쪽.

144) *Compilation*, 2018, para. 766.

접적인 관심 사항인 사업체가 직면한 경제정책 및 사회정책 문제에 대한 해결책을 모색하는 것도 포함된다.[145] 파업은 하나의 사업 또는 사업장을 넘어설 수 있고, 반드시 근로계약 상대방에 대하여만 행사될 수 있는 것이 아니며, 원청 사용자를 상대로 하거나 정부를 상대로 입법적 사항을 요구하거나 경제·사회정책에 항의하는 국가적 차원의 총파업도 정당하다.[146]

그럼에도 한국에서는 파업의 정당한 목적이 '단체협약 체결을 통해 해결될 가능성이 있는 노동쟁의', 즉 '근로조건의 유지·개선에 관한 단체교섭 사항'으로만 국한되어야 한다는 해석이 유지되어 왔다.[147] 이러한 협소한 해석은 결사의 자유 원칙에 부합하지 않는다는 점에서, 수차례에 걸쳐 결사의 자유 위원회에 진정이 제기되어왔다. 결사의 자유 위원회는 입법적 요구 또는 사회적·경제적 정책에 항의하는 전국적 차원의 총파업, 정리해고 등 구조조정에 대항하는 파업, 이른바 경영사항에 관한 파업(철도 민영화)과 관련하여 1865호 사건에서, 원청 사용자를 상대로 한 간접고용 노동자들의 파업과 관련하여 2602호 사건에서, 정원 감축 등 정부의 공공기관 정책에 대한 파업과 관련하여 2829호 사건 등에서 결론 및 권고를 내놓았다. 각 사건별 심사의 경과와 주요 권고 내용은 아래와 같다.

## 2. 입법적 요구 또는 사회적·경제적 정책에 대한 총파업

### 가. 사건의 경과

노사관계개혁위원회에서 노동법 개정의 주요 쟁점사항에 대한 합의도출에 실패하자 여당은 1996. 12. 26. 새벽에 국회 본회의를 단독으로 개최하여 정리해고 법제화 등을 골자로 하는 노동관계법(「근로기준법」, 「노동조합법」, 「노동쟁의조정법」, 「근로자참여 및 협력증진에 관한 법률」 등) 개정안을 기습적으로 통과시켰고, 이러한 날치기 사태는 1997년 초 노동법 개악 철회를 요구하는 사상 초유의 노동자 총파업을 불러왔다. 검찰은 양대노총의 전국적 규모의 총파업을 불법으로 규정하고 전원 사법처리 방침을 밝혔으며, 200명 이상을 소환한데 이어 민주노총 간부들에 대해 체포영장을 발부하였다. 국제자유노동조합총연맹(International Confederation of Free Trade Unions, ICFTU)은 노동법 개정 과정의 문제점, 노동자

---

145) *Compilation*, 2018, para. 758.
146) General Survey, 2012, para. 124.
147) 대법원 2011. 11. 10. 선고 2009도3566 판결; 대법원 2003. 12. 26. 선고 2003두8906 판결 등.

의 사회적·경제적 지위와 관련된 총파업을 불법시하며 평화적 파업을 이유로 형사처벌하는 문제에 관하여 결사의 자유 위원회에 진정을 제기하였다.

### 나. ILO 감독기구들의 심의

결사의 자유 위원회는 위 진정이 포함된 1865호 사건에서 다음과 같은 결론 및 권고를 내놓았다. 특히 한국에서 파업은 오로지 직접적 사용자를 대상으로 한 근로조건 사항으로만 제한되기 때문에 노동관계법 개악 철회를 위한 양대노총의 총파업이 불법으로 선언되었다는 진정인들의 지적에 주목하면서, 정당한 파업에 참가한 노동조합 간부들에 대한 공소제기를 취하하고 구금되어 있는 사람들을 석방할 것을 요청하였다.

> ■ 결사의 자유 위원회, 306차 보고서(1997), Case No. 1865 【대한민국】
>
> 310. 더욱이 국제자유노련(ICFTU)에 따르면, 노동법 개정 이후 취해진 다른 조치들이 노동조합 권리를 추가로 침해하고 있다. 200명 이상의 노동조합 간부 및 활동가에 대한 소환장 발부에 이어, 1997. 1. 10. 민주노총 간부들에 대한 체포영장이 발부되었다. 이 중 17건은 형법 제314조 업무방해 혐의이다. 한국에서 파업은 오로지 직접적 사용자 (direct employer)를 대상으로 한 근로조건 사항으로만 제한되기 때문에 1996. 12. 26. 노동법 폐지를 위한 민주노총과 한국노총의 총파업은 불법으로 선언되었다.
> 346. (ii) 본 위원회는 정부에 대해, 파업을 포함하여 그들의 정당한 노동조합 활동을 추구한 노동조합 간부들에 대한 기소를 취하하고 여전히 구금되어 있는 사람들을 석방할 것을 요청한다.

### 다. 검토

대법원은 1996년 정부를 상대로 한 노동법 재개정 요구 총파업과 관련하여 "정부를 상대로 집회 및 시위를 통하여 법률의 개정 등과 같은 정치적 문제에 관한 의사표시를 하는 것은 쟁의행위의 범위에 포함되지 아니한다"고 보아 업무방해죄를 인정하고,[148] "사용자에게 처분권한이 없거나 단체협약을 통하여 개선될 수 없는 사항인 노동관계법의 철폐를 목적으로 한 것이어서 쟁의행위로서의 정당성을 갖추지 못하였다"고 판단하였다.[149] 파업은 단체협약 체결을 위해 해결

---

148) 대법원 2000. 9. 5. 선고 99도3865 판결.

될 가능성이 있는 노동쟁의, 즉 사용자의 처분권 범위 내에 있는 사항만을 대상으로 이루어져야 한다는 것이다.

그러나 ILO 감독기구들은 정부의 사회·경제정책이나 입법적 사항을 포함하여 노동자들과 직접 관련이 있는 어떠한 종류의 문제해결도 파업 목적에 포함될 수 있음을 밝히면서, 한국 정부에 대해 파업의 정당한 목적을 단체협약 체결을 위한 노동쟁의로만 한정하는 협소한 해석을 폐기할 것을 권고해왔음[150]을 유념할 필요가 있다.

## 3. 경영상 해고 등 구조조정에 항의하는 파업

### 가. 사건의 경과

1997년 근로기준법에 '경영상 해고'가 명문화된 이후 IMF 외환위기를 거치면서 대규모 정리해고 등 구조조정과 이에 항의하는 파업 및 정리해고의 중단을 요구하는 총파업, 연대파업이 진행되었다. 금속연맹(KMWF)은 단병호 위원장이 5월 1일 국제노동절 기념, 정리해고의 중단 요구, 파견법 폐지 요구 등과 같은 노동자들의 이익에 관한 파업과 집회 과정에서 구속수감된 것을 비롯하여 87명의 조합원이 불법파업 혐의로 구속된 데 대해 추가 진정을 제기하였고, 이는 1865호 사건에서 병합심사되었다.

### 나. ILO 감독기구들의 심의

진정인들은 한국에서는 노동자들의 이익과 관련되는 고용안정, 인원감축 등 정리해고와 구조조정 중단, 해고 노동자에 대한 사회적 보호 등에 대한 파업도 불법파업으로 해석될 수 있고 업무방해죄로 처벌되어 결사의 자유 원칙에 위배된다고 주장하였다. 결사의 자유 위원회는 위 진정이 포함된 1865호 사건을 심의하여 320차 보고서(2000), 327차 보고서(2002)에서 다음과 같은 결론 및 권고를 내놓았다.[151]

---

149) 대법원 2000. 11. 24. 선고 99두4280 판결.
150) 결사의 자유 위원회, 404차 보고서(2023), Case No. 1865【대한민국】, paras. 69(f) 및 76; 결사의 자유 위원회, 355차 보고서(2009), Case No. 2602【대한민국】, para. 668; *Compilation*, 2018, para. 758 등.
151) 결사의 자유 위원회, Case No. 1865, 320차 보고서(2000), para. 526; 327차 보고서(2002), para. 492 등.

■ 결사의 자유 위원회, 320차 보고서(2000), Case No. 1865 【대한민국】

526. [중략] 본 위원회는 노동자가 파업권 행사를 통해 옹호하는 직업적·경제적 이익은 노동조건 개선이나 직업적 성격을 가진 집단적 요구에만 관련되는 것이 아니라, 노동자에게 직접적인 관심 사항인 사업체가 직면한 경제정책 및 사회정책 문제에 대한 해결책을 모색하는 것과도 관련되어 있다는 점을 상기하고자 한다. 노동자의 사회-경제적 이익과 직업적 이익을 보호하는 책임을 진 단체는 그 조합원과 일반적인 노동자에 대해 직접적인 영향을 미치는 중요한 사회정책 및 경제정책 경향에 의해 제기된 문제, 특히 고용, 사회적 보호 및 생활 수준에 관하여 해결책을 찾기 위한 자신의 입장을 뒷받침하기 위하여 파업을 할 수 있어야 한다. 순수하게 정치적인 파업은 결사의 자유 원칙의 범위에 속하지 않지만, 노동조합은 특히 정부의 경제정책과 사회정책을 비판하기 위한 목적을 가진 경우에 항의파업을 할 수 있어야 한다[결사의 자유 위원회 결정례집, 1996, paras. 479, 480, 482 및 484 참조].

## 다. 검토

대법원은, "정리해고나 사업조직의 통폐합 등 기업의 구조조정의 실시 여부는 경영주체의 고도의 경영상 결단에 속하는 사항으로서 단체교섭의 대상이 될 수 없고, 정리해고 실시 자체를 반대하는 쟁의행위는 그 정리해고 실시로 인하여 노동자들의 지위나 근로조건의 변경이 필연적으로 수반된다 하더라도 목적의 정당성을 인정할 수 없다"는 견해를 유지하고 있다.[152]

그러나 결사의 자유 위원회는 노동자에 대해 직접적인 영향을 미치는 중요한 사회정책 및 경제정책에 의해 제기된 문제, 특히 고용, 사회적 보호 및 생활 수준에 관하여 해결책을 모색하면서 자신의 견해를 뒷받침하기 위하여 파업할 권리가 있어야 함을 지적하면서, 한국 정부 측에 고용을 포함한 경제 및 사회 문제에 대한 파업과 정부정책에 대한 항의파업, 연대파업을 할 권리를 보장하도록 권고하였다.

---

152) 대법원 2002. 2. 26. 선고 99도5380 판결; 대법원 2003. 2. 11. 선고 2000도4169 판결; 대법원 2003. 7. 22. 선고 2002도7225 판결 등.

## 4. 정부의 공공기관 선진화 정책 반대 파업

### 가. 사건의 경과

정부는 2008년부터 공공기관 선진화 계획을 수립추진하였고, 5개 발전회사와 한국가스공사, 한국철도공사, 국민연금공단, 한국노동연구원을 비롯한 공공부문 사업장에서 정원감축, 단체협약의 개악요구(노사합의 조항과 조합활동 보장조항의 삭제요구, 복리후생 축소요구 등) 및 광범위한 단체협약 해지가 이루어졌다. 철도공사측이 단체협약 조문 170개 중 120여 개에 대한 개악을 요구하여 교섭이 결렬되고 단체협약 해지통보를 하자, 철도노조는 2009. 11. 26.~12. 3. 파업에 돌입하였다. 정부는 이를 불법파업으로 규정했고, 169명의 대량 해고와 파업참가자 11,589명 전원에 대한 대량 징계, 노조 간부 189명에 대한 형사고발, 115억 원의 손해배상청구가 단행되었다. 이에 공공운수연맹 등은 철도노조 등과 함께 ILO 결사의 자유 위원회에 진정을 제기하였다.

### 나. ILO 감독기구들의 심의

진정인들은 노동조합이 단체협약 일방해지와 단체협약 개악과 관련하여 파업에 나설 때마다 정부가 정원감축 등 공공기관 선진화 정책 반대는 '단체교섭의 대상이 될 수 없는 문제'임을 들어 파업을 불법으로 규정했다는 점을 지적하였다. 결사의 자유 위원회는 위 진정이 포함된 2829호 사건을 심의하여 365차 보고서(2012)에서 다음과 같은 권고를 내놓았다.[153]

---

■ 결사의 자유 위원회, 365차 보고서(2012), Case No. 2829 【대한민국】

569. 본 위원회는 상기 조치들의 결과, "불합리한 단체협약 개선"을 명목으로 일방적인 단체협약 해지와 단체협약 개악이 보편화되었다는 진정인의 주장에 주목한다. 2008년 단체교섭이 개시된 대부분 공공기관에서 사용자들은 정부 지침, 경영평가 보고서와 감사원의 감사에 맞춰 단체협약의 조건들을 개악할 것을 요구했다. 노동조합이 불리한 조건을 거부하자 사용자들은 단체협약을 일방 해지하여 종료시켰다. 사용자들은 노동조합으로 하여금 조합원 자격의 축소, 조합활동 억제, 사용자의 경영 및 인사권 보호 등 정

---

153) 결사의 자유 위원회, Case No. 2829, 365차 보고서(2012).

부 지침에 따른 악화된 근로조건에 동의하도록 강제하려고 하였다. 노동조합이 단체협약 및 노동조건 개악과 관련하여 단체행동에 나서려고 하면, 2009년 철도파업의 경우에서 보듯 정부가 '단체교섭의 대상이 될 수 없는 문제'라는 이유를 들어 파업을 불법으로 규정했다.

577. 본 위원회는 또한 여러 공공기관들의 파업 이후로 다수의 노조 간부와 파업에 참여한 조합원들이 형법 제314조 1항(업무방해) 혐의로 기소되고 해고 및 징계조치를 당한 것에 대해 깊은 우려를 가지고 주목하고 있다. 본 위원회는 노동 영역에서 "업무방해" 조항을 적용하는 문제가 한국에 관한 1865호 사건 심의와 관련하여 반복적으로 의견을 밝혀온 주제였음을 상기한다. 이와 관련하여, 본 위원회는 항상 파업권이 노동자와 노동자단체가 자신들의 경제적, 사회적 이해를 방어하기 위한 정당한 수단임을 인정해왔음을 상기한다. 본 위원회는 거래 및 사업에 대한 방해와 연계하여 파업권을 제한하게 되면 정당한 파업을 광범위하게 제약할 수 있음을 확인하여 왔다[결사의 자유 위원회 결정례집, 2006, para. 521, 592 참조]. 더욱이 본 위원회는 파업은 본질적으로 업무에 지장을 주고 손해를 발생시키는 행위이며, 불의를 인식하고 이를 시정하기 위해 사용자를 압박하기 위한 최후의 수단으로서 파업권을 행사하기로 선택한 노동자에게도 상당한 희생을 요한다는 점을 강조하고자 한다. 따라서 본 위원회는 실질적으로 파업과 관련된 모든 행위들을 포괄하는 지나치게 광범위한 "업무방해"의 정의와 합법파업의 요건 및 단체교섭사항에 대한 극도로 제한적인 해석에 대해 다시 한번 커다란 우려를 표명할 수밖에 없다. 본 위원회는 다시 한번 정부에 대해 형법 제314조(업무방해) 조항을 결사의 자유 원칙에 부합하도록 하기 위해 모든 필요한 조치를 지체 없이 취할 것을 촉구하고, 이와 관련된 정보를 알려줄 것을 요청한다. 본 위원회는 또한 결사의 자유 원칙에 부합하는 파업 금지 규정을 위반하는 경우에 한해서만 형사상 제재가 부과되어야 함을 강조한다. 더욱이 당국은 평화적인 파업을 조직하거나 참가하였다는 사실만으로 노동자들을 투옥시켜서는 안된다[결사의 자유 위원회 결정례집, 2006, para. 668 참조]. 따라서, 본 위원회는 정당한 노동조합 활동으로 인해 선고를 받게 될 한국철도공사, 한국가스공사, 국민연금공단 및 남동발전, 남부발전, 서부발전, 동서발전, 중부발전 파업에 참여한 노조 간부와 조합원에 대해 형법 제314조(업무방해)에 따라 제기된 형사기소(벌금형과 구금형 둘다)의 즉각적인 취하를 요청한다. 본 위원회는 또한 진정인과 한국정부 모두 형법 314조(업무방해)에 따라 불법으로 규정된 2009년 11월 파업에 참가하였다는 이유로 169명의 노조 간부가 철도공사에서 해고된 사실에 대해서 동일하게 진술하고 있음을 주목한다. 해당 파업을 불법이라고 선언한 법규가 그 자체로 결사의 자유 원칙과 상충된다는 점(the strike was declared illegal based on a legal requirement which is in itself contrary to the principles of freedom of association)과 1865호 사건에 대한 심의에서 본 위원회가 반복적으로 의견을 낸 주제였다는 점을 고려하여 본 위원회는 정

부에 대해 169명 노동조합 간부들의 즉각적인 복직과 한국철도공사와 국민연금공단의 노동자들에 대한 징계조치의 해제를 보장하는 조치를 취할 것을 요청한다. 본 위원회는 또한 한국 정부에 대법원을 포함하여 진행 중인 사법절차의 결과를 계속 알려줄 것을 요구한다.

### 다. 검토

결사의 자유 위원회에서 사건이 심의되는 동안, 2009년 철도파업 지도부 등에 대한 형사판결 및 징계 판결이 선고되었다. 대법원은 2011. 3. 17. 선고 2007도482 전원합의체 판결을 통해 단순파업의 업무방해죄 성립범위를 축소하였고, 2012년~2013년 전국 하급심 법원에서 2009년 철도파업에 대한 대한 무죄 판결이 이어졌다.[154] 그러나 철도노조 지도부에 대한 사건에서 서울중앙지방법원은 철도공사가 파업을 예측할 수 없었을 것이라는 결론으로 유죄를 선고하였고, 대법원은 동 판결을 확정하였다.[155]

피고인들은 위 파업이 사용자의 단체협약 개악 요구와 단체협약 해지로 촉발된 것이므로, 노동조건에 관한 단체협약의 갱신 체결을 목적으로 하는 정당한 파업이라고 주장하였으나, 대법원은 위 파업이 단체교섭의 대상이 될 수 없는 정부의 공공기관 선진화 정책 등 구조조정 실시 그 자체를 저지하는 데 주된 목적이 있었고 보아 결국 목적 정당성을 부정하였다. 그리고 정부는 결사의 자유 위원회에 제출한 답변에서, 서울중앙지방법원의 유죄판결을 불법파업을 주장하는 근거로 제시하였다.[156]

그러나, 결사의 자유 위원회는 본 사안을 계기로 한국에서의 합법파업의 요

---

154) 대전지방법원 2011. 1. 28. 선고 2010고단1581, 2729(병합) 판결; 대전지방법원 2012. 11. 8. 선고 2011노369 판결; 대구지방법원 안동지원 2012. 11. 29. 선고 2010고단285 판결; 대구지방법원 2012. 12. 28. 선고 2011노1074 판결; 청주지방법원 제천지원 2013. 2. 14. 선고 2010고단170, 2010고단335(병합) 판결; 청주지방법원 2013. 3. 14. 선고 2010고정654 판결 등. 상급심에서 파기되었으나 대전지방법원 2011. 1. 28. 선고 2010고단1581, 2729(병합) 판결은 법문의 규정에 충실하게 근로자의 경제적, 사회적 지위에 영향을 미치는 사항은 단체교섭의 대상이 되어야 한다고 보아 목적 정당성을 인정하였다.

155) 서울중앙지방법원 2010. 7. 2. 선고 2010고단12 판결; 서울중앙지방법원 2010. 12. 23. 선고 2010노2641 판결; 대법원 2014. 8. 20. 선고 2011도468 판결. 그로 인해 전원합의체 판결에 따라 선고되었던 하급심 무죄판결들이 파기되고, 약 226여 명의 철도노조 조합원들이 유죄의 확정판결을 받았으며, 그 가운데 16명은 징역형의 집행유예, 210여 명이 벌금형을 선고받았다.

156) 결사의 자유 위원회, Case No. 2829, 365차 보고서(2012), para. 563.

건 및 단체교섭 사항에 대한 극도로 제한적인 해석에 대하여 다시 한번 커다란 우려를 표명하면서, '해당 파업을 불법이라고 선언한 법규가 그 자체로 결사의 자유 원칙과 상충된다'157)는 점을 지적하였고, 공공부문 파업에 참여한 노조 간부와 조합원들에 대한 형사기소의 즉각적인 취하와 징계조치의 해제, 복직 조치를 취할 것을 요청하였다.

## 5. 철도 민영화 등 '경영사항'에 관한 파업

### 가. 사건의 경과

정부는 2013. 6. 26. '철도산업발전방안'과 그에 따른 '수서발 KTX 법인 분리설립'을 발표하였으나 철도 분할 민영화라는 비판에 직면하였고, 철도공사 이사회에서 분리설립이 의결되자, 2013. 12. 9.~ 12. 31. 철도노조는 파업에 돌입하였다. 정부는 이를 불법파업으로 규정하였고, 노조 간부 176명이 업무방해 혐의로 고소되었으며, 35명에 대한 체포영장이 발부되었다. 철도공사는 99명 해고를 비롯해 총 403명의 파업 참가자를 징계하였고, 105억 원에 이르는 손해배상청구 및 가압류 조치를 단행하였다. 2015년 9월 공공운수노조 및 철도노조 등은 쟁의행위 목적의 정당성에 대한 협소한 해석을 통해 파업을 불법으로 규정하고 탄압하는 문제에 대해 추가로 진정을 제기하였고, 위 사안은 1865호 사건에 병합 심사되었다.

### 나. ILO 감독기구들의 심의

> ■ 결사의 자유 위원회, 382차 보고서(2017), Case No. 1865 【대한민국】
>
> 83. 진정인들은 결국 지방법원의 판결158)이 파업의 정당한 목적에 대해 매우 협소하게 해석하는 점에서 국제기준에 위배되는 측면을 포함하고 있음을 지적한다. 판결문에 따르면 "정리해고나 사업조직의 통폐합 등 기업의 구조조정 실시 여부는 경영주체의 고도의 경영상 결단에 속하는 사항으로서 원칙적으로 단체교섭의 대상이 될 수 없고, 구조조정의 실시가 노동자들의 지위나 근로조건의 변경을 필연적으로 수반한다 하더라도, 그 쟁의행위는 목적의 정당성을 인정할 수 없는 것인바, 수서발 KTX 법인 설립을 위한 이 사회 출자 여부는 경영주체인 철도공사의 고도의 경영상 결단에 속하는 사항으로서 원

---

157) 결사의 자유 위원회, Case No. 2829, 365차 보고서(2012), para. 577.

칙적으로 단체교섭의 대상이 될 수 없으므로 위와 같은 사항을 반대하기 위한 이 사건 파업의 목적은 그 정당성을 인정할 수 없다." 지방법원의 제한적 해석이 근거로 삼은 이전 선례를 언급하면서, 진정인들은 대법원이 여러 판결에서 파업 목적의 정당성과 관련하여 파업의 목적은 단체교섭의 대상이 될 수 있는 근로조건의 개선에만 국한되어야 한다는 해석을 내놓았다고 지적한다. 진정인은 지난 수십 년 동안, 한국 정부와 사용자들이 철도와 다른 노동자들의 무수한 파업을 불법으로 간주하기 위해 이러한 협소한 해석을 활용해왔다고 진술한다.

90. 파업이 불법이라는 주장과 관련하여, 본 위원회는 노동조합이 합법파업에 필요한 모든 절차를 따랐음에도 불구하고 철도공사가 파업이 시작되기도 전에 엄정한 대응을 공언하고 파업을 불법으로 규정하는 공식 성명을 발표했다는 진정인의 지적에 주목한다. 또한 서울서부지방법원 제13형사부가 2014. 12. 22.자 판결에서 2013년 12월 파업의 목적이 회사의 구조조정 실행과 같이 단체교섭의 대상이 될 수 없는 사항을 목적으로 한 것이어서 불법파업이라고 판결하였다는 진정인의 2015년 2월 24일자 제출자료의 지적에 주목한다. 진정인에 따르면, 파업의 정당한 목적에 대한 이러한 해석은, 파업의 정당한 목적은 전적으로 근로조건 개선에 관한 것으로서 단체교섭사항으로만 국한된다고 보는 대법원의 수많은 판례에 근거하고 있다. 본 위원회는 파업권은 단체협약 체결을 통해 해결될 수 있는 노동분쟁으로만 제한되어서는 안 되며, 노동자와 그 조직은 필요하다면 조합원의 이익에 영향을 미치는 경제적, 사회적 사안에 관한 불만을 더 넓은 맥락에서 표현할 수 있어야 한다는 점을 상기시키지 않을 수 없다[결사의 자유 위원회 결정례집, 2006, para. 531 참조]. 본 위원회는 1865호 사건에 대한 심의에서 맥락은 다르지만[159], 파업권이 단체협약 체결을 위한 노동분쟁의 제한을 넘어 행사될 수 있도록 한국 정부가 필요한 조치를 취할 것을 반복적으로 요청한 바 있다. 2013년 12월 철도파업의 경우, 파업 참가자들의 요구는 철도공사에 중대한 영향을 미치는 개혁 및 구조조정 계획에 관한 것이었으며, 이는 의심할 여지 없이 노동자들의 이익에 영향을 미치는 사항이었다. 파업의 정당한 목적에 대한 제한적 해석은 파업에 참가하는 노동자를 민·형사 소송의 위험에 노출시키고 파업 파괴를 목표로 하는 대체인력 투입을 정당화하는데 이용될 수 있다는 점에서, 노동자들과 그 조직에 심각한 결과를 초래할 수 있다. 이러한 견지에서, 파업의 정당한 목적에 대한 현재의 협소한 해석을 폐기하고, 노동자들의 이해와 직결되는 모든 사회적, 경제적 문제들과 관련하여 파업권이 행사될 수 있도록 필요한 조치를 취할 것을 한국 정부에 다시 한 번 요청한다.

---

158) 서울서부지방법원 2014. 12. 22. 선고 2014고합51 판결을 말함.

159) 결사의 자유 위원회는 한국 정부에 대한 1865호 사건의 이전 보고서들에서 "파업권이 단체협약 체결을 위한 노동분쟁으로만 국한되어서는 안된다"는 원칙을 여러 차례 밝혔다. 예를 들면, 327차 보고서(2002)에서는 IMF 이후 구조조정에 항의하는 파업을 업무방해죄로 형사처벌하는 것의 문제점을 지적하는 맥락에서, 346차 보고서(2007)에서는 자유무역

## 다. 검토

결사의 자유 위원회에서 이 사건이 심의되는 동안, 2013년 철도파업 지도부 등에 대한 형사판결 및 징계에 관한 판결들이 선고되었다. 형사판결에서 법원은 업무방해죄의 적용범위를 축소한 대법원 2007도482 전원합의체 판결의 법리를 적용하여 무죄를 선고하였다.[160] 법원은 '수서발 KTX 법인 설립 이사회 출자 결의 저지'가 사용자가 처분가능한 사안이자 근로조건에 영향을 미치는 사안인 점을 고려할 때, '파업을 강행하리라고는 도저히 예측할 수 없을 정도로 중대한 목적의 불법이 있다고 보기 어렵다'라고 보아 업무방해죄의 위력에 이르지 않았다고 판단하면서도, 단체교섭의 대상이 될 수 없는 경영권 사항에 관한 파업으로 보아 파업 목적의 정당성은 부정[161]하였다. 이후 징계의 효력이 다투어진 후속 사건에서 법원은 이러한 형사판결의 논지를 따르면서 파업 목적의 정당성을 부정하였다.[162]

그러나 결사의 자유 위원회는 "2013년 12월 철도파업 참가자들의 요구는 철도공사에 중대한 영향을 미치는 개혁 및 구조조정 계획에 관한 것이었으며, 이는 의심할 여지 없이 노동자들의 이익에 영향을 미치는 사항이었다"라고 지적하면서, 노동자들이 이러한 자신들의 경제적, 사회적 이해를 방어하기 위해 파업권을 행사할 수 있도록 필요한 조치를 취할 것을 요청하였다.

나아가 "파업의 정당한 목적에 대한 제한적 해석은 파업에 참가하는 노동자를 민·형사 소송의 위험에 노출시키고 파업 파괴를 목표로 하는 대체인력 투입을 정당화하는데 이용될 수 있다는 점에서, 노동자들과 그 조직에 심각한 결과를

---

협정(FTA) 체결에 항의하는 파업 등의 정당성을 인정하는 맥락에서, 363차 보고서(2012)에서는 교섭대표노동조합의 지위의 보유 여부에 따라 파업의 정당성이 판단되도록 한 교섭창구단일화 제도의 문제점을 지적하는 맥락에서 이러한 원칙을 제시하였다.

160) 서울서부지방법원 2014. 12. 22. 선고 2014고합51 판결; 서울고등법원 2016. 1. 15. 선고 2015노191 판결; 대법원 2017. 2. 3. 선고 2016도1690 판결.

161) "정리해고나 사업조직의 통폐합 등 기업의 구조조정 실시 여부는 경영주체의 고도의 경영상 결단에 속하는 사항으로서 원칙적으로 단체교섭의 대상이 될 수 없고, 구조조정의 실시가 근로자들의 지위나 근로조건의 변경을 필연적으로 수반한다 하더라도, 그 쟁의행위는 목적의 정당성을 인정할 수 없는 것인바, 수서발 KTX 법인 설립을 위한 이사회 출자 여부는 경영주체인 철도공사의 고도의 경영상 결단에 속하는 사항으로서 원칙적으로 단체교섭의 대상이 될 수 없으므로 위와 같은 사항을 반대하기 위한 이 사건 파업의 목적은 그 정당성을 인정할 수 없다"(서울서부지방법원 2014. 12. 22. 선고 2014고합51 판결).

162) 서울행정법원 2017. 6. 26. 선고 2015구합63142 판결; 서울고등법원 2019. 2. 1. 선고 2017누56843 판결; 대법원 2019. 6. 13. 선고 2019두36728 판결.

초래할 수 있다"라는 점을 강조하면서, 한국 정부에 대해 파업의 정당한 목적에 대한 현재의 협소한 해석을 폐기할 것을 재차 권고하였다.

## 6. 제87호 협약 비준 이후 전문가위원회의 권고

2023년 전문가위원회는 제87호 협약에 관한 대한민국 정례 보고서를 검토한 후, 파업 목적에 대한 제한을 없애는 법 개정을 권고하였다.[163)]

---

【대한민국】전문가위원회, Direct Request, 2023

파업 목적의 정당성에 대한 제한

[중략] 본 위원회는, 2023. 11. 9. 대한민국 국회가 노동조합법 제2조 제5호 "노동쟁의" 정의를 개정하는 법 개정안을 통과시켰음을 관심을 갖고 주목한다. 정부는 민주노총의 의견서에 의문을 제기하지 않는 대신, 노동쟁의의 정의를 확대하는 것이 파업 불참자, 사용자 및 공중에 가져올 결과를 언급하면서, 이 문제는 광범위한 사회적 대화를 통해 개정될 수 있다고 설명하였음에 본 위원회는 주목한다. 앞서의 내용들에 비추어 보면, 파업의 정당한 목적에 관한 협소한 해석으로 인해, 대한민국에서 정부의 경제적·사회적 정책에 관련된 파업, 연대파업, 기본적 자유의 승인과 보장을 요구하는 파업이 불법으로 간주되고 있음에 본 위원회는 주목한다. 본 위원회는, 사회-경제적 및 직업적 권익을 옹호할 책임이 있는 노동조합 및 사용자단체는, 구성원들에게 직접적 영향을 미치는 사회적·경제적 정책들에 의해 야기된 문제의 해결책을 찾기 위한 자신들의 입장을 뒷받침하기 위하여, 파업 내지 항의행동을 할 수 있어야 한다는 위원회의 견해를 상기한다. 더욱이, 민주적 시스템은 노동조합 권리의 자유로운 행사의 기초가 된다는 점을 주목하며, 본 위원회는, 자신의 과업을 완수하는데 필수적인 기본적 자유를 누리지 못하는 것으로 보이는 상황에서 노동조합과 사용자단체가 이러한 자유의 승인 및 보장을 요구하는 것은 정당하며, 그와 같은 평화적 요구는 파업의 경우를 포함하여 정당한 조합활동의 기본적 범위에 속하는 것이라 본다. 이른바 "연대"파업에 관하여, 본 위원회는 생산의 상호의존성 및 국제화로 특징지울 수 있는 지구화의 맥락 속에서 볼 때 이러한 유형의 파업을 일반적으로 금지하는 것은 남용이 될 수 있으며, 원 파업 자체가 적법하다면 노동자들은 그러한 연대파업을 할 수 있어야 한다고 본다(General Survey, 2012, paras. 124~125 참조). 파업의 정당한 목적을 넓힐 수 있는 노동조합법 제2조 제5호 노동쟁의 정의에 관한 개정안 통과를 환영하는 한편, 노사간 노동쟁의에 직접 연관되지 않는 파

---

163)【대한민국】전문가위원회, Direct Request, 2023.

업의 목적을 법이 여전히 인정하지 않고 있어서 노동자 및 노동자단체가 자신의 정당한
권익을 옹호하기 위한 필수적 수단을 박탈당하고 있는 점을 본 위원회는 주목한다. 그
러므로 본 위원회는, 정부가 사회적 파트너들과의 충분한 협의를 거쳐, 이러한 측면에
관한 법개정을 위해 필요한 조치를 취하고, (국회를 통과한) 노동조합법 제2조 제5호
개정안 사본을 제출할 것을 요청한다.

## Ⅲ. 파업권 제한의 원칙

### 1. 구 법상의 직권중재

#### 가. 사건의 경과

구 「노동쟁의조정법」(1996. 12. 31. 법률 제5244호로 폐지되기 전의 것)의 '공익
사업' 또는 구 노동조합법((2006. 12. 30. 법률 제8158호로 개정되기 전의 것)의 '필수
공익사업'에서는 노동쟁의 발생시 노동위원회 위원장이 직권으로 중재 회부를 결
정하면 중재절차가 개시되면서 15일간 파업이 금지되는 이른바 '직권중재' 조항
이 있었다. 당사자의 신청에 의하지 않고서도 정부 당국에 의해 파업권이 박탈된
다는 점에서 위헌이라는 지적이 끊이지 않았고,[164] 결사의 자유 위원회에 진정
이 제기되었다. 공익사업에 대한 직권중재에 대해서는 1629호 사건에서, 필수공
익사업장의 직권중재에 대해서는 1865호 사건에서 각각 다루어졌다.

#### 나. ILO 감독기구들의 심의

결사의 자유 위원회는 파업권의 예외적인 제한 내지 금지는 '엄격한 의미의
필수서비스'에서만 정당화될 수 있다는 점을 강조하면서, 한국의 노동관계법이
엄격한 의미의 필수서비스에 해당하지 않는, 상당히 광범위한 범주의 서비스를
필수공익사업으로 규정하고 있음을 지적하였다. 구체적으로 철도, 도시철도 및
운수사업, 석유정제 및 공급사업, 은행사업, 통신사업은 엄격한 의미의 필수서비
스에 해당되지 않는다고 판단하면서, 공익사업장의 파업권이 엄격한 의미에서의
필수 서비스에서만 제한되도록 조치를 취하도록 요청하였다.

---

164) 헌법재판소는 서울행정법원의 구 노동조합 및 노동관계조정법 제62조 3호와 제75조에 대
　　 한 위헌제청에 대하여 5:4로 합헌으로 결정하였다(헌법재판소 2003. 5. 15. 선고 2001헌가
　　 31 결정).

---

■ 결사의 자유 위원회, 294차 보고서(1994), Case No.1629【대한민국】, para. 264

264. 공익사업장(public enterprises)의 파업권과 관련하여, 본 위원회는 노동쟁의조정법 제30조 제3항에 따르면, 노동위원회가 행정관청의 요구에 의하거나 노동위원회의 직권으로 노동쟁의를 직권중재에 회부하여 공익사업장의 파업권을 제한할 수 있음을 주목하고 있다. 본 위원회는 노동쟁의조정법 제4조가, 엄격한 의미에서의 필수서비스에 해당하지 않는 상당히 광범위한 범주의 공공서비스를 필수공익사업으로 규정하고 있음을 지적하고자 한다. 특히 운수업(제4조 제1항), 석유정제 및 공급사업(제4조 제2항), 은행사업(제4조 제4항), 방송통신사업(제4조 제5항)의 경우가 그러하다[결사의 자유 위원회 결정례집, 1985, para. 400-410 참조]. 따라서 본 위원회는 노동쟁의조정법 제4조를 개정하여 공익사업장의 파업권이 결론의 앞부분에서 정의한 바와 같이 엄격한 의미에서의 필수서비스의 경우에만 제한되도록 조치를 취할 것을 정부에 요청하는 바이다.

---

■ 결사의 자유 위원회, 327차 보고서(2002), Case No. 1865【대한민국】, para. 488

488. 본 위원회는 철도, 도시철도, 석유 부문은 엄격한 의미에서의 필수서비스, 즉 그 중단으로 국민 전체 또는 일부의 생명, 신체적 안전이나 건강을 위태롭게 할 수 있는 서비스에 해당하지 않는다고 본다. 본 사건에서 이러한 부문들은 파업시 그 서비스 이용자들의 기본적 수요 충족을 보장하기 위해서 노동조합과 사용자 및 정부 당국간에 협상에 의해 지정된 최소서비스(minimum service)가 설정될 수 있는 공공서비스에 해당할 뿐이다. ILO 결사의 자유 원칙에 부합하는 방향으로 필수공익사업의 범위를 수정하는 것에 대한 논의가 노사정위원회에서 계속될 것이라는 한국정부의 답변에 주목하면서, 본 위원회는 엄격한 의미에서의 필수서비스에 국한하여 파업권이 금지될 수 있도록 「노동조합 및 노동관계조정법」 제71조에 규정된 필수공익사업의 범위를 개정할 것을 한국정부에 대해 요청하는 바이다.

---

### 다. 검토

2006. 12. 30. 법률 제8158호로 노동조합법이 개정되면서 직권중재 제도가 폐지되고 필수유지업무 제도가 도입되었다. 그러나 개정 법률은[165] 결사의 자유

---

165) 노동조합 및 노동관계조정법 제71조(공익사업의 범위등) ① 이 법에서 "공익사업"이라 함은 공중의 일상생활과 밀접한 관련이 있거나 국민경제에 미치는 영향이 큰 사업으로서 다음 각호의 사업을 말한다.
　1. 정기노선 여객운수사업 및 항공운수사업

위원회가 엄격한 의미의 필수서비스에 해당되지 않는다고 본, 구법상의 철도, 도시철도, 석유사업, 은행사업, 통신사업을 그대로 둔 채로 오히려 항공운수사업과 혈액공급사업을 추가하여 필수공익사업 범위를 확대하였다. 그 결과 필수공익사업장의 파업권은 긴급조정, 필수유지업무 및 대체근로 허용 등에 의해 여전히 중대한 제한 상태에 머물러 있다. 필수공익사업의 범위를 엄격한 의미의 필수서비스(essential services)로 좁힘으로써, 공공부문 노동자들에게 실질적 파업권을 보장하라는 위 권고의 취지가 실현되었다고 평가하기 어렵다.

## 2. 긴급조정

### 가. 사건의 경과

2006. 12. 30. 노동조합법 개정으로 필수공익사업에서의 직권중재제도는 폐지되었으나 긴급조정제도는 여전히 유지되고 있다. 노동조합법에 따르면, 쟁의행위가 공익사업에 관한 것이거나 공익사업에 관한 것이 아니더라도 그 규모가 크거나 그 성질이 특별한 것으로서 현저히 국민경제를 해하거나 국민의 일상생활을 위태롭게 할 위험이 현존하는 때에는 고용노동부장관이 긴급조정의 결정을 할 수 있고, 노동조합은 즉시 쟁의행위를 중지하여야 하며 30일 간 쟁의행위가 금지된다(법 제76조 내지 제80조). 한국 정부는 1969년 대한조선공사(현 한진중공업) 노조 파업, 1993년 현대자동차 노조 파업, 2005년 8월 아시아나항공 조종사 노조 파업 및 2005년 12월 대한항공 조종사 노조 파업 당시 긴급조정권을 발동[166]하였는데, 그중 1993년 현대자동차 노조 파업과 2005년 양대 조종사 파업

---

2. 수도사업, 전기사업, 가스사업, 석유정제사업 및 석유공급사업
3. 공중위생사업, 의료사업 및 혈액공급사업
4. 은행 및 조폐사업
5. 방송 및 통신사업
② 이 법에서 "필수공익사업"이라 함은 제1항의 공익사업으로서 그 업무의 정지 또는 폐지가 공중의 일상생활을 현저히 위태롭게 하거나 국민경제를 현저히 저해하고 그 업무의 대체가 용이하지 아니한 다음 각호의 사업을 말한다.
1. 철도사업, 도시철도사업 및 항공운수사업
2. 수도사업, 전기사업, 가스사업, 석유정제사업 및 석유공급사업
3. 병원사업 및 혈액공급사업
4. 한국은행사업
5. 통신사업
166) 권영국, "필수유지업무제도 및 대체근로 규정 도입의 문제점", 「필수공익사업장 노동기본권 확보의 쟁점과 과제 국회대토론회」(2008. 5. 14), 5쪽. 권영국은 파업 돌입 83시간만에

과 관련하여 ILO 결사의 자유 위원회에 진정이 제기되었다. 결사의 자유 위원회는 현대자동차 노조의 진정이 포함된 1629호 사건을 심의하여 294차 보고서(1994)에서 권고를 냈고, 대한항공 조종사 노조의 진정이 포함된 1865호 사건을 심의하여 346차 보고서(2007), 353차 보고서(2009)에서 권고를 내놓았다.

### 나. ILO 감독기구들의 심의

위 진정사건에 대해 정부는, '고용노동부장관은 그러한 결정에 앞서 미리 중립적이고 독립적인 기구인 중앙노동위원회 위원장의 의견을 들어야 하므로, 긴급조정 결정의 중립성이 보장되고 있다'라고 주장하는 한편, "엄격한 의미의 필수서비스가 무엇인지는 개별 국가의 특수한 상황에 상당한 정도로 좌우될 수 있다"는 결사의 자유 위원회 결정례(결사의 자유 위원회 결정례집, 2006년, para. 582)를 인용하면서 한국의 긴급조정 제도도 결사의 자유 원칙에 부합할 수 있다고 주장하였다.[167]

그러나 결사의 자유 위원회는 이러한 정부의 주장에 동의하지 않았다. 결사의 자유 위원회는 노동조합 권리와 관련된 국제기준에서 국가별 상황을 고려하라는 것의 의미는 정부로 하여금 그들이 촉진해야 할 권리를 실현하기 위해 국가별 상황을 고려하라는 취지이지, 그러한 권리들의 금지를 정당화하는 데 사용될 수 없음을 지적한 바 있다.[168] 결사의 자유 위원회는 긴급조정 조항이 결사의 자유 원칙에 부합하지 않는다고 판단하면서, 독립적 기구의 판단에 따라 오직 엄격한 의미에서 필수서비스 분야의 파업만 제한될 수 있도록 해당 조항을 결사의 자유 원칙에 부합하도록 개정할 것을 요청하였다.[169]

---

■ 결사의 자유 위원회, 294차 보고서(1994), Case No. 1629【대한민국】, para. 261

261. 현대자동차노조의 파업과 관련하여, 국제자유노동조합총연맹(ICFTU)은 7월 20일

---

발령된 대한항공 조종사 노조파업에 있어서의 긴급조정 결정은 이 제도가 쟁의행위 초기에 제한 없이 발동되는 경우 사실상 '사전적'으로 파업권을 무력화하는 통제장치로 사용될 수 있음을 보여준다고 지적하고 있다.

167) 결사의 자유 위원회, 353차 보고서(2009), Case No. 1865【대한민국】, para. 662~663.
168) 결사의 자유 위원회, 273차 보고서(1990), Case No. 1521【터키】, para. 38
169) 결사의 자유 위원회, 294차 보고서(1994), Case No. 1629【대한민국】, para. 261.

노사 협상이 진행 중임에도 불구하고 정부가 경제적인 이유로 파업을 종료시키기 위해 비상권한을 발동하였다고 주장하는 반면, 정부는 이미 한 달 넘게 지속된 이 파업이 추가적인 악화를 가져왔기 때문에 노동부장관이 막대한 경제적 손실을 초래한 파업을 종료시키기 위해 비상권한을 발동하지 않을 수 없었다고 주장한다. 이와 관련하여, 본 위원회는 구 노동쟁의조정법 제40조 1항의 긴급조정에 따르면, 노동부장관은 "쟁의행위가 공익사업에 관한 것이거나 그 규모가 크거나 그 성질이 특별한 것으로서 현저히 국민경제를 해하거나 국민의 일상생활을 위태롭게 할 위험이 현존하는 때에는 긴급조정의 결정을 할 수 있"고, 제41, 43, 44조의 누적적 효과로 인해 그러한 쟁의행위가 중재에 회부될 수 있고, 그럼으로써 파업권이 제약될 수 있음을 주목한다. 본 위원회는 파업권은 국가의 이름으로 권한을 행사하는 공무원이 행하는 공공서비스 또는 엄격한 의미에서의 필수서비스(즉, 그 중단이 국민 전체 또는 일부의 생명, 개인의 안전 또는 건강을 위태롭게 할 수 있는 서비스)에 한해서만 제한되거나 금지될 수 있다는 원칙에 대해 재차 정부에 주의를 환기시키고자 한다[결사의 자유 위원회 결정례집, 1985, para. 394 참조]. 앞서 언급한 파업이 국민경제 및 예상되는 수출 손실에 미치는 영향을 고려하더라도, 본 위원회는 선도적인 자동차 제조업체가 그러한 엄격한 의미에서의 필수서비스를 제공한다고 생각하지 않는다. 따라서 본 위원회는 향후 정부가 필수서비스가 아닌 서비스에 대해 노동쟁의조정법에 규정된 긴급조정 조항에 의존하는 것을 삼갈 것을 요청한다.

## 다. 검토

ILO 감독기구들은 정부 당국에 의한 강제중재의 부과가 파업을 신속하게 종료시킬 수 있다는 점에서 파업권을 부정하거나 심각하게 제한하는 수단이며, 파업권의 금지가 정당화될 수 있는 예외적 상황에서 극히 제한적으로 인정될 수 있다고 본다. 즉 강제중재는 양 당사자의 요청이 있거나, (i) 공무원이 국가의 이름으로 권한을 행사하는 공무에서, (ii) 엄격한 의미에서의 필수 서비스, (iii) 국가의 중대한 비상사태에서 오직 제한된 기간 및 그 상황에 대응하기 위해 필요한 비례적 범위 내에서만 정당화될 수 있다.170) 이때 국가안보나 공중보건을 이유로 파업을 중지시킬 책임은 정부가 아니라 모든 관련 당사자의 신뢰를 받는 독립적 기구에 있어야 한다.171) 위와 같은 예외적 상황이 아님에도 정부 당국이나 일방 당사자에게 파업을 종료시키는 강제중재 권한을 주는 것은 자율적인 교섭 원칙에 반하며 파업권을 훼손한다.

---

170) *Compilation*, 2018, paras. 816~818.
171) *Compilation*, 2018, para. 825.

결사의 자유 위원회는 현행 노동조합법상의 긴급조정 제도가 파업을 종료시키는 강제중재 권한을 독립적 기구가 아니라 정부 당국에 부여하고 있는 점, 긴급조정을 통해 파업권을 제한할 수 있는 범위가 지나치게 광범위한 점에서 결사의 자유 원칙에 위배된다고 보고 개정을 권고하였다.172) 현행법 상 긴급조정 요건이 '쟁의행위가 공익사업에 관한 것이거나 그 규모가 크거나 그 성질이 특별한 것으로서 현저히 국민경제를 해하거나 국민의 일상생활을 위태롭게 할 위험이 현존하는 때'로 ILO가 파업권 제한의 정당화 사유가 될 수 없다고 본 요소들을 다수 포함하고 있을 뿐만 아니라 현행법상 공익사업은 엄격한 의미의 필수서비스에 국한되지 않는 정기노선 여객운수사업 및 항공운수사업(항공관제 제외), 가스사업, 석유정제사업 및 석유공급사업, 공중위생사업, 은행 및 조폐사업, 방송 및 통신사업 등을 망라하고 있다는 점을 고려하면 더욱 그러하다.

### 3. 필수유지업무 제도

#### 가. 사건의 경과

현행 노동조합법은 필수유지업무를 '필수공익사업의 업무 중 그 업무가 정지되거나 폐지되는 경우 공중의 생명·건강 또는 신체의 안전이나 공중의 일상생활을 현저히 위태롭게 하는 업무'로 규정하고(제42조의2 제1항), 필수유지업무의 구체적 범위를 철도사업과 도시철도사업, 항공운수사업, 수도사업, 전기사업 및 가스사업, 석유정제사업과 석유공급사업, 병원사업 및 혈액공급사업, 한국은행사업, 통신사업의 대부분의 업무로 규정하고 있다(시행령 별표1). 필수유지업무 유지운영수준, 대상직무 및 필요인원은 노사 간의 협정이 체결되지 않을 경우 노동위원회의 결정으로 정해진다(제42조의3 내지 6). 파업 중에도 필수유지업무는 유지되어야하고 이를 위반하는 경우 형사처벌이 부과된다(제42조의2 제2항, 제89조).

민주노총 등은 2006년 개정 노동조합법이 일련의 파업권 제한을 도입함으로써 직권중재 하에서의 파업금지 효과를 그대로 유지하고 필수공익사업에서의 파업권을 무의미하게 만들고 있다고 결사의 자유 위원회에 추가진정을 제기하였다. 이 진정은 1865호 사건에서 병합심의가 이루어졌다.

---

172) 결사의 자유 위원회, Case No. 1865【대한민국】, 346차 보고서(2007), para. 757; 353차 보고서(2009), para. 713 등.

## 나. ILO 감독기구들의 심의

진정단체들은 노동조합법의 필수유지업무 제도가 다음과 같은 점에서 결사의 자유 원칙에 부합하지 않는다는 점을 주장하였다. 첫째, 어떤 사업이 필수공익사업이고, 어떤 업무가 필수유지업무인지 여부를 노사 참여 없이 정부가 사전에 법률과 시행령을 통해 일방적으로 정하고 있다. 둘째, 필수공익사업과 필수유지업무의 범위가 지나치게 광범위하다. 셋째, 필수유지업무의 유지운영수준이 지나치게 높아 파업권을 무력화하고 있다. 낮은 수준은 50~60%, 평균적으로 70~80% 그리고 높은 경우에는 거의 100%로 필수유지업무 유지율이 결정된다. 그 결과 노동조합은 효과가 없는 합법파업을 할지, 법령상 요구되는 필수유지업무의 제공을 거부하면서 불법파업에 의지할지 결정해야하는 딜레마에 빠지게 된다. 즉, 개정 노동조합법은 노동조합에게 노동기본권을 포기하거나 불법파업으로 나아갈 것을 강제한다. 마지막으로 필수유지업무의 제공을 거부하는 노동자들에 대한 형사처벌을 도입하고 있다.

이에 대해 결사의 자유 위원회는 1865호 사건에서 346차 보고서(2007), 353차 보고서(2009)를 통해 필수공익사업장의 파업에 있어서 필수유지업무를 적용한 구체적인 사례들과 제공된 필수유지업무의 수준, 그러한 필수유지업무가 어떠한 절차를 통해 결정되는지에 관해 지속적인 보고를 요청하였고, 다음과 같이 권고하였다.[173)

> ■ 결사의 자유 위원회, 353차 보고서(2009), Case No. 1865【대한민국】, para. 711
>
> 711. 본 위원회는 우선 여객과 화물 운송이 파업 시 최소서비스 요구가 정당화될 수 있는 중요한 공공서비스임을 상기하고자 한다. 마찬가지로, 조폐, 은행서비스와 석유 부문도 서비스 이용자의 기본적인 수요를 충족하기 위해 파업 시 협상에 의한 최소서비스가 유지될 수 있는 서비스이다[결사의 자유 위원회 결정례집, 2006, para. 621, 624 참조]. 그러나 본 위원회는 또한 최소서비스가 국민 전체 또는 일부의 생명 또는 정상적 생활 조건이 위험에 처하는 것을 막기 위해 엄격하게 필요한 운영으로만 국한되어야 한다는 점에 주목한다. 이러한 관점에서, 본 위원회는 당사자들이 최소서비스 수준에 대한 노동

---

173) 결사의 자유 위원회, Case No. 1865, 346차 보고서(2007), para. 806(d); 353차 보고서(2009), para. 711 등.

위원회의 결정에 관해 당사자들이 모순된 정보를 전달한다는 점에 주목한다. 대체근로에 의지할 가능성과 관련하여, 본 위원회는 일반적으로 "파업이 합법이라면 불확정적인 기간 동안 파업 참가자를 대체하기 위해 기업 외부로부터의 노동력 이용에 의존하는 것은 파업권을 저하할 위험성을 수반하며, 이는 노동권의 자유로운 행사에 영향을 미칠 수 있다"라는 점을 상기하고자 한다[결사의 자유 위원회 결정례집, 2006, para. 633 참조].

그러므로 본 위원회는 정부에 대해, 노동위원회가 최소서비스를 결정함에 있어, 최소서비스가 국민 전체 또는 일부의 생명 또는 정상적 생활조건이 위험에 처하는 것을 막기 위해 엄격하게 필요한 운영으로만 국한되어야 한다는 원칙을 충분히 고려하도록 정부가 필요한 모든 조치를 취할 것과 필수유지업무가 요구되는 구체적인 사례, 필수유지업무의 정도, 필수유지업무 결정과정(교섭을 통해서인지 중재를 통해서인지)에 대한 정보를 지속적으로 제공할 것을 요청한다.

### 다. 검토

ILO는 파업권에 대한 예외적 제한이나 금지는 엄격한 의미의 필수서비스에서 적절한 대상조치가 수반된다는 전제 하에서만 정당화될 수 있다고 본다. 엄격한 의미의 필수서비스 여부는 국민 전체 또는 일부의 생명, 안전 또는 건강에 대한 명백하고도 급박한 위협이 존재하는지 여부에 기초하여 판단하여야 한다.[174] 위와 같이 파업권에 대한 예외적 제한이나 금지가 정당화되지 않는 상황에서는, 대다수 노동자의 파업권을 보장하면서 국민들의 기본적 수요가 충족되도록 하거나 시설이 안전하게 중단없이 운영될 수 있도록 하는 대안으로, 협상에 의한 최소서비스(minimum service)가 운영될 수 있다.

현행 노동조합법상 필수유지업무는 엄밀하게 어느 한쪽에 부합한다고 보기 어렵다. 필수유지업무의 구체적 범위가 노동조합법 시행령 별표 1에서 사전적으로 정해지고, 그 유지율이 낮게는 50~60%, 평균적으로 70~80%, 높은 경우 거의 100%로 높게 정해지고 있는 점을 고려할 때 그 제한의 정도는 '엄격한 의미의 필수서비스'에서만 허용되는 파업권 제한의 수준에 해당한다. 그러나 노동조합법상 필수유지업무의 개념은 생명, 안전 또는 건강뿐만 아니라 공중의 일상생활에 영향을 미치는 업무까지 포괄하고, ILO가 엄격한 의미의 필수서비스에 해당될 수 없다고 본 철도와 도시철도, 항공운수사업, 석유사업 등을 망라하고 있는 점에서 그 범위가 지나치게 광범위하다.

---

174) *Compilation*, 2018, para. 836.

결사의 자유 위원회는 현행 노동조합법상 필수공익사업이 엄격한 의미의 필수서비스로 간주될 수 없는 사업들을 다수 포괄하고 있다는 점을 지적하면서, 필수공익사업의 광범위성을 입법적 측면에서 해결이 필요한 과제로 지목하고 있다.[175] 또한 최소서비스는 국민 전체 또는 일부의 생명 또는 정상적 생활조건이 위험에 처하는 것을 막기 위해 엄격하게 필요한 운영으로만 국한되어야 한다는 원칙을 충분히 고려하도록 정부가 필요한 모든 조치를 취하도록 권고하였다.

2017년 유엔(UN) 경제적·사회적·문화적 권리 규약 위원회도 한국 정부에 대해 필수유지업무의 광범위한 정의 규정에 관한 우려를 표하면서 "필수유지업무의 범위를 엄격하게 규정하여 파업권이 효과적으로 행사될 수 있도록 보장할 것"을 권고한 바 있다.[176]

## 4. 대체근로

### 가. 사건의 경과

노동법이 1953년 처음 제정된 이래로 대체근로 금지규정은 있어 왔다. 1997년 대체근로 금지의 대상이 '쟁의에 관계없는 자'[177]에서 '당해 사업과 관계없는 자'[178]로 변경되기는 하였으나, 구 노동쟁의조정법 및 노동조합및노동관계조정법[179]은 대체근로 금지조항만 두고 있었다. 그러던 것이 2006년 노동조합법 개정으로 직권중재가 폐지될 당시 필수공익사업의 대체근로가 허용되도록 개정되었다. 현행노동조합법에 의하면, 필수공익사업 사용자는 당해 사업 또는 사업장 파업참가자의 100분의 50을 초과하지 않는 범위 안에서 채용 또는 대체하거나 도급 또는 하도급 줄 수 있다(법 제43조 제3항 내지 제4항).

국제자유노동조합총연맹(ICFTU)은 1997년 법 개정을 통해 대체근로 범위가

---

175) 결사의 자유 위원회 Case No. 1865【대한민국】, 404차 보고서(2023), para. 76.
176) Committee on Economic, Social and Cultural Rights, *Concluding observations on the fourth periodic report of the Republic of Korea*, E/C.12/KOR/CO/4, 2017.
177) 구 「노동쟁의조정법」(1953. 3. 8. 법률 제279호, 제정 및 시행).
178) 구 「노동조합 및 노동관계조정법」(법률 제5310호, 1997. 3. 13. 제정 및 시행).
179) 구 노동쟁의조정법(1996. 12. 31. 법률 제5244호로 폐지되기 전의 것)은 "사용자는 쟁의 기간 중 쟁의에 관계없는 자를 채용 또는 대체할 수 없다"라고 규정하고, 구 노동조합법 (2006. 12. 30. 법률 제8158호로 개정되기 전의 것)은 "사용자는 쟁의행위 기간중 그 쟁의 행위로 중단된 업무의 수행을 위하여 당해 사업과 관계없는 자를 채용 또는 대체할 수 없다. 사용자는 쟁의행위 기간중 그 쟁의행위로 중단된 업무를 도급 또는 하도급 줄 수 없다"라고 규정하여 대체근로 금지조항만 두고 있었다.

확대된 것에 대하여, 전국공공운수노동조합, 민주노총 및 국제공공노련(PSI) 등은 2006년 법 개정으로 필수공익사업장에서의 대체근로를 최대 50%까지 허용한 것에 대하여 결사의 자유 위원회에 진정을 제기하였다. 결사의 자유 위원회는 1865호 사건에서 필수공익사업의 광범위성 및 직권중재, 긴급조정 등과 함께 대체근로의 문제를 다루었다.

### 나. ILO 감독기구들의 심의

진정단체들은 2006년 개정 노동조합법이 직권중재를 폐지하였음에도 긴급조정에 더해 필수유지업무와 대체근로의 허용 등의 일련의 파업권 제한 규정을 도입함으로써 필수공익사업에서의 파업금지 효과를 그대로 유지하고 파업권을 무의미하게 만들고 있다고 지적하는 한편, 지나치게 광범위한 필수공익사업에서 대체근로를 허용하는 것은 ILO의 원칙과 정면으로 위배된다고 주장하였다.[180] 또한, 대체근로 노동자를 투입하려는 경영진과 이를 저지하려는 노동조합 사이에 불필요한 충돌을 초래할 수 있다는 우려를 표명했다.

결사의 자유 위원회는 수차례에 걸쳐 (i) 한국의 노동관계법이 엄격한 의미의 필수서비스에 해당하지 않는, 상당히 광범위한 범주의 서비스를 필수공익사업으로 규정하고 있다는 점을 지적하면서[181] 철도, 도시철도 및 운수사업, 항공운수사업, 석유정제 및 석유공급사업, 은행사업 및 통신 사업 등은 엄격한 의미의 필수서비스로 간주될 수 없는 부문임을 분명히 하고 필수공익사업 범위를 축소할 것을 권고하였고,[182] (ii) 이와 같이 엄격한 의미의 필수서비스로 간주될 수 없는 부문에서 대체근로 노동자를 고용하는 것은 결사의 자유에 대한 심각한 위반이라고 결론 내리면서, (iii) 한국 정부에 대체근로를 '엄격한 의미에서의 필수서비스'로 제한할 것을 거듭 권고하였다.[183]

---

180) 결사의 자유 위원회, Case No. 1865, 353차 보고서(2009), paras. 628~640.
181) 결사의 자유 위원회, Case No. 1629, 294차 보고서(1994), para. 264.
182) 결사의 자유 위원회, Case No. 1629, 294차 보고서(1994), para. 294; 결사의 자유 위원회, Case No. 1865, 327차 보고서(2002), para. 327; 335차 보고서(2004), paras. 826~827.
183) 결사의 자유 위원회, Case No. 1865, 306차 보고서(1997), para. 346; 353차 보고서(2009), para. 711.

■ **결사의 자유 위원회, 306차 보고서(1997), Case No. 1865 【대한민국】, para. 336**

336. 본 위원회는 파업 중 대체근로에 관한 사례를 이미 여러 차례 검토했다. 이와 관련하여 엄격한 의미의 필수서비스로 볼 수 없는 부문에서 파업을 와해시키기 위해 노동자를 고용하는 것, 그럼으로써 파업이 금지될 수 있게 하는 것은 결사의 자유에 대한 심각한 위반이 된다[결사의 자유 위원회 결정례집, 1996, para. 570 참조]. 본 위원회는 또한 파업이 합법이라면 불확정적 기간 동안 파업 참가자를 대체하기 위해 기업 외부로부터의 노동력 이용에 의존하는 것은 파업권을 침해할 위험성을 수반하며, 이는 노동조합 권리의 자유로운 행사에 영향을 미칠 수 있다고 판단했다[결사의 자유 위원회 결정례집, 1996, para. 571 참조]. 더욱이 노동조합 권리, 이 사건에서는 파업권에 관련된 법령은 결사의 자유 원칙에 부합하는 것이어야 한다. (중략) 이러한 규정은 엄격한 의미에서의 필수 서비스에 적용될 경우에만 결사의 자유 관점에서 용인될 수 있음을 강조한다.

■ **결사의 자유 위원회 Case No. 1865, 353차 보고서(2009)**

709. 본 위원회는 2006. 12. 30. 통과된 개정 노동조합법이 몇 가지 수준의 파업권 제한을 도입함으로써 직권중재 폐지의 잠재적 효과를 거의 없애고 있다는 민주노총의 새로운 주장에 주목한다. 이러한 제한들은 긴급조정, 최소서비스와 대체근로의 가능성이다. (중략).

711. 대체근로에 의지할 가능성과 관련하여, 본 위원회는 일반적으로 "파업이 합법이라면 불확정적인 기간 동안 파업 참가자를 대체하기 위해 기업 외부로부터의 노동력 이용에 의존하는 것은 파업권을 저하할 위험성을 수반하며, 이는 노동조합 권리의 자유로운 행사에 영향을 미칠 수 있다"라는 점을 상기하고자 한다[결사의 자유 위원회 결정례집, 2006, para. 633 참조].

### 다. 검토

대체근로를 허용하는 것은 파업권의 실효성을 본질적으로 약화시킬 수 있다. ILO는 엄격한 의미에서 필수서비스로 간주될 수 없는 부문에서 파업을 중단시키기 위해 대체노동자를 고용하고 그럼으로써 파업이 사실상 금지될 수 있게 하는 것은 결사의 자유에 대한 심각한 위반이 된다고 본다.[184)

이에 대해 정부는 (i) 노사정 합의에 기반하여 파업권과 공익의 조화를 위해 직권중재를 폐지하면서 필수유지업무 및 대체근로의 부분적 허용 등을 도입한

---

184) *Compilation*, 2018, para. 918.

것이고, (ii) 필수공익사업 여부는 해당 사업의 규모, 시장에서의 대체가능성 및 기타 특성 등을 종합적으로 고려하여 결정하고 있으며, (iii) 파업이 국민의 일상생활을 현저히 위태롭게 하고 국민경제를 저해할 우려가 있는 사업에서 일정 한도 내에서만 대체근로를 허용하고 있는 점에서 ILO 기준을 벗어나지 않는다고 주장하였다.[185]

그러나 결사의 자유 위원회는 2023년 1865호 사건 심의를 마치면서, 종래 한국 정부에 대하여 지속적으로 개선을 권고해온 파업의 목적 정당성에 대한 협소한 해석, 형법 제314조의 업무방해죄 적용 문제와 더불어 필수공익사업장의 파업 시 대체근로의 허용 및 필수공익사업의 광범위한 범위의 문제가 여전히 해결되지 않았다는 점을 상기시키면서, 결사의 자유 원칙에 따른 파업권 보장을 위해 향후 대한민국 정부의 정례 보고에 대한 ILO 감독기구의 심의 절차에서 다루어야 할 입법적 측면의 과제라고 지적하였다.

---

■ 결사의 자유 위원회, 404차 보고서(2023), Case No. 1865 【대한민국】, para. 76

76. [중략] 본 위원회는 정부가 보고한 법 개정으로 해고자의 조합원 자격을 배제하는 법률 조항을 폐지하고, 노조 전임자에 대한 급여 지급과 근로시간 면제제도에 대한 제한을 해제하는 등 본 건과 관련한 오랜 권고들 중 일부를 실현하는 효과를 가져왔다는 점에 관심을 가지고 주목한다. 그럼에도 본 위원회는 파업의 정당한 목적에 대한 협소한 해석, 파업권에 형법 제314조의 '업무방해죄'의 적용, '필수공익사업'에서의 파업시 대체근로의 허용 및 광범위한 범위의 필수공익사업 규정과 같은 이 사건의 다른 입법적 문제들이 여전히 해결되지 않았다는 점에 주목한다. 대한민국 정부가 「결사의 자유 및 조직할 권리 보호에 관한 협약」(제87호, 1948)과 「단결권 및 단체교섭권 원칙의 적용에 관한 협약」(제98호, 1949)을 2021년 4월 21일 비준한 것을 고려하여, 본 위원회는 이와 관련한 이전 권고를 상기하고 이러한 모든 입법적 문제들을 전문가위원회에 회부한다.

---

## 5. 제87호 협약 비준 이후 전문가위원회의 권고

2023년 전문가위원회는 제87호 협약에 관한 대한민국 정례 보고서를 검토한 후, 필수공익사업에서의 파업권 제한에 관한 법령 개정을 권고하였다.[186]

---

185) 결사의 자유 위원회, 404차 보고서(2023), Case No. 1865, para. 75.
186) 【대한민국】 전문가위원회, Direct Request, 2023.

또한 전문가위원회는 조합원 찬반투표에 관해 규정하고 있는 노동조합법 제 41조 제1항을 결사의 자유 원칙에 부합하도록 개정할 것을 권고하였다.

---

【대한민국】 전문가위원회, Direct Request, 2023

필수공익사업

[중략] 본 위원회는, 파업권을 제한 내지 금지할 수 있는 필수 서비스는 오직 "그 중단이 생명, 개인의 안전 또는 인구의 전부 내지 일부의 건강을 위험하게 하는" 것뿐임을 상기한다. 파업이 일정 기간 또는 일정 한도를 넘어 계속된다거나 국가의 특성(예를 들면, 섬나라)에 따라 비(非)필수 서비스도 필수 서비스가 될 수 있다는 점에서, 이러한 개념은 성질상 절대적인 것은 아니다(General survey, 2012, para. 131 참조). 본 위원회는, 대한민국 법이 이러한 서비스에서 파업을 전면 금지하지는 않음에도 불구하고, 서비스의 일정 수준의 유지·운영을 요구하여 파업 효과를 실질적으로 제한한다는 것을 주목한다. 본 위원회는 덧붙여, 법이 이러한 서비스에서 사용자가 파업 참가자의 절반을 대체하는 것을 허용함으로써 파업의 영향을 한층 더 제한한다는 것을 주목한다. 석유정제사업 및 석유공급사업, 탄화수소, 가스사업뿐만 아니라 은행사업, 철도, 운수사업, 대중교통, 항공운수사업에서 노동자들이 단체행동을 조직할 수 있어야 한다고 본 위원회는 판단한다(General survey, 2012, para. 134 참조). 본 위원회는, 엄격한 의미에서의 필수 서비스는 아니지만 파업의 범위와 기간이 국민의 정상적인 생존상태를 위협하는 극심한 위기를 초래할 수 있는 경우, 그리고 근본적으로 중요한 공공서비스에서, 당사자들이 참여하여 최소서비스를 정할 수 있다는 점을 상기한다. 그러한 최소서비스는 ( i ) 파업의 실효성을 유지하면서도, 인구의 기본적 필요를 충족시키기 위해 꼭 필요한 운영으로 국한된, 진정으로 그리고 전적으로 최소의 서비스여야 하며 ( ii ) 이러한 시스템이 자신의 이익을 옹호하기 위해 노동자와 노동자단체가 활용할 수 있는 필수적 압력 수단의 하나를 제한하는 것인만큼, 노동자단체는 그들이 원한다면 사용자 및 공공당국과 함께 그러한 서비스를 정하는데 참여할 수 있어야 한다(General survey, 2012, paras. 136~137 참조). 앞에서 살펴 본 바와 같이, 본 위원회는 사회적 파트너들이 참여하여 필수공익사업에서 최소서비스의 수준을 정하며, 위에서 서술한 원칙에 부합하게 진정으로 최소한도의 서비스로 정해지도록 정부가 필요한 조치를 취할 것을 요청한다. 본 위원회는 정부가 이에 관해 취한 조치에 관해 정보를 제공해 줄 것을 요청한다.

## Ⅳ. 평화적인 파업에 대한 제재

### 1. 형법 제314조 업무방해죄의 적용

한국 정부에 대한 진정사건들은 결사의 자유 위원회에서 종종 "심각하고 긴급한 사안"들로 분류돼 왔는데, 이는 한국에서 조합활동 및 쟁의행위에 대해 형사처벌이 이루어지고 조합원 및 노조 간부의 구속이 빈발했던 역사와 관련이 깊다. ILO는 노동조합의 권리 실현을 위해서는 개인의 자유 및 안전의 권리, 자의적 구속 및 감금으로부터의 자유, 의견 및 표현의 자유, 집회의 자유 등 시민적 자유가 필수적으로 전제되어야 한다고 보고, 어떠한 경우에도 "평화적인 파업"을 조직하거나 참가하는 것이 형사처벌의 대상이나 해고 등 제재의 대상이 되어서는 안된다는 점을 강조하고 있다.[187]

---

【대한민국】전문가위원회, Direct Request, 2023

조합원 찬반투표의 정족수

본 위원회는, 노동조합법 제41조 제1항이 노동조합의 쟁의행위는 그 조합원(제29조의2에 따라 교섭대표노동조합이 결정된 경우에는 그 절차에 참여한 노동조합의 전체 조합원)의 과반수의 찬성으로 결정하지 아니하면 이를 행할 수 없다고 규정하고 있음에 주목한다. 위의 규정을 위반한 경우 노동조합법 제91조는 1년 이하의 징역 또는 1천만원 이하의 벌금에 처한다고 규정하고 있다. 법 제41조 제1항이 모든 조합원의 과반수 찬성을 요구하는 점을 주목하면서, 본 위원회는 파업에 돌입하기 위해 관련된 노동자의 과반수 찬성을 요구하는 것은 과도하며, 특히 대규모 사업장에서 파업 돌입의 가능성을 부당하게 방해할 수 있다는 것을 상기한다. 본 위원회는, 어느 국가가 파업 전 노동자의 찬성을 요구하는 것이 적절하다고 생각한다면, 오로지 투표한 인원만 고려되어야 한다고 본다(General survey, 2012, para. 147 참조). 그러므로 본 위원회는 정부가 사회적 파트너들과 협의를 거쳐 노동조합법 제41조 제1항을 위에 서술한 원칙에 부합하도록 개정할 것과 이에 관해 취한 조치들에 대해 알려줄 것을 요청한다.

---

### 가. 사건의 경과

파업권 행사를 형법 제314조 업무방해죄의 '위력'으로 보아 형사처벌하는

---

187) *Compilation*, 2018, paras. 970~975.

문제에 대해서는 그동안 수차례 ILO 결사의 자유 위원회에 진정된 바 있다. (i) 가장 대표적으로 1995년 진정이 제기된 이래 여러 후속 진정이 병합된 1865호 사건에서는 1995년 민주노총 권영길 위원장 등 노조 지도부 체포·구속, 1997년 노동법 날치기 개악 반대 총파업 지도부 체포·구속, 1998년 총파업을 이유로 한 단병호 금속연맹 위원장 체포·구속, 2006년 철도노조 파업을 이유로 한 철도노조 위원장 체포·구속 및 전국 각 지역에서 조합 간부들의 현행범 체포, 2013년 수서발 KTX 설립 등 철도 민영화 반대 파업에 따른 철도노조 지도부의 체포·구속 등이 다루어졌고,[188] (ii) 2602호 사건에서는 현대자동차 비정규직 노동자들이 2006년 파업을 이유로 구속된 사안이 다루어졌으며,[189] (iii) 2829호 사건에서는 공공부문 선진화 계획과 단체협약 해지로 인해 촉발된 2009년 공공기관 파업에서 한국철도공사, 한국가스공사, 국민연금공단 및 5개 발전사의 파업에 참여한 노조 간부와 조합원들이 업무방해죄로 기소된 사안,[190] (iv) 3237호 사건에서는 공공기관의 성과연봉제 일방도입에 반발하여 진행된 2016년 철도노조의 파업에서 지도부가 업무방해죄로 고소된 사안[191] 등이 다루어졌다.

### 나. ILO 감독기구들의 심의
#### (1) 2011년 대법원 전원합의체 판결 이전

진정인들은 형법 제314조 업무방해 조항의 의미가 불명확할 뿐 아니라 파업 목적을 단체협약 체결을 위한 근로조건 사항으로만 한정하는 협소한 해석과 결합될 경우 거의 모든 파업이 불법으로 판단될 수 있으며, 그 결과 파업권 행사만으로 체포·투옥 및 형사처벌의 위험에 노출될 수밖에 없어 결사의 자유가 심각하게 침해되고 있다고 주장하였다. 위 진정사건들에서 형법 제314조 적용이 쟁점이 된 사안들은 노동자들의 주된 관심사인 노동관계법의 개정, 고용안정 및 경영상 해고, 구조조정 문제를 둘러싼 정부와 노사 간의 의견대립, 사업에 중대한 영향을 미치는 철도 구조개혁, 공공부문의 단체협약 개정이나 임금체계 변경에

---

188) 결사의 자유 위원회, Case No. 1865, 324차 보고서(2001); 327차 보고서(2002); 331차 보고서(2003); 335차 보고서(2004); 340차 보고서(2006); 346차 보고서(2007); 353차 보고서(2009); 371차 보고서(2014); 382차 보고서(2017) 등 참조.
189) 결사의 자유 위원회, Case No. 2602, 350차 보고서(2008); 355차 보고서(2009); 359차 보고서(2011); 363차 보고서(2012); 374차 보고서(2015) 등 참조.
190) 결사의 자유 위원회, Case No. 2829, 365차 보고서(2012) 등 참조.
191) 결사의 자유 위원회, Case No. 3237, 386차 보고서(2018) 등 참조.

관하여 파업권이 행사된 경우들로서, 이는 결사의 자유 위원회가 파업권을 통해 보호될 수 있다고 보는 조합원의 이익과 밀접한 사안들이었다.

위 진정들에 대하여 정부는 다음과 같이 주장하였다. (i) 업무방해죄는 파업권 자체를 제약하기 위한 조항이 아니다. 한국은 정당한 합법파업을 보호하고 있으며, 업무방해죄는 주로 파업으로 위장된 업무거부 내지는 헌법상 보호 범위를 벗어난 불법행위들, 특히 폭력과 파괴행위, 조합원들의 업무복귀 저지나 사업장의 장기점거와 같이 사용자의 영업의 자유를 심각하게 침해하는 범죄행위에 적용된다. 결사의 자유 위원회도 파업권 행사 과정에서 범죄행위와 같은 파업권 남용은 보호되지 않는다고 보고 있다(결사의 자유 위원회 결정례집, 1996, para. 598)[192]; (ii) 대한민국 헌법이 제33조 제1항의 노동3권뿐만 아니라 제15조에서 사용자의 영업의 자유를 헌법상 기본권으로 규정하고 있으므로, 노사관계와 관련하여 대립하는 두 기본권을 조화롭게 보장해야 할 필요성이 있고, 노동조합이 사용자의 영업의 자유를 침해할 경우 형법 제314조에 따른 형사처벌이 정당화될 수 있다; (iii) ILO 제87호 협약 제8조 1호의 국내법 존중의 원칙에 따라, 형법 제314조의 적용도 존중되어야 한다.[193]

그러나 결사의 자유 위원회는 다음과 같은 점에서 형법 제314조 업무방해죄가 결사의 자유 원칙을 심각하게 위협한다고 판단하였다. 첫째, 어떠한 경우에도 "평화적 파업"을 조직하거나 참가한 것과 관련하여 체포 또는 구속, 벌금 등 형사처벌 대상이 되어서는 안된다는 것이 결사의 자유 원칙이다.[194] 둘째, 형법 제314조의 업무방해죄는 그 법적 정의가 파업과 관련된 거의 모든 활동을 포괄할 정도로 광범위하고, 지나치게 가혹한 처벌(5년 이하의 징역 및 1천 500만 원의 벌금)을 수반한다.[195] 셋째, 사용자의 경제적 활동을 방해하였다는 점만으로 파업을 형사처벌의 대상으로 삼을 수 없다. "파업은 본질적으로 업무에 지장을 주고 손해를 발생시키는 행위"[196]이고, "파업권 제한을 거래 및 사업에 대한 방해와 연계하는 경우 정당한 파업이 광범위하게 제약될 수 있다. 파업의 경제적 영향, 거

192) 결사의 자유 위원회, Case No. 1865, 335차 보고서(2004), paras. 788~793; 324차 보고서(2001) para. 395.
193) 결사의 자유 위원회, Case No. 1865, 353차 보고서(2009), paras. 665~666.
194) 결사의 자유 위원회, Case No. 1865, 353차 보고서(2009), para. 728.
195) 결사의 자유 위원회, Case No. 1865, 335차 보고서(2004), para. 834.
196) 결사의 자유 위원회, Case No. 2829, 365차 보고서(2012), para. 577.

래 및 사업에 미치는 효과는 유감스러울 수 있지만, 파업권은 보장되어야 한다".197) 넷째, 정부는 ILO 제87호 협약 제8조 제1항의 국내법 존중의 원칙을 들어 형법 제314조에 따른 형사처벌이 정당화된다고 주장하나, 제87호 협약 제8조 제2항에 따르면, "국내법은 이 협약에 규정된 보장사항을 저해하거나 저해할 목적으로 적용되어서는 아니된다". 그러므로 ILO 감독기구들은 한국 정부에 대해 형법 제314조 업무방해죄를 결사의 자유 원칙에 완전히 부합하도록 조치를 취할 것을 요청하였다.

---

■ 결사의 자유 위원회, 327차 보고서(2002), Case No. 1865 【대한민국】, paras. 491~492

491. 형법 제314조의 업무방해의 용어와 관련하여, 본 위원회는 이전에 위 용어의 법적 정의가 파업과 관련된 거의 모든 활동을 포괄할 정도로 지나치게 광범위하다는 점을 지적한 바 있다(324차 보고서, para. 405 참조). 파업이 "근로조건의 유지·향상을 위한 노사 간의 자치적인 교섭을 조성하기 위해 노동법이 정한 주체, 목적, 절차 및 수단·방법에 따라 합법적이고 평화적으로 수행되면" 업무방해죄의 적용을 받지 않는다는 정부 답변과 관련하여, 본 위원회는 한국의 노동법에 따르면, 임금, 근로시간 등과 같은 근로조건과 관련된 사항에 대해서만 파업을 할 수 있도록 규정되어 있기 때문에 거의 모든 파업이 불법으로 판단될 수 있다는 민주노총의 주장에 주목한다. 따라서, 노동조합이 이러한 (근로조건) 사항과 밀접하게 관련된 문제들에 대해 파업을 선언하는 경우에도, 파업은 필연적으로 불법이 되고 업무방해죄가 성립된다. 이와 관련하여, 정부도 폭력행위를 저지르지 않았음에도 불구하고 사업장 규모와 국민경제에 미치는 부정적 영향을 고려해서 불법파업 주도 및 형법 제314조 위반 혐의로 체포된 노동자들이 있다는 점을 자인하고 있다.

 492. 이런 측면에서, 본 위원회는 이전에 지적한 바와 같이 [320차 보고서, para. 526] 노동자가 파업권 행사를 통해 옹호하는 직업적·경제적 이익은 노동조건 개선이나 직업적 성격을 가진 집단적 요구에만 관련되는 것이 아니라 노동자에게 직접적인 관심 사항인 기업이 직면한 경제정책 및 사회정책 문제에 대한 해결책을 모색하는 것과도 관련되어 있다는 점, 파업권은 단체협약 체결을 통해 해결될 수 있는 노동분쟁으로만 제한되어서는 안 되며, 노동자와 그 조직은 필요하다면 조합원의 이익에 영향을 미치는 경제적, 사회적 사안에 관한 불만을 더 넓은 맥락에서 표현할 수 있어야 한다는 점을 상기하고

---

197) 결사의 자유 위원회, Case No. 1865, 353차 보고서(2009), para. 715.

자 한다[결사의 자유 위원회 결정례집, 1996, paras. 479, 480 및 484 참조]. 업무방해죄 조항이 지나치게 가혹한 처벌(5년 이하의 징역 및 1천 500만원의 벌금)을 수반하고 그러한 상황이 안정적이고 조화로운 노사관계 시스템에 도움이 되지 않는다는 점을 강조하면서, 본 위원회는 한국 정부에 대해 형법 제314조를 결사의 자유 원칙과 부합하도록 할 것을 요청한다.

---

**■ 결사의 자유 위원회, 353차 보고서(2009), Case No. 1865 【대한민국】**

714. 앞서 진정인들이 주장한 바와 같이 파업권을 행사하는 조합원들을 희생시키는 수단으로 체계적으로 작동해온 바 있는 형법 제314조 업무방해 문제와 관련하여, 본 위원회가 이 문제를 2000년부터 지적해왔음에도 불구하고, 정부의 답변이 형법 제314조를 결사의 자유 원칙에 부합하도록 검토하는데 있어 어떠한 진전도 없다는 점에 본 위원회는 재차 유감을 표명하는 바이다. 오히려 정부는 이 조항이 파업 그 자체를 규율하기 위한 것이 아니라 사용자의 경제적 활동을 방해함으로써 피해를 입히는 불법행위를 처벌하기 위한 것이라고 진술하고 있다.

715. 본 위원회는 누구도 단지 평화적인 파업에 참가하였다는 이유만으로 그 자유가 박탈되거나 형사처벌의 대상이 되어서는 안된다는 점을 강조하고자 한다[결사의 자유 위원회 결정례집, 2006, para. 672 참조]. 본 위원회는 '파업권 제한을 거래 및 사업에 대한 방해와 연계하는 경우 정당한 파업이 광범위하게 제약될 수 있다. 파업의 경제적 영향, 거래 및 사업에 미치는 효과는 유감스러울 수 있지만, 이런 결과 그 자체가 저절로 어떤 서비스를 "필수서비스"로 만드는 것은 아니며, 따라서 파업권은 보장되어야 한다'고 밝힌 바 있다[결사의 자유 위원회 결정례집, 2006, para. 592 참조]. 이러한 원칙은 사용자의 경제적 활동을 제한하였다는 이유로 법이 파업에 대해 형사처벌과 무거운 벌금형을 부과한 본 사건에서도 동일하게 적용된다.

717. 이상에 비추어 본 위원회는 형법 제314조(업무방해)를 결사의 자유 원칙에 완전히 부합하도록 조치를 취할 것을 정부에 다시 한번 요청한다.

728. 마지막으로 본 위원회는 체계적으로 업무방해죄를 활용하고 있다는 주장에 대해, 사용자의 영업의 자유를 심각하게 침해하는 행위로만 이루어진, 법적 한계 밖에 있는 단체행동만이 신중하게 평가되어 업무방해죄로 처벌된다고 답한 정부의 답변에 대해 유감을 표명한다. 본 위원회는 정부의 그와 같은 진술이, 심지어 불법파업의 경우에도 그 파업이 폭력을 수반하지 않는다면 체포를 자제함으로써 업무방해죄의 형사처벌을 최소화하기 위해 노력하겠다는 정부의 이전의 약속과 어긋난 것임을 지적하고자 한다. 당국은 평화적 파업을 조직하거나 참가한 것과 관련하여 체포 또는 구속조치에 의지해서는 안 된다. 이런 조치는 심각한 남용 위험이 따르며 결사의 자유에 대한 심각한 위협이 된

다[결사의 자유 위원회 결정례집, 2006, para. 671 참조]. 본 위원회가 본 사건에 관한 이전 심의에서 노사관계의 범죄화는 조화롭고 평화로운 노사관계에 도움이 되지 않는다는 한 점을 상기하고자 한다(346차 보고서, 774항). 또한 본 위원회는 본 사건의 이전 심의에서, 정부가 현행법을 위반한 노동자들에 대해서도, 그들이 폭력 또는 파괴행위에 이르지 않은 이상 불구속 조사 관행을 확립하겠다고 시사한 것에 대해 관심 있게 주목하였다. 특히 본 위원회는 특정 범주의 노동자에 대해 아직 노동기본권이 인정되지 않고, 합법파업의 개념이 근로조건 유지 및 개선을 위한 단체교섭의 맥락으로만 국한되어 있는 상황에서 이 진술이 가장 중요하다고 생각했다[331차 보고서, para. 348항; 335차 보고서 832항 참조].

729. 이러한 관점에서, 본 위원회는 수년에 걸쳐 적용되어온 제314조 업무방해가, 어떠한 폭력행위가 없는 경우에도 단체행동과 관련된 다양한 행위들에 대해 중대한 징역형과 벌금형을 수반하는 처벌을 가하는 것에 대해 다시 한번 크나큰 우려를 표시하고자 한다. 본 위원회는 다시 한번 정부에 대하여 불법파업의 경우에도, 폭력에 이르지 않았다면, 체포와 구금을 자제하는 일반적인 조사 관행으로 돌아갈 수 있도록 사회적 파트너와의 협의를 비롯한 모든 가능한 조치들을 취할 것을 요청한다.

749. (f) 업무방해에 관한 형법 제314조와 관련하여, 본 위원회는 사회적 파트너들과의 협의를 통해, 심지어는 불법 파업의 경우라도, 폭력 행위가 수반되지 않은 한, 노동자를 구금하고 체포하는 것을 삼간 채 조사하는 일반적 관행으로 되돌아갈 수 있도록 모든 가능한 조치들을 고려할 것을 다시 한번 정부에 요청한다. 본 위원회는 현재의 형법 제314조의 규정으로 인해 업무방해로 체포된 노동자에 대한 새로운 사건이 있다면 관련한 법원의 판결 사본을 제공하는 것을 포함하여, 이 문제에 관해 지속적으로 알려줄 것을 요청한다.

(2) 2011년 대법원 전원합의체 판결 이후

대법원은 소극적 노무제공 거부가 원칙적으로 업무방해죄의 위력에 해당된다는 종전 판결을 폐기하고, 전격적으로 이루어져 사용자의 사업운영에 심대한 혼란 내지 막대한 손해를 초래하는 등으로 사용자의 사업계속에 관한 자유의사가 제압·혼란될 수 있다고 평가할 수 있는 파업만이 업무방해죄로 간주된다(대법원 2011. 3. 17. 선고 2007도482 전원합의체 판결)고 그 견해를 변경하였다. 정부는 대법원의 판례변경으로 업무방해죄의 성립범위가 축소되어 일정한 단체행동의 경우에만 적용된다고 명확히 하였기 때문에 형법 제314조가 더 이상 결사의 자유 원칙을 침해하지 않는다는 입장을 밝혔다.

그러나 ILO 결사의 자유 위원회는 전원합의체 판결에 따른 판례변경에도 불구하고 여전히 파업에 형법 제314조의 적용 가능성이 남아있는 것 자체로 결사의 자유 원칙이 침해된다고 보고 있다. 결사의 자유 위원회는 업무방해죄 적용에 관한 새로운 대법원 전원합의체 판결의 기준도 지나치게 광범위하고 평화적 파업에 대해서도 업무방해죄 적용을 배제하지 않는다고 보았다. 또한 법률 규정이 평화적인 파업에 적용될 수 있도록 남아있는 한, 파업권을 행사하는 노동자들은 형사 기소, 체포 및 구금의 위험에 노출되어 있고, 설사 장기간의 사법절차 끝에 법원이 형법 314조 제1항을 좁게 해석하여 무죄 선고를 하더라도 기소와 재판, 체포와 구금의 과정을 거친다는 사실 자체가 해당 노동자의 결사의 자유를 심각하게 침해하는 것임을 지적했다.

결국 결사의 자유 위원회는 한국에 관한 1865호와 2602호 사건의 후속 보고서에서 다시금 다음과 같이 지적하면서 형법 제314조의 "업무방해" 조항을 결사의 자유 원칙에 부합하게 하도록 모든 필요한 조치를 즉시 취할 것을 요구하였다. 특히 입법 조치 이전이라도 정부가 평화적 파업에 대해 업무방해죄가 적용되지 않도록 보장하고 평화적 파업에 참가한 노동자에 대한 업무방해죄 기소를 취하할 것을 촉구하였다.[198]

---

■ 결사의 자유 위원회, 363차 보고서(2012), Case No. 2602 【대한민국】, para. 465.

465. 본 위원회는 파업에 있어 업무방해 조항 적용의 문제는 한국에 대한 1865호 사건의 심의와 관련해 위원회가 의견을 제기해온 주제였음을 상기한다. 본 위원회는 이러한 기본권을 행사한 것이 결국 업무방해에 해당하게 될 때 형법 제314조에 따라 쟁의행위가 불법적인 것으로 간주된다는 것을 주목하며, 쟁의행위가 사용자가 예측할 수 없는 시기에 전격적으로 이루어져 사용자의 사업운영에 심대한 혼란 내지 막대한 손해를 초래하는 등으로 사용자의 자유의사가 제압될 수 있는 경우에 "위력"에 의한 "업무방해"에 해당하게 된다는 것에 주목한다. 이 점에 관하여, 본 위원회는 항상 파업권을 노동자와 그 단체가 그들의 경제적, 사회적 이익을 방어하기 위한 합법적인 수단이라고 인정해왔음을 상기시키고자 한다. 본 위원회는 항상 "파업권 제한을 거래 및 사업에 대한 방해와 연계하는 경우 정당한 파업이 광범위하게 제약될 수 있다"라는 입장을 견지해왔다

---

198) 결사의 자유 위원회, 363차 보고서(2012), Case No. 2602, para. 467(g); 결사의 자유 위원회, 382차 보고서(2017), Case No. 1865, para. 93 등.

[결사의 자유 위원회 결정례집, 2006, paras. 521 및 592 참조]. 또한 본 위원회는 파업은 본질적으로 업무에 지장을 주고 손해를 발생시키는 행위이며, 불의를 인식하고 이를 시정하기 위해 사용자를 압박하기 위한 최후의 수단으로서 파업권을 행사하기로 선택한 노동자에게도 상당한 희생을 요한다는 점을 인정해왔다. 그러므로 본 위원회는 실질적으로 파업과 관련된 모든 행위들을 포괄하고 있는 "업무방해"의 지나치게 광범위한 법적 정의에 대해 다시 한번 커다란 우려를 표명할 수밖에 없다[Case No. 1865, 335차 보고서, para. 834 참조]. 본 위원회는 또한 형사적 제재는 결사의 자유 원칙에 따라 금지되는 파업에 관하여만 부과되어야 한다는 것을 지적하고자 한다[결사의 자유 위원회 결정례집, 2006, para. 668 참조]. 따라서 본 위원회는 정부가 형법 제314조의 "업무방해" 조항을 결사의 자유 원칙에 부합하게 하도록 모든 필요한 조치를 즉시 취하고 이에 관해 알려줄 것을 다시 한번 촉구한다. 본 위원회는 또한 노동자와 조합원들을 위협할 목적으로 "업무방해"에 근거하여 사법절차가 남용될 수 있는 장래의 위험을 피하기 위해서 정부와 사법부가 적절한 보호장치를 마련할 것을 기대하며, 사법부가 판결에서 개별적 노사관계의 맥락에서 건설적인 노사관계 분위기를 구축할 필요를 적절하게 고려해 줄 것으로 기대한다.

■ 결사의 자유 위원회, 382차 보고서(2017), Case No. 1865 【대한민국】, para. 93

93. 2015년 2월 24일 진정서에서 진정인들은 서울서부지방법원 13형사부가 2013년 12월 철도파업을 이끌었던 4명의 철도노조 지도부에 대해 그 파업이 사용자가 예측할 수 없는 시기에 전격적으로 발생한 것이 아니라는 이유로 무죄를 선고했다고 밝혔다. 본 위원회는 이 판결을 환영하며 판결 이유 중에서 법원이 해당 법률 조항을 제한적으로 해석하기 위한 근거로서 형법 제314조에 대한 ILO의 견해를 언급했다는 점에 관심을 가지고 주목한다. 본 위원회는 또한 형법 제314조를 적용할 때 법원이 고려하는 기준에 대한 정부의 설명을 주목한다. 사용자의 자유로운 사업계속 의지가 제압·혼란될 가능성이 없다면, 불법파업이라도 업무방해죄로 처벌받지 않을 것이라는 정부의 지적에 본 위원회는 관심을 가지고 주목한다. 그러나 위원회의 판단으로는, 정부가 언급한 기준, 즉 "사용자가 예측할 수 없는 시기에 전격적으로 이루어져 사용자의 사업운영에 심대한 혼란 내지 막대한 손해를 초래하는 등으로 사용자의 자유의사가 제압될 수 있는 파업만이 업무방해로 간주된다"라는 기준은 지나치게 광범위하며 평화적인 파업에 대한 업무방해죄 적용의 가능성을 배제하지 않는다. 보다 구체적으로 본 위원회는 "파업권 제한을 거래 및 사업에 대한 방해와 연계하는 경우 정당한 파업이 광범위하게 제약될 수 있다"라는 입장을 견지해왔다. 법원이 업무방해죄의 적용에 관해 제한적인 접근방식을 선호한

다고 보이지만, 법률 규정이 평화적인 파업에 적용될 수 있도록 남아있는 한, 파업권을 행사하는 노동자들은 형사 기소, 체포 및 구금의 위험에 노출되어 있다는 점에 유의해야한다. 비록 긴 사법 절차가 끝났을 때 형법 제314조 1항을 제한적으로 해석한 결과로 유죄 판결을 받지 않는다 하더라도, 기소와 재판의 단계를 거치고 체포 및 구금될 가능성이 있다는 점 그 자체만으로도 그들의 결사의 자유에 대한 권리를 심각하게 침해하는 것이다. 위의 의견 및 이와 관련된 이전의 결론을 상기하면서, 본 위원회는 정부가 형법 제314조를 재검토하여 노동자들이 정당한 노조활동을 수행할 권리를 침해하지 않도록, 결사의 자유 원칙에 부합하도록 필요한 조치를 취할 것을 다시 한번 촉구한다. 특히, 본 위원회는 입법적 개선 조치가 취해지기 이전 동안에도, 한국 정부가 평화적 파업 참가자들이 업무방해 혐의로 기소되지 않도록 보장하고, 그러한 평화적 파업에 참여한 혐의로 기소된 노동자들에 대한 모든 공소를 취하할 것을 촉구한다. 또한 정부가 진정인에게 취해진 조치에 대해 계속 알려주고 철도노조 간부에 대해 계류 중인 사법절차의 결과에 대한 정보를 알려주고 관련 법원 판결의 사본을 제공할 것을 요청한다.

### (3) 제87호 협약 비준 이후 전문가위원회의 권고

2023년 전문가위원회는 제87호 협약에 관한 대한민국 정례 보고서를 검토한 후, 평화적 파업에 대한 형사면책이 이루어질 수 있도록 법 개정을 권고하였다.[199]

【대한민국】전문가위원회, Direct Request, 2023

민사책임 및 형사적 제재

[중략] 나아가 본 위원회는, 노동조합법 제4조에도 불구하고 노동조합법상 벌칙 조항들이 여러 유형의 평화적 쟁의행위에 형사벌칙을 부과하고 있으며, 이러한 벌칙이 5년 이항의 징역 및 5천만 원 이하의 벌금을 규정하고 있음에 주목한다. 더 나아가 본 위원회는, 1865호 사건 심의에서 결사의 자유 위원회가 파업을 "업무방해"로 보는 형법 제314조 제1항을 적용하는 문제를 지난 25년간 언급해 왔음을 주목한다. 본 위원회는, 정부가 형법 제314조를 대법원 판례가 설시한 법리, 즉 "사용자가 예측할 수 없는 시기에 전격적으로 이루어져 사용자의 사업운영에 심대한 혼란 내지 막대한 손해를 초래하는 등으로 사용자의 자유의사가 제압될 수 있는 파업" 기준에 부합하게 신중하게 적용하고 있다고 설명한 점에 주목한다. 또한 정부는, 2018년 이래로 단순한 노무제공거부를 한 사람에게 업무방해죄로 기소한 사례가 한 건도 없다고 설명한다. 본 위원회는, 파업권의

---

정당한 행사로 인해 어떠한 종류의 제재도 받아서는 안되며, 특히 평화적 파업을 통해 기본권을 행사했을 뿐인 노동자에게 형사 제재를 가해서는 안된다는 점을 상기한다. 그러므로 어떠한 경우에도 징역형 내지 벌금형이 부과되어서는 아니된다(General survey, 2012, paras. 122 및 158 참조). 이제 제87호 협약이 대한민국 국내법으로 통합되었으므로, 정부가 사회적 파트너들과의 협의를 거쳐, 노동자와 그 단체가 평화적 단체행동에 참여한 것을 이유로 형사적 제재의 대상이 되지 않도록 모든 필요한 조치를 취하고 이와 관련된 조치들에 대한 정보를 제공해 줄 것으로 본 위원회는 기대한다. 본 위원회는 정부가, 파업을 이유로 노동자와 노동조합에 대해 손해배상책임을 인정했거나 파업 참가자에게 징역형을 선고한 사건들에 관한 정보 및 관련 판결문 사본을 제공해 줄 것을 요청한다. 마지막으로 본 위원회는 정부가 노동조합법 제3조 개정안 사본을 제출할 것을 요청한다.

## 다. 검토

ILO 감독기구들은 수십 년에 걸쳐 "실질적으로 파업과 관련된 모든 행위들을 포괄하는 지나치게 광범위한 업무방해의 정의와, 합법파업의 요건 및 단체교섭 사항에 대한 극도로 제한적인 해석에 대해 커다란 우려를 표명"하면서, 한국 정부가 이러한 요소들에 "체계적으로 의존"하여 파업권을 침해하고 있음을 지적하여왔다. ILO 감독기구의 권고가 주는 시사점은 다음과 같다.

첫째, 파업권 행사 자체를 업무방해죄의 '위력'으로 보는 관점[200]은 파업권의 원칙적 금지, 예외적 허용이라는 관점에 기초한 것으로 그 자체로 결사의 자유 원칙에 반하여 폐기되어야 한다. 결사의 자유 위원회는 "조합원들이 단지 노무제공을 거부했다는 사실만으로 사업운영을 방해하는 형사상 업무방해에 해당하는 것으로 의율되었다"는 점에 주목하였다.[201] 대법원 전원합의체 판결에서

---

200) 대법원은 종래 "범인의 위세, 사람 수 및 주위의 상황에 비추어 피해자의 자유의사를 제압하기 족한 세력"이라는 업무방해죄의 위력 개념에 터잡아 단순한 노무제공 거부도 그것이 집단적으로 이루어지는 한 '위력'에 해당한다고 보아 업무방해죄의 구성요건 해당성을 긍정하고, 정당행위로서 위법성이 조각되지 않는 한 결국 업무방해죄가 성립한다고 보았다(대법원 1991. 11. 8. 선고 91도326 판결). 2011년 대법원 전원합의체 판결 역시 "쟁의행위로서 파업은, 단순히 근로계약에 따른 노무의 제공을 거부하는 부작위에 그치지 아니하고 이를 넘어서 사용자에게 압력을 가하여 근로자의 주장을 관철하고자 집단적으로 노무제공을 중단하는 실력행사이므로, 업무방해죄에서 말하는 위력에 해당하는 요소를 포함하고 있다"라고 보아 이러한 관점을 유지하고 있다(2011. 3. 17. 선고 2007도482 전원합의체 판결).

201) 결사의 자유 위원회, 346차 보고서(2007), Case No. 1865, para. 767.

위력의 포섭 범위를 축소하였으나, 이로 인하여 단순파업이 형사처벌의 대상이 된다는 규범 내용이 변경된 것은 아니고, 파업권을 위축시키는 결사의 자유 원칙 위반의 문제는 여전히 존재한다.[202]

둘째, 결사의 자유 위원회가 파업권 제한을 '거래 및 사업에 대한 방해'와 연계하는 것 자체에 대해 의문을 제기하였음을 유념할 필요가 있다. "파업은 본질적으로 사용자의 업무에 지장을 주고 손해를 발생시키는 것"이며, "파업의 경제적 영향, 거래 및 사업에 미치는 효과는 유감스러울 수 있지만, 이런 결과 그 자체가 저절로 파업권의 제한·금지를 정당화할 수 있는 근거가 될 수 없음"을 분명히 하였다. 결사의 자유 위원회는 한국 정부가 국민경제[203]나 기업[204]에 미치는 경제적 영향을 들어 파업권 제한을 정당화하는 것에 심각한 우려를 표시하면서, 이러한 관점을 재고할 것을 요청하였다.

셋째, 파업권의 보장은 실정법이 아니라 결사의 자유 원칙에 부합하게 이루어져야 한다. 결사의 자유 위원회는 법적 한계 밖에 있는 단체행동만이 신중하게 평가되어 업무방해죄로 처벌된다는 정부의 답변에 대해 유감을 표명하면서, "그 자체로 결사의 자유 원칙과 상충되는 법규에 따라 파업이 불법으로 규정되고,"[205] "특정 범주의 노동자에 대해 아직 노동기본권이 인정되지 않고, 합법파

---

202) 최근 헌법재판소는 형법 제314조 제1항이 죄형법정주의의 명확성 원칙이나 책임과 형벌 간 비례원칙에 위배되지 않고, 단체행동권을 침해하지 않는다고 보아 합헌으로 판단하였으나, 5인은 다음과 같이 일부 위헌의견을 밝혔다(헌법재판소 2022. 5. 26. 선고 2012헌바 66 결정). "대법원은 2007도482 전원합의체 판결에서 위력의 포섭 범위를 축소하였으나, 이로 인하여 단순파업이 형사처벌의 대상이 된다는 규범 내용이 변경된 것은 아니다. (중략) 단순파업은 어떠한 적극적인 행위요소도 포함하지 않은 소극적인 방법의 실력행사로서, 그 본질에 있어 근로계약상 노무제공을 거부하는 채무불이행과 다를바 없어, 단순파업 그 자체를 형사처벌의 대상으로 하는 것은 사실상 근로자의 노무제공의무를 형벌의 위하로 강제하는 것일 뿐만 아니라, 노사관계에 있어 근로자 측의 대등한 협상력을 무너뜨려 단체행동권의 헌법상 보장을 형해화할 위험도 존재한다. 대법원이 2007도482 전원합의체 판결에서 단순파업의 위력 해당 여부에 대한 판단기준으로 전격성과 결과의 중대성을 들어 위력의 포섭 범위를 제한하고 있으나, 쟁의행위의 정당성 여하는 쟁의행위의 전후 사정과 경위 등을 종합하여 사후적으로 결정되는 것이므로, 법률에 문외한이라고 할 수 있는 근로자들이 사전에 노동조합법상의 정당성 문제를 명확하게 판단한다는 것을 기대하기는 어렵다. 따라서 근로자들은 단순파업에 나아가는 경우에도 항상 심판대상조항에 의한 형사처벌의 위험을 감수하여야 하므로, 이는 그 자체로 단체행동권의 행사를 위축시킬 위험이 있다".
203) 결사의 자유 위원회, 327차 보고서(2002), Case No. 1865, para. 491.
204) 결사의 자유 위원회, 353차 보고서(2009), Case No. 1865, para. 714.
205) 결사의 자유 위원회, 365차 보고서(2012), Case No. 2829, para. 577.

업의 개념이 단체협약 체결을 통해 해결될 수 있는 노동분쟁으로만 국한되는 한국의 상황"[206]을 고려할 것을 지적하였다. 따라서 지나치게 협소한 합법파업 요건으로 인해 결사의 자유 원칙에 따른 정당한 파업권 행사조차 불법으로 규정되는 한국의 현실을 고려할 때, 심지어 불법파업의 경우에도 그 파업이 폭력을 수반하지 않은 이상 체포·구금을 비롯한 제재로부터 보호되어야 한다는 입장을 명확히 하였다.[207]

## 2. 평화적인 파업에 대한 경찰력 투입과 강제진압

### 가. 사건의 경과

파업에 대한 업무방해죄 적용과 관련하여 단순 노무제공거부 파업뿐만 아니라 직장점거 방식의 파업 또한 결사의 자유 위원회에서 다루어졌다. 대표적으로 전국금속노동조합은 1998년 정부가 연좌농성 파업 중이던 만도기계의 전국 사업장에 대규모 경찰력 투입과 헬리콥터, 물대포, 최루가스 및 파이프 등을 동원하여 강제진압하고 조합원 연행 및 체포구속을 한 사안과 관련하여 결사의 자유 침해를 이유로 진정을 하였고, 이 사안은 1865호 사건에 병합되어 심사되었다.

### 나. ILO 감독기구들의 심의

정부는 국내법 질서를 보호하기 위한 합법적인 방식으로 전투경찰의 개입과 노동자들의 계속적인 구속수감이 정당화된다고 주장하였다.

그러나 결사의 자유 위원회는 평화적인 파업에 해당하는 이상 비공인파업, 작업거부, 태업, 준법투쟁 및 직장점거 등 다양한 유형의 파업이 보장되어야 한다는 원칙[208]을 밝히면서, "사업장 구내에서 이루어진 연좌농성 파업으로 인해 국내 법질서가 어떻게 위협받을 수 있는지 이해할 수 없다"라고 하였다. 아울러 경찰의 개입은 공공질서에의 위협에 비례하여 이루어져야 한다는 점을 상기시키면서, 위와 같은 평화적인 파업에 대해 경찰력 투입과 강제해산이 자제되어야 한다는 점을 권고하였다.

---

206) 결사의 자유 위원회, 331차 보고서(2003), Case No. 1865, para. 348.
207) 결사의 자유 위원회, 353차 보고서(2009), Case No.1865, para. 728.
208) 결사의 자유 위원회, Case No. 1865, 306차 보고서(1997), para. 337; 353차 보고서(2009), para. 716.

> ▪ **결사의 자유 위원회, 306차 보고서(1997), Case No. 1865, para. 337**
>
> 337. 파업 중 직장점거 금지와 관련하여, 본 위원회는 정부에 자세한 정보 제공을 요청한다. 그러나 노동자에게 금지되고 있는 다양한 유형의 파업(비공인파업, 작업거부, 태업, 준법투쟁 및 직장점거 파업)과 관련하여, 본 위원회는 파업이 평화적이지 않은 경우에만 그러한 제한이 정당화될 수 있다고 판단하고 있다[결사의 자유 위원회 결정례집, 1996, para. 496 참조]. 또한 본 위원회는 "피케팅에 참가하여 다른 노동자의 작업장 이탈을 단호하지만 평화적으로 격려하는 것은 불법으로 간주될 수 없다. 그러나 피케팅이 파업불참 노동자의 조업의 자유를 방해하기 위한 폭력이나 무력에 의한 강요를 수반하는 때에는 경우가 다르다. 그러한 행위는 많은 국가에서 형사범죄에 해당한다"라고 판단했다[결사의 자유 위원회 결정례집, 1996, para. 586 참조].

> ▪ **결사의 자유 위원회, 320차 보고서(2000), Case No. 1865, para. 524**
>
> 524. 본 위원회는 이런 측면에서 공공질서에 진정한 위협이 존재할 때에만 당국이 경찰력에 의존해야 한다는 점을 상기시키고자 한다. 경찰의 개입은 공공질서에의 위협에 비례하여 이루어져야 하며 정부는 노동관계 당국이 공공질서를 훼손할지 모르는 파업을 통제하려고 과도한 폭력을 쓰는 위험을 피할 수 있도록 적절한 지시사항을 받을 수 있도록 필요한 조치를 취해야 한다[결사의 자유 위원회 결정례집, 1996, para. 582 참조]. 한국 정부는 국내법 질서를 보호하기 위한 합법적인 방식으로 전투경찰의 개입과 노동자들의 계속적인 구속수감이 정당화된다고 주장하지만, 위원회는 금속노조 만도지부와 현대자동차노동조합의 사업장 구내에서 이루어진 연좌농성 파업으로 인해 국내 법질서가 어떻게 위협받을 수 있는지 이해할 수 없다. 이런 측면에서 본 위원회는, 과거 한국의 다양한 사건에서 집단적 노사분쟁과 관련된 활동에 국내법질서 보호를 근거로 경찰이 개입하여 대규모의 체포 구금이 이루어지는 현상이 심의된 것과 관련해서 심각한 우려를 표명할 수밖에 없다. 노사 분쟁에서 경찰 개입에의 의존은 국가의 안전과 안정을 크게 강조하는 문화의 결과일 수도 있으나, 이런 종류의 정부 행위는 노사 갈등을 악화시키기만 할 뿐이라는 것이 위원회의 견해다. 이러한 견해는 진정인이 지적하고 정부가 반박하지 못한 사실, 즉 1998년(노사정 삼자위원회가 처음으로 설립된 시기) 체포되거나 구속수감된 조합원의 수가 직전 해에 비해 극적으로 증가하였다는 사실에서도 뒷받침된다. 본 위원회는 조합원들이 체포와 구금의 위험의 대상이 되는 국가에서는 안정된 노사관계 체제가 조화롭게 기능할 수 없으리라고 확신하고 있다. 한국에서 악화되어 가고 있는 사회 분위기의 측면에서, 본 위원회는 당국이 신뢰에 기반한 노사관계 체제를

구축하는 것을 가능케 하는 조치들을 취하는 것이 특히 적절하다고 생각한다. 이들 조치는 특히 노사 분쟁에서 경찰 개입을 제한하는 것을 포함한다. 이와 관련하여 본 위원회는 정부가 1999년 4월 4단계 계획을 채택하였음을 주목한다. 그 계획의 목표 중 일부는, 극단적인 경우를 제외하고는 노동자들의 체포와 구속수감을 최소하는 것이다. 본 위원회는 정부가 조합원들의 체포와 구속수감을 최소화하는 것을 목표로 하는 그 새로운 계획의 일부가 효과적으로 시행되어 향후에는 노동조합원들이 더 이상 정당한 노동조합 활동을 이유로 체포되거나 구속 수감되지 않게 되기를 요청한다.

## 3. 파업권을 위축시키는 손해배상, 가압류 청구

### 가. 사건의 경과

2007년 전국금속노동조합 등은 결사의 자유 위원회에, 현대자동차 사내하도급 등 불법파견 노동자들이, △부당노동행위, 특히 노동조합 설립을 가로막을 목적으로 자행되는 빈번한 해고와 하도급업체 와의 계약해지, △원청 사용자의 지속적 단체교섭 거부, △쟁의행위 시 업무방해죄의 적용과 해고, 구속, 과도한 손해배상청구, △원청 사용자에 의한 물리적 폭력 및 해고당한 노동자가 노조 활동을 위해 원청 사업장으로 들어오는 것을 가로막을 목적으로 신청하는 각종 가처분·명령 등으로부터 보호받지 못하는 상태에 놓여 있다고 진정하였다.

### 나. ILO 감독기구들의 심의

진정인들은 파업 목적에 대한 협소한 해석과 업무방해 조항에 근거하여, 터무니없는 거액의 손해배상청구, 가압류가 노동자의 권리를 행사하는 조합원을 위협하는 수단으로 사용되고 있는 현실을 지적하였다.

결사의 자유 위원회는 위 주장에 주목하면서, 업무방해 조항에 근거하여 노동자들의 권리 행사를 단념시킬 목적으로 손해배상 소송들이 활용된다는 진정에 관해 정부가 독자적 조사를 실시하고 적절한 조치를 취할 것을 요구하였다.[209]

---

209) 결사의 자유 위원회, Case No. 2602, 355차 보고서(2009), para. 678; 363차 보고서(2012), para. 465.

■ **결사의 자유 위원회, Case No. 2602, 350차 보고서(2008), para. 703.**

703. (g) 본 위원회는, 한국정부가 하이닉스/매그나칩, 기륭전자, 현대자동차가 "업무방해" 조항에 근거하여, 조합원들이 자신들의 요구사항과 권리를 단념하도록 만들기 위한 위협의 일환으로 (예를 들면, 부당해고 소송 철회, 하청노동자들을 조직하고 있는 노동조합 탈퇴, 시간외근로 거부 철회 등) 터무니없는 금액을 손해배상 소송을 활용하였다는 진정에 관해 독립적인 조사를 진행할 것을 요구한다. 그리고 만약 이러한 진정 내용이 사실로서 확인된다면, 최우선적 구제책으로서 해고된 노조 간부들과 조합원들이 복직될 수 있도록 모든 필요한 조치를 취할 것을 요구한다. 만약 사법부가 객관적이고 어쩔 수 없는 이유로 조합원들의 복직이 가능하지 않다고 판단한다면, 그동안 이들이 고통받은 모든 손해를 구제하기에 적절한 보상이 주어져야 하며, 반노조적 차별행위를 억제하기에 충분한 제재를 가함으로써 향후 이러한 행위가 재발하지 않도록 하여야 한다. 본 위원회는 이 점에 관해 지속적으로 정보를 제공해 줄 것을 요구한다.

(h) 본 위원회는 기륭전자가 "업무방해" 조항에 근거하여 제기한 손해배상 소송과 관련하여, 법원에 계류 중인 세 건의 사건의 결정들에 관한 정보를 계속 제공할 것을 요구한다. 본 위원회는, 법원이 이러한 판결들을 내릴 때, 노사관계의 맥락, 건설적인 노사관계 구축의 필요성 및 이러한 손해배상소송들이 조합원들로 하여금 자신의 권리와 요구들을 단념하도록 위협하는 수단으로 활용되고 있다는 위의 진정 내용을 충분히 고려할 것이라 믿는다.

유엔(UN) 경제적·사회적·문화적 권리 규약 위원회도 대한민국의 4차 정기보고에 대한 최종견해에서, 민사상 손해배상청구가 지속되고 있는 등 쟁의행위 참가 노동자를 상대로 한 보복조치가 지속되고 있음에 우려를 표명한 바 있다.

■ **유엔 경제적·사회적·문화적 권리 규약 위원회, 대한민국의 4차 정기보고에 대한 최종견해 (2017)**

38. 본 위원회는 (a) 당사국 내의 파업권 행사를 실질적으로 저해하는 제한적인 합법파업 요건, (b) "업무방해죄"를 적용한 형사처벌과 민사상 손해배상청구가 지속되고 있는 등 쟁의행위 참가 노동자를 상대로 한 보복조치에 관한 보고, (c) 파업이 금지되는 "필수서비스"에 대한 광범위한 범위에 우려한다.
39. 본 위원회는 당사국이 합법파업의 요건을 완화하고 필수서비스의 범위를 엄격하게 규정하여 파업권이 효과적으로 행사될 수 있도록 보장할 것을 권고한다. 또한 당사국이

파업권 침해에 이르게 되는 행위를 자제하고 쟁의행위 참가 노동자에 대해 이루어진 보복 조치에 대한 독립적인 조사를 실시할 것을 권고한다.

---

- ■ 평화로운 집회와 결사의 자유에 대한 권리에 관한 유엔 특별보고관 대한민국 보고서 (2016)[210]

**파업권**

70. 노동조합 및 노동관계 조정법이 파업을 포함한 단체행동을 규정하고 있으나 실제로 이러한 권리를 행사하는 데에는 많은 제약이 따른다. (…)

72. 파업 참여가 불법으로 간주되면 파업 주동자 또는 참여자에 대한 형사처벌 또는 민사소송이 뒤따른다. 정부 당국이 파업이 합법인지 불법인지를 선언할 수 있는 사실상의 재량과 권력을 지니는 것은 문제적인데, 이는 보통 사법기관이 행사할 수 있는 권한이다. 파업이 평화적으로 이루어지더라도 사용자는 노동조합 또는 간부를 상대로 불법이라 간주되는 파업으로 인한 손실에 대해 배상을 청구할 수 있다. 이는 노동조합의 자산 또는 조합원의 급여 등에 대한 가압류와 더불어 노조활동을 위축시키고 노동조합을 약화하는 효과를 낳는다. 예를 들어 2013~2014년 전국철도노동조합은 파업에 돌입했다. 7명의 노동조합 지도부가 체포되어 4명이 '업무방해죄(형법 314조)'로 기소되었으나 무죄판결을 받았다. 그럼에도 불구하고 코레일은 노동조합을 상대로 162억원 손해배상을 청구했다.

73. 쟁의행위 특히 파업은 본질적으로 특정 이해를 관철시킬 목적으로 기업 또는 사용자의 정상적인 운영을 저해하도록 고안되었다. 따라서 이러한 행위는 본질적으로 파괴적이다. 따라서 파업은 신중하게 결정되어야 하지만 그렇다고 자의적으로 억압되어도 된다는 뜻은 아니다. 업무의 중단으로 인한 수익의 손실 또는 다른 형태의 손해에 대해 민·형사상 책임을 묻는 것은 파업권의 핵심을 침해하는 것이다.

---

210) Human Rights Council, *Report of the Special Rapporteur on the rights to freedom of peaceful assembly and of association on his mission to the Republic of Korea*, A/HRC/32/36/Add.2, 2016.

372  제5장  ILO 기준에 비추어 본 집단적 노동관계법의 쟁점

# 제4절 공무원·교사의 노동기본권 관련 쟁점

## Ⅰ. 한국에서 공무원·교사의 결사의 자유 보장 경과와 현황

한국에서 공무원과 교사는 결사의 자유를 인정받는 데 오랜 시간이 걸렸다. 공무원과 교사가 결사의 자유를 확장해오는 입법 과정에서 ILO의 역할을 빼놓을 수 없다. 결사의 자유 위원회는 제87호 협약에 반하는 공무원과 교원 노사관계에 관한 국내 법제도와 관행을 개선하고 공무원과 교사의 단결권이 온전히 보장되도록 공무원·교사의 결사의 자유에 관한 해석 기준과 입법 지침을 권고해왔다.

### 1. 제1기: 공무원과 교사의 노동기본권 전면 부인

#### 가. 공무원과 교원의 노동3권 금지에 관한 국내 법제도

헌법 제33조 제2항은 "공무원인 근로자는 법률이 정하는 자에 한하여 단결권·단체교섭권 및 단체행동권을 가진다"라고 규정하고 있다. 「노동조합 및 노동관계조정법」(이하 '노동조합법') 제5조는 근로자의 자주적인 노동조합 결성권을 선언하면서 그 단서에서 "다만, 공무원과 교원에 대하여는 따로 법률로 정한다"라고 규정하고 있다. 공무원과 교원의 노동조합 가입 및 활동을 위해서는 별도의 법률이 필요한 상황이었으나 노동3권을 보장하는 별도의 법률이 제정되지 않았고, 국가공무원법 제66조 및 지방공무원법 제58조는 '사실상 노무에 종사하는 공무원'을 제외한 모든 공무원에 대하여 '노동운동 기타 공무 이외의 일을 위한 집단적 행위'를 금지하였다. 사립학교법 제55조는 사립학교 교원의 복무에 관해서는 국공립학교 교원의 복무사항을 규정한 국가공무원법을 준용하도록 함으로써 사립학교 교원도 노동운동 기타 일체의 집단행동이 금지되어 노동조합 설립 및 운영, 단체협약 체결을 위한 단체교섭이나 단체행동 등 일체의 노동기본권이 부인되었다.

#### 나. 공무원과 교원의 노동3권 금지에 대한 헌법재판소의 판단

▶ 사립학교 교원의 노동3권 금지(사립학교법 제55조)에 대한 합헌결정

헌법재판소는 사립학교 교원에게 헌법 제33조 제1항의 노동3권을 제한하더라도 헌법

제31조 제1항의 국민의 교육받을 권리에 기초하여 제6항에서 교원의 보수 및 근무조건 등을 포함한 교원의 지위에 관한 사항을 법률로 정하도록 한 헌법 제31조가 헌법 제33조 제1항에 우선한다고 보아, 위헌으로 볼 수 없다고 결정하였다.211)

▶ 국·공립학교 교원의 노동3권 금지(국가공무원법 제66조)에 대한 합헌결정

헌법재판소는 국·공립학교 교원에 대해서는 공무원과 교사의 이중적 지위에서, 공무원에 대한 노동3권의 제한이 허용된다는 입장이다. 헌법재판소는 헌법 제33조 제2항에서 "공무원인 근로자는 법률이 정하는 자에 한하여 단결권·단체교섭권 및 단체행동권을 가진다"라고 규정하여 공무원인 근로자에 대하여는 일정한 범위의 공무원에 한하여서만 근로3권을 향유할 수 있도록 특별 법률유보를 두고 있고, 헌법 제7조 제1항·제2항에서 "공무원은 국민 전체에 대한 봉사자이며 국민에 대하여 책임을 진다. 공무원의 신분과 정치적 중립성은 법률이 정하는 바에 의하여 보장된다"라고 규정하여 공무원의 지위의 특수성과 직무의 공공성에 근거한 공무원의 노동기본권에 대한 별도의 법률을 허용하며, 특히 공무원의 보수의 수준 등 근로조건의 향상을 위한 재정적 부담은 궁극적으로 조세 등을 통하여 실질적으로 국민 전체의 부담이 되므로, 주권자인 전체 국민을 대표하는 국회에서 민주적인 절차에 따라 입법과 예

---

211) 헌법재판소 1991. 7. 22. 선고 89헌가106 결정. 법정의견은 헌법이념을 실현해야 할 교육의 목적과 교원의 직무 특수성을 근거로, 헌법이 허용하는 범위에서 입법에 의해 교원의 신분보장과 교원의 근로조건 유지·개선이 가능하다면 실질적으로 노동기본권을 보장하지 않더라도 목적을 달성할 수 있다고 본다. 또한 일반 노동자와 달리 노동조합 대신 교원의 신분에 걸맞은 교직단체를 통해 자신의 경제적·사회적 지위 향상을 도모할 수 있으므로 헌법 제33조 제1항의 본질적인 내용을 침해하였다고 볼 수 없어 헌법 제37조 제2항에 위배되지 않는다고 보았으며 교원 직무의 자주성·전문성, 교육제도의 구조적 특성과 전통을 고려할 때 합리적 이유가 있다는 점에서 평등의 원칙에 어긋나지 않는다고 보았다. 특히 국제법상 선언, 규약, 권고에 대하여 당시 대한민국이 국제노동기구의 정식회원국이 아니라는 점, 국제인권규약은 선언적 의미를 갖는 것으로 각 조항에 대한 법적 구속력이 있는 것은 아니라는 점, 민주사회에서 공공복리 증진의 목적을 들어 일반적 법률유보조항을 두고 있는 점 등을 이유로 교원의 노동기본권을 제한하는 국내 법률이 헌법정신이나 헌법 제6조 제1항에 나타난 국제법 존중의 원칙에 반하지 않는다고 설시하였다. 이에 대하여, 반대의견 3인 중 1인(이시윤)은 사립학교법 제55조에서 금지하는 노동운동은 오로지 단체교섭권 및 단체행동권의 행사를 뜻하는 것으로 볼 것이고 단결권까지 금지하는 것은 본질적 내용 침해에 해당된다고 보았고, 반대의견 1인(김양균)은 사립학교 교원은 일반 근로자와 마찬가지로 노동3권을 전부 인정해야 한다는 위헌의견을 제시하였다. 반대의견 1인(변정수)은 헌법 제31조 제6항은 국가로부터 교원의 신분을 보장하기 위한 조항이지 교원의 노동기본권을 제한하기 위한 근거로 삼을 수 없다고 지적하고, 헌법 제33조 제1항을 전면적으로 박탈하는 것은 노동3권을 제한할 수 있는 근로자를 공무원으로 제한한 헌법 제33조 제2항에 명백히 저촉되고 노동3권을 모두 금지하는 것은 헌법 제37조 제2항의 본질적 내용 침해에 해당한다고 보았다.

산의 심의·의결을 통하여 합목적적으로 이루어지는 것이 타당하다는 이유로 합헌 결정하였다.[212]

### ▶ 공무원의 노동3권 금지(지방공무원법 제66조)에 대한 합헌결정

공무원은 헌법 제33조 제2항에 의해 법률에 정한 자에 한하여 노동3권을 향유할 수 있도록 하고, 법률상 노동3권이 보장되는 공무원의 범위를 '사실상 노무에 종사하는 공무원'으로 한정하였고 그 이외의 공무원은 노동3권의 주체가 되지 못하도록 헌법상 특별조항을 두었다는 점을 전제로, 헌법재판소는 기본권의 본질적 내용을 침해할 수 없다는 헌법 제37조 제2항의 과잉금지원칙을 적용할 수 없다고 보았다. 또한 헌법재판소는 유엔 '세계인권선언'은 선언의 내용이 바로 법적 구속력을 갖거나 국제법적 효력을 갖는 것이라고 볼 수 없고 '시민적·정치적 권리에 관한 국제규약' 제22조(노동조합 설립 및 가입 등 결사의 자유에 관한 권리)는 우리나라가 가입 당시 유보하였기 때문에 국내법적 효력이 없으며, 국제노동기구의 제87호 협약, 제98호 협약, 제151호 협약을 비준한 바 없어, 헌법 제6조 제1항에서 말하는 일반적으로 승인된 국제법규로서 헌법적 효력을 갖는다고 볼만한 근거가 없다는 이유로 국제법규 위반에 해당되지 않는다고 보았다.[213]

### 다. ILO 감독기구의 심의

결사의 자유 위원회는 1992년 한국정부를 상대로 제기된 1629호 사건에서 공무원과 사립학교 및 국·공립학교 교사의 단결권을 금지하는 것은 결사의 자유

---

212) 헌법재판소 1992. 4. 28. 선고 90헌바27내지34, 36내지42, 44내지46, 92헌바15(병합) 결정. 이에 대해 반대의견(변정수)은 오직 공무원이라는 신분을 이유로 노동3권을 박탈하는 것은 사회경제적 영역에서 다른 근로자와 차별하는 것으로, 헌법 제33조 제2항은 그 상위규정이며 헌법핵(憲法核)인 헌법 제11조 제1항 평등원칙, 인간존엄과 가치 및 행복추구권을 규정한 헌법 제10조에 위배되는 위헌적 헌법규정이라고 보았다. 헌법 제33조 제1항 노동3권에 대한 제한 내지 박탈은 신분이 아니라 종사하는 직무의 성격에 따라 최소한도로 이루어져야 하고 국제노동기구에 가입하였다면 공무원의 결사의 자유를 보장하여야 한다는 입장을 밝히고 있다.
213) 헌법재판소 2005. 10. 27. 선고 2003헌바50 결정. 이에 대해 반대의견(전효숙, 조대현)은 공무원도 헌법 제33조 제1항의 근로기본권 향유 주체로서 근로자성을 갖고 있으므로 제2항의 조항만으로 입법자에게 공무원의 노동3권을 제한할 수 있는 무한정의 재량권을 준 것이 아니며, 헌법 제10조, 제11조 제1항, 제37조에 따라 기본권 제한의 근거와 한계에 관한 일반원칙의 제한을 받는다고 보았다. 또한 우리나라는 국회 동의를 얻어 국제인권규약을 수락하고 국제노동기구에 가입하였으므로 일반적으로 승인된 국제법규를 존중해야 할 의무가 있으므로 헌법의 기본이념으로 고려하여야 한다고 보았다.

원칙에 부합하지 않는다는 점을 명확히 밝혔다.

---

■ **결사의 자유 위원회, 286차 보고서(1993), Case No. 1629 【대한민국】, para. 562**

562. 둘째, 공무원과 사립학교 및 국·공립학교 교사의 단결할 권리의 금지에 관하여, 본위원회는 국내법이 노동자에게 부여한 특수한 지위에 상관없으며 어떠한 구별도 없이, 노동자는 그들의 이익을 보호하기 위해 스스로 선택한 단체를 조직하고 가입할 수 있는 것이 중요하다는 점(General Survey, 1983, paras. 86 내지 87; 결사의 자유 위원회 결정례집[제3판, 1985], para. 213 및 para. 218)에 정부가 관심을 기울일 것을 강조한다. 따라서 위원회는 공무원과 사립학교 및 국·공립학교 교사가 단결권을 자유롭게 행사할 수 있도록 필요한 조치를 취할 것을 정부에게 요구한다.

---

■ **결사의 자유 위원회, 291차 보고서(1993), Case No. 1629 【대한민국】, para. 419**

419. 본위원회는 한국 국민이 교육에 부여하는 중요성을 인식하면서도, 교사가 자신의 이익을 보호하기 위해 스스로 선택한 단체를 조직하고 가입하는 것을 허용함으로써 학생들의 교육받을 권리가 어떻게 침해될 수 있는지 확인할 수 없었다. 게다가 전교조 교사들이 노동조합의 참여를 금지하는 국내법을 위반하였다는 정부의 주장은 이 법률들이 정부 스스로 인정한 결사의 자유 원칙에 부합하지 않기 때문에 설득력이 없다. 정부가 ILO의 목적을 달성하는데 협력하겠다는 의지를 표명했다는 점을 고려할 때, 위원회는 모든 회원국이 결사의 자유 원칙을 존중하는 것이 그러한 목적 중 하나라고 지적할 것이다. 따라서 위원회는 교사의 단결권에 관한 것으로서, 이 사건의 이전 심사(결사의 자유 위원회, 제286차 보고서, paras. 562, 563, 569)에서 상세히 밝힌 바 있는 이 원칙에 정부가 다시 한번 관심을 갖도록 상기한다.

---

1993년 결사의 자유 위원회의 권고에 대해, 이후 한국정부가 전교조 가입을 이유로 해고된 교원에게 복직의 전제조건으로 전교조 가입을 철회하도록 조치하였다고 답변한 사항에 대해서, 1994년 결사의 자유 위원회는 결사의 자유 원칙에 반하는 행위로서 우려를 표명하고 공무원인지 여부와 상관없이 모든 교원의 자유로운 단결권 행사를 보장할 것을 재차 촉구하는 권고를 하였다.

> ■ 결사의 자유 위원회, 294차 보고서(1994), Case No.1629 【대한민국】, para. 271
>
> 271. 해임된 전교조 교사 약 1,500명에 대한 복직 권고와 관련하여, 정부가 해직된 교사들이 복직을 신청할 수 있도록 조치를 취한 점에 주목한다. 그러나 전교조 가입을 포기한 후에만 복직할 수 있도록 한 것은 유감이다. 이러한 정부의 압박은 결사의 자유 원칙에 심각한 위반이라고 판단한다. 정부는 앞으로 교사가 스스로 선택한 단결체를 설립하고 가입할 권리를 갖고, 누구도 스스로 선택한 단결체를 구성하고 가입할 권리를 행사한 것으로 해고되거나 차별받지 않도록 보장할 것을 정부에 촉구한다.

또한 결사의 자유 위원회 1865호 사건에서 한국정부는 전교조의 노동조합 설립을 부인하면서, 전교조를 가맹조직으로 한 민주노총의 설립신고를 반려하였는데, 결사의 자유 위원회는 전교조뿐 아니라 교사의 단결권에 포함되는 중앙조직인 민주노총을 설립할 권리도 보장되도록 적절한 조치를 요구하였다.

> ■ 결사의 자유 위원회, 304차 보고서(1997), Case No. 1865 【대한민국】, paras. 250 및 254
>
> 250. 정부는 민주노총의 설립신고를 반려한 두 번째 이유로 다수의 비노조단체가 민주노총에 가입되어 있다는 점을 지적하고 있다. 이는 연합단체인 노동조합은 적법한 산업별 연합단체와 전국규모의 산업별 단위노동조합을 구성원으로 하도록 한 「노동조합법」 제13조 제2항 위반이다. 그러나 민주노총의 가맹조직은 전국지하철노동조합협의회, 현대그룹노동조합연맹, 전교조 등, 지역 또는 기업집단별 노조들의 협의회 및 노동조합법상 노조 설립이 금지된 노조들이었다. 전교조와 관련하여, 본 위원회는 1629호 사건에서, 전교조 설립은 교사들의 단결권을 적법하게 행사한 것이라고 결론 내렸고, 정부에게 사립 및 공립학교 교사가 자유롭게 단결권을 행사할 수 있도록 필요한 조치를 취할 것을 요청했다는 점을 강조하고자 한다(결사의 자유 위원회, 286차 보고서, paras. 562, 563 및 569; 291차 보고서, para. 419; 294차 보고서, para. 271 참조). 위원회는 이 결론을 재차 언급하며, 단체들은 국내법을 존중해야 하지만, 해당 국내법은 결사의 자유 원칙을 종중해야 한다는 점을 정부에게 다시 한번 상기시키려 한다. [후략]
>
> 254. 이전에 내린 중간결론을 고려하여, 본위원회는 ILO 이사회가 다음과 같은 권고를 승인할 것을 요청한다.
>
> (c) 전교조의 설립은 교사의 단결권의 적법한 행사임을 거듭 강조하면서, 위원회는 사립

학교와 국·공립학교 교사들이 전교조에 가입하는 것을 포함하여 자유롭게 단결권을 행사할 수 있도록 필요한 조치를 취할 것을 정부에 요구한다.

## 2. 제2기: 공무원·교원 노동조합법 제정과 그 입법과정에서 ILO의 역할

### 가. 공무원·교사의 노사관계에 관한 입법 경과

오랫동안 민주노총과 공무원·교사들은 공무원·교사의 노동기본권 보장을 지속적으로 요구해왔고, ILO는 결사의 자유 원칙에 따라 공무원·교사에 대해서도 노동조합을 설립하고 가입할 수 있는 승인 조치를 가능한 빨리 취하도록 한국정부에 여러 차례 권고해왔다. OECD도 1997년 ILO 결사의 자유 관련 협약의 미비준 등을 이유로 우리나라를 '노동법 개정 특별 감시국'으로 지정하기에 이르렀다.[214] 1998년 1월 '국민의 정부' 출범을 앞두고 IMF의 구제금융이라는 국가적 위기 상황을 배경으로 「경제위기 극복을 위한 사회협약(1998. 2. 6.)」이 체결되면서 외국에 부정적인 인식을 주는 각종 국내 법정책을 개편하기 위한 노력의 일환으로 공무원·교원의 노동기본권을 단계적으로 허용하는데 합의하였다.

교사는 오랜 기간 노동조합 설립을 위해 준비한 만큼 곧바로 노동조합을 설립할 수 있게 허용하기로 하였으나, 공무원에 대해서는 우선 6급 이하의 일반직 공무원과 그에 상당하는 공무원에 대해 1단계로 직장협의회의 설립을 허가하고, 2단계로 노동조합의 설립을 허가하는 것으로 정부 입장을 정하였다. 이에 따라 1998년 「공무원직장협의회의 설립·운영에 관한 법률」(이하 '직장협의회법'), 1999년 「교원 노동조합 설립 및 운영에 관한 법률」(이하 '교원노조법'), 2005년 「공무원 노동조합 설립 및 운영에 관한 법률」(이하 '공무원노조법')이 차례로 제정되었다.

### 나. ILO 감독기구의 심의

#### (1) 교원 노동조합 합법화 과정에서 ILO의 견해표명

결사의 자유 위원회는 1997년 한국정부가 초·중등학교 교사들이 설립한 노동조합, 전국교직원노동조합의 노동조합 설립필증을 교부하지 않은 것과 관련하

---

214) 이재용·김병철, "공무원노조법·교원노조법의 개정 논의에 대한 비판적 검토-제19대 국회 제출 법률안을 중심으로", 「법학연구」, 한국법학회, 2013, 437~460쪽.

여, 교사의 단결권에 대한 제87호 협약의 이행을 촉구하였다. 위원회는 한국 사회에서 교사의 역할과 지위가 민간부문의 일반 노동자와 다르다는 특수성을 주장하는 한국 정부에 대하여, 그러한 사정만으로 교사의 단결권을 부인할 근거가될 수 없음을 분명히 했다. 또한 교사의 직업협회를 설립할 수 있도록 한 것만으로 교사의 직업적 이익을 옹호하고 단체교섭을 할 수 있는 노동조합으로서 기능이 보장되지 않으므로 결사의 자유 원칙에 부합하지 않는다는 점을 명확히 지적하였다.

▶ **1993년 노사관계개혁위원회 초안 및 노동조합법 개정안에 대한 견해표명**

결사의 자유 위원회 1629호 사건에서 1993년 결사의 자유 위원회가 공무원과 교사의 단결권 보장을 위한 적절한 조치를 요구한 이후, 정부는 노사관계개혁위원회를 거쳐 국회에 노동조합법안이 제출되었음을 보고하였다. 그러나 결사의 자유 위원회는 이러한 법개정안에 공무원과 교사의 노동조합 설립을 보장하도록 한 위원회의 권고가 반영되지 못하였음을 지적하였다.

---

■ 결사의 자유 위원회, 306차 보고서(1997), Case No. 1865 【대한민국】, paras. 322~325

322. 대통령직속 노사관계개혁위원회의 업무가 종료된 후 정부는 국회에 법안을 발의하였으나 본위원회는 1629호 사건(결사의 자유 위원회, 제289차 보고서, paras. 558 내지 575; 391차 보고서, paras. 242 내지 254 참조) 및 1865호 사건(304차 보고서, paras. 242 내지 254)에서 제기된 주요 입법적 쟁점들은 완전히 해결되지 않았다고 본다.

323. 이런 점에서, 본위원회는 다음과 같은 문제가 위에 언급된 보고서에서 위원회의 의견을 밝혔던 주제임을 상기시키고자 한다. 즉, 복수노조 금지, 사립학교와 국·공립학교 교사 및 공무원의 단결권 불인정, 노동조합의 규약 제정권 침해, 완전히 자유롭게 자신의 대표를 선출한 노동자단체의 권리, 분쟁 해결에 대한 제3자 개입 금지, 노동조합의 재정 독립에 대한 간섭, 단체교섭에서 행정당국의 개입, 파업을 중단시킬 비상적 권한의 행사, 파업권을 금지하는 필수서비스의 지나치게 넓은 목록 등이다.

324. 본위원회는 결사의 자유 원칙에 위반되는 많은 조항들이 새로운 입법에 의해 개정되지 않은 것으로 보인다는 점에 유감을 표한다. 이 사건에서 이들 조항 중 일부는 진정인들의 주된 주장인 공무원과 사립학교 및 국공립학교 교사의 단결권 금지와 노동조합조직의 재정적 독립에 대한 간섭에 관한 것이었다.

325. 첫 번째 쟁점에 관하여, 본위원회는 공무원과 교사를 포함하여 노동자의 단결권이 어떠한 구별도 없이 인정되는 것이 중요하다는 점을 강조한다. 그러므로 위원회는 이러한 범주의 노동자들이 자신이 선택한 조직을 설립하고 가입할 권리를 갖기 위해 지체없이 필요한 조치를 취할 것을 정부에게 다시 강력하게 촉구한다. 이러한 원칙을 실무에 적용하는 것은 전교조가 합법적으로 조합원들의 이익을 옹호하고 증진할 수 있도록 지체없이 노동조합 설립신고가 수리되어야 한다는 점을 함의한다.

▶ 1997년 교사의 직업협회와 단결권 보장에 대한 견해표명

교사가 교육협회를 설립·가입할 수 있다는 한국정부의 입장에 대하여, 결사의 자유 위원회는 교육협회만으로는 교사의 노동조건에 관한 이익을 옹호하고 증진하는 활동을 수행할 수 있는 진정한 의미의 노동조합으로 볼 수 없다고 지적하고, 전교조의 노동조합 설립신고를 수리해야 한다고 권고하였다.

■ 결사의 자유 위원회, 307차 보고서(1997), Case No. 1865【대한민국】, paras. 211~ 212

211. 본위원회는 공무원과 교사의 단결권 문제에 대한 정부의 견해에 주목한다. 철도청과 정보통신부, 국립중앙의료원 등에서 사실상의 노무를 수행하는 공무원을 제외하면 여전히 단결권을 누리지 못하는 것으로 보인다. 교사들과 관련하여, 위원회는 한국 사회에서 그들의 역할과 지위에 관해 정부가 제출한 설명에 주목한다. 게다가 한국 국민들이 교사를 특별한 관점에서 바라보고 있다는 사실에도 불구하고, 1991년에 교육협회를 설립하는 것이 가능했다는 점에 주목한다. 정부에 따르면, 이 협회들은 당국과 근로조건을 논의하고 협상할 수 있다. 그러나 이들 협회는 진정한 의미의 노동조합, 즉 조합원의 이익을 옹호하고 증진시킬 책임이 있는 노동조합으로 보이지는 않는다. 이는 현재까지 전국교직원노동조합이 노동조합 설립 신고증을 받지 못한 사실로 반영된다.
212. 이러한 조건에서 본위원회는 공무원과 교사는 다른 모든 노동자와 마찬가지로 어떠한 구별도 없이 직업적 이익의 증진과 방어를 위해 사전 승인 없이 스스로 선택한 조직을 설립하고 가입할 권리가 있음을 기억해야 한다(결사의 자유 위원회 결정례집[제4판], 1996, para. 213). 민간부문 노동자들이 노동조합을 설립할 권리를 누리는데, 공공부문 노동자들에게 이 권리를 부인하는 것은 그들의 "결사체"가 "노동조합"으로서 동일한 이익과 특권을 누리지 못하는 결과로서, 민간부문 노동자와 그 노조와 비교하여 공무원 노동자들과 그들의 조직에 대한 차별에 해당한다(위의 책, para. 216 참조). 따라

서 단지 교사들이 협회를 설립할 수 있다는 가능성만으로는 결사의 자유 원칙을 충족한
다고 볼 수 없다.

▶ 1998년 교원의 단결권 보장에 관한 노사정 합의에 대한 견해표명

결사의 자유 위원회는 교사의 단결권을 보장하는 노사정 합의를 지지하면서, 교사협회
가 아닌 진정한 의미의 노동조합을 합법화하는 입법을 통해 전교조의 설립을 허용할 것
을 재차 요청하였다.

■ 결사의 자유 위원회, 309차 보고서(1998), Case No. 1865 【대한민국】, para. 143 및
   160

143. 본위원회는 교원의 노동조합을 1999년 7월 1일부터 합법화하도록 정한 노사정 3
자 합의가 이루어졌다는 ILO 파견단의 보고서를 관심을 가지고 주목한다. 이는 최근까
지 다수의 법률에서 사립학교와 공립학교 교사들이 자신이 선택한 단체를 결성하고 가
입할 수 있는 권리를 금지하는 관련 조문들을 개정함으로써 명백히 달성될 것이다. 그
러나 위원회는 교원노조를 합법화하는 과정에서 한국 사회에서 교원의 역할과 위상 때
문에, 그리고 불법적인 전국교직원노동조합(전교조)의 급진적 이미지 때문에, 교원은 단
결권을 가져서는 안 된다고 생각하는 일부 한나라당 의원들의 상당한 반발로 어려움을
겪을 수 있다고 우려했다. 그럼에도 불구하고 위원회는 이 의원들이 이 문제에 대한 협
상을 계속할 용의가 있으며 모든 관련 당사자들이 그렇게 하도록 권장할 것이라고 언급
한 파견단의 보고서에 주목한다. 이 점에서, 위원회는 교사들이 다른 모든 노동자들과
마찬가지로 어떠한 구별도 없이 직업적 이익의 증진과 옹호를 위해, 사전 승인 없이, 자
신이 선택한 조직을 결성하고 가입할 권리를 가져야 한다는 것을 상기해야 한다. 그러
므로 위원회는 노사정 합의에서 명시한 대로 가능한 한 빨리, 그리고 그 합의에서 언급
된 기간 내에 교사의 단결권이 인정될 수 있도록 정부가 적절한 조치를 취할 것을 요청
한다. 더욱이 교사들은 1991년부터 교육협회를 설립할 수 있었고, 당국과 근로조건을
논의할 수 있지만, 이러한 협회가 진정한 의미에서 노동조합, 즉 구성원의 이익을 옹호
하고 증진시킬 책임이 있는 노동조합이라고는 보이지 않는다. 이는 전교조가 지금까지
노동조합 설립 신고증을 받지 못한 사실로 반영된다. 따라서 위원회는 교원의 단결권이
합법화되는 대로 법적으로 구성원의 이익을 보호하고 증진할 수 있도록 정부에 노조 설
립신고증 교부를 요청하고자 한다.

160. [생략]

 (a) 이 사건의 법제적 측면과 관련하여, 본위원회는 정부에 다음과 같이 요청한다:

> (i) 노사정 합의서에 명시된 것처럼, 교사의 단결권이 가능한 한 빨리, 늦어도 해당 합의서에 언급된 기간 내에 인정될 수 있도록 적절한 조치를 취할 것;
>
> (ii) 교사의 권리가 합법화되는 즉시 조합원의 이익을 합법적으로 옹호하고 증진할 수 있도록 전국교직원노동조합(전교조)의 설립신고증을 교부할 것; [후략]

### (2) 공무원 노동조합 합법화 과정에서 ILO의 견해표명

공무원 노동조합의 합법화 논의과정에서도 결사의 자유 위원회는 노동조합 대신 직장협의회 활동으로 제한한 입법방향에 대해 직장협의회의 가입범위를 제한한 점을 지적하고 근본적으로 공무원의 노동조합 설립·가입을 보장할 것을 요청하였으며, 공무원 노동조합법의 입법안에 대해서도 노동조합을 설립·가입할 수 있는 공무원의 범위를 확대할 것을 권고하였다.

▶ **1998년 공무원 직장협의회 범위제한에 대한 견해표명**

노사정 합의에서는 공무원은 우선 직장협의회를 설치하는 안이 결정되었는데, 공무원 직장협의회 설치에 관한 법률안에서 직장협의회에 가입할 수 있는 공무원의 직급 및 직종을 제한한 것과 관련하여, 결사의 자유 위원회는 결사의 자유 원칙에 반한다는 점을 지적하고 모든 공무원이 단결권을 행사할 수 있도록 관련 법률안의 적용범위를 확대할 것을 요구하였다.

> ■ 결사의 자유 위원회 309차 보고서(1998), Case No.1865 (1995) 【대한민국】, paras. 144, 145 및 160
>
> 144. 공무원의 단결권 문제와 관련하여 위원회는 1998년 2월 1일에 노사정위원회가 제안한 공무원의 협회(직장협의회) 구성권 부여안이 국회에서 채택되었다는 정부보고서에 관심을 가지고 주목하고 있다. 이는 1999년 1월 1일부로 공무원들이 직장협의회를 설립할 권리를 갖게 된다는 것을 의미하며, 이를 통해 그들은 특히, 근무 환경 개선 및 고충 해결에 관한 사항에 대해 당국과 논의할 수 있게 된다. 그러나 본위원회는 많은 범주의 공무원들이 이러한 직장협의회에 가입하는 것에서 배제된다는 점에 우려를 표한다. 이에 따라 1~5급 공무원은 소방공무원, 경찰 등 특수직 공무원과 마찬가지로 직장협의회에서 제외된다. 마지막으로 인사 및 기밀 업무, 예산 및 회계, 물품 수령 및 분배, 일반 직원 감독, 비서 업무, 보안 시설 경비, 여객차량 또는 구급차 운전 등에 관여하는 공무

원도 직장협의회에 가입할 수 없게 된다. 폭넓은 범주의 공무원에 대한 단결권 제한에 관하여, 위원회는 유일하게 허용된 군대와 경찰은 예외로 하고 모든 공무원은 자신의 조합원의 이익을 옹호하고 더 발전시키기 위해 스스로 선택한 조직을 설립할 수 있어야 한다는 기본원칙(결사의 자유 위원회 결정례집[제4판], 1996, para. 206 참조)에 정부가 관심을 갖도록 할 것이다. 따라서 위원회는 1999년 1월 1일 현재 특정 범주의 공무원에 대해 인정된 단결권을 결사의 자유 원칙에 따라 이 권리를 향유해야 하는 모든 범주의 공무원으로 확대하도록 고려할 것을 정부에 요청하려 한다.

145. 정부 보고서에 따르면, 1999년 1월 1일부터 협의회를 결성하고 가입할 권리를 갖게 될 범주의 공무원들에게 점진적으로 노조를 결성하고 가입할 권리가 부여될 것이다. 정부는 국가의 경제 상황이 개선되고 이 문제에 대한 국민적 합의가 이루어질 때 공무원들에게 노동조합이 허용될 것이라고 밝혔다. 이러한 점에서 본위원회는 민간부문 노동자에게 향유되는 권리인데도 공공부문 노동자들에게는 노동조합 설립이 거부되는 것은 민간부문 노동자와 그 조직에 비교하여, 그들의 "협의회"가 "노동조합"과 동일한 이점과 특권을 누리지 못한다는 점에서 정부에 고용된 노동자와 그 조직에 대한 차별에 해당된다는 점을 상기시키려 한다. 모든 노동자는 사전 승인 없이 자신이 선택한 조직을 설립하고 가입할 권리를 "어떠한 구별도 없이" 가져야 한다는 결사의 자유 원칙을 고려할 때, 이러한 상황은 이러한 차별이 결사의 자유 원칙과 양립 가능한가의 문제를 야기한다(위의 책, para. 216 참조). 국가 안보와 안정을 유지할 필요성과 관련한 정부의 우려에 대하여, 본위원회는 군대와 경찰은 단결권에서 제외될 수 있음을 상기시킨다. 위원회는 나아가 엄격한 의미에서 필수서비스인 공공서비스, 즉 국민의 전부 또는 일부의 생명, 개인적 안전 또는 건강을 위험에 빠뜨릴 수 있는 서비스에서 제한될 수 있는 파업권이 반드시 단결권에 포함되지 않을 수 있다는 점을 상기시키려 한다. 예를 들어, 소방 서비스가 그러한 경우[파업권이 제한될 수 있는 경우-역주]가 될 것이다. 결론적으로 위원회는 결사의 자유 원칙에 따라 이 권리를 향유해야 할 모든 공무원에게 노동조합 조직을 설립하고 가입할 권리를 가능한 한 빨리 인정하도록 정부가 조치를 취할 것을 요구한다.

160. [생략]

(a) 이 사건의 법제적 측면과 관련하여, 본위원회는 정부에 다음과 같이 요청한다: [중략]

　　(iii) 1999년 1월 1일 현재 특정 범주의 공무원에 대해 인정된 결사권을 결사의 자유 원칙에 따라 이 권리를 향유해야 하는 모든 범주의 공무원으로 확장하는 것;

　　(iv) 상기 공무원에 대한 노동조합 조직의 설립 및 가입 권리를 가능한 한 빨리 인정하기 위한 조치를 취할 것; [후략]

▶ 2005년 공무원 노동조합법 제정과정에서 견해 표명

결사의 자유 위원회는 2005년 제정된 구 공무원노동조합법이 여전히 국제노동기준에 부합하지 못한다는 점을 지적하였다. 구 공무원노조법 제6조가 조합원 범위를 6급 이하로 제한하고 직무나 직렬에 따라 노동조합 설립 및 가입을 제한한 것과 관련하여, 위원회는 공무원들도 다른 민간 노동자와 마찬가지로 어떠한 구별도 없이 자신의 직업적 이익을 옹호하고 증진시키기 위해 사전 허가 없이 자신이 선택한 노동조합을 설립하고 가입할 권리가 있음을 반복적으로 상기시켰다. 따라서 위원회는 모든 등급의 공무원이 자신의 업무나 기능에 상관없이 단결권을 행사할 수 있어야 하므로, 소방관, 교도관, 근로감독관, 교육기관의 공무원, 지방자치단체 공무원 등을 포함하여 5급 이상의 공무원도 노동조합을 설립하고 가입할 수 있는 실질적 권리를 보장하도록 입법 개선을 권고하였다.

다만 ILO 제151호 협약에 따른 '정책결정 권한 있는 고위직 공무원'은 다른 공무원들과 동일한 노동조합을 설립·가입하는 것은 제한될 수 있다. 그러나 해당 고위직 공무원들만의 별도의 노동조합을 설립·가입할 권리는 보장해야 하며, 이 경우에도 다른 공무원 노동조합의 단결력이 현저히 약화되지 않도록 '정책결정 권한 있는 고위직 공무원'의 범위를 엄격히 제한해야 한다는 점도 당부하였다.

---

■ 결사의 자유 위원회, 335차 보고서(2004), Case No. 1865 【대한민국】, paras. 814~817

814. 공무원이 스스로 선택한 노동조합을 설립·가입할 권리에 관하여, 본위원회는 이 사건의 이전 심의에서, 공무원 노동조합 합법화는 신임 대통령의 선거 공약이었다는 정부의 언급에 주목했다. 정부는 공무원의 단결권, 단체교섭권과 단체협약 체결권을 부여할 목적으로 공무원 노동조합 입법안을 준비할 권한을 노동부장관에게 주었다. 이 법안은 2004년에는 시행될 것으로 기대되었다.

815. 정부의 최근 답변에서, 정부는 공무원의 노동기본권에 관한 노사정위원회의 논의 과정을 상기시켰다. 정부는 노동부가 공무원들에게 이러한 기본권을 보장하기 위해 새로운 법안을 마련했다고 설명한다. 위원회는 이 법안이 경찰관이나 소방관과 같은 특정 분야의 공무원들이 노조에 가입하는 것을 허용하지 않으며, 정부에 따르면 5급 이상 공무원들(정부에 따르면 30,000명에서 60,000명의 근로자를 대상으로 하는 범주)은 법의 적용을 받지 않는다는 점을 지적한다. 그 법안은 또한 법과 예산에 의해 결정된 사항들에 대한 단체협약의 효력과 공무원들의 단체행동권을 제한한다. 그 법안에 따른 노조 전임자들은 노조 활동을 수행하기 위해 무급휴가를 받아야 할 것이다. 단체행동권이 합법화되기를 바라는 대한민국공무원노동조합총연맹의 강력한 반대로 인해, 정부는 2003

년 10월에 계획한 대로 법안을 제출하지 못하였으나 가능한 한 빠른 시간 내에 법안의 채택을 위해 사회적 합의를 얻고자 노력하고 있다.

816. 위원회는 이러한 점에서 공무원은 모든 다른 노동자처럼 어떠한 구별도 없이, 자신의 직업적 이익을 옹호하고 증진하기 위해 사전 허가없이 자신이 선택한 조직을 구성하고 가입할 권리를 향유하여야 함을 상기시키려 한다[결사의 자유 위원회 결정례집(제4판), 1996, para. 213 참조]. 5급 이상의 공무원과 관련하여, 위원회는 두 가지 요건을 충족하는 경우라면, 관리직 또는 감독직 노동자가 다른 노동자와 동일한 노동조합에 소속될 수 있는 권리를 부인하는 것이 반드시 결사의 자유와 양립할 수 없는 것은 아니라는 점을 상기시킨다. 즉, 첫째, 그러한 노동자는 자신들의 이익을 옹호하기 위한 자신의 조직을 결성할 권리를 가지고, 둘째, 그러한 조직의 구성원에 해당하는 범주는, 해당 사업체 또는 활동부문의 다른 노동자단체의 현재 또는 잠재적인 구성원의 상당 부분을 빼앗아서 그 단체의 조직을 약화시킬 수 있을 만큼 광범위하게 정의되지 않는다. 이런 상황에서 위원회는 5급 이상 공무원에 대해 입법에서 전면 배제하는 것은 그들의 단결할 기본적인 권리를 침해하는 것이라고 판단한다.

817. 또한 단결권의 배제는 경찰 및 군대에 대해서는 허용될 수 있지만, 위원회는 소방관에게 스스로 선택한 조직을 결성하고 가입할 수 있는 권리는 역시 보장되어야 한다고 본다. 단체행동권과 관련하여, 위원회는 다음의 경우 파업권이 제한되거나 금지될 수 있음을 상기한다. (1) 공공서비스에서 오직 국가의 이름으로 권한을 행사하는 공무원에 한하며, 또는 (2) 엄격한 의미의 필수서비스에서, 즉, 국민 전부 또는 일부의 생명, 개인적 안전 또는 건강을 위험에 빠뜨릴 수 있는 서비스에 한한다[위의 책, para. 526 참조]. 위원회는 소방관의 단체행동권의 제한 여부를 정할 목적으로 소방관을 필수서비스를 제공하는 노동자로 고려할 수 있음을 인정한다.

---

■ 결사의 자유 위원회, 340차 보고서(2006), Case No. 1865 【대한민국】, paras. 750~
  753, 781

750. 공무원이 스스로 선택한 노동조합 조직을 설립하고 가입할 권리에 관하여, 본위원회는 2004년 12월 31일 「공무원의 노동조합의 설립 및 운영에 관한 법률」이 국회를 통과하고, 2005년 1월 27일에 공포되었으며 2006년 1월 28일에 발효되었다는 정부 답변에 관심을 갖고 주목한다. 이 법은 공무원에게 자신이 선택한 노동조합을 결성하고 가입할 권리와 단체교섭권을 보장한다. 이는 또한 정당한 노조 활동에 대한 어떠한 불리한 대우도 부당노동행위로서 금지한다. 위원회는 채택된 법률에 대해 논평을 하고자 한다.

751. 위원회는 이 사건의 이전 논평으로부터 다음을 상기시킨다: (i) 5급 이상 공무원에

대해 법률에서 전면 적용제외하는 것은 단결할 기본권을 침해하는 것이며, (ii) 소방관이 스스로 선택한 조직을 결성하고 가입할 수 있는 권리도 보장되어야 한다(비록 단체행동권은 제한되거나 금지될 수 있다). (iii) 파업권은 (1) 공공 서비스에서 국가의 이름으로 권한을 행사하는 공무원에 한하여, (2) 엄격한 의미에서의 필수서비스, 즉 서비스의 중단이 국민의 전부 또는 일부의 생명, 개인적 안전과 건강을 위험에 빠뜨릴 수 있는 서비스에 한하여 제한되거나 금지될 수 있다[결사의 자유 위원회 결정례집(제4판), 1996, para. 526 참조]. (iv) 노조 전임자의 모든 노동조합 활동을 무급휴가로 처리할 것인지 여부는 당사자 간 협의에 맡기는 것이 더 적절할 수 있다.

752. 그러므로 위원회는 다음과 같은 방법으로 공무원의 권리가 완전히 보장되도록 하기 위한 추가 조치에 대해 정부에 검토를 요청한다. (i) 5급 이상 공무원이 자신의 이익을 옹호하기 위해 자신의 조직을 설립할 권리를 얻도록 하고, 이 범주의 구성원은 다른 공무원의 조직을 약화시킬 정도로 광범위하게 정의되지 않도록 보장한다; (ii) 소방관들이 스스로 선택한 조직을 설립하고 가입할 수 있는 권리를 보장한다; (iii) 파업권의 제한은 국가의 이름으로 권한을 행사하는 공무원 및 엄격한 의미에서의 필수서비스에 한정한다. (iv) 노조 전임자들의 노조활동을 무급휴직으로 처리해야 하는지에 대한 문제를 교섭 당사자들이 스스로 결정할 수 있도록 허용한다. 위원회는 이와 관련하여 취했거나 고려 중인 조치에 대해 계속해서 알려줄 것을 요청한다.

753. 위원회는 「공무원의 노동조합 설립 및 운영에 관한 법률」이 제정된 배경에 관한 주장을 검토할 것이고, 특히, 해당 법안 통과에 반대했고 자신들의 권리 인정, 특히 파업권 보장을 요구했던 노동조합원들에 대해 가혹한 억압적 조치가 있었고 충분한 협의가 없었다는 주장에 대해, 사실관계 부분에서 검토할 것이다.

781. [생략]

(a) 위원회는 공무원노조법의 제정과 시행을 관심을 가지고 주목하며, 정부에 대하여 공공 노동자들의 권리가 온전히 보장될 수 있도록 다음과 같은 추가 조치를 고려해 줄 것을 요청한다.

  (i) 5급 이상의 공무원들이 그들 자신의 이익을 보호하기 위하여 그들 자신의 단체를 결성할 수 있는 권리를 보장받을 수 있도록 할 것, 그리고 이러한 고위 공무원 범주의 공무원은 다른 공공부문 노동자들의 단체를 약화시킬 수 있을 만큼 광범위하게 정의되지 않도록 할 것;

  (ii) 소방관들이 자신들의 선택에 따라 단체를 설립하고 가입할 권리를 보장할 것; [후략]

> ■ 결사의 자유 위원회, 346차 보고서(2007), Case No. 1865 【대한민국】, para. 806
>
> 806. 이전의 중간결론을 고려하고, 지속적인 삼자협의의 가치를 인식하면서, 본위원회는 다음과 같은 권고를 이사회가 승인할 것을 요청한다.
> (a) 공무원노조법 및 그 시행령에 관하여 위원회는 정부에 대하여 다음 사항들과 같이 공무원의 권리가 충분히 보장될 수 있도록 하기 위한 추가적인 조치들을 고려해줄 것을 요청한다.
>   (i) 모든 등급의 공무원들이 예외없이 그들의 업무나 기능과 상관없이 그들 자신의 이익을 수호할 수 있는 그들 자신의 단체를 결성할 권리를 갖도록 할 것;
>   (ii) 소방관, 교도관, 교육 관청에서 일하는 공공서비스 노동자, 지방공무원 및 근로감독관들이 그들 스스로 선택한 단체를 설립하고 가입할 권리를 보장할 것; [후략]

## 3. 제3기: 구 공무원·교원 노동조합법하에서 법제도적 문제

### 가. 공무원·교원의 조합원 가입범위 제한

2005년 제정된 구 공무원노조법(2006. 1. 28. 시행)은 노동조합에 가입할 수 있는 공무원의 범위를 직군과 직렬에 따라 직급을 구분하여, ① 기능직과 고용직 공무원, ② 일반직 공무원에 대하여 6급 이하, ③ 특정직 공무원 중에서는 외무행정·외교정보관리 공무원으로 일반직에 상당하는 6급 이하 ④ 연구 및 특수기술직렬의 경우와 별정직 및 계약직은 일반직에 상당하는 6급 이하로 제한하였다. 이로 인하여 5급 이상의 공무원들은 노동조합에 가입할 수 없고, 특수직 공무원들인 소방공무원이나 교육공무원은 직급에 상관없이 가입대상에서 제외되었다.

▶ 소방공무원 단결권을 제한한 구 공무원노조법 제6조에 대한 합헌결정

2006년 소방직 공무원의 단결권을 금지한 규정에 대하여 헌법재판소에 위헌소송이 제기되었으나 헌법재판소는 합헌결정하였다. 헌법재판소는 소방공무원의 업무 성격상 사회공공의 안녕과 질서유지에 미치는 영향력이 크고 직무의 중요성과 특수성을 이유로 노동조합 조합원의 지위를 가지고 업무를 수행하는 것이 적절하지 않다고 본 입법목적이 타당하며, 소방공무원의 신분보장이나 근로조건 면에서 일반 공무원에 비해 두텁게 보장하고 있으므로 헌법 제33조 제2항의 입법형성권의 한계를 일탈하였다고 볼 수 없으며, 일반 근로자나 일반직 공무원에 비해 노동조합 가입을 일반적으로 금지하더라도 차별의 합리적

이유가 있다고 보았다.215)

### ▶ 유아교육법상 교원의 조합원 자격 문제

1999년 제정된 구 교원노조법(1999. 7. 1. 시행)은 초중등교육법상의 교원만을 가입대상으로 하였다. 유치원 교사는 구 초중등교육법상 교원의 종류에 포함되어 있었으나 2004년 유아교육법이 제정되면서 유아교육법상 교원으로 규정되고 초중등교육법상 교원에서 삭제되었다. 그러나 이에 맞춰 구 교원노조법상 조합원 범위의 개정 없이, 여전히 초중등교육법상 교원으로 규정되어 있었기 때문에, 과거 교원노동조합 가입대상이었던 유치원 교사는 2004년 유아교육법 제정 이후 법률 불비로 인하여 교원노조법 적용 여부가 불안정해졌다.

### ▶ 해직 교원의 조합원 자격 문제

한편 구 교원노조법은 해고된 자는 부당노동행위 구제신청을 한 경우 중앙노동위원회 재심판정이 있을 때까지만 교원으로 보도록 제한하였다. 따라서 해고된 교원은 부당노동행위 구제신청을 하지 않거나 중앙노동위원회에서 부당노동행위가 인정되지 않으면 조합원 자격을 상실하게 된다. 그런데 문제는 교원의 경우 교원소청심사(구 「교원지위향상을위한특별법」의 교원징계재심)를 통해 부당해고를 다투는 절차와 노동위원회에 부당노동행위를 다투는 절차를 선택적으로만 가능하도록 제한하였다는 점이다(구 교원노조법 제13조).216) 해직된 교원이 부당노동행위 구제신청을 할 경우 「교원 지위 향상

---

215) 헌법재판소 2008. 12. 26. 선고 2006헌마462 전원재판부 결정. 이에 대해 반대의견 2인 중 1인(조대현)은 헌법 제33조 제2항의 법률유보는 헌법 제33조 제1항의 기본권의 본질적 내용 침해금지와 헌법 제7조의 공무원의 신분보장의 취지를 조화시켜야 하므로, 헌법 제7조의 요청을 준수하기 위해 필요한 한도에서만 공무원의 근로3권을 제한할 수 있다고 보면서, 소방공무원의 직무상 생명·신체에 대한 위험, 장시간 근로와 비상근무가 잦은 점, 대부분 6급 이하 직급으로 근로조건 향상을 위해 근로3권의 인정 필요성이 큼에도 전면적으로 근로3권을 부인하는 것은 허용될 수 없다는 위헌의견을 밝혔다. 또한 반대의견 1인(송두환)은 공무원도 근로자로서 당연히 노동3권을 향유하되 구체적인 직무 내용과 성질, 직급 등에 따라 필요최소한의 범위 내에서 노동3권 중 일부만을 제한할 수 있는 재량을 부여한 것이므로 소방공무원의 근무여건이 일반 공무원에 비해 열악하고 대부분 하위 직급자들로서 노동3권 보호 필요성이 다른 직역의 공무원들보다 높고 주요 외국 입법례 및 국제노동기구 권고를 보더라도 단결권 보장이 이루어지고 있는바, 직급이나 직무에 상관없이 직종만을 이유로 전체 소방공무원에 대하여 노동3권 일체를 박탈한 것은 기본권 최대존중 및 최소제한의 원칙에 위반되어 위헌이라는 견해를 밝혔다.

216) 구 교원노조법 제13조(교원소청심사청구와의 관계) 「노동조합 및 노동관계조정법」 제81조 제1호 및 제5호에 따른 행위로 교원이 해고나 그 밖의 불이익을 받은 것을 이유로 해당 교원 또는 노동조합이 같은 법 제82조 제1항에 따라 노동위원회에 구제를 신청한 경우

및 교육활동 보호를 위한 특별법」(이하 '교원지위법')상 교원소청심사를 통해 해고의 부당성을 다툴 수 없고 해고의 부당성을 다투기 위해 소청심사를 하면 부당노동행위 구제신청을 하지 못하게 되므로 조합원 지위를 상실하게 된다. 물론 교원소청심사에서 부당해고임을 인정받으면 교원으로서 고용상 지위가 인정되므로 조합원 지위도 회복된다고 볼 수 있지만, 학교가 원직복직을 이행하지 않고 이의제기를 계속할 경우, 부당노동행위임을 인정받지 못한 상태에서 해고된 교원은 사실상 조합원의 지위를 행사할 수 없게 되는 상황이 지속된다.

### 나. 공무원·교원 해직자의 단결권에 대한 ILO의 권고와 사법적 판단

2013년 정부는 해직자의 가입을 허용하는 공무원노조와 전교조의 규약을 이유로 두 노조에 노동조합 아님 통보를 하였다. 당시 전교조는 해직교사를 조합원 가입대상에서 제외하지 않았는데, 구 교원노조법의 노동조합 가입범위를 재직 중인 교원만을 대상으로 한다는 이유로 고용노동부는 노조법 시행령 제9조에 따라 '교원노조법상 노동조합으로 보지 아니한다'는 통보를 하였고, 교육부와 지방교육청들은 이를 이유로 전교조와 진행 중인 모든 단체교섭을 중단하자, 전교조는 법외노조 통보처분의 취소를 구하는 소를 제기하였다. 이에 대해 2014년 결사의 자유 위원회는 노동조합이 자신의 규약과 규칙에 따라 조합원 가입범위를 결정할 수 있는 권리는 결사의 자유 원칙의 내용을 구성한다는 점을 지적하고, 일부 해고자의 가입을 허용한 사실을 이유로 노동조합을 해산시킬 수 없으며, 해고자의 노동조합 가입을 금지하는 입법은 결사의 자유 원칙에 반하는 조항이라고 보아 입법적 개선을 권고하였다.

---

■ 결사의 자유 위원회, 371차 보고서(2014), Case No. 1865 【대한민국】, para. 53

53. 본위원회는 전국공무원노조 서버 압수수색과 관련된 진정인의 주장 및 전교조의 법외노조화 및 전공노에 대한 4차례의 설립신고 반려에 대해 깊은 우려를 표한다. 전공노 설립신고 반려와 전교조 법외노조화 각각에 관해, 본위원회는 해고노동자가 조합원이 될 수 없도록 한 법 조항이 결사의 자유 원칙에 어긋난다는 점을 일관되게 고려해왔다는 점을 상기시킨다. 위원회는 1997년 노동조합법이 처음 제정된 이래로 이러한 취지를

---

에는 「교원의 지위 향상 및 교육활동 보호를 위한 특별법」 제9조에도 불구하고 교원소청심사위원회에 소청심사를 청구할 수 없다. (2022. 6. 10. 삭제, 2023. 12. 11. 시행)

가진 조항을 개정 또는 폐지하기 위해 정부에 필요한 조치를 취할 것을 요청했으며, 교원노조법과 공무원노조법에 유사한 조항이 포함되어 있음을 확인한다. 위원회는 전공노가 이러한 규제로 인해 아직 법적인 인정을 받지 못한 것에 대해 깊은 유감을 표하였을 뿐 아니라, 1999년 7월에 이 나라에서 결사의 자유를 보장하기 위한 발전이라고 본위원회가 환영했던 전교조의 법내노조화에 대해, 교사에게도 이러한 규제를 적용하여 설립신고를 취소하는 정부의 조치로 이어지게 된 것에 대해 깊은 우려를 표한다. 위원회는 이와 관련하여 정부가 노동조합 가입을 제한하는 조항을 개정하기 위해 필요한 조치를 취할 것을 촉구한다. 이 중요한 문제에 대한 해결책을 찾기 위한 고용노동부의 노력이 결국 결실을 맺지 못한 것을 보고 위원회는 정부가 노력을 지속하는 한편 전공노의 설립신고를 촉진하고 전교조의 법내노조화를 보장하기 위해 취한 모든 조치를 지속적으로 알려줄 것을 촉구한다. 법원에 계속중인 사건에 관하여, 위원회는 공공당국의 개입 없이 노동자와 사용자 단체가 자신들의 규약과 규칙을 정할 권리에 대해 수년간 천명해 온 결사의 자유 원칙이 법원에 의하여 적법하게 고려될 것이며, 교육분야의 주요 노동조합 조직의 법적 지위가 소수의 해고된 교사들의 가입을 이유로 부인되지 않을 것이라고 굳게 믿는다. 실제로 위원회는, 노조원들이 노동조건 개선을 위해 교섭이 필요한 노동자들인지 확인하는 것의 중요성을 정부가 강조한 점을 충분히 주목하며, 6만 명에 가까운 교사들은 전교조가 자신들을 대표해줄 것을 기대하고 있다고 본다. 이 문제에 대한 법원의 판단을 기다리는 동안, 위원회는 2013년 9월 중단된 단체교섭 협상을 비롯하여 정부가 전교조와 충분한 협의에 응할 것이라 믿는다. 위원회는 정부가 노동조합법 및 교원노조법, 공무원노조법에서 해고 노동자가 노동조합에 가입하는 것을 금지하는 조항을 폐지하고, 2013년 12월 1일에 제기된 모든 진정에 대한 답변으로 자세한 정보를 제공할 것을 촉구한다. 마지막으로, 위원회는 한국철도, 국민연금, 한국가스공사에서 체결한 구속력 있는 단체협약의 일방적 종료 사유, 노조와 사용자 간의 협상에 대한 개입이 있었다는 기존의 진정에 대한 충분한 의견 및 형법 제314조를 결사의 자유 원칙과 일치시키기 위해 취한 조치에 관하여 답변을 제출할 것을 정부에 다시 한번 요청한다.

또한 결사의 자유 위원회는 노동조합의 규약은 헌법과 법률에 부합하여야 하지만, 이러한 헌법과 법률은 ILO의 국제노동기준을 존중하는 법령이어야 함을 지적하면서, 해직된 공무원과 교원의 단결권을 부인하는 것은 결사의 자유 원칙에 위배된다는 점을 명확히 하였다. 특히 위원회는 해고자에 대한 단결권을 부인하는 조치가 노동조합 활동가를 해고하고 노동조합 활동을 계속하지 못하도록 방해하는 반조합적 행위를 초래할 수 있다는 점에서도 중대한 결사의 자유 위반에 해당된다는 점을 지적하며 강력한 유감을 표명하였다.

---

■ 결사의 자유 위원회, 382차 보고서(2017), Case No. 1865【대한민국】, para. 42.

42. 본위원회는 진정인과 정부가 제공한 정보에 주목한다. 전국공무원노동조합이 처음 노조 설립신고를 한 지 7년이 지난 지금까지도 정부는 해직자 가입을 허용하는 규약을 이유로 노동조합의 설립신고를 계속 반려하고 있으며, 비슷한 이유로 노조아님 통보를 한 결정을 취소해 달라는 전국교직원노동조합의 신청 역시 교원노조법 제2조 위반을 이유로 거부되었다는 점을 깊은 우려를 가지고 주목한다. 위원회는 노동조합의 강령과 규약이 법률에 부합하게 작성되도록 국가가 적법한 조치를 취할 수 있지만 이 분야에서 채택된 모든 법률은 결사의 자유 원칙에 따라 규정된 노동자의 권리를 훼손해서는 안 된다는 오래된 입장을 상기시킬 수밖에 없다. 해고 노동자의 조합원 자격을 박탈하는 조항은 당사자가 자신의 선택에 따른 단체의 가입을 박탈하는 것이기 때문에 결사의 자유 원칙에 위배된다. 이 조항은 노동조합 활동가들을 해고하여 노동조합 활동을 노동조합 내에서 계속하는 것을 방해할 정도로 반노조적 차별행위가 이루어질 위험을 발생시킨다[결사의 자유 위원회, 353차 보고서, Case No. 1865, para. 720]. 이 원칙은 공무원과 교사를 포함한 모든 노동자에게 차별 없이 적용된다. 이러한 원칙에 비추어 볼 때, 전공노와 전교조에게 규약을 개정하고 해고 노동자의 조합원 자격을 박탈하라는 내용의 요건을 부과하는 것은 해당 단체가 강령과 규약을 작성할 권리를 침해하는 것이다[결사의 자유 위원회, 363차 보고서, Case No. 1865, para. 125]. 위원회는 해고된 공무원과 교사의 노조 가입을 금지하는 법률 조항이 시행되는 한, 사법부와 행정부가 전공노와 전교조의 법적 지위를 계속 부인할 것으로 알고 있다. 이러한 결과에 대한 위원회의 이전 권고안이 아직 이행되지 않고 있는 점을 감안하여, 정부에 다시 한번 해고 노동자들을 노동조합에 가입하지 못하도록 금지하는 노동조합법, 교원노조법 및 공무원노조법의 규정들을 지체없이 폐지하기 위해 필요한 조치들을 취할 것과 이와 관련한 진척상황에 대한 상세한 정보를 제공해 줄 것을 요청한다.

---

2020년에 이르러서야 대법원은 법외노조 통보가 법률의 위임 없이 시행령에 근거한 처분으로 헌법상 법률유보원칙에 반한다고 취소판결하였다.[217] 대법

217) 대법원 2020. 9. 3. 선고 2016두32992 전원합의체 판결. 대법원은 법외노조 통보는 이미 법률에 의해 법외노조가 된 것을 사후적으로 고지하거나 확인하는 행위가 아니라 그 통보로 비로소 법외노조가 되도록 하는 형성적 행정처분으로, 노조법상 설립요건을 갖추지 못한 경우 설립신고를 반려하도록 규정할 뿐 이미 설립하여 활동 중인 노동조합에 대한 법외노조 통보에 관해서는 아무런 규정을 두고 있지 않고 시행령으로 위임하는 명문의 규정도 없다는 점에서, 무효인 시행령 제9조에 따른 위법한 처분이라고 보았다.

원 판결의 별개의견 2인 중 1인(안철상)은 다수의견과 달리, 노조설립신고 수리는 수익적 행정처분으로 결격사유 발생이 인정되는 한 설립신고 수리처분의 직권취소·철회가 불가능한 것은 아니지만, 해직자를 노동조합에서 배제하지 않았다는 이유로 법외노조 통보처분을 하는 것은 보편적인 국제노동기준에 반한다는 점, 일부 해직 교원으로 인해 전교조의 활동이나 자주성이 침해되거나 될 수 있을 만한 근거가 없다는 점에서 위법하다고 판단하면서, 국제노동기구의 권고를 인용하였다.

---

**대법원 2020. 9. 3. 선고 2016두32992 전원합의체 판결(대법관 안철상 별개의견)**

2) 해직자를 노동조합의 조합원에서 배제하는 것은 아래와 같은 세계 보편적 기준에 반한다.

선진 각국과 국제사회는 해직자의 노동조합 가입을 허용하고 있고, 해직자가 조합원으로 가입하고 있다는 이유로 해당 노동조합의 지위를 부정하지도 않는다. 지금까지 동료였던 조합원을 단지 사용자로부터 해고되었다는 이유만으로 노동조합으로부터 배제하도록 강제하는 법제는 우리나라를 제외하고는 찾기가 쉽지 않다. 이는 노동조합의 본질과 정신에 정면으로 반하는 것이다. 이러한 세계 보편적 기준은 일시적으로 막을 수는 있지만 건강한 사회라면 언젠가는 도달하게 되는 것이다.

국제노동기구(International Labour Organization, ILO)는 2020년 6월 현재 전체 190개 협약 중 가장 기본적인 노동권에 관한 4개 분야의 8개 협약을 '핵심협약(Fundamental Conventions)'으로 지정하고 모든 회원국에 대하여 그 비준 및 준수를 강력히 권고하고 있다. 그 중 「결사의 자유 및 단결권 보호에 관한 협약(제87호 협약)」은 제2조에서 "근로자 및 사용자는 어떠한 차별이나 사전 허가 없이 스스로의 선택에 따라 단체를 설립하고 그 단체의 규약에 따를 것을 조건으로 단체에 가입할 권리를 가진다."라고 규정하고 있다. 이는 일체의 차별과 정부의 사전 허가 없는 단결권의 보편적 보장 원칙을 국제노동기준으로 확립한 것이라고 할 수 있다.

실제로 국제노동기구 제320차 이사회는 2014. 3. 26. 우리나라 정부의 결사의 자유 위반에 관한 권고를 담은 결사의 자유 위원회 제371차 보고서를 채택하였는데, 여기서 위원회는 '노동조합법 제2조 제4호 단서 라.목(이 사건 법률 규정 라.목)에 의한 해직자의 노동조합 가입금지가 결사의 자유에 위배된다'는 입장을 밝힌 바 있다. 나아가 위 결사의 자유 위원회는 2017. 6. 17. 제382차 보고서에서 이 사건과 직접 관련하여 같은 취지의 의견을 제시하면서 '해직자가 조합원이 되는 것을 금지하고 있는 법률의 관련 조항을 지체 없이 폐지하기 위하여 필요한 조치를 취하고, 이에 관한 상세한 정보를 제공할 것을 한국 정부에 다시 한번 강력히 요청한다'고 권고하였다.

한편, 유럽연합(European Union, EU)은 2011년 발효된「대한민국과 유럽연합 및 그 회원국 간의 자유무역협정」에 근거하여 우리나라의 국제노동기구 핵심협약 비준 노력이 미흡하다는 이유로 분쟁해결절차를 개시하는 등 지속적으로 우리나라 정부에 노동기본권 보장과 관련한 문제를 제기하고 있다. 최근 2019. 7. 4. 유럽연합은 우리나라 정부에 위 자유무역협정 제13장(무역과 지속가능한 발전) 제14조 제1항에 따른 전문가 패널의 소집을 공식 요청하여 우리나라 정부가 노동기본권을 침해함으로써 자유무역협정을 위반하였다고 주장하고 있는데, 여기서도 '노동조합법 제2조 제4호 단서 라.목(이 사건 법률 규정 라.목)에 따라 해직자의 조합원 가입을 이유로 해당 노동조합의 자격을 부인'하는 점을 주요 위반사항의 하나로 들고 있다.

## 다. 대학교수의 단결권에 대한 ILO의 권고와 사법적 판단

구 교원노조법은 교원의 노동조합 설립 및 가입을 초·중등학교 교원에 국한하였다. 고등교육법상 대학교원은 교원노조법을 적용받을 수 없었고, 국공립이 아닌 사립대학도 사립학교법상 국공립 교원(교육공무원)의 복무규정을 준용하게 되므로, 국공립이나 사립 교원임을 불문하고 국가공무원법 제66조 및 지방공무원법 제58조에 의거 노동운동이나 그 밖에 공무 외의 일을 위한 집단행위 금지 규정에 의해 단결권이 제한되어왔다. 2009년 전국교수노동조합은 대학교수에 대한 단결권 침해에 대해 결사의 자유 위원회에 진정을 제기하였고, 결사의 자유 위원회는 2707호 사건에서 대학교수의 단결권에 대해서도 다른 노동자들과 차별 없이 자신의 노동조합을 자유롭게 설립하고 가입할 수 있는 권리를 보장해야 한다고 밝혔다.

---

■ 결사의 자유 위원회, 357차 보고서(2010), Case No. 2707 (2009)【대한민국】, para. 397

397. 본위원회는 공무원들이 다른 모든 노동자들과 마찬가지로 차별 없이 직업적 이익의 증진과 방어를 위해 사전 허가 없이 자신이 선택한 조직을 설립하고 가입할 권리가 있다는 것을 상기시키고자 한다[결사의 자유 위원회 결정례집(제5판), 2006, para. 219]. 따라서 대학교수들은 결사의 자유 원칙의 범위에서 배제되지 않는다. 반대로 (제

87조 협약 제9조에 의해 적용제외가 가능한 한 군대와 경찰을 제외한) 모든 공무원은 민간부문의 노동자들과 마찬가지로 구성원들의 이익을 옹호하고 더 발전시키기 위해 스스로 선택한 조직을 설립할 수 있어야 한다[결사의 자유 위원회 결정례집, 위의 책, para. 220]. 특히 교사들과 관련하여, 위원회는 항상 교사들이 직업적 이익의 증진과 옹호를 위해 사전 승인 없이 스스로 선택한 조직을 설립하고 가입할 권리를 가져야 함을 고려해왔다[결사의 자유 위원회 결정례집, 위의 책, para. 235].

전국교수노동조합은 ILO 결사의 자유 위원회의 권고 이후에도 고용노동부가 전국교수노동조합의 설립신고를 반려하자, 2015년 행정소송을 제기하고 대학교수를 교원노조법상 적용범위에서 제외한 교원노조법 제2조에 대하여 위헌법률심판제청신청을 제기하였는데, 헌법재판소는 이에 대해 헌법불합치결정을 하였다.[218]

헌법재판소는 고등교육법상 교원을 교육공무원인 교원과 공무원이 아닌 교원으로 구분하여, 첫째, 교육공무원이 아닌 교원의 경우 교원노조법의 적용대상을 재직 중인 초·중등교원으로 한정하여 대학교원에 대해서는 전면적으로 단결권을 부인한 것은 입법목적의 정당성을 인정하기 어렵고, 수단의 적합성도 부인된다고 보았다. 대학교원의 특수성을 이유로 단결권을 전면적으로 부정하는 것은 필요최소한의 제한으로 보기도 어렵고, 대학구조조정이나 기업의 대학진출, 강의전담교수, 비정년트랙교수와 같은 비정규직교원의 증가 등 대학사회의 변화 속에서 대학교원의 사회경제적 지위 향상에 대한 단결권 행사의 필요성을 고려할 때 단결권 부인으로 인한 중대한 불이익은 과잉금지원칙에 위배된다고 설시하였다. 둘째, 교육공무원인 교원은 헌법 제33조 제2항에 의해 근로3권을 인정할 공무원의 범위에 대한 입법재량권이 존재하나 이 역시 근로3권을 보장하고자 하는 헌법 정신이 존중되어야 하고 국제사회에 있어 노동관계 법규 등도 고려되어야 하는 점, ILO와 OECD 등 국제기구의 수차례 권고로 제정된 교원노조법의 취지상 초·중등교원만 포함시키고 교육공무원인 대학교원을 제외하는 취지로 해석되기 어려운 점, 초·중등교원의 근로조건이 거의 법정되어 있어 안정적으로 근무할 수 있는 것에 반해 대학교원은 교수 계약임용제 도입 및 대학교원의 구성이 다층적으로 변화되는 등 사회의 변화로 교육공무원인 대학교원의 신분 및

---

218) 헌법재판소 2018. 8. 30. 선고 2015헌가38 전원재판부 결정.

근로조건이 법적으로 강하게 보장된다고 보기 어려운 점, 초중등교원은 의무교육성, 표준성 등을 특징으로 하는 반면 대학 교원은 헌법에서 보장하는 대학 자율성 및 학문의 주체가 된다는 사실만으로 교육공무원인 대학교원의 단결권을 전면부인하는 것이 합리화될 수 없다는 점, 외국 입법례를 보더라도 대학교원의 단결권 자체를 부인하는 경우는 찾아보기 어렵다는 점을 종합하면, 교육공무원인 대학교원의 직무수행의 특수성을 고려하더라도 근로3권을 전면적으로 부정하는 것은 합리성을 상실하여 입법형성권의 한계를 벗어난 것으로 판단하였다.

### 라. 기간제 교원의 단결권에 대한 ILO의 권고와 행정 조치

전국기간제교사노동조합은 전국 교육청 산하 유치원, 초중등학교 및 교육청에 근무하는 기간제교사와 계약기간만료 등으로 구직 중인 기간제교사 등을 조직대상으로 하여 2018년 1월 설립된 전국단위 노동조합으로 현재 약 100여 명이 활동하고 있다. 2018년 기간제교사노조는 고용노동부에 노조설립신고를 하였으나 구 교원노조법 제2조에 따라 교원이 아닌 자를 노동조합 가입대상으로 하고 있다는 이유로 반려되었다. 기간제교사노조는 2019년 5월 재차 노조설립신고서를 제출하였으나 해직자의 노조 가입을 허용하는 규약을 문제삼아 동일한 이유로 반려되자, ILO 결사의 자유 위원회에 진정을 제기하였다.

ILO감독기구는 그동안 기간제 또는 단시간으로 일하는 비정규직 교원에 대해 노동조합 조직 및 가입을 제한하는 법령은 제87호 협약 위반에 해당된다고 판단해왔다.[219] 특히 결사의 자유 위원회는 계약의 외관상 용역계약을 체결한 강사라도 자신이 선택한 조직을 설립하고 가입할 수 있는 자유를 보장해야 하며, 단기간 반복적으로 일하는 대학의 시간강사 등에 대해 직업협회를 보장하는 것만으로는 단체교섭 및 단체협약을 체결하는 노동조합으로서의 지위와 권리가 보장되지 않는다면 제87호 협약의 단결권이 보장되었다고 볼 수 없음을 확인해왔다.[220]

3371호 사건에서 결사의 자유 위원회는 그동안 한국정부에게 해고노동자와 실업자의 단결권을 금지한 노동조합법의 개정을 권고해왔다는 점을 지적하면서, 마찬가지로 해직되거나 구직중인 기간제교원에 대해서도 이를 보장해야 한다고

---

확인하였다. 즉 기간제 교사가 계약기간으로 인하여 고용과 실업을 반복하게 된다는 이유만으로 교원노조법상 교원노조에 가입하고 단결할 권리를 허용하지 않는 것은 결사의 자유 원칙에 위배된다고 보았다.

정부는 당해 사건이 진행 중이던 2021년 1월 해고노동자의 노조 가입을 허용하는 노동조합법 및 공무원노조법, 교원노조법 개정에 따라 2021년 7월 법 시행과 동시에 기간제교사노동조합에 대해서도 설립신고증을 교부하였다.

---

- **결사의 자유 위원회, 제393차 보고서 (2021), Case No. 3371 【대한민국】, paras. 283~285.**

283. 진정 당시에 교원노조법 제2조와 노조 규약의 불합치를 이유로 전국기간제교사노조의 설립신고 반려가 적법했다는 정부의 견해에 주목하면서, 본 위원회는 이 조항이 특정 범주의 노동자(해직되고 구직 중인 노동자)가 자신이 선택한 조직에 가입할 수 있는 권리를 박탈하고 해고 또는 실직된 노동자가 포함된 조직이 설립 신고증을 받는데 부당하게 영향을 미친다는 점을 상기시키고자 한다. 위원회는 또한 이러한 제한이 기간제교사노조 조합원의 대다수가 기간제 계약으로 고용된 교사이고, 그들의 계약 상태의 바로 그러한 성격에 의해, 고용과 실업을 반복하게 되어서, 그러한 조합원들이 안정적인 방식으로 대표될 수 있는 가능성을 잠재적으로 박탈당하게 되는 현 사안에서 특정한 문제로 나타난다고 본다.

284. 위원회는 앞서 1865호 사건에서, 해고 및 실직 노동자의 단결권의 제한 및 완전히 자유롭게 대표를 선출할 권리의 제한을 검토하면서, 해고된 노동자와 실업자가 노동조합원이 되는 것을 금지하고 비조합원이 노동조합 임원에 입후보할 자격을 부인하는 노동조합법과 교원노조법의 조항을 개정하거나 폐지하기 위해 필요한 조치를 취할 것을 수년간 정부에 요청해왔음을 상기한다[382차 보고서, Case No. 1865, 2017년 6월, para. 42; 353차 보고서, 2009년 3월, para. 720 참조]. 보다 구체적으로, 위원회는 모든 노동자가 고용상 지위에 관계없이 자신의 불안정한 상황이 남용될 가능성을 피할 수 있도록 결사의 자유를 보장받아야 한다는 점을 상기한다. 해고노동자의 조합원 자격을 박탈하는 조항은 해당 노동자가 자신이 선택한 조직에의 가입을 박탈하는 것이므로 결사의 자유 원칙에 위배된다. 이와 같은 규정은 노동조합 활동가들의 해고로 인해 조직 내에서 노동조합 활동을 계속할 수 없을 정도로 반노조적 차별행위가 자행될 위험성을 수반하고 있다[결사의 자유 위원회 결정례집(제6판), 2018, paras. 329 및 410 참조].

285. 이와 관련하여, 위원회는 교원노조법, 노동조합법 및 공무원노조법의 개정 법안이 2020년 12월에 공포되어 2021년 7월에 시행될 것이라는 정부의 최신 정보를 환영한다.

특히 개정된 법은 노동조합이 규약을 통해 해고 및 퇴직 교사와 노동자의 조합원 자격을 자율적으로 결정할 수 있도록 할 것으로 보인다. 또한 위원회는 공개된 자료를 통해, 2021년 2월에 국회가 제87호 및 제98호 협약 비준 동의안을 통과시킨 사실을 확인하며 이러한 법제도적 발전을 환영한다. 이러한 상황에서 위원회는 이번 법개정으로 해고노동자 및 일시적 실업노동자를 포함한 모든 노동자가 조합의 규약에 따라 법률상으로나 관행상으로나 자신이 선택한 단체에 가입할 수 있게 될 것이고, 그러한 노동자들의 노동조합 가입으로 인해 합법적인 노동조합 지위와 법적 권리를 박탈하지 않을 것으로 기대하고 있다. 2018년 7월과 2019년 5월 기간제교사노조에 대한 설립신고증 교부거부를 정당화하기 위하여 사용된 현행 법조항 자체가 결사의 자유 원칙에 위배되어 개정된 점 등에 비추어, 그리고 개정된 법이 시행된 후 노조 설립에 관한 서류를 제출할 경우 기간제교사노조에게 설립신고증을 교부할 계획이라는 정부의 약속에 비추어, 위원회는 정부가 새로운 법이 시행되고 설립신고서가 다시 제출되는 즉시 설립신고증을 교부할 것이라고 믿는다.

## 4. 현행 공무원노조법, 교원노조법의 한계

### 가. 2021년 공무원노조법, 교원노조법의 개정 경과

정부는 2021년 그동안 ILO 감독기구로부터 수차례 권고를 받아왔던 노동조합법 및 공무원노조법, 교원노조법을 개정하면서, 공무원과 교원의 조합원 가입범위를 확대하였다.

2021. 1. 5. 개정 공무원노조법은 첫째, 노동조합 가입범위를 6급 이하로 제한했던 것을 폐지하였다. 둘째, 그동안 노동조합 설립 및 가입을 금지해왔던 소방직 공무원, 교육직 공무원의 노조가입을 보장하였다. 셋째, 공무원이었던 자의 노동조합 가입을 노동조합 규약에 따라 자유롭게 정하도록 하여, 해직자의 노조가입을 허용하였다.

2021. 1. 5. 개정 교원노조법은 첫째, 헌법불합치 결정되었던 대학교원의 단결권 보장을 위해 고등교육법상 대학교원을 가입범위에 포함하였다. 둘째, 구 초중등교육법상 교원이었던 유치원 교사가 교원노조법 적용대상에서 누락되는 입법미비사항을 반영하여 유아교육법상 교원도 교원노조법 가입범위에 명시하였다. 셋째, 교원이었던 자의 노동조합 가입을 노동조합 규약에 따라 자유롭게 정하도록 하여, 해직자의 노조가입을 허용하였다.

### 나. 현행 공무원노조법상 적용범위의 제한과 ILO 감독기구의 권고

공무원의 조합원 범위와 관련한 직급 제한을 삭제하고, 해직 공무원과 교원, 대학교원의 노동조합 가입을 허용함으로써 결사의 자유 위원회에서 입법 권고한 사항을 상당 부분 이행하였다. 그러나 여전히 업무와 관련하여 일부 공무원에 대해서는 노동조합 가입을 제한하고 있어, 공무원 단결권 보장 문제는 완전히 해결되지 못한 상태이다.

### (1) 지휘감독 또는 총괄조정업무를 수행하는 공무원의 단결권 제한

현행 공무원노조법은 5급 이상 공무원의 노조 설립 및 가입을 금지해왔던 규정을 삭제함으로써 직급에 따른 단결권 배제의 문제를 시정하였다. 그러나 여전히 지휘감독업무를 수행하거나 정책결정권한을 가진 공무원은 노동조합 가입 범위에서 제외하는 규정을 유지함으로써 해석 여하에 따라 5급 이상 공무원의 상당수가 노동조합 가입에 제한을 받을 수 있으므로 사실상 이전과 같은 직급 제한의 효과가 유지되고 있다.

결사의 자유 위원회는 국가의 이름으로 행하는 정책결정 권한을 실질적으로 행사하는 고위직 공무원이라도 노동조합 가입 및 설립의 자유를 보장받아야 한다고 밝혀왔다. 즉, 제98호 협약의 적용이 제한되는 "국가 행정에 종사하는 공무원"은 단체교섭권 일부가 제한될 수 있다 하더라도 제87호 협약상의 단결권은 보장해야 한다.[221] 즉 업무 성격상 고위직 공무원은 일반 공무원의 직업상 이익과 충돌될 수 있기 때문에, 하나의 노동조합으로 조직하는 것은 제한하더라도 자신들의 노동조합을 조직하고 가입할 권리 자체를 박탈할 수는 없다.

■ 결사의 자유 위원회, 제346차 보고서(2007), Case No. 1865【대한민국】, para. 741

741. 본위원회는 공무원이 다른 모든 노동자와 마찬가지로 아무런 구별도 없이 자신의 직업적 이익의 증진과 방어를 위하여 사전 허가 없이 스스로 선택한 단체를 설립하고 가입할 권리가 있음을 상기한다[결사의 자유 위원회 결정례집(제5판), 2006년, para. 219]. 따라서 모든 직급(5급 이상 또는 6급 이하)의 공무원은 결사의 자유의 범위에서 제외되는 것이 아니며, 반대로 (제87호 협약 제9조에 의한 군대 및 경찰을 제외한) 모든

---

221) 제98호 협약이 정한 "국가 행정에 종사하는 공무원"에 관해 자세히는 제4장 제6절 참조.

공무원은 민간부문의 노동자와 마찬가지로, 구성원들의 이익을 더 발전시키고 옹호하기 위해 스스로 선택한 조직을 설립할 수 있다[결정례집, 위의 책, para. 220]. 제151호 협약에서 정책결정권자 또는 고위직 공무원에 관해 적용제외를 인정한 조항은 단체교섭의 문제에 관한 것이지 모든 공무원에게 차별 없이 보장되어야 할 단결권에 관한 것이 아니다. 그럼에도 불구하고 상급 관리책임이나 정책결정 책임을 행사하는 사람에 관련하여 위원회는 이들 공무원이 다른 노동자를 대표하는 노동조합에 가입하는 것은 금지될 수 있으나, 그러한 제한은 엄격하게 위의 범주의 노동자들로 제한되어야 하며 그들 자신의 조직을 설립할 권리가 있어야 한다는 입장이다. 관리직 또는 감독직 노동자가 다른 노동자와 동일한 노동조합에 가입할 권리를 부인하는 것은 다음의 두 가지 요건을 충족하는 한 반드시 제87조 협약 제2항의 요건과 양립할 수 없는 것은 아니다. 첫째, 그러한 노동자는 자신의 이익을 옹호하기 위하여 자신의 조직을 설립할 권리를 가진다, 둘째, 그러한 조직의 구성원에 해당하는 범주는, 해당 사업체 또는 활동부문의 다른 노동자단체의 현재 또는 잠재적인 구성원의 상당 부분을 빼앗아서 그 단체의 조직을 약화시킬 수 있을 만큼 광범위하게 정의되지 않는다[결정례집, 앞의 책, paras. 253 및 247].

또한 2021년 법 개정 전부터 6급 이하 공무원은 노동조합 가입이 허용되었지만, 현행 공무원노조법 제6조 제2항의 가입제한 범위의 해석을 통해 사실상 직급 제한이 유지되고, 6급직 공무원에 대해서도 가입을 제한하는 부당노동행위가 나타나고 있다. 정부는 각 부서나 과 내의 하부 팀을 관리하는 팀장의 업무분장표상 "업무분장"이라고 기재된 것을 이유로 법 제6조 제2항 제1호 "업무의 주된 내용이 다른 공무원에 대하여 지휘·감독권을 행사하거나 다른 공무원의 업무를 총괄하는 업무에 종사하는 공무원"에 해당된다고 해석하여, 공무원 노동조합 가입을 제한하고 있다.[222] 최근에도 전 직원에게 공무원노조법 제6조 제2항을 기재하여 "'노동조합 가입이 금지되는 공무원의 범위' 관련 법령 준수 안내"라는 메일을 보내고, "법령 미준수자에 대해서는 관련 규정에 따라 조치하겠다"라고 공문을 발송하여, 노동조합 탈퇴를 종용하는 부당노동행위가 이루어졌다.[223]

### (2) 교도관, 근로감독관의 단결권 제한

현행 공무원노조법은 소방직 공무원의 단결권을 허용하도록 개정하였으나 교정 또는 수사에 관한 업무를 수행하는 공무원의 조합원 가입제한을 유지하고

---

222) 고용노동부, 「공무원노사관계 업무매뉴얼」, 2021, 47~50쪽.
223) 이 사안은 2024. 3. 5. 결사의 자유 위원회에 진정이 접수되어 진행중이다(Case No. 3457).

있는바, 여전히 교정직 공무원, 근로감독관에 대한 단결권은 전면 부인하고 있다. 결사의 자유 위원회는 교도관이 직무상 무기를 소지하더라도 제87호 협약이 적용제외되는 경찰과 군인에 해당되지 않는다는 점을 분명히 하면서, 제87호 협약의 단결권과 제98호 협약의 단체교섭권을 제한없이 온전히 보장되어야 한다는 입장을 취해왔다.224) 또한 결사의 자유 위원회는 한국정부에 대해서도 교도관 및 근로감독관에게 단결권을 보장해야 한다고 여러 차례 요구해왔다.225)

---

■ 결사의 자유 위원회, 제346차 보고서(2007), Case No.1865【대한민국】, para. 741

741. (생략) 나아가 본위원회는 소방관이 수행하는 기능이 그들의 단결권을 배제하는 것을 정당화하지 않는다는 점을 상기한다. 그러므로 그들은 단결권을 향유해야 한다. 교도관은 단결권을 향유해야 한다. 마지막으로 근로감독을 하는 노동자에게 단결권을 부인하는 것은 제87호 협약 제2조 위반에 해당된다[결사의 자유 위원회 결정례집, 2006, paras. 231, 232 및 234]. 따라서 위원회는 7, 6, 5급 이상의 공무원을 포함하여, 직무와 기능에 상관없이 소방관, 교도관, 교육관련 공무원, 지방 공공서비스 노동자와 근로감독관을 포함한 모든 공무원은 그들의 이익을 옹호하기 위해 자신의 조직을 결성할 권리를 가지기 위해, 공무원 노조법과 시행령에 규정된 노조 가입 배제를 재검토하도록 정부에게 다시 한번 요구한다.

---

### (3) ILO 전문가위원회의 심의

2023년 전문가위원회는 제87호 협약 비준 이후 첫 대한민국 정례보고서를 검토하였고, 노동조합 설립 및 가입이 금지된 공무원의 범위가 지나치게 넓게 해석되고 있음을 우려하면서, 관련된 공무원노조법의 개정을 권고하였다.

---

【대한민국】전문가위원회, Direct Request, 2023

고위직 공무원과 관련하여 본위원회는, 이러한 고위직 공무원이 공공부문의 다른 노동자를 대표하는 노동조합에 가입하는 것을 금지하는 것이 반드시 결사의 자유와 양립할 수 없는 것은 아니지만, 다음의 두 가지 조건, 즉 (i) 고위직 공무원도 자신들의 이익을 방어하기 위해 자신의 조직을 설립할 권리가 있어야 하며, (ii) 법률상 이 범주의 제한은

---

224) 결사의 자유 위원회, 386차 보고서(2007), Case No. 2177【일본】, para. 420.
225) 결사의 자유 위원회, 346차 보고서(2007), Case No. 1865【대한민국】, para. 741.

고위직 관리자 또는 정책 결정 책임자로 국한해야 한다는 조건을 충족해야 한다는 점을 상기시킨다. 또한 위원회는 군인과 경찰의 단결권을 제외하는 것이 제87호 협약의 조항에 위반되지 않지만 교도관의 경우에는 동일하게 적용할 수 없다는 점을 항상 고려해왔다[General Survey, 2012, paras. 66 및 69 참조]. 유일한 예외로서 군인과 경찰을 제외하면 모든 공무원은 협약의 범위에 포함된다는 점을 상기시키면서, 위원회는 한국정부가 사회적 파트너와 충분히 협의하여 법률을 검토하고 위의 원칙에 부합하도록 법을 개정하기 위한 필요한 조치를 취할 것을 요청하며, 이는 노동조합을 설립하고 가입할 권리에서 배제된 공무원의 범위에 권리를 인정하도록 하기 위한 것이어야 한다. 위원회는 이와 관련하여 정부가 취한 모든 조치에 대해 정보를 제공할 것을 요청한다.

## Ⅱ. 결사의 자유의 전제로서 공무원과 교원의 정치적 권리

### 1. 국내 법제도적 현황

#### 가. 공무원·교원의 정치적 자유에 대한 제한

국가공무원과 지방공무원의 복무에 관한 사항을 정한 「국가공무원법」 제65조 및 「지방공무원법」 제57조는 정당이나 그 밖의 정치단체의 결성에 관여하거나 이에 가입하는 행위, 선거에서 특정 정당이나 특정인을 지지 또는 반대하는 행위, 이러한 금지행위를 요구하는 등 정치적 행위를 금지하고 있다. 국·공립학교 교사 역시 국가공무원법 및 지방공무원법에 따라 정치활동 및 집단행동 금지 규정을 포괄적으로 적용받고, 교육공무원이 아닌 사립학교 교사도 「사립학교법」 제55조 제1항에 따라 국·공립학교 교원에 관한 복무규정을 준용하도록 하고 있어, 정치활동을 할 경우 징계의 대상이 된다.

또한 공무원노조법 제4조와 교원노조법 제3조는 노동조합의 정치활동 일체를 금지하고 있다. 즉 공무원은 노동조합을 설립할 수는 있으나 조합원인 공무원뿐 아니라 노동조합도 정치활동을 할 수 없도록 하였다. 공무원노조법과 교원노조법이 적용되는 노동조합과 그 조합원은 국가공무원법 제66조 제1항 및 지방공무원법 제58조 제1항에 따른 노동운동이나 공무 이외의 일을 위한 집단행위 금지가 적용되지 않는다고 하나, 공무원·교원 노동조합이 기획 및 참여하는 집회나 노동조합이 발간·게시·배포하는 언론활동은 얼마든지 정치적 목적 또는 정치적 활동으로 평가될 위험이 있다. 특히 정부의 사회경제적 정책에 대해 비판적인 노동조합의 견해 표명일 경우, 특정 정당 또는 특정인의 입장과 유사하다는 이유만으로 금지되는 정치활동으로 평가되어 노동조합 활동을 제약당할 가능성이 항상 열려있다.

공무원·교원 노동조합의 활동이 금지되는 정치활동으로 볼 경우, 3년 이하 징역, 3년 이하 자격정지의 형사처벌 대상이 될 수 있고, 특히 정치활동 금지의무 위반을 규정한 국가공무원법, 지방공무원법 위반의 집단행동(1년 이하 징역, 1천만 원 이하 벌금)보다 더 중하게 처벌하고 있어, 공무원·교원 노동조합과 그 조합원의 결사의 자유 및 단결권에 대한 중대한 제한이 된다.

### 나. 공무원·교원의 정치활동에 대한 헌법재판소의 결정

공무원·교원의 정치활동을 포괄적으로 금지한 국가공무원법 제65조 제1항과 관련하여, 헌법재판소는 공무 외의 일에 대해서도 정치활동을 금지한 것을 합헌이라고 결정하였다. 또한 공무원·교원의 정당 활동에 대한 금지는 과잉금지원칙이나 평등원칙에 위배되지 않는다고 보았으나, 정당 이외의 기타 정치단체의 결성·가입 일체를 금지하는 것은 명확성의 원칙에 위배되고 정치적 표현의 자유, 결사의 자유의 본질적 내용을 침해한다고 보았다.

▶ **공무원 집단행동 및 교원 정치활동 금지 규정에 대한 헌법재판소 합헌결정**[226]

헌법재판소는 공무원의 공무 외의 일을 위한 집단행위를 금지하는 구 국가공무원법 제78조 제1항 제1호에 대하여, 공무원이 집단적으로 정치적 의사표현을 하는 경우에는 이것이 공무원이라는 집단의 이익을 대변하기 위한 것으로 비춰질 수 있으며, 정치적 중립성의 훼손으로 공무의 공정성과 객관성에 대한 신뢰를 저하시킬 수 있다는 이유 등을 들어 과잉금지원칙에 위반되지 않는다고 판단하였다.

또한 교원노조법상 일체의 정치활동을 금지하는 규정에 대하여, 교원의 정치적 행위는 교육을 통해 건전한 인격체로 성장해 가는 과정에 있는 미성숙한 학생들의 인격형성에 지대한 영향을 미칠 수 있는 점, 교원의 정치적 표현행위가 교원노조와 같은 단체의 이름으로 교원의 지위를 전면에 드러낸 채 대규모로 행해지는 경우 다양한 가치관을 조화롭게 소화하여 건전한 세계관·인생관을 형성할 능력이 미숙한 학생들에게 편향된 가치관을 갖게 할 우려가 있는 점, 교원노조에게 일반적인 정치활동을 허용할 경우 교육을

---

226) 헌법재판소 2014. 8. 28. 선고 2011헌바32·2011헌가18·2012헌바185(병합) 결정.

통해 책임감 있고 건전한 인격체로 성장해가야 할 학생들의 교육을 받을 권리는 중대한 침해를 받을 수 있는 점 등을 이유로 과잉금지원칙에 위반되지 않는다고 판단하였다.

▶ 초·중등학교 교원에 대한 그 밖의 정치단체 결성·가입을 금지한 국가공무원법 규정에 대한 헌법재판소의 일부 위헌결정[227]

헌법재판소는 국가공무원법 제65조 중 "공무원은 그 밖의 정치단체의 결성에 관여하거나 이에 가입할 수 없다"라고 규정한 부분은 청구인들의 표현의 자유 및 결사의 자유를 침해하므로 헌법에 위반된다는 결정을 내렸다.

위헌의견은 '그 밖의 정치단체' 결성 및 가입 금지가 명확성 원칙 및 과잉금지원칙에 위배될 뿐 아니라, 법익 균형성에 반한다고 보았다. 특히 교육의 정치적 중립성은 교육을 정치로부터 분리하여 달성할 수 있는 것이 아니라 다원주의 사회에서 관용의 필요성과 민주시민으로서 정치적 기본권의 중요성에 대한 이해 등을 포함해야 한다는 점, 학생들을 민주시민으로 양성하기 위한 교육과 훈련은 초중등학교에서부터 이루어져야 한다는 점, 직무의 본질이나 내용을 고려하더라도 정당 설립·가입과 관련하여 대학교원과 달리 취급할 합리적 이유가 없다는 점에서 평등권 침해에 해당된다고 보았다.

헌법재판소의 일부위헌결정 이후 후속 입법조치가 이루어져야 하나, 현재까지 관련된 입법조치가 이루어지지 않고 있다.

## 2. ILO 감독기구의 권고

### 가. 결사의 자유 원칙으로서 정치적 권리

2005년 공무원의 노조 결성·가입을 허용하되 단체행동, 정치활동을 금지하는 공무원노조법이 제정되자, 전국공무원노동조합은 공무원의 노동3권 보장을 요구하는 집회를 하였다. 정부는 정치활동 금지조항 등을 들어 전공노를 불법단체라 규정, 조합 탈퇴를 종용하였고, 공무원노조법안 철회요구가 정치적 의견이라는 이유로 조합비 원천징수 금지, 노조사무실 폐쇄, 정치활동에 대한 사법조치를 지시하였다.

결사의 자유 위원회는 1865호 사건에서, 공무원 노동조합이 조합원들의 이익에 직접적인 영향을 미치는 광범위한 경제 및 사회 정책 문제에 대해 공개적으로 의견을 표명하는 것은 제87호 및 제98호 협약상 보장되어야 하므로, 공무원

---

227) 헌법재판소 2020. 4. 23. 선고 2018헌마551 결정.

노조법 및 하위법령을 개정할 것을 한국정부에 요청하였다.228)

> ■ 결사의 자유 위원회, 제346차 보고서(2007), Case No. 1865 【대한민국】, para. 749.
>
> 749. 공무원노동조합의 정치활동을 금지하는 「공무원의 노동조합 설립 및 운영에 관한 법률」 제4조와 관련하여 - 공무원의 지위란 순전히 정치적인 활동(purely political activity)이 공무원에게 기대되는 행동강령에 위배되는 것으로 간주되는 그런 것이며, 노동조합은 남용적인 방식으로 정치활동에 참여하며 본질적으로 정치적인 이익(essentially political interests)을 추구함으로써 노조 본연의 기능을 넘어서는 안 되는 것으로 생각된다는 점을 충분히 유의하면서 - 본위원회는 노동조합의 정치활동 참여에 대한 일반적인 금지가 결사의 자유 원칙과 양립할 수 없을 뿐만 아니라 실제로도 비현실적임을 상기한다. 노동조합은 예를 들어 조합원들의 이익에 직접적 영향을 끼치는 정부의 경제 및 사회정책에 대한 의견을 공개적으로 표현하기를 바랄 수 있다[결사의 자유 위원회 결정례집, 2006, paras. 502 및 503]. 따라서 위원회는 정부에 대하여, 순수 정치파업이 제87호 및 제98호 협약의 보호 범위 내에 있지 않다는 점을 유의하면서, 공무원노동조합이 조합원의 이익에 직접적인 영향을 미치는 광범위한 경제 및 사회 정책 문제에 대해 공개적으로 자신의 의견을 표명할 수 있게 보장해 줄 것을 요청한다.

## 나. 정치적 견해표명을 이유로 한 차별 금지

공무원의 정치적 의견 표현의 자유를 제약하는 것은 제87호 협약이 보장하고자 하는 결사의 자유를 침해하는 행위일 뿐 아니라, 정치적 견해를 이유로 한 직업상 차별로서 「고용 및 직업상의 차별에 관한 협약(제111호, 1958)」 위반에도 해당한다.

2010년 정부는 교사들이 민주노동당에 가입하거나 후원금을 낸 것을 이유로 공무원법 위반을 들어 해임의 징계를 하였다. 이에 대해 ILO 전문가위원회는 정치적 의견에 대한 보호는 정치적 견해에 대한 반대나 지지의 의사표시뿐만 아니라 '정치적 소속'에 기초한 차별로부터 보호를 포함하고, 교사가 정치적 의견을 이유로 차별받지 않도록 조치할 것을 요구하였다.229)

---

228) 결사의 자유 위원회, Case No. 1865, 제346차 보고서(2007), para. 749; 제353차 보고서 (2009), para. 705; 제382차 보고서(2017), para. 60.

229) 【대한민국】전문가위원회, Observation, 2012; 전문가위원회, Observation, 2018; 전문가위원회, Observation, 2020.
　　이 밖에도 한국에서의 정치적 의견을 이유로 한 공무원·교원에 대한 차별 문제는 2013년

【대한민국】 전문가위원회, Observation, 2012

정치적 의견을 이유로 한 차별
[생략] 본위원회는 정치적 의견을 이유로 하는 차별로부터의 보호는 기존의 정치적 원칙 및 견해에 대한 반대를 표명하는 활동에 대한 보호를 의미하며, 정치적 소속을 이유로 한 차별도 포함한다는 것을 상기한다. 정치적 의견에 대한 보호는 의견 표현의 경우에 적용되지만, 폭력적인 방법이 사용되는 경우에는 적용되지 않는다(General Survey, 2012, para. 805). 위원회는 또한 표현의 자유에 대한 보호는 단순히 자신의 의사를 표현할 수 있는 개인의 지적 만족을 위한 것만이 아니라, 사회의 정치적·경제적·사회적 삶의 결정에 영향을 미칠 수 있는 기회를 주는 것, 특히 정치적 의견의 표현에 관한 것임을 상기한다. 정치적 견해가 영향을 미치기 위해서 개인은 일반적으로 다른 사람과 함께 행동한다(General Survey, 1988, para. 57). 위원회는 또한 특정 상황에서는 정치적 견해가 정부 정책의 개발과 직접적 관련이 있는 특정 고위직에 대한 진정 자격요건(bona fide qualification)을 구성할 수 있다고 본다. 하지만, 일반적인 공공 고용 또는 기타의 직업에 대해 정치적 성격의 조건을 규정하는 것은 이런 경우에 해당하지 않는다. 제111호 협약 제1조 제2항에 규정된 예외의 범위에 들기 위해서는, 그 판단 기준(criteria)이 특정 직업의 내재적 요건에 구체적·객관적으로 대응하는 것이어야 한다(General Survey, 2012, para. 831). 위원회는 초·중등학교 교사들이 정치적 의견을 이유로 한 차별로부터의 보호를 누릴 수 있도록 조치할 것을 정부에 요청하고 이와 관련하여 취한 조치에 대한 정보를 제공할 것을 요청한다.

　　정부는 헌법에 근거하여 공무원·교원의 정치적 중립의무가 도출된다는 점, 사적인 자리에서는 정치적 견해 표현이 가능하다는 점, 공무원의 경우 정치활동이 금지될 수 있는 직무가 명확히 구분되지 않는 점 등을 근거로 정치활동 금지가 정당하다는 입장을 유지하였다. 2014년 교육부는 세월호 참사 진상규명을 요구하는 시국선언에 참여한 교사 284명을 국가공무원법 위반 혐의로 형사고발하였고, 2018년 지방선거 당시 SNS에 특정 후보 지지를 표현한 현직 공무원이 공직선거법 위반으로 검찰에 고발당하는 등 공무원·교원의 정치활동에 대한 제한은 계속되고 있다. 2019년 국가인권위원회도 공무원·교원의 정치적 자유를 전면 제한하는 것은 인권침해라고 판단하고 국가공무원법 등 관련 법령 개정을 정부

___

및 2015년 ILO총회에서 기준적용위원회(Conference Committee on the Application of Standards)에서도 검토된 바 있다.

와 국회에 권고하였지만,[230) 여전히 입법적 진전이 없는 상태이다.

2018년 전문가위원회는, 교사들이 가르치는 일과 무관하게 교실 밖에서 행하는 정치적 활동과 관련하여 정치적 의견을 이유로 한 차별로부터 보호받도록 정부가 조치를 취할 것을 다시 권고하였다.

---

**【대한민국】 전문가위원회, Observation, 2018**

제111호 협약 제1조. 정치적 의견을 이유로 한 차별 및 특정 직업에 내재한 요건. 교사. [생략] 본위원회는 정치적 의견을 이유로 하는 차별로부터의 보호는 기존의 정치적 원칙 및 견해에 대한 반대를 표명하는 활동에 대한 보호를 의미한다는 것을 상기시키고자 한다. 이는 정치적 소속을 이유로 한 차별 역시 포함된다(General Survey, 2012, para. 805). 또한 본위원회는, 비록 특정 상황에서는 정치적 의견 표현의 제한이 특정 직위(해당 직업의 내재적[inherent] 요건)에 대한 진정 자격요건이 될 수 있을지라도, 그러한 제한은 특정 한도 이상으로 과도하게 행하여져서는 안 된다는 점이 핵심이라고 상기한다. 왜냐하면 그러한 관행은 특히 공공부문의 고용과 관련해서, 정치적 의견을 이유로 하는 차별을 없애기 위해 고안된 정책의 시행을 요구하는 당해 협약(111호)의 규정들과 상충될 수 있기 때문이다(General Survey, 2012, para. 831). 따라서, 특정 직업의 내재적 요건은 본 협약이 제공하고자 하는 보호의 부당한 제한을 피하기 위해 엄격하게 해석되어야 한다. 문제가 된 당해 사건에서 본위원회는 다시 한번 다음을 강조하고자 한다. 정치적 활동이 학교 **외부**에서 이루어지고, 가르치는 업무와 **무관한** 경우, 정치활동의 전반적 금지는 본 협약 제1조 2항에서 말하는 특정 직업의 내재적 요건에 해당하지 않는다. 따라서 정치활동에 참여한 교사에 대한 제재 조치들은 본 협약에 위반하여 정치적 의견을 이유로 한 차별에 해당한다. 따라서 위원회는 다시 한번 한국정부에게 본 협약에 규정하는 것처럼, 한국의 초·중등학교 교사들이 가르치는 일과 무관하게 교실 밖에서 행하는 정치적 활동과 관련하여 정치적 의견을 이유로 한 차별로부터의 보호를 향유하도록 할 뿐 아니라 이런 이유로 교사들이 징계를 받지 않도록 보장하는 즉각적인 조치를 취할 것을 요청한다.

---

2020년에도 전문가위원회는 2018년 권고를 다시 환기시키면서, 공무원과

---

230) 국가인권위원회, 「공무원·교원의 정치적 자유 보장에 대한 권고」(2019. 2. 25. 결정). 국가인권위원회는 공무원 및 교원의 정치적 중립은 신분 자체에 수반되는 것이 아닌 직무 수행상 의무로 한정적으로 해석해야 하며, 개인의 표현의 자유를 침해하지 않는 범위 내에서 직무 수행 과정에서 예외적으로 정치활동을 제한하기 위해서 구체적이고 객관적인 기준을 입법적으로 마련해야 한다고 지적하며, 관련 법령의 개정을 권고하였다.

교원에 대한 정치활동 제한 규정을 개정하는 등의 조치를 취할 것을 정부에 권고하였다.

---

**【대한민국】전문가위원회, Observation, 2020**

제111호 협약 제1조. 정치적 의견을 이유로 한 차별. 교사.
[생략] 한국 정부가 헌법이 유치원·초·중등 교육의 정치적 중립성을 규정하고 있음을 상기하며, 이와 관련된 헌법재판소의 2012년 및 2014년 결정과 유치원·초·중등 교사의 정당 또는 다른 정치단체 가입 금지(국가공무원법 제65조 제1항)가 합헌이라고 한 2020. 4. 23. 헌법재판소 결정을 언급하고 있음을 본 위원회는 다시 한번 주목한다. 위원회는 비록 특정 상황에서는 정치적 의견 표현의 제한이 특정 직위(해당 직업의 내재적 요건)에 대한 진정 자격요건이 될 수 있을지라도, 그러한 제한은 특정 한도 이상으로 과도하게 행하여져서는 안 된다는 점을 재차 밝히지 않을 수 없다. 왜냐하면 그러한 관행은 특히 공공부문의 고용과 관련해서, 정치적 의견을 이유로 하는 차별을 없애기 위해 고안된 정책의 시행을 요구하는 당해 협약(111호)의 규정들과 상충될 수 있기 때문이다(General Survey, 2012, para. 831). [중략]

특정 직업의 내재적 요건. 정치적 의견과 공무원.
본위원회는 이전 논평에서 정부에 다음과 같이 요청했다. (1) 정치활동 금지를 특정 직위로 제한하는 것을 검토하여, 정치적 의견 표현 제한이 직업의 내재적 요건이 될 수 있는 공공부문의 직무 리스트를 작성할 것; (2) 위의 조치를 하기 전에라도, 국가공무원법 제65조 제1항의 적용 실태에 관한 정보를 제공할 것. 본위원회는 다음과 같이 규정한 헌법 제7조에 따라 공무원의 정치적 의견과 활동에 대한 자유가 제한된다는 정부의 답변에 주목한다. "(1) 공무원은 국민전체에 대한 봉사자이며, 국민에 대하여 책임을 진다. (2) 공무원의 신분과 정치적 중립성은 법률이 정하는 바에 의하여 보장된다". 정부는 이에 관해 특정 직위가 아니라 특정 등급별 자격에 따라 공무원을 채용하는 직업공무원제도의 취지를 염두에 둬야 한다고 덧붙였다. 구체적 업무와 직위가 할당되는 것은 이후 단계에서일 뿐이다. 정부는 이러한 우리나라 직업공무원의 특성상, 정치활동과 정치적 의견 표명에 제한을 둘 수 있는 구체적인 직무를 사전에 파악하여 리스트를 만들기는 어렵다고 주장한다. 정부는 다만, 공직자들에게 정치적 표현의 자유를 더 많이 보장할 필요성을 충분히 이해하고 있으며, 향후 국회가 관련 법 개정 절차를 시작할 때 이 과정을 적극 지원해 심도 있는 논의가 이뤄지도록 할 것을 약속한다고 덧붙였다. 정부는 보충정보를 통해, 정부는 정당을 결성하거나 가입하는 것에 대한 금지 조항은 "국민전체에 대한 봉사자로서 중립성을 확보하기 위한 것이므로" 합헌이지만, "그 밖의 정치단체"의 결성에 관여하거나 가입하는 것을 금지하는 조항은 불명확해서 위헌이라고 결정한, 2020년 4월 23일 헌법재판소의 결정을 언급하였다. 이와 관련하여, 정부는 법률 조항의 명확성과 공무원의 정치적 중립성을 보장하기 위해 국가공무원법을 개정할 것이라고 밝혔다. 국가공무원법의 실제 적용과 관련하여, 정부는 2015~19년 동안 제65조 제1항을 위반하여 징계를 받은 공무원 중 정당 가입 금지 위반으로 징계를 받은 일반직 공무원(교사 포함)은 없다고 명시하였다. 그러나 본위원회는 2015년과 2017년에 교사들이 공무 이외의 노동운동이나 활동을 위한 단체행동에 참여하는 것을 금지하는 국가 공무원법 제66조를 위반한 혐의로 기소되었고, 이러한 사건들은 여전히 법원에 계류 중이라는 민주노총의 주장에 주목한다. 민주노총은, 여러 노동조합들이 공무원의 정치활동권을 과도하게 제한하는 여러 법률 조항을 개정해 줄 것을 요청했다고 덧붙였다. 본위원회는, 어느 직업의 내재적 자격요건을 결정할 때 제111호 협약이 인용하는 판단기준 중 하나를 고려되는 경우, 해당 직업상 자격요건이 진실로 이러한 전제조건들을 정당화하는지 여부를 결정하기 위해 객관적 평가가 이루어져야 한다는 것을 상기시키고자한다. 따라서 공공부문 전체가 아니라 좁은 범위의 직무에 이러한 제한을 가하는 경우에만, 정치적 의견 표현 제한을 해당 직무의 내재적 요건에 근거한 전제조건으로서 고려할 수 있음을 거듭 강조하지 않을 수 없다. [후략]

## Ⅲ. 공무원·교사의 노동조합 운영 및 활동의 권리

### 1. 교섭위원의 자격 요건

#### 가. 국내 법제도 현황

2021. 1. 5. 개정된 공무원노조법, 교원노조법은 "노동조합측 교섭위원은 노동조합의 대표자와 조합원"으로 구성하도록 규정하고 있지만(공무원노조법 제9조 제1항, 교원노조법 제6조 제2항), 교섭 담당자의 범위와 관련하여 「노동조합 및 노동관계조정법」상 교섭 담당자 위임에 관한 조항(노조법 제29조 제3항·제4항)을 준용하지 않기 때문에, 공무원노조 및 교원노조의 조합원만이 교섭위원이 될 수 있다.

한편 사용자측 교섭위원과 관련하여서도 공무원노조법에서는 교섭단위 내소속 공무원으로 하여금 단체교섭을 담당하도록 규정하고(공무원노조법 제8조 제5항), 교원노조법에서는 교섭 상대방인 기관장의 소속원에게 교섭을 담당하도록하고 있다(교원노조법 시행령 제3조 제6항). 따라서 공무원·교원 노동관계에서 단체교섭의 담당자는 노동조합과 그 상대방인 기관의 소속된 구성원으로 제한된다.

## 나. ILO 감독기구의 해석

노동조합의 운영과 관련하여, ILO 결사의 자유 위원회는 노동자단체가 완전히 자유롭게 자신의 대표를 선출할 권리가 있다는 것을 감안한다면, 해당 노동조합 규약에서 달리 정하지 않는 한, 노동조합 임원이 해고되거나 해당 기업에서 수행하던 업무에서 이직하였다는 사실은 그의 노동조합 내 지위나 업무에 영향을 미쳐서는 안 된다고 본다.[231] 또한 임원의 자격요건 결정은 규약에 따라 노동조합의 재량에 맡겨져야 하며, 공공당국은 이 권리 행사를 저해할 수 있는 일체의 개입을 자제해야 한다는 입장을 취해왔다.[232] 따라서 공무원·교원 노동관계에서 교섭위원의 자격 제한은 ILO 제87호 협약 제3조의 자유롭게 단체를 운영하고 활동을 조직할 권리에 비추어 볼 때, 결사의 자유를 제한하는 것으로 볼 수 있다.

## 2. 전임자 급여지급 금지와 근무시간 면제제도 제한

2021. 1. 5. 노동조합법 개정으로 노조 전임자에 대한 급여 지급 금지 규정은 삭제되었으나, 근로시간 면제 한도 규정(제24조 제2항)은 유지되고 있으며, 근로시간 면제 한도를 초과하는 내용을 정한 단체협약이나 사용자의 동의는 그 부분에 한하여 무효로 하는 조항(제24조 제4항)이 신설되었다.

2021년 ILO 전문가위원회는 「노동자대표 협약(제135호, 1971)」 이행상황에 관한 대한민국 정부 정례보고서를 검토하며, 근로시간 면제 한도를 노사가 자율적으로 결정할 수 있도록 제도를 개선할 것을 권고하였다.[233]

공무원과 교사는 공무원노조법, 교원노조법 제정 당시부터 전임자 급여 지급뿐 아니라 근로시간 면제제도도 금지되어왔다. 2022. 6. 10. 공무원노조법 제7조 제3항 및 교원노조법 제5조 제3항의 전임자급여금지조항을 삭제하고 공무원노조법 제7조의2, 교원노조법 제5조의2를 신설하여 공무원과 교원 노동조합에도 근무시간 면제제도를 도입하게 되었다(시행 2023. 12. 11.).

그럼에도 불구하고 공무원노조, 교원노조의 경우 근무시간 면제제도를 적용할 수 있는 사람은 종사조합원에 국한되는 것으로 해석되므로, ILO 제87호 협약

---

231) *Compilation, 2018*, para. 613; CFA, 365th Repor, Case No. 2829【대한민국】, para. 575.
232) *Compilation, 2018*, para. 606.
233)【대한민국】전문가위원회, observation, 2021. 이에 관해 자세히는 제5장 제1절 Ⅴ 참조.

상 단체의 자유로운 운영에 관한 권리가 침해된다고 볼 수 있다.

## Ⅳ. 공무원과 교원의 단체교섭권

### 1. 공무원의 단체교섭 대상

#### 가. 국내 법제도 현황

공무원노조법은 "법령 등에 따라 국가나 지방자치단체가 그 권한으로 행하는 정책결정에 관한 사항, 임용권의 행사 등 그 기관의 관리·운영에 관한 사항으로서 근무조건과 직접 관련되지 아니하는 사항은 교섭의 대상이 될 수 없다"(제8조)라고 규정하여 교섭 대상을 포괄적으로 제한하고 있다.[234] 조합원의 보수, 복지 기타 근무조건, 노동조합에 관한 사항으로서 원칙적으로 교섭 사항임에도 '정책 또는 기관 운영과 관련'되었다는 이유로, 또는 조합원의 근무조건과 '직접' 관련되지 않았다는 이유로, 심지어 근무조건과 직접 관련된 경우에도 기관의 권한을 본질적으로 침해한다는 이유로,[235] 노사 당사자의 임의적인 단체교섭 자체를 인정하지 않고, 노사간 협의나 합의 절차를 마련하기 위한 사항도 교섭을 원천적으로 불허함으로써 공무원 단체교섭에 광범위하게 행정 개입을 하는 근거가 되고 있다.[236]

---

234) 공무원노조법 시행령 제4조(비교섭 사항) 법 제8조 제1항 단서에 따른 법령 등에 따라 국가나 지방자치단체가 그 권한으로 행하는 정책결정에 관한 사항, 임용권의 행사 등 그 기관의 관리·운영에 관한 사항은 다음 각호와 같다.
   1. 정책의 기획 또는 계획의 입안 등 정책결정에 관한 사항
   2. 공무원의 채용·승진 및 전보 등 임용권의 행사에 관한 사항
   3. 기관의 조직 및 정원에 관한 사항
   4. 예산·기금의 편성 및 집행에 관한 사항
   5. 행정기관이 당사자인 쟁송(불복신청을 포함한다)에 관한 사항
   6. 기관의 관리·운영에 관한 그 밖의 사항
235) 대법원 2017. 1. 12. 선고 2011두13392 판결 등.
236) 2023. 2. 고용노동부는 '위법한 공무원 노동조합 단체협약 시정조치 추진' 계획을 밝히고, 2023. 5. '공공부문 단체협약 전수조사 결과'를 발표하면서, 위법한 단체협약에 대해 단체협약 시정명령 의결요청을 하겠다고 발표하였는데, 시정명령 대상 단체협약 조항은 대부분 공무원 노동조합과 체결한 단체협약이다. 이는 공공부문 노사관계가 불합리한 특혜나 반사회적인 탈법이 문제되는 사안이 아니라, 공무원·교원의 단체교섭권을 제한하는 공무원노조법 제8조 제1항 단서의 비교섭사항 및 동법 제10조 제1항 및 교원노조법 제7조 제1항의 단체협약 효력의 제한 규정에 기인한다.

## 나. 법원의 판단

대법원은 공무원노조법상 비교섭사항을 해석할 때, "국가나 지방자치단체가 그 권한으로 행하는 정책결정에 관한 사항, 임용권의 행사 등 그 기관의 관리·운영에 관한 사항이 단체교섭의 대상이 되려면 그 자체가 공무원이 공무를 제공하는 조건이 될 정도로 근무조건과 직접 관련된 것이어야 하며, 이 경우에도 기관의 본질적·근본적 권한을 침해하거나 제한하는 내용은 허용되지 아니한다"라고 판시하였다.[237] 이러한 법원의 태도는 공무원의 단체교섭권을 기본권으로서 보는 관점에서 예외적, 제한적으로 비교섭사항을 판단한 것이 아니라, 기관의 포괄적인 권한을 기초로 원칙적으로 제한할 수 있는 권리라는 관점에서 출발하고 있다. 즉 공무원의 근무조건과 직접 관련되고 기관의 권한을 본질적으로 제한하지 않는 한에서만 보장될 수 있는 제한되는 권리로서, 공무원의 단체교섭권을 매우 협소하게 해석하고 있다. 그러나 이러한 사법적 판단은 노사 당사자가 임의의 교섭 사항을 정할 수 있어야 하고 자유로운 단체교섭을 촉진하도록 한 제98호 협약에 반하는 것이다.

## 다. ILO 해석기준과 권고

결사의 자유 위원회는 공무원이나 교원의 고용조건에 관련된 사항에 대하여, 그것이 정책 및 경영상 결정의 대상이라고 해도 교섭 사항에서 배제되어서는 안된다는 입장이다.[238] 공무원이 고용조건을 결정하기 위한 메커니즘으로서 단체교섭을 최대한 촉진해야 한다.[239] 특히 임금은 단체교섭 대상이 되는 기본적인 고용조건이고 단체교섭 과정에서 당사자 자치가 존중되어야 하므로, 노동조합의 단체교섭이 아니라 정부위원회가 공무원의 임금, 노동시간 및 기타 노동조건 결정 권한을 갖는 국내법은 적절치 않다는 입장을 밝힌 바 있다.[240]

한국 정부에 대해 결사의 자유 위원회는 이미 공무원노조법 제8조 제1항 단서를 개정할 것을 촉구하고, "공무원의 노동조건과 관련된 정책 및 운영 결정의 결과가 공무원 노동조합과의 단체교섭에서 배제되지 않도록" 할 것을 요구한 바 있다. 위원회는 정부 업무의 운영이나 관리에 대한 주된 또는 본질적인 관련성이

---

237) 대법원 2014. 12. 11. 선고 2010두5097 판결.
238) 결사의 자유 위원회, 344차 보고서(2007), Case No. 2464 【바바도스】, para. 328.
239) *Compilation*, 2018, para. 1500 and 1494.
240) 결사의 자유 위원회, 328차 보고서(2002), Case No. 2114 【일본】, para. 416.

인정되는 경우가 아니라면 기타 사항들은 주로 또는 본질적으로 단체교섭과 관련된 사항으로 보아야 하고, 일부 정부의 운영이나 관리와 연관되어 있다는 사실만으로 곧바로 단체교섭 사항에서 제외된다고 해석되어서는 안된다는 입장을 밝히고 있다. 특히 단체교섭 사항 중 노동조합 활동에 관한 편의제공 및 노조 전임자에 대한 사용자의 임금지급에 대해 (교섭대상이 아니라고) 개입하는 문제도 법률로 정할 사항이 아니라 노사의 자유로운 단체교섭 사항이라고 밝혔다.241)

---

■ 결사의 자유 위원회, 346차 보고서(2007), Case No. 1865 【대한민국】, para. 747

747. 「공무원의 노동조합 설립 및 운영 등에 관한 법률」 제8조 제1항에 따라 교섭의 대상이 될 수 없는 "법령 등에 의하여 국가 또는 지방자치단체가 그 권한으로 행하는 정책결정에 관한 사항, 임용권의 행사 등 그 기관의 관리·운영에 관한 사항으로서 근무조건과 직접 관련되지 아니하는 사항"에 관하여, 본 위원회는 이전의 사건 검토에서 공공부문에서 일정한 사안들에 관한 교섭 거부가 있다는 주장을 주목하며, "주로 또는 핵심적으로 정부의 관리 및 운영과 명백하게 관련되는 일정한 사항이 존재한다. 이러한 사항은 교섭 범위 밖에 있는 것으로 합리적으로 간주할 수 있다"라는 '결사의 자유에 관한 사실조사조정위원회(Fact-Finding and Conciliation Commission on Freedom of Association)'의 견해를 상기하였다. 다른 일정한 사안들은 주로 또는 핵심적으로 노동조건과 관련된 문제이며 이런 사안들을 상호간 성실성과 신뢰 속에서 진행되는 단체교섭의 범위 밖에 있는 것으로 보아서는 안 된다는 점도 마찬가지로 명백하다[결사의 자유 위원회 결정례집, 2006, para. 920]. "국가 또는 지방자치단체가 그 권한으로 행하는 정책결정에 관한 사항" 및 "기관의 관리·운영에 관한 사항"이 무엇인지 명확한 개념 정의가 없고, 공무원노조법에 도입된 이러한 사안들에 대한 단체교섭이 포괄적으로 금지된다는 점에 비추어 볼 때, 본 위원회는 국가 행정에 종사한다고 볼 수 없는 공무원에 관해 공무원노조법을 적용하는 경우, 공무원의 고용 및 노동조건과 관련되는 정책 결정 및 관리·운영에 관한 사항이 단체교섭 사항에서 배제되지 않도록 할 것을 정부에 요청한다.

---

2023년 전문가위원회도 제98호 협약 비준에 따른 제1차 대한민국 정례보고서를 검토한 후, 공무원노조법 제8조 제1항 단서 및 제10조 제1항, 교원노조법 제7조 제1항에 규정된 교섭 사항에 대한 제한을 없애는 법 개정을 권고하

---

241) 결사의 자유 위원회, 346차 보고서(2007), Case No. 1865 【대한민국】, para. 747; 363차 보고서 (2012), Case No. 1865 【대한민국】, para. 45.

였다.[242)]

---

**【대한민국】 전문가위원회, Direct Request, 2023**

단체교섭 사항에서 제외되는 사항들

[생략] 나아가 본 위원회는, 단체교섭 사항에서 제외되는 사항들이 매우 광범위하며 국가 행정에 종사하지 않는 공무원 및 교원에게 적용되는 법령상 그다지 명확하게 정의되어 있지 않는 점에 주목한다: 공무원노조법 제8조 제1항은 법령 등에 의하여 국가 또는 지방자치단체가 그 권한으로 행하는 정책결정에 관한 사항, 그 기관의 관리·운영에 관한 사항으로서 근무조건과 직접 관련되지 아니하는 사항은 교섭의 대상이 될 수 없다고 규정하고 있다. 그리고 공무원노조법 제10조 제1항 및 교원노조법 제7조 제1항은 그러한 사항들에 관련된 단체협약 조항은 단체협약으로서의 효력을 가지지 아니한다고 규정하고 있다. 본 위원회는, 이에 관하여 다음과 같은 정부의 설명을 주목한다: (ⅰ) 공무원노조법 제8조는 근무조건과 직접 관련되지 아니하는 사항만을 비교섭사항으로 정하고 있다; (ⅱ) 공무원과 교원의 경우, 주요한 노동조건은 법령 및 예산의 형식으로 결정되며, 만약 단체협약이 법령과 예산보다 우위의 효력을 가진다면, 개별 노·사간 협약이 국회의 입법·예산에 대한 권한을 침해하게 될 것이다; (ⅲ) 노·사간 임의적 교섭을 통해 체결한 단체협약은 적법한 테두리 내에서 존중되어야 한다; 그러나 그 역시 국내법의 경계 내에 머물러야 한다. 정부의 설명에 주목하면서, 본 위원회는 교섭 사항의 범위를 당국이 일방적으로 제한하는 조치들은 제98호 협약과 일반적으로 부합하지 않으며, 단체교섭에 대한 가이드라인을 준비하는 과정에서 이루어지는 노·사·정 삼자간 협의가 이러한 어려움을 해결하는데 특히 적절한 방법이라는 것을 상기한다. 그리고 본 위원회는 공무원의 고용 조건을 결정하는데 가능한 한 단체교섭에 우선권을 주어야 한다고 본다[General survey, 2012, paras. 215 및 220 참조]. 본 위원회는, 법령 등에 의하여 국가 또는 지방자치단체가 그 권한으로 행하는 정책결정에 관한 사항이라는 법 제8조 제1항의 문언이 매우 광범위하며 모호하여 국가 행정에 종사하지 않는 공무원 및 교원의 단체교섭권에 대한 실질적 제한이 될 수 있음에 주목한다. 이러한 면에서, 본 위원회는 정부가 사회적 파트너들과 충분한 협의를 거쳐 노동조합법 제24조 제4항, 공무원노조법 제8조 제1항 및 제10조 제1항, 교원노조법 제7조 제1항에 규정된 교섭 사항에 대한 제한을 없애기 위해 필요한 조치를 취하고, 그 진행 상황에 관한 정보를 제공할 것을 요청한다.

---

242) 【대한민국】 전문가위원회, Direct Request, 2023.

## 2. 공무원·교원 단체협약의 효력 제한

### 가. 국내 법제도적 현황

공무원노조법 제10조 제1항 및 교원노조법 제7조 제1항은 "체결된 단체협약의 내용 중 법령·조례 및 예산에 의하여 규정되는 내용과 법령 또는 조례에 의하여 위임을 받아 규정되는 내용은 단체협약으로서의 효력을 가지지 아니한다"라고 규정하고 있다. 이는 당사자 자치를 뒷받침하는 노사간 성실한 교섭 및 협약 이행의 원칙을 약화시킬 뿐 아니라 노사 당사자의 자유롭고 임의적인 합의의 결과를 일방적으로 축소, 변경하는 행정조치의 근거가 된다.

### 나. 법원의 판단

▶ 공무원노동조합 제10조 제1항 및 지방자치법 위반을 이유로 한 단체협약 시정명령[243]

교섭창구단일화제도와 전임자급여 금지제도가 도입된 2010년 노조법 개정 직후, 정부는 부당노동행위를 단속한다는 명분으로 단체협약 전수조사를 하였고, 노동조합이 단체교섭을 통해 자주적으로 확보한 각종 편의제공을 없애는 방법으로 노동조합 활동을 약화시키는 행정개입을 시도하였다. 특히, 공무원에 대해서는 공무원노조법 제8조 제1항 비교섭사항을 이유로 단체협약 시정명령을 행하였다. "협약에서 정한 내용에 반하는 기관 내부의 지침이나 명령 등에 우선한다"고 정한 협약 조항을 공무원노조법 제10조 제1항 위반이라고 본 것이다.

공무원노조법 제10조 제2항에는 "제1항에 따라 단체협약으로서의 효력을 가지지 아니하는 내용에 대해서도 그 내용이 이행될 수 있도록 성실하게 노력"할 의무를 사용자인 정부교섭대표에게 부과하고 있다. 그러므로 단체협약 이행을 촉구하기 위한 근거로서 단체협약의 우선효를 정한 조항을 둔 것을 단체협약 시정명령의 대상으로 삼는 것은 부적절하다. 그러나 법원은 법령 또는 조례의 위임을 받아 제정된 자치단체 규칙이나 규정은 당연히 단체협약에 우선하는 것이고, 해당 단체협약이 시·구가 정한 규칙, 규정에 우선한다는 조항은 공무원노조법 제10조 제1항 및 지방자치법령 등에 위배되므로 단체협약 시정명령을 할 수 있다고 판단했다. 구체적인 협약 조항이 법령·조례의 내용이나 시·구가 정한 규칙·규정에 위반된 것이 아니라도 장래에 위반될 수 있다는 가정만으로 시정명령을 할 수 있다고 인정한 것이다.

---

243) 서울고등법원 2017. 5. 12. 선고 2012누11999 판결

▶ 교원 단체교섭에 대한 중재재정 중 일부내용의 효력 부인[244]

교원노조법은 교원 노동조합의 쟁의행위를 금지하고 단체교섭 결렬 이후 조정이 불성립하면 중앙노동위원회 위원장의 중재회부결정을 통해 중재재정을 할 수 있도록 규정하고 있다(제10조). 2013년 전국교직원노동조합과 대전광역시 교육감 간의 단체교섭이 결렬 후, 조정불성립으로 중앙노동위원회에서 중재재정이 결정되었는데, 대전교육감은 중재재정의 내용이 교섭대상으로 삼을 수 없는 위법한 사항을 포함하고 있다고 행정소송을 제기하였다.

교원노조법에서는 단체교섭을 할 수 없는 비교섭사항을 명시적으로 정하고 있지 않으므로, 교원노조법상 노동조합은 교원의 근무조건 및 노동조합에 관한 사항을 모두 교섭의 대상으로 삼을 수 있다. 대법원은 교원 단체교섭에 대해 공무원노조법 제8조 제1항의 비교섭 사항을 준용할 수 없지만, 헌법과 법률에 의해 교원의 노동3권이 제한되므로, 공무원노조법상 '비교섭사항'을 교원 단체협약의 '비효력사항'으로 유추적용할 수 있다고 판결하였다. 법원은 근로조건에 관한 사항이라도 교육정책 결정이나 교육운영에 관한 사항으로서 교육기관의 권한을 본질적으로 침해한다면, 단체협약과 동일한 효력을 갖게 되는 중재재정에 대해서도 교원노조법 제7조 제1항의 비효력사항을 적용하여 중재재정의 효력을 부인할 수 있다고 판단하였다.

## 다. ILO 감독기구의 심의

공무원노조법 제10조 제1항과 관련하여, 결사의 자유 위원회는 공무원노조법과 교원노조법의 개정을 촉구하면서, "국가 행정에 종사하지 않는 공무원의 노동조합과 단체교섭을 하는 경우 교섭당사자의 자율성이 충분히 보장되어야 하고, 입법부가 가진 예산 권한으로 인하여 단체협약의 이행이 방해를 받는 효과가 생기지 않도록 할 것; 보다 일반적으로, 예산 제약을 받는 교섭 사항에 대하여 단체교섭이 중요한 역할을 할 수 있도록 하며 성실한 단체교섭 및 단체협약의 이행이 이루어지도록 해야 한다"라는 권고를 한 바 있다.[245] 최근 ILO 전문가위원회도 제98호 협약 비준 후 한국정부의 1차 정례보고에 대하여, 공무원노조법 제10조 제1항의 개정을 권고한 바 있다.[246]

---

244) 대법원 2024. 4. 16. 선고 2022두57138 판결.
245) 결사의 자유 위원회, 363차 보고서(2012), Case No. 1865【대한민국】, para. 45(b).
246) 【대한민국】 전문가위원회, Direct Request, 2023.

■ 결사의 자유 위원회, 346차 보고서(2007), Case No. 1865【대한민국】, para. 743
(결사의 자유 위원회 결정례집, 2018, para. 1251)

국가 행정의 대리인 자격으로 행동하지 않는 공공부문 노동자와 공무원(예컨대 공기업
이나 자율적인 공공기관에서 일하는 사람)은 그 사용자와 자유롭고 임의적인 교섭을 할
수 있어야 한다. 그 경우 당사자의 교섭 자치가 관철되어야 하며 법률, 하위법령 또는
예산에 의한 제한을 받아서는 아니 된다. 무엇보다도 중요한 것은, 입법부가 가진 예산
결정 권한이 공공당국이 체결한 단체협약 이행을 방해하는 효과를 미쳐서는 안 된다는
것이다. 이미 체결된 단체협약의 이행을 방해하거나 제한하는 공공당국의 재정적 권한
의 행사는 자유로운 단체교섭의 원칙과 상충된다.

# V. 공무원과 교원의 단체행동권

## 1. 국내 법·제도적 현황

한국에서 국가공무원법, 지방공무원법상 일체의 집단행동 금지는 공무원노
조법, 교원노조법에서 단체행동권 행사를 금지하는 것으로 이어진다. 공무원노조
법 제11조, 교원노조법 제8조는 "파업, 태업 또는 그 밖에 업무의 정상적인 운영
을 방해하는 어떠한 (쟁의)행위도 하여서는 아니 된다"고 규정하고 있다.[247] 한국
정부가 ILO 기본협약 비준을 앞두고 국내법적 개선을 추진하면서, 노동조합법,
공무원노조법, 교원노조법을 개정하였으나 여전히 공무원·교원에 대해서는 일체
의 단체행동권을 인정하지 않고 있다.

## 2. ILO 감독기구의 심의

### 가. 공무원의 단체행동권

결사의 자유 위원회는 국가의 이름으로 권한을 행사하는 자로 볼 수 없는
일체의 공무원에 대해 파업권을 원칙적으로 제한하고 단체행동에 대해 형사처벌
과 징계의 제재를 가하는 것은 제87호 협약 위반에 해당된다고 보았다.[248]

---

247) 공무원노조법 제11조의 금지행위는 "쟁의"행위에 국한하지 않고, 업무의 정상적인 운영을
방해하는 어떠한 행위도 포함된다.

248) 결사의 자유 위원회, 340차 보고서(2006), Case No. 1865【대한민국】, para. 781(ⅲ); 결사
의 자유 위원회, 346차 보고서(2007), Case No. 1865【대한민국】, para. 750; 결사의 자유

> ■ 결사의 자유 위원회, 346차 보고서(2007), Case No. 1865 【대한민국】, para. 750
>
> 750. 공무원의 단체행동에 대하여 형사처벌과 벌금을 부과하도록 함으로써 이를 일절 금지하고 있는 공무원노조법 제18조와 관련하여, 본위원회는 진정인의 주장이 국가의 이름으로 권한을 행사하는 자로 볼 수 없는 공공부문 노동자들과 관련되어 있다는 점을 유의하면서 다시 한번 정부에 대하여 공무원노조법상의 파업권 제한은 국가의 이름으로 권한을 행사하는 공무원 및 엄격한 의미에서 필수서비스에 종사하는 자에 국한하도록 요청한다.

### 나. 교원의 단체행동권

2006년 정부는 교원평가제를 도입하였다. 교육청과 교장·교감의 교사근무평정을 통해 성과급을 차등지급하는 방식으로 공교육의 질을 개선할 수 있다고 주장하였다. 이에 대해 공교육의 책임을 교사 개인에게 전가시키고, 교육청 등의 교사 통제권을 강화함으로써 교육현장의 민주성을 해칠 수 있다는 문제가 제기되었다. 당시 전교조가 교원평가제 제도화에 반대하는 집회를 개최하고 교사들은 연가를 사용하여 집회 등에 참석한 것에 대해, 한국정부는 교원노조법상 불법파업 및 국가공무원법상 단체행동 금지 위반으로 징계 및 형사처벌을 하였다.

이에 대해 결사의 자유 위원회는 공립학교 교원이라 하더라도 교육서비스는 공공당국의 권한을 행사하는 공무원에 해당하지 않으므로 '국가의 이름으로 권한을 행사하는 자'로 간주되어서는 안되며, 따라서 교사에게는 파업권이 온전히 보장되어야 하는바, 노동자가 자신의 직업적 이익을 보호하기 위한 단체행동을 하였다는 이유로 체포, 구속한 것은 파업권 침해에 해당된다고 판단하였다.

그러므로 결사의 자유 위원회는 직업적 이익을 옹호하기 위한 파업권과 집회·시위의 권리, 표현의 자유를 보장하기 위하여 법개정을 비롯한 필요한 조치를 하고, 단체행동을 이유로 교사들이 받은 불이익에 대해 충분한 보상조치를 하도록 한국정부에 요청하였다.[249]

---

위원회, 353차 보고서(2009), Case No. 1865, para. 749(a).
249) 결사의 자유 위원회, 351차 보고서(2008), Case No. 2569 【대한민국】, paras. 639~641, 645~646.

■ **결사의 자유 위원회, 351차 보고서(2008), Case No. 2569【대한민국】, paras. 639~ 641 및 645**

639. 국내법 하에서 공공 및 민간부문의 교사는 국가의 이름으로 권한을 행사하는 공무원으로 간주되기 때문에, 당면한 주요 쟁점은 교육부문에서의 단체행동권(시위, 집회 및 파업)의 금지라는 점에 본위원회는 주목한다. 본위원회는 먼저, 조합원들에게 영향을 미치는 정부 정책이 야기하는 문제에 대한 해결책을 모색하는 데 있어, 노조의 입장을 지지하기 위해 조직된 평화적 집회와 시위는 정당한 노조 활동이라는 점을 강조한다. 특히 파업권과 관련해, 본위원회가 최근 몇 년간 대한민국에 관한 1629호 사건과 1865호 사건을 비롯하여 교원의 행동의 자유 제한과 관련된 많은 사건들을 다루어야 했다는 점을 상기시킨다(각각 결사의 자유 위원회 제286차 보고서 및 제346차 보고서 참조). 위원회는 "교육부문의 노동자는 필수서비스(essential services)의 정의나 공공당국의 권한을 행사하는 공공서비스의 정의에 포함되지 않는다"고 판단했으며, 따라서 공공당국의 특권을 행사하므로 파업권을 제한할 수 있는 학교장과 교감을 제외하면, 교육부문의 노동자는 파업권을 가져야 한다고 판단하였다[결사의 자유 위원회, 제346차 보고서, para. 772 에서 인용한 결사의 자유 위원회 제277차 보고서, paras. 285 및 289 참조]. 나아가, 사용자로서의 국가는 공무원에 대하여 더 많은 보호의무를 가지기 때문에, 공무원은 전통적으로 파업권을 누리지 못한다는 주장으로는 교원의 파업권에 대한 본위원회의 입장을 바꾸도록 설득하지 못한다[결사의 자유 위원회 결정례집, 2006, para. 589 참조]. 따라서 위원회는 정부가 사회적 파트너들과 협의하여 공공 및 민간부문 교사들이 직업상의 이익을 보호하기 위한 시위, 공적인 모임과 파업 등의 권리를 누릴 수 있도록 국내법을 개정하기 위해 필요한 조치를 취할 것을 촉구한다. 위원회는 이 점에 관해 지속적인 정보를 제공해 줄 것을 한국정부에게 요청한다.

640. 단체행동권을 행사한 교사에게 부과되는 처벌과 관련하여, 본위원회는 누구도 정당한 파업 또는 다른 형태의 단체행동을 수행하거나 수행하고자 한 것을 이유로 처벌을 받아서는 안 된다고 강조한다[결사의 자유 위원회 결정례집, 앞의 책, para. 660]. [후략]

641. 위원회는 나아가, 파업행위에 대한 제재는 오로지 해당 금지조항이 결사의 자유 원칙에 부합하는 경우에만 가능하다고 본다. 단체행동권과 관련하여 대한민국에서 교원에게 부과한 제한이 결사의 자유 원칙에 부합하지 않는다는 점에서, 위원회는 집회에 참여했다는 이유로 물질적으로 또는 그 밖의 손해를 입은 교원에게 충분한 보상을 하기 위하여 한국정부가 필요한 조치를 취할 것을 요청한다. 위원회는 한국정부에게 이 점에 관해 계속 정보를 제공해 줄 것을 요청한다. 위원회는 또한 평화적 단체행동을 조직하고 참여한 노동조합원들에게 어떠한 처벌도 이루어지지 않을 것으로 기대한다.

645. 위원회는 2007년 1월과 2008년 1월에 체포된 교사들의 활동의 성격과 목적에 관

해 진정인과 정부가 제출한 정보가 각각 다르다는 점에 주목한다. 비록 본위원회가 이 정보를 검증할 수는 없지만, 출판물(및 노조가 활용하는 다른 정보 배포 수단)의 주요 기능은, 구체적으로는 조합원의 이익을 방어·증진하는 것과 본질적으로 관련된 문제를, 일반적으로는 노동 문제를 다루는 것이어야 함을 상기시킨다[결사의 자유 위원회 결정례집, 앞의 책, para. 170]. 위원회는 기소된 교사들의 행위가 노조활동과 어떻게 관련되어 있는지 명확히 밝혀줄 것을 진정단체에 요청한다. 한편, 위원회는 「노동조합의 권리와 시민적 자유의 관계에 관한 결의, 1970」를 상기시키며, 이는 노동조합 권리의 정상적 행사에 필수적인 의견과 표현의 자유를 특별히 강조한다. 1970년 결의가 노동자와 사용자의 단체에 부여된 권리가 세계인권선언과 시민적 및 정치적 권리에 관한 국제규약에서 특히 명시한 시민적 자유에 대한 존중에 기초해야 한다는 점과, 이러한 시민적 자유의 부재는 노동조합 권리의 개념을 무의미하게 만든다는 점을 상기하면서, 본위원회는 국가보안법 위반으로 기소된 이들 교원노조 조합원들과 관련된 판결이 의견과 표현의 자유를 포함하여 세계인권선언에 명시된 시민적 자유를 완전히 존중할 것으로 기대한다. 위원회는 이 사건들의 결과를 지속적으로 알려주고 최종 판결을 전달해 줄 것을 한국정부에 요청한다.

# 참고문헌

권영국, "필수유지업무제도 및 대체근로 규정 도입의 문제점", 「필수공익사업장 노동기본
권 확보의 쟁점과 과제 국회대토론회」, 2008. 5. 14

김근주·이승욱, 「ILO 결사의 자유 핵심협약과 사회적 대화」, 한국노동연구원, 2018

김철수, 「헌법학개론(제21전정신판)」, 박영사, 2013

김태천, "재판과정을 통한 국제인권협약의 국내적 이행", 「국제법평론」 20호, 2004

남궁준, "국제노동기구 기본협약 발효의 국내법적 함의", 「월간 노동리뷰」, 한국노동연구
원, 2022

_____, "한-EU FTA 노동조항 관련 분쟁의 법적 쟁점", 「개정 노조법의 법적 쟁점과 한
국의 노사관계」, 노동법이론실무학회 정기학술대회, 2021. 10

류성진, "헌법재판에서 국제인권조약의 원용가능성: 미국, 남아프리카 공화국, 우리나라의
사례를 중심으로", 「아주법학」 제7권 제1호, 아주대학교 법학연구소, 2013

박제성, "법원은 법률이 아닌 법을 선언해야 한다 – 전교조 사건 대법원 전원합의체 판
결에 대한 사설", 「노동법학」 제76호, 한국노동법학회, 2020

박제성 외, 「구체적 권리로서의 노동3권의 의의와 부당노동행위제도 재정립에 관한 연구」,
한국노동연구원, 2022

박종현, "헌법재판에서 국제인권규범의 활용", 「헌법재판의 국제인권기준 적용 콘퍼런스」,
국가인권위원회·헌법재판소 헌법재판연구원·한국헌법학회·한국공법학회 등 주
최, 2022.8.23.

박찬운, "국제인권조약의 국내적 효력과 그 적용을 둘러싼 몇 가지 고찰", 「법조」 제56권
제6호, 2007

성낙인, 「헌법학(제23판)」, 법문사, 2023

신윤진, "국제인권규범과 헌법: 통합적 관계 구성을 위한 이론적·실천적 고찰", 「서울대
학교 법학」 제61권 제1호, 2020

오승진, "국제인권조약의 국내적용과 문제점", 「국제법학회논총」 제56권 제2호, 2011

유남석, "시민적 및 정치적 권리에 관한 국제규약의 직접적용가능성 – 대법원 1999. 3.
26. 선고 96다55877 판결", 비교법실무연구회 편, 「判例實務硏究 Ⅲ」, 박영사, 1999

윤애림, "국제인권법의 국내 적용과 사법부", 「노동법학」 제65호, 2018

_____, "ILO 결사의 자유 원칙의 국내법적 수용 과제", 「노동법학」 제64호, 2017

윤진수, "여성차별철폐협약과 한국가족법", 「서울대학교 법학」 제46권 제3호, 서울대학교
　　　법학연구소, 2005

이근관, "국제인권규약상의 개인통보제도와 한국의 실행", 「국제인권법」 제3권, 2000

이명웅, "국제인권법과 헌법재판", 「저스티스」 통권 제83호, 2005

이승욱, "ILO 기본협약 비준에 따른 한국에서의 도전과 책무 - 제87호 협약의 효과적인
　　　이행을 중심으로", 「국제인권과 노동, 사법의 과제 국제 콘퍼런스」, 사법정책연구
　　　원 등 주최, 2022. 12. 13~14

이재용·김병철, "공무원노조법·교원노조법의 개정 논의에 대한 비판적 검토 - 제19대
　　　국회 제출 법률안을 중심으로", 「법학연구」, 한국법학회, 2013

이준일, 「헌법학강의(제8판)」, 홍문사, 2023

이혜영, 「법원의 국제인권조약 적용 현황과 과제」, 사법정책연구원, 2020

_____, "법원의 국제인권조약 적용 - 판결문 전수조사를 통한 현황 진단 및 적용단계별
　　　논증 분석", 「국제법학회논총」 제65권 제1호, 2020

장태영 "자유권규약의 효력, 적용, 해석 - 대법원 2016도10912 전원합의체 판결에 대한
　　　평석을 중심으로 -", 「국제법학회논총」 제65권 제2호, 2020

전종익, "헌법재판소의 국제인권조약 적용", 「저스티스」 제170-2호, 2019

정인섭, 「신국제법강의(제13판)」, 박영사, 2023

_____, 「조약법」, 박영사, 2016

_____, "조약의 국내법적 효력에 관한 한국 판례와 학설의 검토", 「서울 국제법연구」 제
　　　22권 제1호, 2015

최정인, "국제인권규범에 대한 인식 제고와 헌법재판", 「헌법재판의 국제인권기준 적용
　　　콘퍼런스」, 국가인권위원회·헌법재판소 헌법재판연구원·한국헌법학회·한국공법
　　　학회 등 주최, 2022. 8. 23

한수웅, 「헌법학(제11판)」, 법문사, 2021


고용노동부, 「집단적 노사관계 업무매뉴얼」, 2022

_____, 「공무원노사관계 업무매뉴얼」, 2021

_____, 「개정 노동조합 및 노동관계조정법」 설명자료, 2021. 3

고용노동부·EU 집행위원회, "한-EU FTA 전문가 패널 심리 내용[한국 답변]", 2020. 11.

노동부, 「ILO주요협약집」, 2002

노동법실무연구회, 「노동조합 및 노동관계조정법 주해(제2판)」, 박영사, 2023

헌법재판소, 「헌법재판실무제요(제3개정판)」, 2023

Alston, Philip, "'Core Labour Standards' and the Transformation of the International Labour Rights Regime", *European Journal of International Law*, vol. 15, no. 3, 2004

Beadonnet, Xavier and Tzehainesh Teklè (eds.), *International Labour Law and Domestic Law: A training manual for judges, lawyers and legal educators*, International Training Centre, 2015

Bellace, Janice, The ILO and the Right to Strike, *International Labour Review*, Vol. 153, No. 1, 2014

De Stefano, Valerio, Not as simple as it seems: The ILO and the personal scope of international labour standards, *International Labour Review*, Vol. 160, No. 3, 2021

Gernigon, Bernard, Alberto Odero and Horacio Guido, *ILO principles concerning the right to strike*, ILO, 2000

Macklem, Patrick, The right to bargain collectively in international law, in: Alston, Philip (ed.), *Labour Rights as Human Rights*, Oxford University Press, 2005

Novitz, Tonia, The Restricted Right to Strike: "Far-Reaching" ILO Jurisprudence on the Public Sector and Essential Services, *Comparative Labor Law and Policy Journal*, 38(3), 2017

Servais, Jean-Michel, ILO Law and the Right to Strike, *Canadian Labour and Employment Law Journal*, vol. 15, no. 2, 2009

Swepston, Lee, *The Universal Declaration of Human Rights and ILO standards*, ILO, 1998

Tajgman, David and Karen Curtis, *Freedom of association: A user's guide*, ILO, 2000

Valticos, Nicolas, International labour standards and human rights, *International Labour Review*, Vol. 137, No. 2, 1998

_____, *Droit International du Travail*, Dalloz, 1983

Valticos, Nicolas and Geraldo von Potobsky, *International Labour Law*, second (revised) edition, Kluwer, 1995

Vogt, Jeffrey et al., *The Right To Strike in International Law*, Hart Publishing, 2020

Autoriteit Consument & Markt, *Guidelines: Price arrangements of self-employed workers*, 2023

European Commission, *Guidelines on the application of EU competition law to collec-*

*tive agreements regarding the working conditions of solo self-employed persons* (2022/C 374/02), 2022

Human Rights Council, *Report of the Special Rapporteur on the rights to freedom of peaceful assembly and of association on his mission to the Republic of Korea*, A/HRC/32/36/Add.2, 2016

International Commission of Jurists, *Courts and the legal enforcement of economic, social and cultural rights*, 2008

Kiai, Maina, *Report of the Special Rapporteur on the rights to freedom of peaceful assembly and of association*, United Nations General Assembly, 2016, A/71/ 385

Report of the Panel of Experts, Panel of Experts Proceeding Constituted under Article 13.15 of the EU–KOREA Free Trade Agreement, 2021. 1. 20

UN Human Rights Office of the High Commissioner, *Fact sheet No. 16 (rev. 1): the Committee on Economic, Social and Cultural Rights*, United Nations, 1991


ILO, *Protection against acts of anti-union discrimination: Evidence from the updated IRLex database*, 2022

ILO, *Promoting Employment and Decent Work in a Changing Landscape*, Report of the Committee of Experts on the Application of Conventions and Recommendations, Report Ⅲ (Part B), International Labour Conference, 109th Session, Geneva, 2020

ILO, *Freedom of Association, Compilation of decisions of the Committee on Freedom of Association*, Sixth edition, 2018

ILO, *Collective bargaining in the public service: A way forward*, General Survey concerning Labour Relations and Collective Bargaining in the Public Service, International Labour Conference, 102nd Session, Geneva, 2013

ILO, *Report of the Committee of Experts on the Application of Conventions and Recommendations*, Report Ⅲ (Part 1A), International Labour Conference, 102nd Session, Geneva, 2013

ILO, *Giving Globalization a Human Face*, General Survey on the Fundamental Conventions Concerning Rights at Work in Light of the ILO Declaration on Social Justice for a Fair Globalization, 2008, International Labour Conference, 101st Session, Geneva, 2012

ILO, *Manual for drafting ILO instruments* (online revised version), 2011

ILO, *Report of the Committee of Experts on the Application of Conventions and Recommendations*, Report Ⅲ (Part 1A), International Labour Conference, 98th Session, Geneva, 2009

ILO, *Freedom of Association, Digest of decisions and principles of the Freedom of Association Committee of the Governing Body of the ILO*, Fifth (revised) edition, 2006

ILO, *Decent work*, Report of the Director-General, International Labour Conference, 87th Session, Geneva, 1999

ILO, *Freedom of Association, Digest of decisions and principles of the Freedom of Association Committee of the Governing Body of the ILO*, Fourth (revised) edition, 1996

ILO, *Freedom of Association and Collective Bargaining*, General Survey of the Reports on the Freedom of Association and and the Right to Organize Convention (No. 87), 1948 and the Right to Organize and Collective Bargaining Convention (No. 98), 1949, International Labour Conference, 81st Session, Geneva, 1994

ILO, *Report of the Committee of Experts on the Application of Conventions and Recommendations*, Report Ⅲ (Part 1A), International Labour Conference, 77th Session, Geneva, 1990

ILO, Report of the Working Party on International Labour Standards, *Official Bulletin*, Special Issue, Vol. LXX, 1987, Series A

ILO, *Freedom of association and collective bargaining*, General survey of the reports relating to the Freedom of Association and Protection of the Right to Organise Convention, 1948 (No. 87), the Right to Organise and Collective Bargaining Convention, 1949 (No. 98), the Rural Workers' Organisations Convection, 1975 (No. 141) and the Rural Workers' Organisations Recommendation, 1975 (No. 149), International Labour Conference, 69th Session, Geneva, 1983

ILO, Final Report of the Working Party on International Labour Standards, *Official Bulletin*, Special Issue, Vol. LXII, 1979, Series A

ILO, *Freedom of association and procedures for determining conditions of employment in the public service*, International Labour Conference, 62nd Session, Geneva, 1977

ILO, *Record of Proceedings*, Appendices: Fifth Item on the Agenda: Protection and

Facilities Afforded to Workers' Representatives in the Undertaking, International Labour Conference, 56th Session, Geneva, 1971

ILO, *Information and reports on the application of Conventions and Recommendations*, Report of the Committee of Experts on the Application of Conventions and Recommendations, International Labour Conference, 43rd Session, Geneva, 1959

# 부록: 협약 권고 선언 등

- 국제노동기구 헌장
- 국제노동기구의 목적에 관한 선언(필라델피아 선언)
- 결사의 자유 및 조직할 권리 보호에 관한 협약, 1948(제87호)
- 단결권 및 단체교섭권 원칙의 적용에 관한 협약, 1949(제98호)
- 노동자대표에게 사업체에서 제공되는 보호 및 편의에 관한 협약, 1971(제135호)
- 노동자대표 권고, 1971(제143호)
- 공공부문에서의 단결권 보호 및 고용조건의 결정을 위한 절차에 관한 협약(제151호, 1978년)
- 단체교섭 촉진에 관한 협약(제154호, 1981)
- 노동에서의 기본원칙 및 권리에 관한 ILO 선언(1998년 채택, 2022년 개정)

| 국제노동기구 헌장 | ILO Constitution |
|---|---|
| 전문 | Preamble |
| 보편적이며 항구적인 평화는 사회적 정의에 기초함으로써만 확립될 수 있으며, | Whereas universal and lasting peace can be established only if it is based upon social justice; |
| 세계의 평화와 화합이 위협을 받을만큼 커다란 불안을 가져오고 수많은 사람들에게 불의·고난 및 궁핍 등을 주는 노동조건이 존재하며, 이러한 조건은, 1일 및 1주당 최장노동시간의 설정을 포함한 노동시간 규제, 노동력의 공급조절, 실업의 예방, 적정한 생활급의 지급, 직업상 발생하는 질병·질환 및 상해로부터 노동자의 보호, 아동·청년 및 여성의 보호, 고령 및 상해에 대한 급부, 자기 나라외의 다른 나라에서 고용된 노동자의 권익 보호, 동일가치 노동에 대한 동일 보수 원칙의 인정, 결사의 자유 원칙의 인정, 직업교육 및 기술교육의 실시와 다른 조치들을 통하여, 시급히 개선되는 것이 요구되며, | And whereas conditions of labour exist involving such injustice, hardship and privation to large numbers of people as to produce unrest so great that the peace and harmony of the world are imperilled; and an improvement of those conditions is urgently required; as, for example, by the regulation of the hours of work, including the establishment of a maximum working day and week, the regulation of the labour supply, the prevention of unemployment, the provision of an adequate living wage, the protection of the worker against sickness, disease and injury arising out of his employment, the protection of children, young persons and women, provision for old age and injury, protection of the interests of workers when employed in countries other than their own, recognition of the principle of equal remuneration for work of equal value, recognition of the principle of freedom of association, the organization of vocational and technical education and other measures; |
| 또한 어느 나라가 인도적인 노동조건을 채택하지 아니하는 것은 다른 나라들이 노동조건을 개선하려는 데 장애가 되므로, | Whereas also the failure of any nation to adopt humane conditions of labour is an obstacle in the way of other nations which desire to improve the conditions in their own countries; |
| 체약당사국들은 정의 및 인도주의와 세계의 항구적 평화를 확보하고자 하는 염원에서 이 전문에 규정된 목표를 달성하기 위하여 다음의 국제노동기구헌장에 동의한다. | The High Contracting Parties, moved by sentiments of justice and humanity as well as by the desire to secure the permanent peace of the world, and with a view to attaining the objectives set forth in this Preamble, agree to the following Constitution of the International Labour Organization: |

| 제1장 조직 | Chapter I – Organization |
|---|---|
| **제1조**<br>설립<br>1. 이 헌장의 전문과 1944년 5월 10일 필라델피아에서 채택되어 이 헌장에 부속된 국제노동기구의 목적에 관한 선언에 규정된 목표를 달성하기 위하여 이에 상설기구를 설립한다.<br><br>회원<br>2. 국제노동기구의 회원국은 1945년 11월 1일 이 기구의 회원국이었던 국가와 이 조의 제3항 및 제4항의 규정에 따라 회원국이 되는 다른 국가들이다.<br><br>3. 국제연합의 원회원국 및 국제연합헌장의 규정에 따라 총회의 결정으로 국제연합회원국으로 가입된 국가는 국제노동기구 사무총장에게 국제노동기구헌장 의무의 공식 수락을 통보함으로써 국제노동기구의 회원국이 될 수 있다.<br><br>4. 또한 국제노동기구 총회는, 총회에 출석하여 투표한 정부 대표의 3분의 2를 비롯한 총회 참석 대표 3분의 2의 찬성투표로 이 기구의 회원국으로 가입을 승인할 수 있다. 이러한 승인은 새로운 회원국 정부가 국제노동기구 사무총장에게 이 기구 헌장상 의무의 공식 수락을 통보할 때 발효한다.<br><br>탈퇴<br>5. 국제노동기구의 어느 회원국도 국제노동기구 사무총장에게 탈퇴 의사를 통고하지 아니하면 이 기구로부터 탈퇴할 수 없다. 이 | *Article 1*<br>ESTABLISHMENT<br>1. A permanent organization is hereby established for the promotion of the objects set forth in the Preamble to this Constitution and in the Declaration concerning the aims and purposes of the International Labour Organization adopted at Philadelphia on 10 May 1944, the text of which is annexed to this Constitution.<br>MEMBERSHIP<br>2. The Members of the International Labour Organization shall be the States which were Members of the Organization on 1 November 1945 and such other States as may become Members in pursuance of the provisions of paragraphs 3 and 4 of this article.<br>3. Any original member of the United Nations and any State admitted to membership of the United Nations by a decision of the General Assembly in accordance with the provisions of the Charter may become a Member of the International Labour Organization by communicating to the Director-General of the International Labour Office its formal acceptance of the obligations of the Constitution of the International Labour Organization.<br>4. The General Conference of the International Labour Organization may also admit Members to the Organization by a vote concurred in by two-thirds of the delegates attending the session, including two-thirds of the Government delegates present and voting. Such admission shall take effect on the communication to the Director-General of the International Labour Office by the government of the new Member of its formal acceptance of the obligations of the Constitution of the Organization.<br>WITHDRAWAL<br>5. No Member of the International Labour Organization may withdraw from the Organization without giving notice of its intention so to do to the Director-General of the |

러한 통고는 회원국이 그 당시에 회원국의 지위로부터 발생하는 모든 재정적 의무를 이행하는 것을 조건으로, 사무총장이 통고를 접수한 날부터 2년 후에 발효한다. 회원국이 어느 국제노동협약을 비준하였을 경우, 해당 협약에 따르는 의무 또는 협약과 관계되는 모든 의무에 대해 협약에 규정된 유효기간 동안 해당 협약의 효력은 탈퇴로 인하여 영향을 받지 아니한다.

### 재가입

6. 어느 국가의 이 기구 회원자격이 종료되었을 경우, 그 국가의 회원국으로의 재가입은 경우에 따라 이 조의 제3항 또는 제4항의 규정에 의하여 규율된다.

### 제2조
### 기관

상설기구는 다음과 같이 구성된다.
(가) 회원국 대표들의 총회
(나) 제7조에 따라 구성되는 이사회
(다) 이사회의 통제를 받는 국제노동기구 사무국

### 제3조
### 총회
### 회의 및 대표

1. 회원국 대표들의 총회 회의는 필요에 따라 수시로 개최하며, 최소한 매년 1회 개최한다. 총회는 각 회원국 대표 4인으로 구성되며, 그 중 2인은 정부의 대표로, 나머지 2인은 각 회원국의 사용자들 및 노동인민을 각각 대표하는 자로 한다.

### 자문

2. 각 대표는 자문을 대동할 수 있으며, 자문은 회의 의제 중 각 사안에 대하여 2인을

International Labour Office. Such notice shall take effect two years after the date of its reception by the Director-General, subject to the Member having at that time fulfilled all financial obligations arising out of its membership. When a Member has ratified any international labour Convention, such withdrawal shall not affect the continued validity for the period provided for in the Convention of all obligations arising thereunder or relating thereto.

READMISSION

6. In the event of any State having ceased to be a Member of the Organization, its readmission to membership shall be governed by the provisions of paragraph 3 or paragraph 4 of this article as the case may be.

### Article 2
ORGANS

1. The permanent organization shall consist of:
(a) a General Conference of representatives of the Members;
(c) a Governing Body composed as described in article 7; and
(b) an International Labour Office controlled by the Governing Body.

### Article 3
### Conference
MEETINGS AND DELEGATES

1. The meetings of the General Conference of representatives of the Members shall be held from time to time as occasion may require, and at least once in every year. It shall be composed of four representatives of each of the Members, of whom two shall be Government delegates and the two others shall be delegates representing respectively the employers and the work people of each of the Members.

ADVISERS

2. Each delegate may be accompanied by advisers, who shall not exceed two in num-

초과할 수 없다. 여성에게 특별히 영향을 미치는 문제가 총회에서 심의될 때에는 자문 중 최소한 1인은 여성이어야 한다.

### 비본토지역의 자문

3. 비본토지역의 국제관계를 책임지고 있는 각 회원국은 각 대표에 대한 자문으로 다음과 같은 자를 추가로 임명할 수 있다.

   (a) 그 지역의 자치권한내 사항에 관하여 지역대표로 회원국이 지명한 자

   (b) 비자치지역 관련 사항에 관하여 자기 나라 대표에게 조언하기 위하여 회원국이 지명한 자

4. 2 또는 그 이상의 회원국의 공동통치하에 있는 지역의 경우에도, 이들 회원국 대표에게 자문할 수 있는 자를 지명할 수 있다.

### 비정부대표의 지명

5. 회원국은 자기 나라에서 사용자 또는 노동인민을 가장 잘 대표하는 단체가 존재하는 경우, 이러한 노사단체와 합의하여 선정한 비정부대표 및 자문을 지명한다.

### 자문의 지위

6. 자문은 발언하지 못하며, 투표할 수 없다. 다만, 그가 수행하는 대표의 요청 및 총회 의장이 특별히 허가하는 경우에는 발언한다.

7. 대표는 의장에 대한 서면통고로 자신의 자문 중 1인을 자신의 대리인으로 임명할 수 있으며, 자문은 대리인으로 행동하는 동안 발언 및 투표가 허용된다.

8. 각 회원국 정부는 대표 및 자문의 명단을 국제노동기구 사무국에 통보한다.

ber for each item on the agenda of the meeting. When questions specially affecting women are to be considered by the Conference, one at least of the advisers should be a woman.

### ADVISERS FROM NON-METROPOLITAN TERRITORIES

3. Each Member which is responsible for the international relations of non-metropolitan territories may appoint as additional advisers to each of its delegates:

   (a) persons nominated by it as representatives of any such territory in regard to matters within the self-governing powers of that territory; and

   (b) persons nominated by it to advise its delegates in regard to matters concerning non-self-governing territories.

4. In the case of a territory under the joint authority of two or more Members, persons may be nominated to advise the delegates of such Members.

### NOMINATION OF NON-GOVERNMENTAL REPRESENTATIVES

5. The Members undertake to nominate non-Government delegates and advisers chosen in agreement with the industrial organizations, if such organizations exist, which are most representative of employers or work people, as the case may be, in their respective countries.

### STATUS OF ADVISERS

6. Advisers shall not speak except on a request made by the delegate whom they accompany and by the special authorization of the President of the Conference, and may not vote.

7. A delegate may by notice in writing addressed to the President appoint one of his advisers to act as his deputy, and the adviser, while so acting, shall be allowed to speak and vote.

8. The names of the delegates and their advisers will be communicated to the International Labour Office by the government of each of the Members.

### 신임장

9. 대표 및 자문의 신임장은 총회의 심사를 받는다. 총회는 이 조에 따르지 않고 지명된 것으로 보이는 대표 또는 자문의 승인을 출석대표 3분의 2 투표에 의하여 거부할 수 있다.

### 제4조
### 투표권

1. 각 대표는 총회에서 심의하는 모든 사항에 관하여 개별적으로 투표할 권한이 있다.

2. 회원국이 지명할 권한이 있는 비정부대표 2인중 1인을 지명하지 아니할 경우, 나머지 비정부대표는 총회에 출석하고 발언하는 것은 허용되나 투표는 허용되지 아니한다.

3. 제3조에 따라 총회가 회원국 대표의 승인을 거부할 경우 그 대표는 지명되지 아니한 것으로 보고 이 조의 규정을 적용한다.

### 제5조
### 총회의 장소

1. 총회 회의는 이전의 회의에서 총회의 결정에 따라 이사회가 정하는 장소에서 개최된다.

### 제6조
### 국제노동기구 사무국의 소재지

1. 국제노동기구 사무국 소재지의 변경은 출석대표 3분의 2의 다수결로 총회가 결정한다.

### 제7조
### 이사회
### 구성

## CREDENTIALS

9. The credentials of delegates and their advisers shall be subject to scrutiny by the Conference, which may, by two-thirds of the votes cast by the delegates present, refuse to admit any delegate or adviser whom it deems not to have been nominated in accordance with this article.

### Article 4
### *Voting rights*

1. Every delegate shall be entitled to vote individually on all matters which are taken into consideration by the Conference.
2. If one of the Members fails to nominate one of the non- Government delegates whom it is entitled to nominate, the other non-Government delegate shall be allowed to sit and speak at the Conference, but not to vote.
3. If in accordance with article 3 the Conference refuses admission to a delegate of one of the Members, the provisions of the present article shall apply as if that delegate had not been nominated.

### Article 5
### *Place of meetings of the Conference*

1. The meetings of the Conference shall, subject to any decisions which may have been taken by the Conference itself at a previous meeting, be held at such place as may be decided by the Governing Body.

### Article 6
### *Seat of the International Labour Office*

1. Any change in the seat of the International Labour Office shall be decided by the Conference by a two-thirds majority of the votes cast by the delegates present.

### Article 7
### *Governing Body*
### COMPOSITION

1. 이사회는 다음 56인으로 구성된다. 정부를 대표하는 28인, 사용자를 대표하는 14인, 노동자를 대표하는 14인.

### 정부대표

2. 정부를 대표하는 28인 중 10인은 주요 산업 국가인 회원국이 임명하며, 18인은 앞의 10개 회원국 대표를 제외한 총회 참석 정부 대표들이 선정한 회원국이 임명한다.

### 주요 산업 국가

3. 이사회는 필요에 따라 회원국 중 어느 나라가 주요 산업 국가인지를 결정하고, 이사회가 결정하기 전에 공정한 위원회가 주요 산업 국가 선정에 관련된 모든 문제를 심의하도록 하는 규칙을 정한다. 어느 나라가 주요 산업 국가인지에 관한 이사회의 선언에 대하여 회원국이 제기한 모든 이의는 총회가 결정한다. 그러나 총회에 제기된 이의는 총회가 이의에 관하여 결정할 때까지 선언의 적용을 정지시키지 아니한다.

### 사용자대표 및 노동자대표

4. 사용자를 대표하는 자 및 노동자를 대표하는 자는 총회참석 사용자대표들 및 노동자대표들에 의하여 각각 선출된다.

### 임기

5. 이사의 임기는 3년이다. 이사회의 선거가 어떠한 이유로든 이 임기 만료시에 행하여지지 아니할 경우 이사회는 선거가 실시될 때까지 직무를 계속한다.

### 결원, 대체 이사 등

1. The Governing Body shall consist of fifty-six person
Twenty-eight representing governments,
Fourteen representing the employers, and
Fourteen representing the workers.

### GOVERNMENT REPRESENTATIVES

2. Of the twenty-eight persons representing governments, ten shall be appointed by the Members of chief industrial importance, and eighteen shall be appointed by the Members selected for that purpose by the Government delegates to the Conference, excluding the delegates of the ten Members mentioned above.

### STATES OF CHIEF INDUSTRIAL IMPORTANCE

3. The Governing Body shall as occasion requires determine which are the Members of the Organization of chief industrial importance and shall make rules to ensure that all questions relating to the selection of the Members of chief industrial importance are considered by an impartial committee before being decided by the Governing Body. Any appeal made by a Member from the declaration of the Governing Body as to which are the Members of chief industrial importance shall be decided by the Conference, but an appeal to the Conference shall not suspend the application of the declaration until such time as the Conference decides the appeal.

### EMPLOYERS' AND WORKERS' REPRESENTATIVES

4. The persons representing the employers and the persons representing the workers shall be elected respectively by the Employers' delegates and the Workers' delegates to the Conference.

### TERM OF OFFICE

5. The period of office of the Governing Body shall be three years. If for any reason the Governing Body elections do not take place on the expiry of this period, the Governing Body shall remain in office until such elections are held.

### VACANCIES, SUBSTITUTES, ETC.

6. 결원의 보충 방법, 대체 이사의 임명 방법 및 이와 유사한 문제는 총회의 승인을 조건으로 이사회가 결정할 수 있다.

#### 의장과 부의장

7. 이사회는 그 구성원 중에서 의장 1인 및 부의장 2인을 수시로 선출한다. 이들중 1인은 정부를 대표하는 자, 1인은 사용자를 대표하는 자, 1인은 노동자를 대표하는 자로 한다.

#### 절차

8. 이사회는 스스로 의사규칙을 제정하고 회의일정을 정한다. 특별회의는 이사회에서 최소한 16인 이상의 대표가 서면으로 요청하는 경우 개최된다.

### 제8조
### 사무총장

1. 국제노동기구 사무국에는 사무총장을 둔다. 사무총장은 이사회에 의하여 임명되고, 이사회의 지시를 받아 국제노동기구 사무국의 효율적인 운영 및 그에게 부여되는 다른 임무에 대하여 책임을 진다.

2. 사무총장 또는 그의 대행은 이사회의 모든 회의에 참석한다.

### 제9조
### 사무국 직원

#### 임명

1. 사무총장은 이사회가 승인한 규칙에 따라 국제노동기구 사무국의 직원을 임명한다.

2. 사무총장은 사무국 업무의 효율성을 적절히 고려하여 가능한 한 국적이 다른 자를 선발한다.

3. 직원 중 약간 명은 여성이어야 한다.

6. The method of filling vacancies and of appointing substitutes and other similar questions may be decided by the Governing Body subject to the approval of the Conference.

#### OFFICERS

7. The Governing Body shall, from time to time, elect from its number a chairman and two vice-chairmen, of whom one shall be a person representing a government, one a person representing the employers, and one a person representing the workers.

#### PROCEDURE

8. The Governing Body shall regulate its own procedure and shall fix its own times of meeting. A special meeting shall be held if a written request to that effect is made by at least sixteen of the representatives on the Governing Body.

### Article 8
### *Director-General*

1. There shall be a Director-General of the International Labour Office, who shall be appointed by the Governing Body, and, subject to the instructions of the Governing Body, shall be responsible for the efficient conduct of the International Labour Office and for such other duties as may be assigned to him.

2. The Director-General or his deputy shall attend all meetings of the Governing Body.

### Article 9
### *Staff*

#### APPOINTMENT

1. The staff of the International Labour Office shall be appointed by the Director-General under regulations approved by the Governing Body.

2. So far as is possible with due regard to the efficiency of the work of the Office, the Director-General shall select persons of different nationalities.

3. A certain number of these persons shall be women.

## 국제적 성질의 책임

4. 사무총장 및 직원의 책임은 성질상 전적으로 국제적인 것이다. 사무총장 및 직원은 그 임무를 수행함에 있어서 이 기구외의 어떠한 정부나 국제노동기구 외부의 다른 기구로부터 지시를 받으려 하거나 받아서도 아니된다. 그들은 국제노동기구에 대하여만 책임을 지는 국제공무원으로서의 직위에 영향을 미칠 수 있는 어떠한 행동도 삼간다.

5. 회원국은 사무총장 및 직원의 책임이 전적으로 국제적 성질의 것임을 존중하고, 그들이 책임을 수행함에 있어서 그들에 대하여 영향을 미치려 하지 아니한다.

## 제10조
### 사무국의 역할

1. 국제노동기구 사무국의 임무는 노동생활 및 노동조건의 국제적 조정에 관련되는 모든 사항에 관한 정보의 수집 및 배포, 특히 국제협약을 체결할 목적으로 총회에 회부 예정인 사항의 검토, 그리고 총회 또는 이사회가 명하는 특별조사 실시를 포함한다.

2. 사무국은 이사회의 지시에 따라 다음 사항을 행한다.
   (a) 총회의 회의 의제들의 각종 항목에 관한 문서의 준비
   (b) 총회의 결정에 기초한 법령안의 작성과 행정관행 및 감독제도의 개선과 관련, 정부의 요청에 따라 사무국의 권한 안에서 정부에 대한 적절한 모든 지원의 제공
   (c) 협약의 실효적인 준수와 관련하여 이

## INTERNATIONAL CHARACTER OF RESPONSIBILITIES

4. The responsibilities of the Director-General and the staff shall be exclusively international in character. In the performance of their duties, the Director-General and the staff shall not seek or receive instructions from any government or from any other authority external to the Organization. They shall refrain from any action which might reflect on their position as international officials responsible only to the Organization.

5. Each Member of the Organization undertakes to respect the exclusively international character of the responsibilities of the Director-General and the staff and not to seek to influence them in the discharge of their responsibilities.

### Article 10
#### Functions of the Office

1. The functions of the International Labour Office shall include the collection and distribution of information on all subjects relating to the international adjustment of conditions of industrial life and labour, and particularly the examination of subjects which it is proposed to bring before the Conference with a view to the conclusion of international Conventions, and the conduct of such special investigations as may be ordered by the Conference or by the Governing Body.

2. Subject to such directions as the Governing Body may give, the Office shall:
   (a) prepare the documents on the various items of the agenda for the meetings of the Conference;
   (b) accord to governments at their request all appropriate assistance within its power in connection with the framing of laws and regulations on the basis of the decisions of the Conference and the improvement of administrative practices and systems of inspection;
   (c) carry out the duties required of it by

헌장의 규정에 따라 사무국에 요구되는 직무의 수행

(d) 이사회가 적절하다고 보는 언어로 국제적 관심의 대상인 산업 및 고용 문제를 다루는 출판물의 편집 및 발간

3. 일반적으로, 사무국은 총회 또는 이사회가 부여하는 여타의 권한과 직무를 가진다.

### 제11조
### 정부와의 관계

1. 산업 및 고용 문제를 담당하는 회원국의 정부 기관은 국제노동기구 사무국의 이사회에 나와 있는 자기 나라 정부대표를 통하여, 또는 자기 나라 정부 대표가 없는 경우에는 정부가 이 목적을 위하여 지명한 다른 유자격 공무원을 통하여 사무총장과 직접 접촉할 수 있다.

### 제12조
### 국제기구들과의 관계

1. 국제노동기구는 국제 공공전문기구들의 활동을 조정하는 일반 국제기구 및 관련 분야의 국제 공공전문기구와 이 헌장 조항의 범위 안에서 협력한다.

2. 국제노동기구는 공공국제기구의 대표들이 투표권 없이 국제노동기구의 심의과정에 참여하도록 적절한 조치를 취할 수 있다.

3. 국제노동기구는 사용자, 노동자, 농업종사자 및 협동조합원의 국제기구를 포함하여 승인된 비정부 국제기구들과 바람직한 협의를 위하여 적절한 조치를 취할 수 있다.

the provisions of this Constitution in connection with the effective observance of Conventions;

(d) edit and issue, in such languages as the Governing Body may think desirable, publications dealing with problems of industry and employment of international interest.

3. Generally, it shall have such other powers and duties as may be assigned to it by the Conference or by the Governing Body.

### Article 11
### *Relations with governments*

1. The government departments of any of the Members which deal with questions of industry and employment may communicate directly with the Director-General through the representative of their government on the Governing Body of the International Labour Office or, failing any such representative, through such other qualified official as the government may nominate for the purpose.

### Article 12
### *Relations with international organizations*

1. The International Labour Organization shall cooperate within the terms of this Constitution with any general international organization entrusted with the coordination of the activities of public international organizations having specialized responsibilities and with public international organizations having specialized responsibilities in related fields.

2. The International Labour Organization may make appropriate arrangements for the representatives of public international organizations to participate without vote in its deliberations.

3. The International Labour Organization may make suitable arrangements for such consultation as it may think desirable with recognized non-governmental international organizations, including international organ-

izations of employers, workers, agriculturists and cooperators.

### 제13조

#### 재정·예산에 관한 약정

1. 국제노동기구는 재정 및 예산에 관한 적절한 약정을 국제연합과 체결할 수 있다.

2. 약정이 체결되기까지 또는 약정이 발효되지 아니한 경우에는 다음과 같이 한다.

   (a) 회원국은 자기 나라 대표 및 자문 그리고 경우에 따라 총회 또는 이사회 회의에 참가하는 자기 나라 대표의 여비 및 체재비를 지급한다.

   (b) 국제노동기구 사무국 및 총회 또는 이사회 회의의 다른 모든 경비는 국제노동기구 사무총장이 국제노동기구의 일반 기금으로부터 지불한다.

   (c) 국제노동기구 예산의 승인과 분담금의 할당 및 징수를 위한 약정은 출석대표 3분의 2의 다수결로 총회에서 결정되며, 정부대표 위원회에 의한 예산 및 회원국간 경비할당 조치의 승인에 관하여 규정한다.

3. 국제노동기구의 경비는 제1항 또는 제2항 (c)호에 의하여 발효 중인 약정에 따라 회원국이 부담한다.

#### 재정분담금의 연체

4. 이 기구에 대한 재정분담금의 지불을 연체하고 있는 회원국은 연체액이 지난 만 2년

### *Article 13*

#### *Financial and budgetary arrangements*

1. The International Labour Organization may make such financial and budgetary arrangements with the United Nations as may appear appropriate.

2. Pending the conclusion of such arrangements or if at any time no such arrangements are in force:

   (a) each of the Members will pay the travelling and subsistence expenses of its delegates and their advisers and of its representatives attending the meetings of the Conference or the Governing Body, as the case may be;

   (b) all other expenses of the International Labour Office and of the meetings of the Conference or Governing Body shall be paid by the Director-General of the International Labour Office out of the general funds of the International Labour Organization;

   (c) the arrangements for the approval, allocation and collection of the budget of the International Labour Organization shall be determined by the Conference by a two- thirds majority of the votes cast by the delegates present, and shall provide for the approval of the budget and of the arrangements for the allocation of expenses among the Members of the Organization by a committee of Government representatives.

3. The expenses of the International Labour Organization shall be borne by the Members in accordance with the arrangements in force in virtue of paragraph 1 or paragraph 2 (c) of this article.

#### ARREARS IN PAYMENT OF CONTRIBUTIONS

4. A Member of the Organization which is in arrears in the payment of its financial

동안 그 나라가 지불하여야 할 분담금의 금액과 동액이거나 또는 이를 초과하는 경우, 총회, 이사회, 위원회에서 또는 이사회 이사의 선거에서 투표권이 없다. 다만, 지불 불이행이 회원국의 불가피한 사정 때문인 것으로 확인되는 경우에는 출석 대표 3분의 2의 다수결로 총회는 그 회원국에게 투표를 허가할 수 있다.

### 사무총장의 재정 책임

5. 국제노동기구 사무총장은 국제노동기구 기금의 적정한 지출에 관하여 이사회에 책임을 진다.

### 제2장 절차
### 제14조
### 총회 의제

1. 총회의 모든 회의의 의제는 회원국 정부 또는 제3조의 목적을 위하여 인정된 대표적 단체 또는 국제 공공기구의 의제에 대한 모든 제안을 고려하여 이사회가 정한다.

### 총회 준비

2. 이사회는 총회가 협약 또는 권고를 채택하기 전에 준비회의 또는 다른 방법으로 관련 회원국의 철저한 기술적 준비와 적절한 협의를 보장하기 위한 규칙을 정한다.

### 제15조
### 총회 의제 및 보고서의 송부

contribution to the Organization shall have no vote in the Conference, in the Governing Body, in any committee, or in the elections of members of the Governing Body, if the amount of its arrears equals or exceeds the amount of the contributions due from it for the preceding two full years: Provided that the Conference may by a two-thirds majority of the votes cast by the delegates present permit such a Member to vote if it is satisfied that the failure to pay is due to conditions beyond the control of the Member.

### FINANCIAL RESPONSIBILITY OF DIRECTOR-GENERAL

5. The Director-General of the International Labour Office shall be responsible to the Governing Body for the proper expenditure of the funds of the International Labour Organization.

### Chapter II - Procedure
### *Article 14*
### AGENDA FOR CONFERENCE

1. The agenda for all meetings of the Conference will be settled by the Governing Body, which shall consider any suggestion as to the agenda that may be made by the government of any of the Members or by any representative organization recognized for the purpose of article 3, or by any public international organization.

### PREPARATION FOR CONFERENCE

2. The Governing Body shall make rules to ensure thorough technical preparation and adequate consultation of the Members primarily concerned, by means of a preparatory conference or otherwise, prior to the adoption of a Convention or Recommendation by the Conference.

### *Article 15*
### *Transmission of agenda and reports for Conference*

1. 사무총장은 총회의 사무총장으로서 행동하며, 의제를 총회 회의 4개월 전에 회원국에게 도달하도록 그리고 비정부대표에게는 회원국을 통하여 송부한다.

2. 의제의 각 항목에 관한 보고서는 회원국이 총회 회의 전에 충분히 심의할 기간을 두고 회원국에 도달되도록 발송한다. 이사회는 이 규정을 적용하기 위한 규칙을 정한다.

### 제16조
### 의제에 대한 이의 제기

1. 회원국 정부는 어느 항목이 의제에 포함되는 것에 대하여도 공식적으로 이의를 제기할 수 있다. 그러한 이의제기의 근거는 사무총장에게 제출되는 성명서에 기재되며, 사무총장은 이를 모든 회원국에게 회람한다.

2. 이의가 제기된 항목은 총회가 출석 대표 3분의 2의 다수결로 그 항목심의에 찬성하는 경우 의제에서 제외되지 아니한다.

### 새로운 사안의 포함

3. 총회가 출석 대표 3분의 2의 투표로 어느 사안을 총회에서 심의 하기로 (제2항에 의한 경우와는 달리) 결정하는 경우 그 사안은 차기 회의의 의제에 포함된다.

### 제17조
### 총회의 의장단, 절차 및 위원회

1. 총회는 의장 1인 및 부의장 3인을 선거한다. 부의장 중 1인은 정부대표, 1인은 사용자대표, 1인은 노동자대표로 한다. 총회는 의사규칙을 제정하며, 특정 사항에 관하여

1. The Director-General shall act as the Secretary-General of the Conference, and shall transmit the agenda so as to reach the Members four months before the meeting of the Conference, and, through them, the non-Government delegates when appointed.
2. The reports on each item of the agenda shall be despatched so as to reach the Members in time to permit adequate consideration before the meeting of the Conference. The Governing Body shall make rules for the application of this provision.

### Article 16
### *Objections to agenda*

1. Any of the governments of the Members may formally object to the inclusion of any item or items in the agenda. The grounds for such objection shall be set forth in a statement addressed to the Director-General who shall circulate it to all the Members of the Organization.
2. Items to which such objection has been made shall not, however, be excluded from the agenda, if at the Conference a majority of two-thirds ofthe votes cast by the delegates present is in favour of considering them.

### INCLUSION OF NEW ITEMS BY CONFERENCE

3. If the Conference decides (otherwise than under the preceding paragraph) by two-thirds of the votes cast by the delegates present that any subject shall be considered by the Conference, that subject shall be included in the agenda for the following meeting.

### Article 17
### *Officers of Conference, procedure and committees*

1. The Conference shall elect a president and three vice-presidents. One of the vice-presidents shall be a Government delegate, one an Employers' delegate and one a Workers' delegate. The Conference shall regu-

심의·보고하는 위원회를 설치할 수 있다.

### 투표

2. 이 헌장에 명시적으로 달리 규정되어 있거나, 총회에 권한을 부여하는 협약 또는 다른 문서의 조항 또는 제13조에 따라 채택된 재정·예산 약정의 조항에 의한 경우를 제외하고는, 모든 사항은 출석대표의 단순과반수 투표로 결정한다.

### 정족수

3. 표결은 총 투표수가 총회 참석 대표 수의 과반수에 미달하면 무효이다.

### 제18조
### 기술적 전문가

1. 총회는 총회가 설치하는 위원회에 투표권이 없는 기술적 전문가를 추가할 수 있다.

### 제19조
### 협약 및 권고
### 총회의 결정

1. 총회가 의제중 어떤 항목에 관하여 제안을 채택하기로 결정한 경우, 총회는 이 제안이 (a) 국제협약 형식을 취할 것인지, 또는 (b) 취급된 사안이나 사안의 일부가 결정 당시 협약으로서는 적절치 아니하다고 인정되는 경우, 그 상황에 적합한 권고 형식을 취할 것인지를 결정한다.

### 표결 요건

2. 위 두가지 경우에 있어서, 총회가 협약 또는 권고를 채택하기 위하여는 최종 표결시 출석 대표 3분의 2의 다수결을 요한다.

### 지역의 특별한 사정에 따른 수정

late its own procedure and may appoint committees to consider and report on any matter.

### VOTING

2. Except as otherwise expressly provided in this Constitution or by the terms of any Convention or other instrument conferring powers on the Conference or of the financial and budgetary arrangements adopted in virtue of article 13, all matters shall be decided by a simple majority of the votes cast by the delegates present.

### QUORUM

3. The voting is void unless the total number of votes cast is equal to half the number of the delegates attending the Conference.

### Article 18
### Technical experts

1. The Conference may add to any committees which it appoints technical experts without power to vote.

### Article 19
### Conventions and Recommendations
### DECISIONS OF THE CONFERENCE

1. When the Conference has decided on the adoption of proposals with regard to an item on the agenda, it will rest with the Conference to determine whether these proposals should take the form: (a) of an international Convention, or (b) of a Recommendation to meet circumstances where the subject, or aspect of it, dealt with is not considered suitable or appropriate at that time for a Convention.

### VOTE REQUIRED

2. In either case a majority of two-thirds of the votes cast by the delegates present shall be necessary on the final vote for the adoption of the Convention or Recommendation, as the case may be, by the Conference.

### MODIFICATIONS FOR SPECIAL LOCAL CONDITIONS

3. 일반적으로 적용되는 협약 또는 권고 작성 시 총회는 기후 조건, 산업단체의 불완전한 발달 또는 기타 특별한 사정 때문에 산업조건이 실질적으로 다른 나라에 대하여 적절한 고려를 하며, 또한 필요한 경우 그러한 나라의 상황에 맞게 수정안을 제의한다.

### 정본 문서
4. 협약 또는 권고의 등본 2통은 총회 의장 및 사무총장의 서명에 의하여 정본으로 인증된다. 이 등본 중 1통은 국제노동기구 사무국의 문서 보존소에 기탁되며, 다른 1통은 국제연합 사무총장에게 기탁된다. 사무총장은 협약 또는 권고의 인증 등본을 각 회원국에 송부한다.

### 협약에 관한 회원국의 의무
5. 협약의 경우에는 다음과 같이 한다.
  (a) 협약은 비준을 위하여 모든 회원국에 통보된다.
  (b) 회원국은 총회 회기 종료 후 늦어도 1년 이내에 또는 예외적인 사정 때문에 1년 이내에 불가능한 경우에는 가능한 한 빨리, 그러나 어떠한 경우에도 총회 회기 종료 18개월 이내에 입법 또는 다른 조치를 위하여 그 사항을 관장하는 권한있는 기관에 협약을 제출한다.

  (c) 회원국은 협약을 위의 권한 있는 기관에 제출하기 위하여 이 조에 따라 취한 조치, 권한이 있는 것으로 인정되는 기관에 관한 상세한 설명 및 그 기관의 조치를 국제노동기구 사무총장에게 통지한다.

3. In framing any Convention or Recommendation of general application the Conference shall have due regard to those countries in which climatic conditions, the imperfect development of industrial organization, or other special circumstances make the industrial conditions substantially different and shall suggest the modifications, if any, which it considers may be required to meet the case of such countries.

### AUTHENTIC TEXTS
4. Two copies of the Convention or Recommendation shall be authenticated by the signatures of the President of the Conference and of the Director-General. Of these copies one shall be deposited in the archives of the International Labour Office and the other with the Secretary-General of the United Nations. The Director-General will communicate a certified copy of the Convention or Recommendation to each of the Members.

### OBLIGATIONS OF MEMBERS IN RESPECT OF CONVENTIONS
5. In the case of a Convention:
  (a) the Convention will be communicated to all Members for ratification;
  (b) each of the Members undertakes that it will, within the period of one year at most from the closing of the session of the Conference, or if it is impossible owing to exceptional circumstances to do so within the period of one year, then at the earliest practicable moment and in no case later than 18 months from the closing of the session of the Conference, bring the Convention before the authority or authorities within whose competence the matter lies, for the enactment of legislation or other action;
  (c) Members shall inform the Director-General of the International Labour Office of the measures taken in accordance with this article to bring the Convention before the said competent authority or authorities, with particulars of the authority or authorities regarded as competent, and of the action taken by them;

(d) 회원국이 그 사항을 관장하는 권한있는 기관의 동의를 얻는 경우 그 회원국은 협약의 공식 비준을 사무총장에게 통보하고, 협약 규정을 시행하기 위하여 필요한 조치를 취한다.

(e) 회원국이 그 사항을 관장하는 권한있는 기관의 동의를 얻지 못하는 경우, 그 회원국은 협약이 취급하고 있는 사항에 관하여 자기 나라 법률 및 관행의 입장을 이사회가 요구하는 적당한 기간마다 국제노동기구 사무총장에게 보고하는 것외에는 어떠한 추가의무도 지지 아니한다. 이 보고에는 입법 행정 조치 단체협약 또는 다른 방법으로 협약의 규정이 시행되어 왔거나 또는 시행될 범위를 적시하고, 또한 협약의 비준을 방해하거나 지연시키는 어려운 사정을 기술한다.

### 권고에 관한 회원국의 의무

6. 권고의 경우에는 다음과 같이 한다.
(a) 권고는 국내 입법 또는 다른 방법으로 시행되도록 심의를 위하여 모든 회원국에 통보된다.
(b) 회원국은 총회 회기 종료 후 늦어도 1년 이내에 또는 예외적인 사정 때문에 1년 이내에 불가능한 경우에는 가능한 빨리, 그러나 어떠한 경우에도 총회 회기 종료 후 18개월 이내에 입법 또는 다른 조치를 위하여 그 사항을 관장하는 권한 있는 기관에 권고를 제출한다.

(c) 회원국은 권고를 위의 권한 있는 기관

(d) if the Member obtains the consent of the authority or authorities within whose competence the matter lies, it will communicate the formal ratification of the Convention to the Director-General and will take such action as may be necessary to make effective the provisions of such Convention;

(e) if the Member does not obtain the consent of the authority or authorities within whose competence the matter lies, no further obligation shall rest upon the Member except that it shall report to the Director- General of the International Labour Office, at appropriate intervals as requested by the Governing Body, the position of its law and practice in regard to the matters dealt with in the Convention, showing the extent to which effect has been given, or is proposed to be given, to any of the provisions of the Convention by legislation, administrative action, collective agreement or otherwise and stating the difficulties which prevent or delay the ratification of such Convention.

### OBLIGATIONS OF MEMBERS IN RESPECT OF RECOMMENDATIONS.

6. In the case of a Recommendation:
(a) the Recommendation will be communicated to all Members for their consideration with a view to effect being given to it by national legislation or otherwise;
(b) each of the Members undertakes that it will, within a period of one year at most from the closing of the session of the Conference or if it is impossible owing to exceptional circumstances to do so within the period of one year, then at the earliest practicable moment and in no case later than 18 months after the closing of the Conference, bring the Recommendation before the authority or authorities within whose competence the matter lies for the enactment of legislation or other action;
(c) the Members shall inform the Director-

에 제출하기 위하여 이 조에 따라 취한 조치, 권한이 있는 것으로 인정되는 기관에 관한 상세한 설명 및 그 기관의 조치를 국제노동기구 사무총장에게 통지한다.

(d) 권고를 위의 권한 있는 기관에 제출하는 것 이외에는, 회원국은 권고가 취급하고 있는 사항에 관하여 자기 나라 법률 및 관행의 입장을 이사회가 요구하는 적당한 기간마다 국제노동기구 사무총장에게 보고하는 것외에는 어떠한 추가 의무도 지지 아니한다. 이 보고에는 권고의 규정이 시행되었거나 시행 예정인 범위 및 권고의 규정을 채택하거나 적용함에 있어서 필요하다고 인정된 또는 인정될 수 있는 수정사항을 적시한다.

### 연방국가의 의무

7. 연방국가의 경우에는 다음 규정을 적용한다.

(a) 연방정부가 헌법제도상 연방의 조치가 적절하다고 인정하는 협약 및 권고에 관하여, 연방국가의 의무는 연방국가가 아닌 회원국의 의무와 동일하다.

(b) 연방정부가 헌법제도상 전체적으로나 부분적으로 연방에 의한 조치보다는 구성 주, 도, 또는 현에 의한 조치가 오히려 적절하다고 인정하는 협약 및 권고에 관하여, 연방정부는 다음과 같이 조치한다.

( i ) 연방헌법 및 관련 주, 도 또는 현의 헌법에 따라, 입법 또는 다른 조치를 위하여, 총회 회기 종료 후 18개월 이내에 협약 및 권고를 연방, 주, 도 또는 현의 적절한 기관에 회부하기 위하여 유효한

General of the International Labour Office of the measures taken in accordance with this article to bring the Recommendation before the said competent authority or authorities with particulars of the authority or authorities regarded as competent, and of the action taken by them;

(d) apart from bringing the Recommendation before the said competent authority or authorities, no further obligation shall rest upon the Members, except that they shall report to the Director-General of the International Labour Office, at appropriate intervals as requested by the Governing Body, the position of the law and practice in their country in regard to the matters dealt with in the Recommendation, showing the extent to which effect has been given, or is proposed to be given, to the provisions of the Recommendation and such modifications of these provisions as it has been found or may be found necessary to make in adopting or applying them.

### OBLIGATIONS OF FEDERAL STATES

7. In the case of a federal State, the following provisions shall apply:

(a) in respect of Conventions and Recommendations which the federal government regards as appropriate under its constitutional system for federal action, the obligations of the federal State shall be the same as those of Members which are not federal States;

(b) in respect of Conventions and Recommendations which the federal government regards as appropriate under its constitutional system, in whole or in part, for action by the constituent states, provinces, or cantons rather than for federal action, the federal government shall:

(i) make, in accordance with its Constitution and the Constitutions of the states, provinces or cantons concerned, effective arrangements for the reference of such Conventions and Recommendations not later than 18 months from the

조치를 취한다.

(ⅱ) 관련 주, 도 또는 현 정부의 동의를 조건으로 협약 및 권고의 규정을 시행하기 위하여 연방국가 안에서 조정된 조치를 촉진할 목적으로 연방의 기관과 주, 도 또는 현의 기관간에 정기적 협의를 주선한다.

(ⅲ) 협약 및 권고를 연방, 주, 도 또는 현의 적절한 기관에 제출하기 위하여 이 조에 따라 취한 조치, 적절하다고 인정되는 기관에 관한 상세한 설명 및 그 기관의 조치를 국제노동기구 사무총장에게 통지한다.

(ⅳ) 연방정부가 비준하지 아니한 협약에 관하여 해당 협약과 관련된 연방 및 주, 도 또는 현의 법률 및 관행의 입장을 이사회가 요구하는 적절한 기간마다 국제노동기구 사무총장에게 보고한다. 이 보고에는 입법·행정조치, 단체협약 또는 다른 방법에 의하여 협약의 규정이 시행되어 왔거나 또는 시행될 범위를 적시한다.

(ⅴ) 각 권고에 관하여, 해당 권고와 관련된 연방 및 주, 도 또는 현의 법률 및 관행의 입장을 이사회가 요구하는 적절한 기간마다 국제노동기구 사무총장에게 보고한다. 이 보고에는 권고의 규정이 시행되어 왔거나 시행될 범위 및 권고의 규정을 채택하거나 적용함에 있어서 필요하다고 인정된 또는 인정될 수 있는 수정사항을 적시한다.

closing of the session of the Conference to the appropriate federal, state, provincial or cantonal authorities for the enactment of legislation or other action;

(ii) arrange, subject to the concurrence of the state, provincial or cantonal governments concerned, for periodical consultations between the federal and the state, provincial or cantonal authorities with a view to promoting within the federal State coordinated action to give effect to the provisions of such Conventions and Recommendations;

(iii) inform the Director-General of the International Labour Office of the measures taken in accordance with this article to bring such Conventions and Recommendations before the appropriate federal state, provincial or cantonal authorities with particulars of the authorities regarded as appropriate and of the action taken by them;

(iv) in respect of each such Convention which it has not ratified, report to the Director-General of the International Labour Office, at appropriate intervals as requested by the Governing Body, the position of the law and practice of the federation and its constituent States, provinces or cantons in regard to the Convention, showing the extent to which effect has been given, or is proposed to be given, to any of the provisions of the Convention by legislation, administrative action, collective agreement, or otherwise;

(v) in respect of each such Recommendation, report to the Director-General of the International Labour Office, at appropriate intervals as requested by the Governing Body, the position of the law and practice of the federation and its constituent states, provinces or cantons in regard to the Recommendation, showing the extent to which effect has been given, or is proposed to be given, to the provisions of the Recommenda-

보다 유리한 규정이 있는 경우 협약·권고의 효력

8. 어떠한 경우에도, 총회에 의한 협약이나 권고의 채택 또는 회원국에 의한 협약의 비준이 협약 또는 권고에 규정된 조건보다도 관련 노동자에게 더 유리한 조건을 보장하고 있는 법률, 판정, 관습 또는 합의에 영향을 주는 것으로 보지 아니한다.

협약의 폐기

9. 이사회의 제안에 따라 총회는, 이 조의 규정에 따라 채택된 협약이 그 목적을 상실하였거나 국제노동기구의 목표를 달성하는데 더 이상 공헌하지 못하는 경우 출석대표 3분의 2 이상의 찬성으로 이를 폐기할 수 있다.

제20조

국제연합에의 등록

1. 비준된 협약은 국제연합헌장 제102조의 규정에 따른 등록을 위하여 국제노동기구 사무총장이 국제연합 사무총장에게 통보한다. 그러나 협약은 비준하는 회원국만을 구속한다.

제21조

총회에서 채택되지 못한 협약

1. 최종심의를 위하여 총회에 제출된 협약이 출석대표 3분의 2의 찬성표를 확보하지 못하는 경우에도, 회원국간에 그 협약에 합의하는 것은 회원국의 권리에 속한다.

tion and such modifications of these provisions as have been found or may be found necessary in adopting or applying them.

EFFECT OF CONVENTIONS AND RECOMMENDATIONS ON MORE FAVOURABLE EXISTING PROVISIONS

8. In no case shall the adoption of any Convention or Recommendation by the Conference, or the ratification of any Convention by any Member, be deemed to affect any law, award, custom or agreement which ensures more favourable conditions to the workers concerned than those provided for in the Convention or Recommendation.

ABROGATION OF OBSOLETE CONVENTIONS

9. Acting on a proposal of the Governing Body, the Conference may, by a majority of two-thirds of the votes cast by the delegates present, abrogate any Convention adopted in accordance with the provisions of this article if it appears that the Convention has lost its purpose or that it no longer makes a useful contribution to attaining the objectives of the Organisation.

*Article 20*

*Registration with the United Nations*

1. Any Convention so ratified shall be communicated by the Director-General of the International Labour Office to the Secretary-General of the United Nations for registration in accordance with the provisions of article 102 of the Charter of the United Nations but shall only be binding upon the Members which ratify it.

*Article 21*

*Conventions not adopted by the Conference*

1. If any Convention coming before the Conference for final consideration fails to secure the support of two-thirds of the votes cast by the delegates present, it shall never-

2. 위와 같이 합의된 협약은 관련 정부에 의하여 국제노동기구 사무총장 및 국제연합헌장 제102조의 규정에 따른 등록을 위하여 국제연합 사무총장에게 통보된다.

#### 제22조
#### 비준한 협약에 관한 연례보고

1. 회원국은 자기나라가 당사국으로 되어 있는 협약의 규정을 시행하기 위하여 취한 조치에 관하여 국제노동기구 사무국에 연례보고를 하는 것에 동의한다. 이 보고서는 이사회가 요청하는 양식에 따라 작성되며 이사회가 요청하는 세부사항을 포함한다.

#### 제23조
#### 보고서의 검토 및 통보

1. 사무총장은 제19조 및 제22조에 따라 회원국이 통보한 자료와 보고서의 개요를 총회의 다음 회의에 제출한다.

2. 회원국은 제3조의 취지에 따라 승인된 대표적 단체들에게 제19조 및 제22조에 따라 사무국장에게 통보한 자료와 보고서의 사본을 송부한다.

#### 제24조
#### 협약 미준수에 대한 진정

어느 회원국이 관할권의 범위 안에서 자기나라가 당사국으로 되어 있는 협약의 실효적인 준수를 보장하지 아니한다고 사용자단체 또는 노동자단체가 국제노동기구 사무국에 진정한 경우에, 이사회는 이 진정을 진정의 대상이 된

---

theless be within the right of any of the Members of the Organization to agree to such Convention among themselves.
2. Any Convention so agreed to shall be communicated by the governments concerned to the Director-General of the International Labour Office and to the Secretary-General of the United Nations for registration in accordance with the provisions of article 102 of the Charter of the United Nations.

#### Article 22
#### *Annual reports on ratified Conventions*

1. Each of the Members agrees to make an annual report to the International Labour Office on the measures which it has taken to give effect to the provisions of Conventions to which it is a party. These reports shall be made in such form and shall contain such particulars as the Governing Body may request.

#### Article 23
#### *Examination and communication of reports*

1. The Director-General shall lay before the next meeting of the Conference a summary of the information and reports communicated to him by Members in pursuance of articles 19 and 22.
2. Each Member shall communicate to the representative organizations recognized for the purpose of article 3 copies of the information and reports communicated to the Director-General in pursuance of articles 19 and 22.

#### Article 24
#### *Representations of non-observance of Conventions*

1. In the event of any representation being made to the International Labour Office by an industrial association of employers or of workers that any of the Members has failed to secure in any respect the effective observance within its jurisdiction of any Con-

정부에 통보하고, 이 사항에 관하여 적절한 해명을 하도록 그 정부에 권유할 수 있다.

vention to which it is a party, the Governing Body may communicate this representation to the government against which it is made, and may invite that government to make such statement on the subject as it may think fit.

## 제25조
### 진정의 공표

1. 이사회는 해당 정부로부터 합당한 기간내에 해명을 통보받지 못하거나 통보된 해명이 만족스럽지 아니하다고 판단하는 경우에 진정 내용 및 진정에 대한 해명 내용을 공표할 권리를 가진다.

## Article 25
### *Publication of representation*

1. If no statement is received within a reasonable time from the government in question, or if the statement when received is not deemed to be satisfactory by the Governing Body, the latter shall have the right to publish the representation and the statement, if any, made in reply to it.

## 제26조
### 미준수에 대한 제소

1. 회원국은 다른 회원국이 양국이 비준한 협약의 실효적인 준수를 보장하지 아니한다고 여기는 경우에 국제노동기구 사무국에 제소할 권리를 가진다.

2. 이사회는 적절하다고 여기는 경우에 다음에 규정되어 있는 조사위원회에 회부하기 전에 제24조에 따라 해당 정부에게 제소 사항을 통보할 수 있다.

3. 이사회가 제소 사항을 해당 정부에 통보할 필요가 없다고 생각하거나 또는 통보를 하여도 만족스러운 회답을 합당한 기간 안에 받지 못하는 경우에, 이사회는 그 제소를 심의하고 이에 관하여 보고할 조사위원회를 설치할 수 있다.

4. 이사회는 스스로의 발의나 총회 참석 대표로부터의 진정 접수에 관하여 동일한 절차를 채택할 수 있다.

## Article 26
### *Complaints of non-observance*

1. Any of the Members shall have the right to file a complaint with the International Labour Office if it is not satisfied that any other Member is securing the effective observance of any Convention which both have ratified in accordance with the foregoing articles.

2. The Governing Body may, if it thinks fit, before referring such a complaint to a Commission of Inquiry, as hereinafter provided for, communicate with the government in question in the manner described in article 24.

3. If the Governing Body does not think it necessary to communicate the complaint to the government in question, or if, when it has made such communication, no statement in reply has been received within a reasonable time which the Governing Body considers to be satisfactory, the Governing Body may appoint a Commission of Inquiry to consider the complaint and to report thereon.

4. The Governing Body may adopt the same procedure either of its own motion or on receipt of a complaint from a delegate to the Conference.

5. 이사회가 제25조 또는 제26조로부터 발생하는 사안을 심의하고 있을 경우, 해당 정부는 이사회에 자신의 대표가 없는 경우에 그 사안의 심의 중 이사회의 의사진행에 참여할 대표의 파견권을 가진다. 그 사안의 심의 일정은 해당 정부에 적절히 통고된다.

5. When any matter arising out of article 25 or 26 is being considered by the Governing Body, the government in question shall, if not already represented thereon, be entitled to send a representative to take part in the proceedings of the Governing Body while the matter is under consideration. Adequate notice of the date on which the matter will be considered shall be given to the government in question.

## 제27조
### 조사위원회에의 협조

회원국은 제26조에 따라 조사위원회에 제소되는 경우에, 자기 나라가 제소에 직접적으로 관련이 없더라도 그 제소 사안과 관련된 자기 나라 소유의 모든 자료를 조사위원회가 이용하도록 제공하는 데 동의한다.

## Article 27
### Cooperation with Commission of Inquiry

1. The Members agree that, in the event of the reference of a complaint to a Commission of Inquiry under article 26, they will each, whether directly concerned in the complaint or not, place at the disposal of the Commission all the information in their possession which bears upon the subject-matter of the complaint.

## 제28조
### 조사위원회의 보고서

1. 조사위원회는 제소사항을 충분히 심의한 후, 당사자간의 쟁점 확인과 관련된 모든 사실 조사 결과를 수록하고, 또한 제소사항을 해결하기 위하여 취할 조치 및 조치 이행 기한에 관하여 적절하다 여기는 권고사항을 포함한 보고서를 준비한다.

## Article 28
### Report of Commission of Inquiry

1. When the Commission of Inquiry has fully considered the complaint, it shall prepare a report embodying its findings on all questions of fact relevant to determining the issue between the parties and containing such recommendations as it may think proper as to the steps which should be taken to meet the complaint and the time within which they should be taken.

## 제29조
### 조사위원회 보고서에 관한 조치

1. 국제노동기구 사무총장은 조사위원회의 보고서를 이사회 및 제소와 관련된 각 정부들에 송부하고, 보고서가 공표되도록 한다.

2. 이들 각 정부는 조사위원회의 보고서에 포함된 권고사항의 수락 여부 및 수락하지 아

## Article 29
### Action on report of Commission of Inquiry

1. The Director-General of the International Labour Office shall communicate the report of the Commission of Inquiry to the Governing Body and to each of the governments concerned in the complaint, and shall cause it to be published.

2. Each of these governments shall within three months inform the Director-General of

니하는 경우 국제사법재판소에 이의 회부 여부를 3개월 이내에 국제노동기구 사무총장에게 통지한다.

the International Labour Office whether or not it accepts the recommendations contained in the report of the Commission; and if not, whether it proposes to refer the complaint to the International Court of Justice.

## 제30조
### 권한 있는 당국에의 협약 또는 권고 미제출

1. 회원국이 어느 협약 또는 권고에 대하여 제19조 제5항 (b), 제6항 (b) 또는 제7항 (b) (ⅰ)이 요구하는 조치를 취하지 아니하는 경우에, 다른 회원국은 이를 이사회에 회부할 권한이 있다. 이사회는 이러한 조치의 불이행을 확인하는 경우에 이를 총회에 보고한다.

## Article 30
### *Failure to submit Conventions or Recommendations to competent authorities*

1. In the event of any Member failing to take the action required by paragraphs 5 (b), 6 (b) or 7 (b) (i) of article 19 with regard to a Convention or Recommendation, any other Member shall be entitled to refer the matter to the Governing Body. In the event of the Governing Body finding that there has been such a failure, it shall report the matter to the Conference.

## 제31조
### 국제사법재판소의 결정

1. 제29조에 따라 국제사법재판소에 회부된 이의 또는 사안에 관한 재판소의 판결은 최종적이다.

## Article 31
### *Decisions of International Court of Justice*

1. The decision of the International Court of Justice in regard to a complaint or matter which has been referred to it in pursuance of article 29 shall be final.

## 제32조
### 국제사법재판소의 결정

1. 국제사법재판소는 조사위원회의 조사 결과 또는 권고사항을 인용, 변경 또는 파기할 수 있다.

## Article 32
### *Decisions of International Court of Justice*

1. The International Court of Justice may affirm, vary or reverse any of the findings or recommendations of the Commission of Inquiry, if any.

## 제33조
### 조사위원회 또는 국제사법재판소의 권고 미이행

1. 회원국이 조사위원회의 보고서 또는 국제사법재판소의 판결에 포함된 권고사항을 지정된 기간 안에 이행하지 아니하는 경우에, 이사회는 그 이행을 확보하기 위하여 현명하고 합당하다고 여기는 조치를 총회에 권고할 수 있다.

## Article 33
### *FAILURE TO CARRY OUT RECOMMENDATIONS OF COMMISSION OF INQUIRY OR ICJ*

1. In the event of any Member failing to carry out within the time specified the recommendations, if any, contained in the report of the Commission of Inquiry, or in the decision of the International Court of Justice, as the case may be, the Governing Body may recommend to the Conference such

action as it may deem wise and expedient to secure compliance therewith.

## 제34조
### 조사위원회 또는 국제사법재판소의 권고 이행

권고를 미이행한 정부는 조사위원회의 권고사항 또는 국제사법재판소 판결의 이행을 위하여 필요한 조치를 취하였음을 언제든지 이사회에 통지할 수 있으며, 스스로의 주장을 확인할 조사위원회의 구성을 이사회에 요청할 수 있다. 이 경우에 제27조, 제28조, 제29조, 제31조 및 제32조의 규정을 적용하며, 조사위원회의 보고서 또는 국제사법재판소의 판결이 권고를 미이행한 정부에게 유리한 경우에는 이사회는 제33조에 따라 취한 조치의 중지를 즉시 권고한다.

## *Article 34*
### *COMPLIANCE WITH RECOMMENDATIONS OF COMMISSION OF INQUIRY OR ICJ*

1. The defaulting government may at any time inform the Governing Body that it has taken the steps necessary to comply with the recommendations of the Commission of Inquiry or with those in the decision of the International Court of Justice, as the case may be, and may request it to constitute a Commission of Inquiry to verify its contention. In this case the provisions of articles 27, 28, 29, 31 and 32 shall apply, and if the report of the Commission of Inquiry or the decision of the International Court of Justice is in favour of the defaulting government, the Governing Body shall forthwith recommend the discontinuance of any action taken in pursuance of article 33.

## 제3장 일반규정

## 제35조
### 비본토지역에서 협약의 적용

1. 회원국은 이 헌장의 규정에 따라 비준한 협약을 자기 나라가 시정권자인 신탁통치지역을 포함하여 국제관계에 책임을 지는 비본토 지역에 대하여 적용한다. 다만, 협약의 사안이 그 지역의 자치권한 안에 속하는 경우, 또는 협약이 현지 사정 때문에 적용될 수 없거나 또는 현지사정에 적용을 위하여 협약에 대한 수정이 필요한 경우에는 예외로 한다.

2. 협약을 비준한 회원국은 비준 후 가능한 한

## Chapter Ⅲ - General

## *Article 35*
### *Application of Conventions to non-metropolitan territories*

1. The Members undertake that Conventions which they have ratified in accordance with the provisions of this Constitution shall be applied to the non-metropolitan territories for whose international relations they are responsible, including any trust territories for which they are the administering authority, except where the subject-matter of the Convention is within the self-governing powers of the territory or the Convention is inapplicable owing to the local conditions or subject to such modifications as may be necessary to adapt the Convention to local conditions.

2. Each Member which ratifies a Convention

빨리 다음의 제4항 및 제5항에 규정된 지역 외의 다른 지역에 대하여 적용될 협약의 범위와 협약이 규정한 세부사항이 기재된 선언을 국제노동기구 사무총장에게 통보한다.

3. 제2항에 의하여 선언을 통보한 회원국은 이전의 선언의 내용을 변경하고, 해당 지역에 관하여 현재의 입장을 기술한 추가 선언을 해당 협약의 조항에 따라 수시로 통보할 수 있다.

4. 협약의 사안이 비본토지역의 자치 권한 안에 속하는 경우, 그 지역의 국제관계에 책임을 지는 회원국은 지역정부가 입법 또는 다른 조치를 취하도록 가능한 한 빨리 협약을 지역정부에 통고한다. 그 후 회원국은 비본토지역을 대리하여 협약의무 수락선언을 지역정부와 합의하여 국제노동기구 사무총장에게 통보할 수 있다.

5. 협약의무 수락선언은 다음의 회원국 또는 국제기구에 의하여 국제노동기구 사무총장에게 통보될 수 있다.

(a) 국제노동기구의 2 또는 그 이상의 회원국의 공동통치하에 있는 지역에 관하여는 이들 회원국

(b) 국제연합헌장 등에 의하여 국제기구가 시정을 책임지는 지역에 관하여는 그 국제기구

6. 제4항 또는 제5항에 의한 협약의무 수락은 관련지역을 대리하여 협약 조항에 규정된 의무의 수락 및 비준된 협약에 적용되는 헌

shall as soon as possible after ratification communicate to the Director-General of the International Labour Office a declaration stating in respect of the territories other than those referred to in paragraphs 4 and 5 below the extent to which it undertakes that the provisions of the Convention shall be applied and giving such particulars as may be prescribed by the Convention.

3. Each Member which has communicated a declaration in virtue of the preceding paragraph may from time to time, in accordance with the terms of the Convention, communicate a further declaration modifying the terms of any former declaration and stating the present position in respect of such territories.

4. Where the subject-matter of the Convention is within the self-governing powers of any non-metropolitan territory, the Member responsible for the international relations of that territory shall bring the Convention to the notice of the government of the territory as soon as possible with aview to the enactment of legislation or other action by such government. Thereafter the Member, in agreement with the government of the territory, may communicate to the Director-General of the International Labour Office a declaration accepting the obligations of the Convention on behalf of such territory.

5. A declaration accepting the obligations of any Convention may be communicated to the Director-General of the International Labour Office:

(a) by two or more Members of the Organization in respect of any territory which is under their joint authority; or

(b) by any international authority responsible for the administration of any territory, in virtue of the Charter of the United Nations or otherwise, in respect of any such territory.

6. Acceptance of the obligations of a Convention in virtue of paragraph 4 or paragraph 5 shall involve the acceptance on behalf of the territory concerned of the obliga-

장상 의무의 수락을 포함한다. 수락선언에
는 협약을 현지사정에 적응시키기 위하여
필요한 협약 규정의 수정을 명기할 수 있
다.

7. 제4항 또는 제5항에 의하여 선언을 통보한
회원국 또는 국제기구는 협약의 조항에 따
라 과거 선언의 조항을 변경하거나 또는 관
련 지역을 대리 하여 협약의무 수락을 종료
하는 추가 선언을 수시로 통보할 수 있다.

8. 제4항 또는 제5항과 관련된 지역을 대리하
여 협약의 의무가 수락되지 아니할 때는,
관련 회원국 또는 국제기구는 협약이 취급
하고 있는 사항에 관하여 그 지역의 법률
및 관행의 입장을 국제노동기구 사무총장
에게 보고한다. 이 보고에는 입법 행정조치
단체협약 또는 다른 방법으로 협약의 규정
이 시행되어 왔거나 또는 시행될 범위를 적
시하고 또한 협약 수락을 방해하거나 지연
시키는 어려운 사정을 기술한다.

## 제36조
### 헌장의 개정

1. 출석대표 3분의 2의 다수결로 총회가 채택
한 이 헌장의 개정은 헌장 제7조 제3항의
규정에 따라 주요산업국가로서 이사회에
진출하여 있는 10개 회원국 중 5개국을 포
함하여 회원국 3분의 2가 비준하거나 수락
할 때에 발효한다.

tions stipulated by the terms of the Convention and the obligations under the Constitution of the Organization which apply to ratified Conventions. A declaration of acceptance may specify such modification of the provisions of the Conventions as may be necessary to adapt the Convention to local conditions.

7. Each Member or international authority which has communicated a declaration in virtue of paragraph 4 or paragraph 5 of this article may from time to time, in accordance with the terms of the Convention, communicate a further declaration modifying the terms of any former declaration or terminating the acceptance of the obligations of the Convention on behalf of the territory concerned.

8. If the obligations of a Convention are not accepted on behalf of a territory to which paragraph 4 or paragraph 5 of this article relates, the Member or Members or international authority concerned shall report to the Director-General of the International Labour Office the position of the law and practice of that territory in regard to the matters dealt with in the Convention and the report shall show the extent to which effect has been given, or is proposed to be given, to any of the provisions of the Convention by legislation, administrative action, collective agreement or otherwise and shall state the difficulties which prevent or delay the acceptance of such Convention.

## Article 36
### Amendments to Constitution

1. Amendments to this Constitution which are adopted by the Conference by a majority of two-thirds of the votes cast by the delegates present shall take effect when ratified or accepted by two-thirds of the Members of the Organization including five of the ten Members which are represented on the Governing Body as Members of chief industrial importance in accordance with the

<table>
<tr>
<td>

### 제37조
### 헌장 및 협약의 해석

1. 헌장의 해석 또는 회원국이 헌장의 규정에 따라 앞으로 체결할 협약의 해석과 관련된 문제나 분쟁은 결정을 위하여 국제사법재판소에 회부된다.

2. 제1항의 규정에 불구하고, 이사회는 이사회에 의하여 또는 협약의 조항에 따라 회부되는 협약 해석과 관련된 분쟁이나 문제를 신속히 해결하기 위하여 재판소의 설치를 규정하는 규칙을 제정하고, 이를 승인받기 위하여 총회에 제출할 수 있다. 국제사법재판소의 판결이나 권고적 의견은 적용이 가능할 경우 이 항에 따라 설치되는 모든 재판소를 구속한다. 이러한 재판소가 행한 재정은 회원국에 회람되며, 이에 관한 회원국의 의견서는 총회에 제출된다.

### 제38조
### 지역회의

1. 국제노동기구는 이 기구의 목표와 목적을 달성하기 위하여 필요한 지역회의를 소집하고 지역사무소를 설립할 수 있다.

2. 지역회의의 권한, 임무 및 절차는 이사회가 작성하여 총회가 인준한 규칙에 따라 규율된다.

</td>
<td>

provisions of paragraph 3 of article 7 of this Constitution.

### Article 37
### *Interpretation of Constitution and Conventions*

1. Any question or dispute relating to the interpretation of this Constitution or of any subsequent Convention concluded by the Members in pursuance of the provisions of this Constitution shall be referred for decision to the International Court of Justice.
2. Notwithstanding the provisions of paragraph 1 of this article the Governing Body may make and submit to the Conference for approval rules providing for the appointment of a tribunal for the expeditious determination of any dispute or question relating to the interpretation of a Convention which may be referred thereto by the Governing Body or in accordance with the terms of the Convention. Any applicable judgement or advisory opinion of the International Court of Justice shall be binding upon any tribunal established in virtue of this paragraph. Any award made by such a tribunal shall be circulated to the Members of the Organization and any observations which they may make thereon shall be brought before the Conference.

### Article 38
### *Regional Conferences*

1. The International Labour Organization may convene such regional conferences and establish such regional agencies as may be desirable to promote the aims and purposes of the Organization.
2. The powers, functions and procedure of regional conferences shall be governed by rules drawn up by the Governing Body and submitted to the General Conference for confirmation.

</td>
</tr>
</table>

| | |
|---|---|
| **제4장 잡칙** | **Chapter Ⅳ – Miscellaneous provisions** |
| **제39조**<br>**국제노동기구의 법적 지위**<br>국제노동기구는 완전한 법인격을 가지며, 특히 다음과 같은 권리능력을 가진다.<br> (가) 계약체결<br> (나) 부동산 및 동산의 취득 및 처분<br> (다) 소송의 제기 | *Article 39*<br>*Legal status of Organization*<br>1. The International Labour Organization shall possess full juridical personality and in particular the capacity:<br> (a) to contract;<br> (b) to acquire and dispose of immovable and movable property;<br> (c) to institute legal proceedings. |
| **제40조**<br>**특권 및 면제**<br>1. 국제노동기구는 회원국의 영토 안에서 목적 달성에 필요한 특권 및 면제를 향유한다.<br><br>2. 총회대표, 이사회 이사, 사무총장 및 사무국 직원도 이 기구와 관련된 임무를 독자적으로 수행하기 위하여 필요한 특권 및 면제를 향유한다.<br><br>3. 이러한 특권 및 면제는 이 기구가 회원국의 수락을 위하여 작성하는 별도의 협정으로 정한다. | *Article 40*<br>*Privileges and immunities*<br>1. The International Labour Organization shall enjoy in the territory of each of its Members such privileges and immunities as are necessary for the fulfilment of its purposes.<br>2. Delegates to the Conference, members of the Governing Body and the Director-General and officials of the Office shall likewise enjoy such privileges and immunities as are necessary for the independent exercise of their functions in connection with the Organization.<br>3. Such privileges and immunities shall be defined in a separate agreement to be prepared by the Organization with a view to its acceptance by the States Members. |

부속문서

## 국제노동기구의 목적에 관한 선언
### (필라델피아 선언)

국제노동기구 총회는 필라델피아에서 열린 제26차 회기 회의에서 1944년 5월 10일 국제노동기구의 목적과 회원국의 정책 기조가 될 원칙에 관한 본 선언을 채택한다.

### 1

총회는 국제노동기구가 기초하고 있는 기본 원칙과 특히 다음 사항을 재확인한다.

(a) 노동은 상품이 아니다.
(b) 표현의 자유 및 결사의 자유는 지속적인 발전에 필수적이다.
(c) 일부 지역의 빈곤은 모든 지역의 번영에 위험을 준다.
(d) 각국에서 불굴의 의지로, 또한 노동자대표 및 사용자대표가 정부대표와 동등한 지위에서 공동 복지 증진을 위한 자유로운 토론과 민주적 결정에 참여하도록 지속적이고도 조화로운 국제적 노력을 기울여, 결핍과의 전쟁을 수행하여야 한다.

### 2

항구적 평화는 사회적 정의에 기초함으로써만 확립될 수 있다는 국제노동기구헌장의 선언은 경험상 그 진실성이 충분히 증명되었다고 믿고, 총회는 다음 사항을 확인한다.

## Annex

## Declaration concerning the aims and purposes of the International Labour Organisation
### (DECLARATION OF PHILADELPHIA)

The General Conference of the International Labour Organization, meeting in its Twenty-sixth Session in Philadelphia, hereby adopts, this tenth day of May in the year nineteen hundred and forty-four, the present Declaration of the aims and purposes of the International Labour Organization and of the principles which should inspire the policy of its Members.

### I

The Conference reaffirms the fundamental principles on which the Organization is based and, in particular, that:

(a) labour is not a commodity;
(b) freedom of expression and of association are essential to sustained progress;
(c) poverty anywhere constitutes a danger to prosperity everywhere;
(d) the war against want requires to be carried on with unrelenting vigour within each nation, and by continuous and concerted international effort in which the representatives of workers and employers, enjoying equal status with those of governments, join with them in free discussion and democratic decision with a view to the promotion of the common welfare.

### II

Believing that experience has fully demonstrated the truth of the statement in the Constitution of the International Labour Organisation that lasting peace can be established only if it is based on social justice, the Conference affirms that:

(a) 모든 인간은 인종·신조 또는 성에 관계없이 자유 및 존엄과 경제적 안정 및 기회균등의 조건하에 물질적 복지와 정신적 발전을 추구할 권리를 가진다.

(b) 이를 가능하게 하는 조건의 달성이 국내적 및 국제적 정책의 중심 목적이 되어야 한다.

(c) 모든 국내적 및 국제적 정책과 조치, 특히 경제적·재정적 성격의 정책과 조치는 이러한 관점에서 평가되어야 하며, 또한 이러한 근본 목표 달성을 방해하지 아니하고 증진시킬 수 있는 경우에만 채택되어야 한다.

(d) 이러한 근본 목표에 비추어 모든 국제적 경제적·재정적 정책 및 조치를 검토하고 심의하는 것이 국제노동기구의 책무이다.

(e) 국제노동기구에게 맡겨진 임무를 수행함에 있어서 이 기구는 관련된 모든 경제적·재정적 요소를 고려한 후, 적절하다고 판단하는 모든 규정들을 그 결정 및 권고에 포함시킬 수 있다.

### 3

총회는 다음 사항을 달성하기 위한 계획을 전 세계 국가들에서 촉진하여야 하는 국제노동기구의 엄숙한 의무를 승인한다.

(a) 완전고용 및 생활수준의 향상

(b) 노동자가 기술 및 업적을 최대한도로 발휘하여 만족을 누릴 수 있고, 공동 복지에 최대한으로 공헌할 수 있는 직업에 고용되도록 할 것

(c) 이러한 목적 달성의 방편으로서 그리고 모든 관련자에 대한 적절한 보장하에, 고용·정착을 목적으로 한 이주를 비롯한 노

(a) all human beings, irrespective of race, creed or sex, have the right to pursue both their material well-being and their spiritual development in conditions of freedom and dignity, of economic security and equal opportunity;
(b) the attainment of the conditions in which this shall be possible must constitute the central aim of national and international policy;
(c) all national and international policies and measures, in particular those of an economic and financial character, should be judged in this light and accepted only in so far as they may be held to promote and not to hinder the achievement of this fundamental objective;
(d) it is a responsibility of the International Labour Organization to examine and consider all international economic and financial policies and measures in the light of this fundamental objective;
(e) in discharging the tasks entrusted to it the International Labour Organization, having considered all relevant economic and financial factors, may include in its decisions and recommendations any provisions which it considers appropriate.

### III

The Conference recognizes the solemn obligation of the International Labour Organization to further among the nations of the world programmes which will achieve:

(a) full employment and the raising of standards of living;
(b) the employment of workers in the occupations in which they can have the satisfaction of giving the fullest measure of their skill and attainments and make their greatest contribution to the common well-being;
(c) the provision, as a means to the attainment of this end and under adequate guarantees for all concerned, of facilities

동 이동과 직업훈련을 위한 편의 제공

(d) 모든 사람에게 진보의 과실을 정의롭게 분배하도록 보장하기 위한 임금 및 소득, 노동시간 및 여타 노동조건에 관한 정책, 또한 그러한 보호를 요하는 사람 및 모든 피고용자에 대한 최저생활급 지급

(e) 단체교섭권의 실효적인 인정, 생산 효율성의 지속적 향상을 위한 경영 및 노동간의 협력, 사회적·경제적 대책의 준비 및 적용에 관한 노동자와 사용자간의 협력

(f) 보호를 요하는 모든 사람에게 기본소득과 포괄적 의료보호를 제공하는 사회보장 조치의 확대

(g) 모든 직업에 있어서 노동자의 생명 및 건강을 위한 적절한 보호

(h) 아동 복지 및 모성 보호의 제공

(i) 적절한 영양, 주거 및 휴식·문화 시설의 제공

(j) 교육 및 직업에 있어서 기회균등의 보장

## 4

이 선언에 규정된 목표 달성에 필요한 세계의 생산 자원의 보다 완전하고 광범한 이용은 생산 및 소비의 증대·격심한 경제변동의 회피·세계 저개발지역의 경제적 및 사회적 발전의 촉진·1차 생산물에 대한 보다 안정된 국제가격의 확보 및 국제교역량의 고도의 지속적 증대 조치를 포함하는 실효적인 국제적·국내적 조치를 통하여 확보될 수 있음을 확신하며, 총회는 국제노동기구가 이 위대한 사업과 모든 사람의 건강·교육 및 복지의 증진에 관한 책임의 일부를 맡은 국제기구와 충분히 협력할 것임을 서약한다.

for training and the transfer of labour, including migration for employment and settlement;

(d) policies in regard to wages and earnings, hours and other conditions of work calculated to ensure a just share of the fruits of progress to all, and a minimum living wage to all employed and in need of such protection;

(e) the effective recognition of the right of collective bargaining, the cooperation of management and labour in the continuous improvement of productive efficiency, and the collaboration of workers and employers in the preparation and application of social and economic measures;

(f) the extension of social security measures to provide a basic income to all in need of such protection and comprehensive medical care;

(g) adequate protection for the life and health of workers in all occupations;

(h) provision for child welfare and maternity protection;

(i) the provision of adequate nutrition, housing and facilities for recreation and culture;

(j) the assurance of equality of educational and vocational opportunity.

## IV

Confident that the fuller and broader utilization of the world's productive resources necessary for the achievement of the objectives set forth in this Declaration can be secured by effective international and national action, including measures to expand production and consumption, to avoid severe economic fluctuations, to promote the economic and social advancement of the less developed regions of the world, to assure greater stability in world prices of primary products, and to promote a high and steady volume of international trade, the Conference pledges the full cooperation of

|  |  |
|---|---|
|  | the International Labour Organization with such international bodies as may be entrusted with a share of the responsibility for this great task and for the promotion of the health, education and well-being of all peoples. |
| **5** | **V** |
| 총회는 이 선언에 규정된 원칙이 전 세계의 모든 인민에게 충분히 적용될 수 있으며, 또한 그 적용방식은 각 인민이 도달한 사회적 및 경제적 발달의 단계를 충분히 고려하여 결정되어야 함과 동시에 이미 자립을 달성한 인민뿐만 아니라 여전히 의존적인 인민에 대하여도 그 원칙을 점진적으로 적용하는 것이 문명세계 전체의 관심사임을 확인한다. | The conference affirms that the principles set forth in this Declaration are fully applicable to all peoples everywhere and that, while the manner of their application must be determined with due regard to the stage of social and economic development reached by each people, their progressive application to peoples who are still dependent, as well as to those who have already achieved self-government, is a matter of concern to the whole civilized world. |

| 결사의 자유 및 조직할 권리 보호에 관한 협약, 1948(제87호) | Freedom of Association and Protection of the Right to Organise Convention, 1948(No. 87) |
|---|---|
| 전문 | Preamble |
| 국제노동기구 총회는, | The General Conference of the International Labour Organisation, |
| 국제노동기구 사무국 이사회가 1948년 6월 17일 샌프란시스코에서 소집한 제31차 회기를 개최하고, | Having been convened at San Francisco by the Governing Body of the International Labour Office, and having met in its Thirty-first Session on 17 June 1948; |
| 회기 의제 일곱 번째 안건인 결사의 자유 및 조직할 권리 보호에 관한 제안을 국제협약의 형식으로 채택할 것을 결정하며, | Having decided to adopt, in the form of a Convention, certain proposals concerning freedom of association and protection of the right to organise, which is the seventh item on the agenda of the session; |
| 「국제노동기구헌장」 전문에서 "결사의 자유 원칙의 승인"은 노동 조건을 개선하고 평화를 확립하는 수단이라고 선언하고 있음을 고려하고, | Considering that the Preamble to the Constitution of the International Labour Organisation declares "recognition of the principle of freedom of association" to be a means of improving conditions of labour and of establishing peace; |
| 필라델피아 선언에서 "표현의 자유 및 결사의 자유는 지속적인 진보에 필수적"이라고 재확인하고 있음을 고려하며, | Considering that the Declaration of Philadelphia reaffirms that "freedom of expression and of association are essential to sustained progress"; |
| 국제노동기구 총회 제30차 회기에서 국제적 규정의 기반을 형성하는 원칙들을 만장일치로 채택하였음을 고려하고, | Considering that the International Labour Conference, at its Thirtieth Session, unanimously adopted the principles which should form thebasis for international regulation; |
| 국제연합 총회 제2차 회기에서 이러한 원칙들을 지지하고, 국제노동기구가 하나 또는 복수의 국제협약을 채택할 수 있도록 모든 노력을 계속할 것을 요청하였음을 고려하여, | Considering that the General Assembly of the United Nations, at its Second Session, endorsed these principles and requested the International Labour Organisation to continue every effort in order that it may be possible to adopt one or several international Conventions; |
| 1948년 결사의 자유 및 조직할 권리 보호 협약이라고 부를 다음의 협약을 1948년 7월 9일 채택한다. | adopts this ninth day of July of the year one thousand nine hundred and forty-eight the following Convention, which may be cited as the Freedom of Association and Protection of the Right to Organise Convention, 1948: |

| | |
|---|---|
| **제1장 결사의 자유**<br><br>**제1조**<br><br>이 협약이 시행되고 있는 각 국제노동기구 회원국은 다음의 규정을 이행할 것을 약속한다. | **PART I. FREEDOM OF ASSOCIATION**<br><br>*Article 1*<br>Each Member of the International Labour Organisation for which this Convention is in force undertakes to give effect to the following provisions. |
| **제2조**<br><br>노동자 및 사용자는, 어떠한 구별도 없이, 사전 승인을 받지 않고 자신의 선택에 따라 단체를 설립하고 해당 단체의 규칙만을 따를 것을 조건으로 하여 그 단체에 가입할 수 있는 권리를 가진다. | *Article 2*<br>Workers and employers, without distinction whatsoever, shall have the right to establish and, subject only to the rules of the organisation concerned, to join organisations of their own choosing without previous authorisation. |
| **제3조**<br><br>1. 노동자단체 및 사용자단체는 그들의 규약과 규칙을 작성하고, 완전히 자유롭게 대표들을 선출하며, 단체의 운영 및 활동을 조직하고, 방침을 수립할 권리를 가진다.<br>2. 공공당국은 이 권리를 제한하거나 이 권리의 합법적인 행사를 방해하는 어떠한 간섭도 삼간다. | *Article 3*<br>1. Workers' and employers' organisations shall have the right to draw up their constitutions and rules, to elect their representatives in full freedom, to organise their administration and activities and to formulate their programmes.<br>2. The public authorities shall refrain from any interference which would restrict this right or impede the lawful exercise thereof. |
| **제4조**<br><br>노동자단체 및 사용자단체는 행정당국에 의해 해산되거나 활동이 정지되지 않는다. | *Article 4*<br>Workers' and employers' organisations shall not be liable to be dissolved or suspended by administrative authority. |
| **제5조**<br><br>노동자단체 및 사용자단체는 연합단체와 총연합단체를 설립하고 이에 가입할 권리를 가지며, 이러한 단체, 연합단체 또는 총연합단체는 국제적인 노동자단체 및 사용자단체에 가입할 권리를 갖는다. | *Article 5*<br>Workers' and employers' organisations shall have the right to establish and join federations and confederations and any such organisation, federation or confederation shall have the right to affiliate with international organisations of workers and employers. |
| **제6조**<br><br>이 협약 제2조, 제3조 및 제4조의 규정은 노동자단체 및 사용자단체의 연합단체 및 총연합단체에 적용된다. | *Article 6*<br>The provisions of Articles 2, 3 and 4 hereof apply to federations and confederations of workers' and employers' organisations. |

### 제7조

노동자단체와 사용자단체, 연합단체 및 총연합단체의 법인격 취득은 이 협약 제2조, 제3조 및 제4조 규정의 적용을 제한하는 성격의 조건을 따르게 하여서는 아니된다.

### 제8조

1. 이 협약에 규정된 권리를 행사하는 데 있어 노동자 및 사용자 그리고 그들 각각의 단체는 다른 개인이나 조직된 집단과 마찬가지로 국내법을 존중한다.
2. 국내법은 이 협약에 규정된 보장사항을 저해하거나 저해할 목적으로 적용되어서는 아니 된다.

### 제9조

1. 이 협약에 규정된 보장사항이 군대 및 경찰에 적용되는 범위는 국내 법령으로 정한다.
2. 「국제노동기구헌장」 제19조제8항에 명시된 원칙에 따라, 회원국의 이 협약 비준은 군대 또는 경찰 구성원이 이 협약에서 보장하는 권리를 누릴 수 있도록 하는 기존의 법률, 판정, 관행 또는 합의에 영향을 미치는 것으로 간주되지 않는다.

### 제10조

이 협약에서 "단체"라 함은 노동자 또는 사용자의 이익을 증진하고 옹호하기 위한 모든 노동자단체 또는 사용자단체를 의미한다.

### Article 7

The acquisition of legal personality by workers' and employers' organisations, federations and confederations shall not be made subject to conditions of such a character as to restrict the application of the provisions of Articles 2, 3 and 4 hereof.

### Article 8

1. In exercising the rights provided for in this Convention workers and employers and their respective organisations, like other persons ororganised collectivities, shall respect the law of the land.
2. The law of the land shall not be such as to impair, nor shall it be so applied as to impair, the guarantees provided for in this Convention.

### Article 9

1. The extent to which the guarantees provided for in this Convention shall apply to the armed forces and the police shall be determined by national laws or regulations.
2. In accordance with the principle set forth in paragraph 8 of Article 19 of the Constitution of the International Labour Organisation the ratification of this Convention by any Member shall not be deemed to affect any existing law, award, custom or agreement in virtue of which members of the armed forces or the police enjoy any right guaranteed by this Convention.

### Article 10

In this Convention the term *organisation* means any organisation of workers or of employers for furthering and defending the interests of workers or of employers.

## 제2장 조직할 권리 보호

### 제11조

이 협약이 시행되고 있는 각 국제노동기구 회원국은 노동자 및 사용자가 조직할 권리를 자유롭게 행사할 수 있도록 하기 위해서 필요하고 적절한 모든 조치를 취할 것을 약속한다.

## 제3장 그 밖의 규정

### 제12조

1. 이 협약을 비준하는 각 회원국은 1946년 「국제노동기구헌장」의 개정서에 의해 개정된 「국제노동기구헌장」 제35조에 언급된 영역과 관련하여, 개정된 같은 조 제4항 및 제5항에 언급된 영역을 제외하고, 비준과 함께 또는 비준 후 가능한 한 빨리 국제노동기구 사무국 사무총장에게 다음을 명시하는 선언을 통보한다.

(a) 회원국이 협약 규정을 수정 없이 적용하겠다고 약속한 영역

(b) 회원국이 협약 규정을 수정에 따라 적용하겠다고 약속한 영역 및 그 수정의 세부사항

(c) 협약이 적용될 수 없는 영역과 그러한 경우에 적용될 수 없는 이유

(d) 회원국이 결정을 유보한 영역

2. 이 조 제1항 (a) 및 (b)에 언급된 약속은 비준의 일부분으로 간주되며 비준의 효력을 가진다.

## PART Ⅱ. PROTECTION OF THE RIGHT TO ORGANISE

### Article 11

Each Member of the International Labour Organisation for which this Convention is in force undertakes to take all necessary and appropriate measures to ensure that workers and employers may exercise freely the right to organise.

## PART Ⅲ. MISCELLANEOUS PROVISIONS

### Article 12

1. In respect of the territories referred to in Article 35 of the Constitution of the International Labour Organisation as amended by the Constitution of the International Labour Organisation Instrument of Amendment 1946, other than the territories referred to in paragraphs 4 and 5 of the said article as so amended, each Member of the Organisation which ratifies this Convention shall communicate to the Director- General of the International Labour Office with or as soon as possible after its ratification a declaration stating:

(a) the territories in respect of which it undertakes that the provisions of the Convention shall be applied without modification;

(b) the territories in respect of which it undertakes that the provisions of the Convention shall be applied subject to modifications, together with details of the said modifications;

(c) the territories in respect of which the Convention is inapplicable and in such cases the grounds on which it is inapplicable;

(d) the territories in respect of which it reserves its decision.

2. The undertakings referred to in subparagraphs (a) and (b) of paragraph 1 of this Article shall be deemed to be an integral

3. 회원국은 언제든 추후 선언을 통해 이 조 제1항 (b), (c) 또는 (d)에 따른 원래 선언에서 한 유보를 전부 또는 일부 철회할 수 있다.

4. 모든 회원국은 제16조의 규정에 따라 이 협약이 폐기될 수 있을 때는 언제든 이전 선언의 조건을 달리 수정하고 그 선언이 명시한 영역과 관련하여 현재의 입장을 명시하는 선언을 사무총장에게 통보할 수 있다.

### 제13조

1. 이 협약의 주제가 본토이 아닌 영토의 자치 권한에 속하는 경우, 해당 영토의 국제관계를 책임지는 회원국은 해당 영토 정부와의 합의를 통해 국제노동기구 사무국 사무총장에게 해당 영토를 대신하여 이 협약 의무를 수락하는 선언을 통보할 수 있다.

2. 이 협약의 의무를 수용하는 선언은 다음의 주체가 국제노동기구 사무국 사무총장에게 통보할 수 있다.

  (a) 두 개 이상의 국제노동기구 회원국의 공동 권한하에 있는 영토와 관련하여 그 두 개 이상의 회원국, 또는
  (b) 「국제연합헌장」에 따라 또는 다른 방법으로 국제기관이 행정을 책임지는 영토와 관련하여 그 국제기관

3. 이 조의 위 항들에 따라 국제노동기구 사무국 사무총장에게 통보된 선언은 해당 영토에서 협약 규정이 수정 없이 또는 수정을 조건으로 적용될 것인지를 명시한다. 선언에서 협약 규정이 수정을 조건으로 적용될 것이라고 명시하는 경우, 그 선언은 그러한 수정의 세부사항을 설명한다.

part of the ratification and shall have the force of ratification.
3. Any Member may at any time by a subsequent declaration cancel in whole or in part any reservations made in its original declaration in virtue of subparagraphs (b), (c) or (d) of paragraph 1 of this Article.
4. Any Member may, at any time at which the Convention is subject to denunciation in accordance with the provisions of Article 16, communicate to the Director-General a declaration modifying in any other respect the terms of any former declaration and stating the present position in respect of such territories as it may specify.

### *Article 13*

1. Where the subject-matter of this Convention is within the self-governing powers of any non-metropolitan territory, the Member responsible for the international relations of that territory may, in agreement with the government of the territory, communicate to the Director-General of the International Labour Office a declaration accepting on behalf of the territory the obligations of this Convention.
2. A declaration accepting the obligations of this Convention may be communicated to the Director-General of the International Labour Office:
  (a) by two or more Members of the Organisation in respect of any territory which is under their joint authority; or
  (b) by any international authority responsible for the administration of any territory, in virtue of the Charter of the United Nations or otherwise, in respect of any such territory.
3. Declarations communicated to the Director-General of the International Labour Office in accordance with the preceding paragraphs of this Article shall indicate whether the provisions of the Convention will be applied in the territory concerned without modification or subject to modifications; when the declaration indicates that the provisions

4. 해당 회원국, 회원국들 또는 국제기관은 언제든 추후 선언을 통해 이전 선언에 명시된 수정을 사용할 권리를 전부 또는 일부 포기할 수 있다.

5. 해당 회원국, 회원국들 또는 국제기관은 제16조의 규정에 따라 이 협약을 탈퇴할 수 있을 때는 언제든 이전 선언의 조건을 달리 수정하고 협약 적용과 관련하여 현재의 입장을 명시하는 선언을 사무총장에게 통보할 수 있다.

## 제4장 최종 규정

### 제14조

이 협약의 공식 비준은 등록을 위해 국제노동기구 사무국 사무총장에게 통보된다.

### 제15조

1. 이 협약은 사무총장에게 비준이 등록된 국제노동기구 회원국에만 구속력이 있다.

2. 이 협약은 2개의 회원국이 사무총장에게 비준을 등록한 날 후 12개월째 되는 날에 발효한다.

3. 그 이후 이 협약은 회원국에 대해 그 회원국의 비준이 등록된 날 후 12개월째 되는 날에 발효한다.

### 제16조

1. 이 협약을 비준한 회원국은 협약이 처음 발효한 날부터 10년이 경과한 후 국제노동기구

---

of the Convention will be applied subject to modifications it shall give details of the said modifications.

4. The Member, Members or international authority concerned may at any time by a subsequent declaration renounce in whole or in part the right to have recourse to any modification indicated in any former declaration.

5. The Member, Members or international authority concerned may, at any time at which this Convention is subject to denunciation in accordance with the provisions of Article 16, communicate to the Director-General a declaration modifying in any other respect the terms of any former declaration and stating the present position in respect of the application of the Convention.

## PART IV. FINAL PROVISIONS

### Article 14

The formal ratifications of this Convention shall be communicated to the Director-General of the International Labour Office for registration.

### Article 15

1. This Convention shall be binding only upon those Members of the International Labour Organisation whose ratifications have been registered with the Director-General.

2. It shall come into force twelve months after the date on which the ratifications of two Members have been registered with the Director-General.

3. Thereafter, this Convention shall come into force for any Member twelve months after the date on which its ratifications has been registered.

### Article 16

1. A Member which has ratified this Convention may denounce it after the expiration of ten years from the date on which

사무국 사무총장에게 등록을 위해 통보하는 행위를 통해 협약을 탈퇴할 수 있다. 그러한 탈퇴는 등록된 날 후 1년이 될 때까지 발효하지 않는다.

2. 이 협약을 비준하고 위 항에서 언급된 10년의 기간이 만료된 후 1년 내에 이 조에 규정된 탈퇴권을 행사하지 않는 각 회원국은 다음 10년의 기간 동안 이 협약에 기속되며, 각 10년의 기간이 만료되었을 때에 이 조에서 규정한 조건에 따라 협약을 탈퇴할 수 있다.

### 제17조

1. 국제노동기구 사무국 사무총장은 국제노동기구 회원국이 자신에게 통보한 모든 비준, 선언 및 탈퇴에 대한 등록을 모든 회원국에 통보한다.

2. 사무총장은 자신에게 통보된 두 번째 비준 등록을 회원국에 통보할 때, 협약이 발효할 날짜에 대해 회원국의 주의를 환기한다.

### 제18조

국제노동기구 사무국 사무총장은 위 규정에 따라 그가 등록한 모든 비준, 선언 및 탈퇴 행위에 대한 모든 세부사항을 「국제연합헌장」 제102조에 따라 등록하기 위해 국제연합 사무총장에게 통보한다.

### 제19조

국제노동기구 사무국 이사회는 필요하다고 판단하는 경우, 이 협약 운용에 관한 보고서를

the Convention first comes into force, by an act communicated to the Director-General of the International Labour Office for registration. Such denunciation shall not take effect until one year after the date on which it is registered.

2. Each Member which has ratified this Convention and which does not, within the year following the expiration of the period of ten years mentioned in the preceding paragraph, exercise the right of denunciation provided for in this Article, will be bound for another period of ten years and, thereafter, may denounce this Convention at the expiration of each period of ten years under the terms provided for in this Article.

### *Article 17*

1. The Director-General of the International Labour Office shall notify all Members of the International Labour Organisation of the registration of all ratifications, declarations and denunciations communicated to him by the Members of the Organisation.
2. When notifying the Members of the Organisation of the registration of the second ratification communicated to him, the Director-General shall draw the attention of the Members of the Organisation to the date upon which the Convention will come into force.

### *Article 18*

The Director-General of the International Labour Office shall communicate to the Secretary-General of the United Nations for registration in accordance with Article 102 of the Charter of the United Nations full particulars of all ratifications, declarations and acts of denunciation registered by him in accordance with the provisions of the preceding articles.

### *Article 19*

At such times as it may consider necessary the Governing Body of the International

총회에 제출하고, 전부 또는 일부 개정 문제를 총회 의제로 상정하는 것이 바람직한지를 검토한다.

### 제20조

1. 총회에서 이 협약을 전부 또는 일부를 개정하는 새 협약을 채택하는 경우, 새 협약에서 달리 규정하지 않는 한,

(a) 새 개정 협약이 발효한 경우 발효 시점에, 위 제16조의 규정에도 불구하고 회원국의 새 개정 협약 비준은 법률상 이 협약의 즉각적인 폐기를 수반한다.

(b) 새 개정 협약이 발효하는 날부터 이 협약은 더 이상 회원국의 비준을 위해 개방되지 않는다.

2. 이 협약을 비준하였으나 개정 협약은 비준하지 않은 회원국에 대해 이 협약은 어떤 경우에도 현재의 형식 및 내용으로 계속 유효하다.

### 제21조

이 협약의 영어본 및 프랑스어본은 동등하게 정본이다.

Labour Office shall present to the General Conference a report on the working of this Convention and shall examine the desirability of placing on the agenda of the Conference the question of its revision in whole or in part.

### Article 20

1. Should the Conference adopt a new Convention revising this Convention in whole or in part, then, unless the new Convention otherwise provides:

(a) the ratification by a Member of the new revising Convention shall ipso jure involve the immediate denunciation of this Convention, notwithstanding the provisions of Article 16 above, if and when the new revising Convention shall have come into force;

(b) as from the date when the new revising Convention comes into force this Convention shall cease to be open to ratification by the Members.

2. This Convention shall in any case remain in force in its actual form and content for those Members which have ratified it but have not ratified the revising Convention.

### Article 21

The English and French versions of the text of this Convention are equally authoritative.

## 단결권 및 단체교섭권 원칙의 적용에 관한 협약, 1949(제98호)

### 전문

국제노동기구 총회는,

국제노동기구 사무국 이사회가 1949년 6월 8일 제네바에서 소집한 제32차 회기를 개최하고,

회기 의제의 네 번째 안건인 단결권 및 단체교섭권 원칙의 적용에 관한 제안을 채택하기로 결정하며,

이 제안이 국제협약 형식을 취할 것을 결의하여,

1949년 단결권 및 단체교섭권 협약이라고 부를 다음 협약을 1949년 7월 1일 채택한다.

### 제1조

1. 노동자는 고용과 관련된 반노동조합적 차별행위로부터 충분한 보호를 받는다.
2. 이러한 보호는 특히 다음 각 호의 행위에 대해 적용된다.

(a) 노동조합에 가입하지 않거나 노동조합으로부터 탈퇴할 것을 조건으로 노동자를 고용하는 행위

(b) 조합원임을 이유로 하거나, 노동시간 외에 또는 사용자의 동의하에 노동시간 내에 노동조합 활동에 참가한 것을 이유로 노동자를 해고하거나 기타 불이익을 주는 행위

### 제2조

1. 노동자단체 및 사용자단체는 그 설립, 활동

## Right to Organise and Collective Bargaining Convention, 1949(No. 98)

### Preamble

The General Conference of the International Labour Organisation,
Having been convened at Geneva by the Governing Body of the International Labour Office, and having met in its Thirty-second Session on 8 June 1949, and
Having decided upon the adoption of certain proposals concerning the application of the principles of the right to organise and to bargain collectively, which is the fourth item on the agenda of the session, and
Having determined that these proposals shall take the form of an international Convention,
adopts this first day of July of the year one thousand nine hundred and forty-nine the following Convention, which may be cited as the Right to Organise and Collective Bargaining Convention, 1949:

### Article 1

1. Workers shall enjoy adequate protection against acts of anti-union discrimination in respect of their employment.
2. Such protection shall apply more particularly in respect of acts calculated to--

(a) make the employment of a worker subject to the condition that he shall not join a union or shall relinquish trade union membership;

(b) cause the dismissal of or otherwise prejudice a worker by reason of union membership or because of participation in union activities outside working hours or, with the consent of the employer, within working hours.

### Article 2

1. Workers' and employers' organisations shall enjoy adequate protection against any

또는 운영에 대해 상호 간 또는 상대의 대리인이나 구성원의 모든 간섭 행위로부터 충분한 보호를 받는다.

2. 특히, 노동자단체를 사용자 또는 사용자단체의 통제하에 둘 목적으로 사용자 또는 사용자단체에 의해 지배되는 노동자단체의 설립을 촉진하거나 노동자단체를 재정적 또는 다른 방식으로 지원하기 위한 행위는 이 조에서 의미하는 간섭 행위에 해당하는 것으로 간주된다.

### 제3조

위 조항들에서 정한 단결권의 존중을 보장하기 위하여, 필요한 경우 국내 사정에 적합한 기구를 설립하여야 한다.

### 제4조

단체협약으로 고용조건을 규제하기 위해, 필요한 경우 사용자 또는 사용자단체와 노동자단체 사이에 임의적 교섭을 위한 기구를 충분히 발전시키고 이용하도록 장려하고 촉진하기 위하여, 국내 사정에 적합한 조치를 취하여야 한다.

### 제5조

1. 이 협약에 규정된 보장사항이 군대 및 경찰에 적용되는 범위는 국내 법령으로 정한다.

2. 「국제노동기구헌장」 제19조제8항에 명시된 원칙에 따라, 회원국의 이 협약 비준은 군대 또는 경찰 구성원이 이 협약에서 보장하는 권리를 누릴 수 있도록 하는 기존의 법률, 판정, 관행 또는 합의에 영향을 미치는 것으로 간주되지 않는다.

acts of interference by each other or each other's agents or members in their establishment, functioning or administration.

2. In particular, acts which are designed to promote the establishment of workers' organisations under the domination of employers or employers' organisations, or to support workers' organisations by financial or other means, with the object of placing such organisations under the control of employers or employers' organisations, shall be deemed to constitute acts of interference within the meaning of this Article.

### Article 3

Machinery appropriate to national conditions shall be established, where necessary, for the purpose of ensuring respect for the right to organise as defined in the preceding Articles.

### Article 4

Measures appropriate to national conditions shall be taken, where necessary, to encourage and promote the full development and utilisation of machinery for voluntary negotiation between employers or employers' organisations and workers' organisations, with a view to the regulation of terms and conditions of employment by means of collective agreements.

### Article 5

1. The extent to which the guarantees provided for in this Convention shall apply to the armed forces and the police shall be determined by national laws or regulations.

2. In accordance with the principle set forth in paragraph 8 of Article 19 of the Constitution of the International Labour Organisation the ratification of this Convention by any Member shall not be deemed to affect any existing law, award, custom or agreement in virtue of which members of the armed forces or the police enjoy any right guaranteed by this Convention.

| | |
|---|---|
| **제6조**<br>이 협약은 국가 행정에 종사하는 공무원의 직위는 다루지 않으며 어떤 방식으로든 그들의 권리 또는 지위에 불리하게 해석되지 않는다. | *Article 6*<br>This Convention does not deal with the position of public servants engaged in the administration of the State, nor shall it be construed as prejudicing their rights or status in any way. |
| **제7조**<br>이 협약의 공식 비준은 등록을 위해 국제노동기구 사무국 사무총장에게 통보된다. | *Article 7*<br>The formal ratifications of this Convention shall be communicated to the Director-General of the International Labour Office for registration. |
| **제8조**<br>1. 이 협약은 사무총장에게 비준이 등록된 국제노동기구 회원국에만 구속력이 있다.<br><br>2. 이 협약은 2개의 회원국이 사무총장에게 비준을 등록한 날 후 12개월째 되는 날에 발효한다.<br><br>3. 그 이후 이 협약은 회원국에 대해 그 회원국의 비준이 등록된 날 후 12개월째 되는 날에 발효한다. | *Article 8*<br>1. This Convention shall be binding only upon those Members of the International Labour Organisation whose ratifications have been registered with the Director-General.<br>2. It shall come into force twelve months after the date on which the ratifications of two Members have been registered with the Director-General.<br>3. Thereafter, this Convention shall come into force for any Member twelve months after the date on which its ratification has been registered. |
| **제9조**<br>1. 「국제노동기구헌장」 제35조 제2항에 따라 국제노동기구 사무국 사무총장에게 통보되는 선언은 다음을 명시한다.<br><br>(a) 해당 회원국이 협약 규정을 수정 없이 적용하겠다고 약속한 영역<br><br>(b) 해당 회원국이 협약 규정을 수정에 따라 적용하겠다고 약속한 영역 및 그 수정의 세부사항<br><br>(c) 협약이 적용될 수 없는 영역과 그러한 경우에 적용될 수 없는 이유 | *Article 9*<br>1. Declarations communicated to the Director-General of the International Labour Office in accordance with paragraph 2 of Article 35 of the Constitution of the International Labour Organisation shall indicate --<br>(a) the territories in respect of which the Member concerned undertakes that the provisions of the Convention shall be applied without modification;<br>(b) the territories in respect of which it undertakes that the provisions of the Convention shall be applied subject to modifications, together with details of the said modifications;<br>(c) the territories in respect of which the Convention is inapplicable and in such cases the grounds on which it is in- |

(d) 해당 회원국이 입장에 대한 추가적인 검토가 있을 때까지 결정을 유보한 영역

2. 이 조 제1항 (a) 및 (b)에 언급된 약속은 비준의 일부분으로 간주되며 비준의 효력을 가진다.

3. 모든 회원국은 언제든 추후 선언을 통해 이 조 제1항 (b), (c) 또는 (d)에 따른 원래 선언에서 한 유보를 전부 또는 일부 철회할 수 있다.

4. 회원국은 제11조의 규정에 따라 이 협약이 폐기될 수 있을 때는 언제든 이전 선언의 조건을 달리 수정하고 그 선언이 명시한 영역과 관련하여 현재의 입장을 명시하는 선언을 사무총장에게 통보할 수 있다.

## 제10조

1. 「국제노동기구헌장」 제35조 제4항 또는 제5항에 따라 국제노동기구 사무국 사무총장에게 통보된 선언은 협약 규정이 수정 없이 또는 수정을 조건으로 해당 영역에 적용될 것인지를 명시한다. 선언에서 협약 규정이 수정을 조건으로 적용될 것이라고 명시하는 경우, 그 선언은 그러한 수정의 세부사항을 설명한다.

2. 해당 회원국, 회원국들 또는 국제기관은 언제든 추후 선언을 통해 이전 선언에 명시된 수정을 사용할 권리를 전부 또는 일부 포기할 수 있다.

3. 해당 회원국, 회원국들 또는 국제기관은 제11조의 규정에 따라 이 협약을 탈퇴할 수 있을 때는 언제든 이전 선언의 조건을 달리 수정하고 협약 적용과 관련하여 현재의 입장을

applicable;
(d) the territories in respect of which it reserves its decision pending further consideration of the position.
2. The undertakings referred to in subparagraphs (a) and (b) of paragraph 1 of this Article shall be deemed to be an integral part of the ratification and shall have the force of ratification.
3. Any Member may at any time by a subsequent declaration cancel in whole or in part any reservation made in its original declaration in virtue of subparagraph (b), (c) or (d) of paragraph 1 of this Article.
4. Any Member may, at any time at which the Convention is subject to denunciation in accordance with the provisions of Article 11, communicate to the Director-General a declaration modifying in any other respect the terms of any former declaration and stating the present position in respect of such territories as it may specify.

## Article 10

1. Declarations communicated to the Director-General of the International Labour Office in accordance with paragraph 4 or 5 of Article 35 of the Constitution of the International Labour Organisation shall indicate whether the provisions of the Convention will be applied in the territory concerned without modification or subject to modifications; when the declaration indicates that the provisions of the Convention will be applied subject to modifications, it shall give details of the said modifications.
2. The Member, Members or international authority concerned may at any time by a subsequent declaration renounce in whole or in part the right to have recourse to any modification indicated in any former declaration.
3. The Member, Members or international authority concerned may, at any time at which this Convention is subject to denunciation in accordance with the provisions of

명시하는 선언을 사무총장에게 통보할 수 있다.

Article 11, communicate to the Director-General a declaration modifying in any other respect the terms of any former declaration and stating the present position in respect of the application of the Convention.

### 제11조

1. 이 협약을 비준한 회원국은 협약이 처음 발효한 날부터 10년이 경과한 후 국제노동기구 사무국 사무총장에게 등록을 위해 통보하는 행위를 통해 협약을 탈퇴할 수 있다. 그러한 탈퇴는 등록된 날 후 1년이 될 때까지 발효하지 않는다.

2. 이 협약을 비준하고 위 항에서 언급된 10년의 기간이 만료된 후 1년 내에 이 조에 규정된 탈퇴권을 행사하지 않는 각 회원국은 다시 10년의 기간 동안 이 협약에 기속되며, 각 10년의 기간이 만료되었을 때에 이 조에서 규정한 조건에 따라 협약을 탈퇴할 수 있다.

### Article 11

1. A Member which has ratified this Convention may denounce it after the expiration of ten years from the date on which the Convention first comes into force, by an act communicated to the Director-General of the International Labour Office for registration. Such denunciation shall not take effect until one year after the date on which it is registered.
2. Each Member which has ratified this Convention and which does not, within the year following the expiration of the period of ten years mentioned in the preceding paragraph, exercise the right of denunciation provided for in this Article, will be bound for another period of ten yearsand, thereafter, may denounce this Convention at the expiration of each period of ten years under the terms provided for in this Article.

### 제12조

1. 국제노동기구 사무국 사무총장은 국제노동기구 회원국이 자신에게 통보한 모든 비준, 선언 및 탈퇴에 대한 등록을 모든 회원국에 통보한다.

2. 사무총장은 자신에게 통보된 두 번째 비준 등록을 회원국들에 통보할 때, 협약이 발효할 날짜에 대해 회원국의 주의를 환기한다.

### Article 12

1. The Director-General of the International Labour Office shall notify all Members of the International Labour Organisation of the registration of all ratifications, declarations and denunciations communicated to him by the Members of the Organisation.
2. When notifying the Members of the Organisation of the registration of the second ratification communicated to him, the Director-General shall draw the attention of the Members of the Organisation to the date upon which the Convention will come into force.

### 제13조

국제노동기구 사무국 사무총장은 위 규정에 따라 그가 등록한 모든 비준, 선언 및 탈퇴 행위에 대한 모든 세부사항을 「국제연합헌장」

### Article 13

The Director-General of the International Labour Office shall communicate to the Secretary-General of the United Nations for

제102조에 따라 등록하기 위해 국제연합 사무 총장에게 통보한다.

registration in accordance with Article 102 of the Charter of the United Nations full particulars of all ratifications, declarations and acts of denunciation registered by him in accordance with the provisions of the preceding articles.

## 제14조

국제노동기구 사무국 이사회는 필요하다고 판단하는 경우, 이 협약 운용에 관한 보고서를 총회에 제출하고, 전부 또는 일부 개정 문제를 총회 의제로 상정하는 것이 바람직한지를 검토한다.

## *Article 14*

At such times as it may consider necessary the Governing Body of the International Labour Office shall present to the General Conference a report on the working of this Convention and shall examine the desirability of placing on the agenda of the Conference the question of its revision in whole or in part.

## 제15조

1. 총회에서 이 협약을 전부 또는 일부 개정하는 새 협약을 채택하는 경우 새 협약에서 달리 규정하지 않는 한,

(a) 새 개정 협약이 발효한 경우 발효 시점에, 위 제11조의 규정에도 불구하고 회원국의 새 개정 협약 비준은 법률상 이 협약의 즉각적인 폐기를 수반한다.

(b) 새 개정 협약이 발효하는 날부터 이 협약은 더 이상 회원국의 비준을 위해 개방되지 않는다.

2. 이 협약을 비준하였으나 개정 협약은 비준하지 않은 회원국에 대해 이 협약은 어떤 경우에도 현재의 형식 및 내용으로 계속 유효하다.

## *Article 15*

1. Should the Conference adopt a new Convention revising this Convention in whole or in part, then, unless the new Convention otherwise provides,

(a) the ratification by a Member of the new revising Convention shall ipso jure involve the immediate denunciation of this Convention, notwithstanding the provisions of Article 11 above, if and when the new revising Convention shall have come into force;

(b) as from the date when the new revising Convention comes into force, this Convention shall cease to be open to ratification by the Members.

2. This Convention shall in any case remain in force in its actual form and content for those Members which have ratified it but have not ratified the revising Convention.

## 제16조

이 협약의 영어본 및 프랑스어본은 동등하게 정본이다.

## *Article 16*

The English and French versions of the text of this Convention are equally authoritative.

| 노동자대표에게 사업체에서 제공되는 보호 및 편의에 관한 협약, 1971 (제135호) | Workers' Representatives Convention, 1971(No. 135) |
|---|---|
| 전문 | Preamble |
| 국제노동기구 총회는, | The General Conference of the International Labour Organisation, |
| 국제노동기구 사무국 이사회가 1971년 6월 2일 제네바에서 소집한 제56차 회기를 개최하고, | Having been convened at Geneva by the Governing Body of the International Labour Office, and having met in its Fifty-sixth Session on 2 June 1971, and |
| 고용과 관련하여 반노동조합 차별행위로부터 노동자를 보호하도록 규정한 1949년 단결권 및 단체교섭권 협약의 규정에 주목하며, | Noting the terms of the Right to Organise and Collective Bargaining Convention, 1949, which provides for protection of workers against acts of anti-union discrimination in respect of their employment, and |
| 노동자대표에 관하여 이러한 규정들을 보충하는 것이 바람직하다는 점을 고려하며, | Considering that it is desirable to supplement these terms with respect to workers' representatives, and |
| 회기 의사일정의 다섯 번째 의제인, 노동자대표에게 사업체에서 제공되는 보호 및 편의에 관한 제안들을 채택하기로 결정하고, | Having decided upon the adoption of certain proposals with regard to protection and facilities afforded to workers' representatives in the undertaking, which is the fifth item on the agenda of the session, and |
| 이 제안들이 협약의 형식을 취할 것을 결의하여, | Having determined that these proposals shall take the form of an international Convention, |
| 1971년 노동자대표 협약이라고 부를 다음을 협약을 1971년 6월 23일 채택한다. | adopts this twenty-third day of June of the year one thousand nine hundred and seventy-one the following Convention, which may be cited as the Workers' Representatives Convention, 1971: |
| 제1조 | *Article 1* |
| 사업체에서 노동자대표는 현행 법률, 단체협약 또는 그 밖의 노사합의에 부합하게 행동하는 한, 노동자대표로서의 지위나 활동을 이유로 또는 노동조합원이라는 이유나 노동조합 활동에의 참가를 이유로, 해고를 비롯한 어떠한 불이익한 조치도 받지 않도록 효과적인 보호를 받아야 한다. | Workers' representatives in the undertaking shall enjoy effective protection against any act prejudicial to them, including dismissal, based on their status or activities as a workers' representative or on union membership or participation in union activities, in so far as they act in conformity with existing laws or collective agreements or other jointly agreed arrangements. |
| 제2조 | *Article 2* |
| 1. 노동자대표가 그 역할을 신속하고 효율적 | 1. Such facilities in the undertaking shall be |

으로 수행할 수 있도록 적절한 편의가 사업체에서 제공되어야 한다.

2. 이와 관련하여 국내의 노사관계제도의 특성, 당해 사업체의 필요·규모 및 능력이 고려되어야 한다.

3. 그러한 편의의 제공은 당해 사업체의 효율적인 운영을 해쳐서는 아니된다.

### 제3조

이 협약의 목적상 "노동자대표"라 함은 국내법이나 관행에 따라 노동자대표라고 인정되는 다음의 어느 하나에 해당하는 사람을 말한다.
(a) 노동조합 대표, 즉 노동조합이나 그 조합원이 임명하거나 선출한 대표
(b) 선출된 대표, 즉 사업체의 노동자가 국내법령이나 단체협약에 따라 자유로이 선출한 대표로서, 해당 국가에서 노동조합의 배타적 권리로 인정되는 활동이 그 직무에 포함되어 있지 아니한 사람

### 제4조

이 협약에서 규정하는 보호 및 편의를 제공받을 권리를 가진 노동자대표의 유형은 국내법령·단체협약·중재재정 또는 법원의 판결로 정할 수 있다.

### 제5조

동일한 사업체에 노동조합대표 및 선출된 대표가 모두 존재하는 경우에는 선출된 대표의 존재가 해당 노동조합이나 그 대표의 지위를 저해하는데 이용되지 아니하도록 보장하고, 모든 관련사항에 대하여 선출된 대표와 해당

afforded to workers' representatives as may be appropriate in order to enable them to carry out their functions promptly and efficiently.
2. In this connection account shall be taken of the characteristics of the industrial relations system of the country and the needs, size and capabilities of the undertaking concerned.
3. The granting of such facilities shall not impair the efficient operation of the undertaking concerned.

### Article 3

For the purpose of this Convention the term *workers' representatives* means persons who are recognised as such under national law or practice, whether they are--
(a) trade union representatives, namely, representatives designated or elected by trade unions or by members of such unions; or
(b) elected representatives, namely, representatives who are freely elected by the workers of the undertaking in accordance with provisions of national laws or regulations or of collective agreements and whose functions do not include activities which are recognised as the exclusive prerogative of trade unions in the country concerned.

### Article 4

National laws or regulations, collective agreements, arbitration awards or court decisions may determine the type or types of workers' representatives which shall be entitled to the protection and facilities provided for in this Convention.

### Article 5

Where there exist in the same undertaking both trade union representatives and elected representatives, appropriate measures shall be taken, wherever necessary, to ensure that the existence of elected representatives is not used to undermine the position of the

노동조합 및 그 대표와의 협력을 장려하기 위하여, 필요한 경우, 적절한 조치가 취하여져야 한다.

### 제6조

이 협약은 국내법령이나 단체협약에 의하여 또는 국내관행에 부합하는 그 밖의 방법으로 실시될 수 있다.

이하 일반 절차 조항(제7조~제13조) 후략

---

trade unions concerned or their representatives and to encourage co-operation on all relevant matters between the elected representatives and the trade unions concerned and their representatives.

### *Article 6*

Effect may be given to this Convention through national laws or regulations or collective agreements, or in any other manner consistent with national practice.

이하 일반 절차 조항(제7조~제13조) 후략

| 노동자대표 권고, 1971(제143호) | Workers' Representatives Recommendation, 1971(No. 143) |
|---|---|
| 전문 | Preamble |
| 국제노동기구 총회는, | The General Conference of the International Labour Organisation, |
| 국제노동기구 사무국 이사회가 1971년 6월 2일 제네바에서 소집한 제56차 회기를 개최하고, | Having been convened at Geneva by the Governing Body of the International Labour Office, and having met in its Fifty-sixth Session on 2 June 1971, and, |
| 1971년 노동자대표 협약을 채택하며, | Having adopted the Workers' Representatives Convention, 1971, and |
| 회기 의사일정의 다섯 번째 의제인, 노동자대표에게 사업체에서 제공되는 보호 및 편의에 관한 제안들을 채택하기로 결정하고, | Having decided upon the adoption of certain proposals with regard to protection and facilities afforded to workers' representatives in the undertaking, which is the fifth item on the agenda of the session, and |
| 이 제안들이 권고의 형식을 취할 것을 결의하여, 1971년 노동자대표 권고라고 부를 다음 권고를 1971년 6월 23일 채택한다. | Having determined that these proposals shall take the form of a Recommendation, adopts this twenty-third day of June of the year one thousand nine hundred and seventy-one, the following Recommendation, which may be cited as the Workers' Representatives Recommendation, 1971: |
| I. 이행 방식 | I. Methods of Implementation |
| 1. 이 권고는 국내법령이나 단체협약에 의하여 또는 국내관행에 부합하는 그 밖의 방법으로 실시될 수 있다. | 1. Effect may be given to this Recommendation through national laws or regulations or collective agreements, or in any other manner consistent with national practice. |
| II. 일반 규정 | II. General Provisions |
| 2. 이 권고의 목적상 "노동자대표"라 함은 국내법이나 관행에 따라 노동자대표라고 인정되는 다음의 어느 하나에 해당하는 사람을 말한다. | 2. For the purpose of this Recommendation the term *workers' representatives* means persons who are recognised as such under national law or practice, whether they are-- |
| (a) 노동조합 대표, 즉 노동조합이나 그 조합원이 임명하거나 선출한 대표 | (a) trade union representatives, namely representatives designated or elected by trade unions or by the members of such unions; or |
| (b) 선출된 대표, 즉 사업체의 노동자가 국내법령이나 단체협약에 따라 자유로이 선출 | (b) elected representatives, namely representatives who are freely elected by the |

| | |
|---|---|
| 한 대표로서, 해당 국가에서 노동조합의 배타적 권리로 인정되는 활동이 그 직무에 포함되어 있지 아니한 사람 | workers of the undertaking in accordance with provisions of national laws or regulations or of collective agreements and whose functions do not include activities which are recognised as the exclusive prerogative of trade unions in the country concerned. |
| 3. 이 협약에서 규정하는 보호 및 편의를 제공받을 권리를 가진 노동자대표의 유형은 국내 법령·단체협약·중재판정 또는 법원의 판결로 정할 수 있다. | 3. National laws or regulations, collective agreements, arbitration awards or court decisions may determine the type or types of workers' representatives which should be entitled to the protection and facilities provided for in this Recommendation. |
| 4. 동일한 사업체에 노동조합대표 및 선출된 대표가 모두 존재하는 경우에는 선출된 대표의 존재가 해당 노동조합이나 그 대표의 지위를 저해하는데 이용되지 아니하도록 보장하고, 모든 관련사항에 대하여 선출된 대표와 해당 노동조합 및 그 대표와의 협력을 장려하기 위하여, 필요한 경우, 적절한 조치가 취하여져야 한다. | 4. Where there exist in the same undertaking both trade union representatives and elected representatives, appropriate measures should be taken, wherever necessary, to ensure that the existence of elected representatives is not used to undermine the position of the trade unions concerned or their representatives and to encourage co-operation on all relevant matters between the elected representatives and the trade unions concerned and their representatives. |
| Ⅲ. 노동자대표의 보호 | Ⅲ. Protection of Workers' Representatives |
| 5. 사업체에서의 노동자대표는 현행 법률, 단체협약 또는 그 밖의 노사합의에 부합하게 행동하는 한, 노동자대표로서의 지위나 활동을 이유로 또는 노동조합원이라는 이유나 노동조합 활동에의 참가를 이유로, 해고를 비롯한 어떠한 불이익한 조치도 받지 않도록 효과적인 보호를 받아야 한다. | 5. Workers' representatives in the undertaking should enjoy effective protection against any act prejudicial to them, including dismissal, based on their status or activities as a workers' representative or on union membership or participation in union activities, in so far as they act inconformity with existing laws or collective agreements or other jointly agreed arrangements. |
| 6.<br>(1) 일반적으로 노동자에게 적용되는 관련 보호 조치가 충분하지 않을 경우, 노동자대표를 효과적으로 보호하기 위한 구체적 조치를 취하여야 한다.<br>(2) 이에는 다음과 같은 조치들이 포함될 수 있다. | 6.<br>(1) Where there are not sufficient relevant protective measures applicable to workers in general, specific measures should be taken to ensure effective protection of workers' representatives.<br>(2) These might include such measures as the following: |

(a) 노동자대표의 고용 종료를 정당화하는 사유를 상세하고 정확하게 정의할 것

(b) 노동자대표에 대한 해고를 확정하기 전에, 독립적 기구 또는 공적, 사적 내지 공·사가 결합된 기구와의 협의, 자문 또는 합의를 거칠 것

(c) 자신의 고용이 부당하게 종료되었거나 자신의 고용조건이 불리하게 변경되었거나 불공정한 처우를 받았다고 생각하는 노동자대표가 참여할 수 있는 특별 구제 절차

(d) 노동자대표에 대한 부당한 고용종료에 관하여, 효과적 구제를 제공할 것. 이 구제조치에는, 해당 국가의 법의 기본원칙에 반하지 않는 한, 미지급 임금 지급 및 이미 취득한 권리 유지를 비롯한 원직 복직이 포함되어야 한다.

(e) 노동자대표에 대한 차별적 해고 또는 고용 조건의 불리한 변경이 있다고 주장되는 경우, 해당 행위가 정당한 것이라고 증명할 책임은 사용자에게 부여할 것

(f) 인력 감축의 경우에, 노동자대표에게 고용 유지에 관한 우선권을 인정할 것

7.
(1) 이 권고의 제5조에 따라 제공되는 보호는, 노동자대표로서 선출 또는 지명될 후보자이거나 그러한 선출·지명 절차에 따른 후보자였던 노동자에게도 적용되어야 한다.

(2) 노동자대표로서의 역할이 종료된 노동자에게도 동일한 보호를 제공할 수 있다.

(3) 이 조항에 규정된 사람들이 노동자대표로

(a) detailed and precise definition of the reasons justifying termination of employment of workers' representatives:

(b) a requirement of consultation with, an advisory opinion from, or agreement of an independent body, public or private, or a joint body, before the dismissal of a workers' representative becomes final;

(c) a special recourse procedure open to workers' representatives who consider that their employment has been unjustifiably terminated, or that they have been subjected to an unfavourable change in their conditions of employment or to unfair treatment;

(d) in respect of the unjustified termination of employment of workers' representatives, provision for an effective remedy which, unless this is contrary to basic principles of the law of the country concerned, should include the reinstatement of such representatives in their job, with payment of unpaid wages and with maintenance of their acquired rights;

(e) provision for laying upon the employer, in the case of any alleged discriminatory dismissal or unfavourable change in the conditions of employment of a workers' representative, the burden of proving that such action was justified;

(f) recognition of a priority to be given to workers' representatives with regard to their retention in employment in case of reduction of the workforce.

7.
(1) Protection afforded under Paragraph 5 of this Recommendation should also apply to workers who are candidates, or have been nominated as candidates through such appropriate procedures as may exist, for election or appointment as workers' representatives.
(2) The same protection might also be afforded to workers who have ceased to be workers' representatives.
(3) The period during which such pro-

서의 보호를 받는 기간은 이 권고의 제1조에 규정된 이행 방법에 따라 정할 수 있다.

8.

(1) 자신이 고용된 사업체에서 노동자대표로서의 임무가 종료된 사람이 그 사업체에서의 업무에 복귀하는 때에는, 자신의 직업, 임금 및 근속에 관련된 권리를 비롯한 모든 권리를 유지하거나 회복하여야 한다.

(2) 해당 사업체 밖에서 주로 활동한 노동자대표에게 이 조의 제1항의 규정이 적용되는지 여부 및 적용되는 범위에 대하여는 국내 법령, 단체협약, 중재 판정 또는 법원 판결로 정한다.

### IV. 노동자대표에게 제공되는 편의

9.

(1) 노동자대표가 그 역할을 신속하고 효율적으로 수행할 수 있도록 적절한 편의가 사업체에서 제공되어야 한다.

(2) 이와 관련하여 국내의 노사관계제도의 특성, 당해 사업체의 필요·규모 및 능력이 고려되어야 한다.

(3) 그러한 편의의 제공은 당해 사업체의 효율적인 운영을 방해하는 것이어서는 아니된다.

10.

(1) 사업체에서의 노동자대표는 사업체에서 그 역할을 수행하기 위하여, 보수 내지 부가급여 및 사회보장급여의 손실 없이, 필요한 노동시간면제를 제공받아야 한다.

---

tection is enjoyed by the persons referred to in this Paragraph may be determined by the methods of implementation referred to in Paragraph 1 of this Recommendation.

8.

(1) Persons who, upon termination of their mandate as workers' representatives in the undertaking in which they have been employed, resume work in that undertaking should retain, or have restored, all their rights, including those related to the nature of their job, to wages and to seniority.
(2) The questions whether, and to what extent, the provisions of subparagraph (1) of this Paragraph should apply to workers' representatives who have exercised their functions mainly outside the undertaking concerned should be left to national laws or regulations, collective agreements, arbitration awards or court decisions.

### IV. Facilities to be Afforded to Workers' Representatives

9.

(1) Such facilities in the undertaking should be afforded to workers' representatives as may be appropriate in order to enable them to carry out their functions promptly and efficiently.
(2) In this connection account should be taken of the characteristics of the industrial relations system of the country and the needs, size and capabilities of the undertaking concerned.
(3) The granting of such facilities should not impair the efficient operation of the undertaking concerned.

10.

(1) Workers' representatives in the undertaking should be afforded the necessary time off from work, without loss of pay or social and fringe benefits, for carrying out their representation functions in the under-

(2) 적절한 규정이 없는 경우, 노동자대표는 노동시간면제를 사용하기 전에 그의 직속 상사 또는 그러한 목적으로 지명된 다른 적절한 관리직으로부터 허가를 얻어야 할 수 있으며, 그러한 허가는 합리적 이유 없이 지연되어서는 아니된다.

(3) 이 조의 제1항에 따른 노동자대표에게 제공되는 노동시간면제의 한도를 합리적으로 제한할 수 있다.

11.
(1) 노동자대표가 자신의 역할을 효과적으로 수행할 수 있도록, 노동자대표에게 노동조합 모임, 교육, 세미나, 회의 및 회합에 참여하기 위해 필요한 노동시간면제가 부여되어야 한다.

(2) 이 조의 제1항에 따라 부여되는 노동시간면제는 보수 내지 부가급여 및 사회보장급여의 손실 없이 제공되어야 하며, 그에 따르는 비용을 누가 부담할 것인가의 문제는 이 권고의 제1조에 규정된 이행 방식에 따라 정할 수 있다.

12. 사업체에서의 노동자대표는 그 역할을 수행하기 위해 필요한 경우 해당 사업체의 모든 작업장에의 출입이 보장되어야 한다.

13. 노동자대표는 그 역할을 적절히 수행하기 위해 필요한 경우, 사업체의 경영진 및 결정 권한이 부여된 관리직과 지체없이 접촉할 수 있어야 한다.

14. 노동조합 조합비 징수를 위한 다른 약정이 없는 경우, 조합비를 징수할 권한이 부여된 노동자대표는 사업체 내에서 조합비를 정기적

taking.
(2) In the absence of appropriate provisions, a workers' representative may be required to obtain permission from his immediate supervisor or another appropriate representative of management designated for this purpose before he takes time off from work, such permission not to be unreasonably withheld.
(3) Reasonable limits may be set on the amount of time off which is granted to workers' representatives under subparagraph (1) of this Paragraph.

11.
(1) In order to enable them to carry out their functions effectively, workers' representatives should be afforded the necessary time off for attending trade union meetings, training courses, seminars, congresses and conferences.
(2) Time off afforded under subparagraph (1) of this Paragraph should be afforded without loss of pay or social and fringe benefits, it being understood that the question of who should bear the resulting costs may be determined by the methods of implementation referred to in Paragraph 1 of this Recommendation.

12. Workers' representatives in the undertaking should be granted access to all workplaces in the undertaking, where such access is necessary to enable them to carry out their representation functions.

13. Workers' representatives should be granted without undue delay access to the management of the undertaking and to management representatives empowered to take decisions, as may be necessary for the proper exercise of their functions.

14. In the absence of other arrangements for the collection of trade union dues, workers' representatives authorised to do so by the trade union should be permitted to

으로 징수하는 것이 허용되어야 한다.

15.
(1) 노동조합을 위해 행위하는 노동자대표에게, 관리자가 동의하고 노동자들이 쉽게 접근할 수 있는 사업체 내의 장소 내지 장소들에 노동조합의 공지사항을 게시할 권한이 부여되어야 한다.
(2) 관리자는 노동조합을 위하여 행위하는 노동자대표가 해당 사업체의 노동자들에게 노동조합의 소식지, 팜플렛, 간행물 및 기타 자료를 배포하는 것을 허용하여야 한다.

(3) 이 조항에서 말하는 노동조합의 공지 및 자료는 노동조합의 통상적 활동에 관한 것이어야 하며 그 게시 및 배포로 인해 해당 사업체의 운영 질서 및 청결상태를 해쳐서는 아니된다.

(4) 이 권고의 제2조 (b)에서 말하는 선출된 노동자대표에게 그 역할에 부합하는 유사한 편의가 제공되어야 한다.

16. 노동자대표의 역할을 수행하기 위해 필요한 경우, 관리자는 이 권고의 제1조에 규정된 이행 방식에 따라 정할 수 있는 조건 및 한도 내에서 노동자대표가 그러한 물질적 편의 및 정보를 이용할 수 있도록 하여야 한다.

17.
(1) 해당 사업체에 고용되어 있지 않은 노동자대표는 그 사업체에 고용된 노동조합원이 있는 경우 그 사업체에 출입할 권한이 부여되어야 한다.
(2) 그러한 사업장 출입의 조건은 이 권고의 제1조 및 제3조에 규정된 이행 방식에 따라 결정되어야 한다.

collect such dues regularly on the premises of the undertaking.

15.
(1) Workers' representatives acting on behalf of a trade union should be authorised to post trade union notices on the premises of the undertaking in a place or places agreed on with the management and to which the workers have easy access.
(2) The management should permit workers' representatives acting on behalf of a trade union to distribute news sheets, pamphlets, publications and other documents of the union among the workers of the undertaking.
(3) The union notices and documents referred to in this Paragraph should relate to normal trade union activities and their posting and distribution should not prejudice the orderly operation and tidiness of the undertaking.
(4) Workers' representatives who are elected representatives in the meaning of clause (b) of Paragraph 2 of this Recommendation should be given similar facilities consistent with their functions.

16. The management should make available to workers' representatives, under the conditions and to the extent which may be determined by the methods of implementation referred to in Paragraph 1 of this Recommendation, such material facilities and information as may be necessary for the exercise of their functions.

17.
(1) Trade union representatives who are not employed in the undertaking but whose trade union has members employed therein should be granted access to the undertaking.
(2) The determination of the conditions for such access should be left to the methods of implementation referred to in Paragraphs 1 and 3 of this Recommendation.

| 공공부문에서의 결사의 자유 및 고용조건의 결정을 위한 절차에 관한 협약(제151호, 1978년) | Labour Relations (Public Service) Convention, 1978(No. 151) |
|---|---|
| 전문 | Preamble |
| 국제노동기구 총회는,

국제노동기구 사무국 이사회가 1978년 6월 7일 제네바에서 소집한 제64차 회의에서,

1948년 결사의 자유 및 조직할 권리 보호 협약, 1949년 단결권 및 단체교섭권 협약, 1971년 노동자대표 협약 및 1971년 노동자대표 권고의 규정에 유의하고,

1949년 단결권 및 단체교섭권 협약이 특정 종류의 공공부문 근로자에게 적용되지 아니하고, 1971년 노동자대표 협약 및 권고가 사업체에서의 노동자대표에게 적용된다는 점을 상기하고,

많은 국가에서 공공서비스의 광범위한 확대에 유의하고, 공공당국과 공공 근로자의 단체 사이의 건전한 노동관계의 필요성에 유의하며,

회원국간의 정치·사회·경제 제도상의 다양성 및 회원국간의 관행상의 차이(예컨대 중앙, 지방, 연방 정부, 주, 군 등 지방자치단체, 국영기업 및 다양한 형태의 공공자치단체, 준자치단체 등의 각각의 기능 및 고용관계의 성격에 관한 차이)를 고려하고,

많은 국가에서 민간부문에서의 고용과 공공부문에서의 고용간에 차이가 존재하기 때문에 국제기준의 적용범위 및 용어의 정의에서 발생하는 특수한 문제, 1949년 단결권 및 단체교섭권 협약의 관련 규정의 공무원에 대한 적용에 관하여 발생하는 해석상의 곤란, 그리고 | The General Conference of the International Labour Organisation,
Having been convened at Geneva by the Governing Body of the International Labour Office, and having met in its Sixty-fourth Session on 7 June 1978, and
Noting the terms of the Freedom of Association and Protection of the Right to Organise Convention, 1948, the Right to Organise and Collective Bargaining Convention, 1949, and the Workers' Representatives Convention and Recommendation, 1971, and
Recalling that the Right to Organise and Collective Bargaining Convention, 1949, does not cover certain categories of public employees and that the Workers' Representatives Convention and Recommendation, 1971, apply to workers' representatives in the undertaking, and
Noting the considerable expansion of public-service activities in many countries and the need for sound labour relations between public authorities and public employees' organisations, and
Having regard to the great diversity of political, social and economic systems among member States and the differences in practice among them (e.g. as to the respective functions of central and local government, of federal, state and provincial authorities, and of state-owned undertakings and various types of autonomous or semi-autonomous public bodies, as well as to the nature of employment relationships), and
Taking into account the particular problems arising as to the scope of, and definitions for the purpose of, any international instrument, owing to the differences in many countries between private and public employment, as well as the difficulties of interpretation which have arisen in respect of |

몇몇 정부가 다수의 공공부문 근로자의 집단을 이 협약의 적용범위에서 제외하고 있다는 국제노동기구의 감독기구가 종종 표명한 의견을 고려하여,

회기 의사일정 다섯번째 의제인 공공부문에서의 결사의 자유 및 고용조건의 결정을 위한 절차에 관한 제안을 채택하기로 결정하고,
이 제안이 국제협약의 형식을 취할 것을 결의하고,
1978년 노동관계(공공부문) 협약이라고 부를 다음의 협약을 1978년 6월 27일 채택한다.

## 제1장  적용범위 및 정의

### 제1조

1. 이 협약은 다른 국제노동기구 협약에서 보다 유리한 규정이 적용되지 아니하는 한 공공당국에 고용된 모든 사람에게 적용된다.

2. 정책결정 또는 관리에 관련이 있는 것으로 통상 간주되는 업무를 수행하는 고위직 근로자 또는 그 직무가 고도의 기밀적 성격을 가지는 근로자에 관하여 이 협약에서 규정하는 보장을 적용하는 범위는 국내 법령으로 정한다.

3. 이 협약에서 규정하는 보장을 군인 및 경찰에게 적용하는 범위는 국내 법령으로 정한다.

### 제2조

이 협약의 목적상 "공공부문 근로자"라 함은

the application of relevant provisions of the Right to Organise and Collective Bargaining Convention, 1949, to public servants, and the observations of the supervisory bodies of the ILO on a number of occasions that some governments have applied these provisions in a manner which excludes large groups of public employees from coverage by that Convention, and

Having decided upon the adoption of certain proposals with regard to freedom of association and procedures for determining conditions of employment in the public service, which is the fifth item on the agenda of the session, and

Having determined that these proposals shall take the form of an international Convention,

adopts this twenty-seventh day of June of the year one thousand nine hundred and seventy-eight the following Convention, which may be cited as the Labour Relations (Public Service) Convention, 1978:

## PART I. SCOPE AND DEFINITIONS

### Article 1

1. This Convention applies to all persons employed by public authorities, to the extent that more favourable provisions in other international labour Conventions are not applicable to them.

2. The extent to which the guarantees provided for in this Convention shall apply to high-level employees whose functions are normally considered as policy-making or managerial, or to employees whose duties are of a highly confidential nature, shall be determined by national laws or regulations.

3. The extent to which the guarantees provided for in this Convention shall apply to the armed forces and the police shall be determined by national laws or regulations.

### Article 2

For the purpose of this Convention, the

제1조에 따라 이 협약의 적용을 받는 모든 사람을 말한다.

#### 제3조

이 협약의 목적상 '공공부문 근로자 단체'라 함은, 그 단체가 어떻게 구성되어 있는지에 관계없이, 공공부문 근로자의 이익을 증진·옹호하는 것을 목적으로 하는 단체를 말한다.

### 제 2 장  단결권의 보호

#### 제4조

1. 공공부문 근로자는 고용에 관련하여 반조합적 차별행위로부터 충분한 보호를 받아야 한다.
2. 이러한 보호는 특히 다음 각 호의 행위에 대해 적용된다.
  (a) 공공부문 근로자단체에 가입하지 않거나 근로자단체로부터 탈퇴할 것을 조건으로 공공부문 근로자를 고용하는 행위
  (b) 공공부문 근로자단체의 구성원임을 이유로 하거나, 그러한 단체의 정상적 활동에 참가한 것을 이유로 공공부문 근로자를 해고하거나 기타 불이익을 주는 행위

#### 제5조

1. 공공부문 근로자단체는 공공당국으로부터 완전한 독립을 보장받아야 한다.

2. 공공부문 근로자단체는 그 설립, 활동, 또는 운영에 관하여 공공당국의 간섭으로부터 충분한 보호를 받아야 한다.

3. 특히, 공공부문 근로자단체를 공공당국의 통제하에 둘 목적으로 공공당국에 의해 지배되는 근로자단체 설립을 촉진하거나 근로자단체를 재정적 또는 다른 방식으로 지원하기 위한 행위는 이 조에서 의미하는 간섭 행위에

term *public employee* means any person covered by the Convention in accordance with Article 1 thereof.

#### Article 3

For the purpose of this Convention, the term *public employees' organisation* means any organisation, however composed, the purpose of which is to further and defend the interests of public employees.

### PART Ⅱ. PROTECTION OF THE RIGHT TO ORGANISE

#### Article 4

1. Public employees shall enjoy adequate protection against acts of anti-union discrimination in respect of their employment.
2. Such protection shall apply more particularly in respect of acts calculated to--
  (a) make the employment of public employees subject to the condition that they shall not join or shall relinquish membership of a public employees' organisation;
  (b) cause the dismissal of or otherwise prejudice a public employee by reason of membership of a public employees' organisation or because of participation in the normal activities of such an organisation.

#### Article 5

1. Public employees' organisations shall enjoy complete independence from public authorities.
2. Public employees' organisations shall enjoy adequate protection against any acts of interference by a public authority in their establishment, functioning or administration.
3. In particular, acts which are designed to promote the establishment of public employees' organisations under the domination of a public authority, or to support public employees' organisations by financial or other means, with the object of placing

해당하는 것으로 간주된다.

such organisations under the control of a public authority, shall be deemed to constitute acts of interference within the meaning of this Article.

## 제3장 공공부문 근로자단체에 제공되는 편의

## PART Ⅲ. FACILITIES TO BE AFFORDED TO PUBLIC EMPLOYEES' ORGANISATIONS

### 제6조

1. 승인된 공공부문 근로자단체의 대표자가 근무시간 중이나 근무시간 외에 그 역할을 신속하고 효율적으로 수행할 수 있도록 적절한 편의가 제공되어야 한다.

2. 그러한 편의의 제공은 행정 또는 관련 서비스의 효율적 운영을 해쳐서는 아니된다.
3. 1항의 편의제공의 성질 및 범위는 제7조에서 규정한 방법 또는 기타 적절한 방법으로 정하여야 한다.

### Article 6

1. Such facilities shall be afforded to the representatives of recognised public employees' organisations as may be appropriate in order to enable them to carry out their functions promptly and efficiently, both during and outside their hours of work.
2. The granting of such facilities shall not impair the efficient operation of the administration or service concerned.
3. The nature and scope of these facilities shall be determined in accordance with the methods referred to in Article 7 of this Convention, or by other appropriate means.

## 제4장 고용 조건의 결정을 위한 절차

## PART Ⅳ. PROCEDURES FOR DETERMINING TERMS AND CONDITIONS OF EMPLOYMENT

### 제7조

관련 공공당국과 공공부문 근로자단체 간에 고용 조건의 교섭을 위한 기구 또는 고용 조건의 결정에 대하여 공공부문 근로자대표의 참여를 가능하게 하는 여타 방법의 충분한 개발 및 이용을 장려·촉진하기 위하여 필요한 경우에 국내 사정에 적합한 조치를 취하여야 한다.

### Article 7

Measures appropriate to national conditions shall be taken, where necessary, to encourage and promote the full development and utilisation of machinery for negotiation of terms and conditions of employment between the public authorities concerned and public employees' organisations, or of such other methods as will allow representatives of public employees to participate in the determination of these matters.

## 제5장 분쟁의 해결

## PART Ⅴ. SETTLEMENT OF DISPUTES

### 제8조

고용 조건의 결정과 관련하여 발생하는 분쟁

### Article 8

The settlement of disputes arising in con-

은 국내 사정에 따라 당사자간의 교섭 또는 알선·조정·중재 등 관련 당사자의 신뢰를 확보할 수 있는 방식으로 수립된 독립적이고 공정한 절차를 통하여 그 해결이 도모되어야 한다.

nection with the determination of terms and conditions of employment shall be sought, as may be appropriate to national conditions, through negotiation between the parties or through independent and impartial machinery, such as mediation, conciliation and arbitration, established in such a manner as to ensure the confidence of the parties involved.

## 제 6 장 시민적·정치적 권리

### 제9조

공공부문 근로자는 여타 노동자와 마찬가지로 결사의 자유의 정상적 행사에 필수적인 시민적·정치적 권리를 가지며, 그 신분 및 직무의 성질에서 기인하는 의무에만 구속된다.

이하 일반 절차 조항(제10조~제17조) 후략

## PART Ⅵ. CIVIL AND POLITICAL RIGHTS

### *Article 9*

Public employees shall have, as other workers, the civil and political rights which are essential for the normal exercise of freedom of association, subject only to the obligations arising from their status and the nature of their functions.

이하 일반 절차 조항(제10조~제17조) 후략

| 단체교섭 촉진에 관한 협약(제154호, 1981) | Collective Bargaining Convention, 1981 (No. 154) |
|---|---|
| 전문 | Preamble |
| 국제노동기구 총회는, | The General Conference of the International Labour Organisation, |
| 국제노동기구 사무국 이사회가 1981년 6월 3일 제네바에서 소집한 제67차 회의에서, | Having been convened at Geneva by the Governing Body of the International Labour Office, and having met in its Sixty-seventh Session on 3 June 1981, and |
| "세계 각국이 단체교섭권을 실효적으로 승인하도록 하는 계획을 촉진하는 국제노동기구의 엄숙한 의무"를 인정한 필라델피아 선언의 규정을 재확인하고, 이 원칙이 "모든 지역에 있어서 모든 사람에게 완전하게 적용되어야 한다"는 점에 유의하여, | Reaffirming the provision of the Declaration of Philadelphia recognising "the solemn obligation of the International Labour Organisation to further among the nations of the world programmes which will achieve … the effective recognition of the right of collective bargaining", and noting that this principle is "fully applicable to all people everywhere", and |
| 1948년 결사의 자유 및 조직할 권리 보호 협약, 1949년 단결권 및 단체교섭권 협약, 1951년 단체협약 권고, 1951년 임의조정 및 임의중재 권고, 1978년 노동관계(공공부문) 협약 및 권고와 1978년 노동행정 협약 및 권고에 담겨 있는 기존의 국제기준의 결정적 중요성을 고려하고, | Having regard to the key importance of existing international standards contained in the Freedom of Association and Protection of the Right to Organise Convention, 1948, the Right to Organise and Collective Bargaining Convention, 1949, the Collective Agreements Recommendation, 1951, the Voluntary Conciliation and Arbitration Recommendation, 1951, the Labour Relations (Public Service) Convention and Recommendation, 1978, and the Labour Administration Convention and Recommendation, 1978, and |
| 이러한 기준들의 목적과 특히 1949년 단결권 및 단체교섭권 협약 제4조와 1951년 단체교섭 권고 제1조에서 선언한 일반원칙을 달성하기 위하여 더 많은 노력을 기울이는 것이 바람직하다는 점을 고려하고, | Considering that it is desirable to make greater efforts to achieve the objectives of these standards and, particularly, the general principles set out in Article 4 of the Right to Organise and Collective Bargaining Convention, 1949, and in Paragraph 1 of the Collective Agreements Recommendation, 1951, and |
| 따라서 위의 원칙에 기초를 두고 자유롭고 임의적인 단체교섭을 촉진하는 데 목적을 둔 적절한 조치에 의하여 이러한 기준들이 보완되어야 한다는 점을 고려하고, | Considering accordingly that these standards should be complemented by appropriate measures based on them and aimed at promoting free and voluntary collective bargaining, and |

회기 의사일정 네번째 의제인 단체교섭의 촉진에 관한 제안을 채택하기로 결정하고,

이 제안이 국제협약의 형식을 취할 것을 결의하여,

1981년 단체교섭 협약이라고 부를 다음의 협약을 1981년 6월 19일 채택한다.

### 제1장  적용 범위 및 정의

#### 제1조
1. 이 협약은 모든 경제활동분야에 적용된다.
2. 군대 및 경찰에게 이 협약에 규정된 보호를 적용하는 범위는 국내 법령 또는 국내 관행으로 정할 수 있다.
3. 공공부문에 대하여서는 이 협약을 적용하는 특별 양식을 국내 법령 또는 국내 관행으로 정할 수 있다.

#### 제2조
이 협약의 목적상 "단체교섭"이라 함은 다음 각호의 목적을 위하여 개별사용자, 다수의 사용자 또는 하나 또는 복수의 사용자단체를 일방 당사자로 하고, 하나 또는 복수의 노동자단체를 다른 당사자로 하여 당사자 사이에 이루어지는 모든 교섭을 말한다.
  (a) 노동조건 및 고용 조건 결정

  (b) 노사간의 관계 규율

  (c) 사용자 또는 사용자단체와 하나 또는 복수의 노동자단체간의 관계 규율

#### 제3조
1. 국내법 또는 관행으로 1971년 노동자대표

Having decided upon the adoption of certain proposals with regard to the promotion of collective bargaining, which is the fourth item on the agenda of the session, and

Having determined that these proposals shall take the form of an international Convention,

adopts this nineteenth day of June of the year one thousand nine hundred and eighty-one the following Convention, which maybe cited as the Collective Bargaining Convention, 1981:

### PART I. SCOPE AND DEFINITIONS

#### Article 1
1. This Convention applies to all branches of economic activity.
2. The extent to which the guarantees provided for in this Convention apply to the armed forces and the police may be determined by national laws or regulations or national practice.
3. As regards the public service, special modalities of application of this Convention may be fixed by national laws or regulations or national practice.

#### Article 2
For the purpose of this Convention the term *collective bargaining* extends to all negotiations which take place between an employer, a group of employers or one or more employers' organisations, on the one hand, and one or more workers' organisations, on the other, for--
  (a) determining working conditions and terms of employment; and/or
  (b) regulating relations between employers and workers; and/or
  (c) regulating relations between employers or their organisations and a workers' organisation or workers' organisations.

#### Article 3
1. Where national law or practice recognises

에 관한 협약 제3조 (b)에서 정한 노동자대표의 존재를 인정하는 회원국은, 이 협약상의 "단체교섭"이라는 용어가 이러한 노동자대표와의 교섭에 적용되는 범위를 국내법이나 관행으로 결정할 수 있다.

2. 이 조의 제1항에 따라 "단체교섭"이라는 용어가 제1항에 언급된 노동자대표와의 교섭까지도 포함하는 경우, 이러한 노동자대표의 존재가 관련 노동자단체의 지위를 저해하는 데 이용되지 아니하도록 필요한 경우 적절한 조치를 취하여야 한다.

## 제2장  적용 방법

### 제4조

이 협약의 규정들은, 단체협약, 중재재정 또는 기타 국내관행에 부합할 수 있는 방법에 의하여 달리 효력을 갖지 않는 한, 국내법령에 의해 실시되어야 한다.

## 제3장  단체교섭의 촉진

### 제5조

1. 단체교섭을 촉진하기 위하여 국내사정에 적합한 조치가 취해져야 한다.

2. 이 조의 제1항에서 언급한 조치의 목적은 다음 각호에 두어야 한다.

  (a) 이 협약이 적용되는 경제활동분야의 모든 사용자들과 모든 노동자 집단들이 단체교섭을 할 수 있어야 한다.
  (b) 단체교섭은 이 협약 제2조의 (a), (b), (c) 규정이 적용되는 모든 사안으로 계속해서 확대되어야 한다.

the existence of workers' representatives as defined in Article 3, subparagraph (b), of the Workers' Representatives Convention, 1971, national law or practice may determine the extent to which the term *collective bargaining* shall also extend, for the purpose of this Convention, to negotiations with these representatives.

2. Where, in pursuance of paragraph 1 of this Article, the term *collective bargaining* also includes negotiations with the workers' representatives referred to in that paragraph, appropriate measures shall be taken, wherever necessary, to ensure that the existence of these representatives is not used to undermine the position of the workers' organisations concerned.

## PART Ⅱ. METHODS OF APPLICATION

### Article 4

The provisions of this Convention shall, in so far as they are not otherwise made effective by means of collective agreements, arbitration awards or in such other manner as may be consistent with national practice, be given effect by national laws or regulations.

## PART Ⅲ. PROMOTION OF COLLECTIVE BARGAINING

### Article 5

1. Measures adapted to national conditions shall be taken to promote collective bargaining.

2. The aims of the measures referred to in paragraph 1 of this Article shall be the following:

  (a) collective bargaining should be made possible for all employers and all groups of workers in the branches of activity covered by this Convention;
  (b) collective bargaining should be progressively extended to all matters covered by subparagraphs (a), (b) and (c) of

(c) 노사단체간 합의된 절차 규칙 수립이 장려되어야 한다.

(d) 단체교섭은 그 절차에 적용되는 규칙의 부재 또는 그러한 규정의 불충분성이나 부적절성으로 인하여 저해되어서는 아니된다.

(e) 노동쟁의의 해결을 위한 기구 및 절차는 단체교섭의 촉진에 기여할 수 있도록 마련되어야 한다.

### 제6조

이 협약의 규정은 단체교섭의 당사자가 임의로 참여하는 조정 및/또는 중재 기구의 틀 안에서 단체교섭이 이루어지는 노동관계제도의 운영을 배제하지 아니한다.

### 제7조

단체교섭 발전을 장려·촉진하기 위하여 공공당국이 취하는 조치는 공공당국, 사용자단체, 노동자단체 간 사전 협의 및 가능한 경우에는 합의를 거쳐야 한다.

### 제8조

단체교섭 촉진을 목적으로 하는 조치는 단체교섭의 자유를 저해하는 방식으로 마련되거나 적용되어서는 아니된다.

### 제4장 최종 규정

### 제9조

이 협약은 기존의 협약 또는 권고를 개정하지 아니한다.

이하 일반 절차 조항(제10조~제17조) 후략

---

Article 2 of this Convention;
(c) the establishment of rules of procedure agreed between employers' and workers' organisations should be encouraged;
(d) collective bargaining should not be hampered by the absence of rules governing the procedure to be used or by the inadequacy or inappropriateness of such rules;
(e) bodies and procedures for the settlement of labour disputes should be so conceived as to contribute to the promotion of collective bargaining.

### *Article 6*

The provisions of this Convention do not preclude the operation of industrial relations systems in which collective bargaining takes place within the framework of conciliation and/or arbitration machinery or institutions, in which machinery or institutions the parties to the collective bargaining process voluntarily participate.

### *Article 7*

Measures taken by public authorities to encourage and promote the development of collective bargaining shall be the subject of prior consultation and, whenever possible, agreement between public authorities and employers' and workers' organisations.

### *Article 8*

The measures taken with a view to promoting collective bargaining shall not be so conceived or applied as to hamper the freedom of collective bargaining.

### PART Ⅳ. FINAL PROVISIONS

### *Article 9*

This Convention does not revise any existing Convention or Recommendation.

이하 일반 절차 조항(제10조~제17조) 후략

| 노동에서의 기본원칙 및 권리에 관한 ILO 선언(1998년 채택, 2022년 개정) | ILO Declaration on Fundamental Principles and Rights at Work(1998), as amended in 2022 |
|---|---|
| 전문 | Preamble |

ILO는 사회적 정의가 보편적이며 항구적인 평화를 위하여 필수적이라는 신념에 따라 창설되었으며,

경제 성장은 공평, 사회 진보 및 빈곤 퇴치를 위해 필수적이지만 이를 보장하기에 충분치 않으며, 따라서 ILO가 강력한 사회정책, 정의 및 민주적 제도를 촉진시켜야 할 필요가 있으며,

ILO는 이제 그 어느 때보다도 권한이 미치는 모든 분야, 특히, 고용, 직업훈련 및 노동조건 분야에 대해, 기준 설정, 기술 협력 및 연구자원을 활용하여, 경제·사회 발전을 위한 지구적 전략의 맥락에서 경제·사회 정책이, 광범하고도 지속가능한 발전을 이루어낼 수 있도록 상호 보강하는 요소가 되도록 하여야 하며,

ILO는 특별한 사회적 요구를 가진 사람들, 특히 실업자와 이주 노동자의 문제에 각별한 관심을 기울이고 그들의 문제를 해결하기 위한 세계적, 지역적, 국가적 노력을 동원하고 장려하며 일자리 창출을 위한 효과적인 정책을 촉진하여야 하며,

사회 진보와 경제 성장의 지속적 연계를 모색함에 있어, 노동에서의 기본 원칙과 권리를 보장함은, 노동자들이 그 창출에 기여한 부에 대해 자유롭고 균등한 기회에 따라 그들의 공정한 몫을 주장할 수 있도록 하며, 자신들의 잠재력을 충분히 발휘할 수 있도록 하기 위한 요소이므로 특히 중요하며,

ILO는 국제노동기준을 설정하고 다룰 수 있는 합헌적인 권한을 부여받은 국제기구이며 권한 있는 기구로서, 헌장에 명시된 바 노동에서의 기본적 권리 증진에 관하여 전세계적인 지지

Whereas the ILO was founded in the conviction that social justice is essential to universal and lasting peace;

Whereas economic growth is essential but not sufficient to ensure equity, social progress and the eradication of poverty, confirming the need for the ILO to promote strong social policies, justice and democratic institutions;

Whereas the ILO should, now more than ever, draw upon all its standard-setting, technical cooperation and research resources in all its areas of competence, in particular employment, vocational training and working conditions, to ensure that, in the context of a global strategy for economic and social development, economic and social policies are mutually reinforcing components in order to create broad-based sustainable development

Whereas the ILO should give special attention to the problems of persons with special social needs, particularly the unemployed and migrant workers, and mobilize and encourage international, regional and national efforts aimed at resolving their problems, and promote effective policies aimed at job creation;

Whereas, in seeking to maintain the link between social progress and economic growth, the guarantee of fundamental principles and rights at work is of particular significance in that it enables the persons concerned to claim freely and on the basis of equality of opportunity their fair share of the wealth which they have helped to generate, and to achieve fully their human potential;

Whereas the ILO is the constitutionally mandated international organization and the competent body to set and deal with international labour standards, and enjoys uni-

와 인정을 받고 있으며,

경제적 상호의존이 증가하고 있는 상황에서 ILO 헌장에 구현된 기본 원칙과 권리의 불가변성을 재확인하고 그러한 원칙과 권리의 보편적 적용을 촉진하는 일이 시급하며,
이에 국제노동기구 총회는,

1. 다음 사항을 상기시키는 바이다.
   (a) 모든 회원국은 ILO에의 자발적 가입을 통해 헌장과 필라델피아 선언에 명시된 원칙들과 권리들을 승인하였고, 자국의 구체적 상황에 맞추어 최대한의 자원을 활용하여 ILO의 전반적 목표를 달성하기 위해 노력할 것을 약속한 바 있다.

   (b) 이러한 원칙들과 권리들은 ILO 내외에서 기본적인 것으로 인정되고 있는 ILO 협약상의 구체적 권리와 의무의 형식으로 표현되고 발전되었다.

2. 모든 회원국은, 비록 관련 협약을 비준하지 않았더라도 ILO 회원국이라는 사실로부터, 해당 협약에서 규정하고 있는 다음의 기본적 권리에 관한 원칙들을 성실하게 ILO 헌장에 부합하도록 존중하고 증진하며 실현할 의무가 발생함을 선언한다.

   (a) 결사의 자유 및 단체교섭권의 실효적인 인정

   (b) 모든 형태의 강제적 또는 의무적 노동의 철폐
   (c) 아동노동의 실효적인 철폐
   (d) 고용 및 직업상의 차별 철폐

   (e) 안전하고 건강한 노동환경

3. 동 목적 달성을 위해 ILO는 회원국의 요구

versal support and acknowledgement in promoting fundamental rights at work as the expression of its constitutional principles;
Whereas it is urgent, in a situation of growing economic interdependence, to reaffirm the immutable nature of the fundamental principles and rights embodied in the Constitution of the Organization and to promote their universal application;
The International Labour Conference
1. Recalls:
   (a) that in freely joining the ILO, all Members have endorsed the principles and rights set out in its Constitution and in the Declaration of Philadelphia, and have undertaken to work towards attaining the overall objectives of the Organization to the best of their resources and fully in line with their specific circumstances;
   (b) that these principles and rights have been expressed and developed in the form of specific rights and obligations in Conventions recognized as fundamental both inside and outside the Organization.
2. Declares that all Members, even if they have not ratified the Conventions in question, have an obligation arising from the very fact of membership in the Organization, to respect, to promote and to realize, in good faith and in accordance with the Constitution, the principles concerning the fundamental rights which are the subject of those Conventions, namely:
   (a) freedom of association and the effective recognition of the right to collective bargaining;
   (b) the elimination of all forms of forced or compulsory labour;
   (c) the effective abolition of child labour;
   (d) the elimination of discrimination in respect of employment and occupation; and
   (e) a safe and healthy working environment.
3. Recognizes the obligation on the Organi-

사항에 대하여, 헌장 12조에 의거 ILO와의 관계를 확립한 여타 국제기구들로 하여금 이같은 회원국의 노력을 지원토록 촉구할 뿐아니라, 외부 자원과 지지의 동원을 비롯하여 ILO의 모든 조직과 운영 및 예산상의 자원을 최대한 활용함으로써 회원국을 지원할 의무가 있음을 인식한다. 그 구체적인 방안은 다음과 같다.

  (a) 기본 협약들의 비준과 이행을 촉진하기 위해 기술적 협력과 자문 활동을 제공한다.

  (b) 기본 협약들의 일부 또는 전체를 비준할 상황이 되지 못하는 회원국들이 동 협약상의 기본 권리에 관한 원칙을 존중, 증진, 실현하고자 행하는 노력을 지원한다.

  (c) 회원국의 경제적·사회적 발전을 위한 환경 조성 노력을 지원한다.

4. 이 선언의 효력을 극대화하기 위해, 의미있고 효과적인 후속조치가, 여기에 첨부된 부속문서에 명시된 조치에 따라 이행되어야 하며, 이는 본 선언의 필수적 부분으로 간주되어야 한다고 결정한다.

5. 노동기준을 보호무역주의 목적으로 사용해서는 안되고 선언 및 후속조치의 어떠한 내용도 그러한 목적으로 인용거나 사용되어서는 안됨을 강조한다. 또한, 본 선언 및 후속조치에 의해 어느 국가의 비교우위에 대해 문제를 제기해서도 안된다.

부속문서
선언의 후속조치
(이하 생략)

zation to assist its Members, in response to their established and expressed needs, in order to attain these objectives by making full use of its constitutional, operational and budgetary resources, including by the mobilization of external resources and support, as well as by encouraging other international organizations with which the ILO has established relations, pursuant to article 12 of its Constitution, to support these efforts:
  (a) by offering technical cooperation and advisory services to promote the ratification and implementation of the fundamental Conventions;
  (b) by assisting those Members not yet in a position to ratify some or all of these Conventions in their efforts to respect, to promote and to realize the principles concerning fundamental rights which are the subject of those Conventions; and
  (c) by helping the Members in their efforts to create a climate for economic and social development.

4. Decides that, to give full effect to this Declaration, a promotional follow-up, which is meaningful and effective, shall be implemented in accordance with the measures specified in the annex hereto, which shall be considered as an integral part of this Declaration.

5. Stresses that labour standards should not be used for protectionist trade purposes, and that nothing in this Declaration and its follow-up shall be invoked or otherwise used for such purposes; in addition, the comparative advantage of any country should in no way be called into question by this Declaration and its follow-up.

Annex
Follow-up to the Declaration
(이하 생략)

결사의 자유 관련 ILO 기본협약(제87호, 제98호) 주해

초판발행        2025년 2월 5일

지은이         노동자권리연구소(윤애림, 박주영, 우지연, 조현주)
펴낸이         안종만·안상준

편 집          김선민
기획/마케팅      조성호
표지디자인       벤스토리
제 작          고철민·김원표

펴낸곳         (주) **박영사**
               서울특별시 금천구 가산디지털2로 53, 210호(가산동, 한라시그마밸리)
               등록 1959. 3. 11. 제300-1959-1호(倫)

전 화          02)733-6771
f a x          02)736-4818
e-mail         pys@pybook.co.kr
homepage       www.pybook.co.kr
ISBN           979-11-303-4616-8  93360

정 가          39,000원